评价科学研究与应用丛书

2021-2022
中国研究生教育及学科专业评价报告

中国科教评价研究院　（杭电）
中国科学评价研究中心（武大）
浙江高等教育研究院　　　　　　　　　　◎研发
高教强省发展战略与评价研究中心（浙江智库）
"金平果"评价网（www.nseac.com）

邱均平　王姗姗　杨思洛　邱作谋　刘宁　等　　　◎著

科学出版社
北　京

内 容 简 介

本书以中国科教评价研究院（杭电）为主，联合中国科学评价研究中心（武大）和"金平果"中国科教评价网（www.nseac.com）等单位参与研发，由邱均平等编著。全书共三部分：第一部分是2021年中国研究生教育竞争力排行榜，包括中国研究生教育地区竞争力排行榜、中国一流研究生院竞争力排行榜、中国研究生院竞争力排行榜（含分地区、分类型排名）、中国普通高校研究生教育竞争力排行榜（含分地区、分类型排名），以及12个学科门类排行榜、99个一级学科排行榜、368个学术学位专业排行榜，再加上47个专业学位一级学科排行榜，共计520个排行榜；第二部分是中国研究生培养单位各类排名结果、学科等级分布、优势专业及联系方式，给出了中国（不含港澳台）的6个国家级科学院的研究生院和578所普通高校共计584个研究生培养单位的各类排名结果、学科等级分布、优势专业及联系方式；第三部分是附录，提供了2021年国家级主要大学硕士研究生录取分数线等信息，可供全国所有研究生培养单位、教育行政部门、相关科研机构及广大考生和家长阅读与参考。

本书是"金平果排行榜"（中评榜）评价品牌的四大评价报告之一，分别从8个角度全面、系统地评价了中国（不含港澳台）的584个研究生培养单位，以及学科、专业的竞争力（除军事、警务类专业），并得出了详细的评价结果。本书评价指标合理、方法科学、数据准确、内容丰富、信息量大、资料翔实、权威性强、适用面广，可供政府管理部门、高等院校、教育研究机构、培训机构、研究生考生和导师，以及社会各界人士阅读、参考和使用。

图书在版编目(CIP)数据

中国研究生教育及学科专业评价报告 2021—2022/ 邱均平等著. —北京：科学出版社，2021.10

（评价科学研究与应用丛书）

ISBN 978-7-03-069881-0

Ⅰ. ①中… Ⅱ. ①邱… Ⅲ. ①研究生教育-评价-研究报告-中国-2021-2022 ②研究生教育-学科-评价-研究报告-中国-2021-2022 Ⅳ. ①G643

中国版本图书馆 CIP 数据核字（2021）第 190626 号

责任编辑：朱丽娜 / 责任校对：杨 赛
责任印制：李 彤 / 封面设计：楠竹文化

科 学 出 版 社 出版
北京东黄城根北街16号
邮政编码：100717
http://www.sciencep.com

北京虎彩文化传播有限公司 印刷
科学出版社发行 各地新华书店经销

*

2021年10月第 一 版　开本：890×1240　1/16
2021年10月第一次印刷　印张：24
字数：689 000

定价：99.00元

（如有印装质量问题，我社负责调换）

中国研究生教育及学科专业评价报告

2021—2022

编委会名单

主　编	邱均平
副主编	王姗姗　杨思洛　邱作谋　刘　宁　宋艳辉
	陈丽婷　岳卫平　张裕晨　田　京
编　委	张　蕊　卢　坚　徐明月　祖文玲　邵晓涵
	孙月瑞　徐培培　丰鹂萱　崔腾腾　赵艺翔
	沈　超　周子番　韩小林　魏开洋　王　芮
	陈　诚　孟炎镕　卢全梅　谭志民　刘思辰
	凌　茜　陈歆琦　陈奕玮　付裕添　赵　威
	林　坤　蔡毛毛　饶　倩　吴枭威　戚可寒
	李　敏　刘佳怡　陈书慧
研发单位	中国科教评价研究院（杭电）
	中国科学评价研究中心（武大）
	浙江高等教育研究院
	高教强省发展战略与评价研究中心（浙江智库）
	"金平果"中国科教评价网（www.nseac.com）
合作单位	科睿唯安信息服务（北京）有限公司
	杭州电子科技大学图书馆

前　言

研究生教育是培养高级专门人才的主要形式，也是高等院校、科研院所等研究生培养单位综合竞争力的重要体现。如何科学、合理、客观、公正地评价一个研究生培养单位的质量、水平和综合能力，如何详细地了解一所大学、一个科研机构研究生培养的基本条件和优势学科专业，从而选择适合自己的研究生培养单位和专业进行深造，是每一位准备接受研究生教育的考生都非常关心并急需得到正确答案的问题，也是政府管理部门、高等院校、科研院所、社会各界及广大教育工作者和考生密切关注的问题。因此，我们在连续 17 年研发和出版《中国研究生教育及学科专业评价报告》的基础上又及时推出本书——《中国研究生教育及学科专业评价报告 2021—2022》，就是为渴望了解和解决这一问题、急于获得而又难以获得相关信息的社会各界人士和青年学子提供一个评价和选择研究生培养单位的指南性工具，使其在报考专业和选择培养单位方面能够获得充分而准确的评价信息，也为从事研究生教育的培养单位、管理部门及相关专业人士提供一份全面、系统、详细的评价报告。这对于改革和完善我国研究生教育制度，提高其培养质量和水平，促进高校之间的竞争发展，都具有重要的指导意义和参考价值。

武汉大学中国科学评价研究中心是我国高等院校中第一个综合性的科技与教育评价研究中心，是集科学研究、人才培养和评价咨询服务于一体的湖北省人文社会科学重点研究基地。杭州电子科技大学中国科教评价研究院和浙江高等教育研究院都由邱均平资深教授担任院长和首席专家。本着"加强社会评价，提高教育质量，促进竞争发展，服务和谐社会"的宗旨，自 2004 年起，我们与《中国青年报》合作，按年度连续发布《中国大学及学科专业评价报告》、《中国研究生教育及学科专业评价报告》、《世界一流大学和一流学科评价研究报告》、《中国学术期刊评价研究报告》（每两年一次），受到国内外的广泛认可并被普遍采用。

2021 年上半年，我们继续开展本年度中国研究生教育及学科专业评价工作，并于近日完成了《中国研究生教育及学科专业评价报告 2021—2022》。本书从 8 个角度全面、系统地评价了 584 个研究生培养单位的竞争力，并公布其评价结果和有关信息，内容丰富、资料翔实、富有创意、权威性强、适用面广。其特点主要体现在以下八个方面。

第一，为了适应国家推进"双一流"建设战略的需要，我们首次公布了"世界一流学科和培育学科排行榜"，推出了"中国高校一流学科建设整体水平得分排行榜"，为教育管理部门、各高校和高等教育提供了重要依据和数据参考。

第二，在破除"SCI至上"的背景下，大学评价应该如何做？为此，我们认真学习和贯彻执行中共中央和国务院印发的《深化新时代教育评价改革总体方案》，并进行了全面思考和系统研究。我们对评价指标体系进行了适当调整，国内评价指标主要由政治标准、业务标准和效益标准三大一级指标组成，突出政治，落实立德树人根本任务，具体来说，取消了SCI论文数量指标，但强化了热门论文、高被引论文、高被引科学家指标；专利只计算发明专利数，而且加大了专利转化率和转让收入的权重；反映数量指标的权重较小，而反映质量、效率和国际化的指标权重较大；落实了质量优先原则，贯彻了立德树人导向。

第三，编排结构科学合理，便于读者查找和使用。在第一部分"2021年中国研究生教育竞争力排行榜"中，以国务院学位委员会和教育部颁布的《授予博士、硕士学位和培养研究生的学科、专业目录（2008年修订）》《学位授予和人才培养学科目录（2011年）》为依据，在研究生培养的各学科门类、一级学科和专业名称前分别标出了相应的2位、4位和6位数字的学科专业代码，并以《学位授予和人才培养学科目录（2011年）》中的顺序排列，还专门增加了12个学科门类得分排行榜，以便于读者快速查找所需的学科专业排名。第二部分是"中国研究生培养单位各类排名结果、学科等级分布、优势专业及联系方式"。首先列出了中国科学院大学（原中国科学院研究生院）等6个国家级科学院的研究生院，然后按地区（省、自治区、直辖市）研究生教育竞争力的名次和各地区内名次，依次列出了具有学术型研究生招生资格的高校整体排名情况及相关信息，包括学校名次、地区内名次、研究生院名次、学科优秀率，以及所有门类、一级学科和优秀专业（5★+、5★和5★-的二级学科）的排名情况。所有排行榜都可以在目录中直接定位到其所在的页码，方便查询。

第四，内容全面、系统，是目前国内最详细、最全面的研究生教育评价报告。书中全面公布了2021—2022年度中国31个省（自治区、直辖市）、29个中国一流研究生院、62个研究生院、578所普通高校的研究生教育竞争力排名，以及各研究生院或高校在其所在地区（省、自治区、直辖市）内排名和所属类型中的排名；还有分12个学科门类、99个一级学科、368个学术学位专业和47个专业学位一级学科的高校排名，共发布520个不同层次、不同角度的排行榜。所有参评的普通高校中，参与学术型研究生教育评价的高校总数为527所，参与专业型研究生教育评价的高校共有51所。今年仍然将中国地质大学（武汉和北京）、中国矿业大学（徐州和北京）和中国石油大学（北京和华东）三所两地办学的研究生院分开单独参与排名，因此参与排名的研究生院总数为62个。此外，继2012年首次评价专业学位，今年继续评价了除警务和军事外的47个专业学位一级学科。我们今年特意选取各高校招生专业中专业名称相同、专业代码属于同一一级学科、开设高校数超过评价院校总数的1%（6所）的自设专业为评价对象。限于篇幅，完整的、详尽的评价结果将在"金平果"中国科教评价网（www.nseac.com）上发布。

第五，采用排名位次与等级相结合的表示方法，增加评价结果表达的合理性。在分学科门类、一级学科和专业评价中，我们按照研究生教育的分布特点、集中与离散分布规律和二八率，将各培养单位在各排行榜中的竞争力依次分为5个等级，并用星级表示：①5★为具有重点优势竞争力的单位，即排在最前面10%的培养单位[其中，排在前1%（含1%）的为5★+级，前1%~5%（含5%）

的为5★级，5%~10%（含10%）的为5★-级］；②4★为具有优势竞争力的单位，占总数的10%，即排在10%~20%（含20%）的单位；③3★为具有良好竞争力的单位，占总数的30%，即排在前20%~50%（含50%）的单位；④2★为具有一般竞争力的单位，占总数的40%，即排在前50%~90%（含90%）的单位；⑤1★为具有较差竞争力的单位，占总数的10%，即排在90%~100%的单位。例如，某研究生院的排名为5/62，即全国有62个研究生院参与排名，该研究生院排名第5位，排在前8.06%，为5★-等级的单位，具有优势竞争力。这样既能了解全国研究生院的总貌，又能得知该研究生院在其中的相对位次，从而使读者能正确地把握选择不同培养单位的适合度。需要说明的是，为了避免学科、专业开设数量过少对星级的影响，对开设数量小于19个的学科、专业的星级分配进行了调整，对开设单位少于5个的学科、专业不予评价。

第六，突出重点优势学科专业，兼顾学科规模结构。本书在99个一级学科排行榜和368个学术学位专业排行榜中，都首先重点突出排名前20%的学校，对于排在5★和4★的高校，给出名单并列出排名，对于排在3★、2★和1★的高校，不再列出高校名单，以此来突出研究生培养单位的学科优势和专业特长，同时也对培养单位的整体学科建设情况做出了简单评判。自2012年起，书中加入了各培养单位的一级学科和专业优秀率，即5★和4★学科或专业数占相应总数的百分比。优势学科专业和优秀率相结合，能使读者更全面地了解各培养单位的学科专业优势和规模。

第七，为了体现"分类评价，同类比较"的理念，满足读者的各类需求，我们对全国具有研究生培养资格的高校的研究生教育竞争力分类型进行了评价。2004年，教育部下发《普通高等学校基本办学条件指标（试行）》，将高等学校划分为6种类型。我们的评价在以往经验的基础上，将所有培养单位分为10种类型：综合类、理工类、农林类、医药类、财经类、语言·政法类（简称文法类）、师范类、民族类、艺术类、体育类。今年，我们对部分高校的性质类型进行了调整，以更加符合该校发展的实际情况。考虑到艺术、体育类院校的办学特点，在计算评价得分时延续往年的做法，即普遍上调一定比例，增加了不同类型院校之间的可比性；又考虑到工业和信息化部（原国防科学技术工业委员会）主管的7所学校对成果的保密性要求较高，获取评价数据必然受到影响，因此在计算得分时普遍上调。这7所高校是哈尔滨工业大学、哈尔滨工程大学、北京航空航天大学、南京航空航天大学、北京理工大学、南京理工大学和西北工业大学，上调比例经咨询专家而定。我们对不同类型的高校进行评价和排序，得到"中国研究生教育分类型竞争力排行榜"。这样，我们的评价结果更加细化，更加具有可比性，更加有利于广大读者对同类型的高校进行分析和比较。

第八，信息量大，创新性和实用性强。本书在每个研究生培养单位前面给出了相应的单位代码，介绍了各单位的基本信息，并给出了最新的联系方式（包括通信地址、邮编、电话、电子邮箱）和各类排名结果；本书的附录部分列出了国内主要高校2021年硕士招生分数线等信息，可供报考研究生的考生及家长参考。与往年的《中国研究生教育及学科专业评价报告》相比，本书有多处创新：首先，根据教育部、科技部有关文件精神，调整了评价指标和权重，实现了与时俱进；其次，重新核准评价的学科目录；再次，调整了高校的性质类型；最后，及时更正高校的名称。

《中国研究生教育及学科专业评价报告 2021—2022》由杭州电子科技大学中国科教评价研究院等单位的多位教授、专家、博士、硕士鼎力合作,共同研究撰著而成,参编人员详见编委会名单。合作单位科睿唯安信息服务(北京)有限公司提供了良好的合作和数据服务帮助。科学出版社有关领导给予了大力支持,朱丽娜等编校人员为本书的出版付出了大量辛勤劳动。在此,我们一并致以衷心的感谢!

武汉大学中国科学评价研究中心创始人、首届主任(12 年)

"四大评价报告"品牌创立者、知识产权人、首席专家

杭州电子科技大学资深教授、博士生导师

中国科教评价研究院(杭电)院长

浙江高等教育研究院院长

数据科学与信息计量研究院院长

高教强省发展战略与评价研究中心(浙江智库)主任

《评价与管理》杂志主编、*Data Science and Informetrics* 主编之一

邱均平

2021 年 6 月 30 日于杭州电子科技大学

目录 CONTENTS

前言

第一部分 2021年中国研究生教育竞争力排行榜

2021年中国研究生教育及学科专业评价报告的产生与分析 ………………………… 3
一、评价的对象与做法 ………………… 3
二、本次评价的结果与分析 …………… 6
三、本次评价的结论与启示 …………… 19
中国研究生教育地区竞争力排行榜 ……… 21
中国研究生院竞争力排行榜（含分地区、分类型排名） ……………………………… 22
中国普通高校研究生教育竞争力排行榜（含分地区、分类型排名） ……………… 24
基于国际国内标准的世界一流学科竞争力排行榜 ………………………………… 33
中国高校一流学科建设综合竞争力排行榜 … 47
中国研究生教育分学科门类竞争力排行榜 … 57
01　哲学（138）……………………… 57
02　经济学（332）…………………… 57
03　法学（394）……………………… 58
04　教育学（299）…………………… 58
05　文学（349）……………………… 59
06　历史学（123）…………………… 60
07　理学（389）……………………… 60
08　工学（434）……………………… 61
09　农学（166）……………………… 61
10　医学（214）……………………… 62
12　管理学（427）…………………… 62
13　艺术学（306）…………………… 63
中国研究生教育分一级学科竞争力排行榜 … 64
0101　哲学（138）…………………… 64
0201　理论经济学（116）…………… 64
0202　应用经济学（263）…………… 64
0301　法学（207）…………………… 65
0302　政治学（87）………………… 65
0303　社会学（87）………………… 66
0304　民族学（39）………………… 66
0305　马克思主义理论（353）……… 66

0401　教育学（141）………………… 67
0402　心理学（104）………………… 67
0403　体育学（108）………………… 67
0501　中国语言文学（179）………… 67
0502　外国语言文学（232）………… 68
0503　新闻传播学（116）…………… 68
0601　考古学（29）………………… 69
0602　中国史（105）………………… 69
0603　世界史（59）………………… 69
0701　数学（262）…………………… 69
0702　物理学（191）………………… 70
0703　化学（225）…………………… 70
0704　天文学（18）………………… 71
0705　地理学（87）………………… 71
0706　大气科学（17）……………… 71
0707　海洋科学（29）……………… 71
0708　地球物理学（20）…………… 71
0709　地质学（36）………………… 71
0710　生物学（241）………………… 72
0711　系统科学（23）……………… 72
0712　科学技术史（18）…………… 72
0713　生态学（90）………………… 72
0714　统计学（97）………………… 73
0801　力学（94）…………………… 73
0802　机械工程（219）……………… 73
0803　光学工程（84）……………… 74
0804　仪器科学与技术（69）……… 74
0805　材料科学与工程（219）……… 74
0806　冶金工程（24）……………… 74
0807　动力工程及工程热物理（105）… 75
0808　电气工程（110）……………… 75
0809　电子科学与技术（122）……… 75
0810　信息与通信工程（179）……… 75
0811　控制科学与工程（185）……… 76
0812　计算机科学与技术（262）…… 76

0813	建筑学（70） …… 77
0814	土木工程（160） …… 77
0815	水利工程（64） …… 77
0816	测绘科学与技术（53） …… 78
0817	化学工程与技术（184） …… 78
0818	地质资源与地质工程（45） …… 78
0819	矿业工程（30） …… 78
0820	石油与天然气工程（16） …… 78
0821	纺织科学与工程（22） …… 79
0822	轻工技术与工程（23） …… 79
0823	交通运输工程（68） …… 79
0824	船舶与海洋工程（24） …… 79
0825	航空宇航科学与技术（25） …… 79
0826	兵器科学与技术（7） …… 79
0827	核科学与技术（19） …… 79
0828	农业工程（44） …… 80
0829	林业工程（13） …… 80
0830	环境科学与工程（189） …… 80
0831	生物医学工程（65） …… 80
0832	食品科学与工程（100） …… 80
0833	城乡规划学（50） …… 81
0834	风景园林学（51） …… 81
0835	软件工程（138） …… 81
0836	生物工程（20） …… 81
0837	安全科学与工程（55） …… 82
0839	网络空间安全（56） …… 82
0901	作物学（50） …… 82
0902	园艺学（44） …… 82
0903	农业资源与环境（39） …… 82
0904	植物保护（46） …… 82
0905	畜牧学（54） …… 83
0906	兽医学（42） …… 83
0907	林学（36） …… 83
0908	水产（29） …… 83
0909	草学（21） …… 83
1001	基础医学（106） …… 83
1002	临床医学（113） …… 84
1003	口腔医学（48） …… 84
1004	公共卫生与预防医学（75） …… 84
1005	中医学（42） …… 84
1006	中西医结合（60） …… 84
1007	药学（145） …… 85
1008	中药学（43） …… 85
1009	特种医学（14） …… 85
1010	医学技术（28） …… 85
1011	护理学（59） …… 85
1201	管理科学与工程（179） …… 86
1202	工商管理（307） …… 86
1203	农林经济管理（50） …… 87
1204	公共管理（207） …… 87
1205	图书情报与档案管理（51） …… 87
1301	艺术学理论（60） …… 87
1302	音乐与舞蹈学（72） …… 88
1303	戏剧与影视学（56） …… 88
1304	美术学（103） …… 88
1305	设计学（148） …… 88

中国研究生教育分专业竞争力排行榜 …… 89

010101	马克思主义哲学（108） …… 89
010102	中国哲学（99） …… 89
010103	外国哲学（91） …… 89
010104	逻辑学（36） …… 89
010105	伦理学（88） …… 90
010106	美学（47） …… 90
010107	宗教学（52） …… 90
010108	科学技术哲学（85） …… 90
0101Z1	管理哲学（8） …… 90
020101	政治经济学（103） …… 90
020102	经济思想史（33） …… 91
020103	经济史（40） …… 91
020104	西方经济学（95） …… 91
020105	世界经济（85） …… 91
020106	人口、资源与环境经济学（90） …… 92
0201Z1	网络经济学（8） …… 92
020201	国民经济学（96） …… 92
020202	区域经济学（195） …… 92
020203	财政学（92） …… 93
020204	金融学（229） …… 93
020205	产业经济学（225） …… 93
020206	国际贸易学（192） …… 94
020207	劳动经济学（82） …… 94
020208	统计学（53） …… 94
020209	数量经济学（111） …… 95
020210	国防经济（15） …… 95
0202Z2	金融工程（18） …… 95
0202Z3	房地产经济学（8） …… 95
0202Z4	城市经济学（9） …… 95
030101	法学理论（131） …… 95
030102	法律史（66） …… 96
030103	宪法学与行政法学（151） …… 96
030104	刑法学（136） …… 96

代码	名称	页码
030105	民商法学（183）	96
030106	诉讼法学（123）	97
030107	经济法学（146）	97
030108	环境与资源保护法学（95）	97
030109	国际法学（117）	98
030110	军事法学（9）	98
0301Z1	知识产权法（44）	98
030201	政治学理论（77）	98
030202	中外政治制度（51）	98
030203	科学社会主义与国际共产主义运动（38）	99
030204	中共党史（50）	99
030206	国际政治（60）	99
030207	国际关系（52）	99
030208	外交学（23）	99
030301	社会学（83）	99
030302	人口学（42）	100
030303	人类学（42）	100
030304	民俗学（43）	100
030401	民族学（35）	100
030402	马克思主义民族理论与政策（30）	100
030403	中国少数民族经济（27）	100
030404	中国少数民族史（31）	101
030405	中国少数民族艺术（22）	101
030501	马克思主义基本原理（315）	101
030502	马克思主义发展史（100）	101
030503	马克思主义中国化研究（303）	102
030504	国外马克思主义研究（86）	102
030505	思想政治教育（334）	103
030506	中国近现代史基本问题研究（187）	103
0305Z2	党的建设（47）	104
040101	教育学原理（101）	104
040102	课程与教学论（112）	104
040103	教育史（42）	104
040104	比较教育学（52）	104
040105	学前教育学（60）	105
040106	高等教育学（111）	105
040107	成人教育学（30）	105
040108	职业技术教育学（43）	105
040109	特殊教育学（24）	105
040110	教育技术学（68）	105
040201	基础心理学（59）	106
040202	发展与教育心理学（64）	106
040203	应用心理学（91）	106
040301	体育人文社会学（90）	106
040302	运动人体科学（78）	107
040303	体育教育训练学（102）	107
040304	民族传统体育学（74）	107
050101	文艺学（168）	107
050102	语言学及应用语言学（151）	108
050103	汉语言文字学（147）	108
050104	中国古典文献学（114）	108
050105	中国古代文学（177）	109
050106	中国现当代文学（172）	109
050107	中国少数民族语言文学（42）	110
050108	比较文学与世界文学（136）	110
0501Z1	汉语国际教育（31）	110
050201	英语语言文学（199）	110
050202	俄语语言文学（75）	111
050203	法语语言文学（43）	111
050204	德语语言文学（40）	111
050205	日语语言文学（131）	111
050206	印度语言文学（6）	111
050207	西班牙语语言文学（16）	112
050208	阿拉伯语语言文学（15）	112
050209	欧洲语言文学（12）	112
050210	亚非语言文学（36）	112
050211	外国语言学及应用语言学（206）	112
0502Z1	比较文学与跨文化研究（18）	113
050301	新闻学（105）	113
050302	传播学（112）	113
0602L2	历史文献学（51）	113
0602L3	专门史（70）	113
0602L4	中国古代史（69）	114
0602L5	中国近现代史（68）	114
0603L1	世界史（6）	114
070101	基础数学（219）	114
070102	计算数学（215）	115
070103	概率论与数理统计（175）	115
070104	应用数学（256）	116
070105	运筹学与控制论（183）	116
070201	理论物理（160）	116
070202	粒子物理与原子核物理（78）	117
070203	原子与分子物理（93）	117
070204	等离子体物理（46）	117
070205	凝聚态物理（176）	117
070206	声学（33）	118
070207	光学（164）	118
070208	无线电物理（63）	118
070301	无机化学（200）	119
070302	分析化学（199）	119

代码	学科名称	页码		代码	学科名称	页码
070303	有机化学（205）	119		080503	材料加工工程（184）	130
070304	物理化学（192）	120		080601	冶金物理化学（21）	131
070305	高分子化学与物理（158）	120		080602	钢铁冶金（22）	131
070401	天体物理（18）	121		080603	有色金属冶金（22）	131
070501	自然地理学（78）	121		080701	工程热物理（66）	131
070502	人文地理学（76）	121		080702	热能工程（82）	131
070503	地图学与地理信息系统（81）	121		080703	动力机械及工程（69）	132
070601	气象学（17）	121		080704	流体机械及工程（65）	132
070602	大气物理学与大气环境（13）	121		080705	制冷及低温工程（52）	132
070701	物理海洋学（23）	122		080706	化工过程机械（61）	132
070702	海洋化学（23）	122		080801	电机与电器（83）	133
070703	海洋生物学（25）	122		080802	电力系统及其自动化（92）	133
070704	海洋地质（19）	122		080803	高电压与绝缘技术（59）	133
070801	固体地球物理学（19）	122		080804	电力电子与电力传动（102）	133
070802	空间物理学（16）	122		080805	电工理论与新技术（79）	134
070901	矿物学、岩石学、矿床学（34）	122		080901	物理电子学（95）	134
070902	地球化学（32）	123		080902	电路与系统（100）	134
070903	古生物学与地层学（28）	123		080903	微电子学与固体电子学（98）	134
070904	构造地质学（30）	123		080904	电磁场与微波技术（84）	135
070905	第四纪地质学（26）	123		081001	通信与信息系统（164）	135
071001	植物学（153）	123		081002	信号与信息处理（164）	135
071002	动物学（138）	123		081101	控制理论与控制工程（179）	136
071003	生理学（107）	124		081102	检测技术与自动化装置（171）	136
071004	水生生物学（60）	124		081103	系统工程（122）	136
071005	微生物学（184）	124		081104	模式识别与智能系统（162）	137
071006	神经生物学（73）	125		081105	导航、制导与控制（79）	137
071007	遗传学（143）	125		081201	计算机系统结构（189）	137
071008	发育生物学（71）	125		081202	计算机软件与理论（219）	138
071009	细胞生物学（144）	125		081203	计算机应用技术（261）	138
071010	生物化学与分子生物学（221）	126		0812Z1	智能科学与技术（18）	139
071011	生物物理学（69）	126		0812Z2	大数据科学与工程（6）	139
071101	系统理论（22）	126		081301	建筑历史与理论（61）	139
071102	系统分析与集成（20）	126		081302	建筑设计及其理论（65）	139
080101	一般力学与力学基础（54）	127		081304	建筑技术科学（61）	139
080102	固体力学（79）	127		081401	岩土工程（143）	139
080103	流体力学（64）	127		081402	结构工程（153）	140
080104	工程力学（88）	127		081403	市政工程（109）	140
080201	机械制造及其自动化（201）	127		081404	供热、供燃气、通风及空调工程（94）	140
080202	机械电子工程（205）	128		081405	防灾减灾工程及防护工程（119）	141
080203	机械设计及理论（205）	128		081406	桥梁与隧道工程（109）	141
080204	车辆工程（154）	129		081501	水文学及水资源（53）	141
080401	精密仪器及机械（63）	129		081502	水力学及河流动力学（39）	142
080402	测试计量技术及仪器（68）	129		081503	水工结构工程（40）	142
080501	材料物理与化学（201）	130		081504	水利水电工程（44）	142
080502	材料学（200）	130		081505	港口、海岸及近海工程（26）	142

编号	名称	页码	编号	名称	页码
081601	大地测量学与测量工程（48）	142	082803	农业生物环境与能源工程（33）	149
081602	摄影测量与遥感（45）	142	082804	农业电气化与自动化（41）	150
081603	地图制图学与地理信息工程（48）	143	082901	森林工程（6）	150
081701	化学工程（134）	143	082902	木材科学与技术（12）	150
081702	化学工艺（148）	143	082903	林产化学加工工程（13）	150
081703	生物化工（118）	143	083001	环境科学（165）	150
081704	应用化学（178）	144	083002	环境工程（176）	150
081705	工业催化（120）	144	083201	食品科学（96）	151
081801	矿产普查与勘探（40）	144	083202	粮食、油脂及植物蛋白工程（64）	151
081802	地球探测与信息技术（40）	145	083203	农产品加工及贮藏工程（78）	151
081803	地质工程（44）	145	083204	水产品加工及贮藏工程（47）	152
081901	采矿工程（30）	145	090101	作物栽培学与耕作学（49）	152
081902	矿物加工工程（28）	145	090102	作物遗传育种（48）	152
081903	安全技术及工程（16）	145	090201	果树学（44）	152
082001	油气井工程（13）	145	090202	蔬菜学（44）	152
082002	油气田开发工程（12）	145	090203	茶学（20）	152
082003	油气储运工程（12）	145	090301	土壤学（39）	153
082101	纺织工程（19）	146	090302	植物营养学（37）	153
082102	纺织材料与纺织品设计（19）	146	090401	植物病理学（40）	153
082103	纺织化学与染整工程（19）	146	090402	农业昆虫与害虫防治（43）	153
082104	服装设计与工程（17）	146	090403	农药学（42）	153
082201	制浆造纸工程（13）	146	090501	动物遗传育种与繁殖（50）	153
082202	制糖工程（10）	146	090502	动物营养与饲料科学（51）	154
082203	发酵工程（19）	146	090504	特种经济动物饲养（30）	154
082204	皮革化学与工程（7）	146	090601	基础兽医学（41）	154
082301	道路与铁道工程（52）	147	090602	预防兽医学（41）	154
082302	交通信息工程及控制（54）	147	090603	临床兽医学（40）	154
082303	交通运输规划与管理（57）	147	090701	林木遗传育种（26）	154
082304	载运工具运用工程（48）	147	090702	森林培育（28）	155
082401	船舶与海洋结构物设计制造（22）	147	090703	森林保护学（23）	155
082402	轮机工程（17）	147	090704	森林经理学（23）	155
082403	水声工程（13）	148	090705	野生动植物保护与利用（19）	155
082501	飞行器设计（23）	148	090706	园林植物与观赏园艺（25）	155
082502	航空宇航推进理论与工程（20）	148	090707	水土保持与荒漠化防治（24）	155
082503	航空宇航制造工程（19）	148	090801	水产养殖（29）	155
082504	人机与环境工程（16）	148	090802	捕捞学（11）	156
082601	武器系统与运用工程（7）	148	090803	渔业资源（23）	156
082602	兵器发射理论与技术（6）	148	100101	人体解剖与组织胚胎学（101）	156
082603	火炮、自动武器与弹药工程（6）	148	100102	免疫学（100）	156
082701	核能科学与工程（14）	149	100103	病原生物学（97）	156
082702	核燃料循环与材料（11）	149	100104	病理学与病理生理学（100）	157
082703	核技术及应用（17）	149	100105	法医学（50）	157
082704	辐射防护及环境保护（13）	149	100106	放射医学（25）	157
082801	农业机械化工程（39）	149	100201	内科学（105）	157
082802	农业水土工程（34）	149	100202	儿科学（88）	157

100203	老年医学（61）	158
100204	神经病学（97）	158
100205	精神病与精神卫生学（56）	158
100206	皮肤病与性病学（73）	158
100207	影像医学与核医学（102）	159
100208	临床检验诊断学（97）	159
100210	外科学（103）	159
100211	妇产科学（93）	159
100212	眼科学（81）	160
100213	耳鼻咽喉科学（77）	160
100214	肿瘤学（95）	160
100215	康复医学与理疗学（66）	160
100216	运动医学（29）	161
100217	麻醉学（84）	161
100218	急诊医学（77）	161
100301	口腔基础医学（37）	161
100302	口腔临床医学（45）	161
100401	流行病与卫生统计学（71）	161
100402	劳动卫生与环境卫生学（63）	162
100403	营养与食品卫生学（65）	162
100404	儿少卫生与妇幼保健学（42）	162
100405	卫生毒理学（60）	162
100501	中医基础理论（30）	163
100502	中医临床基础（30）	163
100503	中医医史文献（28）	163
100504	方剂学（27）	163
100505	中医诊断学（27）	163
100506	中医内科学（37）	163
100507	中医外科学（28）	163
100508	中医骨伤科学（28）	164
100509	中医妇科学（28）	164
100510	中医儿科学（20）	164
100511	中医五官科学（15）	164
100512	针灸推拿学（34）	164
100513	民族医学（含：藏医学、蒙医学等）（13）	164
100601	中西医结合基础（46）	164
100602	中西医结合临床（57）	165
100701	药物化学（136）	165
100702	药剂学（122）	165
100703	生药学（89）	165
100704	药物分析学（101）	166
100705	微生物与生化药学（81）	166
100706	药理学（127）	166
120201	会计学（277）	166

120202	企业管理（296）	167
120203	旅游管理（186）	167
120204	技术经济及管理（229）	168
1202Z2	市场营销（24）	168
120301	农业经济管理（49）	169
120302	林业经济管理（29）	169
120401	行政管理（180）	169
120402	社会医学与卫生事业管理（76）	169
120403	教育经济与管理（128）	169
120404	社会保障（145）	170
120405	土地资源管理（107）	170
1204Z1	公共政策（28）	170
1204Z2	公共信息资源管理（19）	171
1204Z3	应急管理（9）	171
120501	图书馆学（39）	171
120502	情报学（43）	171
120503	档案学（31）	171
1303L2	广播电视艺术学（27）	171
1303Z2	电影学（6）	171
1304Z1	美术史论（6）	172
1305Z1	动画艺术学（6）	172

中国研究生教育分一级学科竞争力排行榜……173

0251	金融（专业学位）（191）	173
0252	应用统计（专业学位）（144）	173
0253	税务（专业学位）（44）	173
0254	国际商务（专业学位）（116）	174
0255	保险（专业学位）（40）	174
0256	资产评估（专业学位）（42）	174
0257	审计（专业学位）（41）	174
0351	法律（专业学位）（229）	174
0352	社会工作（专业学位）（146）	175
0353	警务（专业学位）（6）	175
0451	教育（专业学位）（157）	175
0452	体育（专业学位）（141）	176
0453	汉语国际教育（专业学位）（144）	176
0454	应用心理学（专业学位）（90）	176
0551	翻译（专业学位）（257）	176
0552	新闻与传播（专业学位）（164）	177
0553	出版（专业学位）（27）	177
0651	文物与博物馆（专业学位）（48）	177
0851	建筑学（专业学位）（43）	178
0852	工程（专业学位）（66）	178
0853	城市规划（专业学位）（29）	178
0854	电子信息（专业学位）（284）	178
0855	机械（专业学位）（215）	179

0856	材料与化工（专业学位）(212)	179	1053	公共卫生（专业学位）(75)	182
0857	资源与环境（专业学位）(176)	179	1054	护理（专业学位）(102)	182
0858	能源动力（专业学位）(140)	180	1055	药学（专业学位）(108)	183
0859	土木水利（专业学位）(157)	180	1056	中药学（专业学位）(46)	183
0860	生物与医药（专业学位）(136)	180	1057	中医（专业学位）(45)	183
0861	交通运输（专业学位）(81)	181	1251	工商管理（专业学位）(155)	183
0951	农业推广（专业学位）(110)	181	1252	公共管理（专业学位）(112)	183
0952	兽医（专业学位）(45)	181	1253	会计（专业学位）(247)	184
0953	风景园林（专业学位）(80)	181	1254	旅游管理（专业学位）(72)	184
0954	林业（专业学位）(33)	182	1255	图书情报（专业学位）(49)	184
1051	临床医学（专业学位）(112)	182	1256	工程管理（专业学位）(156)	185
1052	口腔医学（专业学位）(65)	182	1351	艺术（专业学位）(279)	185

第二部分 中国研究生培养单位各类排名结果、学科等级分布、优势专业及联系方式

国家科学院研究生院（部）（共6个） …… **189**

14430	中国科学院大学	189
80201	中国社会科学院研究生院	189
82101	中国农业科学院研究生院	189
82201	中国林业科学研究院研究生部	189
82501	中国地质科学院研究生院	189
84502	中国中医科学院研究生院	189

普通高校研究生培养单位（共578所） …… **190**

北京市 …… 190

10001	北京大学	190
10003	清华大学	191
10002	中国人民大学	191
10027	北京师范大学	192
10006	北京航空航天大学	193
10007	北京理工大学	193
10019	中国农业大学	194
10008	北京科技大学	195
10023	北京协和医学院	195
10025	首都医科大学	195
10004	北京交通大学	196
10005	北京工业大学	196
10054	华北电力大学	196
10010	北京化工大学	197
10013	北京邮电大学	197
11414	中国石油大学（北京）	197
10034	中央财经大学	198
10022	北京林业大学	198
11415	中国地质大学（北京）	198
10026	北京中医药大学	199
10028	首都师范大学	199
10052	中央民族大学	199
11413	中国矿业大学（北京）	200
10053	中国政法大学	200
10036	对外经济贸易大学	200
10043	北京体育大学	201
10033	中国传媒大学	201
10011	北京工商大学	201
10047	中央美术学院	202
10045	中央音乐学院	202
10038	首都经济贸易大学	202
10030	北京外国语大学	202
10016	北京建筑大学	202
10032	北京语言大学	203
10050	北京电影学院	203
10009	北方工业大学	203
10046	中国音乐学院	203
11232	北京信息科技大学	204
11417	北京联合大学	204
10048	中央戏剧学院	204
10041	中国人民公安大学	204
10040	外交学院	204
10029	首都体育学院	205
10017	北京石油化工学院	205
10031	北京第二外国语学院	205

10049	中国戏曲学院	205		10285	苏州大学	218
10020	北京农学院	205		10287	南京航空航天大学	219
10037	北京物资学院	205		10288	南京理工大学	219
10012	北京服装学院	206		10295	江南大学	220
10015	北京印刷学院	206		10307	南京农业大学	220
10051	北京舞蹈学院	206		10290	中国矿业大学	220
10042	国际关系学院	206		10319	南京师范大学	221
11625	中国青年政治学院	206		10294	河海大学	221
10018	北京电子科技学院	206		10299	江苏大学	222
12453	中国劳动关系学院	207		10312	南京医科大学	222
11418	北京城市学院	207		11117	扬州大学	222
11149	中华女子学院	207		10300	南京信息工程大学	223

上海市 …………………………………… 207

				10291	南京工业大学	223
10248	上海交通大学	207		10298	南京林业大学	224
10246	复旦大学	208		10315	南京中医药大学	224
10247	同济大学	209		10293	南京邮电大学	224
10269	华东师范大学	210		10316	中国药科大学	224
10280	上海大学	210		10304	南通大学	225
10251	华东理工大学	211		10292	常州大学	225
10255	东华大学	211		10320	江苏师范大学	225
10252	上海理工大学	212		10289	江苏科技大学	225
10270	上海师范大学	212		10313	徐州医科大学	226
10268	上海中医药大学	212		10327	南京财经大学	226
90026	第二军医大学	213		10331	南京艺术学院	226
10272	上海财经大学	213		10332	苏州科技大学	226
10264	上海海洋大学	213		11287	南京审计大学	227
10277	上海体育学院	214		11641	江苏海洋大学	227
10254	上海海事大学	214		10330	南京体育学院	227
10276	华东政法大学	214		11276	南京工程学院	227
10271	上海外国语大学	214		11463	江苏理工学院	227
10856	上海工程技术大学	215		11049	淮阴工学院	227

湖北省 …………………………………… 228

10256	上海电力大学	215				
10259	上海应用技术大学	215		10486	武汉大学	228
10278	上海音乐学院	215		10487	华中科技大学	229
10273	上海对外经贸大学	215		10504	华中农业大学	229
10279	上海戏剧学院	216		10497	武汉理工大学	230
11835	上海政法学院	216		10511	华中师范大学	230
11458	上海电机学院	216		10491	中国地质大学（武汉）	231
11047	上海立信会计金融学院	216		10520	中南财经政法大学	231
12044	上海第二工业大学	216		10488	武汉科技大学	232
10274	上海海关学院	216		10512	湖北大学	232

江苏省 …………………………………… 217

				10489	长江大学	232
10284	南京大学	217		11075	三峡大学	233
10286	东南大学	217		10490	武汉工程大学	233

代码	学校	页码		代码	学校	页码
10524	中南民族大学	233		10698	西安交通大学	244
10500	湖北工业大学	233		10699	西北工业大学	244
10495	武汉纺织大学	234		10712	西北农林科技大学	245
10522	武汉体育学院	234		10701	西安电子科技大学	245
10496	武汉轻工大学	234		10697	西北大学	246
10507	湖北中医药大学	234		10718	陕西师范大学	246
10929	湖北医药学院	235		10703	西安建筑科技大学	247
11072	江汉大学	235		10710	长安大学	247
10517	湖北民族大学	235		10700	西安理工大学	247
11524	武汉音乐学院	235		91030	第四军医大学	248
10513	湖北师范大学	235		10704	西安科技大学	248
10523	湖北美术学院	235		10708	陕西科技大学	248
10519	湖北文理学院	236		10709	西安工程大学	249
10525	湖北汽车工业学院	236		10705	西安石油大学	249
11600	湖北经济学院	236		10702	西安工业大学	249
10514	黄冈师范学院	236		10726	西北政法大学	249
10927	湖北科技学院	236		11664	西安邮电大学	249
广东省		**236**		10719	延安大学	250
10558	中山大学	236		10716	陕西中医药大学	250
10561	华南理工大学	237		10720	陕西理工大学	250
10559	暨南大学	238		10724	西安外国语大学	250
10564	华南农业大学	238		10729	西安美术学院	251
10574	华南师范大学	239		10721	宝鸡文理学院	251
12121	南方医科大学	239		10727	西安体育学院	251
10590	深圳大学	240		11560	西安财经大学	251
11845	广东工业大学	240		10728	西安音乐学院	251
11078	广州大学	240		11840	西安医学院	251
10572	广州中医药大学	241		12715	西京学院	251
10570	广州医科大学	241		**浙江省**		**252**
11846	广东外语外贸大学	241		10335	浙江大学	252
10560	汕头大学	241		10337	浙江工业大学	253
10573	广东药科大学	242		11646	宁波大学	253
10566	广东海洋大学	242		10345	浙江师范大学	254
10571	广东医科大学	242		10336	杭州电子科技大学	254
10592	广东财经大学	242		10338	浙江理工大学	254
11847	佛山科学技术学院	242		10343	温州医科大学	255
11349	五邑大学	242		10353	浙江工商大学	255
10586	广州美术学院	243		10356	中国计量大学	255
10585	广州体育学院	243		10341	浙江农林大学	256
11347	仲恺农业工程学院	243		10344	浙江中医药大学	256
10588	广东技术师范大学	243		10346	杭州师范大学	256
10587	星海音乐学院	243		10351	温州大学	256
11540	广东金融学院	244		10355	中国美术学院	256
陕西省		**244**		11482	浙江财经大学	257

10340	浙江海洋大学	257
10349	绍兴文理学院	257
11057	浙江科技学院	257
10347	湖州师范学院	257
11647	浙江传媒学院	258
10876	浙江万里学院	258

四川省 ... 258

10610	四川大学	258
10614	电子科技大学	259
10613	西南交通大学	259
10615	西南石油大学	260
10626	四川农业大学	260
10651	西南财经大学	260
10616	成都理工大学	261
10619	西南科技大学	261
10636	四川师范大学	261
10633	成都中医药大学	262
10656	西南民族大学	262
10623	西华大学	262
10638	西华师范大学	262
10653	成都体育学院	263
10632	西南医科大学	263
10621	成都信息工程大学	263
10634	川北医学院	263
10622	四川轻化工大学	263
11079	成都大学	264
13705	成都医学院	264
10624	中国民用航空飞行学院	264
10654	四川音乐学院	264
10639	绵阳师范学院	264
12212	四川警察学院	264

辽宁省 ... 265

10141	大连理工大学	265
10145	东北大学	265
10159	中国医科大学	266
10151	大连海事大学	266
10140	辽宁大学	266
10173	东北财经大学	267
10161	大连医科大学	267
10157	沈阳农业大学	267
10147	辽宁工程技术大学	268
10163	沈阳药科大学	268
10165	辽宁师范大学	268
10142	沈阳工业大学	268
10167	渤海大学	269
10153	沈阳建筑大学	269
10152	大连工业大学	269
10166	沈阳师范大学	269
10148	辽宁石油化工大学	270
10160	锦州医科大学	270
11258	大连大学	270
10143	沈阳航空航天大学	270
10162	辽宁中医药大学	271
10158	大连海洋大学	271
10150	大连交通大学	271
10154	辽宁工业大学	271
10146	辽宁科技大学	271
10144	沈阳理工大学	272
12026	大连民族大学	272
10149	沈阳化工大学	272
10176	沈阳体育学院	272
10172	大连外国语大学	272
11035	沈阳大学	273
10177	沈阳音乐学院	273
10164	沈阳医学院	273
10175	中国刑事警察学院	273
10178	鲁迅美术学院	273
11632	沈阳工程学院	273
10169	鞍山师范学院	274

山东省 ... 274

10422	山东大学	274
10423	中国海洋大学	275
11065	青岛大学	275
10425	中国石油大学（华东）	275
10424	山东科技大学	276
10445	山东师范大学	276
10434	山东农业大学	276
10446	曲阜师范大学	277
10426	青岛科技大学	277
10427	济南大学	277
10456	山东财经大学	278
10433	山东理工大学	278
11066	烟台大学	278
10431	齐鲁工业大学	278
10441	山东中医药大学	279
10435	青岛农业大学	279
10429	青岛理工大学	279
10447	聊城大学	279

10451	鲁东大学	279	10792	天津城建大学	291
10430	山东建筑大学	280	10061	天津农学院	292
10439	山东第一医科大学	280	10066	天津职业技术师范大学	292
10438	潍坊医学院	280	10068	天津外国语大学	292
10440	滨州医学院	280	10072	天津音乐学院	292
11688	山东工商学院	280	10073	天津美术学院	292
11510	山东交通学院	281			
10458	山东艺术学院	281	**安徽省**		**293**
10908	山东工艺美术学院	281	10358	中国科学技术大学	293
10457	山东体育学院	281	10359	合肥工业大学	293
10443	济宁医学院	281	10357	安徽大学	294
14100	山东政法学院	281	10366	安徽医科大学	294
			10370	安徽师范大学	294
湖南省		**282**	10364	安徽农业大学	294
10533	中南大学	282	10360	安徽工业大学	295
90002	国防科技大学	282	10361	安徽理工大学	295
10532	湖南大学	283	10369	安徽中医药大学	295
10542	湖南师范大学	284	10373	淮北师范大学	295
10530	湘潭大学	284	10378	安徽财经大学	296
10536	长沙理工大学	284	10367	蚌埠医学院	296
10537	湖南农业大学	285	10368	皖南医学院	296
10534	湖南科技大学	285	10363	安徽工程大学	296
10538	中南林业科技大学	285	10878	安徽建筑大学	296
10555	南华大学	286	10372	安庆师范大学	297
10541	湖南中医药大学	286	11059	合肥学院	297
11535	湖南工业大学	286	10371	阜阳师范大学	297
10531	吉首大学	286	10879	安徽科技学院	297
10554	湖南工商大学	287	14098	合肥师范学院	297
10543	湖南理工学院	287			
10547	邵阳学院	287	**黑龙江省**		**297**
11342	湖南工程学院	287	10213	哈尔滨工业大学	297
10553	湖南人文科技学院	287	10217	哈尔滨工程大学	298
			10225	东北林业大学	298
天津市		**287**	10224	东北农业大学	299
10056	天津大学	287	10226	哈尔滨医科大学	299
10055	南开大学	288	10212	黑龙江大学	299
10062	天津医科大学	289	10214	哈尔滨理工大学	300
10058	天津工业大学	289	10220	东北石油大学	300
10057	天津科技大学	289	10231	哈尔滨师范大学	300
10065	天津师范大学	290	10228	黑龙江中医药大学	301
10063	天津中医药大学	290	10232	齐齐哈尔大学	301
10060	天津理工大学	290	10240	哈尔滨商业大学	301
10059	中国民航大学	291	10223	黑龙江八一农垦大学	301
10070	天津财经大学	291	10222	佳木斯大学	302
10069	天津商业大学	291	10219	黑龙江科技大学	302
10071	天津体育学院	291	10242	哈尔滨体育学院	302

10233	牡丹江师范学院	302	10652	西南政法大学	314
10229	牡丹江医学院	302	11799	重庆工商大学	314
11446	黑龙江东方学院	303	10637	重庆师范大学	314
			11660	重庆理工大学	314

吉林省 ……… 303

10183	吉林大学	303
10200	东北师范大学	304
10186	长春理工大学	304
10193	吉林农业大学	304
10184	延边大学	305
10188	东北电力大学	305
10190	长春工业大学	305
10203	吉林师范大学	306
10199	长春中医药大学	306
10201	北华大学	306
10207	吉林财经大学	306
10205	长春师范大学	306
10191	吉林建筑大学	307
10192	吉林化工学院	307
10208	吉林体育学院	307
10209	吉林艺术学院	307
11726	长春大学	307
10964	吉林外国语大学	307
11437	长春工程学院	308

福建省 ……… 308

10384	厦门大学	308
10386	福州大学	309
10394	福建师范大学	309
10389	福建农林大学	309
10385	华侨大学	310
10392	福建医科大学	310
10393	福建中医药大学	310
10390	集美大学	310
11062	厦门理工学院	311
10388	福建工程学院	311
10402	闽南师范大学	311
10395	闽江学院	311
10399	泉州师范学院	311

重庆市 ……… 311

10611	重庆大学	311
10635	西南大学	312
10631	重庆医科大学	313
10617	重庆邮电大学	313
10618	重庆交通大学	313

10652	西南政法大学	314
11799	重庆工商大学	314
10637	重庆师范大学	314
11660	重庆理工大学	314
11551	重庆科技学院	314
10650	四川外国语大学	315
10655	四川美术学院	315
10643	重庆三峡学院	315

河南省 ……… 315

10459	郑州大学	315
10475	河南大学	316
10476	河南师范大学	316
10460	河南理工大学	317
10464	河南科技大学	317
10466	河南农业大学	317
10463	河南工业大学	317
10471	河南中医药大学	318
10078	华北水利水电大学	318
10477	信阳师范学院	318
10462	郑州轻工业大学	318
10472	新乡医学院	319
10465	中原工学院	319
10484	河南财经政法大学	319
10467	河南科技学院	319
10485	郑州航空工业管理学院	319
10482	洛阳师范学院	320
10481	南阳师范学院	320
10479	安阳师范学院	320

河北省 ……… 320

10216	燕山大学	320
10075	河北大学	321
10080	河北工业大学	321
10089	河北医科大学	321
10094	河北师范大学	321
10081	华北理工大学	322
10086	河北农业大学	322
10082	河北科技大学	322
10107	石家庄铁道大学	322
10076	河北工程大学	323
11832	河北经贸大学	323
10077	河北地质大学	323
10092	河北北方学院	323
10093	承德医学院	323
10798	河北科技师范学院	324

11105	中国人民警察大学 …… 324	10608	广西民族大学 …… 333
10084	河北建筑工程学院 …… 324	10600	广西中医药大学 …… 333
11104	华北科技学院 …… 324	10603	南宁师范大学 …… 333
11775	防灾科技学院 …… 324	10594	广西科技大学 …… 334
11629	北华航天工业学院 …… 324	10607	广西艺术学院 …… 334
11420	河北金融学院 …… 325	10601	桂林医学院 …… 334
12784	河北传媒学院 …… 325	10599	右江民族医学院 …… 334
11903	中央司法警官学院 …… 325	11548	广西财经学院 …… 334

江西省 …… 325

甘肃省 …… 335

10403	南昌大学 …… 325	10730	兰州大学 …… 335
10414	江西师范大学 …… 326	10736	西北师范大学 …… 335
10406	南昌航空大学 …… 326	10731	兰州理工大学 …… 336
10410	江西农业大学 …… 326	10732	兰州交通大学 …… 336
10421	江西财经大学 …… 326	10733	甘肃农业大学 …… 336
10404	华东交通大学 …… 327	10742	西北民族大学 …… 336
10407	江西理工大学 …… 327	10735	甘肃中医药大学 …… 337
10405	东华理工大学 …… 327	10741	兰州财经大学 …… 337
10408	景德镇陶瓷大学 …… 327	11406	甘肃政法大学 …… 337
10412	江西中医药大学 …… 328	10739	天水师范学院 …… 337
11318	江西科技师范大学 …… 328		

云南省 …… 337

10418	赣南师范大学 …… 328	10673	云南大学 …… 337
11319	南昌工程学院 …… 328	10674	昆明理工大学 …… 338
10413	赣南医学院 …… 328	10681	云南师范大学 …… 338
10419	井冈山大学 …… 329	10678	昆明医科大学 …… 339
10417	宜春学院 …… 329	10676	云南农业大学 …… 339

山西省 …… 329

10112	太原理工大学 …… 329	10677	西南林业大学 …… 339
10108	山西大学 …… 329	10691	云南民族大学 …… 339
10114	山西医科大学 …… 330	10679	大理大学 …… 339
10110	中北大学 …… 330	10689	云南财经大学 …… 339
10113	山西农业大学 …… 330	10680	云南中医药大学 …… 340
10125	山西财经大学 …… 330	10690	云南艺术学院 …… 340
10118	山西师范大学 …… 330	11392	云南警官学院 …… 340

新疆维吾尔自治区 …… 340

10109	太原科技大学 …… 331	10755	新疆大学 …… 340
10809	山西中医药大学 …… 331	10759	石河子大学 …… 341
10119	太原师范学院 …… 331	10760	新疆医科大学 …… 341
10117	长治医学院 …… 331	10758	新疆农业大学 …… 341

广西壮族自治区 …… 331

		10762	新疆师范大学 …… 341
10593	广西大学 …… 331	10757	塔里木大学 …… 342
10602	广西师范大学 …… 332	10766	新疆财经大学 …… 342
10598	广西医科大学 …… 332	10764	伊犁师范大学 …… 342
10595	桂林电子科技大学 …… 332	10763	喀什大学 …… 342
10596	桂林理工大学 …… 333	10768	新疆艺术学院 …… 343

10997	昌吉学院	343	宁夏回族自治区	347
贵州省		343	10749 宁夏大学	347
10657	贵州大学	343	10752 宁夏医科大学	347
10663	贵州师范大学	343	11407 北方民族大学	347
10660	贵州医科大学	344	10753 宁夏师范学院	347
10661	遵义医科大学	344	海南省	348
10671	贵州财经大学	344	10589 海南大学	348
10662	贵州中医药大学	344	11658 海南师范大学	348
10672	贵州民族大学	344	11810 海南医学院	348
10670	黔南民族师范学院	344	11100 海南热带海洋学院	348
内蒙古自治区		345	青海省	349
10126	内蒙古大学	345	10743 青海大学	349
10129	内蒙古农业大学	345	10746 青海师范大学	349
10127	内蒙古科技大学	345	10748 青海民族大学	349
10132	内蒙古医科大学	345	西藏自治区	349
10135	内蒙古师范大学	346	10694 西藏大学	349
10128	内蒙古工业大学	346	10695 西藏民族大学	350
10136	内蒙古民族大学	346	10696 西藏藏医药大学	350
10139	内蒙古财经大学	346		
10138	赤峰学院	346		

第三部分　附　　录

国家及主要大学硕士研究生招录情况……… **353**

第一部分

2021年中国研究生教育竞争力排行榜

2021年中国研究生教育及学科专业评价报告的产生与分析[①]

教育评价事关教育发展方向，具有重要的导向作用。2020年10月，中共中央、国务院颁布了《深化新时代教育评价改革总体方案》，提出了"坚持立德树人，牢记为党育人、为国育才使命，充分发挥教育评价的指挥棒作用，引导确立科学的育人目标，确保教育正确发展方向"的总体要求，明确了"到2035年，基本形成富有时代特征、彰显中国特色、体现世界水平的教育评价体系"的改革目标，部署了"改革党委和政府教育工作评价""改革学校评价""改革教师评价""改革学生评价"等系列重点任务，为深入推进新时代教育评价改革指明了前进方向。

为深入贯彻习近平总书记关于教育的重要论述和全国研究生教育大会精神，全面推进《深化新时代教育评价改革总体方案》落地见效，杭州电子科技大学中国科教评价研究院积极响应号召，组织专家召开专题研讨会，及时调整中国研究生教育及学科专业评价指标体系，进一步强化人才培养中心地位，淡化了论文收录数、引用率、奖项数等数量指标，突出学科特色、质量和贡献，构建了以立德树人成效为根本标准，以"质量、成效、特色、贡献"为价值导向，政治标准、业务标准和效益标准三结合的评价指标体系，以期突出中国特色，构建既符合中国国情，又对接世界一流的分类、分层次的研究生教育评价体系。

杭州电子科技大学中国科教评价研究院于2021年3—6月开展了中国研究生教育及学科专业评价工作，从地区（省、自治区、直辖市）、中国一流研究生院、双一流大学、研究生培养高校、学科门类、学术学位一级学科、学术学位专业和专业学位一级学科8个角度，对培养单位的研究生教育竞争力进行了全面、系统和深入的评价。

本次研究生教育评价的对象为中国的584个研究生培养单位（不含部分军事类院校和港澳台地区高校），共包含62个研究生院（2011年以前国家批准设立的研究生院和国家级科学院的研究生院，以及军事院校的研究生院除外）、578所普通高等学校（含56所具有国家级研究生院的高校）。本书从31个地区（省、自治区、直辖市）、29个中国一流研究生院、62个研究生院、578所高校、12个学科门类、99个一级学科、368个学术学位专业和47个专业学位一级学科8个角度，对中国的584个研究生培养单位的竞争力进行了全面、系统和深入的评价，这是目前国内外最全面、最系统的研究生教育评价。

本次评价本着客观、翔实、准确的原则，尽最大可能全面反映我国高校研究生教育及学科专业的发展现状。考虑到研究生教育发展具有连续性和阶段性特点，所以这份报告将当年指标数据与年度累加数据相结合，以保证评价结果客观、公平。这对于客观反映研究生教育发展水平，满足社会信息需求，改革和完善我国研究生教育制度，提高人才培养质量，促进高校之间的有序竞争和健康发展，具有重要的指导意义和参考价值。

一、评价的对象与做法

1. 评价对象

为了确保评价研究工作的延续性和可比性，我们确定中国科学院大学（原中国科学院研究生院）、中国社会科学院研究生院、中国农业科学院研究生院、中国林业科学研究院研究生部、中国地质科学院

[①] 详细评价结果请查看本书或登录"金平果"中国科教评价网（http://www.nseac.com）。

研究生院、中国中医科学院研究生院和578所具有硕/博士学位授予权的高校作为本次评价的对象。

各类评价对象的具体分布情况是：国家级科学院研究生院（部）6个、含国家级研究生院的高校56所及其余522所高校研究生培养单位（处、部、院、中心），普通高等学校总数达到578所（含56所具有国家级研究生院的高校）。本次评价仍然将中国地质大学（武汉和北京）、中国矿业大学（徐州和北京）和中国石油大学（北京和华东）三所两地办学的研究生院分开单独评价，并将"中国矿业大学（徐州）"名称改为"中国矿业大学"。

为适应研究生教育发展需要，本次评价在学科目录的选择上继承了2020年的做法，继续以国务院学位委员会公布的《学位授予和人才培养学科目录（2011年）》为标准，结合各高校的招生实际，除去军事类（11）一个门类，公安学（0306）、公安技术（0838）两个一级学科，警务（0353）和军事（1151）两个专业学位一级学科，共计评价和发布了12个学科门类、99个学术学位一级学科、368个学术学位专业和47个专业学位一级学科的排行榜单，并按教育部颁布的《2014年研究生招生学科、专业代码册》中的顺序排列。此外，继2012年首次评价专业学位，今年沿袭去年的做法，对专业学位研究生教育的评价到一级学科为止。

对于自设专业，我们今年特意选取各高校招生专业中专业名称相同、专业代码属于同一一级学科、开设高校数超过评价单位总数的1%（6所）的自设专业为评价对象，并统一规范自设专业代码，总计37个。对于开设高校数量未超过全部评价单位1%的专业不予评价。

2. 数据处理

本次评价的原始数据主要来自五个方面：①有关政府部门的统计数据资料（包括汇编、年鉴、报表等）；②国内外有关数据库；③有关政府部门、高校的网站；④有关刊物、书籍、报纸、内部资料等；⑤中国科学评价研究中心在多年评价的基础上建立的"基础数据库"。我们对所有的原始数据进行了全面核查，并对异常数据进行了人工处理，要求"有数据必有来源，有来源必须精准"。

本次评价中，我们在审定了评价体系并确定评价对象后，对原始数据进行了全面核查，并对异常数据进行处理，然后利用我们自己设计的"中国研究生教育评价信息系统"进行数值计算、统计得分。

分类评价是当前科学评价的热点和难点，专业评价是教育评价的微观层面，其复杂度和难度之大难以想象。通过多年的评价实践，研究者认识到利用题录信息可以完成论文分类，有人提出《中华人民共和国学科分类与代码国家标准》是中国科学评价领域的最佳分类体系。它在梳理常规分类方法的基础上，归纳出这些方法适合于分类评价的方面，而且对这些方面进行进一步的改造和融合，提出和构建了科学评价论文分类系统，其特点是"二次分类"和"自动生成训练集"。该系统巧妙利用期刊分类器和类号转换器，实现了二次分类和自动生成测试集，提高了支持向量机（support vector machine，SVM，一种机器学习算法）的分类精度，也避免了繁重的人工分类任务。实验证明该系统能胜任科学评价中的论文分类任务。本次评价继续使用该系统并适当改进。在其他数据指标的分专业过程中，本次评价采用人机结合的方式，大量使用VBA、Java等设计程序，提高了工作效率和准确性。

最后，我们利用"中国研究生教育评价信息系统"进行数值计算、统计得分和排行榜生成。在评价过程中，我们进一步实现智能与人工的密切配合，加强了误差判定，对波动较大的数据进行了人工校准，提高了效率，保证了准确率。

在评价的初步结果出来之后，邀请各领域专家对结果进行分析，将反馈的意见纳入最终的结果，达到了定量评价和定性评价的完美结合，使评价的结果更具科学性和权威性。

在结果的呈现方式上，根据集中与离散分布规律，在各评价结果的表示方面，将各排行榜中的竞争力依次分为5个等级，并用星级表示：①5★为具有重点优势竞争力的单位，即排在最前面10%的培养单位[其中，排在前1%（含1%，下同）的为5★+级，前1%～5%的为5★级，前5%～10%的为5★-级]；②4★为具有优势竞争力的单位，占总数的10%，即排在前10%～20%（含20%）的单位；③3★为具有良好竞争力的单位，占总数的30%，即排在前20%～50%（含50%）的单位；④2★为具有一般竞争力的单位，占总数的 40%，即排在前 50%~90%（含 90%）的单位；⑤1★为具有较差竞争力的单位，占总数的 10%，即排在 90%~100%的单位。对于排在 5★和 4★的高校，给出名单并列出排名；对于排在 3★、2★和 1★的高校，只列出个数，不再列出高校名单。

3. 评价指标体系

杭州电子科技大学中国科教评价研究院根据《深化新时代教育评价改革总体方案》的要求，在保持评价体系框架基本稳定的基础上，对中国研究生教育评价指标体系进行了修改完善，进一步强化了人才培养的中心地位，淡化了论文收录数、引用率、奖项数等数量指标，突出学科特色、质量和贡献，构建了以立德树人成效为根本的标准，以"质量、成效、特色、贡献"为价值导向，政治标准、业务标准和效益标准三结合的评价指标体系。

本次中国研究生教育评价指标体系设一级指标 3 个，二级指标 9 个，三级指标 28 个。一级指标包括政治标准、业务标准和效益标准 3 个维度，二级指标包括领导班子、人才培养、学术声誉等 9 个方面，三级指标包括课程思政、学生获奖、科研项目等 28 个方面。在本次评价中，我们首次设立了负分处理，对于存在学术不端行为的高校在评价得分中直接扣取相应分数。具体评价指标内容如表 1 所示。

表 1　2021 年中国研究生教育评价指标体系

一级指标	一级指标权重	二级指标	二级指标权重
政治标准	0.20	领导班子	0.30
		思政教育	0.40
		治理制度	0.30
业务标准	0.50	办学资源	0.30
		人才培养	0.15
		科学研究	0.40
		社会服务	0.15
效益标准	0.30	学术声誉	0.50
		学术影响	0.50

4. 结果发布

我们历年的研究生评价工作积累了大量关于研究生教育的原始数据和信息，为了充分发掘这些信息的社会价值，满足不同社会群体了解高等教育的实际需求，我们从 2009 年开始进行网络信息服务平台——中国科教评价网（http://www.nseac.com）的同步建设，历经三次大的改版和升级，于 2011 年以全新的面貌正式上线（图 1）。搭建的基于 Web 的网络信息服务平台不仅覆盖面广、信息传递成本低，而且能够充分利用互联网交互性强的特点，方便地获取用户特征信息，深入分析挖掘，并能整合各种类型的信息资源，实现个性化信息服务，创造社会价值和经济价值。该平台实现了全部原始数据的网上查询，并面向高校提供大学本科教育和研究生教育诊断与咨询服务，面向高考和考研考生提供个人素质诊断与报考指南服务。另外，杭州电子科技大学中国科教评价研究院（图 2）是本次评价的第一研发单位，所以本次评价的相关信息将在杭州电子科技大学中国科教评价研究院网（http://casee.hdu.edu.cn/）和中国科教评价网（http://www.nseac.com）同步发布。

图 1 网络信息服务平台（中国科教评价网）

图 2 杭州电子科技大学中国科教评价研究院网站页面

二、本次评价的结果与分析

1. 中国研究生教育地区竞争力评价结果与分析

中国研究生教育地区（省、自治区、直辖市）竞争力排行榜创立于2005年，今年继续发扬这一特色。地区的得分由辖区内各高校的得分求和并经过标准化和线性处理而来，得分区间为[25,100]。我们公布了每个地区（省、自治区、直辖市）的研究生教育竞争力排名位次，并列出了相应的得分情况，目的是希望相关政府部门能够从排行榜中解读出更多信息，即不仅仅是一个强与弱的排名关系，更有了"量"的区分。此外，我们还公布了各个地区（省、自治区、直辖市）的 4 个一级指标的排序，本排行榜自 2013 年起增加了各地区"学校数量"这一数据项，有助于管理部门从更深入的角度把握该地区研究生教育的实际情况。

对于中国科学院大学等 6 个研究生院的归属问题，我们维持了 2006 年的做法，即考虑到该 6 个研究生院不仅属于北京地区，而且有些研究院所分布在全国各地，故在进行该排行榜数据处理时不将其列入北京地区，不过在进行 62 个研究生院竞争力地区内排名时，仍将这 6 个研究生院均纳入北京地区内部比较。本次评价将两地办学的中国矿业大学、中国地质大学和中国石油大学分别按校区所在地划分，真正反映教育资源的地区分布。

2021 年中国研究生教育地区竞争力评价的排名情况如表 2 所示。北京市以各方面强势优势稳居第一，其办学资源、教研产出、质量与影响和学术声誉均位居榜首。北京市、江苏省和上海市位居前三，与去年排名相同。从 4 个一级指标的排名情况来看，湖北省的质量与影响、广东省的办学资源和陕西省的教研产出相比其他一级指标表现较为突出。

表 2 2021 年中国研究生教育地区竞争力排行榜

排名	地区	学校数量	总分	办学资源序	教研产出序	质量与影响序	学术声誉序
1	北京市	57	100.00	1	1	1	1
2	江苏省	33	97.17	3	2	2	2
3	上海市	28	96.67	2	3	3	3
4	湖北省	28	94.55	5	4	4	4
5	广东省	25	94.25	4	5	5	5
6	陕西省	28	93.37	6	6	8	8
7	浙江省	21	92.56	8	9	6	6
8	四川省	24	92.42	10	7	9	10
9	山东省	30	92.39	9	8	7	7
10	湖南省	18	92.05	7	11	10	9
11	辽宁省	37	91.08	12	10	13	12
12	天津市	18	90.50	11	12	11	11
13	安徽省	20	89.65	13	13	12	14
14	黑龙江省	19	89.51	15	15	14	13
15	河南省	19	88.80	16	14	18	18
16	福建省	13	88.78	14	18	15	16
17	重庆市	13	88.74	17	16	16	17
18	吉林省	19	88.44	18	17	17	15
19	甘肃省	10	87.04	20	19	19	19
20	江西省	16	86.16	21	20	20	21
21	云南省	12	85.67	19	22	23	23
22	河北省	23	85.50	24	21	21	20
23	山西省	11	84.42	25	24	22	22
24	广西壮族自治区	13	84.29	23	23	24	24
25	新疆维吾尔自治区	11	83.44	22	25	27	25
26	贵州省	8	81.83	26	26	25	26
27	内蒙古自治区	9	80.78	27	27	26	27
28	海南省	4	77.74	28	29	28	28

续表

排名	地区	学校数量	总分	办学资源序	教研产出序	质量与影响序	学术声誉序
29	宁夏回族自治区	4	77.22	29	28	29	29
30	青海省	3	74.64	30	30	30	31
31	西藏自治区	3	70.83	31	31	31	30

2. 中国一流研究生院竞争力评价结果与分析

"中国一流研究生院"应具有"一流的导师队伍、一流的教学水平、一流的科研成果、一流的国际影响"。结合2021年中国普通高校研究生教育竞争力排行榜和中国研究生院竞争力排行榜的结果，选取全部584个研究生培养单位中竞争力排名前5%的单位，作为"中国一流研究生院"，共评选出29所研究生培养单位（表3）。

表3 2021年中国一流研究生院竞争力排行榜

排名	单位名称	总分	地区	内序	类型	序
1	中国科学院大学	100.00	北京市	1	理工	1
2	北京大学	99.30	北京市	2	综合	1
3	清华大学	98.79	北京市	3	理工	2
4	浙江大学	98.27	浙江省	1	综合	2
5	上海交通大学	96.20	上海市	1	理工	3
6	中山大学	95.47	广东省	1	综合	3
7	南京大学	95.43	江苏省	1	综合	4
8	武汉大学	94.78	湖北省	1	综合	5
9	中国科学技术大学	94.19	安徽省	1	理工	4
10	华中科技大学	93.81	湖北省	2	理工	5
11	中国人民大学	92.80	北京市	4	文法	1
12	四川大学	92.31	四川省	1	综合	6
13	复旦大学	92.23	上海市	2	综合	7
14	中南大学	91.32	湖南省	1	综合	8
15	西安交通大学	91.26	陕西省	1	理工	6
16	吉林大学	91.09	吉林省	1	综合	9
17	哈尔滨工业大学	90.93	黑龙江省	1	理工	7
18	同济大学	90.81	上海市	3	理工	8
19	东南大学	90.70	江苏省	2	理工	9
20	北京师范大学	89.76	北京市	5	师范	1
21	山东大学	89.50	山东省	1	综合	10
22	国防科技大学	89.10	湖南省	2	理工	10
23	天津大学	88.82	天津市	1	理工	11
24	南开大学	88.66	天津市	2	综合	11
25	华南理工大学	88.63	广东省	2	理工	12
26	北京航空航天大学	88.36	北京市	6	理工	13
27	厦门大学	88.12	福建省	1	综合	12
28	电子科技大学	87.99	四川省	2	理工	14
29	北京理工大学	87.98	北京市	7	理工	15

结果显示：中国科学院大学的研究生教育水平在全国遥遥领先，北京大学、清华大学、浙江大学、上海交通大学紧随其后。中山大学位列全国第6，华中科技大学进入全国前10。电子科技大学、北京理工大学进入一流研究生院名单，排名分列第28、29位。

3. 中国普通高校研究生教育竞争力评价结果与分析

本次进入中国普通高校研究生教育竞争力排行榜的高校研究生培养单位总数为578所。本排行榜公布了分31个地区（省、自治区、直辖市）和10种学校类型（综合类、理工类、农林类、医药类、财经类、文法类、师范类、民族类、艺术类、体育类）的相对排名，这有利于同省（自治区、直辖市）或同类型高校间的比较分析。从整体排名结果来看，理工类院校实力最强，文法类和师范类院校整体实力较薄弱。

今年，对高校研究生教育的评价依然坚持分类评价的原则，并进一步对特殊类别的高校进行特殊处理。对部分高校的性质类型进行了调整，以符合实际情况。考虑到文学、政法、艺术、体育类院校的办学特点，对评价体系进行了调整，提高了不同类型院校之间的可比性；又考虑到工业和信息化部主管的7所高校和3所军事类院校对成果的保密性要求较高，获取评价数据必然受到影响，因此在计算得分时普遍上调一定比例。这些学校是哈尔滨工业大学、哈尔滨工程大学、北京航空航天大学、南京航空航天大学、北京理工大学、南京理工大学、西北工业大学和国防科技大学、第二军医大学、第四军医大学。上调比例经咨询专家而定。

2021年中国普通高校研究生教育竞争力30强如表4所示。北京大学、清华大学稳居前两位。结合2020年中国普通高校研究生教育竞争力排名情况可以发现：中国科学技术大学、中国人民大学、北京师范大学和南开大学研究生教育竞争力稳步攀升；复旦大学、吉林大学、哈尔滨工业大学、山东大学、天津大学、大连理工大学排名下降；电子科技大学、郑州大学进入中国普通高校研究生教育竞争力30强名单，排名分列第27、29位。

表4 2021年中国普通高校研究生教育竞争力30强

排名	培养单位名称	总分	地区内序		类型序		2020年排名
1	北京大学	100.00	北京市	1	综合	1	1
2	清华大学	98.61	北京市	2	理工	1	2
3	浙江大学	97.59	浙江省	1	综合	2	3
4	上海交通大学	96.57	上海市	1	理工	2	4
5	中山大学	92.54	广东省	1	综合	3	6
6	南京大学	91.14	江苏省	1	综合	4	7
7	武汉大学	91.06	湖北省	1	综合	5	8
8	中国科学技术大学	89.84	安徽省	1	理工	3	16
9	华中科技大学	88.72	湖北省	2	理工	4	9
10	中国人民大学	88.01	北京市	3	文法	1	19
11	四川大学	86.12	四川省	1	综合	6	10
12	复旦大学	85.22	上海市	2	综合	7	5
13	中南大学	85.07	湖南省	1	综合	8	13
14	西安交通大学	83.39	陕西省	1	理工	5	15
15	吉林大学	83.28	吉林省	1	综合	9	11
16	哈尔滨工业大学	82.97	黑龙江省	1	理工	6	12
17	同济大学	82.69	上海市	3	理工	7	17

续表

排名	培养单位名称	总分	地区	内序	类型	序	2020年排名
18	东南大学	82.47	江苏省	2	理工	8	20
19	北京师范大学	82.27	北京市	4	师范	1	22
20	山东大学	80.57	山东省	1	综合	10	14
21	国防科技大学	80.10	湖南省	2	理工	9	21
22	天津大学	79.39	天津市	1	理工	10	18
23	南开大学	78.89	天津市	2	综合	11	26
24	华南理工大学	78.60	广东省	2	理工	11	24
25	北京航空航天大学	78.56	北京市	5	理工	12	23
26	厦门大学	78.08	福建省	1	综合	12	25
27	电子科技大学	77.66	四川省	2	理工	13	36
28	北京理工大学	77.43	北京市	6	理工	14	29
29	郑州大学	77.42	河南省	1	综合	13	37
30	大连理工大学	77.41	辽宁省	1	理工	15	28

4. 139所双一流高校研究生教育分一级学科竞争力评价结果与分析

2017年9月，《教育部 财政部 国家发展改革委关于公布世界一流大学和一流学科建设高校及建设学科名单的通知》印发，名单中共包括139所高校（除去中国科学院大学）。学科优秀率达到前80%的一流大学A类有8所，分别是中央音乐学院、中国音乐学院、中央戏剧学院、北京大学、浙江大学、南京大学、华中科技大学、复旦大学。其中中央音乐学院、中国音乐学院和中央戏剧学院因开设的学科较为单一，学科优秀率达到100%。另外，部分院校的学科优秀率为0，是因为该校的一流学科为自设学科，而不做统一评价。本次通过学科总数、5★+学科数、5★学科数、5★-学科数以及4★学科数对这139所高校的学科优秀率进行评定，力求从更加全面的角度评价双一流高校的学科建设。评定方法是5★+学科数、5★学科数、5★-学科数以及4★学科数的总和在学科总数中的占比，评定结果如表5所示，其中，学科优秀率排名前三的是浙江大学、北京大学和华中科技大学，分别是91.67%、89.58%和84.44%，值得注意的是华中科技大学，其在院校排名中是第9名，但学科优秀率位列第3，由此说明华中科技大学对学科质量的把控十分到位，尤其是一些优势学科在同等高校的学科排名中崭露头角。

表5 139所双一流院校（除中国科学院大学）一级学科等级分布及其学科优秀率

双一流高校排名	院校名称	学科总数	5★+学科数	5★学科数	5★-学科数	4★学科数	学科优秀率/%	学校性质
1	北京大学	48	2	27	7	7	89.58	一流大学A类
2	清华大学	56	7	19	12	6	78.57	一流大学A类
3	浙江大学	60	4	21	19	11	91.67	一流大学A类
4	上海交通大学	56	3	12	12	11	67.86	一流大学A类
5	中山大学	63	1	9	14	12	57.14	一流大学A类
6	南京大学	44	0	13	14	10	84.09	一流大学A类
7	武汉大学	56	3	15	7	13	67.86	一流大学A类
8	中国科学技术大学	38	3	5	6	7	55.26	一流大学A类
9	华中科技大学	45	1	8	13	16	84.44	一流大学A类
10	中国人民大学	30	11	4	2	5	73.33	一流大学A类

续表

双一流高校排名	院校名称	学科总数	5★+学科数	5★学科数	5★-学科数	4★学科数	学科优秀率/%	学校性质
11	四川大学	59	2	12	15	11	67.80	一流大学A类
12	复旦大学	42	6	15	8	5	80.95	一流大学A类
13	中南大学	46	0	7	10	12	63.04	一流大学A类
14	西安交通大学	41	2	7	8	11	68.29	一流大学A类
15	吉林大学	65	1	4	11	15	47.69	一流大学A类
16	哈尔滨工业大学	38	1	7	5	4	44.74	一流大学A类
17	同济大学	44	2	3	8	15	63.64	一流大学A类
18	东南大学	50	1	7	7	16	62.00	一流大学A类
19	北京师范大学	39	5	6	7	8	66.67	一流大学A类
20	山东大学	52	0	5	8	16	55.77	一流大学A类
21	国防科技大学	23	0	3	4	5	52.17	一流大学A类
22	天津大学	46	2	5	12	9	60.87	一流大学A类
23	南开大学	43	2	4	6	11	53.49	一流大学A类
24	华南理工大学	38	0	4	7	13	63.16	一流大学A类
25	北京航空航天大学	38	1	4	8	5	47.37	一流大学A类
26	厦门大学	45	0	7	10	12	64.44	一流大学A类
27	电子科技大学	29	2	1	4	8	51.72	一流大学A类
28	北京理工大学	31	0	2	7	13	70.97	一流大学A类
29	郑州大学	59	0	1	3	14	30.51	一流大学B类
30	大连理工大学	42	1	3	10	6	47.62	一流大学A类
31	西北工业大学	36	0	1	4	7	33.33	一流大学A类
32	重庆大学	51	0	4	7	17	54.90	一流大学A类
33	华东师范大学	38	0	6	7	15	73.68	一流大学A类
34	湖南大学	30	0	1	9	8	60.00	一流大学B类
35	兰州大学	48	1	1	5	7	29.17	一流大学A类
36	中国农业大学	31	2	6	2	6	51.61	一流大学A类
37	苏州大学	48	0	3	2	12	35.42	一流学科
38	东北大学	36	0	1	5	7	36.11	一流大学B类
39	中国海洋大学	34	0	1	5	5	32.35	一流大学A类
40	上海大学	44	0	2	4	8	31.82	一流学科
41	西南大学	54	0	4	1	8	24.07	一流学科
42	西北农林科技大学	27	0	0	8	5	48.15	一流大学B类
43	暨南大学	41	0	2	2	11	36.59	一流学科
44	南京航空航天大学	34	0	0	3	7	29.41	一流学科
45	南京理工大学	36	0	1	1	9	30.56	一流学科
46	江南大学	30	1	1	2	2	20.00	一流学科
47	北京科技大学	30	0	1	1	7	30.00	一流学科
48	西南交通大学	41	1	0	3	6	24.39	一流学科
49	华中农业大学	27	2	5	2	5	51.85	一流学科

续表

双一流高校排名	院校名称	学科总数	5★+学科数	5★学科数	5★-学科数	4★学科数	学科优秀率/%	学校性质
50	南京农业大学	31	0	2	5	7	45.16	一流学科
51	华东理工大学	31	1	3	0	4	25.81	一流学科
52	北京协和医学院	12	0	2	3	0	41.67	一流学科
53	南昌大学	53	0	0	2	4	11.32	一流学科
54	武汉理工大学	46	0	0	4	2	13.04	一流学科
55	中国矿业大学	35	1	1	1	6	25.71	一流学科
56	南京师范大学	40	0	2	0	12	35.00	一流学科
57	华中师范大学	34	0	4	4	4	35.29	一流学科
58	河海大学	40	2	0	2	6	25.00	一流学科
59	东北师范大学	36	1	3	2	6	33.33	一流学科
61	北京交通大学	34	0	0	4	7	32.35	一流学科
66	西安电子科技大学	25	0	2	1	2	20.00	一流学科
68	中国地质大学（武汉）	34	0	2	0	4	17.65	一流学科
69	北京工业大学	33	0	1	0	4	15.15	一流学科
71	华北电力大学	24	0	1	2	1	16.67	一流学科
72	华南师范大学	34	0	2	3	6	32.35	一流学科
73	云南大学	32	0	2	1	6	28.13	一流大学B类
75	合肥工业大学	40	0	1	0	4	12.50	一流学科
77	西北大学	38	0	0	0	7	18.42	一流学科
79	陕西师范大学	35	0	1	3	1	14.29	一流学科
80	河南大学	46	0	0	0	7	15.22	一流学科
81	广西大学	37	0	0	1	2	8.11	一流学科
82	太原理工大学	28	0	1	0	4	17.86	一流学科
83	北京化工大学	22	0	1	1	4	27.27	一流学科
84	宁波大学	30	0	1	1	9	36.67	一流学科
85	福州大学	38	0	1	1	4	15.79	一流学科
87	北京邮电大学	20	2	0	1	4	35.00	一流学科
88	哈尔滨工程大学	33	0	0	1	3	12.12	一流学科
89	南京信息工程大学	22	0	1	1	1	13.64	一流学科
90	中国石油大学（北京）	23	0	0	2	1	13.04	一流学科
92	中国石油大学（华东）	32	0	1	1	2	12.50	一流学科
93	中央财经大学	17	1	1	2	1	29.41	一流学科
94	北京林业大学	25	0	1	3	2	24.00	一流学科
96	东华大学	30	0	1	0	4	16.67	一流学科
100	南京林业大学	25	0	1	1	2	16.00	一流学科
101	湖南师范大学	34	0	1	0	4	14.71	一流学科
104	新疆大学	37	0	0	1	5	16.22	一流大学B类
105	贵州大学	51	0	1	0	2	5.88	一流学科
106	长安大学	33	0	0	1	1	6.06	一流学科

续表

双一流高校排名	院校名称	学科总数	5★+学科数	5★学科数	5★-学科数	4★学科数	学科优秀率/%	学校性质
111	安徽大学	33	0	0	0	5	15.15	一流学科
113	天津医科大学	13	0	0	1	1	15.38	一流学科
117	中国地质大学（北京）	28	0	0	2	2	14.29	一流学科
119	东北林业大学	27	0	1	0	3	14.81	一流学科
120	北京中医药大学	7	1	2	0	0	42.86	一流学科
121	首都师范大学	28	0	1	3	6	35.71	一流学科
122	中央民族大学	27	0	1	3	1	18.52	一流大学A类
123	南京中医药大学	11	0	0	1	1	18.18	一流学科
124	西南石油大学	21	0	1	0	1	9.52	一流学科
125	南京邮电大学	21	0	3	0	0	14.29	一流学科
129	四川农业大学	18	0	0	1	4	27.78	一流学科
130	中国矿业大学（北京）	28	0	1	1	1	10.71	一流学科
134	中南财经政法大学	18	0	4	1	1	33.33	一流学科
135	河北工业大学	20	0	0	1	1	10.00	一流学科
136	东北农业大学	22	0	1	2	4	31.82	一流学科
137	上海中医药大学	7	0	1	1	1	42.86	一流学科
139	西南财经大学	13	0	2	0	3	38.46	一流学科
140	第二军医大学	11	0	0	1	4	45.45	一流学科
141	上海财经大学	15	1	1	3	4	60.00	一流学科
142	海南大学	36	0	0	0	1	2.78	一流学科
143	广州中医药大学	9	0	1	1	0	22.22	一流学科
144	中国药科大学	7	1	1	0	0	28.57	一流学科
146	成都理工大学	24	0	0	0	1	4.17	一流学科
148	中国政法大学	13	1	0	1	0	15.38	一流学科
154	石河子大学	25	0	0	0	1	4.00	一流学科
155	对外经济贸易大学	11	1	0	2	2	45.45	一流学科
159	大连海事大学	23	0	2	0	2	17.39	一流学科
160	第四军医大学	12	0	0	1	5	50.00	一流学科
162	上海海洋大学	15	0	1	0	2	20.00	一流学科
163	天津工业大学	25	0	0	0	1	4.00	一流学科
174	北京体育大学	6	0	1	0	0	16.67	一流学科
179	辽宁大学	31	0	1	1	3	16.13	一流学科
180	宁夏大学	34	0	0	0	1	2.94	一流学科
191	上海体育学院	4	1	0	0	0	25.00	一流学科
192	中国传媒大学	19	3	1	2	1	36.84	一流学科
201	内蒙古大学	20	0	0	0	1	5.00	一流学科
204	成都中医药大学	10	0	0	1	1	20.00	一流学科
229	天津中医药大学	6	0	0	0	3	50.00	一流学科
246	延边大学	34	0	0	1	0	2.94	一流学科

续表

双一流高校排名	院校名称	学科总数	5★+学科数	5★学科数	5★-学科数	4★学科数	学科优秀率/%	学校性质
254	上海外国语大学	8	1	0	0	1	25.00	一流学科
258	中央美术学院	6	1	1	0	1	50.00	一流学科
266	中央音乐学院	2	1	0	1	0	100.00	一流学科
275	青海大学	20	0	0	0	1	5.00	一流学科
279	北京外国语大学	11	1	0	0	0	9.09	一流学科
282	中国美术学院	3	0	1	0	1	66.67	一流学科
345	西藏大学	14	0	0	0	1	7.14	一流学科
350	上海音乐学院	3	0	1	0	0	33.33	一流学科
360	中国音乐学院	2	0	1	0	1	100.00	一流学科
383	中央戏剧学院	1	0	0	1	0	100.00	一流学科
387	中国人民公安大学	1	0	0	0	0	0	一流学科
406	外交学院	4	0	0	1	0	25.00	一流学科

表6是各专业高校开设情况及排名第一的高校名单，全国开设高校数量超过200所的专业有15个，分布于法学、理学、工学和管理学门类下。在高校开设数量较多的15个专业中，复旦大学有4个专业排名第一，中国人民大学、清华大学和北京大学各有2个专业排名第一；西南财经大学、东北师范大学、中国科学技术大学、西北工业大学和华中科技大学各有一个专业排名第一。马克思主义基本原理专业成为全国高校开设院校数量排名第二的专业，这与2017年之后大力提倡开设马克思主义理论硕博点不无关系。

表6 2021年各专业高校开设情况及排名第一高校名单

高校开设数量	专业代码	专业名称	排名第一院校名称
229	020204	金融学	西南财经大学
225	020205	产业经济学	中国人民大学
315	030501	马克思主义基本原理	中国人民大学
303	030503	马克思主义中国化研究	东北师范大学
334	030505	思想政治教育	清华大学
206	050211	外国语言学及应用语言学	北京大学
219	070101	基础数学	复旦大学
215	070102	计算数学	北京大学
256	070104	应用数学	复旦大学
200	070301	无机化学	中国科学技术大学
205	070303	有机化学	复旦大学
221	071010	生物化学与分子生物学	复旦大学
201	080201	机械制造及其自动化	西北工业大学
205	080202	机械电子工程	华中科技大学
205	080203	机械设计及理论	清华大学

5. 中国研究生教育分学科门类竞争力评价结果与分析

分12个学科门类按高校进行评价排名,这样可以清晰地揭示各个学科门类中各高校的竞争力排名情况。在学科门类、一级学科和专业评价中,按照集中与离散分布规律,我们将各培养单位的该学科实力依次分为5个等级,并用星级表示:①5★为具有重点优势竞争力的单位,即排在最前面10%的培养单位[其中,排在前1%(含1%)的为5★+级,前1%~5%(含5%)的为5★级,前5%~10%(含10%)的为5★-级];②4★为具有优势竞争力的单位,占总数的10%,即排在前10%~20%(含20%)的单位;③3★为具有良好竞争力的单位,占总数的30%,即排在前20%~50%(含50%)的单位;④2★为具有一般竞争力的单位,占总数的40%,即排在前50%~90%(含90%)的单位;⑤1★为具有较差竞争力的单位,占总数的10%,即排在90%~100%的单位。

表7列出了2021年12个学科门类中5★学科的高校及排名情况。根据分学科门类的高校竞争力排行榜,我们了解到学科门类齐全的高校有28所,只有1个门类的高校有81所,其中工学和管理学开设院校数量最多,分别是434所和427所。我国高校中单科者较多的情况较去年有所缓解,主要是因为今年将新开设的专业学位硕士点纳入门类计算。相对于一级学科而言,学科门类是一个更为宏观的概念,它可以帮助需求者在更高层次上对国内高校的研究生教育竞争力有一个"量"的总体把握。

表7 中国研究生教育分学科门类竞争力排行榜(前5%)

排名	高校名称	排名	高校名称	排名	高校名称
哲学(138)					
1	中国人民大学	4	中山大学	7	北京师范大学
2	复旦大学	5	南京大学		
3	北京大学	6	武汉大学		
经济学(332)					
1	中国人民大学	7	厦门大学	13	中南财经政法大学
2	北京大学	8	辽宁大学	14	湖南大学
3	武汉大学	9	南开大学	15	东北财经大学
4	中央财经大学	10	上海财经大学	16	中山大学
5	西南财经大学	11	复旦大学	17	山东大学
6	对外经济贸易大学	12	浙江大学		
法学(394)					
1	中国人民大学	8	吉林大学	15	中山大学
2	北京大学	9	云南大学	16	浙江大学
3	武汉大学	10	中央民族大学	17	四川大学
4	清华大学	11	南开大学	18	华中师范大学
5	中国政法大学	12	厦门大学	19	北京师范大学
6	复旦大学	13	山东大学	20	华东师范大学
7	南京大学	14	中南财经政法大学		
教育学(299)					
1	北京师范大学	6	南京师范大学	11	北京大学
2	华东师范大学	7	浙江大学	12	浙江师范大学
3	华中师范大学	8	上海体育学院	13	上海师范大学
4	西南大学	9	北京体育大学	14	陕西师范大学
5	华南师范大学	10	东北师范大学	15	清华大学

续表

排名	高校名称	排名	高校名称	排名	高校名称
文学（349）					
1	北京大学	7	四川大学	13	华东师范大学
2	南京大学	8	上海外国语大学	14	陕西师范大学
3	复旦大学	9	清华大学	15	华中师范大学
4	北京师范大学	10	浙江大学	16	山东大学
5	中国人民大学	11	武汉大学	17	中山大学
6	北京外国语大学	12	中国传媒大学		
历史学（123）					
1	中国人民大学	3	北京大学	5	上海师范大学
2	复旦大学	4	东北师范大学	6	武汉大学
理学（389）					
1	北京大学	8	厦门大学	15	兰州大学
2	复旦大学	9	浙江大学	16	南开大学
3	南京大学	10	吉林大学	17	华东师范大学
4	中山大学	11	上海交通大学	18	东北师范大学
5	中国科学技术大学	12	四川大学	19	中南大学
6	清华大学	13	山东大学		
7	武汉大学	14	北京师范大学		
工学（434）					
1	清华大学	9	西安交通大学	17	东北大学
2	浙江大学	10	大连理工大学	18	武汉大学
3	东南大学	11	重庆大学	19	国防科技大学
4	上海交通大学	12	华南理工大学	20	湖南大学
5	天津大学	13	同济大学	21	西北工业大学
6	哈尔滨工业大学	14	中南大学	22	吉林大学
7	北京航空航天大学	15	北京理工大学		
8	华中科技大学	16	四川大学		
农学（166）					
1	中国农业大学	4	浙江大学	7	沈阳农业大学
2	华中农业大学	5	西北农林科技大学	8	四川农业大学
3	南京农业大学	6	华南农业大学		
医学（214）					
1	北京大学	5	上海交通大学	9	郑州大学
2	复旦大学	6	华中科技大学	10	第四军医大学
3	中山大学	7	浙江大学	11	中南大学
4	四川大学	8	北京协和医学院		
管理学（427）					
1	中国人民大学	3	浙江大学	5	清华大学
2	武汉大学	4	中山大学	6	北京大学

排名	高校名称	排名	高校名称	排名	高校名称
7	南京大学	12	上海交通大学	17	大连理工大学
8	厦门大学	13	南开大学	18	中南财经政法大学
9	西安交通大学	14	华中科技大学	19	中南大学
10	四川大学	15	天津大学	20	华南理工大学
11	复旦大学	16	吉林大学	21	重庆大学
艺术学（306）					
1	中国传媒大学	7	南京大学	13	中央音乐学院
2	四川大学	8	北京师范大学	14	上海音乐学院
3	南京艺术学院	9	上海大学	15	北京大学
4	中央美术学院	10	北京电影学院		
5	清华大学	11	南京师范大学		
6	中国美术学院	12	福建师范大学		

注：学科门类名称后面括号中的数字是开设该学科门类的学校总数

按12大学科门类排行，中国人民大学将哲学、经济学、法学、历史学和管理学五大学科门类的第一揽入囊中，显示了该校在人文社科方面具有的雄厚实力。文学、理学和医学三大学科门类的桂冠被北京大学摘得，彰显出该校各门类均衡且雄厚的发展实力。此外，北京师范大学的教育学、清华大学的工学、中国农业大学的农学、中国传媒大学的艺术学分别占据本学科门类的榜首位置。表8列出了各门类第一的高校及其类型和综合排名情况。

表8　2021年中国高校研究生教育各学科门类第一的高校情况

门类代码	门类名称	学校名称	学校类型	综合排名
01	哲学	中国人民大学	文法	10
02	经济学	中国人民大学	文法	10
03	法学	中国人民大学	文法	10
04	教育学	北京师范大学	师范	19
05	文学	北京大学	综合	1
06	历史学	中国人民大学	文法	10
07	理学	北京大学	综合	1
08	工学	清华大学	理工	2
09	农学	中国农业大学	农林	36
10	医学	北京大学	综合	1
11	管理学	中国人民大学	文法	10
12	艺术学	中国传媒大学	文法	192

6. 中国研究生教育分一级学科（专业学位）竞争力评价结果与分析

为了适应专业学位研究生培养的需要，2021年继续对招收专业学位类型研究生的培养单位进行了评价。很多高校2021年的专业学位研究生是按一级学科招生，所以2021年对专业学位研究生教育以一级学科的层次进行评价。专业学位一级学科的代码和名称以国务院学位委员会和教育部颁布的《学位授予和人才培养学科目录（2011年）》为标准。除去警务（0353）和军事（1151）两个专业学位一级学科外，共计评价和发布了 47 个专业学位一级学科的排行榜单，并按《2013 年研究生招生学科、专业代码册》中的顺序排列。

表 9 为 47 个专业学位一级学科的高校开设情况及相应排名第一的高校名单。今年很多高校将以 08 开头的工学代码细分为工程、城市规划等 11 个学科。故此次评价亦做了区分，其中开设院校最多的专业学位为电子信息，其次是艺术、翻译以及会计。其中，湖南大学和北京大学在专业学位学科建设中排名较为亮眼，分别有 5 个和 4 个专业排名第一。湖南大学具体排名第一的专业为国际商务（专业学位）、保险（专业学位）、建筑学（专业学位）、城市规划（专业学位）和会计（专业学位）。北京大学具体排名第一的专业为法律（专业学位）、翻译（专业学位）、风景园林（专业学位）和工程管理（专业学位）。

表 9　2021 年各专业学位一级学科的高校开设情况及排名第一高校名单

一级学科代码	一级学科名称	高校开设数量	排名第一院校名称
0251	金融（专业学位）	191	复旦大学
0252	应用统计（专业学位）	144	北京师范大学
0253	税务（专业学位）	44	西南财经大学
0254	国际商务（专业学位）	116	湖南大学
0255	保险（专业学位）	40	湖南大学
0256	资产评估（专业学位）	42	西南财经大学
0257	审计（专业学位）	41	上海立信会计金融学院
0351	法律（专业学位）	229	北京大学
0352	社会工作（专业学位）	146	北京师范大学
0353	警务（专业学位）	6	云南警官学院
0451	教育（专业学位）	157	华南师范大学
0452	体育（专业学位）	141	天津体育学院
0453	汉语国际教育（专业学位）	144	四川大学
0454	应用心理（专业学位）	90	中山大学
0551	翻译（专业学位）	257	北京大学
0552	新闻与传播（专业学位）	164	浙江传媒学院
0553	出版（专业学位）	27	武汉大学
0651	文物与博物馆（专业学位）	48	郑州大学
0851	建筑学（专业学位）	43	湖南大学
0852	工程（专业学位）	66	哈尔滨工业大学
0853	城市规划（专业学位）	29	湖南大学
0854	电子信息(专业学位)	284	电子科技大学
0855	机械（专业学位）	215	天津大学
0856	材料与化工（专业学位）	212	浙江大学
0857	资源与环境（专业学位）	176	同济大学
0858	能源动力（专业学位）	140	西安交通大学
0859	土木水利（专业学位）	157	同济大学
0860	生物与医药（专业学位）	136	复旦大学
0861	交通运输（专业学位）	81	西南交通大学
0951	农业推广（专业学位）	110	浙江大学

续表

一级学科代码	一级学科名称	高校开设数量	排名第一院校名称
0952	兽医（专业学位）	45	西北农林科技大学
0953	风景园林（专业学位）	80	北京大学
0954	林业（专业学位）	33	北京林业大学
1051	临床医学（专业学位）	112	重庆医科大学
1052	口腔医学（专业学位）	65	中山大学
1053	公共卫生（专业学位）	75	华中科技大学
1054	护理（专业学位）	102	上海中医药大学
1055	药学（专业学位）	108	沈阳药科大学
1056	中药学（专业学位）	46	上海中医药大学
1057	中医（专业学位）	45	山东中医药大学
1251	工商管理（专业学位）	155	北京理工大学
1252	公共管理（专业学位）	112	复旦大学
1253	会计（专业学位）	247	湖南大学
1254	旅游管理（专业学位）	72	中山大学
1255	图书情报（专业学位）	49	武汉大学
1256	工程管理（专业学位）	156	北京大学
1351	艺术（专业学位）	279	北京师范大学

三、本次评价的结论与启示

2021年的评价工作及其最终形成的《中国研究生教育及学科专业评价报告2021—2022》，在评价结果的呈现上，相比前几年的评价而言，评价范围更广、数据量更大、分析角度更多，而且在保持稳定的基础上，对评价范围、数据处理方法、结果的表示等多方面都积极创新，使得评价更加全面、系统、深入，也得出了更多有意义的结论。经深入分析得知，学科建设水平的高低成为决定各研究生培养单位竞争力高低的关键，我国的研究生教育总体上保持稳定和有序发展，具体体现在以下几个方面。

1. 中国高校研究生教育水平区域发展不平衡

区域经济发展水平与高校研究生教育发展水平密切相关。从今年中国普通高校研究生教育竞争力30强名单来看，6所高校来自北京市，3所高校来自上海市。另外，广东省、江苏省、天津市、湖北省、湖南省、四川省各有2所进入30强。通过以上数据可知，东部地区研究生教育竞争力水平明显高于中西部地区，近2/3的高校集中在经济发达地区。尽管近年来国家对中西部地区研究生教育发展给予了政策支持和经费倾斜，区域之间的差距正在逐步缩小，但区域间教育发展水平不平衡的现象仍比较突出。为此，国家需要充分考虑区域差异，以及中西部地区研究生教育发展相对薄弱、经费困难等实际情况，继续加大对中西部地区研究生教育的倾斜和支持力度，推动中西部地区建设有特色、高水平大学。

2. "双一流"建设高校学科表现差异明显

从"双一流"建设高校研究生一级学科优秀率排名情况来看，优秀率在60%以上的高校总数只有26所，优秀率在30%～60%的高校总数为45所，其余高校的学科优秀率均低于30%，"双一流"建设高校之间学科表现差异明显，学科优秀率波动幅度较大。其中，"双一流"高校总体排名第9位的华中科技大学、第12位的复旦大学、第33位的华东师范大学、第28位的北京理工大学、第282位的中国美术学院以及第26位的厦门大学均跃进学科优秀率排名前20位，学科优势突出。但"双一流"高校总体排名位于中偏上的武汉理工大学、南昌大学、广西大学学科优势不明显,其学科优秀率排名均位于110名之后。为此,"双一流"建设高校应结合学校自身学科优势和特色,按照一流学科建设的内涵和规律,深化学科交叉融合,积极打造特色优势学科群,抢占学科建设的"制高点"。

3. 专业学位研究生教育学科结构亟待优化

从今年各专业学位一级学科的高校开设及排名情况来看,到目前为止,我国专业学位针对行业产业的需求设置了47个类别,基本覆盖了我国主要行业产业。其中,开设数量排名前10的专业学位类别分别为电子信息、艺术、翻译、会计、法律、机械、材料与化工、金融、资源与环境、新闻与传播,开设的高校数量均在160所以上。开设数量排名倒数5名的专业学位类别分别为保险、林业、城市规划、出版、警务,开设的高校数量均在40所(含)以下。随着新一轮科技革命和产业变革蓬勃兴起,我国经济结构升级催生了大量新兴产业,尤其是在现代制造业、现代交通、现代农业、现代信息、现代服务业和社会治理等领域,需要大量创新型、复合型、应用型人才。数据表明,当前我国专业学位研究生教育部分学科已经无法适应当前经济社会发展的要求,学科结构有待优化。为适应产业行业发展的新变化,专业学位学科设置应以国家重大战略、关键领域和社会重大需求为重点,优先设置社会发展急需的专业学位类别,对于不合时宜的专业学位类别则实施动态调整,及时减少或取消。

4. 破除论文"SCI至上",突出质量和贡献

2020年2月,教育部、科技部印发了《关于规范高等学校SCI论文相关指标使用 树立正确评价导向的若干意见》,明确提出了"摒弃'以刊评文',评价重点是论文的创新水平和科学价值,不把SCI论文相关指标作为直接判断依据"的要求。根据文件要求,我们及时调整了研究生评价体系,进一步聚焦标志性学术成果,采用了"计量评价与专家评价相结合""中国期刊与国外期刊相结合"的方法,淡化了SCI论文收录数,选取国内CSSCI数据库和CSCD数据库收录论文数、顶级会议报告数、专利转化、"双一流"学科建设数、ESI全球前1%学科、学生竞赛获奖、ESI高被引论文数以及优秀期刊数等指标,突出科研成果的质量与贡献。

中国研究生教育地区竞争力排行榜

排名	地区	学校数量	总分	办学资源序	教研产出序	质量与影响序	学术声誉
1	北京市	57	100.00	1	1	1	1
2	江苏省	33	97.17	3	2	2	2
3	上海市	28	96.67	2	3	3	3
4	湖北省	28	94.55	5	4	4	4
5	广东省	25	94.25	4	5	5	5
6	陕西省	28	93.37	6	6	8	8
7	浙江省	21	92.56	8	9	6	6
8	四川省	24	92.42	10	7	9	10
9	山东省	30	92.39	9	8	7	7
10	湖南省	18	92.05	7	11	10	9
11	辽宁省	37	91.08	12	10	13	12
12	天津市	18	90.50	11	12	11	11
13	安徽省	20	89.65	13	13	12	14
14	黑龙江省	19	89.51	15	15	14	13
15	河南省	19	88.80	16	14	18	18
16	福建省	13	88.78	14	18	15	16
17	重庆市	13	88.74	17	16	16	17
18	吉林省	19	88.44	18	17	17	15
19	甘肃省	10	87.04	20	19	19	19
20	江西省	16	86.16	21	20	20	21
21	云南省	12	85.67	19	22	23	23
22	河北省	23	85.50	24	21	21	20
23	山西省	11	84.42	25	24	22	22
24	广西壮族自治区	13	84.29	23	23	24	24
25	新疆维吾尔自治区	11	83.44	22	25	27	25
26	贵州省	8	81.83	26	26	25	26
27	内蒙古自治区	9	80.78	27	27	26	27
28	海南省	4	77.74	28	29	28	28
29	宁夏回族自治区	4	77.22	29	28	29	29
30	青海省	3	74.64	30	30	30	31
31	西藏自治区	3	70.83	31	31	31	30

中国研究生院竞争力排行榜

（含分地区、分类型排名）

排名	研究生院（部）名称	总分	地区内序		类型序	
1	中国科学院大学研究生院	100.00	北京市	1	理工	1
2	北京大学研究生院	99.61	北京市	2	综合	1
3	清华大学研究生院	98.61	北京市	3	理工	2
4	浙江大学研究生院	97.59	浙江省	1	综合	2
5	上海交通大学研究生院	96.57	上海市	1	理工	3
6	中山大学研究生院	92.54	广东省	1	综合	3
7	南京大学研究生院	91.14	江苏省	1	综合	4
8	武汉大学研究生院	91.06	湖北省	1	综合	5
9	中国科学技术大学研究生院	89.84	安徽省	1	理工	4
10	华中科技大学研究生院	88.72	湖北省	2	理工	5
11	中国人民大学研究生院	88.01	北京市	4	文法	1
12	四川大学研究生院	86.12	四川省	1	综合	6
13	复旦大学研究生院	85.22	上海市	2	综合	7
14	中南大学研究生院	85.07	湖南省	1	综合	8
15	西安交通大学研究生院	83.39	陕西省	1	理工	6
16	吉林大学研究生院	83.28	吉林省	1	综合	9
17	哈尔滨工业大学研究生院	82.97	黑龙江省	1	理工	7
18	同济大学研究生院	82.69	上海市	3	理工	8
19	东南大学研究生院	82.47	江苏省	2	理工	9
20	北京师范大学研究生院	82.27	北京市	5	师范	1
21	山东大学研究生院	80.57	山东省	1	综合	10
22	国防科技大学研究生院	80.10	湖南省	2	理工	10
23	天津大学研究生院	79.39	天津市	1	理工	11
24	南开大学研究生院	78.89	天津市	2	综合	11
25	华南理工大学研究生院	78.60	广东省	2	理工	12
26	北京航空航天大学研究生院	78.56	北京市	6	理工	13
27	厦门大学研究生院	78.08	福建省	1	综合	12
28	电子科技大学研究生院	77.66	四川省	2	理工	14
29	北京理工大学研究生院	77.43	北京市	7	理工	15
30	郑州大学研究生院	77.42	河南省	1	综合	13
31	大连理工大学研究生院	76.93	辽宁省	1	理工	16
32	西北工业大学研究生院	76.67	陕西省	2	理工	17
33	重庆大学研究生院	76.49	重庆市	1	理工	18
34	华东师范大学研究生院	76.42	上海市	4	师范	2
35	湖南大学研究生院	76.04	湖南省	3	理工	19

续表

排名	研究生院（部）名称	总分	地区	内序	类型	序
36	兰州大学研究生院	74.91	甘肃省	1	综合	14
37	中国农业大学研究生院	72.81	北京市	8	农林	1
38	苏州大学研究生院	71.25	江苏省	3	综合	15
39	东北大学研究生院	69.66	辽宁省	2	理工	20
40	中国海洋大学研究生院	69.64	山东省	2	理工	21
41	中国社会科学院研究生院	68.64	北京市	9	文法	2
42	中国农业科学院研究生院	68.62	北京市	10	农林	2
43	中国地质科学院研究生院	68.54	北京市	11	理工	22
44	上海大学研究生院	68.37	上海市	5	综合	16
45	西南大学研究生院	68.14	重庆市	2	综合	17
46	西北农林科技大学研究生院	68.09	陕西省	3	农林	3
47	暨南大学研究生院	67.93	广东省	3	综合	18
48	南京航空航天大学研究生院	67.64	江苏省	4	理工	23
49	中国中医科学院研究生院	67.54	北京市	12	医药	1
50	中国林业科学院研究生院	67.33	北京市	13	农林	4
51	南京理工大学研究生院	66.46	江苏省	5	理工	24
52	江南大学研究生院	66.27	江苏省	6	综合	19
53	华东理工大学研究生院	66.21	上海市	6	理工	25
54	北京科技大学研究生院	65.83	北京市	14	理工	26
55	西南交通大学研究生院	65.28	四川省	3	理工	27
56	华中农业大学研究生院	65.21	湖北省	3	农林	5
57	南京农业大学研究生院	65.08	江苏省	7	农林	6
58	武汉理工大学研究生院	64.91	湖北省	4	理工	28
59	华中师范大学研究生院	64.46	湖北省	5	师范	3
60	河海大学研究生院	64.11	江苏省	8	理工	29
61	北京交通大学研究生院	63.52	北京市	15	理工	30
62	西安电子科技大学研究生院	62.29	陕西省	4	理工	31

中国普通高校研究生教育竞争力排行榜
（含分地区、分类型排名）

排名	院校名称	总分	地区内序		类型序		排名	院校名称	总分	地区内序		类型序	
1	北京大学	100.00	北京市	1	综合	1	35	兰州大学	74.91	甘肃省	1	综合	14
2	清华大学	98.61	北京市	2	理工	1	36	中国农业大学	72.81	北京市	7	农林	1
3	浙江大学	97.59	浙江省	1	综合	2	37	苏州大学	71.25	江苏省	3	综合	15
4	上海交通大学	96.57	上海市	1	理工	2	38	东北大学	69.66	辽宁省	2	理工	19
5	中山大学	92.54	广东省	1	综合	3	39	中国海洋大学	69.64	山东省	2	理工	20
6	南京大学	91.14	江苏省	1	综合	4	40	上海大学	68.37	上海市	5	综合	16
7	武汉大学	91.06	湖北省	1	综合	5	41	西南大学	68.14	重庆市	2	综合	17
8	中国科学技术大学	89.84	安徽省	1	理工	3	42	西北农林科技大学	68.09	陕西省	3	农林	2
9	华中科技大学	88.72	湖北省	2	理工	4	43	暨南大学	67.93	广东省	3	综合	18
10	中国人民大学	88.01	北京市	3	文法	1	44	南京航空航天大学	67.64	江苏省	4	理工	21
11	四川大学	86.12	四川省	1	综合	6	45	南京理工大学	66.46	江苏省	5	理工	22
12	复旦大学	85.22	上海市	2	综合	7	46	江南大学	66.27	江苏省	6	综合	19
13	中南大学	85.07	湖南省	1	综合	8	47	北京科技大学	65.83	北京市	8	理工	23
14	西安交通大学	83.39	陕西省	1	理工	5	48	西南交通大学	65.28	四川省	3	理工	24
15	吉林大学	83.28	吉林省	1	综合	9	49	华中农业大学	65.21	湖北省	3	农林	3
16	哈尔滨工业大学	82.97	黑龙江省	1	理工	6	50	南京农业大学	65.08	江苏省	7	农林	4
17	同济大学	82.69	上海市	3	理工	7	51	华东理工大学	65.00	上海市	6	理工	25
18	东南大学	82.47	江苏省	2	理工	8	52	北京协和医学院	64.98	北京市	9	医药	1
19	北京师范大学	82.27	北京市	4	师范	1	53	南昌大学	64.94	江西省	1	综合	20
20	山东大学	80.57	山东省	1	综合	10	54	武汉理工大学	64.91	湖北省	4	理工	26
21	国防科技大学	80.10	湖南省	2	理工	9	55	中国矿业大学	64.91	江苏省	8	理工	27
22	天津大学	79.39	天津市	1	理工	10	56	南京师范大学	64.84	江苏省	9	师范	3
23	南开大学	78.89	天津市	2	综合	11	57	华中师范大学	64.46	湖北省	5	师范	4
24	华南理工大学	78.60	广东省	2	理工	11	58	河海大学	64.11	江苏省	10	理工	28
25	北京航空航天大学	78.56	北京市	5	理工	12	59	东北师范大学	63.91	吉林省	2	师范	5
26	厦门大学	78.08	福建省	1	综合	12	60	首都医科大学	63.76	北京市	10	医药	2
27	电子科技大学	77.66	四川省	2	理工	13	61	北京交通大学	63.52	北京市	11	理工	29
28	北京理工大学	77.43	北京市	6	理工	14	62	浙江工业大学	62.75	浙江省	2	理工	30
29	郑州大学	77.42	河南省	1	综合	13	63	江苏大学	62.47	江苏省	11	综合	21
30	大连理工大学	76.93	辽宁省	1	理工	15	64	南京医科大学	62.41	江苏省	12	医药	3
31	西北工业大学	76.67	陕西省	2	理工	16	65	华南农业大学	62.37	广东省	4	农林	5
32	重庆大学	76.49	重庆市	1	理工	17	66	西安电子科技大学	62.29	陕西省	4	理工	31
33	华东师范大学	76.42	上海市	4	师范	2	67	扬州大学	62.26	江苏省	13	综合	22
34	湖南大学	76.04	湖南省	3	理工	18	68	中国地质大学（武汉）	62.25	湖北省	6	理工	32

续表

排名	院校名称	总分	地区	地区内序	类型	类型序	排名	院校名称	总分	地区	地区内序	类型	类型序
69	北京工业大学	61.78	北京市	12	理工	33	107	上海理工大学	55.83	上海市	8	理工	52
70	燕山大学	61.66	河北省	1	理工	34	108	福建师范大学	55.55	福建省	3	师范	10
71	华北电力大学	61.48	北京市	13	理工	35	109	山西大学	55.47	山西省	2	综合	33
72	华南师范大学	61.45	广东省	5	师范	6	110	福建农林大学	55.42	福建省	4	农林	8
73	云南大学	61.36	云南省	1	综合	23	111	安徽大学	55.37	安徽省	3	综合	34
74	南方医科大学	61.22	广东省	6	医药	4	112	上海师范大学	55.28	上海市	9	师范	11
75	合肥工业大学	61.08	安徽省	2	理工	36	113	天津医科大学	54.92	天津市	3	医药	6
76	深圳大学	60.55	广东省	7	综合	24	114	重庆医科大学	54.88	重庆市	3	医药	7
77	西北大学	60.16	陕西省	5	综合	25	115	浙江理工大学	54.80	浙江省	6	理工	53
78	昆明理工大学	59.77	云南省	2	理工	37	116	山东师范大学	54.48	山东省	6	师范	12
79	陕西师范大学	59.53	陕西省	6	师范	7	117	中国地质大学（北京）	54.45	北京市	19	理工	54
80	河南大学	59.48	河南省	2	综合	26	118	广州大学	54.42	广东省	9	综合	35
81	广西大学	59.40	广西壮族自治区	1	综合	27	119	东北林业大学	54.41	黑龙江省	3	农林	9
82	太原理工大学	59.39	山西省	1	理工	38	120	北京中医药大学	54.30	北京市	20	医药	8
83	北京化工大学	59.35	北京市	14	理工	39	121	首都师范大学	54.18	北京市	21	师范	13
84	宁波大学	58.88	浙江省	3	综合	28	122	中央民族大学	54.00	北京市	22	民族	1
85	福州大学	58.83	福建省	2	综合	29	123	南京中医药大学	53.95	江苏省	17	医药	9
86	青岛大学	58.69	山东省	3	综合	30	124	西南石油大学	53.94	四川省	4	理工	55
87	北京邮电大学	58.63	北京市	15	理工	40	125	南京邮电大学	53.83	江苏省	18	理工	56
88	哈尔滨工程大学	58.44	黑龙江省	2	理工	41	126	西北师范大学	53.81	甘肃省	2	师范	14
89	南京信息工程大学	58.21	江苏省	14	理工	42	127	江西师范大学	53.76	江西省	2	师范	15
90	中国石油大学（北京）	58.06	北京市	16	理工	43	128	湘潭大学	53.67	湖南省	5	综合	36
91	南京工业大学	58.05	江苏省	15	理工	44	129	四川农业大学	53.64	四川省	5	农林	10
92	中国石油大学（华东）	57.76	山东省	4	理工	45	130	中国矿业大学（北京）	53.59	北京市	23	理工	57
93	中央财经大学	57.71	北京市	17	财经	1	131	河北大学	53.22	河北省	2	综合	37
94	北京林业大学	57.70	北京市	18	农林	6	132	长沙理工大学	53.17	湖南省	6	理工	58
95	浙江师范大学	57.64	浙江省	4	师范	8	133	安徽医科大学	52.98	安徽省	4	医药	10
96	东华大学	57.40	上海市	7	理工	46	134	中南财经政法大学	52.94	湖北省	7	财经	2
97	杭州电子科技大学	57.35	浙江省	5	理工	47	135	河北工业大学	52.88	河北省	3	理工	59
98	西安建筑科技大学	57.31	陕西省	7	理工	48	136	东北农业大学	52.80	黑龙江省	4	农林	11
99	山东科技大学	57.27	山东省	5	理工	49	137	上海中医药大学	52.68	上海市	10	医药	11
100	南京林业大学	57.27	江苏省	16	农林	7	138	哈尔滨医科大学	52.58	黑龙江省	5	医药	12
101	湖南师范大学	57.19	湖南省	4	师范	9	139	西南财经大学	52.38	四川省	6	财经	3
102	中国医科大学	57.19	辽宁省	3	医药	5	140	第二军医大学	52.31	上海市	11	医药	13
103	广东工业大学	57.00	广东省	8	理工	50	141	上海财经大学	52.00	上海市	12	财经	4
104	新疆大学	56.22	新疆维吾尔自治区	1	综合	31	142	海南大学	51.92	海南省	1	综合	38
105	贵州大学	56.02	贵州省	1	综合	32	143	广州中医药大学	51.90	广东省	10	医药	14
106	长安大学	55.90	陕西省	8	理工	51	144	中国药科大学	51.90	江苏省	19	医药	15

排名	院校名称	总分	地区内序		类型序		排名	院校名称	总分	地区内序		类型序	
145	兰州理工大学	51.77	甘肃省	3	理工	60	181	宁夏大学	48.22	宁夏回族自治区	1	综合	46
146	成都理工大学	51.76	四川省	7	理工	61	182	中国计量大学	48.17	浙江省	9	理工	74
147	武汉科技大学	51.74	湖北省	8	理工	62	183	湖南科技大学	48.12	湖南省	8	理工	75
148	中国政法大学	51.30	北京市	24	文法	2	184	天津科技大学	48.11	天津市	5	理工	76
149	华侨大学	51.26	福建省	5	综合	39	185	天津师范大学	48.06	天津市	6	师范	19
150	湖南农业大学	51.08	湖南省	7	农林	12	186	长江大学	48.03	湖北省	10	综合	47
151	河南师范大学	50.93	河南省	3	师范	16	187	常州大学	47.99	江苏省	21	理工	77
152	河南理工大学	50.83	河南省	4	理工	63	188	西南科技大学	47.94	四川省	8	理工	78
153	温州医科大学	50.82	浙江省	7	医药	16	189	江苏师范大学	47.87	江苏省	22	师范	20
154	西安理工大学	50.75	陕西省	9	理工	64	190	广西师范大学	47.80	广西壮族自治区	2	师范	21
155	石河子大学	50.66	新疆维吾尔自治区	2	综合	40	191	上海体育学院	47.69	上海市	14	体育	2
156	对外经济贸易大学	50.60	北京市	25	财经	5	192	中国传媒大学	47.43	北京市	27	文法	3
157	南通大学	50.51	江苏省	20	综合	41	193	福建医科大学	47.38	福建省	6	医药	21
158	广州医科大学	50.48	广东省	11	医药	17	194	东北财经大学	47.28	辽宁省	6	财经	7
159	黑龙江大学	50.44	黑龙江省	6	综合	42	195	浙江农林大学	47.23	浙江省	10	农林	15
160	大连海事大学	50.26	辽宁省	4	理工	65	196	江苏科技大学	47.16	江苏省	23	理工	79
161	第四军医大学	50.00	陕西省	10	医药	18	197	广西医科大学	47.14	广西壮族自治区	3	医药	22
162	湖北大学	49.96	湖北省	9	综合	43	198	安徽农业大学	47.06	安徽省	6	农林	16
163	上海海洋大学	49.89	上海市	13	农林	13	199	甘肃农业大学	47.06	甘肃省	5	农林	17
164	天津工业大学	49.82	天津市	4	理工	66	200	大连医科大学	46.93	辽宁省	7	医药	23
165	山西医科大学	49.76	山西省	3	医药	19	201	内蒙古大学	46.87	内蒙古自治区	1	综合	48
166	兰州交通大学	49.73	甘肃省	4	理工	67	202	四川师范大学	46.78	四川省	9	师范	22
167	山东农业大学	49.59	山东省	7	农林	14	203	河南农业大学	46.75	河南省	6	农林	18
168	河南科技大学	49.56	河南省	5	理工	68	204	成都中医药大学	46.71	四川省	10	医药	24
169	曲阜师范大学	49.22	山东省	8	师范	17	205	内蒙古农业大学	46.63	内蒙古自治区	2	农林	19
170	重庆邮电大学	49.16	重庆市	4	理工	69	206	云南师范大学	46.60	云南省	3	师范	23
171	河北医科大学	49.05	河北省	4	医药	20	207	沈阳农业大学	46.60	辽宁省	8	农林	20
172	中北大学	48.67	山西省	4	理工	70	208	哈尔滨理工大学	46.57	黑龙江省	7	理工	80
173	浙江工商大学	48.57	浙江省	8	财经	6	209	浙江中医药大学	46.35	浙江省	11	医药	25
174	西安科技大学	48.41	陕西省	11	理工	71	210	上海海事大学	46.29	上海市	15	理工	81
175	北京体育大学	48.39	北京市	26	体育	1	211	三峡大学	46.28	湖北省	11	综合	49
176	青岛科技大学	48.38	山东省	9	理工	72	212	广东外语外贸大学	46.27	广东省	12	文法	4
177	安徽师范大学	48.35	安徽省	5	师范	18	213	杭州师范大学	46.17	浙江省	12	师范	24
178	济南大学	48.34	山东省	10	综合	44	214	南昌航空大学	46.00	江西省	3	理工	82
179	陕西科技大学	48.30	陕西省	12	理工	73	215	中南林业科技大学	45.99	湖南省	9	农林	21
180	辽宁大学	48.26	辽宁省	5	综合	45	216	南华大学	45.93	湖南省	10	理工	83

续表

排名	院校名称	总分	地区内序		类型序		排名	院校名称	总分	地区内序		类型序	
217	桂林电子科技大学	45.82	广西壮族自治区	4	理工	84	254	上海外国语大学	43.80	上海市	17	文法	7
218	河北师范大学	45.68	河北省	5	师范	25	255	哈尔滨师范大学	43.71	黑龙江省	9	师范	28
219	温州大学	45.65	浙江省	13	综合	50	256	齐鲁工业大学	43.63	山东省	14	理工	97
220	山东财经大学	45.62	山东省	11	财经	8	257	江西理工大学	43.41	江西省	7	理工	98
221	长春理工大学	45.62	吉林省	3	理工	85	258	中央美术学院	43.39	北京市	29	艺术	1
222	山东理工大学	45.57	山东省	12	理工	86	259	徐州医科大学	43.36	江苏省	24	医药	31
223	辽宁工程技术大学	45.55	辽宁省	9	理工	87	260	沈阳工业大学	43.29	辽宁省	12	理工	99
224	武汉工程大学	45.54	湖北省	12	理工	88	261	新疆农业大学	43.28	新疆维吾尔自治区	4	农林	27
225	华北理工大学	45.53	河北省	6	综合	51	262	重庆工商大学	43.26	重庆市	7	财经	11
226	江西农业大学	45.53	江西省	4	农林	22	263	山东中医药大学	42.98	山东省	15	医药	32
227	安徽工业大学	45.38	安徽省	7	理工	89	264	南京财经大学	42.92	江苏省	25	财经	12
228	吉林农业大学	45.26	吉林省	4	农林	23	265	河南工业大学	42.78	河南省	7	理工	100
229	天津中医药大学	45.18	天津市	7	医药	26	266	中央音乐学院	42.69	北京市	30	艺术	2
230	沈阳药科大学	45.14	辽宁省	10	医药	27	267	渤海大学	42.68	辽宁省	13	综合	55
231	天津理工大学	45.11	天津市	8	理工	90	268	河南中医药大学	42.61	河南省	8	医药	33
232	中南民族大学	45.07	湖北省	13	民族	2	269	上海工程技术大学	42.59	上海市	18	理工	101
233	江西财经大学	45.02	江西省	5	财经	9	270	东华理工大学	42.58	江西省	8	理工	102
234	汕头大学	44.96	广东省	13	综合	52	271	首都经济贸易大学	42.53	北京市	31	财经	13
235	重庆交通大学	44.95	重庆市	5	理工	91	272	湖南中医药大学	42.51	湖南省	11	医药	34
236	辽宁师范大学	44.77	辽宁省	11	师范	26	273	西南民族大学	42.48	四川省	11	民族	3
237	华东交通大学	44.75	江西省	6	理工	92	274	青岛农业大学	42.46	山东省	16	农林	28
238	昆明医科大学	44.75	云南省	4	医药	28	275	青海大学	42.32	青海省	1	综合	56
239	新疆医科大学	44.60	新疆维吾尔自治区	3	医药	29	276	重庆师范大学	42.22	重庆市	8	师范	29
240	烟台大学	44.59	山东省	13	综合	53	277	山西财经大学	42.15	山西省	6	财经	14
241	安徽理工大学	44.52	安徽省	8	理工	93	278	青岛理工大学	42.12	山东省	17	理工	103
242	河北农业大学	44.44	河北省	7	农林	24	279	北京外国语大学	42.04	北京市	32	文法	8
243	华东政法大学	44.37	上海市	16	文法	5	280	聊城大学	42.04	山东省	18	师范	30
244	桂林理工大学	44.37	广西壮族自治区	5	理工	94	281	宁夏医科大学	41.79	宁夏回族自治区	2	医药	35
245	东北石油大学	44.32	黑龙江省	8	理工	95	282	中国美术学院	41.73	浙江省	14	艺术	3
246	延边大学	44.26	吉林省	5	综合	54	283	浙江财经大学	41.52	浙江省	15	财经	15
247	湖北工业大学	44.20	湖北省	14	理工	96	284	重庆理工大学	41.52	重庆市	9	理工	104
248	北京工商大学	44.15	北京市	28	财经	10	285	上海电力大学	41.51	上海市	19	理工	105
249	贵州师范大学	44.14	贵州省	2	师范	27	286	南京艺术学院	41.35	江苏省	26	艺术	4
250	云南农业大学	44.01	云南省	5	农林	25	287	遵义医科大学	41.30	贵州省	4	医药	36
251	西南政法大学	43.93	重庆市	6	文法	6	288	湖南工业大学	41.29	湖南省	12	理工	106
252	贵州医科大学	43.89	贵州省	3	医药	30	289	内蒙古科技大学	41.19	内蒙古自治区	3	理工	107
253	山西农业大学	43.89	山西省	5	农林	26	290	黑龙江中医药大学	41.10	黑龙江省	10	医药	37

排名	院校名称	总分	地区内序		类型序	排名	院校名称	总分	地区内序		类型序
291	广东药科大学	41.07	广东省	14	医药	38	326	沈阳师范大学	38.40	辽宁省	16	师范	36
292	西华大学	41.05	四川省	12	综合	57	327	内蒙古工业大学	38.36	内蒙古自治区	6	理工	122
293	景德镇陶瓷大学	41.04	江西省	9	艺术	5	328	淮北师范大学	38.29	安徽省	10	师范	37
294	西安工程大学	40.99	陕西省	13	理工	108	329	太原科技大学	38.23	山西省	8	理工	123
295	西安石油大学	40.91	陕西省	14	理工	109	330	辽宁石油化工大学	38.19	辽宁省	17	理工	124
296	苏州科技大学	40.68	江苏省	27	综合	58	331	山东第一医科大学	38.01	山东省	21	医药	43
297	西华师范大学	40.65	四川省	13	师范	31	332	北京电影学院	37.98	北京市	35	艺术	6
298	东北电力大学	40.46	吉林省	6	理工	110	333	集美大学	37.98	福建省	8	综合	59
299	浙江海洋大学	40.40	浙江省	16	农林	29	334	新疆师范大学	37.93	新疆维吾尔自治区	5	师范	38
300	武汉纺织大学	40.27	湖北省	15	理工	111	335	西南医科大学	37.85	四川省	15	医药	44
301	北京建筑大学	40.25	北京市	33	理工	112	336	锦州医科大学	37.55	辽宁省	18	医药	45
302	西南林业大学	40.15	云南省	6	农林	30	337	郑州轻工业大学	37.47	河南省	11	理工	125
303	福建中医药大学	40.14	福建省	7	医药	39	338	西北政法大学	37.45	陕西省	16	文法	10
304	鲁东大学	40.10	山东省	19	师范	32	339	湖北中医药大学	37.43	湖北省	18	医药	46
305	广东海洋大学	39.98	广东省	15	农林	31	340	北方工业大学	37.42	北京市	36	理工	126
306	中国民航大学	39.67	天津市	9	理工	113	341	南京审计大学	37.36	江苏省	28	财经	16
307	安徽中医药大学	39.45	安徽省	9	医药	40	342	西安邮电大学	37.34	陕西省	17	理工	127
308	山西师范大学	39.33	山西省	7	师范	33	343	江西中医药大学	37.33	江西省	10	医药	47
309	沈阳建筑大学	39.23	辽宁省	14	理工	114	344	潍坊医学院	37.25	山东省	22	医药	48
310	上海应用技术大学	39.22	上海市	20	理工	115	345	西藏大学	37.22	西藏自治区	1	综合	60
311	华北水利水电大学	39.21	河南省	9	理工	116	346	安徽财经大学	37.12	安徽省	11	财经	17
312	广东医科大学	39.19	广东省	16	医药	41	347	蚌埠医学院	37.12	安徽省	12	医药	49
313	广西民族大学	39.03	广西壮族自治区	6	民族	4	348	长春工业大学	37.10	吉林省	7	理工	128
314	北京语言大学	39.02	北京市	34	文法	9	349	新乡医学院	37.09	河南省	12	医药	50
315	内蒙古医科大学	39.01	内蒙古自治区	4	医药	42	350	上海音乐学院	37.00	上海市	21	艺术	7
316	西北民族大学	38.97	甘肃省	6	民族	5	351	广西中医药大学	36.99	广西壮族自治区	7	医药	51
317	信阳师范学院	38.91	河南省	10	师范	34	352	大连大学	36.72	辽宁省	19	综合	61
318	河北科技大学	38.81	河北省	8	理工	117	353	石家庄铁道大学	36.68	河北省	9	理工	129
319	武汉体育学院	38.71	湖北省	16	体育	3	354	沈阳航空航天大学	36.64	辽宁省	20	理工	130
320	大连工业大学	38.62	辽宁省	15	理工	118	355	辽宁中医药大学	36.62	辽宁省	21	医药	52
321	内蒙古师范大学	38.61	内蒙古自治区	5	师范	35	356	延安大学	36.60	陕西省	18	综合	62
322	山东建筑大学	38.60	山东省	20	理工	119	357	天津财经大学	36.58	天津市	10	财经	18
323	西安工业大学	38.56	陕西省	15	理工	120	358	云南民族大学	36.55	云南省	7	民族	6
324	成都体育学院	38.44	四川省	14	体育	4	359	广东财经大学	36.54	广东省	17	财经	19
325	武汉轻工大学	38.42	湖北省	17	理工	121	360	中国音乐学院	36.45	北京市	37	艺术	

续表

排名	院校名称	总分	地区内序		类型序		排名	院校名称	总分	地区内序		类型序	
361	吉林师范大学	36.44	吉林省	8	师范		396	内蒙古民族大学	34.31	内蒙古自治区	7	民族	8
362	贵州财经大学	36.42	贵州省	5	财经		397	湖南工商大学	34.24	湖南省	14	财经	24
363	绍兴文理学院	36.29	浙江省	17	综合		398	天津商业大学	34.19	天津市	11	财经	25
364	大连海洋大学	36.28	辽宁省	22	农林		399	北华大学	34.11	吉林省	10	综合	68
365	南京工程学院	36.26	江苏省	29	理工	8	400	湖北医药学院	34.00	湖北省	19	医药	59
366	吉首大学	36.26	湖南省	13	综合	39	401	广西艺术学院	33.95	广西壮族自治区	10	艺术	11
367	成都信息工程大学	36.20	四川省	16	理工	20	402	川北医学院	33.94	四川省	17	医药	60
368	甘肃中医药大学	36.16	甘肃省	7	医药	63	403	安徽工程大学	33.84	安徽省	14	理工	140
369	北京信息科技大学	36.13	北京市	38	理工	32	404	江苏理工学院	33.81	江苏省	30	理工	141
370	陕西中医药大学	36.06	陕西省	19	医药	131	405	桂林医学院	33.77	广西壮族自治区	11	医药	61
371	海南师范大学	35.95	海南省	2	师范	64	406	外交学院	33.74	北京市	42	文法	12
372	海南医学院	35.95	海南省	3	医药	132	407	中原工学院	33.73	河南省	13	理工	142
373	北京联合大学	35.88	北京市	39	综合	53	408	厦门理工学院	33.69	福建省	9	理工	143
374	南宁师范大学	35.80	广西壮族自治区	8	师范	133	409	陕西理工大学	33.65	陕西省	20	综合	69
375	上海对外经贸大学	35.61	上海市	22	财经	54	410	浙江科技学院	33.58	浙江省	18	理工	144
376	皖南医学院	35.58	安徽省	13	医药	40	411	江汉大学	33.50	湖北省	20	综合	70
377	滨州医学院	35.47	山东省	23	医药	55	412	贵州中医药大学	33.45	贵州省	6	医药	62
378	大连交通大学	35.43	辽宁省	23	理工	65	413	河北经贸大学	33.43	河北省	11	财经	26
379	大理大学	35.39	云南省	8	综合	41	414	青海民族大学	33.43	青海省	3	民族	9
380	佛山科学技术学院	35.36	广东省	18	理工	21	415	贵州民族大学	33.42	贵州省	7	民族	10
381	云南财经大学	35.35	云南省	9	财经	56	416	河南财经政法大学	33.39	河南省	14	财经	27
382	江西科技师范大学	35.34	江西省	11	师范	57	417	天津体育学院	33.37	天津市	12	体育	5
383	中央戏剧学院	35.29	北京市	40	艺术	134	418	安徽建筑大学	33.26	安徽省	15	理工	145
384	齐齐哈尔大学	35.19	黑龙江省	11	综合	66	419	浙江传媒学院	33.22	浙江省	19	文法	13
385	哈尔滨商业大学	35.17	黑龙江省	12	财经	135	420	济宁医学院	32.96	山东省	24	医药	63
386	辽宁工业大学	35.16	辽宁省	24	理工	22	421	西安外国语大学	32.89	陕西省	21	文法	14
387	中国人民公安大学	35.12	北京市	41	文法	42	422	湖州师范学院	32.83	浙江省	20	师范	44
388	上海戏剧学院	35.06	上海市	23	艺术	9	423	首都体育学院	32.75	北京市	43	体育	6
389	青海师范大学	35.03	青海省	2	师范	67	424	天津城建大学	32.72	天津市	13	理工	146
390	河北工程大学	34.98	河北省	10	理工	137	425	五邑大学	32.60	广东省	19	综合	71
391	黑龙江八一农垦大学	34.83	黑龙江省	13	农林	33	426	四川轻化工大学	32.57	四川省	18	理工	147
392	北方民族大学	34.64	宁夏回族自治区	3	民族	7	427	西安医学院	32.30	陕西省	22	医药	64
393	广西科技大学	34.64	广西壮族自治区	9	理工	138	428	河南科技学院	32.19	河南省	15	师范	45
394	辽宁科技大学	34.43	辽宁省	25	理工	139	429	福建工程学院	32.04	福建省	10	理工	148
395	长春中医药大学	34.37	吉林省	9	医药	58	430	赣南师范大学	32.02	江西省	12	师范	46

续表

排名	院校名称	总分	地区内序		类型序		排名	院校名称	总分	地区内序		类型序	
431	淮阴工学院	31.94	江苏省	31	理工	149	467	太原师范学院	30.37	山西省	10	师范	52
432	西安美术学院	31.93	陕西省	23	艺术	12	468	成都医学院	30.34	四川省	20	医药	68
433	湖北民族大学	31.89	湖北省	21	民族	11	469	兰州财经大学	30.18	甘肃省	8	财经	31
434	佳木斯大学	31.85	黑龙江省	14	综合	72	470	中国戏曲学院	30.16	北京市	46	艺术	15
435	宝鸡文理学院	31.79	陕西省	24	师范	47	471	武汉音乐学院	30.14	湖北省	22	艺术	16
436	重庆科技学院	31.72	重庆市	10	理工	150	472	闽江学院	30.09	福建省	12	综合	76
437	广州美术学院	31.71	广东省	20	艺术	13	473	湖南理工学院	30.09	湖南省	15	理工	158
438	沈阳理工大学	31.68	辽宁省	26	理工	151	474	西安财经大学	29.96	陕西省	27	财经	32
439	四川外国语大学	31.63	重庆市	11	文法	15	475	华北科技学院	29.94	河北省	15	理工	159
440	大连民族大学	31.60	辽宁省	27	民族	12	476	天津职业技术师范大学	29.91	天津市	15	师范	53
441	河北地质大学	31.53	河北省	12	理工	152	477	北京农学院	29.76	北京市	47	农林	36
442	塔里木大学	31.47	新疆维吾尔自治区	6	农林	34	478	湖北师范大学	29.73	湖北省	23	师范	54
443	沈阳化工大学	31.45	辽宁省	28	理工	153	479	湖北经济学院	29.66	湖北省	24	财经	33
444	四川美术学院	31.38	重庆市	12	艺术	14	480	仲恺农业工程学院	29.60	广东省	22	农林	37
445	云南中医药大学	31.32	云南省	10	医药	65	481	天津外国语大学	29.60	天津市	16	文法	17
446	闽南师范大学	31.31	福建省	11	师范	48	482	广东技术师范大学	29.51	广东省	23	师范	55
447	郑州航空工业管理学院	31.23	河南省	16	理工	154	483	安徽科技学院	29.48	安徽省	17	理工	160
448	西京学院	31.20	陕西省	25	综合	73	484	广东金融学院	29.38	广东省	24	财经	34
449	新疆财经大学	31.15	新疆维吾尔自治区	7	财经	28	485	星海音乐学院	29.31	广东省	25	艺术	17
450	山西中医药大学	31.09	山西省	9	医药	66	486	内蒙古财经大学	29.24	内蒙古自治区	8	财经	35
451	河北北方学院	31.09	河北省	13	综合	74	487	大连外国语大学	29.24	辽宁省	30	文法	18
452	山东工商学院	31.06	山东省	25	财经	29	488	长春师范大学	29.23	吉林省	12	师范	56
453	西安体育学院	31.02	陕西省	26	体育	7	489	北京物资学院	29.17	北京市	48	财经	36
454	沈阳体育学院	31.00	辽宁省	29	体育	8	490	重庆三峡学院	28.99	重庆市	13	综合	77
455	成都大学	30.84	四川省	19	综合	75	491	安阳师范学院	28.91	河南省	19	师范	57
456	北京石油化工学院	30.81	北京市	44	理工	155	492	南京体育学院	28.68	江苏省	33	体育	10
457	洛阳师范学院	30.73	河南省	17	师范	49	493	河北科技师范学院	28.58	河北省	16	师范	58
458	南阳师范学院	30.68	河南省	18	师范	50	494	广西财经学院	28.29	广西壮族自治区	12	财经	37
459	北京第二外国语学院	30.65	北京市	45	文法	16	495	西藏民族大学	28.27	西藏自治区	2	民族	13
460	江苏海洋大学	30.62	江苏省	32	理工	156	496	赣南医学院	28.26	江西省	14	医药	69
461	南昌工程学院	30.59	江西省	13	理工	157	497	沈阳大学	28.22	辽宁省	31	综合	78
462	承德医学院	30.56	河北省	14	医药	67	498	上海政法学院	28.21	上海市	24	文法	19
463	吉林财经大学	30.54	吉林省	11	财经	30	499	山东交通学院	28.06	山东省	26	理工	161
464	安庆师范大学	30.50	安徽省	16	师范	51	500	北京服装学院	28.03	北京市	49	理工	162
465	广州体育学院	30.48	广东省	21	体育	9	501	山东艺术学院	28.03	山东省	27	艺术	18
466	天津农学院	30.43	天津市	14	农林	35	502	黑龙江科技大学	28.00	黑龙江省	15	理工	163

排名	院校名称	总分	地区内序		类型序		排名	院校名称	总分	地区内序		类型序	
503	湖北美术学院	27.81	湖北省	25	艺术	19	538	合肥师范学院	24.94	安徽省	20	师范	65
504	吉林建筑大学	27.75	吉林省	13	理工	164	539	西安音乐学院	24.86	陕西省	28	艺术	25
505	邵阳学院	27.69	湖南省	16	综合	79	540	中国劳动关系学院	24.85	北京市	54	文法	23
506	北京印刷学院	27.62	北京市	50	理工	165	541	喀什大学	24.82	新疆维吾尔自治区	9	师范	66
507	甘肃政法大学	27.55	甘肃省	9	文法	20	542	上海第二工业大学	24.80	上海市	27	理工	173
508	伊犁师范大学	27.49	新疆维吾尔自治区	8	师范	59	543	牡丹江医学院	24.73	黑龙江省	18	医药	72
509	合肥学院	27.49	安徽省	18	综合	80	544	沈阳音乐学院	24.71	辽宁省	32	艺术	26
510	哈尔滨体育学院	27.45	黑龙江省	16	体育	11	545	长春工程学院	24.62	吉林省	17	理工	174
511	浙江万里学院	27.33	浙江省	21	理工	166	546	赤峰学院	24.58	内蒙古自治区	9	师范	67
512	牡丹江师范学院	27.23	黑龙江省	17	师范	60	547	黔南民族师范学院	24.56	贵州省	8	师范	68
513	上海电机学院	27.15	上海市	25	理工	167	548	沈阳医学院	24.45	辽宁省	33	医药	73
514	吉林化工学院	27.14	吉林省	14	理工	168	549	中国刑事警察学院	23.89	辽宁省	34	文法	24
515	吉林体育学院	27.06	吉林省	15	体育	12	550	湖北汽车工业学院	23.31	湖北省	29	理工	175
516	黄冈师范学院	27.06	湖北省	26	师范	61	551	湖南人文科技学院	23.27	湖南省	18	师范	69
517	中国民用航空飞行学院	26.95	四川省	21	理工	169	552	鲁迅美术学院	22.94	辽宁省	35	艺术	27
518	上海立信会计金融学院	26.89	上海市	26	财经	38	553	中国人民警察大学	22.35	河北省	18	文法	25
519	北京舞蹈学院	26.69	北京市	51	艺术	20	554	长春大学	22.10	吉林省	18	综合	84
520	右江民族医学院	26.64	广西壮族自治区	13	医药	70	555	宁夏师范学院	22.07	宁夏回族自治区	4	师范	70
521	长治医学院	26.61	山西省	11	医药	71	556	北京电子科技学院	22.01	北京市	55	理工	176
522	山东工艺美术学院	26.48	山东省	28	艺术	21	557	沈阳工程学院	21.72	辽宁省	36	理工	177
523	山东体育学院	26.40	山东省	29	体育	13	558	北华航天工业学院	21.65	河北省	19	理工	178
524	湖南工程学院	26.35	湖南省	17	理工	170	559	绵阳师范学院	21.58	四川省	23	师范	71
525	国际关系学院	26.19	北京市	52	文法	21	560	海南热带海洋学院	21.28	海南省	4	综合	85
526	阜阳师范大学	26.09	安徽省	19	师范	62	561	吉林外国语大学	21.15	吉林省	19	文法	26
527	井冈山大学	26.04	江西省	15	综合	81	562	北京城市学院	21.07	北京市	56	综合	86
528	防灾科技学院	25.89	河北省	17	理工	171	563	天津音乐学院	20.91	天津市	17	艺术	28
529	湖北文理学院	25.86	湖北省	27	综合	82	564	山东政法学院	20.90	山东省	30	文法	27
530	宜春学院	25.83	江西省	16	综合	83	565	河北建筑工程学院	20.51	河北省	20	理工	179
531	吉林艺术学院	25.78	吉林省	16	艺术	22	566	新疆艺术学院	19.21	新疆维吾尔自治区	10	艺术	29
532	湖北科技学院	25.74	湖北省	28	理工	172	567	河北金融学院	18.71	河北省	21	财经	39
533	四川音乐学院	25.67	四川省	22	艺术	23	568	河北传媒学院	18.48	河北省	22	文法	28
534	云南艺术学院	25.61	云南省	11	艺术	24	569	天津美术学院	17.49	天津市	18	艺术	30
535	泉州师范学院	25.55	福建省	13	师范	63	570	四川警察学院	16.92	四川省	24	文法	29
536	天水师范学院	25.31	甘肃省	10	师范	64	571	中华女子学院	16.83	北京市	57	综合	87
537	中国青年政治学院	25.07	北京市	53	文法	22	572	上海海关学院	16.19	上海市	28	文法	30

排名	院校名称	总分	地区内序		类型序		排名	院校名称	总分	地区内序		类型序	
573	鞍山师范学院	14.44	辽宁省	37	师范	72	576	中央司法警官学院	11.99	河北省	23	文法	32
574	云南警官学院	14.38	云南省	12	文法	31	577	黑龙江东方学院	11.93	黑龙江省	19	综合	88
575	西藏藏医药大学	13.84	西藏自治区	3	医药	74	578	昌吉学院	6.83	新疆维吾尔自治区	11	师范	73

基于国际国内标准的世界一流学科竞争力排行榜

排名	学校名称	进入ESI学科数	进入ESI学科名称（前1%）	5★+、5★学科数	进入5★+、5★学科名称（前5%）
1	北京大学	22	农业科学、生物与生化、化学、临床医学、计算机科学、经济学与商学、工程科学、环境科学与生态学、地球科学、免疫学、材料科学、数学、微生物学、分子生物学与遗传学、多学科、神经科学与行为科学、药理学与毒物学、物理学、植物与动物科学、精神病学与行为科学、一般社会科学、空间科学	32	哲学、理论经济学、应用经济学、法学、政治学、社会学、马克思主义理论、心理学、中国语言文学、外国语言文学、考古学、中国史、世界史、数学、物理学、化学、地理学、地质学、生物学、力学、电子科学与技术、计算机科学与技术、环境科学与工程、软件工程、基础医学、临床医学、口腔医学、公共卫生与预防医学、药学、护理学、工商管理、公共管理
2	清华大学	20	农业科学、生物与生化、化学、临床医学、计算机科学、经济学与商学、工程科学、环境科学与生态学、地球科学、免疫学、材料科学、数学、微生物学、分子生物学与遗传学、多学科、神经科学与行为科学、药理学与毒物学、物理学、植物与动物科学、一般社会科学	24	法学、马克思主义理论、中国语言文学、数学、物理学、生物学、力学、机械工程、电气工程、信息与通信工程、控制科学与工程、计算机科学与技术、建筑学、土木工程、水利工程、化学工程与技术、环境科学与工程、生物医学工程、城乡规划学、软件工程、工商管理、公共管理、美术学、设计学
3	浙江大学	20	农业科学、生物与生化、化学、临床医学、计算机科学、经济学与商学、工程科学、环境科学与生态学、地球科学、免疫学、材料科学、数学、微生物学、分子生物学与遗传学、神经科学与行为科学、药理学与毒物学、物理学、植物与动物科学、精神病学与行为科学、一般社会科学	27	应用经济学、马克思主义理论、心理学、外国语言文学、生物学、生态学、机械工程、光学工程、材料科学与工程、动力工程及工程热物理、电气工程、控制科学与工程、计算机科学与技术、土木工程、化学工程与技术、农业工程、生物医学工程、食品科学与工程、软件工程、园艺学、农业资源与环境、植物保护、基础医学、管理科学与工程、工商管理、公共管理、设计学
4	上海交通大学	20	农业科学、生物与生化、化学、临床医学、计算机科学、经济学与商学、工程科学、环境科学与生态学、地球科学、免疫学、材料科学、数学、微生物学、分子生物学与遗传学、神经科学与行为科学、药理学与毒物学、物理学、植物与动物科学、精神病学与行为科学、一般社会科学	16	外国语言文学、数学、物理学、生物学、机械工程、动力工程及工程热物理、信息与通信工程、控制科学与工程、计算机科学与技术、化学工程与技术、船舶与海洋工程、网络空间安全、临床医学、管理科学与工程、工商管理、设计学
5	复旦大学	20	农业科学、生物与生化、化学、临床医学、计算机科学、经济学与商学、工程科学、环境科学与生态学、地球科学、免疫学、材料科学、数学、微生物学、分子生物学与遗传学、多学科、神经科学与行为科学、药理学与毒物学、物理学、植物与动物科学、一般社会科学	22	哲学、理论经济学、应用经济学、政治学、社会学、马克思主义理论、中国语言文学、外国语言文学、新闻传播学、中国史、数学、物理学、化学、生物学、电子科学与技术、基础医学、临床医学、公共卫生与预防医学、中西医结合、药学、护理学、公共管理
6	中山大学	20	农业科学、生物与生化、化学、临床医学、计算机科学、经济学与商学、工程科学、环境科学与生态学、地球科学、免疫学、材料科学、数学、微生物学、分子生物学与遗传学、神经科学与行为科学、药理学与毒物学、物理学、植物与动物科学、精神病学与行为科学、一般社会科学	12	哲学、中国史、世界史、数学、化学、生物学、生态学、基础医学、临床医学、公共卫生与预防医学、管理科学与工程、工商管理
7	南京大学	17	农业科学、生物与生化、化学、临床医学、计算机科学、工程科学、环境科学与生态学、地球科学、免疫学、材料科学、数学、分子生物学与遗传学、神经科学与行为科学、药理学与毒物学、物理学、植物与动物科学、一般社会科学	10	哲学、马克思主义理论、中国语言文学、外国语言文学、物理学、化学、计算机科学与技术、环境科学与工程、公共管理、图书情报与档案管理

续表

排名	学校名称	进入ESI学科数	进入ESI学科名称（前1%）	5★+、5★学科数	进入5★+、5★学科名称（前5%）
8	武汉大学	18	农业科学、生物与生化、化学、临床医学、计算机科学、工程科学、环境科学与生态学、地球科学、免疫学、材料科学、数学、微生物学、分子生物学与遗传学、神经科学与行为科学、药理学与毒物学、物理学、植物与动物科学、一般社会科学	17	哲学、理论经济学、应用经济学、法学、马克思主义理论、新闻传播学、化学、地球物理学、生物学、计算机科学与技术、测绘科学与技术、软件工程、口腔医学、管理科学与工程、工商管理、公共管理、图书情报与档案管理
9	华中科技大学	18	农业科学、生物与生化、化学、临床医学、计算机科学、工程科学、环境科学与生态学、免疫学、材料科学、数学、微生物学、分子生物学与遗传学、神经科学与行为科学、药理学与毒物学、物理学、植物与动物科学、精神病学与行为科学、一般社会科学	9	物理学、机械工程、光学工程、材料科学与工程、动力工程及工程热物理、电气工程、计算机科学与技术、中西医结合、公共管理
10	四川大学	19	农业科学、生物与生化、化学、临床医学、计算机科学、工程科学、环境科学与生态学、地球科学、免疫学、材料科学、数学、微生物学、分子生物学与遗传学、神经科学与行为科学、药理学与毒物学、物理学、植物与动物科学、精神病学与行为科学、一般社会科学	24	法学、中国语言文学、新闻传播学、中国史、数学、物理学、化学、生物学、统计学、材料科学与工程、化学工程与技术、环境科学与工程、基础医学、临床医学、公共卫生与预防医学、药学、特种医学、医学技术、护理学、管理科学与工程、公共管理、艺术学理论、美术学、设计学
11	吉林大学	18	农业科学、生物与生化、化学、临床医学、计算机科学、工程科学、环境科学与生态学、地球科学、免疫学、材料科学、数学、微生物学、分子生物学与遗传学、神经科学与行为科学、药理学与毒物学、物理学、植物与动物科学、一般社会科学	6	法学、马克思主义理论、数学、物理学、化学、药学
12	哈尔滨工业大学	12	农业科学、生物与生化、化学、临床医学、计算机科学、工程科学、环境科学与生态学、地球科学、材料科学、数学、物理学、一般社会科学	8	力学、机械工程、仪器科学与技术、材料科学与工程、信息与通信工程、控制科学与工程、计算机科学与技术、土木工程
13	中南大学	17	农业科学、生物与生化、化学、临床医学、计算机科学、工程科学、环境科学与生态学、地球科学、免疫学、材料科学、数学、分子生物学与遗传学、神经科学与行为科学、药理学与毒物学、物理学、精神病学与行为科学、一般社会科学	10	马克思主义理论、数学、材料科学与工程、冶金工程、土木工程、测绘科学与技术、矿业工程、临床医学、管理科学与工程、工商管理
14	山东大学	18	农业科学、生物与生化、化学、临床医学、计算机科学、工程科学、环境科学与生态学、地球科学、免疫学、材料科学、数学、微生物学、分子生物学与遗传学、神经科学与行为科学、药理学与毒物学、物理学、植物与动物科学、一般社会科学	5	马克思主义理论、中国语言文学、外国语言文学、数学、药学
15	西安交通大学	15	生物与生化、化学、临床医学、计算机科学、经济学与商学、工程科学、环境科学与生态学、地球科学、材料科学、数学、分子生物学与遗传学、神经科学与行为科学、药理学与毒物学、物理学、一般社会科学	8	应用经济学、马克思主义理论、机械工程、仪器科学与技术、动力工程及工程热物理、电气工程、网络空间安全、工商管理
16	中国科学技术大学	15	生物与生化、化学、临床医学、计算机科学、工程科学、环境科学与生态学、地球科学、免疫学、材料科学、数学、分子生物学与遗传学、药理学与毒物学、物理学、植物与动物科学、一般社会科学	10	数学、物理学、化学、天文学、生物学、科学技术史、材料科学与工程、计算机科学与技术、核科学与技术、安全科学与工程

续表

排名	学校名称	进入ESI学科数	进入ESI学科名称（前1%）	5★+、5★学科数	进入5★+、5★学科名称（前5%）
17	同济大学	15	生物与生化、化学、临床医学、计算机科学、工程科学、环境科学与生态学、地球科学、免疫学、材料科学、数学、分子生物学与遗传学、神经科学与行为科学、药理学与毒物学、物理学、一般社会科学	6	建筑学、土木工程、测绘科学与技术、城乡规划学、风景园林学、设计学
18	天津大学	11	农业科学、生物与生化、化学、临床医学、计算机科学、工程科学、环境科学与生态学、材料科学、药理学与毒物学、物理学、一般社会科学	7	光学工程、材料科学与工程、动力工程及工程热物理、水利工程、化学工程与技术、环境科学与工程、管理科学与工程
19	中国人民大学	7	化学、经济学与商学、工程科学、环境科学与生态学、材料科学、精神病学与行为科学、一般社会科学	16	哲学、理论经济学、应用经济学、法学、政治学、社会学、马克思主义理论、中国语言文学、新闻传播学、考古学、中国史、统计学、工商管理、农林经济管理、公共管理、图书情报与档案管理
20	东南大学	13	生物与生化、化学、临床医学、计算机科学、工程科学、环境科学与生态学、材料科学、数学、分子生物学与遗传学、神经科学与行为科学、药理学与毒物学、物理学、一般社会科学	8	电子科学与技术、信息与通信工程、控制科学与工程、建筑学、土木工程、交通运输工程、生物医学工程、艺术学理论
21	国防科技大学	5	计算机科学、工程科学、地球科学、材料科学、物理学	4	控制科学与工程、计算机科学与技术、软件工程、网络空间安全
22	北京师范大学	15	农业科学、生物与生化、化学、临床医学、计算机科学、工程科学、环境科学与生态学、地球科学、材料科学、数学、神经科学与行为科学、物理学、植物与动物科学、精神病学与行为科学、一般社会科学	11	哲学、教育学、心理学、体育学、中国语言文学、数学、地理学、系统科学、环境科学与工程、公共管理、戏剧与影视学
23	北京航空航天大学	7	化学、临床医学、计算机科学、工程科学、材料科学、物理学、一般社会科学	9	力学、仪器科学与技术、材料科学与工程、电子科学与技术、信息与通信工程、控制科学与工程、计算机科学与技术、航空宇航科学与技术、软件工程
24	华南理工大学	10	农业科学、生物与生化、化学、临床医学、计算机科学、工程科学、环境科学与生态学、材料科学、物理学、一般社会科学	3	轻工技术与工程、环境科学与工程、食品科学与工程
25	厦门大学	19	农业科学、生物与生化、化学、临床医学、计算机科学、经济学与商学、工程科学、环境科学与生态学、地球科学、免疫学、材料科学、数学、微生物学、分子生物学与遗传学、神经科学与行为科学、药理学与毒物学、物理学、植物与动物科学、一般社会科学	8	理论经济学、应用经济学、法学、教育学、化学、生物学、化学工程与技术、工商管理
26	南开大学	15	农业科学、生物与生化、化学、临床医学、计算机科学、工程科学、环境科学与生态学、材料科学、数学、微生物学、分子生物学与遗传学、药理学与毒物学、物理学、植物与动物科学、一般社会科学	7	理论经济学、应用经济学、社会学、马克思主义理论、数学、化学、工商管理
27	重庆大学	12	生物与生化、化学、临床医学、计算机科学、工程科学、环境科学与生态学、地球科学、材料科学、数学、物理学、植物与动物科学、一般社会科学	4	机械工程、电气工程、土木工程、管理科学与工程
28	大连理工大学	9	生物与生化、化学、计算机科学、工程科学、环境科学与生态学、材料科学、数学、物理学、一般社会科学	6	数学、力学、材料科学与工程、化学工程与技术、管理科学与工程、工商管理
29	北京理工大学	8	化学、计算机科学、工程科学、环境科学与生态学、材料科学、数学、物理学、一般社会科学	3	机械工程、控制科学与工程、设计学

续表

排名	学校名称	进入ESI学科数	进入ESI学科名称（前1%）	5★+、5★学科数	进入5★+、5★学科名称（前5%）
30	西北工业大学	5	化学、计算机科学、工程科学、材料科学、物理学	1	机械工程
31	华东师范大学	12	生物与生化、化学、临床医学、计算机科学、工程科学、环境科学与生态学、地球科学、材料科学、数学、物理学、植物与动物科学、一般社会科学	7	马克思主义理论、教育学、体育学、外国语言文学、生态学、软件工程、美术学
32	中国农业大学	11	农业科学、生物与生化、化学、工程科学、环境科学与生态学、免疫学、微生物学、分子生物学与遗传学、药理学与毒物学、植物与动物科学、一般社会科学	8	生物学、农业工程、食品科学与工程、作物学、农业资源与环境、植物保护、畜牧学、兽医学
33	湖南大学	9	生物与生化、化学、计算机科学、工程科学、环境科学与生态学、材料科学、数学、物理学、一般社会科学	1	机械工程
34	苏州大学	14	农业科学、生物与生化、化学、临床医学、计算机科学、工程科学、环境科学与生态学、免疫学、材料科学、数学、分子生物学与遗传学、神经科学与行为科学、药理学与毒物学、物理学	1	设计学
35	兰州大学	13	农业科学、生物与生化、化学、临床医学、工程科学、环境科学与生态学、地球科学、材料科学、数学、药理学与毒物学、物理学、植物与动物科学、一般社会科学	3	地理学、生态学、草学
36	电子科技大学	9	生物与生化、化学、临床医学、计算机科学、工程科学、材料科学、数学、神经科学与行为科学、物理学	3	马克思主义理论、电子科学与技术、信息与通信工程
37	郑州大学	8	生物与生化、化学、临床医学、工程科学、材料科学、分子生物学与遗传学、神经科学与行为科学、药理学与毒物学	1	医学技术
38	南京航空航天大学	6	化学、计算机科学、工程科学、材料科学、物理学、一般社会科学	0	
39	西南大学	14	农业科学、生物与生化、化学、临床医学、计算机科学、工程科学、环境科学与生态学、材料科学、数学、神经科学与行为科学、药理学与毒物学、植物与动物科学、精神病学与行为科学、一般社会科学	3	马克思主义理论、教育学、心理学
40	东北大学	4	化学、计算机科学、工程科学、材料科学	2	控制科学与工程、生物医学工程
41	上海大学	10	生物与生化、化学、临床医学、计算机科学、工程科学、环境科学与生态学、材料科学、数学、物理学、一般社会科学	0	
42	北京科技大学	6	化学、计算机科学、工程科学、环境科学与生态学、材料科学、物理学	1	材料科学与工程
43	暨南大学	12	农业科学、生物与生化、化学、临床医学、工程科学、环境科学与生态学、材料科学、分子生物学与遗传学、神经科学与行为科学、药理学与毒物学、植物与动物科学、一般社会科学	1	工商管理
44	南京理工大学	4	化学、计算机科学、工程科学、材料科学	1	光学工程

续表

排名	学校名称	进入ESI学科数	进入ESI学科名称（前1%）	5★+、5★学科数	进入5★+、5★学科名称（前5%）
45	中国海洋大学	9	农业科学、生物与生化、化学、工程科学、环境科学与生态学、地球科学、材料科学、药理学与毒物学、植物与动物科学	2	海洋科学、环境科学与工程
46	华东理工大学	8	农业科学、生物与生化、化学、计算机科学、工程科学、环境科学与生态学、材料科学、药理学与毒物学	2	材料科学与工程、化学工程与技术
47	南京农业大学	9	农业科学、生物与生化、化学、工程科学、环境科学与生态学、微生物学、分子生物学与遗传学、药理学与毒物学、植物与动物科学	1	作物学
48	西南交通大学	4	化学、计算机科学、工程科学、材料科学	1	交通运输工程
49	江南大学	8	农业科学、生物与生化、化学、临床医学、计算机科学、工程科学、材料科学、药理学与毒物学	2	食品科学与工程、设计学
50	武汉理工大学	4	化学、计算机科学、工程科学、材料科学	0	
51	华中农业大学	9	农业科学、生物与生化、化学、工程科学、环境科学与生态学、微生物学、分子生物学与遗传学、药理学与毒物学、植物与动物科学	5	生物学、园艺学、畜牧学、兽医学、农林经济管理
52	西北农林科技大学	9	农业科学、生物与生化、化学、工程科学、环境科学与生态学、微生物学、分子生物学与遗传学、药理学与毒物学、植物与动物科学	2	食品科学与工程、农林经济管理
53	河海大学	6	农业科学、计算机科学、工程科学、环境科学与生态学、地球科学、材料科学	2	水利工程、环境科学与工程
54	北京交通大学	5	化学、计算机科学、工程科学、材料科学、一般社会科学	0	
55	华中师范大学	6	化学、工程科学、材料科学、数学、物理学、植物与动物科学	3	政治学、教育学、中国语言文学
56	西安电子科技大学	5	临床医学、计算机科学、工程科学、地球科学、材料科学	1	信息与通信工程
57	北京工业大学	6	生物与生化、化学、计算机科学、工程科学、环境科学与生态学、材料科学	0	
58	南京师范大学	8	农业科学、化学、计算机科学、工程科学与生态学、地球科学、材料科学、数学、植物与动物科学	2	教育学、地理学
59	合肥工业大学	6	农业科学、化学、计算机科学、工程科学、地球科学、材料科学	0	
60	东北师范大学	6	化学、工程科学与生态学、材料科学、数学、植物与动物科学	3	马克思主义理论、教育学、世界史
61	南昌大学	8	农业科学、生物与生化、化学、临床医学、工程科学、材料科学、分子生物学与遗传学、药理学与毒物学	0	
62	中国矿业大学	8	化学、计算机科学、工程科学、环境科学与生态学、地球科学、材料科学、数学、一般社会科学	2	矿业工程、安全科学与工程
63	浙江工业大学	7	农业科学、生物与生化、化学、计算机科学、工程科学、环境科学与生态学、材料科学	0	

续表

续表

排名	学校名称	进入ESI学科数	进入ESI学科名称（前1%）	5★+、5★学科数	进入5★+、5★学科名称（前5%）
64	江苏大学	8	农业科学、生物与生化、化学、临床医学、工程科学、环境科学与生态学、材料科学、药理学与毒物学	0	
65	华南师范大学	9	化学、工程科学、环境科学与生态学、材料科学、数学、物理学、植物与动物科学、精神病学与行为科学、一般社会科学	1	心理学
66	北京协和医学院	12	农业科学、生物与生化、化学、临床医学、免疫学、材料科学、微生物学、分子生物学与遗传学、神经科学与行为科学、药理学与毒物学、植物与动物科学、一般社会科学	0	
67	西北大学	7	农业科学、化学、临床医学、工程科学、地球科学、材料科学、药理学与毒物学	0	
68	陕西师范大学	7	农业科学、化学、计算机科学、工程科学、环境科学与生态学、材料科学、一般社会科学	0	
69	福州大学	5	农业科学、化学、计算机科学、工程科学、材料科学	1	化学
70	北京化工大学	4	生物与生化、化学、工程科学、材料科学	2	化学工程与技术、生物工程
71	中国地质大学（武汉）	7	化学、计算机科学、工程科学、环境科学与生态学、地球科学、材料科学、一般社会科学	1	地质资源与地质工程
72	燕山大学	4	化学、计算机科学、工程科学、材料科学	1	机械工程
73	首都医科大学	8	生物与生化、临床医学、免疫学、分子生物学与遗传学、神经科学与行为科学、药理学与毒物学、精神病学与行为科学、一般社会科学	0	
74	南京医科大学	9	生物与生化、化学、临床医学、免疫学、材料科学、分子生物学与遗传学、神经科学与行为科学、药理学与毒物学、一般社会科学	0	
75	中央财经大学	2	经济学与商学、一般社会科学	2	应用经济学、统计学
76	扬州大学	8	农业科学、生物与生化、化学、临床医学、计算机科学、工程科学、材料科学、植物与动物科学	0	
77	华南农业大学	8	农业科学、生物与生化、化学、工程科学、环境科学与生态学、材料科学、微生物学、植物与动物科学	0	
78	华北电力大学	6	化学、计算机科学、工程科学、环境科学与生态学、材料科学、一般社会科学	0	
79	哈尔滨工程大学	4	化学、计算机科学、工程科学、材料科学	0	
80	云南大学	4	化学、环境科学与生态学、材料科学、植物与动物科学	2	民族学、中国史
81	昆明理工大学	5	化学、工程科学、环境科学与生态学、材料科学、植物与动物科学	0	
82	南京工业大学	4	生物与生化、化学、工程科学、材料科学	0	

续表

排名	学校名称	进入ESI学科数	进入ESI学科名称（前1%）	5★+、5★学科数	进入5★+、5★学科名称（前5%）
83	北京邮电大学	4	计算机科学、工程科学、材料科学、物理学	2	信息与通信工程、计算机科学与技术
84	太原理工大学	3	化学、工程科学、材料科学	0	
85	深圳大学	9	生物与生化、化学、临床医学、计算机科学、工程科学、环境科学与生态学、材料科学、物理学、一般社会科学	1	光学工程
86	河南大学	6	化学、临床医学、工程科学、材料科学、药理学与毒物学、植物与动物科学	0	
87	宁波大学	6	农业科学、化学、临床医学、工程科学、材料科学、植物与动物科学	1	信息与通信工程
88	南方医科大学	7	生物与生化、化学、临床医学、免疫学、分子生物学与遗传学、神经科学与行为科学、药理学与毒物学	0	
89	青岛大学	8	生物与生化、化学、临床医学、计算机科学、工程科学、材料科学、神经科学与行为科学、药理学与毒物学	0	
90	北京林业大学	7	农业科学、生物与生化、化学、工程科学、环境科学与生态学、材料科学、植物与动物科学	3	生态学、风景园林学、林学
91	东华大学	7	生物与生化、化学、计算机科学、工程科学、环境科学与生态学、材料科学、数学	1	纺织科学与工程
92	中国石油大学（华东）	6	化学、计算机科学、工程科学、环境科学与生态学、地球科学、材料科学	0	
93	广西大学	5	农业科学、化学、工程科学、材料科学、植物与动物科学	0	
94	中国石油大学（北京）	6	化学、计算机科学、工程科学、环境科学与生态学、地球科学、材料科学	0	
95	长安大学	4	工程科学、环境科学与生态学、地球科学、材料科学	1	交通运输工程
96	浙江师范大学	4	化学、工程科学、材料科学、数学	0	
97	中国地质大学（北京）	7	化学、计算机科学、工程科学、环境科学与生态学、地球科学、材料科学、一般社会科学	1	地质资源与地质工程
98	杭州电子科技大学	4	化学、计算机科学、工程科学、材料科学	1	计算机科学与技术
99	西安建筑科技大学	3	工程科学、环境科学与生态学、材料科学	3	土木工程、城乡规划学、风景园林学
100	首都师范大学	3	化学、材料科学、植物与动物科学	1	马克思主义理论
101	上海理工大学	3	化学、工程科学、材料科学	0	
102	山西大学	5	化学、工程科学、环境科学与生态学、材料科学、物理学	0	
103	中国医科大学	7	生物与生化、临床医学、免疫学、分子生物学与遗传学、神经科学与行为科学、药理学与毒物学、一般社会科学	0	
104	福建师范大学	5	化学、计算机科学、工程科学、环境科学与生态学、材料科学	0	
105	南京信息工程大学	6	农业科学、化学、计算机科学、工程科学、环境科学与生态学、地球科学	1	大气科学
106	贵州大学	3	化学、工程科学、植物与动物科学	0	
107	山东科技大学	6	化学、计算机科学、工程科学、地球科学、材料科学、数学	0	

续表

排名	学校名称	进入ESI学科数	进入ESI学科名称（前1%）	5★+、5★学科数	进入5★+、5★学科名称（前5%）
108	南京林业大学	7	农业科学、生物与生化、化学、工程科学、环境科学与生态学、材料科学、植物与动物科学	0	
109	广东工业大学	5	化学、计算机科学、工程科学、环境科学与生态学、材料科学	0	
110	河北大学	2	化学、材料科学	0	
111	安徽大学	4	化学、计算机科学、工程科学、材料科学	0	
112	湖南师范大学	4	化学、临床医学、工程科学、材料科学	1	外国语言文学
113	天津医科大学	7	生物与生化、临床医学、免疫学、材料科学、分子生物学与遗传学、神经科学与行为科学、药理学与毒物学	0	
114	新疆大学	3	化学、工程科学、材料科学	0	
115	湘潭大学	4	化学、工程科学、材料科学、数学	0	
116	四川农业大学	4	农业科学、生物与生化、环境科学与生态学、植物与动物科学	1	作物学
117	东北林业大学	5	农业科学、化学、工程科学、材料科学、植物与动物科学	2	林业工程、林学
118	山东师范大学	5	化学、计算机科学、工程科学、材料科学、植物与动物科学	0	
119	河北工业大学	3	化学、工程科学、材料科学	0	
120	浙江理工大学	3	化学、工程科学、材料科学	0	
121	上海师范大学	5	化学、工程科学、材料科学、数学、植物与动物科学	0	
122	福建农林大学	4	农业科学、化学、环境科学与生态学、植物与动物科学	0	
123	上海财经大学	3	经济学与商学、工程科学、一般社会科学	2	应用经济学、统计学
124	东北农业大学	4	农业科学、生物与生化、环境科学与生态学、植物与动物科学	1	畜牧学
125	西南石油大学	4	化学、工程科学、地球科学、材料科学	1	石油与天然气工程
126	重庆医科大学	6	生物与生化、临床医学、免疫学、分子生物学与遗传学、神经科学与行为科学、药理学与毒物学	0	
127	江西师范大学	2	化学、材料科学	1	马克思主义理论
128	西安理工大学	2	工程科学、材料科学	0	
129	南京邮电大学	4	化学、计算机科学、工程科学、材料科学	1	电子科学与技术
130	华侨大学	4	化学、计算机科学、工程科学、材料科学	0	
131	第二军医大学	10	生物与生化、化学、临床医学、免疫学、材料科学、分子生物学与遗传学、神经科学与行为科学、药理学与毒物学、植物与动物科学、一般社会科学	0	
132	西北师范大学	3	化学、工程科学、材料科学	0	
133	哈尔滨医科大学	5	生物与生化、临床医学、分子生物学与遗传学、神经科学与行为科学、药理学与毒物学	0	

续表

排名	学校名称	进入ESI学科数	进入ESI学科名称（前1%）	5★+、5★学科数	进入5★+、5★学科名称（前5%）
134	广州大学	5	化学、计算机科学、工程科学、环境科学与生态学、材料科学	0	
135	黑龙江大学	3	化学、工程科学、材料科学	0	
136	北京中医药大学	2	临床医学、药理学与毒物学	3	中医学、中西医结合、中药学
137	第四军医大学	7	生物与生化、临床医学、免疫学、材料科学、分子生物学与遗传学、神经科学与行为科学、药理学与毒物学	0	
138	西南财经大学	3	经济学与商学、工程科学、一般社会科学	2	应用经济学、工商管理
139	南京中医药大学	3	化学、临床医学、药理学与毒物学	0	
140	中国药科大学	5	生物与生化、化学、临床医学、材料科学、药理学与毒物学	2	药学、中药学
141	大连海事大学	2	计算机科学、工程科学	0	
142	武汉科技大学	4	化学、临床医学、工程科学、材料科学	0	
143	成都理工大学	2	工程科学、地球科学	1	地质学
144	山东农业大学	4	农业科学、化学、环境科学与生态学、植物与动物科学	0	
145	济南大学	4	化学、临床医学、工程科学、材料科学	0	
146	兰州理工大学	3	化学、工程科学、材料科学	0	
147	长沙理工大学	5	化学、计算机科学、工程科学、材料科学、数学	0	
148	安徽医科大学	7	生物与生化、临床医学、免疫学、分子生物学与遗传学、神经科学与行为科学、药理学与毒物学、一般社会科学	0	
149	河南理工大学	3	化学、工程科学、材料科学	0	
150	湖南农业大学	4	农业科学、化学、环境科学与生态学、植物与动物科学	0	
151	上海中医药大学	3	生物与生化、临床医学、药理学与毒物学	0	
152	广州中医药大学	2	临床医学、药理学与毒物学	1	中医学
153	河南师范大学	3	化学、工程科学、材料科学	0	
154	安徽师范大学	2	化学、材料科学	0	
155	河南科技大学	5	农业科学、临床医学、工程科学、材料科学、植物与动物科学	0	
156	海南大学	4	农业科学、化学、材料科学、植物与动物科学	0	
157	辽宁大学	2	化学、工程科学	1	应用经济学
158	青岛科技大学	3	化学、工程科学、材料科学	0	
159	山西医科大学	1	临床医学	0	
160	中北大学	3	化学、工程科学、材料科学	0	
161	湖北大学	3	化学、工程科学、材料科学	0	
162	南通大学	4	临床医学、工程科学、神经科学与行为科学、药理学与毒物学	0	

续表

排名	学校名称	进入ESI学科数	进入ESI学科名称（前1%）	5★+、5★学科数	进入5★+、5★学科名称（前5%）
163	天津师范大学	1	化学	0	
164	温州医科大学	7	生物与生化、化学、临床医学、材料科学、分子生物学与遗传学、神经科学与行为科学、药理学与毒物学	0	
165	天津工业大学	4	化学、工程科学、材料科学、数学	0	
166	常州大学	3	化学、工程科学、材料科学	0	
167	石河子大学	3	农业科学、化学、临床医学	0	
168	曲阜师范大学	4	化学、计算机科学、工程科学、数学	0	
169	河南农业大学	2	农业科学、植物与动物科学	0	
170	广州医科大学	6	生物与生化、临床医学、免疫学、分子生物学与遗传学、神经科学与行为科学、药理学与毒物学	0	
171	浙江工商大学	2	农业科学、工程科学	0	
172	杭州师范大学	5	化学、临床医学、工程科学、神经科学与行为科学、植物与动物科学	0	
173	哈尔滨理工大学	2	工程科学、材料科学	0	
174	东北财经大学	1	工程科学	1	工商管理
175	河北医科大学	3	临床医学、神经科学与行为科学、药理学与毒物学	0	
176	沈阳农业大学	2	农业科学、植物与动物科学	0	
177	上海海洋大学	2	农业科学、植物与动物科学	1	水产
178	重庆邮电大学	2	计算机科学、工程科学	0	
179	兰州交通大学	2	化学、工程科学	0	
180	安徽农业大学	2	农业科学、植物与动物科学	0	
181	河北师范大学	2	化学、植物与动物科学	0	
182	中国计量大学	3	化学、工程科学、材料科学	1	仪器科学与技术
183	长江大学	3	农业科学、工程科学、植物与动物科学	0	
184	天津科技大学	4	农业科学、生物与生化、化学、工程科学	0	
185	内蒙古大学	3	化学、工程科学、环境科学与生态学	0	
186	江苏科技大学	3	化学、工程科学、材料科学	0	
187	陕西科技大学	3	化学、工程科学、材料科学	0	
188	华北理工大学	3	生物与生化、化学、临床医学	0	
189	大连医科大学	4	生物与生化、临床医学、分子生物学与遗传学、药理学与毒物学	0	
190	西安科技大学	1	工程科学	1	安全科学与工程
191	三峡大学	3	化学、临床医学、工程科学	0	
192	内蒙古农业大学	1	农业科学	0	
193	沈阳药科大学	3	化学、临床医学、药理学与毒物学	1	药学
194	中南民族大学	2	化学、工程科学	0	
195	汕头大学	3	化学、临床医学、工程科学	0	
196	辽宁师范大学	1	化学	0	

续表

排名	学校名称	进入ESI学科数	进入ESI学科名称（前1%）	5★+、5★学科数	进入5★+、5★学科名称（前5%）
197	广西师范大学	2	化学、工程科学	0	
198	浙江中医药大学	2	临床医学、药理学与毒物学	0	
199	湖南科技大学	2	化学、工程科学	0	
200	河北农业大学	2	农业科学、植物与动物科学	0	
201	西南科技大学	3	化学、工程科学、材料科学	0	
202	延边大学	1	临床医学	0	
203	江西财经大学	1	工程科学	0	
204	温州大学	3	化学、工程科学、材料科学	0	
205	江苏师范大学	2	化学、工程科学	0	
206	天津中医药大学	2	临床医学、药理学与毒物学	0	
207	浙江农林大学	4	农业科学、工程科学、环境科学与生态学、植物与动物科学	0	
208	福建医科大学	2	临床医学、药理学与毒物学	0	
209	安徽工业大学	3	化学、工程科学、材料科学	0	
210	上海海事大学	1	工程科学	0	
211	广西医科大学	2	临床医学、药理学与毒物学	0	
212	吉林农业大学	2	农业科学、植物与动物科学	0	
213	甘肃农业大学	2	农业科学、植物与动物科学	0	
214	四川师范大学	1	工程科学	0	
215	南昌航空大学	3	化学、工程科学、材料科学	0	
216	东北石油大学	1	工程科学	0	
217	成都中医药大学	2	临床医学、药理学与毒物学	1	中药学
218	山东理工大学	2	化学、工程科学	0	
219	南华大学	2	化学、临床医学	0	
220	桂林电子科技大学	2	工程科学、材料科学	0	
221	哈尔滨师范大学	2	化学、材料科学	0	
222	山东财经大学	1	工程科学	0	
223	天津理工大学	3	化学、工程科学、材料科学	0	
224	安徽理工大学	1	工程科学	0	
225	渤海大学	4	农业科学、化学、计算机科学、工程科学	0	
226	重庆交通大学	1	工程科学	0	
227	武汉工程大学	3	化学、工程科学、材料科学	0	
228	云南师范大学	1	化学	0	
229	中南林业科技大学	2	农业科学、工程科学	0	
230	北京工商大学	1	农业科学	0	
231	新疆医科大学	1	临床医学	0	

续表

排名	学校名称	进入ESI学科数	进入ESI学科名称（前1%）	5★+、5★学科数	进入5★+、5★学科名称（前5%）
232	云南农业大学	1	植物与动物科学	0	
233	江西农业大学	2	农业科学、植物与动物科学	0	
234	山东中医药大学	1	临床医学	0	
235	河南工业大学	3	农业科学、化学、工程科学	0	
236	华东交通大学	1	工程科学	0	
237	青岛农业大学	3	农业科学、化学、植物与动物科学	0	
238	浙江财经大学	1	工程科学	0	
239	东华理工大学	1	化学	0	
240	青岛理工大学	1	工程科学	0	
241	昆明医科大学	1	临床医学	0	
242	烟台大学	3	化学、工程科学、药理学与毒物学	0	
243	湖北工业大学	2	农业科学、工程科学	0	
244	南京财经大学	1	农业科学	0	
245	重庆师范大学	1	工程科学	0	
246	聊城大学	3	化学、工程科学、材料科学	0	
247	西华师范大学	2	化学、工程科学	0	
248	齐鲁工业大学	3	化学、工程科学、材料科学	0	
249	山西农业大学	2	农业科学、植物与动物科学	0	
250	贵州医科大学	2	临床医学、药理学与毒物学	0	
251	徐州医科大学	3	临床医学、神经科学与行为科学、药理学与毒物学	0	
252	江西理工大学	1	材料科学	0	
253	黑龙江中医药大学	1	临床医学	0	
254	宁夏医科大学	1	临床医学	0	
255	河北科技大学	1	工程科学	0	
256	湖南工业大学	2	工程科学、材料科学	0	
257	重庆工商大学	2	化学、工程科学	0	
258	上海工程技术大学	2	工程科学、材料科学	0	
259	鲁东大学	1	工程科学	0	
260	锦州医科大学	1	临床医学	0	
261	上海应用技术大学	1	化学	0	
262	重庆理工大学	1	工程科学	0	
263	华北水利水电大学	1	工程科学	0	
264	西华大学	1	工程科学	0	
265	大连工业大学	1	农业科学	0	
266	东北电力大学	1	工程科学	0	
267	集美大学	1	植物与动物科学	0	

排名	学校名称	进入ESI学科数	进入ESI学科名称（前1%）	5★+、5★学科数	进入5★+、5★学科名称（前5%）
268	福建中医药大学	1	临床医学	0	
269	广东医科大学	2	临床医学、药理学与毒物学	0	
270	大连大学	1	临床医学	0	
271	上海电力大学	2	工程科学、材料科学	0	
272	遵义医科大学	1	临床医学	0	
273	北方工业大学	1	工程科学	0	
274	太原科技大学	1	工程科学	0	
275	辽宁石油化工大学	1	工程科学	0	
276	广东药科大学	3	化学、临床医学、药理学与毒物学	0	
277	武汉纺织大学	3	化学、工程科学、材料科学	0	
278	苏州科技大学	1	工程科学	0	
279	石家庄铁道大学	1	工程科学	0	
280	广东海洋大学	1	植物与动物科学	0	
281	山东建筑大学	1	工程科学	0	
282	中国民航大学	1	工程科学	0	
283	潍坊医学院	1	临床医学	0	
284	信阳师范学院	1	化学	0	
285	淮北师范大学	1	化学	0	
286	吉林师范大学	1	化学	0	
287	山东第一医科大学	4	生物与生化、临床医学、分子生物学与遗传学、药理学与毒物学	0	
288	辽宁工业大学	2	计算机科学、工程科学	0	
289	西南医科大学	1	临床医学	0	
290	郑州轻工业大学	2	化学、工程科学	0	
291	内蒙古医科大学	1	临床医学	0	
292	南京工程学院	1	工程科学	0	
293	滨州医学院	1	临床医学	0	
294	天津城建大学	1	工程科学	0	
295	大连海洋大学	1	植物与动物科学	0	
296	绍兴文理学院	1	工程科学	0	
297	蚌埠医学院	1	临床医学	0	
298	湖北医药学院	1	临床医学	0	
299	海南医学院	1	临床医学	0	
300	皖南医学院	1	临床医学	0	
301	济宁医学院	1	临床医学	0	
302	西安医学院	1	临床医学	0	
303	桂林医学院	1	临床医学	0	

续表

排名	学校名称	进入ESI学科数	进入ESI学科名称（前1%）	5★+、5★学科数	进入5★+、5★学科名称（前5%）
304	川北医学院	1	临床医学	0	
305	厦门理工学院	1	工程科学	0	
306	南阳师范学院	1	化学	0	
307	洛阳师范学院	1	化学	0	
308	闽江学院	2	工程科学、一般社会科学	0	
309	安阳师范学院	1	化学	0	

续表

中国高校一流学科建设综合竞争力排行榜

排名	学校名称	进入ESI学科数（5分）	中国5★+学科数（4分）	中国5★学科数（3分）	中国5★-学科数（2分）	中国4★学科数（1分）	实际得分
1	浙江大学	20	4	21	19	11	228
2	北京大学	22	2	27	7	7	220
3	清华大学	20	7	19	12	6	215
4	复旦大学	20	6	15	8	5	190
5	上海交通大学	20	3	12	12	11	183
6	四川大学	19	2	12	15	11	180
7	武汉大学	18	3	15	7	13	174
8	中山大学	20	1	9	14	12	171
9	南京大学	17	0	13	14	10	162
10	华中科技大学	18	1	8	13	16	160
11	厦门大学	19	0	7	10	12	148
12	吉林大学	18	1	4	11	15	143
13	中南大学	17	0	7	10	12	138
14	山东大学	18	0	5	8	16	137
15	北京师范大学	15	5	6	7	8	135
16	西安交通大学	15	2	7	8	11	131
17	同济大学	15	2	3	8	15	123
18	中国科学技术大学	15	3	5	6	7	121
19	东南大学	13	1	7	7	16	120
20	南开大学	15	2	4	6	11	118
21	天津大学	11	2	5	12	9	111
22	华东师范大学	12	0	6	7	15	107
23	重庆大学	12	0	4	7	17	103
24	中国人民大学	7	11	4	2	5	100
25	哈尔滨工业大学	12	1	7	5	4	99
26	苏州大学	14	0	3	2	12	95
27	西南大学	14	0	4	1	8	92
28	中国农业大学	11	2	6	2	6	91
29	华南理工大学	10	0	4	7	13	89
30	兰州大学	13	1	1	5	7	89
31	大连理工大学	9	1	3	10	6	84
32	暨南大学	12	0	2	2	11	81
33	华中农业大学	9	2	5	2	5	77
34	湖南大学	9	0	1	9	8	74
35	北京理工大学	8	0	2	7	13	73
36	北京航空航天大学	7	1	4	8	5	72
37	电子科技大学	9	2	1	4	8	72
38	上海大学	10	0	2	4	8	72
39	北京协和医学院	12	0	2	3	0	72

续表

排名	学校名称	进入ESI学科数（5分）	中国5★+学科数（4分）	中国5★学科数（3分）	中国5★-学科数（2分）	中国4★学科数（1分）	实际得分
40	南京农业大学	9	0	2	5	7	68
41	西北农林科技大学	9	0	0	8	5	66
42	郑州大学	8	0	1	3	14	63
43	中国海洋大学	9	0	1	5	5	63
44	华南师范大学	9	0	2	3	6	63
45	南京师范大学	8	0	2	0	12	58
46	华东理工大学	8	1	3	0	4	57
47	第二军医大学	10	0	0	1	4	56
48	中国矿业大学	8	1	1	1	6	55
49	华中师范大学	6	0	4	4	4	54
50	江南大学	8	1	1	2	2	53
51	东北师范大学	6	1	3	2	6	53
52	南京医科大学	9	0	0	1	4	51
53	深圳大学	9	0	1	0	3	51
54	华南农业大学	8	0	0	0	9	49
55	南昌大学	8	0	0	2	4	48
56	河海大学	6	2	0	2	6	48
57	国防科技大学	5	0	3	4	5	47
58	北京林业大学	7	0	1	3	2	46
59	中国地质大学（武汉）	7	0	2	0	4	45
60	陕西师范大学	7	0	1	3	1	45
61	扬州大学	8	0	0	0	4	44
62	宁波大学	6	0	1	1	9	44
63	西北工业大学	5	0	1	4	7	43
64	南京航空航天大学	6	0	0	3	7	43
65	北京科技大学	6	0	1	1	7	42
66	首都医科大学	8	0	0	0	2	42
67	江苏大学	8	0	0	0	2	42
68	西北大学	7	0	0	0	7	42
69	青岛大学	8	0	0	0	2	42
70	东华大学	7	0	1	0	4	42
71	南京林业大学	7	0	1	1	2	42
72	第四军医大学	7	0	0	1	5	42
73	浙江工业大学	7	0	0	1	4	41
74	中国地质大学（北京）	7	0	0	2	2	41
75	东北大学	4	0	1	5	7	40
76	北京交通大学	5	0	0	4	7	40
77	上海师范大学	5	0	2	3	3	40
78	温州医科大学	7	0	0	1	3	40
79	华北电力大学	6	0	1	2	1	38
80	中国医科大学	7	0	0	0	3	38

续表

排名	学校名称	进入ESI学科数（5分）	中国5★+学科数（4分）	中国5★学科数（3分）	中国5★-学科数（2分）	中国4★学科数（1分）	实际得分
81	天津医科大学	7	0	0	1	1	38
82	北京工业大学	6	0	1	0	4	37
83	合肥工业大学	6	0	1	0	4	37
84	河南大学	6	0	0	0	7	37
85	中国石油大学（华东）	6	0	1	1	2	37
86	西南交通大学	4	1	0	3	6	36
87	南方医科大学	7	0	0	0	1	36
88	南京信息工程大学	6	0	1	1	1	36
89	福建师范大学	5	0	0	2	7	36
90	安徽医科大学	7	0	0	0	1	36
91	西安电子科技大学	5	0	2	1	2	35
92	中国石油大学（北京）	6	0	0	2	1	35
93	南京理工大学	4	0	1	1	9	34
94	云南大学	4	0	2	1	6	34
95	福州大学	5	0	1	1	4	34
96	北京邮电大学	4	2	0	1	4	34
97	重庆医科大学	6	0	0	0	4	34
98	山东科技大学	6	0	0	0	2	32
99	上海财经大学	3	1	1	3	4	32
100	中国药科大学	5	1	1	0	0	32
101	浙江师范大学	4	0	0	1	9	31
102	杭州电子科技大学	4	0	0	2	7	31
103	东北林业大学	5	0	1	0	3	31
104	东北农业大学	4	0	1	2	4	31
105	武汉理工大学	4	0	0	4	2	30
106	广东工业大学	5	0	0	0	5	30
107	山东师范大学	5	0	0	0	5	30
108	首都师范大学	3	0	1	3	6	30
109	广州医科大学	6	0	0	0	0	30
110	燕山大学	4	0	1	0	6	29
111	广西大学	5	0	0	1	2	29
112	北京化工大学	4	0	1	1	4	29
113	南京邮电大学	4	0	3	0	0	29
114	西安建筑科技大学	3	0	3	0	4	28
115	山西大学	5	0	0	0	3	28
116	湖南师范大学	4	0	1	0	4	27
117	广州大学	5	0	0	0	1	26
118	四川农业大学	4	0	0	1	4	26
119	长沙理工大学	5	0	0	0	1	26
120	哈尔滨医科大学	5	0	0	0	1	26
121	武汉科技大学	4	0	1	0	3	26

续表

排名	学校名称	进入ESI学科数（5分）	中国5★+学科数（4分）	中国5★学科数（3分）	中国5★-学科数（2分）	中国4★学科数（1分）	实际得分
122	昆明理工大学	5	0	0	0	0	25
123	哈尔滨工程大学	4	0	0	1	3	25
124	安徽大学	4	0	0	0	5	25
125	湘潭大学	4	0	0	1	3	25
126	河南科技大学	5	0	0	0	0	25
127	杭州师范大学	5	0	0	0	0	25
128	南京工业大学	4	0	0	1	2	24
129	福建农林大学	4	0	0	0	4	24
130	西南石油大学	4	0	1	0	1	24
131	西南财经大学	3	0	2	0	3	24
132	长安大学	4	0	0	1	1	23
133	曲阜师范大学	4	0	0	0	3	23
134	太原理工大学	3	0	1	0	4	22
135	中央财经大学	2	1	1	2	1	22
136	新疆大学	3	0	0	1	5	22
137	浙江理工大学	3	0	0	2	3	22
138	西北师范大学	3	0	0	1	4	21
139	上海中医药大学	3	0	1	1	1	21
140	海南大学	4	0	0	0	1	21
141	黑龙江大学	3	0	0	1	4	21
142	天津工业大学	4	0	0	0	1	21
143	贵州大学	3	0	1	0	2	20
144	上海理工大学	3	0	0	1	3	20
145	北京中医药大学	2	1	2	0	0	20
146	华侨大学	4	0	0	0	0	20
147	湖南农业大学	4	0	0	0	0	20
148	南通大学	4	0	0	0	0	20
149	山东农业大学	4	0	0	0	0	20
150	济南大学	4	0	0	0	0	20
151	中国计量大学	3	0	1	0	2	20
152	天津科技大学	4	0	0	0	0	20
153	中国传媒大学	0	3	1	2	1	20
154	浙江农林大学	4	0	0	0	0	20
155	大连医科大学	4	0	0	0	0	20
156	渤海大学	4	0	0	0	0	20
157	山东第一医科大学	4	0	0	0	0	20
158	江西师范大学	2	0	1	0	6	19
159	南京中医药大学	3	0	0	1	1	18
160	河北工业大学	3	0	0	1	1	18
161	大连海事大学	2	0	2	0	2	18
162	辽宁大学	2	0	1	1	3	18

续表

排名	学校名称	进入ESI学科数（5分）	中国5★+学科数（4分）	中国5★学科数（3分）	中国5★-学科数（2分）	中国4★学科数（1分）	实际得分
163	沈阳药科大学	3	0	1	0	0	18
164	兰州理工大学	3	0	0	0	2	17
165	湖北大学	3	0	0	0	2	17
166	青岛科技大学	3	0	0	0	2	17
167	河南理工大学	3	0	0	0	1	16
168	石河子大学	3	0	0	0	1	16
169	河北医科大学	3	0	0	0	1	16
170	陕西科技大学	3	0	0	0	1	16
171	长江大学	3	0	0	0	1	16
172	内蒙古大学	3	0	0	0	1	16
173	沈阳农业大学	2	0	0	2	2	16
174	三峡大学	3	0	0	0	1	16
175	武汉工程大学	3	0	0	0	1	16
176	河南工业大学	3	0	0	0	1	16
177	中南财经政法大学	0	0	4	1	1	15
178	广州中医药大学	2	0	1	1	0	15
179	河南师范大学	3	0	0	0	0	15
180	上海海洋大学	2	0	1	0	2	15
181	中北大学	3	0	0	0	0	15
182	浙江工商大学	2	0	0	1	3	15
183	常州大学	3	0	0	0	0	15
184	西南科技大学	3	0	0	0	0	15
185	江苏科技大学	3	0	0	0	0	15
186	南昌航空大学	3	0	0	0	0	15
187	温州大学	3	0	0	0	0	15
188	华北理工大学	3	0	0	0	0	15
189	安徽工业大学	3	0	0	0	0	15
190	天津理工大学	3	0	0	0	0	15
191	汕头大学	3	0	0	0	0	15
192	烟台大学	3	0	0	0	0	15
193	齐鲁工业大学	3	0	0	0	0	15
194	徐州医科大学	3	0	0	0	0	15
195	青岛农业大学	3	0	0	0	0	15
196	聊城大学	3	0	0	0	0	15
197	广东药科大学	3	0	0	0	0	15
198	武汉纺织大学	3	0	0	0	0	15
199	广西师范大学	2	0	0	2	0	14
200	哈尔滨师范大学	2	0	0	0	4	14
201	安徽师范大学	2	0	0	0	3	13
202	东北财经大学	1	0	2	0	2	13
203	广西医科大学	2	0	0	0	3	13

续表

排名	学校名称	进入ESI学科数（5分）	中国5★+学科数（4分）	中国5★学科数（3分）	中国5★−学科数（2分）	中国4★学科数（1分）	实际得分
204	成都中医药大学	2	0	0	1	1	13
205	天津中医药大学	2	0	0	0	3	13
206	成都理工大学	2	0	0	1	0	12
207	西安理工大学	2	0	0	0	2	12
208	重庆邮电大学	2	0	0	0	2	12
209	甘肃农业大学	2	0	0	0	2	12
210	江西农业大学	2	0	0	0	2	12
211	中南民族大学	2	0	0	1	0	12
212	河北大学	2	0	0	0	1	11
213	湖南科技大学	2	0	0	0	1	11
214	福建医科大学	2	0	0	0	1	11
215	安徽农业大学	2	0	0	0	1	11
216	哈尔滨理工大学	2	0	0	0	1	11
217	中南林业科技大学	2	0	0	0	1	11
218	河北师范大学	2	0	0	0	1	11
219	吉林农业大学	2	0	0	0	1	11
220	上海电力大学	2	0	0	0	1	11
221	湖南工业大学	2	0	0	0	1	11
222	中央民族大学	0	0	1	3	1	10
223	对外经济贸易大学	0	1	0	2	2	10
224	兰州交通大学	2	0	0	0	0	10
225	江苏师范大学	2	0	0	0	0	10
226	河南农业大学	2	0	0	0	0	10
227	浙江中医药大学	2	0	0	0	0	10
228	南华大学	2	0	0	0	0	10
229	桂林电子科技大学	2	0	0	0	0	10
230	山东理工大学	2	0	0	0	0	10
231	河北农业大学	2	0	0	0	0	10
232	湖北工业大学	2	0	0	0	0	10
233	贵州医科大学	2	0	0	0	0	10
234	山西农业大学	2	0	0	0	0	10
235	重庆工商大学	2	0	0	0	0	10
236	上海工程技术大学	2	0	0	0	0	10
237	南京艺术学院	0	0	1	3	1	10
238	西华师范大学	2	0	0	0	0	10
239	广东医科大学	2	0	0	0	0	10
240	郑州轻工业大学	2	0	0	0	0	10
241	辽宁工业大学	2	0	0	0	0	10
242	闽江学院	2	0	0	0	0	10
243	江西财经大学	1	0	0	1	2	9
244	辽宁师范大学	1	0	0	1	2	9

续表

续表

排名	学校名称	进入ESI学科数（5分）	中国5★+学科数（4分）	中国5★学科数（3分）	中国5★-学科数（2分）	中国4★学科数（1分）	实际得分
245	天津师范大学	1	0	0	1	1	8
246	中央美术学院	0	1	1	0	1	8
247	黑龙江中医药大学	1	0	0	1	1	8
248	大连工业大学	1	0	0	0	3	8
249	西安科技大学	1	0	0	1	0	7
250	上海海事大学	1	0	0	0	2	7
251	山东财经大学	1	0	0	0	2	7
252	重庆交通大学	1	0	0	0	2	7
253	东北石油大学	1	0	0	0	2	7
254	延边大学	1	0	0	1	0	7
255	北京工商大学	1	0	0	0	2	7
256	福建中医药大学	1	0	0	1	0	7
257	中国民航大学	1	0	0	1	0	7
258	中国矿业大学（北京）	0	0	1	1	1	6
259	中国政法大学	0	1	0	1	0	6
260	山西医科大学	1	0	0	0	1	6
261	四川师范大学	1	0	0	0	1	6
262	云南师范大学	1	0	0	0	1	6
263	安徽理工大学	1	0	0	0	1	6
264	中央音乐学院	0	1	0	1	0	6
265	浙江财经大学	1	0	0	0	1	6
266	华北水利水电大学	1	0	0	0	1	6
267	内蒙古农业大学	1	0	0	0	0	5
268	华东交通大学	1	0	0	0	0	5
269	昆明医科大学	1	0	0	0	0	5
270	新疆医科大学	1	0	0	0	0	5
271	云南农业大学	1	0	0	0	0	5
272	上海外国语大学	0	1	0	0	1	5
273	江西理工大学	1	0	0	0	0	5
274	山东中医药大学	1	0	0	0	0	5
275	南京财经大学	1	0	0	0	0	5
276	东华理工大学	1	0	0	0	0	5
277	重庆师范大学	1	0	0	0	0	5
278	青岛理工大学	1	0	0	0	0	5
279	宁夏医科大学	1	0	0	0	0	5
280	重庆理工大学	1	0	0	0	0	5
281	遵义医科大学	1	0	0	0	0	5
282	西华大学	1	0	0	0	0	5
283	苏州科技大学	1	0	0	0	0	5
284	东北电力大学	1	0	0	0	0	5
285	鲁东大学	1	0	0	0	0	5

续表

排名	学校名称	进入ESI学科数（5分）	中国5★+学科数（4分）	中国5★学科数（3分）	中国5★-学科数（2分）	中国4★学科数（1分）	实际得分
286	广东海洋大学	1	0	0	0	0	5
287	上海应用技术大学	1	0	0	0	0	5
288	内蒙古医科大学	1	0	0	0	0	5
289	信阳师范学院	1	0	0	0	0	5
290	河北科技大学	1	0	0	0	0	5
291	山东建筑大学	1	0	0	0	0	5
292	淮北师范大学	1	0	0	0	0	5
293	太原科技大学	1	0	0	0	0	5
294	辽宁石油化工大学	1	0	0	0	0	5
295	集美大学	1	0	0	0	0	5
296	西南医科大学	1	0	0	0	0	5
297	锦州医科大学	1	0	0	0	0	5
298	北方工业大学	1	0	0	0	0	5
299	潍坊医学院	1	0	0	0	0	5
300	蚌埠医学院	1	0	0	0	0	5
301	大连大学	1	0	0	0	0	5
302	石家庄铁道大学	1	0	0	0	0	5
303	吉林师范大学	1	0	0	0	0	5
304	绍兴文理学院	1	0	0	0	0	5
305	大连海洋大学	1	0	0	0	0	5
306	南京工程学院	1	0	0	0	0	5
307	海南医学院	1	0	0	0	0	5
308	皖南医学院	1	0	0	0	0	5
309	滨州医学院	1	0	0	0	0	5
310	湖北医药学院	1	0	0	0	0	5
311	川北医学院	1	0	0	0	0	5
312	桂林医学院	1	0	0	0	0	5
313	厦门理工学院	1	0	0	0	0	5
314	济宁医学院	1	0	0	0	0	5
315	天津城建大学	1	0	0	0	0	5
316	西安医学院	1	0	0	0	0	5
317	洛阳师范学院	1	0	0	0	0	5
318	南阳师范学院	1	0	0	0	0	5
319	安阳师范学院	1	0	0	0	0	5
320	上海体育学院	0	1	0	0	0	4
321	华东政法大学	0	0	1	0	1	4
322	北京外国语大学	0	1	0	0	0	4
323	中国美术学院	0	0	1	0	1	4
324	浙江海洋大学	0	0	0	1	2	4
325	北京语言大学	0	0	0	2	0	4

续表

排名	学校名称	进入ESI学科数（5分）	中国5★+学科数（4分）	中国5★学科数（3分）	中国5★-学科数（2分）	中国4★学科数（1分）	实际得分
326	天津财经大学	0	0	0	2	0	4
327	中国音乐学院	0	0	1	0	1	4
328	北京体育大学	0	0	1	0	0	3
329	广东外语外贸大学	0	0	1	0	0	3
330	西南政法大学	0	0	1	0	0	3
331	首都经济贸易大学	0	0	0	1	1	3
332	武汉体育学院	0	0	1	0	0	3
333	成都体育学院	0	0	1	0	0	3
334	上海音乐学院	0	0	1	0	0	3
335	西安外国语大学	0	0	1	0	0	3
336	西安美术学院	0	0	0	1	1	3
337	四川外国语大学	0	0	1	0	0	3
338	西南民族大学	0	0	0	1	0	2
339	景德镇陶瓷大学	0	0	0	1	0	2
340	安徽中医药大学	0	0	0	0	2	2
341	内蒙古师范大学	0	0	0	0	2	2
342	北京电影学院	0	0	0	0	2	2
343	西北政法大学	0	0	0	1	0	2
344	中央戏剧学院	0	0	0	1	0	2
345	外交学院	0	0	0	1	0	2
346	宁夏大学	0	0	0	0	1	1
347	辽宁工程技术大学	0	0	0	0	1	1
348	沈阳工业大学	0	0	0	0	1	1
349	湖南中医药大学	0	0	0	0	1	1
350	青海大学	0	0	0	0	1	1
351	山西财经大学	0	0	0	0	1	1
352	沈阳建筑大学	0	0	0	0	1	1
353	武汉轻工大学	0	0	0	0	1	1
354	西藏大学	0	0	0	0	1	1
355	辽宁中医药大学	0	0	0	0	1	1
356	吉首大学	0	0	0	0	1	1
357	海南师范大学	0	0	0	0	1	1
358	云南财经大学	0	0	0	0	1	1
359	哈尔滨商业大学	0	0	0	0	1	1
360	上海戏剧学院	0	0	0	0	1	1
361	长春中医药大学	0	0	0	0	1	1
362	天津体育学院	0	0	0	0	1	1
363	首都体育学院	0	0	0	0	1	1
364	广州美术学院	0	0	0	0	1	1
365	新疆财经大学	0	0	0	0	1	1

续表

续表

排名	学校名称	进入ESI学科数（5分）	中国5★+学科数（4分）	中国5★学科数（3分）	中国5★-学科数（2分）	中国4★学科数（1分）	实际得分
366	天津外国语大学	0	0	0	0	1	1
367	大连外国语大学	0	0	0	0	1	1
368	北京服装学院	0	0	0	0	1	1
369	哈尔滨体育学院	0	0	0	0	1	1

续表

中国研究生教育分学科门类竞争力排行榜

01 哲学（138）

排名	学校名称	星级	排名	学校名称	星级	排名	学校名称	星级
1	中国人民大学	5★+	11	华东师范大学	5★-	21	黑龙江大学	4★
2	复旦大学	5★	12	华中科技大学	5★-	22	西南大学	4★
3	北京大学	5★	13	东南大学	5★-	23	上海师范大学	4★
4	中山大学	5★	14	山东大学	5★-	24	湖南师范大学	4★
5	南京大学	5★	15	吉林大学	4★	25	四川大学	4★
6	武汉大学	5★	16	厦门大学	4★	26	首都师范大学	4★
7	北京师范大学	5★	17	同济大学	4★	27	湖北大学	4★
8	南开大学	5★-	18	山西大学	4★	28	南昌大学	4★
9	清华大学	5★-	19	中南大学	4★			
10	浙江大学	5★-	20	西安交通大学	4★			

3★（41个），2★（55个），1★（14个）：名单略

02 经济学（332）

排名	学校名称	星级	排名	学校名称	星级	排名	学校名称	星级
1	中国人民大学	5★+	23	江西财经大学	5★-	45	北京交通大学	4★
2	北京大学	5★+	24	清华大学	5★-	46	兰州大学	4★
3	武汉大学	5★+	25	首都经济贸易大学	5★-	47	北京工业大学	4★
4	中央财经大学	5★	26	天津财经大学	5★-	48	中国农业大学	4★
5	西南财经大学	5★	27	北京师范大学	5★-	49	中南大学	4★
6	对外经济贸易大学	5★	28	四川大学	5★-	50	南京财经大学	4★
7	厦门大学	5★	29	山东财经大学	5★-	51	云南财经大学	4★
8	辽宁大学	5★	30	河南大学	5★-	52	福建师范大学	4★
9	南开大学	5★	31	重庆大学	5★-	53	哈尔滨商业大学	4★
10	上海财经大学	5★	32	西北大学	5★-	54	重庆工商大学	4★
11	复旦大学	5★	33	北京理工大学	5★-	55	河北大学	4★
12	浙江大学	5★	34	云南大学	4★	56	浙江工业大学	4★
13	中南财经政法大学	5★	35	上海交通大学	4★	57	青岛大学	4★
14	湖南大学	5★	36	浙江财经大学	4★	58	北京工商大学	4★
15	东北财经大学	5★	37	华东师范大学	4★	59	安徽财经大学	4★
16	中山大学	5★	38	浙江工商大学	4★	60	上海大学	4★
17	山东大学	5★	39	东北大学	4★	61	宁波大学	4★
18	暨南大学	5★-	40	华南理工大学	4★	62	郑州大学	4★
19	西安交通大学	5★-	41	东南大学	4★	63	西南大学	4★
20	吉林大学	5★-	42	安徽大学	4★	64	广东外语外贸大学	4★
21	南京大学	5★-	43	同济大学	4★	65	大连理工大学	4★
22	华中科技大学	5★-	44	中国海洋大学	4★	66	新疆财经大学	4★

3★（100个），2★（133个），1★（33个）：名单略

03 法学（394）

排名	学校名称	星级	排名	学校名称	星级	排名	学校名称	星级
1	中国人民大学	5★+	28	西南政法大学	5★-	55	国防科技大学	4★
2	北京大学	5★+	29	华中科技大学	5★-	56	河海大学	4★
3	武汉大学	5★+	30	新疆大学	5★-	57	华南师范大学	4★
4	清华大学	5★+	31	湖南大学	5★-	58	陕西师范大学	4★
5	中国政法大学	5★	32	郑州大学	5★-	59	西南民族大学	4★
6	复旦大学	5★	33	东南大学	5★-	60	华南理工大学	4★
7	南京大学	5★	34	同济大学	5★-	61	中央财经大学	4★
8	吉林大学	5★	35	重庆大学	5★-	62	暨南大学	4★
9	云南大学	5★	36	湘潭大学	5★-	63	首都师范大学	4★
10	中央民族大学	5★	37	中国海洋大学	5★-	64	广西师范大学	4★
11	南开大学	5★	38	辽宁大学	5★-	65	广西民族大学	4★
12	厦门大学	5★	39	苏州大学	5★-	66	贵州大学	4★
13	山东大学	5★	40	中国人民公安大学	4★	67	武汉理工大学	4★
14	中南财经政法大学	5★	41	北京航空航天大学	4★	68	南昌大学	4★
15	中山大学	5★	42	上海财经大学	4★	69	江西财经大学	4★
16	浙江大学	5★	43	中南民族大学	4★	70	东北大学	4★
17	四川大学	5★	44	西北政法大学	4★	71	浙江师范大学	4★
18	华中师范大学	5★	45	天津师范大学	4★	72	河南大学	4★
19	北京师范大学	5★	46	对外经济贸易大学	4★	73	福建师范大学	4★
20	华东师范大学	5★	47	安徽大学	4★	74	大连理工大学	4★
21	华东政法大学	5★-	48	西南财经大学	4★	75	新疆师范大学	4★
22	西安交通大学	5★-	49	外交学院	4★	76	江西师范大学	4★
23	中南大学	5★-	50	上海大学	4★	77	北京理工大学	4★
24	兰州大学	5★-	51	黑龙江大学	4★	78	哈尔滨工业大学	4★
25	东北师范大学	5★-	52	西南大学	4★	79	大连海事大学	4★
26	上海交通大学	5★-	53	湖南师范大学	4★			
27	南京师范大学	5★-	54	上海师范大学	4★			

3★（118个），2★（158个），1★（39个）：名单略

04 教育学（299）

排名	学校名称	星级	排名	学校名称	星级	排名	学校名称	星级
1	北京师范大学	5★+	9	北京体育大学	5★	17	河南大学	5★-
2	华东师范大学	5★+	10	东北师范大学	5★	18	厦门大学	5★-
3	华中师范大学	5★+	11	北京大学	5★	19	首都师范大学	5★-
4	西南大学	5★	12	浙江师范大学	5★	20	北京理工大学	5★-
5	华南师范大学	5★	13	上海师范大学	5★	21	辽宁师范大学	5★-
6	南京师范大学	5★	14	陕西师范大学	5★	22	湖南师范大学	5★-
7	浙江大学	5★	15	清华大学	5★	23	西北师范大学	5★-
8	上海体育学院	5★	16	福建师范大学	5★-	24	江西师范大学	5★-

排名	学校名称	星级	排名	学校名称	星级	排名	学校名称	星级
25	华中科技大学	5★-	37	成都体育学院	4★	49	山西大学	4★
26	山东师范大学	5★-	38	天津体育学院	4★	50	武汉大学	4★
27	广西师范大学	5★-	39	云南师范大学	4★	51	新疆师范大学	4★
28	宁波大学	5★-	40	广州大学	4★	52	四川师范大学	4★
29	天津师范大学	5★-	41	安徽师范大学	4★	53	河北大学	4★
30	武汉体育学院	5★-	42	四川大学	4★	54	复旦大学	4★
31	上海交通大学	4★	43	扬州大学	4★	55	沈阳师范大学	4★
32	曲阜师范大学	4★	44	南京大学	4★	56	河南师范大学	4★
33	中国人民大学	4★	45	哈尔滨师范大学	4★	57	深圳大学	4★
34	苏州大学	4★	46	河北师范大学	4★	58	中南大学	4★
35	天津大学	4★	47	郑州大学	4★	59	杭州师范大学	4★
36	吉林大学	4★	48	中山大学	4★	60	内蒙古师范大学	4★

3★（90个），2★（119个），1★（30个）：名单略

05 文学（349）

排名	学校名称	星级	排名	学校名称	星级	排名	学校名称	星级
1	北京大学	5★+	25	上海交通大学	5★-	49	中南大学	4★
2	南京大学	5★+	26	华中科技大学	5★-	50	山东师范大学	4★
3	复旦大学	5★+	27	苏州大学	5★-	51	哈尔滨师范大学	4★
4	北京师范大学	5★	28	黑龙江大学	5★-	52	深圳大学	4★
5	中国人民大学	5★	29	中央民族大学	5★-	53	南昌大学	4★
6	北京外国语大学	5★	30	首都师范大学	5★-	54	延边大学	4★
7	四川大学	5★	31	广东外语外贸大学	5★-	55	重庆大学	4★
8	上海外国语大学	5★	32	浙江师范大学	5★-	56	江西师范大学	4★
9	清华大学	5★	33	福建师范大学	5★-	57	对外经济贸易大学	4★
10	浙江大学	5★	34	西南大学	5★-	58	西北大学	4★
11	武汉大学	5★	35	郑州大学	5★-	59	安徽大学	4★
12	中国传媒大学	5★	36	湖南大学	4★	60	安徽师范大学	4★
13	华东师范大学	5★	37	兰州大学	4★	61	天津外国语大学	4★
14	陕西师范大学	5★	38	上海师范大学	4★	62	河北大学	4★
15	华中师范大学	5★	39	四川外国语大学	4★	63	辽宁大学	4★
16	山东大学	5★	40	上海大学	4★	64	大连外国语大学	4★
17	中山大学	5★	41	同济大学	4★	65	北京航空航天大学	4★
18	湖南师范大学	5★-	42	东北师范大学	4★	66	天津师范大学	4★
19	暨南大学	5★-	43	扬州大学	4★	67	宁波大学	4★
20	南京师范大学	5★-	44	云南大学	4★	68	中国海洋大学	4★
21	北京语言大学	5★-	45	西安外国语大学	4★	69	湖北大学	4★
22	南开大学	5★-	46	华南师范大学	4★	70	湘潭大学	4★
23	吉林大学	5★-	47	河南大学	4★			
24	厦门大学	5★-	48	新疆大学	4★			

3★（105个），2★（139个），1★（35个）：名单略

06 历史学 (123)

排名	学校名称	星级	排名	学校名称	星级	排名	学校名称	星级
1	中国人民大学	5★+	10	吉林大学	5★-	19	华东师范大学	4★
2	复旦大学	5★	11	四川大学	5★-	20	安徽大学	4★
3	北京大学	5★	12	北京师范大学	5★-	21	西北师范大学	4★
4	东北师范大学	5★	13	南京大学	4★	22	中央民族大学	4★
5	上海师范大学	5★	14	华中师范大学	4★	23	西北大学	4★
6	武汉大学	5★	15	陕西师范大学	4★	24	厦门大学	4★
7	中山大学	5★-	16	南开大学	4★	25	山东大学	4★
8	云南大学	5★-	17	暨南大学	4★			
9	浙江大学	5★-	18	清华大学	4★			

3★（37个），2★（49个），1★（12个）：名单略

07 理学 (389)

排名	学校名称	星级	排名	学校名称	星级	排名	学校名称	星级
1	北京大学	5★+	27	大连理工大学	5★-	53	北京航空航天大学	4★
2	复旦大学	5★+	28	南京师范大学	5★-	54	电子科技大学	4★
3	南京大学	5★+	29	哈尔滨工业大学	5★-	55	山西大学	4★
4	中山大学	5★+	30	天津大学	5★-	56	福建师范大学	4★
5	中国科学技术大学	5★	31	首都师范大学	5★-	57	扬州大学	4★
6	清华大学	5★	32	华中农业大学	5★-	58	西北师范大学	4★
7	武汉大学	5★	33	华南理工大学	5★-	59	湖南师范大学	4★
8	厦门大学	5★	34	暨南大学	5★-	60	西北农林科技大学	4★
9	浙江大学	5★	35	西安交通大学	5★-	61	山东师范大学	4★
10	吉林大学	5★	36	郑州大学	5★-	62	东北大学	4★
11	上海交通大学	5★	37	河南大学	5★-	63	成都理工大学	4★
12	四川大学	5★	38	云南大学	5★-	64	北京化工大学	4★
13	山东大学	5★	39	中国农业大学	5★-	65	安徽师范大学	4★
14	北京师范大学	5★	40	湖南大学	4★	66	北京协和医学院	4★
15	兰州大学	5★	41	南京信息工程大学	4★	67	上海大学	4★
16	南开大学	5★	42	苏州大学	4★	68	河南师范大学	4★
17	华东师范大学	5★	43	中国地质大学（武汉）	4★	69	贵州大学	4★
18	东北师范大学	5★	44	新疆大学	4★	70	南京农业大学	4★
19	中南大学	5★	45	北京理工大学	4★	71	西北工业大学	4★
20	中国海洋大学	5★-	46	华中师范大学	4★	72	浙江师范大学	4★
21	西南大学	5★-	47	东南大学	4★	73	南昌大学	4★
22	华中科技大学	5★-	48	福州大学	4★	74	中国人民大学	4★
23	华南师范大学	5★-	49	陕西师范大学	4★	75	河北师范大学	4★
24	同济大学	5★-	50	华东理工大学	4★	76	华南农业大学	4★
25	重庆大学	5★-	51	国防科技大学	4★	77	湘潭大学	4★
26	西北大学	5★-	52	中国地质大学（北京）	4★	78	广西大学	4★

3★（117个），2★（155个），1★（39个）：名单略

08 工学（434）

排名	学校名称	星级	排名	学校名称	星级	排名	学校名称	星级
1	清华大学	5★+	30	南京航空航天大学	5★-	59	长安大学	4★
2	浙江大学	5★+	31	北京科技大学	5★-	60	东华大学	4★
3	东南大学	5★+	32	中国矿业大学	5★-	61	河北工业大学	4★
4	上海交通大学	5★+	33	厦门大学	5★-	62	西安理工大学	4★
5	天津大学	5★	34	北京工业大学	5★-	63	浙江工业大学	4★
6	哈尔滨工业大学	5★	35	南京大学	5★-	64	北京化工大学	4★
7	北京航空航天大学	5★	36	上海大学	5★-	65	山东科技大学	4★
8	华中科技大学	5★	37	武汉理工大学	5★-	66	苏州大学	4★
9	西安交通大学	5★	38	华东理工大学	5★-	67	广东工业大学	4★
10	大连理工大学	5★	39	北京交通大学	5★-	68	中国地质大学（武汉）	4★
11	重庆大学	5★	40	昆明理工大学	5★-	69	杭州电子科技大学	4★
12	华南理工大学	5★	41	郑州大学	5★-	70	武汉科技大学	4★
13	同济大学	5★	42	太原理工大学	5★-	71	南京工业大学	4★
14	中南大学	5★	43	中山大学	5★-	72	西安建筑科技大学	4★
15	北京理工大学	5★	44	哈尔滨工程大学	4★	73	兰州理工大学	4★
16	四川大学	5★	45	中国石油大学（华东）	4★	74	南开大学	4★
17	东北大学	5★	46	中国农业大学	4★	75	西南石油大学	4★
18	武汉大学	5★	47	合肥工业大学	4★	76	南昌大学	4★
19	国防科技大学	5★	48	江南大学	4★	77	中国海洋大学	4★
20	湖南大学	5★	49	江苏大学	4★	78	大连海事大学	4★
21	西北工业大学	5★	50	复旦大学	4★	79	西北农林科技大学	4★
22	吉林大学	5★	51	中国石油大学（北京）	4★	80	中国地质大学（北京）	4★
23	中国科学技术大学	5★-	52	中国矿业大学（北京）	4★	81	南京林业大学	4★
24	河海大学	5★-	53	华北电力大学	4★	82	宁波大学	4★
25	西南交通大学	5★-	54	燕山大学	4★	83	兰州大学	4★
26	山东大学	5★-	55	西安电子科技大学	4★	84	长沙理工大学	4★
27	北京大学	5★-	56	福州大学	4★	85	浙江理工大学	4★
28	南京理工大学	5★-	57	广西大学	4★	86	上海理工大学	4★
29	电子科技大学	5★-	58	北京邮电大学	4★	87	新疆大学	4★

3★（130个），2★（174个），1★（43个）：名单略

09 农学（166）

排名	学校名称	星级	排名	学校名称	星级	排名	学校名称	星级
1	中国农业大学	5★+	9	东北农业大学	5★-	17	甘肃农业大学	4★
2	华中农业大学	5★+	10	北京林业大学	5★-	18	贵州大学	4★
3	南京农业大学	5★	11	福建农林大学	5★-	19	吉林农业大学	4★
4	浙江大学	5★	12	东北林业大学	5★-	20	山西农业大学	4★
5	西北农林科技大学	5★	13	山东农业大学	5★-	21	西南大学	4★
6	华南农业大学	5★	14	河北农业大学	5★-	22	河南农业大学	4★
7	沈阳农业大学	5★	15	扬州大学	5★-	23	湖南农业大学	4★
8	四川农业大学	5★	16	江西农业大学	5★-	24	安徽农业大学	4★

续表

排名	学校名称	星级	排名	学校名称	星级	排名	学校名称	星级
25	吉林大学	4★	28	广西大学	4★	31	上海海洋大学	4★
26	内蒙古农业大学	4★	29	云南农业大学	4★	32	浙江农林大学	4★
27	新疆农业大学	4★	30	南京林业大学	4★	33	石河子大学	4★

3★（50个），2★（66个），1★（17个）：名单略

10　医学（214）

排名	学校名称	星级	排名	学校名称	星级	排名	学校名称	星级
1	北京大学	5★+	16	重庆医科大学	5★-	31	同济大学	4★
2	复旦大学	5★+	17	吉林大学	5★-	32	福建医科大学	4★
3	中山大学	5★	18	武汉大学	5★-	33	温州医科大学	4★
4	四川大学	5★	19	第二军医大学	5★-	34	河北医科大学	4★
5	上海交通大学	5★	20	南京医科大学	5★-	35	安徽医科大学	4★
6	华中科技大学	5★	21	西安交通大学	5★-	36	南京大学	4★
7	浙江大学	5★	22	首都医科大学	4★	37	成都中医药大学	4★
8	北京协和医学院	5★	23	中国医科大学	4★	38	厦门大学	4★
9	郑州大学	5★	24	广西医科大学	4★	39	暨南大学	4★
10	第四军医大学	5★	25	哈尔滨医科大学	4★	40	南京中医药大学	4★
11	中南大学	5★	26	新疆医科大学	4★	41	山西医科大学	4★
12	天津医科大学	5★-	27	上海中医药大学	4★	42	兰州大学	4★
13	北京中医药大学	5★-	28	南方医科大学	4★	43	青岛大学	4★
14	山东大学	5★-	29	苏州大学	4★			
15	广州中医药大学	5★-	30	中国药科大学	4★			

3★（64个），2★（86个），1★（21个）：名单略

12　管理学（427）

排名	学校名称	星级	排名	学校名称	星级	排名	学校名称	星级
1	中国人民大学	5★+	17	大连理工大学	5★	33	华中农业大学	5★-
2	武汉大学	5★+	18	中南财经政法大学	5★	34	兰州大学	5★-
3	浙江大学	5★+	19	中南大学	5★	35	南京农业大学	5★-
4	中山大学	5★+	20	华南理工大学	5★	36	东南大学	5★-
5	清华大学	5★	21	重庆大学	5★	37	北京交通大学	5★-
6	北京大学	5★	22	北京师范大学	5★-	38	北京理工大学	5★-
7	南京大学	5★	23	山东大学	5★-	39	合肥工业大学	5★-
8	厦门大学	5★	24	暨南大学	5★-	40	云南大学	5★-
9	西安交通大学	5★	25	华东师范大学	5★-	41	湖南大学	5★-
10	四川大学	5★	26	东北大学	5★-	42	中国海洋大学	5★-
11	复旦大学	5★	27	电子科技大学	5★-	43	同济大学	5★-
12	上海交通大学	5★	28	郑州大学	5★-	44	华中师范大学	4★
13	南开大学	5★	29	上海财经大学	5★-	45	对外经济贸易大学	4★
14	华中科技大学	5★	30	北京航空航天大学	5★-	46	中国矿业大学	4★
15	天津大学	5★	31	西南财经大学	5★-	47	浙江工业大学	4★
16	吉林大学	5★	32	东北财经大学	5★-	48	哈尔滨工业大学	4★

续表

排名	学校名称	星级	排名	学校名称	星级	排名	学校名称	星级
49	河海大学	4★	62	南京航空航天大学	4★	75	南京理工大学	4★
50	中国科学技术大学	4★	63	山东财经大学	4★	76	山西财经大学	4★
51	中国农业大学	4★	64	苏州大学	4★	77	江西师范大学	4★
52	中央财经大学	4★	65	西北大学	4★	78	南京林业大学	4★
53	福州大学	4★	66	西北农林科技大学	4★	79	华东理工大学	4★
54	江西财经大学	4★	67	中国地质大学（北京）	4★	80	西南大学	4★
55	湘潭大学	4★	68	南昌大学	4★	81	哈尔滨商业大学	4★
56	首都经济贸易大学	4★	69	上海海事大学	4★	82	东北农业大学	4★
57	浙江工商大学	4★	70	西北工业大学	4★	83	黑龙江大学	4★
58	辽宁大学	4★	71	东华大学	4★	84	杭州电子科技大学	4★
59	上海大学	4★	72	华北电力大学	4★	85	西安理工大学	4★
60	天津财经大学	4★	73	华南师范大学	4★			
61	西南交通大学	4★	74	广西大学	4★			

3★（129个），2★（170个），1★（43个）：名单略

13 艺术学（306）

排名	学校名称	星级	排名	学校名称	星级	排名	学校名称	星级
1	中国传媒大学	5★+	22	江南大学	5★-	43	山西师范大学	4★
2	四川大学	5★+	23	中国人民大学	5★-	44	大连理工大学	4★
3	南京艺术学院	5★+	24	山东师范大学	5★-	45	武汉大学	4★
4	中央美术学院	5★	25	厦门大学	5★-	46	北京理工大学	4★
5	清华大学	5★	26	湖南师范大学	5★-	47	吉林艺术学院	4★
6	中国美术学院	5★	27	四川美术学院	5★-	48	景德镇陶瓷大学	4★
7	南京大学	5★	28	哈尔滨师范大学	5★-	49	东华大学	4★
8	北京师范大学	5★	29	重庆大学	5★-	50	同济大学	4★
9	上海大学	5★	30	吉林大学	5★-	51	云南艺术学院	4★
10	北京电影学院	5★	31	首都师范大学	5★-	52	武汉理工大学	4★
11	南京师范大学	5★	32	中国音乐学院	4★	53	西安美术学院	4★
12	福建师范大学	5★	33	上海师范大学	4★	54	苏州大学	4★
13	中央音乐学院	5★	34	西安音乐学院	4★	55	杭州师范大学	4★
14	上海音乐学院	5★	35	东北大学	4★	56	江西师范大学	4★
15	北京大学	5★	36	东北师范大学	4★	57	深圳大学	4★
16	东南大学	5★-	37	河南大学	4★	58	中南大学	4★
17	华东师范大学	5★-	38	西南大学	4★	59	武汉音乐学院	4★
18	中央戏剧学院	5★-	39	南开大学	4★	60	江苏师范大学	4★
19	广西艺术学院	5★-	40	浙江理工大学	4★	61	南京航空航天大学	4★
20	浙江大学	5★-	41	中央民族大学	4★			
21	上海戏剧学院	5★-	42	浙江师范大学	4★			

3★（92个），2★（122个），1★（31个）：名单略

中国研究生教育分一级学科竞争力排行榜

0101 哲学（138）

排名	学校名称	星级	排名	学校名称	星级	排名	学校名称	星级
1	中国人民大学	5★+	11	华东师范大学	5★-	21	黑龙江大学	4★
2	复旦大学	5★	12	华中科技大学	5★-	22	西南大学	4★
3	北京大学	5★	13	东南大学	5★-	23	上海师范大学	4★
4	中山大学	5★	14	山东大学	5★-	24	湖南师范大学	4★
5	南京大学	5★	15	吉林大学	4★	25	四川大学	4★
6	武汉大学	5★	16	厦门大学	4★	26	首都师范大学	4★
7	北京师范大学	5★	17	同济大学	4★	27	湖北大学	4★
8	南开大学	5★-	18	山西大学	4★	28	南昌大学	4★
9	清华大学	5★-	19	中南大学	4★			
10	浙江大学	5★-	20	西安交通大学	4★			

3★（41个），2★（55个），1★（14个）：名单略

0201 理论经济学（116）

排名	学校名称	星级	排名	学校名称	星级	排名	学校名称	星级
1	中国人民大学	5★+	9	中央财经大学	5★-	17	四川大学	4★
2	武汉大学	5★	10	南京大学	5★-	18	福建师范大学	4★
3	北京大学	5★	11	辽宁大学	5★-	19	清华大学	4★
4	南开大学	5★	12	中南财经政法大学	5★-	20	暨南大学	4★
5	复旦大学	5★	13	山东大学	4★	21	中山大学	4★
6	厦门大学	5★	14	吉林大学	4★	22	华中科技大学	4★
7	浙江大学	5★-	15	北京师范大学	4★	23	湖南大学	4★
8	上海财经大学	5★-	16	西南财经大学	4★			

3★（35个），2★（46个），1★（12个）：名单略

0202 应用经济学（263）

排名	学校名称	星级	排名	学校名称	星级	排名	学校名称	星级
1	中央财经大学	5★+	12	复旦大学	5★	23	重庆大学	5★-
2	中国人民大学	5★+	13	东北财经大学	5★	24	江西财经大学	5★-
3	对外经济贸易大学	5★+	14	西安交通大学	5★	25	南京大学	5★-
4	西南财经大学	5★	15	浙江大学	5★	26	华中科技大学	5★-
5	辽宁大学	5★	16	中山大学	5★	27	清华大学	4★
6	上海财经大学	5★	17	暨南大学	5★	28	东北大学	4★
7	北京大学	5★	18	首都经济贸易大学	5★	29	北京工业大学	4★
8	南开大学	5★	19	湖南大学	5★	30	上海交通大学	4★
9	厦门大学	5★	20	天津财经大学	5★	31	同济大学	4★
10	中南财经政法大学	5★	21	山东大学	5★	32	东南大学	4★
11	武汉大学	5★	22	吉林大学	5★	33	华南理工大学	4★

续表

排名	学校名称	星级	排名	学校名称	星级	排名	学校名称	星级
34	山东财经大学	4★	41	西南大学	4★	48	华东师范大学	4★
35	河南大学	4★	42	安徽大学	4★	49	中国海洋大学	4★
36	浙江财经大学	4★	43	浙江工商大学	4★	50	中南大学	4★
37	北京交通大学	4★	44	四川大学	4★	51	北京师范大学	4★
38	浙江工业大学	4★	45	宁波大学	4★	52	新疆财经大学	4★
39	北京理工大学	4★	46	杭州电子科技大学	4★	53	南京农业大学	4★
40	西北大学	4★	47	中国农业大学	4★			

3★（79个），2★（105个），1★（26个）：名单略

0301 法学（207）

排名	学校名称	星级	排名	学校名称	星级	排名	学校名称	星级
1	中国政法大学	5★+	15	上海交通大学	5★-	29	南京师范大学	4★
2	中国人民大学	5★+	16	复旦大学	5★-	30	湘潭大学	4★
3	中南财经政法大学	5★	17	重庆大学	5★-	31	对外经济贸易大学	4★
4	武汉大学	5★	18	中山大学	5★-	32	北京理工大学	4★
5	清华大学	5★	19	北京师范大学	5★-	33	西南财经大学	4★
6	北京大学	5★	20	西北政法大学	5★-	34	上海财经大学	4★
7	华东政法大学	5★	21	中南大学	5★-	35	郑州大学	4★
8	吉林大学	5★	22	东南大学	4★	36	中国海洋大学	4★
9	厦门大学	5★	23	北京航空航天大学	4★	37	安徽大学	4★
10	西南政法大学	5★	24	南开大学	4★	38	苏州大学	4★
11	浙江大学	5★-	25	西安交通大学	4★	39	黑龙江大学	4★
12	四川大学	5★-	26	湖南大学	4★	40	华南理工大学	4★
13	南京大学	5★-	27	辽宁大学	4★	41	贵州大学	4★
14	山东大学	5★-	28	云南大学	4★			

3★（63个），2★（82个），1★（21个）：名单略

0302 政治学（87）

排名	学校名称	星级	排名	学校名称	星级	排名	学校名称	星级
1	中国人民大学	5★+	7	南京大学	5★-	13	吉林大学	4★
2	复旦大学	5★	8	南开大学	5★-	14	云南大学	4★
3	北京大学	5★	9	中国政法大学	5★-	15	厦门大学	4★
4	华中师范大学	5★	10	武汉大学	4★	16	对外经济贸易大学	4★
5	清华大学	5★-	11	山东大学	4★	17	暨南大学	4★
6	外交学院	5★-	12	上海外国语大学	4★			

3★（27个），2★（34个），1★（9个）：名单略

0303 社会学（87）

排名	学校名称	星级	排名	学校名称	星级	排名	学校名称	星级
1	中国人民大学	5★+	7	中央民族大学	5★-	13	北京师范大学	4★
2	北京大学	5★	8	中山大学	5★-	14	上海大学	4★
3	复旦大学	5★	9	清华大学	5★-	15	华中科技大学	4★
4	华东师范大学	5★	10	华东理工大学	4★	16	武汉大学	4★
5	南京大学	5★-	11	厦门大学	4★	17	吉林大学	4★
6	南开大学	5★-	12	河海大学	4★			

3★（27个），2★（34个），1★（9个）：名单略

0304 民族学（39）

排名	学校名称	星级	排名	学校名称	星级	排名	学校名称	星级
1	中央民族大学	5★	4	西南民族大学	5★-	7	西藏大学	4★
2	云南大学	5★	5	兰州大学	4★	8	内蒙古师范大学	4★
3	中南民族大学	5★-	6	宁夏大学	4★			

3★（12个），2★（15个），1★（4个）：名单略

0305 马克思主义理论（353）

排名	学校名称	星级	排名	学校名称	星级	排名	学校名称	星级
1	中国人民大学	5★+	25	湖南大学	5★-	49	国防科技大学	4★
2	武汉大学	5★+	26	河海大学	5★-	50	浙江师范大学	4★
3	北京大学	5★+	27	中央财经大学	5★-	51	东南大学	4★
4	清华大学	5★+	28	兰州大学	5★-	52	河北师范大学	4★
5	东北师范大学	5★	29	武汉理工大学	5★-	53	辽宁大学	4★
6	吉林大学	5★	30	华南师范大学	5★-	54	大连海事大学	4★
7	南开大学	5★	31	同济大学	5★-	55	西北工业大学	4★
8	南京大学	5★	32	广西师范大学	5★-	56	扬州大学	4★
9	复旦大学	5★	33	上海师范大学	5★-	57	东北大学	4★
10	浙江大学	5★	34	华中科技大学	5★-	58	天津师范大学	4★
11	山东大学	5★	35	北京交通大学	5★-	59	上海财经大学	4★
12	西安交通大学	5★	36	郑州大学	4★	60	山东师范大学	4★
13	中山大学	5★	37	福建师范大学	4★	61	安徽师范大学	4★
14	中南大学	5★	38	哈尔滨师范大学	4★	62	天津大学	4★
15	电子科技大学	5★	39	南京师范大学	4★	63	西北大学	4★
16	江西师范大学	5★	40	陕西师范大学	4★	64	厦门大学	4★
17	北京师范大学	5★	41	宁波大学	4★	65	合肥工业大学	4★
18	西南大学	5★	42	云南大学	4★	66	曲阜师范大学	4★
19	首都师范大学	5★-	43	湘潭大学	4★	67	南昌大学	4★
20	华中师范大学	5★-	44	华南理工大学	4★	68	中国地质大学（武汉）	4★
21	华东师范大学	5★-	45	海南师范大学	4★	69	西南交通大学	4★
22	大连理工大学	5★-	46	上海交通大学	4★	70	苏州大学	4★
23	新疆大学	5★-	47	湖南科技大学	4★	71	中国石油大学（华东）	4★
24	四川大学	5★-	48	北京理工大学	4★			

3★（106个），2★（141个），1★（35个）：名单略

0401 教育学（141）

排名	学校名称	星级	排名	学校名称	星级	排名	学校名称	星级
1	北京师范大学	5★+	11	上海师范大学	5★-	21	北京理工大学	4★
2	华东师范大学	5★	12	广西师范大学	5★-	22	云南师范大学	4★
3	西南大学	5★	13	陕西师范大学	5★-	23	安徽师范大学	4★
4	南京师范大学	5★	14	西北师范大学	5★-	24	天津大学	4★
5	华中师范大学	5★	15	北京大学	4★	25	宁波大学	4★
6	东北师范大学	5★	16	首都师范大学	4★	26	福建师范大学	4★
7	华南师范大学	5★	17	哈尔滨师范大学	4★	27	曲阜师范大学	4★
8	厦门大学	5★-	18	湖南师范大学	4★	28	河南大学	4★
9	浙江师范大学	5★-	19	江西师范大学	4★			
10	浙江大学	5★-	20	华中科技大学	4★			

3★（43个），2★（56个），1★（14个）：名单略

0402 心理学（104）

排名	学校名称	星级	排名	学校名称	星级	排名	学校名称	星级
1	北京师范大学	5★+	8	陕西师范大学	5★-	15	山东师范大学	4★
2	北京大学	5★	9	辽宁师范大学	5★-	16	浙江师范大学	4★
3	华南师范大学	5★	10	清华大学	5★-	17	河南大学	4★
4	华中师范大学	5★	11	江西师范大学	4★	18	内蒙古师范大学	4★
5	西南大学	5★	12	华东师范大学	4★	19	东北师范大学	4★
6	浙江大学	5★-	13	上海师范大学	4★	20	中国人民大学	4★
7	天津师范大学	5★-	14	首都师范大学	4★	21	福建师范大学	4★

3★（31个），2★（42个），1★（10个）：名单略

0403 体育学（108）

排名	学校名称	星级	排名	学校名称	星级	排名	学校名称	星级
1	上海体育学院	5★+	9	清华大学	5★-	17	首都体育学院	4★
2	北京体育大学	5★	10	福建师范大学	5★-	18	宁波大学	4★
3	武汉体育学院	5★	11	浙江大学	5★-	19	辽宁师范大学	4★
4	成都体育学院	5★	12	苏州大学	4★	20	吉首大学	4★
5	华东师范大学	5★	13	天津体育学院	4★	21	湖南师范大学	4★
6	华中师范大学	5★-	14	河南大学	4★	22	山西大学	4★
7	华南师范大学	5★-	15	南京师范大学	4★			
8	北京师范大学	5★-	16	哈尔滨体育学院	4★			

3★（32个），2★（43个），1★（11个）：名单略

0501 中国语言文学（179）

排名	学校名称	星级	排名	学校名称	星级	排名	学校名称	星级
1	复旦大学	5★+	5	陕西师范大学	5★	9	中国人民大学	5★
2	北京师范大学	5★+	6	清华大学	5★	10	华东师范大学	5★-
3	南京大学	5★	7	华中师范大学	5★	11	暨南大学	5★-
4	北京大学	5★	8	四川大学	5★	12	北京语言大学	5★-

续表

排名	学校名称	星级	排名	学校名称	星级	排名	学校名称	星级
13	山东大学	5★-	21	南京师范大学	4★	29	云南大学	4★
14	武汉大学	5★-	22	上海师范大学	4★	30	上海交通大学	4★
15	浙江大学	5★-	23	浙江师范大学	4★	31	上海大学	4★
16	南开大学	5★-	24	福建师范大学	4★	32	厦门大学	4★
17	首都师范大学	5★-	25	吉林大学	4★	33	新疆大学	4★
18	中央民族大学	5★-	26	兰州大学	4★	34	江西师范大学	4★
19	中山大学	4★	27	华中科技大学	4★	35	黑龙江大学	4★
20	苏州大学	4★	28	西南大学	4★	36	山东师范大学	4★

3★（54个），2★（71个），1★（18个）：名单略

0502 外国语言文学（232）

排名	学校名称	星级	排名	学校名称	星级	排名	学校名称	星级
1	北京外国语大学	5★+	17	对外经济贸易大学	5★-	33	华中科技大学	4★
2	上海外国语大学	5★+	18	北京语言大学	5★-	34	四川大学	4★
3	北京大学	5★	19	同济大学	5★-	35	华中师范大学	4★
4	南京大学	5★	20	厦门大学	5★-	36	东北师范大学	4★
5	湖南师范大学	5★	21	北京航空航天大学	5★-	37	湖南大学	4★
6	浙江大学	5★	22	吉林大学	5★-	38	上海海事大学	4★
7	广东外语外贸大学	5★	23	北京师范大学	5★-	39	郑州大学	4★
8	四川外国语大学	5★	24	南京师范大学	4★	40	哈尔滨师范大学	4★
9	华东师范大学	5★	25	中国人民大学	4★	41	西南大学	4★
10	西安外国语大学	5★	26	南开大学	4★	42	宁波大学	4★
11	武汉大学	5★	27	大连外国语大学	4★	43	首都师范大学	4★
12	山东大学	5★	28	中山大学	4★	44	江西师范大学	4★
13	复旦大学	5★-	29	苏州大学	4★	45	国防科技大学	4★
14	延边大学	5★-	30	天津外国语大学	4★	46	中国海洋大学	4★
15	上海交通大学	5★-	31	清华大学	4★			
16	黑龙江大学	5★-	32	东南大学	4★			

3★（70个），2★（93个），1★（23个）：名单略

0503 新闻传播学（116）

排名	学校名称	星级	排名	学校名称	星级	排名	学校名称	星级
1	中国传媒大学	5★+	9	南京大学	5★-	17	山东大学	4★
2	中国人民大学	5★	10	清华大学	5★-	18	郑州大学	4★
3	武汉大学	5★	11	华中科技大学	5★-	19	上海大学	4★
4	四川大学	5★	12	浙江大学	5★-	20	北京师范大学	4★
5	复旦大学	5★	13	上海交通大学	4★	21	河北大学	4★
6	暨南大学	5★	14	南京师范大学	4★	22	安徽大学	4★
7	北京大学	5★-	15	华东师范大学	4★	23	兰州大学	4★
8	厦门大学	5★-	16	深圳大学	4★			

3★（35个），2★（46个），1★（12个）：名单略

0601 考古学（29）

排名	学校名称	星级	排名	学校名称	星级	排名	学校名称	星级
1	北京大学	5★	3	复旦大学	5★-	5	四川大学	4★
2	吉林大学	5★-	4	武汉大学	4★	6	中国人民大学	4★
3★（9个），2★（11个），1★（3个）：名单略								

0602 中国史（105）

排名	学校名称	星级	排名	学校名称	星级	排名	学校名称	星级
1	中国人民大学	5★+	8	清华大学	5★-	15	西北师范大学	4★
2	复旦大学	5★	9	北京大学	5★-	16	暨南大学	4★
3	云南大学	5★	10	陕西师范大学	5★-	17	厦门大学	4★
4	上海师范大学	5★	11	华中师范大学	5★-	18	中央民族大学	4★
5	北京师范大学	5★	12	四川大学	4★	19	南京大学	4★
6	中山大学	5★-	13	华东师范大学	4★	20	扬州大学	4★
7	武汉大学	5★-	14	浙江大学	4★	21	安徽师范大学	4★
3★（32个），2★（42个），1★（10个）：名单略								

0603 世界史（59）

排名	学校名称	星级	排名	学校名称	星级	排名	学校名称	星级
1	东北师范大学	5★+	5	上海大学	5★-	9	南开大学	4★
2	上海师范大学	5★	6	复旦大学	5★-	10	华东师范大学	4★
3	北京大学	5★	7	北京师范大学	4★	11	南京大学	4★
4	中山大学	5★-	8	武汉大学	4★	12	清华大学	4★
3★（18个），2★（23个），1★（6个）：名单略								

0701 数学（262）

排名	学校名称	星级	排名	学校名称	星级	排名	学校名称	星级
1	南开大学	5★+	15	大连理工大学	5★-	29	浙江师范大学	4★
2	复旦大学	5★+	16	南京大学	5★-	30	华南师范大学	4★
3	中国科学技术大学	5★+	17	西安交通大学	5★-	31	天津大学	4★
4	山东大学	5★	18	电子科技大学	5★-	32	中国矿业大学	4★
5	吉林大学	5★	19	华中科技大学	5★-	33	同济大学	4★
6	四川大学	5★	20	浙江大学	5★-	34	湖南大学	4★
7	中山大学	5★	21	厦门大学	5★-	35	国防科技大学	4★
8	清华大学	5★	22	哈尔滨工业大学	5★-	36	上海大学	4★
9	中南大学	5★	23	上海师范大学	5★-	37	兰州大学	4★
10	首都师范大学	5★	24	湘潭大学	5★-	38	华中师范大学	4★
11	北京大学	5★	25	武汉大学	5★-	39	南京师范大学	4★
12	北京师范大学	5★	26	重庆大学	5★-	40	北京理工大学	4★
13	上海交通大学	5★	27	东南大学	4★	41	曲阜师范大学	4★
14	东北师范大学	5★-	28	华东师范大学	4★	42	西北工业大学	4★

续表

排名	学校名称	星级	排名	学校名称	星级	排名	学校名称	星级
43	新疆大学	4★	47	华南理工大学	4★	51	中国人民大学	4★
44	苏州大学	4★	48	西北师范大学	4★	52	广东工业大学	4★
45	南京理工大学	4★	49	杭州电子科技大学	4★			
46	四川师范大学	4★	50	西南大学	4★			
3★（79个），2★（105个），1★（26个）：名单略								

0702 物理学（191）

排名	学校名称	星级	排名	学校名称	星级	排名	学校名称	星级
1	吉林大学	5★+	14	华东师范大学	5★-	27	北京科技大学	4★
2	中国科学技术大学	5★+	15	华南师范大学	5★-	28	北京师范大学	4★
3	南京大学	5★	16	武汉大学	5★-	29	中山大学	4★
4	清华大学	5★	17	哈尔滨工业大学	5★-	30	北京工业大学	4★
5	北京大学	5★	18	国防科技大学	5★-	31	同济大学	4★
6	复旦大学	5★	19	大连理工大学	5★-	32	华中师范大学	4★
7	上海交通大学	5★	20	北京航空航天大学	4★	33	山西大学	4★
8	华中科技大学	5★	21	电子科技大学	4★	34	宁波大学	4★
9	苏州大学	5★	22	兰州大学	4★	35	西南交通大学	4★
10	浙江大学	5★	23	厦门大学	4★	36	中南大学	4★
11	北京理工大学	5★-	24	山东大学	4★	37	重庆大学	4★
12	四川大学	5★-	25	西安交通大学	4★	38	华南理工大学	4★
13	东南大学	5★-	26	南开大学	4★			
3★（58个），2★（76个），1★（19个）：名单略								

0703 化学（225）

排名	学校名称	星级	排名	学校名称	星级	排名	学校名称	星级
1	南开大学	5★+	16	中山大学	5★-	31	北京理工大学	4★
2	复旦大学	5★+	17	华南理工大学	5★-	32	中南大学	4★
3	吉林大学	5★	18	大连理工大学	5★-	33	同济大学	4★
4	中国科学技术大学	5★	19	上海交通大学	5★-	34	重庆大学	4★
5	武汉大学	5★	20	兰州大学	5★-	35	西安交通大学	4★
6	厦门大学	5★	21	山东大学	5★-	36	华南师范大学	4★
7	四川大学	5★	22	郑州大学	5★-	37	东华大学	4★
8	福州大学	5★	23	东北师范大学	5★-	38	东北大学	4★
9	南京大学	5★	24	新疆大学	4★	39	北京航空航天大学	4★
10	华东理工大学	5★	25	北京师范大学	4★	40	西北大学	4★
11	浙江大学	5★	26	华中科技大学	4★	41	西南大学	4★
12	北京大学	5★-	27	北京化工大学	4★	42	南昌大学	4★
13	湖南大学	5★-	28	苏州大学	4★	43	暨南大学	4★
14	清华大学	5★-	29	江西师范大学	4★	44	河南大学	4★
15	天津大学	5★-	30	华东师范大学	4★	45	太原理工大学	4★
3★（68个），2★（90个），1★（22个）：名单略								

0704 天文学（18）

排名	学校名称	星级	排名	学校名称	星级	排名	学校名称	星级
1	中国科学技术大学	5★	3	北京大学	4★			
2	南京大学	5★-	4	北京师范大学	4★			

3★（5个），2★（7个），1★（2个）：名单略

0705 地理学（87）

排名	学校名称	星级	排名	学校名称	星级	排名	学校名称	星级
1	北京师范大学	5★+	7	兰州大学	5★-	13	西北师范大学	4★
2	南京师范大学	5★	8	中山大学	5★-	14	辽宁师范大学	4★
3	北京大学	5★	9	福建师范大学	5★-	15	东北师范大学	4★
4	武汉大学	5★	10	河南大学	4★	16	江西师范大学	4★
5	华东师范大学	5★-	11	首都师范大学	4★	17	新疆大学	4★
6	南京大学	5★-	12	华南师范大学	4★			

3★（27个），2★（34个），1★（9个）：名单略

0706 大气科学（17）

排名	学校名称	星级	排名	学校名称	星级	排名	学校名称	星级
1	南京信息工程大学	5★	2	南京大学	5★	3	兰州大学	4★

3★（6个），2★（6个），1★（2个）：名单略

0707 海洋科学（29）

排名	学校名称	星级	排名	学校名称	星级	排名	学校名称	星级
1	中国海洋大学	5★	3	浙江海洋大学	5★-	5	上海海洋大学	4★
2	厦门大学	5★-	4	同济大学	4★	6	华东师范大学	4★

3★（9个），2★（11个），1★（3个）：名单略

0708 地球物理学（20）

排名	学校名称	星级	排名	学校名称	星级	排名	学校名称	星级
1	武汉大学	5★	3	北京大学	4★			
2	中国科学技术大学	5★-	4	同济大学	4★			

3★（6个），2★（8个），1★（2个）：名单略

0709 地质学（36）

排名	学校名称	星级	排名	学校名称	星级	排名	学校名称	星级
1	中国地质大学（武汉）	5★	4	成都理工大学	5★-	7	浙江大学	4★
2	南京大学	5★	5	北京大学	4★			
3	中国地质大学（北京）	5★-	6	西北大学	4★			

3★（11个），2★（14个），1★（4个）：名单略

0710　生物学（241）

排名	学校名称	星级	排名	学校名称	星级	排名	学校名称	星级
1	复旦大学	5★+	17	同济大学	5★-	33	南开大学	4★
2	华中农业大学	5★+	18	华中科技大学	5★-	34	第四军医大学	4★
3	浙江大学	5★	19	西北农林科技大学	5★-	35	河南大学	4★
4	清华大学	5★	20	中南大学	5★-	36	西安交通大学	4★
5	中山大学	5★	21	南京农业大学	5★-	37	内蒙古大学	4★
6	武汉大学	5★	22	兰州大学	5★-	38	华东师范大学	4★
7	厦门大学	5★	23	北京师范大学	5★-	39	北京林业大学	4★
8	西南大学	5★	24	中国海洋大学	5★-	40	安徽农业大学	4★
9	上海交通大学	5★	25	暨南大学	4★	41	郑州大学	4★
10	北京大学	5★	26	吉林大学	4★	42	南京师范大学	4★
11	中国农业大学	5★	27	东北林业大学	4★	43	四川农业大学	4★
12	南京大学	5★	28	重庆大学	4★	44	南方医科大学	4★
13	中国科学技术大学	5★-	29	云南大学	4★	45	华南农业大学	4★
14	山东大学	5★-	30	第二军医大学	4★	46	东南大学	4★
15	四川大学	5★-	31	上海海洋大学	4★	47	南京医科大学	4★
16	北京协和医学院	5★-	32	华南师范大学	4★	48	青岛大学	4★

3★（73个），2★（96个），1★（24个）：名单略

0711　系统科学（23）

排名	学校名称	星级	排名	学校名称	星级	排名	学校名称	星级
1	北京师范大学	5★	3	上海理工大学	4★	5	北京邮电大学	4★
2	北京交通大学	5★-	4	国防科技大学	4★			

3★（7个），2★（9个），1★（2个）：名单略

0712　科学技术史（18）

排名	学校名称	星级	排名	学校名称	星级	排名	学校名称	星级
1	中国科学技术大学	5★	3	上海交通大学	4★			
2	清华大学	5★-	4	北京大学	4★			

3★（5个），2★（7个），1★（2个）：名单略

0713　生态学（90）

排名	学校名称	星级	排名	学校名称	星级	排名	学校名称	星级
1	兰州大学	5★+	7	北京师范大学	5★-	13	四川大学	4★
2	中山大学	5★	8	厦门大学	5★-	14	南京大学	4★
3	浙江大学	5★	9	北京林业大学	5★-	15	东北师范大学	4★
4	华东师范大学	5★	10	华南农业大学	4★	16	南京农业大学	4★
5	北京大学	5★	11	青海大学	4★	17	东北林业大学	4★
6	复旦大学	5★-	12	上海交通大学	4★	18	福建农林大学	4★

3★（27个），2★（36个），1★（9个）：名单略

0714　统计学（97）

排名	学校名称	星级	排名	学校名称	星级	排名	学校名称	星级
1	上海财经大学	5★+	8	中国科学技术大学	5★-	15	中山大学	4★
2	东北师范大学	5★	9	四川大学	5★-	16	华中科技大学	4★
3	中南财经政法大学	5★	10	南开大学	5★-	17	复旦大学	4★
4	中央财经大学	5★	11	山东大学	4★	18	吉林大学	4★
5	中国人民大学	5★	12	中南大学	4★	19	北京工商大学	4★
6	厦门大学	5★-	13	西安交通大学	4★			
7	华东师范大学	5★-	14	浙江工商大学	4★			

3★（30个），2★（38个），1★（10个）：名单略

0801　力学（94）

排名	学校名称	星级	排名	学校名称	星级	排名	学校名称	星级
1	大连理工大学	5★+	8	天津大学	5★-	15	河海大学	4★
2	北京大学	5★	9	上海交通大学	5★-	16	湖南大学	4★
3	清华大学	5★	10	北京理工大学	4★	17	华中科技大学	4★
4	哈尔滨工业大学	5★	11	浙江大学	4★	18	南京理工大学	4★
5	西安交通大学	5★	12	宁波大学	4★	19	西南交通大学	4★
6	北京航空航天大学	5★-	13	西北工业大学	4★			
7	南京航空航天大学	5★-	14	中国科学技术大学	4★			

3★（28个），2★（38个），1★（9个）：名单略

0802　机械工程（219）

排名	学校名称	星级	排名	学校名称	星级	排名	学校名称	星级
1	上海交通大学	5★+	16	北京理工大学	5★-	31	北京交通大学	4★
2	西安交通大学	5★+	17	北京航空航天大学	5★-	32	北京科技大学	4★
3	清华大学	5★	18	同济大学	5★-	33	太原理工大学	4★
4	华中科技大学	5★	19	西南交通大学	5★-	34	中国农业大学	4★
5	浙江大学	5★	20	东北大学	5★-	35	江苏大学	4★
6	西北工业大学	5★	21	浙江理工大学	5★-	36	浙江工业大学	4★
7	哈尔滨工业大学	5★	22	武汉理工大学	5★-	37	武汉科技大学	4★
8	重庆大学	5★	23	华南理工大学	4★	38	中国矿业大学	4★
9	湖南大学	5★	24	南京理工大学	4★	39	四川大学	4★
10	燕山大学	5★	25	中南大学	4★	40	杭州电子科技大学	4★
11	上海大学	5★	26	山东大学	4★	41	广东工业大学	4★
12	吉林大学	5★-	27	厦门大学	4★	42	北京工业大学	4★
13	南京航空航天大学	5★-	28	东南大学	4★	43	上海理工大学	4★
14	大连理工大学	5★-	29	电子科技大学	4★	44	福州大学	4★
15	天津大学	5★-	30	合肥工业大学	4★			

3★（66个），2★（87个），1★（22个）：名单略

0803 光学工程（84）

排名	学校名称	星级	排名	学校名称	星级	排名	学校名称	星级
1	浙江大学	5★+	7	上海理工大学	5★-	13	北京邮电大学	4★
2	深圳大学	5★	8	华中科技大学	5★-	14	复旦大学	4★
3	南京理工大学	5★	9	电子科技大学	4★	15	北京理工大学	4★
4	南京邮电大学	5★	10	中国计量大学	4★	16	暨南大学	4★
5	天津大学	5★-	11	南京大学	4★	17	西安电子科技大学	4★
6	苏州大学	5★-	12	中国科学技术大学	4★			

3★（25个），2★（34个），1★（8个）：名单略

0804 仪器科学与技术（69）

排名	学校名称	星级	排名	学校名称	星级	排名	学校名称	星级
1	北京航空航天大学	5★+	6	天津大学	5★-	11	南京理工大学	4★
2	西安交通大学	5★	7	北京理工大学	5★-	12	电子科技大学	4★
3	中国计量大学	5★	8	东南大学	4★	13	燕山大学	4★
4	哈尔滨工业大学	5★-	9	上海交通大学	4★	14	南京航空航天大学	4★
5	重庆大学	5★-	10	大连理工大学	4★			

3★（21个），2★（27个），1★（7个）：名单略

0805 材料科学与工程（219）

排名	学校名称	星级	排名	学校名称	星级	排名	学校名称	星级
1	四川大学	5★+	16	大连理工大学	5★-	31	北京化工大学	4★
2	浙江大学	5★+	17	苏州大学	5★-	32	山东大学	4★
3	天津大学	5★	18	北京航空航天大学	5★-	33	武汉大学	4★
4	中国科学技术大学	5★	19	西安交通大学	5★-	34	湖南大学	4★
5	哈尔滨工业大学	5★	20	南昌大学	5★-	35	燕山大学	4★
6	华中科技大学	5★	21	吉林大学	5★-	36	重庆大学	4★
7	北京科技大学	5★	22	北京理工大学	5★-	37	同济大学	4★
8	华东理工大学	5★	23	东南大学	4★	38	厦门大学	4★
9	南京大学	5★	24	中山大学	4★	39	西安建筑科技大学	4★
10	中南大学	5★	25	郑州大学	4★	40	南京理工大学	4★
11	华南理工大学	5★	26	复旦大学	4★	41	电子科技大学	4★
12	上海交通大学	5★-	27	东华大学	4★	42	南京航空航天大学	4★
13	武汉理工大学	5★-	28	安徽大学	4★	43	湖北大学	4★
14	清华大学	5★-	29	南开大学	4★	44	太原理工大学	4★
15	西北工业大学	5★-	30	东北大学	4★			

3★（66个），2★（87个），1★（22个）：名单略

0806 冶金工程（24）

排名	学校名称	星级	排名	学校名称	星级	排名	学校名称	星级
1	中南大学	5★	3	东北大学	4★	5	武汉科技大学	4★
2	北京科技大学	5★-	4	重庆大学	4★			

3★（7个），2★（10个），1★（2个）：名单略

0807 动力工程及工程热物理（105）

排名	学校名称	星级	排名	学校名称	星级	排名	学校名称	星级
1	西安交通大学	5★+	8	北京航空航天大学	5★-	15	北京理工大学	4★
2	华中科技大学	5★	9	天津大学	5★-	16	东北大学	4★
3	哈尔滨工业大学	5★	10	清华大学	5★-	17	华东理工大学	4★
4	浙江大学	5★	11	大连理工大学	5★-	18	兰州理工大学	4★
5	上海交通大学	5★	12	重庆大学	4★	19	北京化工大学	4★
6	华北电力大学	5★-	13	上海理工大学	4★	20	北京科技大学	4★
7	东南大学	5★-	14	青岛科技大学	4★	21	南京工业大学	4★

3★（32个），2★（42个），1★（10个）：名单略

0808 电气工程（110）

排名	学校名称	星级	排名	学校名称	星级	排名	学校名称	星级
1	华中科技大学	5★+	9	湖南大学	5★-	17	大连理工大学	4★
2	浙江大学	5★	10	西南交通大学	5★-	18	华南理工大学	4★
3	西安交通大学	5★	11	东南大学	5★-	19	四川大学	4★
4	华北电力大学	5★	12	天津大学	4★	20	沈阳工业大学	4★
5	重庆大学	5★	13	武汉大学	4★	21	北京交通大学	4★
6	上海交通大学	5★	14	上海电力大学	4★	22	哈尔滨理工大学	4★
7	河北工业大学	5★-	15	哈尔滨工业大学	4★			
8	清华大学	5★-	16	山东大学	4★			

3★（33个），2★（44个），1★（11个）：名单略

0809 电子科学与技术（122）

排名	学校名称	星级	排名	学校名称	星级	排名	学校名称	星级
1	电子科技大学	5★+	9	北京航空航天大学	5★-	17	南京大学	4★
2	南京邮电大学	5★	10	西安交通大学	5★-	18	国防科技大学	4★
3	东南大学	5★	11	北京理工大学	5★-	19	北京邮电大学	4★
4	北京大学	5★	12	中山大学	5★-	20	杭州电子科技大学	4★
5	复旦大学	5★	13	中国科学技术大学	4★	21	天津大学	4★
6	清华大学	5★	14	华中科技大学	4★	22	西北工业大学	4★
7	西安电子科技大学	5★-	15	上海交通大学	4★	23	华南理工大学	4★
8	浙江大学	5★-	16	厦门大学	4★	24	华东师范大学	4★

3★（37个），2★（49个），1★（12个）：名单略

0810 信息与通信工程（179）

排名	学校名称	星级	排名	学校名称	星级	排名	学校名称	星级
1	北京邮电大学	5★+	6	上海交通大学	5★	11	北京航空航天大学	5★-
2	电子科技大学	5★+	7	国防科技大学	5★	12	南京信息工程大学	5★-
3	西安电子科技大学	5★	8	宁波大学	5★	13	华中科技大学	5★-
4	东南大学	5★	9	南京邮电大学	5★	14	哈尔滨工业大学	5★-
5	清华大学	5★	10	西安交通大学	5★-	15	北京理工大学	5★-

续表

排名	学校名称	星级	排名	学校名称	星级	排名	学校名称	星级
16	北京大学	5★-	23	浙江大学	4★	30	天津大学	4★
17	中国传媒大学	5★-	24	河海大学	4★	31	上海大学	4★
18	华南理工大学	5★-	25	北京交通大学	4★	32	重庆大学	4★
19	西南交通大学	4★	26	中山大学	4★	33	重庆邮电大学	4★
20	西北工业大学	4★	27	南京航空航天大学	4★	34	华东师范大学	4★
21	中国科学技术大学	4★	28	大连理工大学	4★	35	杭州电子科技大学	4★
22	武汉大学	4★	29	南京大学	4★	36	武汉理工大学	4★

3★（54个），2★（71个），1★（18个）：名单略

0811 控制科学与工程（185）

排名	学校名称	星级	排名	学校名称	星级	排名	学校名称	星级
1	清华大学	5★+	14	湖南大学	5★-	27	哈尔滨工程大学	4★
2	浙江大学	5★+	15	同济大学	5★-	28	重庆大学	4★
3	东北大学	5★	16	华北电力大学	5★-	29	郑州大学	4★
4	上海交通大学	5★	17	中国科学技术大学	5★-	30	上海大学	4★
5	北京理工大学	5★	18	天津大学	5★-	31	北京化工大学	4★
6	东南大学	5★	19	杭州电子科技大学	5★-	32	燕山大学	4★
7	北京航空航天大学	5★	20	中南大学	4★	33	大连理工大学	4★
8	哈尔滨工业大学	5★	21	山东大学	4★	34	广东工业大学	4★
9	华中科技大学	5★	22	南开大学	4★	35	武汉大学	4★
10	西北工业大学	5★-	23	南京理工大学	4★	36	北京科技大学	4★
11	西安交通大学	5★-	24	华南理工大学	4★	37	中国计量大学	4★
12	电子科技大学	5★-	25	南京航空航天大学	4★			
13	国防科技大学	5★-	26	江南大学	4★			

3★（56个），2★（74个），1★（18个）：名单略

0812 计算机科学与技术（262）

排名	学校名称	星级	排名	学校名称	星级	排名	学校名称	星级
1	清华大学	5★+	15	复旦大学	5★-	29	北京理工大学	4★
2	北京邮电大学	5★+	16	杭州电子科技大学	5★-	30	重庆大学	4★
3	上海交通大学	5★+	17	厦门大学	5★-	31	湖南大学	4★
4	北京航空航天大学	5★	18	武汉大学	5★-	32	合肥工业大学	4★
5	北京大学	5★	19	中山大学	5★-	33	西安交通大学	4★
6	华中科技大学	5★	20	吉林大学	5★-	34	同济大学	4★
7	哈尔滨工业大学	5★	21	四川大学	5★-	35	河海大学	4★
8	西安电子科技大学	5★	22	东北大学	5★-	36	苏州大学	4★
9	南京大学	5★	23	中国人民大学	5★-	37	华理工大学	4★
10	中国科学技术大学	5★	24	天津大学	5★-	38	重庆邮电大学	4★
11	国防科技大学	5★	25	中南大学	5★-	39	北京交通大学	4★
12	东南大学	5★	26	华东师范大学	5★-	40	上海大学	4★
13	浙江大学	5★	27	中国海洋大学	4★	41	山东大学	4★
14	电子科技大学	5★-	28	西北工业大学	4★	42	浙江师范大学	4★

排名	学校名称	星级	排名	学校名称	星级	排名	学校名称	星级
43	新疆大学	4★	47	大连理工大学	4★	51	燕山大学	4★
44	哈尔滨工程大学	4★	48	南京航空航天大学	4★	52	太原理工大学	4★
45	安徽大学	4★	49	深圳大学	4★			
46	南开大学	4★	50	北京科技大学	4★			

3★（79个），2★（105个），1★（26个）：名单略

0813 建筑学（70）

排名	学校名称	星级	排名	学校名称	星级	排名	学校名称	星级
1	同济大学	5★+	6	华南理工大学	5★-	11	浙江大学	4★
2	东南大学	5★	7	重庆大学	5★-	12	深圳大学	4★
3	清华大学	5★	8	西安建筑科技大学	4★	13	华中科技大学	4★
4	天津大学	5★	9	湖南大学	4★	14	厦门大学	4★
5	哈尔滨工业大学	5★-	10	南京大学	4★			

3★（21个），2★（28个），1★（7个）：名单略

0814 土木工程（160）

排名	学校名称	星级	排名	学校名称	星级	排名	学校名称	星级
1	东南大学	5★+	12	天津大学	5★-	23	山东大学	4★
2	哈尔滨工业大学	5★+	13	中南大学	5★-	24	长安大学	4★
3	重庆大学	5★	14	湖南大学	5★-	25	中国矿业大学	4★
4	北京工业大学	5★	15	四川大学	5★-	26	华南理工大学	4★
5	同济大学	5★	16	河海大学	5★-	27	中国矿业大学（北京）	4★
6	西安建筑科技大学	5★	17	华中科技大学	4★	28	武汉大学	4★
7	浙江大学	5★	18	广州大学	4★	29	兰州理工大学	4★
8	清华大学	5★	19	西南交通大学	4★	30	沈阳建筑大学	4★
9	上海交通大学	5★-	20	北京交通大学	4★	31	河北工业大学	4★
10	广西大学	5★-	21	郑州大学	4★	32	宁波大学	4★
11	大连理工大学	5★-	22	福州大学	4★			

3★（48个），2★（64个），1★（16个）：名单略

0815 水利工程（64）

排名	学校名称	星级	排名	学校名称	星级	排名	学校名称	星级
1	河海大学	5★+	6	大连理工大学	5★-	11	三峡大学	4★
2	清华大学	5★	7	中国农业大学	4★	12	西安理工大学	4★
3	天津大学	5★	8	西北农林科技大学	4★	13	郑州大学	4★
4	武汉大学	5★-	9	重庆交通大学	4★			
5	四川大学	5★-	10	华北水利水电大学	4★			

3★（19个），2★（26个），1★（6个）：名单略

0816 测绘科学与技术（53）

排名	学校名称	星级	排名	学校名称	星级	排名	学校名称	星级
1	武汉大学	5★+	5	西南交通大学	5★-	9	中国地质大学（北京）	4★
2	同济大学	5★	6	中国地质大学（武汉）	4★	10	电子科技大学	4★
3	中南大学	5★	7	山东科技大学	4★	11	辽宁工程技术大学	4★
4	中国矿业大学	5★-	8	河海大学	4★			

3★（16个），2★（21个），1★（5个）：名单略

0817 化学工程与技术（184）

排名	学校名称	星级	排名	学校名称	星级	排名	学校名称	星级
1	天津大学	5★+	14	浙江工业大学	5★-	27	西安交通大学	4★
2	华东理工大学	5★+	15	湖南大学	5★-	28	福州大学	4★
3	北京化工大学	5★	16	中南大学	5★-	29	武汉工程大学	4★
4	清华大学	5★	17	江南大学	5★-	30	西南石油大学	4★
5	太原理工大学	5★	18	东南大学	5★-	31	燕山大学	4★
6	上海交通大学	5★	19	哈尔滨工业大学	4★	32	中国石油大学（华东）	4★
7	大连理工大学	5★	20	重庆大学	4★	33	广西大学	4★
8	浙江大学	5★	21	青岛科技大学	4★	34	西北大学	4★
9	华南理工大学	5★	22	北京理工大学	4★	35	苏州大学	4★
10	南京工业大学	5★-	23	郑州大学	4★	36	中山大学	4★
11	厦门大学	5★-	24	石河子大学	4★	37	东北石油大学	4★
12	中国石油大学（北京）	5★-	25	上海大学	4★			
13	四川大学	5★-	26	南京理工大学	4★			

3★（55个），2★（74个），1★（18个）：名单略

0818 地质资源与地质工程（45）

排名	学校名称	星级	排名	学校名称	星级	排名	学校名称	星级
1	中国地质大学（武汉）	5★	4	中国石油大学（北京）	5★-	7	长江大学	4★
2	中国石油大学（华东）	5★	5	吉林大学	5★-	8	东北石油大学	4★
3	中国地质大学（北京）	5★-	6	南京大学	4★	9	中南大学	4★

3★（14个），2★（18个），1★（4个）：名单略

0819 矿业工程（30）

排名	学校名称	星级	排名	学校名称	星级	排名	学校名称	星级
1	中国矿业大学	5★	3	中国矿业大学（北京）	5★-	5	重庆大学	4★
2	中南大学	5★	4	北京科技大学	4★	6	武汉科技大学	4★

3★（9个），2★（12个），1★（3个）：名单略

0820 石油与天然气工程（16）

排名	学校名称	星级	排名	学校名称	星级	排名	学校名称	星级
1	西南石油大学	5★	2	中国石油大学（华东）	5★	3	中国石油大学（北京）	4★

3★（5个），2★（6个），1★（2个）：名单略

0821 纺织科学与工程（22）

排名	学校名称	星级	排名	学校名称	星级	排名	学校名称	星级
1	东华大学	5★	3	天津工业大学	4★			
2	浙江理工大学	5★	4	江南大学	4★			
3★（7个），2★（9个），1★（2个）：名单略							

0822 轻工技术与工程（23）

排名	学校名称	星级	排名	学校名称	星级	排名	学校名称	星级
1	华南理工大学	5★	3	大连工业大学	4★	5	广西大学	4★
2	江南大学	5★-	4	陕西科技大学	4★			
3★（7个），2★（9个），1★（2个）：名单略							

0823 交通运输工程（68）

排名	学校名称	星级	排名	学校名称	星级	排名	学校名称	星级
1	西南交通大学	5★+	6	同济大学	5★-	11	武汉理工大学	4★
2	大连海事大学	5★	7	北京航空航天大学	4★	12	重庆交通大学	4★
3	东南大学	5★	8	中南大学	4★	13	长沙理工大学	4★
4	长安大学	5★-	9	吉林大学	4★			
5	北京交通大学	5★-	10	上海海事大学	4★			
3★（21个），2★（27个），1★（7个）：名单略							

0824 船舶与海洋工程（24）

排名	学校名称	星级	排名	学校名称	星级	排名	学校名称	星级
1	上海交通大学	5★	3	浙江海洋大学	4★	5	大连海事大学	4★
2	哈尔滨工程大学	5★	4	天津大学	4★			
3★（8个），2★（9个），1★（2个）：名单略							

0825 航空宇航科学与技术（25）

排名	学校名称	星级	排名	学校名称	星级	排名	学校名称	星级
1	北京航空航天大学	5★	3	西北工业大学	5★-	5	南京航空航天大学	4★
2	国防科技大学	5★-	4	哈尔滨工业大学	4★			
3★（8个），2★（10个），1★（2个）：名单略							

0826 兵器科学与技术（7）

排名	学校名称	星级	排名	学校名称	星级	排名	学校名称	星级
1	南京理工大学	4★						
3★（3个），2★（2个），1★（1个）：名单略							

0827 核科学与技术（19）

排名	学校名称	星级	排名	学校名称	星级	排名	学校名称	星级
1	清华大学	5★	3	哈尔滨工程大学	4★			
2	中国科学技术大学	5★-	4	西安交通大学	4★			
3★（6个），2★（7个），1★（2个）：名单略							

0828　农业工程（44）

排名	学校名称	星级	排名	学校名称	星级	排名	学校名称	星级
1	浙江大学	5★	4	西北农林科技大学	5★-	7	吉林大学	4★
2	中国农业大学	5★	5	东北农业大学	4★	8	南京农业大学	4★
3	华中农业大学	5★-	6	沈阳农业大学	4★	9	华南农业大学	4★

3★（13个），2★（18个），1★（4个）：名单略

0829　林业工程（13）

排名	学校名称	星级	排名	学校名称	星级	排名	学校名称	星级
1	南京林业大学	5★	2	东北林业大学	4★	3	北京林业大学	4★

3★（4个），2★（5个），1★（1个）：名单略

0830　环境科学与工程（189）

排名	学校名称	星级	排名	学校名称	星级	排名	学校名称	星级
1	河海大学	5★+	14	华南理工大学	5★-	27	中山大学	4★
2	北京师范大学	5★+	15	南开大学	5★-	28	中国科学技术大学	4★
3	南京大学	5★	16	华中科技大学	5★-	29	西安建筑科技大学	4★
4	北京大学	5★	17	上海交通大学	5★-	30	吉林大学	4★
5	天津大学	5★	18	山东大学	5★-	31	中国地质大学（武汉）	4★
6	清华大学	5★	19	湖南大学	5★-	32	北京科技大学	4★
7	同济大学	5★	20	西北农林科技大学	4★	33	暨南大学	4★
8	哈尔滨工业大学	5★	21	大连理工大学	4★	34	南京信息工程大学	4★
9	浙江大学	5★	22	中国农业大学	4★	35	中国矿业大学	4★
10	复旦大学	5★-	23	武汉大学	4★	36	北京工业大学	4★
11	四川大学	5★-	24	东南大学	4★	37	华东理工大学	4★
12	中国海洋大学	5★-	25	重庆大学	4★	38	广东工业大学	4★
13	厦门大学	5★-	26	中南大学	4★			

3★（57个），2★（75个），1★（19个）：名单略

0831　生物医学工程（65）

排名	学校名称	星级	排名	学校名称	星级	排名	学校名称	星级
1	清华大学	5★+	6	四川大学	5★-	11	温州医科大学	4★
2	东南大学	5★	7	东北大学	5★-	12	中国科学技术大学	4★
3	天津大学	5★	8	暨南大学	4★	13	第四军医大学	4★
4	北京协和医学院	5★-	9	上海交通大学	4★			
5	浙江大学	5★-	10	复旦大学	4★			

3★（20个），2★（26个），1★（6个）：名单略

0832　食品科学与工程（100）

排名	学校名称	星级	排名	学校名称	星级	排名	学校名称	星级
1	中国农业大学	5★+	5	浙江大学	5★	9	西北农林科技大学	5★-
2	江南大学	5★	6	东北农业大学	5★-	10	南昌大学	5★-
3	华中农业大学	5★	7	南京农业大学	5★-	11	江苏大学	4★
4	华南理工大学	5★	8	西南大学	5★-	12	中国海洋大学	4★

排名	学校名称	星级	排名	学校名称	星级	排名	学校名称	星级
13	河南工业大学	4★	16	浙江工商大学	4★	19	暨南大学	4★
14	华南农业大学	4★	17	北京工商大学	4★	20	武汉轻工大学	4★
15	大连工业大学	4★	18	宁波大学	4★			
3★（30个），2★（40个），1★（10个）：名单略								

0833 城乡规划学（50）

排名	学校名称	星级	排名	学校名称	星级	排名	学校名称	星级
1	同济大学	5★+	5	南京大学	5★-	9	武汉大学	4★
2	清华大学	5★	6	东南大学	4★	10	重庆大学	4★
3	西安建筑科技大学	5★	7	天津大学	4★			
4	华中科技大学	5★-	8	华南理工大学	4★			
3★（15个），2★（20个），1★（5个）：名单略								

0834 风景园林学（51）

排名	学校名称	星级	排名	学校名称	星级	排名	学校名称	星级
1	清华大学	5★+	5	北京林业大学	5★-	9	福建农林大学	4★
2	西安建筑科技大学	5★	6	四川农业大学	4★	10	华中农业大学	4★
3	东南大学	5★	7	南京林业大学	4★			
4	同济大学	5★-	8	重庆大学	4★			
3★（16个），2★（20个），1★（5个）：名单略								

0835 软件工程（138）

排名	学校名称	星级	排名	学校名称	星级	排名	学校名称	星级
1	清华大学	5★+	11	电子科技大学	5★-	21	浙江师范大学	4★
2	浙江大学	5★	12	西北工业大学	5★-	22	北京邮电大学	4★
3	北京大学	5★	13	南京大学	5★-	23	同济大学	4★
4	武汉大学	5★	14	大连理工大学	5★-	24	南京理工大学	4★
5	华东师范大学	5★	15	上海财经大学	4★	25	华南师范大学	4★
6	国防科技大学	5★	16	东南大学	4★	26	南京航空航天大学	4★
7	山东大学	5★	17	吉林大学	4★	27	重庆大学	4★
8	东北大学	5★-	18	中山大学	4★	28	浙江理工大学	4★
9	天津大学	5★-	19	西安电子科技大学	4★			
10	北京航空航天大学	5★-	20	四川大学	4★			
3★（41个），2★（55个），1★（14个）：名单略								

0836 生物工程（20）

排名	学校名称	星级	排名	学校名称	星级	排名	学校名称	星级
1	华东理工大学	5★	3	华中农业大学	4★			
2	北京化工大学	5★-	4	南京工业大学	4★			
3★（6个），2★（8个），1★（2个）：名单略								

0837 安全科学与工程（55）

排名	学校名称	星级	排名	学校名称	星级	排名	学校名称	星级
1	中国矿业大学	5★+	5	中国民航大学	5★-	9	重庆大学	4★
2	中国矿业大学（北京）	5★	6	西安科技大学	5★-	10	安徽理工大学	4★
3	武汉科技大学	5★	7	山东科技大学	4★	11	北京理工大学	4★
4	中国科学技术大学	5★-	8	河南理工大学	4★			

3★（17个），2★（22个），1★（5个）：名单略

0839 网络空间安全（56）

排名	学校名称	星级	排名	学校名称	星级	排名	学校名称	星级
1	中国科学技术大学	5★+	5	国防科技大学	5★-	9	浙江大学	4★
2	武汉大学	5★	6	上海交通大学	5★-	10	清华大学	4★
3	西安交通大学	5★	7	东南大学	4★	11	杭州电子科技大学	4★
4	北京邮电大学	5★-	8	复旦大学	4★			

3★（17个），2★（22个），1★（6个）：名单略

0901 作物学（50）

排名	学校名称	星级	排名	学校名称	星级	排名	学校名称	星级
1	中国农业大学	5★+	5	西北农林科技大学	5★-	9	甘肃农业大学	4★
2	南京农业大学	5★	6	华南农业大学	4★	10	东北农业大学	4★
3	华中农业大学	5★	7	浙江大学	4★			
4	四川农业大学	5★-	8	海南大学	4★			

3★（15个），2★（20个），1★（5个）：名单略

0902 园艺学（44）

排名	学校名称	星级	排名	学校名称	星级	排名	学校名称	星级
1	华中农业大学	5★	4	沈阳农业大学	5★-	7	西北农林科技大学	4★
2	浙江大学	5★	5	华南农业大学	4★	8	中国农业大学	4★
3	南京农业大学	5★-	6	福建农林大学	4★	9	上海交通大学	4★

3★（13个），2★（18个），1★（4个）：名单略

0903 农业资源与环境（39）

排名	学校名称	星级	排名	学校名称	星级	排名	学校名称	星级
1	中国农业大学	5★	4	东北农业大学	5★-	7	西北农林科技大学	4★
2	南京农业大学	5★	5	浙江大学	4★	8	华南农业大学	4★
3	沈阳农业大学	5★-	6	华中农业大学	4★			

3★（12个），2★（15个），1★（4个）：名单略

0904 植物保护（46）

排名	学校名称	星级	排名	学校名称	星级	排名	学校名称	星级
1	中国农业大学	5★	4	华中农业大学	5★-	7	吉林农业大学	4★
2	贵州大学	5★	5	西北农林科技大学	5★-	8	华南农业大学	4★
3	浙江大学	5★-	6	南京农业大学	4★	9	沈阳农业大学	4★

3★（14个），2★（18个），1★（5个）：名单略

0905 畜牧学（54）

排名	学校名称	星级	排名	学校名称	星级	排名	学校名称	星级
1	华中农业大学	5★+	5	南京农业大学	5★-	9	江西农业大学	4★
2	东北农业大学	5★	6	西北农林科技大学	4★	10	西南大学	4★
3	中国农业大学	5★	7	四川农业大学	4★	11	扬州大学	4★
4	浙江大学	5★-	8	华南农业大学	4★			

3★（16个），2★（22个），1★（5个）：名单略

0906 兽医学（42）

排名	学校名称	星级	排名	学校名称	星级	排名	学校名称	星级
1	中国农业大学	5★	4	南京农业大学	5★-	7	四川农业大学	4★
2	华中农业大学	5★	5	浙江大学	4★	8	扬州大学	4★
3	西北农林科技大学	5★-	6	东北农业大学	4★			

3★（13个），2★（17个），1★（4个）：名单略

0907 林学（36）

排名	学校名称	星级	排名	学校名称	星级	排名	学校名称	星级
1	北京林业大学	5★	4	西北农林科技大学	5★-	7	福建农林大学	4★
2	东北林业大学	5★	5	江西农业大学	4★			
3	南京林业大学	5★-	6	中南林业科技大学	4★			

3★（11个），2★（14个），1★（4个）：名单略

0908 水产（29）

排名	学校名称	星级	排名	学校名称	星级	排名	学校名称	星级
1	上海海洋大学	5★	3	宁波大学	5★-	5	浙江海洋大学	4★
2	中国海洋大学	5★-	4	华中农业大学	4★	6	南京农业大学	4★

3★（9个），2★（11个），1★（3个）：名单略

0909 草学（21）

排名	学校名称	星级	排名	学校名称	星级	排名	学校名称	星级
1	兰州大学	5★	3	东北师范大学	4★			
2	中国农业大学	5★-	4	甘肃农业大学	4★			

3★（7个），2★（8个），1★（2个）：名单略

1001 基础医学（106）

排名	学校名称	星级	排名	学校名称	星级	排名	学校名称	星级
1	复旦大学	5★+	8	上海交通大学	5★-	15	苏州大学	4★
2	北京大学	5★	9	中南大学	5★-	16	广西医科大学	4★
3	中山大学	5★	10	山东大学	5★-	17	吉林大学	4★
4	浙江大学	5★	11	北京协和医学院	5★-	18	南京医科大学	4★
5	华中科技大学	5★	12	中国医科大学	4★	19	郑州大学	4★
6	四川大学	5★-	13	天津医科大学	4★	20	重庆医科大学	4★
7	第二军医大学	5★-	14	武汉大学	4★	21	第四军医大学	4★

3★（32个），2★（42个），1★（11个）：名单略

1002 临床医学（113）

排名	学校名称	星级	排名	学校名称	星级	排名	学校名称	星级
1	复旦大学	5★+	9	天津医科大学	5★-	17	武汉大学	4★
2	上海交通大学	5★	10	浙江大学	5★-	18	第二军医大学	4★
3	北京大学	5★	11	中南大学	5★-	19	温州医科大学	4★
4	中山大学	5★	12	华中科技大学	4★	20	南京医科大学	4★
5	北京协和医学院	5★	13	重庆医科大学	4★	21	吉林大学	4★
6	郑州大学	5★	14	首都医科大学	4★	22	中国医科大学	4★
7	第四军医大学	5★-	15	山东大学	4★	23	广西医科大学	4★
8	四川大学	5★-	16	同济大学	4★			

3★（34个），2★（45个），1★（11个）：名单略

1003 口腔医学（48）

排名	学校名称	星级	排名	学校名称	星级	排名	学校名称	星级
1	北京大学	5★	5	中山大学	5★-	9	第四军医大学	4★
2	武汉大学	5★	6	浙江大学	4★	10	南京医科大学	4★
3	四川大学	5★-	7	首都医科大学	4★			
4	上海交通大学	5★-	8	同济大学	4★			

3★（14个），2★（19个），1★（5个）：名单略

1004 公共卫生与预防医学（75）

排名	学校名称	星级	排名	学校名称	星级	排名	学校名称	星级
1	北京大学	5★+	6	华中科技大学	5★-	11	中南大学	4★
2	四川大学	5★	7	浙江大学	5★-	12	第二军医大学	4★
3	中山大学	5★	8	吉林大学	5★-	13	中国医科大学	4★
4	复旦大学	5★	9	西安交通大学	4★	14	广西医科大学	4★
5	南京医科大学	5★-	10	东南大学	4★	15	安徽医科大学	4★

3★（23个），2★（30个），1★（7个）：名单略

1005 中医学（42）

排名	学校名称	星级	排名	学校名称	星级	排名	学校名称	星级
1	北京中医药大学	5★	4	成都中医药大学	5★-	7	南京中医药大学	4★
2	广州中医药大学	5★	5	安徽中医药大学	4★	8	天津中医药大学	4★
3	上海中医药大学	5★-	6	湖南中医药大学	4★			

3★（13个），2★（17个），1★（4个）：名单略

1006 中西医结合（60）

排名	学校名称	星级	排名	学校名称	星级	排名	学校名称	星级
1	北京中医药大学	5★+	5	广州中医药大学	5★-	9	北京大学	4★
2	复旦大学	5★	6	福建中医药大学	5★-	10	天津中医药大学	4★
3	上海中医药大学	5★	7	安徽中医药大学	4★	11	黑龙江中医药大学	4★
4	华中科技大学	5★-	8	辽宁中医药大学	4★	12	四川大学	4★

3★（18个），2★（24个），1★（6个）：名单略

1007 药学（145）

排名	学校名称	星级	排名	学校名称	星级	排名	学校名称	星级
1	中国药科大学	5★+	11	吉林大学	5★-	21	第四军医大学	4★
2	沈阳药科大学	5★	12	浙江大学	5★-	22	苏州大学	4★
3	山东大学	5★	13	郑州大学	5★-	23	南京大学	4★
4	复旦大学	5★	14	华中科技大学	5★-	24	华东理工大学	4★
5	中山大学	5★	15	西安交通大学	5★-	25	哈尔滨医科大学	4★
6	上海交通大学	5★	16	中南大学	4★	26	青岛大学	4★
7	北京协和医学院	5★	17	暨南大学	4★	27	河北医科大学	4★
8	四川大学	5★-	18	温州医科大学	4★	28	天津大学	4★
9	北京大学	5★-	19	第二军医大学	4★	29	南开大学	4★
10	中国海洋大学	5★-	20	西南大学	4★			

3★（44个），2★（58个），1★（14个）：名单略

1008 中药学（43）

排名	学校名称	星级	排名	学校名称	星级	排名	学校名称	星级
1	北京中医药大学	5★	4	南京中医药大学	5★-	7	长春中医药大学	4★
2	中国药科大学	5★	5	上海中医药大学	4★	8	天津中医药大学	4★
3	黑龙江中医药大学	5★-	6	成都中医药大学	4★	9	暨南大学	4★

3★（13个），2★（17个），1★（4个）：名单略

1009 特种医学（14）

排名	学校名称	星级	排名	学校名称	星级	排名	学校名称	星级
1	苏州大学	5★	2	山西医科大学	4★	3	中山大学	4★

3★（4个），2★（6个），1★（1个）：名单略

1010 医学技术（28）

排名	学校名称	星级	排名	学校名称	星级	排名	学校名称	星级
1	四川大学	5★	3	温州医科大学	5★-	5	郑州大学	4★
2	北京大学	5★-	4	中山大学	4★	6	重庆医科大学	4★

3★（8个），2★（11个），1★（3个）：名单略

1011 护理学（59）

排名	学校名称	星级	排名	学校名称	星级	排名	学校名称	星级
1	四川大学	5★+	5	上海交通大学	5★-	9	浙江大学	4★
2	北京大学	5★	6	中山大学	5★-	10	福建医科大学	4★
3	复旦大学	5★	7	华中科技大学	4★	11	重庆医科大学	4★
4	中南大学	5★-	8	西安交通大学	4★	12	郑州大学	4★

3★（18个），2★（23个），1★（6个）：名单略

1201 管理科学与工程（179）

排名	学校名称	星级	排名	学校名称	星级	排名	学校名称	星级
1	浙江大学	5★+	13	福州大学	5★-	25	南昌大学	4★
2	天津大学	5★+	14	中山大学	5★-	26	同济大学	4★
3	大连理工大学	5★	15	南京航空航天大学	5★-	27	南京理工大学	4★
4	合肥工业大学	5★	16	上海财经大学	5★-	28	电子科技大学	4★
5	北京航空航天大学	5★	17	上海大学	5★-	29	东北财经大学	4★
6	重庆大学	5★	18	华南理工大学	5★-	30	西北工业大学	4★
7	西安交通大学	5★	19	北京理工大学	4★	31	杭州电子科技大学	4★
8	四川大学	5★	20	东南大学	4★	32	厦门大学	4★
9	上海交通大学	5★	21	南京大学	4★	33	山东师范大学	4★
10	北京交通大学	5★-	22	中国矿业大学	4★	34	西安建筑科技大学	4★
11	武汉大学	5★-	23	山东大学	4★	35	西南财经大学	4★
12	中南大学	5★-	24	华中科技大学	4★	36	江西财经大学	4★

3★（54个），2★（71个），1★（18个）：名单略

1202 工商管理（307）

排名	学校名称	星级	排名	学校名称	星级	排名	学校名称	星级
1	中国人民大学	5★+	22	湖南大学	5★-	43	华东师范大学	4★
2	上海交通大学	5★+	23	华南理工大学	5★-	44	山东大学	4★
3	中山大学	5★+	24	吉林大学	5★-	45	兰州大学	4★
4	西安交通大学	5★	25	天津大学	5★-	46	西北大学	4★
5	东北财经大学	5★	26	中国海洋大学	5★-	47	哈尔滨工业大学	4★
6	清华大学	5★	27	南京大学	5★-	48	东北大学	4★
7	大连理工大学	5★	28	北京理工大学	5★-	49	西南交通大学	4★
8	厦门大学	5★	29	浙江工商大学	5★-	50	电子科技大学	4★
9	暨南大学	5★	30	天津财经大学	5★-	51	云南财经大学	4★
10	南开大学	5★	31	云南大学	5★-	52	山东财经大学	4★
11	四川大学	5★	32	北京交通大学	4★	53	东华大学	4★
12	西南财经大学	5★	33	同济大学	4★	54	燕山大学	4★
13	武汉大学	5★	34	华中科技大学	4★	55	山西财经大学	4★
14	中南大学	5★	35	首都经济贸易大学	4★	56	东南大学	4★
15	中南财经政法大学	5★	36	浙江工业大学	4★	57	福州大学	4★
16	北京大学	5★-	37	河海大学	4★	58	西安理工大学	4★
17	对外经济贸易大学	5★-	38	辽宁大学	4★	59	苏州大学	4★
18	复旦大学	5★-	39	中央财经大学	4★	60	中国科学技术大学	4★
19	重庆大学	5★-	40	合肥工业大学	4★	61	华北电力大学	4★
20	浙江大学	5★-	41	江西财经大学	4★			
21	上海财经大学	5★-	42	哈尔滨商业大学	4★			

3★（93个），2★（122个），1★（31个）：名单略

1203 农林经济管理（50）

排名	学校名称	星级	排名	学校名称	星级	排名	学校名称	星级
1	中国人民大学	5★+	5	北京林业大学	5★-	9	东北农业大学	4★
2	华中农业大学	5★	6	南京林业大学	4★	10	南京农业大学	4★
3	浙江大学	5★	7	中国农业大学	4★			
4	西北农林科技大学	5★-	8	贵州大学	4★			
3★（15个），2★（20个），1★（5个）：名单略								

1204 公共管理（207）

排名	学校名称	星级	排名	学校名称	星级	排名	学校名称	星级
1	中国人民大学	5★+	15	吉林大学	5★-	29	华中农业大学	4★
2	清华大学	5★+	16	东北大学	5★-	30	北京航空航天大学	4★
3	北京大学	5★	17	重庆大学	5★-	31	山东大学	4★
4	浙江大学	5★	18	兰州大学	5★-	32	南开大学	4★
5	华中科技大学	5★	19	中国农业大学	5★-	33	上海财经大学	4★
6	武汉大学	5★	20	郑州大学	5★-	34	云南大学	4★
7	北京师范大学	5★	21	中南大学	5★-	35	华东政法大学	4★
8	厦门大学	5★	22	上海交通大学	4★	36	湘潭大学	4★
9	复旦大学	5★	23	华南理工大学	4★	37	东北财经大学	4★
10	四川大学	5★	24	中南财经政法大学	4★	38	华中师范大学	4★
11	南京大学	5★-	25	南京农业大学	4★	39	中国地质大学（武汉）	4★
12	中山大学	5★-	26	中国地质大学（北京）	4★	40	同济大学	4★
13	西安交通大学	5★-	27	中国矿业大学	4★	41	浙江师范大学	4★
14	天津大学	5★-	28	华东师范大学	4★			
3★（63个），2★（82个），1★（21个）：名单略								

1205 图书情报与档案管理（51）

排名	学校名称	星级	排名	学校名称	星级	排名	学校名称	星级
1	武汉大学	5★+	5	华中师范大学	5★-	9	郑州大学	4★
2	中国人民大学	5★	6	南开大学	4★	10	黑龙江大学	4★
3	南京大学	5★	7	北京大学	4★			
4	中山大学	5★-	8	吉林大学	4★			
3★（16个），2★（20个），1★（5个）：名单略								

1301 艺术学理论（58）

排名	学校名称	星级	排名	学校名称	星级	排名	学校名称	星级
1	中国人民大学	5★+	5	南京艺术学院	5★-	9	中国音乐学院	4★
2	北京大学	5★	6	浙江大学	5★-	10	浙江理工大学	4★
3	四川大学	5★	7	中央美术学院	4★	11	中国美术学院	4★
4	东南大学	5★-	8	清华大学	4★	12	上海大学	4★
3★（18个），2★（22个），1★（6个）：名单略								

1302　音乐与舞蹈学（66）

排名	学校名称	星级	排名	学校名称	星级	排名	学校名称	星级
1	中央音乐学院	5★+	6	中央民族大学	5★-	11	南京师范大学	4★
2	上海音乐学院	5★	7	南京艺术学院	5★-	12	湖南师范大学	4★
3	中国音乐学院	5★	8	东北师范大学	4★	13	浙江师范大学	4★
4	中国传媒大学	5★	9	首都师范大学	4★	14	福建师范大学	4★
5	北京师范大学	5★-	10	华南师范大学	4★			

3★（22个），2★（24个），1★（6个）：名单略

1303　戏剧与影视学（56）

排名	学校名称	星级	排名	学校名称	星级	排名	学校名称	星级
1	中国传媒大学	5★+	5	北京师范大学	5★-	9	南京师范大学	4★
2	南京大学	5★	6	北京电影学院	4★	10	中国人民大学	4★
3	上海大学	5★	7	上海戏剧学院	4★	11	南京艺术学院	4★
4	中央戏剧学院	5★-	8	西北大学	4★			

3★（17个），2★（22个），1★（6个）：名单略

1304　美术学（102）

排名	学校名称	星级	排名	学校名称	星级	排名	学校名称	星级
1	中央美术学院	5★+	8	中国人民大学	5★-	15	中国传媒大学	4★
2	中国美术学院	5★	9	首都师范大学	5★-	16	西北师范大学	4★
3	四川大学	5★	10	上海大学	5★-	17	福建师范大学	4★
4	清华大学	5★	11	南京师范大学	4★	18	山东师范大学	4★
5	南京艺术学院	5★	12	华东师范大学	4★	19	浙江师范大学	4★
6	西安美术学院	5★-	13	哈尔滨师范大学	4★	20	北京电影学院	4★
7	中央音乐学院	5★-	14	四川美术学院	4★	21	广州美术学院	4★

3★（31个），2★（40个），1★（10个）：名单略

1305　设计学（148）

排名	学校名称	星级	排名	学校名称	星级	排名	学校名称	星级
1	江南大学	5★+	11	景德镇陶瓷大学	5★-	21	南京师范大学	4★
2	四川大学	5★	12	上海交通大学	5★-	22	浙江理工大学	4★
3	清华大学	5★	13	南京艺术学院	5★-	23	广东工业大学	4★
4	北京理工大学	5★	14	华南理工大学	5★-	24	重庆大学	4★
5	中央美术学院	5★	15	武汉理工大学	5★-	25	大连工业大学	4★
6	浙江大学	5★	16	吉林大学	4★	26	浙江工业大学	4★
7	苏州大学	5★	17	西安美术学院	4★	27	华中科技大学	4★
8	中国传媒大学	5★-	18	东华大学	4★	28	山东大学	4★
9	同济大学	5★-	19	湖南工业大学	4★	29	华东师范大学	4★
10	上海大学	5★-	20	北京服装学院	4★	30	东南大学	4★

3★（44个），2★（59个），1★（15个）：名单略

中国研究生教育分专业竞争力排行榜

010101　马克思主义哲学（108）

排名	学校名称	星级	排名	学校名称	星级	排名	学校名称	星级
1	复旦大学	5★+	9	山东大学	5★-	17	西安交通大学	4★
2	南京大学	5★	10	华东师范大学	5★-	18	华中师范大学	4★
3	中山大学	5★	11	华中科技大学	5★-	19	首都师范大学	4★
4	北京大学	5★	12	清华大学	4★	20	苏州大学	4★
5	中国人民大学	5★	13	山西大学	4★	21	上海财经大学	4★
6	南开大学	5★-	14	湖南大学	4★	22	云南大学	4★
7	武汉大学	5★-	15	东南大学	4★			
8	北京师范大学	5★-	16	厦门大学	4★			

3★（32个），2★（43个），1★（11个）：名单略

010102　中国哲学（99）

排名	学校名称	星级	排名	学校名称	星级	排名	学校名称	星级
1	中国人民大学	5★+	8	武汉大学	5★-	15	中南大学	4★
2	复旦大学	5★	9	山东大学	5★-	16	东南大学	4★
3	南京大学	5★	10	湖南大学	5★-	17	浙江大学	4★
4	中山大学	5★	11	北京师范大学	4★	18	华中科技大学	4★
5	北京大学	5★	12	厦门大学	4★	19	山西大学	4★
6	清华大学	5★-	13	同济大学	4★	20	中国科学技术大学	4★
7	华东师范大学	5★-	14	南开大学	4★			

3★（30个），2★（39个），1★（10个）：名单略

010103　外国哲学（91）

排名	学校名称	星级	排名	学校名称	星级	排名	学校名称	星级
1	复旦大学	5★+	7	华中科技大学	5★-	13	山东大学	4★
2	北京大学	5★	8	华东师范大学	5★-	14	同济大学	4★
3	中山大学	5★	9	武汉大学	5★-	15	清华大学	4★
4	中国人民大学	5★	10	厦门大学	4★	16	南开大学	4★
5	南京大学	5★	11	吉林大学	4★	17	四川大学	4★
6	浙江大学	5★-	12	北京师范大学	4★	18	首都师范大学	4★

3★（28个），2★（36个），1★（9个）：名单略

010104　逻辑学（36）

排名	学校名称	星级	排名	学校名称	星级	排名	学校名称	星级
1	北京大学	5★	4	中国人民大学	5★-	7	南开大学	4★
2	南京大学	5★	5	复旦大学	4★			
3	中山大学	5★-	6	清华大学	4★			

3★（11个），2★（14个），1★（4个）：名单略

010105 伦理学（88）

排名	学校名称	星级	排名	学校名称	星级	排名	学校名称	星级
1	复旦大学	5★+	7	湖南师范大学	5★-	13	吉林大学	4★
2	中山大学	5★	8	中南大学	5★-	14	武汉大学	4★
3	北京大学	5★	9	清华大学	5★-	15	北京师范大学	4★
4	中国人民大学	5★	10	华东师范大学	4★	16	同济大学	4★
5	南京大学	5★-	11	华中科技大学	4★	17	东北大学	4★
6	东南大学	5★-	12	厦门大学	4★	18	上海财经大学	4★
3★（26个），2★（35个），1★（9个）：名单略								

010106 美学（47）

排名	学校名称	星级	排名	学校名称	星级	排名	学校名称	星级
1	北京大学	5★	4	复旦大学	5★-	7	浙江大学	4★
2	中国人民大学	5★	5	武汉大学	5★-	8	同济大学	4★
3	中山大学	5★-	6	北京师范大学	4★	9	南开大学	4★
3★（15个），2★（18个），1★（5个）：名单略								

010107 宗教学（52）

排名	学校名称	星级	排名	学校名称	星级	排名	学校名称	星级
1	北京大学	5★+	5	中山大学	5★-	9	清华大学	4★
2	南京大学	5★	6	华东师范大学	4★	10	南开大学	4★
3	中国人民大学	5★	7	山东大学	4★			
4	复旦大学	5★-	8	武汉大学	4★			
3★（16个），2★（21个），1★（5个）：名单略								

010108 科学技术哲学（85）

排名	学校名称	星级	排名	学校名称	星级	排名	学校名称	星级
1	复旦大学	5★+	7	北京师范大学	5★-	13	同济大学	4★
2	山西大学	5★	8	山东大学	5★-	14	西安交通大学	4★
3	中国人民大学	5★	9	华中科技大学	5★-	15	东北大学	4★
4	北京大学	5★	10	浙江大学	4★	16	武汉大学	4★
5	南京大学	5★-	11	吉林大学	4★	17	中国科学技术大学	4★
6	中山大学	5★-	12	南开大学	4★			
3★（26个），2★（34个），1★（8个）：名单略								

0101Z1 管理哲学（8）

排名	学校名称	星级	排名	学校名称	星级	排名	学校名称	星级
1	复旦大学	5★-	2	中国人民大学	4★			
3★（2个），2★（3个），1★（1个）：名单略								

020101 政治经济学（103）

排名	学校名称	星级	排名	学校名称	星级	排名	学校名称	星级
1	中国人民大学	5★+	3	北京大学	5★	5	清华大学	5★
2	武汉大学	5★	4	南开大学	5★	6	南京大学	5★-

续表

排名	学校名称	星级	排名	学校名称	星级	排名	学校名称	星级
7	复旦大学	5★-	12	西南财经大学	4★	17	湖南大学	4★
8	北京师范大学	5★-	13	浙江大学	4★	18	暨南大学	4★
9	吉林大学	5★-	14	四川大学	4★	19	华中科技大学	4★
10	上海财经大学	5★-	15	山东大学	4★	20	湖北大学	4★
11	厦门大学	4★	16	中央财经大学	4★	21	江西财经大学	4★
3★（31个），2★（41个），1★（10个）：名单略									

020102 经济思想史（33）

排名	学校名称	星级	排名	学校名称	星级	排名	学校名称	星级
1	中国人民大学	5★	4	上海财经大学	4★	7	中南财经政法大学	4★
2	武汉大学	5★	5	厦门大学	4★			
3	北京大学	5★-	6	浙江大学	4★			
3★（10个），2★（13个），1★（3个）：名单略									

020103 经济史（40）

排名	学校名称	星级	排名	学校名称	星级	排名	学校名称	星级
1	北京大学	5★	4	南开大学	5★-	7	厦门大学	4★
2	中国人民大学	5★	5	复旦大学	4★	8	中央财经大学	4★
3	武汉大学	5★-	6	清华大学	4★			
3★（12个），2★（16个），1★（4个）：名单略									

020104 西方经济学（95）

排名	学校名称	星级	排名	学校名称	星级	排名	学校名称	星级
1	中国人民大学	5★+	8	厦门大学	5★-	15	上海财经大学	4★
2	北京大学	5★	9	复旦大学	5★-	16	山东大学	4★
3	武汉大学	5★	10	吉林大学	5★-	17	对外经济贸易大学	4★
4	南京大学	5★	11	中山大学	4★	18	华中科技大学	4★
5	南开大学	5★	12	浙江大学	4★	19	西北大学	4★
6	清华大学	5★-	13	北京师范大学	4★			
7	西南财经大学	5★-	14	新疆大学	4★			
3★（29个），2★（38个），1★（9个）：名单略									

020105 世界经济（85）

排名	学校名称	星级	排名	学校名称	星级	排名	学校名称	星级
1	中国人民大学	5★+	7	吉林大学	5★-	13	中央财经大学	4★
2	武汉大学	5★	8	南京大学	5★-	14	四川大学	4★
3	北京大学	5★	9	浙江大学	5★-	15	湖南大学	4★
4	复旦大学	5★	10	北京师范大学	4★	16	华中科技大学	4★
5	南开大学	5★-	11	对外经济贸易大学	4★	17	新疆大学	4★
6	中山大学	5★-	12	厦门大学	4★			
3★（26个），2★（34个），1★（8个）：名单略									

020106　人口、资源与环境经济学（90）

排名	学校名称	星级	排名	学校名称	星级	排名	学校名称	星级
1	武汉大学	5★+	7	吉林大学	5★-	13	四川大学	4★
2	中国人民大学	5★	8	上海财经大学	5★-	14	中央财经大学	4★
3	北京大学	5★	9	中山大学	5★-	15	浙江大学	4★
4	复旦大学	5★	10	新疆大学	4★	16	湖南大学	4★
5	北京师范大学	5★	11	厦门大学	4★	17	华中科技大学	4★
6	南开大学	5★-	12	南京大学	4★	18	山东大学	4★

3★（27个），2★（36个），1★（9个）：名单略

0201Z1　网络经济学（8）

排名	学校名称	星级	排名	学校名称	星级	排名	学校名称	星级
1	中国人民大学	5★-	2	厦门大学	4★			

3★（2个），2★（3个），1★（1个）：名单略

020201　国民经济学（96）

排名	学校名称	星级	排名	学校名称	星级	排名	学校名称	星级
1	中国人民大学	5★+	8	东北财经大学	5★-	15	湖南大学	4★
2	中央财经大学	5★	9	复旦大学	5★-	16	中南财经政法大学	4★
3	北京大学	5★	10	东北大学	5★-	17	浙江大学	4★
4	西南财经大学	5★	11	上海财经大学	4★	18	首都经济贸易大学	4★
5	对外经济贸易大学	5★	12	南京大学	4★	19	中国海洋大学	4★
6	辽宁大学	5★-	13	东南大学	4★			
7	厦门大学	5★-	14	暨南大学	4★			

3★（29个），2★（38个），1★（10个）：名单略

020202　区域经济学（195）

排名	学校名称	星级	排名	学校名称	星级	排名	学校名称	星级
1	北京大学	5★+	14	暨南大学	5★-	27	南京农业大学	4★
2	中国人民大学	5★+	15	同济大学	5★-	28	重庆大学	4★
3	中央财经大学	5★	16	辽宁大学	5★-	29	中南财经政法大学	4★
4	南开大学	5★	17	湖南大学	5★-	30	华中科技大学	4★
5	浙江大学	5★	18	武汉大学	5★-	31	重庆工商大学	4★
6	西安交通大学	5★	19	中国农业大学	5★-	32	四川大学	4★
7	复旦大学	5★	20	兰州大学	5★-	33	浙江师范大学	4★
8	中山大学	5★	21	东南大学	4★	34	河南大学	4★
9	上海财经大学	5★	22	华东师范大学	4★	35	北京师范大学	4★
10	对外经济贸易大学	5★	23	中国海洋大学	4★	36	东北大学	4★
11	吉林大学	5★-	24	华南理工大学	4★	37	西南大学	4★
12	厦门大学	5★-	25	南京大学	4★	38	山东大学	4★
13	西南财经大学	5★-	26	中南大学	4★	39	华东理工大学	4★

3★（59个），2★（78个），1★（19个）：名单略

020203　财政学（92）

排名	学校名称	星级	排名	学校名称	星级	排名	学校名称	星级
1	中央财经大学	5★+	7	辽宁大学	5★-	13	西安交通大学	4★
2	中国人民大学	5★	8	中南财经政法大学	5★-	14	复旦大学	4★
3	西南财经大学	5★	9	南开大学	5★-	15	上海财经大学	4★
4	北京大学	5★	10	浙江财经大学	4★	16	吉林大学	4★
5	对外经济贸易大学	5★	11	厦门大学	4★	17	湖南大学	4★
6	武汉大学	5★-	12	江西财经大学	4★	18	浙江大学	4★

3★（28个），2★（37个），1★（9个）：名单略

020204　金融学（229）

排名	学校名称	星级	排名	学校名称	星级	排名	学校名称	星级
1	西南财经大学	5★+	17	辽宁大学	5★-	33	天津财经大学	4★
2	清华大学	5★+	18	山东大学	5★-	34	中国农业大学	4★
3	中国人民大学	5★	19	厦门大学	5★-	35	中南大学	4★
4	对外经济贸易大学	5★	20	浙江大学	5★-	36	北京交通大学	4★
5	北京大学	5★	21	中南财经政法大学	5★-	37	北京师范大学	4★
6	中央财经大学	5★	22	南京大学	5★-	38	重庆大学	4★
7	上海交通大学	5★	23	暨南大学	5★-	39	东北大学	4★
8	中山大学	5★	24	东北财经大学	4★	40	北京理工大学	4★
9	武汉大学	5★	25	湖南大学	4★	41	广西大学	4★
10	南开大学	5★	26	山东财经大学	4★	42	首都经济贸易大学	4★
11	同济大学	5★	27	华中科技大学	4★	43	浙江工商大学	4★
12	复旦大学	5★-	28	东南大学	4★	44	西北农林科技大学	4★
13	上海财经大学	5★-	29	华东师范大学	4★	45	天津大学	4★
14	华南理工大学	5★-	30	西南大学	4★	46	南京师范大学	4★
15	吉林大学	5★-	31	江西财经大学	4★			
16	西安交通大学	5★-	32	南京农业大学	4★			

3★（69个），2★（91个），1★（23个）：名单略

020205　产业经济学（225）

排名	学校名称	星级	排名	学校名称	星级	排名	学校名称	星级
1	中国人民大学	5★+	13	浙江大学	5★-	25	兰州大学	4★
2	北京大学	5★+	14	西南财经大学	5★-	26	南京农业大学	4★
3	对外经济贸易大学	5★	15	武汉大学	5★-	27	同济大学	4★
4	上海交通大学	5★	16	华东师范大学	5★-	28	山东大学	4★
5	中央财经大学	5★	17	辽宁大学	5★-	29	浙江工业大学	4★
6	上海财经大学	5★	18	南开大学	5★-	30	湖南大学	4★
7	复旦大学	5★	19	东北财经大学	5★-	31	华中科技大学	4★
8	西安交通大学	5★	20	吉林大学	5★-	32	江西财经大学	4★
9	北京交通大学	5★	21	中国农业大学	5★-	33	重庆大学	4★
10	中山大学	5★	22	厦门大学	5★-	34	西北大学	4★
11	暨南大学	5★	23	中南财经政法大学	5★-	35	浙江财经大学	4★
12	南京大学	5★-	24	浙江工商大学	4★	36	东南大学	4★

续表

排名	学校名称	星级	排名	学校名称	星级	排名	学校名称	星级
37	东北大学	4★	40	北京理工大学	4★	43	华东理工大学	4★
38	天津财经大学	4★	41	华侨大学	4★	44	北京工商大学	4★
39	浙江理工大学	4★	42	华中农业大学	4★	45	中南大学	4★

3★（68个），2★（90个），1★（22个）：名单略

020206　国际贸易学（192）

排名	学校名称	星级	排名	学校名称	星级	排名	学校名称	星级
1	对外经济贸易大学	5★+	14	华东师范大学	5★-	27	同济大学	4★
2	中国人民大学	5★+	15	中山大学	5★-	28	浙江工业大学	4★
3	西南财经大学	5★	16	南京大学	5★-	29	华南理工大学	4★
4	上海财经大学	5★	17	东南大学	5★-	30	重庆大学	4★
5	复旦大学	5★	18	中国农业大学	5★-	31	北京理工大学	4★
6	上海交通大学	5★	19	中南财经政法大学	5★-	32	北京师范大学	4★
7	中央财经大学	5★	20	山东大学	4★	33	东北大学	4★
8	华中科技大学	5★	21	湖南大学	4★	34	武汉大学	4★
9	西安交通大学	5★	22	东北财经大学	4★	35	首都经济贸易大学	4★
10	厦门大学	5★	23	中南大学	4★	36	山东财经大学	4★
11	浙江大学	5★-	24	暨南大学	4★	37	吉林大学	4★
12	辽宁大学	5★-	25	浙江工商大学	4★	38	广东外语外贸大学	4★
13	南开大学	5★-	26	南京农业大学	4★			

3★（58个），2★（77个），1★（19个）：名单略

020207　劳动经济学（82）

排名	学校名称	星级	排名	学校名称	星级	排名	学校名称	星级
1	中国人民大学	5★+	7	暨南大学	5★-	13	中山大学	4★
2	中央财经大学	5★	8	复旦大学	5★-	14	北京交通大学	4★
3	西南财经大学	5★	9	南开大学	4★	15	天津财经大学	4★
4	对外经济贸易大学	5★	10	厦门大学	4★	16	东北财经大学	4★
5	辽宁大学	5★-	11	重庆大学	4★			
6	浙江大学	5★-	12	首都经济贸易大学	4★			

3★（25个），2★（33个），1★（8个）：名单略

020208　统计学（53）

排名	学校名称	星级	排名	学校名称	星级	排名	学校名称	星级
1	西南财经大学	5★+	5	天津财经大学	5★-	9	新疆财经大学	4★
2	对外经济贸易大学	5★	6	西南大学	4★	10	石河子大学	4★
3	北京大学	5★	7	北京工业大学	4★	11	曲阜师范大学	4★
4	西安交通大学	5★-	8	北京师范大学	4★			

3★（16个），2★（21个），1★（5个）：名单略

020209　数量经济学（111）

排名	学校名称	星级	排名	学校名称	星级	排名	学校名称	星级
1	中国人民大学	5★+	9	中央财经大学	5★-	17	重庆大学	4★
2	清华大学	5★	10	西安交通大学	5★-	18	湖南大学	4★
3	对外经济贸易大学	5★	11	复旦大学	5★-	19	南京大学	4★
4	上海财经大学	5★	12	中山大学	4★	20	暨南大学	4★
5	西南财经大学	5★	13	华中科技大学	4★	21	东北财经大学	4★
6	辽宁大学	5★	14	南开大学	4★	22	天津财经大学	4★
7	吉林大学	5★-	15	武汉大学	4★			
8	厦门大学	5★-	16	华南理工大学	4★			
3★（34个），2★（44个），1★（11个）：名单略								

020210　国防经济（15）

排名	学校名称	星级	排名	学校名称	星级	排名	学校名称	星级
1	中央财经大学	5★	2	中国人民大学	5★-	3	西南财经大学	4★
3★（5个），2★（6个），1★（1个）：名单略								

0202Z2　金融工程（18）

排名	学校名称	星级	排名	学校名称	星级	排名	学校名称	星级
1	中国人民大学	5★	3	对外经济贸易大学	4★			
2	中央财经大学	5★-	4	西南财经大学	4★			
3★（5个），2★（7个），1★（2个）：名单略								

0202Z3　房地产经济学（8）

排名	学校名称	星级	排名	学校名称	星级	排名	学校名称	星级
1	中国人民大学	5★-	2	对外经济贸易大学	4★			
3★（2个），2★（3个），1★（1个）：名单略								

0202Z4　城市经济学（9）

排名	学校名称	星级	排名	学校名称	星级	排名	学校名称	星级
1	中国人民大学	5★-	2	中央财经大学	4★			
3★（3个），2★（3个），1★（1个）：名单略								

030101　法学理论（131）

排名	学校名称	星级	排名	学校名称	星级	排名	学校名称	星级
1	中国政法大学	5★+	10	吉林大学	5★-	19	北京师范大学	4★
2	北京大学	5★	11	南京师范大学	5★-	20	郑州大学	4★
3	中国人民大学	5★	12	山东大学	5★-	21	复旦大学	4★
4	中南财经政法大学	5★	13	上海交通大学	5★-	22	重庆大学	4★
5	清华大学	5★	14	东南大学	4★	23	中山大学	4★
6	华东政法大学	5★	15	厦门大学	4★	24	中南大学	4★
7	武汉大学	5★	16	南京大学	4★	25	北京航空航天大学	4★
8	浙江大学	5★-	17	四川大学	4★	26	西安交通大学	4★
9	西南政法大学	5★-	18	北京理工大学	4★			
3★（40个），2★（52个），1★（13个）：名单略								

030102 法律史（66）

排名	学校名称	星级	排名	学校名称	星级	排名	学校名称	星级
1	中国政法大学	5★+	6	中国人民大学	5★-	11	南京大学	4★
2	北京大学	5★	7	华东政法大学	5★-	12	四川大学	4★
3	清华大学	5★	8	吉林大学	4★	13	重庆大学	4★
4	武汉大学	5★-	9	南开大学	4★			
5	中南财经政法大学	5★-	10	复旦大学	4★			

3★（20个），2★（26个），1★（7个）：名单略

030103 宪法学与行政法学（151）

排名	学校名称	星级	排名	学校名称	星级	排名	学校名称	星级
1	武汉大学	5★+	11	吉林大学	5★-	21	重庆大学	4★
2	中国政法大学	5★+	12	四川大学	5★-	22	复旦大学	4★
3	中国人民大学	5★	13	南京大学	5★-	23	中国海洋大学	4★
4	清华大学	5★	14	山东大学	5★-	24	中山大学	4★
5	北京大学	5★	15	北京航空航天大学	5★-	25	西安交通大学	4★
6	中南财经政法大学	5★	16	南开大学	4★	26	华东政法大学	4★
7	东南大学	5★	17	北京师范大学	4★	27	华中科技大学	4★
8	上海交通大学	5★	18	西南政法大学	4★	28	东北大学	4★
9	郑州大学	5★-	19	中南大学	4★	29	大连海事大学	4★
10	浙江大学	5★-	20	厦门大学	4★	30	中国人民公安大学	4★

3★（46个），2★（60个），1★（15个）：名单略

030104 刑法学（136）

排名	学校名称	星级	排名	学校名称	星级	排名	学校名称	星级
1	清华大学	5★+	10	东南大学	5★-	19	湖南大学	4★
2	中国政法大学	5★	11	山东大学	5★-	20	浙江大学	4★
3	中南财经政法大学	5★	12	北京航空航天大学	5★-	21	厦门大学	4★
4	武汉大学	5★	13	华东政法大学	5★-	22	重庆大学	4★
5	中国人民大学	5★	14	西南政法大学	5★-	23	复旦大学	4★
6	北京大学	5★	15	南开大学	4★	24	中国人民公安大学	4★
7	四川大学	5★	16	云南大学	4★	25	南京师范大学	4★
8	北京师范大学	5★-	17	南京大学	4★	26	西南财经大学	4★
9	吉林大学	5★-	18	上海交通大学	4★	27	湘潭大学	4★

3★（41个），2★（54个），1★（14个）：名单略

030105 民商法学（183）

排名	学校名称	星级	排名	学校名称	星级	排名	学校名称	星级
1	中国人民大学	5★+	7	吉林大学	5★	13	山东大学	5★-
2	中国政法大学	5★+	8	西南政法大学	5★	14	东南大学	5★-
3	中南财经政法大学	5★	9	四川大学	5★	15	厦门大学	5★-
4	北京大学	5★	10	上海交通大学	5★	16	北京航空航天大学	5★-
5	武汉大学	5★	11	南京大学	5★-	17	北京师范大学	5★-
6	清华大学	5★	12	湖南大学	5★-	18	浙江大学	5★-

续表

排名	学校名称	星级	排名	学校名称	星级	排名	学校名称	星级
19	华东政法大学	4★	26	中南大学	4★	33	上海财经大学	4★
20	西北政法大学	4★	27	复旦大学	4★	34	暨南大学	4★
21	对外经济贸易大学	4★	28	北京理工大学	4★	35	苏州大学	4★
22	黑龙江大学	4★	29	重庆大学	4★	36	湖南师范大学	4★
23	南开大学	4★	30	中山大学	4★	37	同济大学	4★
24	西南财经大学	4★	31	大连海事大学	4★			
25	华中科技大学	4★	32	江西财经大学	4★			
3★（55个），2★（73个），1★（18个）：名单略									

030106　诉讼法学（123）

排名	学校名称	星级	排名	学校名称	星级	排名	学校名称	星级
1	中国政法大学	5★+	10	吉林大学	5★-	19	厦门大学	4★
2	中国人民大学	5★	11	北京师范大学	5★-	20	北京理工大学	4★
3	北京大学	5★	12	东南大学	5★-	21	复旦大学	4★
4	武汉大学	5★	13	西南政法大学	4★	22	云南大学	4★
5	中南财经政法大学	5★	14	华东政法大学	4★	23	中山大学	4★
6	清华大学	5★	15	四川大学	4★	24	西安交通大学	4★
7	上海交通大学	5★-	16	南京大学	4★	25	中国人民公安大学	4★
8	山东大学	5★-	17	重庆大学	4★			
9	浙江大学	5★-	18	北京航空航天大学	4★			
3★（37个），2★（49个），1★（12个）：名单略									

030107　经济法学（146）

排名	学校名称	星级	排名	学校名称	星级	排名	学校名称	星级
1	北京大学	5★+	11	吉林大学	5★-	21	复旦大学	4★
2	中国政法大学	5★	12	上海交通大学	5★-	22	西北政法大学	4★
3	武汉大学	5★	13	南京大学	5★-	23	对外经济贸易大学	4★
4	中国人民大学	5★	14	北京师范大学	5★-	24	西南财经大学	4★
5	中南财经政法大学	5★	15	华东政法大学	5★-	25	四川大学	4★
6	清华大学	5★	16	山东大学	4★	26	辽宁大学	4★
7	浙江大学	5★	17	南开大学	4★	27	江西财经大学	4★
8	湖南大学	5★-	18	上海财经大学	4★	28	中南大学	4★
9	天津大学	5★-	19	厦门大学	4★	29	湘潭大学	4★
10	西南政法大学	5★-	20	重庆大学	4★			
3★（44个），2★（58个），1★（15个）：名单略									

030108　环境与资源保护法学（95）

排名	学校名称	星级	排名	学校名称	星级	排名	学校名称	星级
1	中国政法大学	5★+	6	清华大学	5★-	11	中山大学	4★
2	武汉大学	5★	7	南京大学	5★-	12	复旦大学	4★
3	北京大学	5★	8	重庆大学	5★-	13	湖南大学	4★
4	中国人民大学	5★	9	四川大学	5★-	14	上海交通大学	4★
5	中南财经政法大学	5★	10	北京理工大学	5★-	15	西南政法大学	4★

续表

排名	学校名称	星级	排名	学校名称	星级	排名	学校名称	星级
16	中国海洋大学	4★	18	福州大学	4★			
17	大连海事大学	4★	19	湖南师范大学	4★			
3★（29个），2★（38个），1★（9个）：名单略							

030109　国际法学（117）

排名	学校名称	星级	排名	学校名称	星级	排名	学校名称	星级
1	武汉大学	5★+	9	厦门大学	5★-	17	东南大学	4★
2	中国政法大学	5★	10	西安交通大学	5★-	18	南京大学	4★
3	北京大学	5★	11	上海交通大学	5★-	19	四川大学	4★
4	中国人民大学	5★	12	南开大学	5★-	20	对外经济贸易大学	4★
5	中南财经政法大学	5★	13	中山大学	4★	21	北京理工大学	4★
6	清华大学	5★	14	北京师范大学	4★	22	山东大学	4★
7	吉林大学	5★-	15	复旦大学	4★	23	北京航空航天大学	4★
8	浙江大学	5★-	16	大连海事大学	4★			
3★（36个），2★（46个），1★（12个）：名单略							

030110　军事法学（9）

排名	学校名称	星级	排名	学校名称	星级	排名	学校名称	星级
1	中国政法大学	5★-	2	清华大学	4★			
3★（3个），2★（3个），1★（1个）：名单略							

0301Z1　知识产权法（44）

排名	学校名称	星级	排名	学校名称	星级	排名	学校名称	星级
1	中南财经政法大学	5★	4	武汉大学	5★-	7	华东政法大学	4★
2	中国人民大学	5★	5	吉林大学	4★	8	厦门大学	4★
3	中国政法大学	5★-	6	中南大学	4★	9	云南大学	4★
3★（13个），2★（18个），1★（4个）：名单略							

030201　政治学理论（77）

排名	学校名称	星级	排名	学校名称	星级	排名	学校名称	星级
1	北京大学	5★+	6	吉林大学	5★-	11	山东大学	4★
2	中国人民大学	5★	7	厦门大学	5★-	12	外交学院	4★
3	华中师范大学	5★	8	天津师范大学	5★-	13	中山大学	4★
4	复旦大学	5★	9	武汉大学	4★	14	南开大学	4★
5	清华大学	5★-	10	南京大学	4★	15	华东师范大学	4★
3★（24个），2★（30个），1★（8个）：名单略							

030202　中外政治制度（51）

排名	学校名称	星级	排名	学校名称	星级	排名	学校名称	星级
1	华中师范大学	5★+	5	南京大学	5★-	9	中山大学	4★
2	中国人民大学	5★	6	武汉大学	4★	10	厦门大学	4★
3	清华大学	5★	7	南开大学	4★			
4	复旦大学	5★-	8	云南大学	4★			
3★（16个），2★（20个），1★（5个）：名单略							

030203　科学社会主义与国际共产主义运动（38）

排名	学校名称	星级	排名	学校名称	星级	排名	学校名称	星级
1	中国人民大学	5★	4	复旦大学	5★-	7	山东大学	4★
2	北京大学	5★	5	武汉大学	4★	8	南开大学	4★
3	华中师范大学	5★-	6	外交学院	4★			
3★（11个），2★（15个），1★（4个）：名单略								

030204　中共党史（50）

排名	学校名称	星级	排名	学校名称	星级	排名	学校名称	星级
1	华中师范大学	5★+	5	南京大学	5★-	9	山东大学	4★
2	中国人民大学	5★	6	武汉大学	4★	10	辽宁师范大学	4★
3	复旦大学	5★	7	南开大学	4★			
4	北京大学	5★-	8	华东师范大学	4★			
3★（15个），2★（20个），1★（5个）：名单略								

030206　国际政治（62）

排名	学校名称	星级	排名	学校名称	星级	排名	学校名称	星级
1	复旦大学	5★+	5	外交学院	5★-	9	南开大学	4★
2	北京大学	5★	6	华中师范大学	5★-	10	中国政法大学	4★
3	中国人民大学	5★	7	南京大学	4★	11	吉林大学	4★
4	清华大学	5★-	8	同济大学	4★	12	山东大学	4★
3★（19个），2★（25个），1★（6个）：名单略								

030207　国际关系（52）

排名	学校名称	星级	排名	学校名称	星级	排名	学校名称	星级
1	复旦大学	5★+	5	外交学院	5★-	9	同济大学	4★
2	中国人民大学	5★	6	华中师范大学	4★	10	武汉大学	4★
3	清华大学	5★	7	南京大学	4★			
4	北京大学	5★-	8	暨南大学	4★			
3★（16个），2★（21个），1★（5个）：名单略								

030208　外交学（23）

排名	学校名称	星级	排名	学校名称	星级	排名	学校名称	星级
1	复旦大学	5★	3	北京大学	4★	5	外交学院	4★
2	中国人民大学	5★-	4	清华大学	4★			
3★（7个），2★（9个），1★（2个）：名单略								

030301　社会学（83）

排名	学校名称	星级	排名	学校名称	星级	排名	学校名称	星级
1	北京大学	5★+	5	清华大学	5★-	9	复旦大学	
2	中国人民大学	5★	6	武汉大学	5★-	10	华东师范大学	
3	上海大学	5★	7	中山大学	5★-	11	山东大学	
4	南京大学	5★	8	浙江大学	5★-	12	吉林大学	

续表

排名	学校名称	星级	排名	学校名称	星级	排名	学校名称	星级
13	北京师范大学	4★	15	西安交通大学	4★	17	厦门大学	4★
14	南开大学	4★	16	华中科技大学	4★			
3★（25个），2★（33个），1★（8个）：名单略							

030302 人口学（42）

排名	学校名称	星级	排名	学校名称	星级	排名	学校名称	星级
1	中国人民大学	5★	4	南开大学	5★-	7	华中科技大学	4★
2	北京大学	5★	5	南京大学	4★	8	浙江大学	4★
3	复旦大学	5★-	6	华东师范大学	4★			
3★（13个），2★（17个），1★（4个）：名单略							

030303 人类学（42）

排名	学校名称	星级	排名	学校名称	星级	排名	学校名称	星级
1	北京大学	5★	4	中国农业大学	5★-	7	南京大学	4★
2	中国人民大学	5★	5	厦门大学	4★	8	中央民族大学	4★
3	南开大学	5★-	6	清华大学	4★			
3★（13个），2★（17个），1★（4个）：名单略							

030304 民俗学（43）

排名	学校名称	星级	排名	学校名称	星级	排名	学校名称	星级
1	中国人民大学	5★	4	山东大学	5★-	7	中南大学	4★
2	华东师范大学	5★	5	北京师范大学	4★	8	中央民族大学	4★
3	中山大学	5★-	6	复旦大学	4★	9	河海大学	4★
3★（13个），2★（17个），1★（4个）：名单略							

030401 民族学（35）

排名	学校名称	星级	排名	学校名称	星级	排名	学校名称	星级
1	云南大学	5★	4	西南民族大学	5★-	7	广西民族大学	4★
2	中央民族大学	5★	5	中山大学	4★			
3	兰州大学	5★-	6	中南民族大学	4★			
3★（11个），2★（14个），1★（3个）：名单略							

030402 马克思主义民族理论与政策（30）

排名	学校名称	星级	排名	学校名称	星级	排名	学校名称	星级
1	中央民族大学	5★	3	兰州大学	5★-	5	新疆大学	4★
2	云南大学	5★	4	中南民族大学	4★	6	西南民族大学	4★
3★（9个），2★（12个），1★（3个）：名单略							

030403 中国少数民族经济（27）

排名	学校名称	星级	排名	学校名称	星级	排名	学校名称	星级
1	中央民族大学	5★	3	西南民族大学	5★-	5	中南民族大学	4★
2	云南大学	5★-	4	延边大学	4★			
3★（9个），2★（10个），1★（3个）：名单略							

030404 中国少数民族史（31）

排名	学校名称	星级	排名	学校名称	星级	排名	学校名称	星级
1	云南大学	5★	3	兰州大学	5★-	5	陕西师范大学	4★
2	中央民族大学	5★	4	西南民族大学	4★	6	宁夏大学	4★

3★（10个），2★（12个），1★（3个）：名单略

030405 中国少数民族艺术（22）

排名	学校名称	星级	排名	学校名称	星级	排名	学校名称	星级
1	中央民族大学	5★	3	中南民族大学	4★			
2	云南大学	5★-	4	西藏大学	4★			

3★（7个），2★（9个），1★（2个）：名单略

030501 马克思主义基本原理（315）

排名	学校名称	星级	排名	学校名称	星级	排名	学校名称	星级
1	中国人民大学	5★+	22	中山大学	5★-	43	辽宁大学	4★
2	武汉大学	5★+	23	华中师范大学	5★-	44	天津师范大学	4★
3	北京大学	5★+	24	西南大学	5★-	45	厦门大学	4★
4	新疆大学	5★	25	河北师范大学	5★-	46	国防科技大学	4★
5	东北师范大学	5★	26	华东师范大学	5★-	47	华南师范大学	4★
6	清华大学	5★	27	郑州大学	5★-	48	陕西师范大学	4★
7	同济大学	5★	28	湖南科技大学	5★-	49	西南交通大学	4★
8	复旦大学	5★	29	中南大学	5★-	50	湖北大学	4★
9	吉林大学	5★	30	上海交通大学	5★-	51	江西师范大学	4★
10	南京大学	5★	31	江南大学	5★-	52	西北工业大学	4★
11	北京师范大学	5★	32	广西师范大学	5★-	53	湖南大学	4★
12	南京师范大学	5★	33	首都师范大学	4★	54	西北师范大学	4★
13	南开大学	5★	34	东南大学	4★	55	山东师范大学	4★
14	电子科技大学	5★	35	福建师范大学	4★	56	山西大学	4★
15	西安交通大学	5★	36	安徽师范大学	4★	57	云南大学	4★
16	华中科技大学	5★	37	河海大学	4★	58	武汉理工大学	4★
17	大连理工大学	5★-	38	湘潭大学	4★	59	苏州大学	4★
18	山东大学	5★-	39	南京航空航天大学	4★	60	上海财经大学	4★
19	东北大学	5★-	40	内蒙古大学	4★	61	合肥工业大学	4★
20	河南大学	5★-	41	四川大学	4★	62	哈尔滨师范大学	4★
21	浙江大学	5★-	42	兰州大学	4★	63	西北大学	4★

3★（95个），2★（126个），1★（31个）：名单略

030502 马克思主义发展史（100）

排名	学校名称	星级	排名	学校名称	星级	排名	学校名称	星级
1	清华大学	5★+	5	东北师范大学	5★	9	南京大学	5★-
2	中国人民大学	5★	6	西安交通大学	5★-	10	四川大学	5★-
3	北京大学	5★	7	南开大学	5★-	11	中山大学	4★
4	武汉大学	5★	8	吉林大学	5★-	12	湖南大学	4★

续表

排名	学校名称	星级	排名	学校名称	星级	排名	学校名称	星级
13	北京交通大学	4★	16	华中科技大学	4★	19	复旦大学	4★
14	云南大学	4★	17	国防科技大学	4★	20	安徽大学	4★
15	江西师范大学	4★	18	福建师范大学	4★			
3★（30个），2★（40个），1★（10个）：名单略								

030503 马克思主义中国化研究（303）

排名	学校名称	星级	排名	学校名称	星级	排名	学校名称	星级
1	东北师范大学	5★+	22	华东师范大学	5★-	43	首都师范大学	4★
2	清华大学	5★+	23	南京师范大学	5★-	44	郑州大学	4★
3	中国人民大学	5★+	24	浙江大学	5★-	45	河北师范大学	4★
4	武汉大学	5★	25	湖南大学	5★-	46	西北工业大学	4★
5	北京大学	5★	26	中南大学	5★-	47	山西大学	4★
6	山东大学	5★	27	曲阜师范大学	5★-	48	哈尔滨师范大学	4★
7	南京大学	5★	28	上海师范大学	5★-	49	北京理工大学	4★
8	湘潭大学	5★	29	国防科技大学	5★-	50	湖南科技大学	4★
9	吉林大学	5★	30	广西师范大学	5★-	51	宁波大学	4★
10	北京师范大学	5★	31	华东理工大学	4★	52	陕西师范大学	4★
11	四川大学	5★	32	华南师范大学	4★	53	上海财经大学	4★
12	复旦大学	5★	33	天津师范大学	4★	54	武汉理工大学	4★
13	上海交通大学	5★	34	福建师范大学	4★	55	辽宁师范大学	4★
14	中央财经大学	5★	35	西北大学	4★	56	苏州大学	4★
15	南开大学	5★	36	大连海事大学	4★	57	华南农业大学	4★
16	西安交通大学	5★-	37	华中科技大学	4★	58	哈尔滨工业大学	4★
17	大连理工大学	5★-	38	厦门大学	4★	59	华北电力大学	4★
18	华南理工大学	5★-	39	扬州大学	4★	60	西安理工大学	4★
19	兰州大学	5★-	40	中国石油大学（华东）	4★	61	安徽师范大学	4★
20	同济大学	5★-	41	山东师范大学	4★			
21	中山大学	5★-	42	华中师范大学	4★			
3★（91个），2★（121个），1★（30个）：名单略								

030504 国外马克思主义研究（86）

排名	学校名称	星级	排名	学校名称	星级	排名	学校名称	星级
1	北京大学	5★+	7	山东大学	5★-	13	国防科技大学	4★
2	清华大学	5★	8	南开大学	5★-	14	复旦大学	4★
3	中国人民大学	5★	9	西安交通大学	5★-	15	浙江大学	4★
4	武汉大学	5★	10	南京大学	4★	16	中南大学	4★
5	东北师范大学	5★-	11	兰州大学	4★	17	厦门大学	4★
6	吉林大学	5★-	12	中山大学	4★			
3★（26个），2★（34个），1★（9个）：名单略								

030505　思想政治教育（334）

排名	学校名称	星级	排名	学校名称	星级	排名	学校名称	星级
1	清华大学	5★+	24	南开大学	5★-	47	广西师范大学	4★
2	武汉大学	5★+	25	西北工业大学	5★-	48	山东师范大学	4★
3	东北师范大学	5★+	26	南京大学	5★-	49	北京科技大学	4★
4	中国人民大学	5★	27	云南大学	5★-	50	福建师范大学	4★
5	北京大学	5★	28	哈尔滨工程大学	5★-	51	南京师范大学	4★
6	浙江大学	5★	29	辽宁师范大学	5★-	52	西安理工大学	4★
7	北京师范大学	5★	30	同济大学	5★-	53	安徽师范大学	4★
8	西南大学	5★	31	中国地质大学（武汉）	5★-	54	中国地质大学（北京）	4★
9	复旦大学	5★	32	国防科技大学	5★-	55	辽宁大学	4★
10	电子科技大学	5★	33	南京理工大学	5★-	56	西南财经大学	4★
11	华东师范大学	5★	34	上海大学	4★	57	厦门大学	4★
12	首都师范大学	5★	35	中国矿业大学	4★	58	浙江师范大学	4★
13	中南大学	5★	36	郑州大学	4★	59	湖南科技大学	4★
14	吉林大学	5★	37	中国矿业大学（北京）	4★	60	哈尔滨工业大学	4★
15	山东大学	5★	38	华南理工大学	4★	61	陕西师范大学	4★
16	西安交通大学	5★	39	华南师范大学	4★	62	西南交通大学	4★
17	河海大学	5★	40	南昌大学	4★	63	湘潭大学	4★
18	华中师范大学	5★-	41	东南大学	4★	64	海南师范大学	4★
19	湖南大学	5★-	42	西北师范大学	4★	65	新疆师范大学	4★
20	中山大学	5★-	43	天津师范大学	4★	66	扬州大学	4★
21	兰州大学	5★-	44	四川大学	4★	67	江西师范大学	4★
22	大连理工大学	5★-	45	华中科技大学	4★			
23	哈尔滨师范大学	5★-	46	河北师范大学	4★			

3★（100个），2★（134个），1★（33个）：名单略

030506　中国近现代史基本问题研究（187）

排名	学校名称	星级	排名	学校名称	星级	排名	学校名称	星级
1	中国人民大学	5★+	14	浙江大学	5★-	27	湖南科技大学	4★
2	武汉大学	5★+	15	东北大学	5★-	28	郑州大学	4★
3	北京大学	5★	16	中南大学	5★-	29	东南大学	4★
4	清华大学	5★	17	湘潭大学	5★-	30	上海财经大学	4★
5	东北师范大学	5★	18	四川大学	5★-	31	武汉理工大学	4★
6	新疆大学	5★	19	兰州大学	5★-	32	国防科技大学	4★
7	南开大学	5★	20	西安交通大学	4★	33	华中师范大学	4★
8	中山大学	5★	21	陕西师范大学	4★	34	广西师范大学	4★
9	吉林大学	5★	22	华南师范大学	4★	35	安徽师范大学	4★
10	电子科技大学	5★-	23	湖南大学	4★	36	山东大学	4★
11	南京大学	5★-	24	上海师范大学	4★	37	首都师范大学	4★
12	厦门大学	5★-	25	华南理工大学	4★			
13	大连理工大学	5★-	26	浙江理工大学	4★			

3★（57个），2★（74个），1★（19个）：名单略

0305Z2　党的建设（47）

排名	学校名称	星级	排名	学校名称	星级	排名	学校名称	星级
1	武汉大学	5★	4	复旦大学	5★-	7	浙江大学	4★
2	中国人民大学	5★	5	北京师范大学	5★-	8	吉林大学	4★
3	东北师范大学	5★-	6	南开大学	4★	9	兰州大学	4★
3★（15个），2★（18个），1★（5个）：名单略								

040101　教育学原理（101）

排名	学校名称	星级	排名	学校名称	星级	排名	学校名称	星级
1	华东师范大学	5★+	8	北京大学	5★-	15	西北师范大学	4★
2	北京师范大学	5★	9	湖南师范大学	5★-	16	河南大学	4★
3	华中科技大学	5★	10	浙江大学	5★-	17	山东师范大学	4★
4	曲阜师范大学	5★	11	北京理工大学	4★	18	武汉大学	4★
5	南京师范大学	5★	12	华中师范大学	4★	19	广西师范大学	4★
6	东北师范大学	5★-	13	西南大学	4★	20	首都师范大学	4★
7	浙江师范大学	5★-	14	陕西师范大学	4★			
3★（31个），2★（40个），1★（10个）：名单略								

040102　课程与教学论（112）

排名	学校名称	星级	排名	学校名称	星级	排名	学校名称	星级
1	华东师范大学	5★+	9	浙江大学	5★-	17	武汉大学	4★
2	北京师范大学	5★	10	南京大学	5★-	18	北京理工大学	4★
3	西南大学	5★	11	山东师范大学	5★-	19	福建师范大学	4★
4	南京师范大学	5★	12	西北师范大学	4★	20	曲阜师范大学	4★
5	华中师范大学	5★	13	华南师范大学	4★	21	上海师范大学	4★
6	首都师范大学	5★	14	陕西师范大学	4★	22	安徽师范大学	4★
7	天津师范大学	5★-	15	湖南师范大学	4★			
8	东北师范大学	5★-	16	厦门大学	4★			
3★（34个），2★（45个），1★（11个）：名单略								

040103　教育史（42）

排名	学校名称	星级	排名	学校名称	星级	排名	学校名称	星级
1	北京师范大学	5★	4	浙江大学	5★-	7	北京理工大学	4★
2	华东师范大学	5★	5	厦门大学	4★	8	西南大学	4★
3	华中师范大学	5★-	6	东北师范大学	4★			
3★（13个），2★（17个），1★（4个）：名单略								

040104　比较教育学（52）

排名	学校名称	星级	排名	学校名称	星级	排名	学校名称	星级
1	北京师范大学	5★+	5	浙江大学	5★-	9	北京理工大学	4★
2	华东师范大学	5★	6	华中师范大学	4★	10	西北师范大学	4★
3	东北师范大学	5★	7	西南大学	4★			
4	厦门大学	5★-	8	上海师范大学	4★			
3★（16个），2★（21个），1★（5个）：名单略								

040105 学前教育学（60）

排名	学校名称	星级	排名	学校名称	星级	排名	学校名称	星级
1	北京师范大学	5★+	5	南京师范大学	5★-	9	湖南师范大学	4★
2	华东师范大学	5★	6	西南大学	5★-	10	上海师范大学	4★
3	东北师范大学	5★	7	浙江师范大学	4★	11	广西师范大学	4★
4	华中师范大学	5★-	8	陕西师范大学	4★	12	安徽师范大学	4★
3★（18个），2★（24个），1★（6个）：名单略									

040106 高等教育学（111）

排名	学校名称	星级	排名	学校名称	星级	排名	学校名称	星级
1	北京师范大学	5★+	9	浙江大学	5★-	17	广州大学	4★
2	华东师范大学	5★	10	上海交通大学	5★-	18	西北师范大学	4★
3	厦门大学	5★	11	南京大学	5★-	19	北京航空航天大学	4★
4	北京大学	5★	12	南京师范大学	4★	20	复旦大学	4★
5	华中科技大学	5★	13	苏州大学	4★	21	陕西师范大学	4★
6	清华大学	5★	14	华中师范大学	4★	22	湖南师范大学	4★
7	中国人民大学	5★-	15	天津大学	4★			
8	北京理工大学	5★-	16	浙江师范大学	4★			
3★（34个），2★（44个），1★（11个）：名单略									

040107 成人教育学（30）

排名	学校名称	星级	排名	学校名称	星级	排名	学校名称	星级
1	华东师范大学	5★	3	西南大学	5★-	5	同济大学	4★
2	北京师范大学	5★	4	北京理工大学	4★	6	曲阜师范大学	4★
3★（9个），2★（12个），1★（3个）：名单略									

040108 职业技术教育学（43）

排名	学校名称	星级	排名	学校名称	星级	排名	学校名称	星级
1	华东师范大学	5★	4	天津大学	5★-	7	上海师范大学	4★
2	北京师范大学	5★	5	北京理工大学	4★	8	天津职业技术师范大学	4★
3	西南大学	5★-	6	南京师范大学	4★	9	华南师范大学	4★
3★（13个），2★（17个），1★（4个）：名单略									

040109 特殊教育学（24）

排名	学校名称	星级	排名	学校名称	星级	排名	学校名称	星级
1	北京师范大学	5★	3	华中师范大学	4★	5	华南师范大学	4★
2	华东师范大学	5★-	4	北京理工大学	4★			
3★（7个），2★（10个），1★（2个）：名单略									

040110 教育技术学（68）

排名	学校名称	星级	排名	学校名称	星级	排名	学校名称	星级
1	北京师范大学	5★+	4	浙江大学	5★	7	北京航空航天大学	5★
2	清华大学	5★	5	华中师范大学	5★	8	北京理工大学	4★
3	北京大学	5★	6	浙江师范大学	5★	9	东北师范大学	4★

排名	学校名称	星级	排名	学校名称	星级	排名	学校名称	星级
10	同济大学	4★	12	西南大学	4★	14	天津大学	4★
11	华南师范大学	4★	13	南京师范大学	4★			

3★（20个），2★（27个），1★（7个）：名单略

040201　基础心理学（59）

排名	学校名称	星级	排名	学校名称	星级	排名	学校名称	星级
1	北京大学	5★+	5	中国人民大学	5★	9	华南师范大学	4★
2	北京师范大学	5★	6	华中师范大学	5★	10	清华大学	4★
3	浙江大学	5★	7	南开大学	4★	11	陕西师范大学	4★
4	西南大学	5★	8	辽宁师范大学	4★	12	天津师范大学	4★

3★（18个），2★（23个），1★（6个）：名单略

040202　发展与教育心理学（64）

排名	学校名称	星级	排名	学校名称	星级	排名	学校名称	星级
1	北京师范大学	5★+	6	华南师范大学	5★	11	武汉大学	4★
2	华东师范大学	5★	7	天津师范大学	4★	12	陕西师范大学	4★
3	浙江大学	5★	8	山东师范大学	4★	13	辽宁师范大学	4★
4	西南大学	5★	9	东北师范大学	4★			
5	华中师范大学	5★	10	上海师范大学	4★			

3★（19个），2★（26个），1★（6个）：名单略

040203　应用心理学（91）

排名	学校名称	星级	排名	学校名称	星级	排名	学校名称	星级
1	北京大学	5★+	7	中国人民大学	5★	13	辽宁师范大学	4★
2	北京师范大学	5★	8	西南大学	5★	14	天津师范大学	4★
3	上海交通大学	5★	9	电子科技大学	5★	15	东南大学	4★
4	华东师范大学	5★	10	华中师范大学	4★	16	陕西师范大学	4★
5	浙江大学	5★	11	南开大学	4★	17	武汉大学	4★
6	华南师范大学	5★	12	清华大学	4★	18	暨南大学	4★

3★（28个），2★（36个），1★（9个）：名单略

040301　体育人文社会学（90）

排名	学校名称	星级	排名	学校名称	星级	排名	学校名称	星级
1	北京体育大学	5★+	7	北京师范大学	5★-	13	东北师范大学	4★
2	上海体育学院	5★	8	浙江大学	5★-	14	山东大学	4★
3	华南师范大学	5★	9	成都体育学院	5★-	15	苏州大学	4★
4	华东师范大学	5★	10	武汉体育学院	4★	16	首都体育学院	4★
5	清华大学	5★	11	福建师范大学	4★	17	哈尔滨体育学院	4★
6	华中师范大学	5★-	12	南京师范大学	4★	18	山西大学	4★

3★（27个），2★（36个），1★（9个）：名单略

040302　运动人体科学（78）

排名	学校名称	星级	排名	学校名称	星级	排名	学校名称	星级
1	北京体育大学	5★+	7	华南师范大学	5★	13	成都体育学院	4★
2	上海体育学院	5★	8	福建师范大学	5★	14	四川大学	4★
3	华东师范大学	5★	9	华南理工大学	4★	15	华中师范大学	4★
4	北京师范大学	5★	10	武汉体育学院	4★	16	湖南师范大学	4★
5	清华大学	5★	11	天津体育学院	4★			
6	浙江大学	5★	12	郑州大学	4★			

3★（23个），2★（31个），1★（8个）：名单略

040303　体育教育训练学（102）

排名	学校名称	星级	排名	学校名称	星级	排名	学校名称	星级
1	北京体育大学	5★+	8	成都体育学院	5★	15	华南师范大学	4★
2	上海体育学院	5★	9	福建师范大学	5★	16	河南大学	4★
3	华东师范大学	5★	10	华中师范大学	5★	17	南京师范大学	4★
4	北京师范大学	5★	11	中山大学	4★	18	天津体育学院	4★
5	清华大学	5★	12	郑州大学	4★	19	苏州大学	4★
6	浙江大学	5★	13	上海交通大学	4★	20	四川大学	4★
7	武汉体育学院	5★	14	华南理工大学	4★	21	山西大学	4★

3★（30个），2★（41个），1★（10个）：名单略

040304　民族传统体育学（74）

排名	学校名称	星级	排名	学校名称	星级	排名	学校名称	星级
1	北京体育大学	5★+	6	华中师范大学	5★	11	宁波大学	4★
2	上海体育学院	5★	7	成都体育学院	5★	12	天津体育学院	4★
3	华东师范大学	5★	8	郑州大学	4★	13	浙江大学	4★
4	武汉体育学院	5★	9	四川大学	4★	14	北京师范大学	4★
5	苏州大学	5★	10	华南师范大学	4★	15	河南大学	4★

3★（22个），2★（30个），1★（7个）：名单略

050101　文艺学（168）

排名	学校名称	星级	排名	学校名称	星级	排名	学校名称	星级
1	北京师范大学	5★+	8	山东大学	5★	15	福建师范大学	5★-
2	南京大学	5★+	9	陕西师范大学	5★-	16	浙江大学	5★-
3	北京大学	5★	10	上海交通大学	5★-	17	吉林大学	5★-
4	复旦大学	5★	11	中国人民大学	5★-	18	扬州大学	4★
5	清华大学	5★	12	武汉大学	5★-	19	中山大学	4★
6	华中师范大学	5★	13	首都师范大学	5★-	20	四川大学	4★
7	华东师范大学	5★	14	暨南大学	5★-	21	南开大学	4★

续表

排名	学校名称	星级	排名	学校名称	星级	排名	学校名称	星级
22	南京师范大学	4★	27	苏州大学	4★	32	华中科技大学	4★
23	湖南师范大学	4★	28	山东师范大学	4★	33	新疆大学	4★
24	云南大学	4★	29	东北师范大学	4★	34	江西师范大学	4★
25	兰州大学	4★	30	中央民族大学	4★			
26	厦门大学	4★	31	中南大学	4★			
3★（50个），2★（67个），1★（17个）：名单略								

050102　语言学及应用语言学（151）

排名	学校名称	星级	排名	学校名称	星级	排名	学校名称	星级
1	北京大学	5★+	11	中央民族大学	5★-	21	南开大学	4★
2	北京师范大学	5★+	12	华东师范大学	5★-	22	南京师范大学	4★
3	华中师范大学	5★	13	中山大学	5★-	23	新疆大学	4★
4	南京大学	5★	14	四川大学	5★-	24	西南大学	4★
5	复旦大学	5★	15	北京语言大学	5★-	25	上海交通大学	4★
6	陕西师范大学	5★	16	吉林大学	4★	26	山东大学	4★
7	清华大学	5★	17	扬州大学	4★	27	浙江师范大学	4★
8	暨南大学	5★	18	华中科技大学	4★	28	首都师范大学	4★
9	中国人民大学	5★-	19	上海师范大学	4★	29	武汉大学	4★
10	浙江大学	5★-	20	厦门大学	4★	30	上海大学	4★
3★（46个），2★（60个），1★（15个）：名单略								

050103　汉语言文字学（147）

排名	学校名称	星级	排名	学校名称	星级	排名	学校名称	星级
1	北京大学	5★+	11	吉林大学	5★-	21	南开大学	4★
2	复旦大学	5★	12	中国人民大学	5★-	22	华南师范大学	4★
3	北京师范大学	5★	13	上海师范大学	5★-	23	浙江师范大学	4★
4	清华大学	5★	14	华东师范大学	5★-	24	兰州大学	4★
5	华中师范大学	5★	15	西南大学	5★-	25	暨南大学	4★
6	南京大学	5★	16	厦门大学	4★	26	郑州大学	4★
7	陕西师范大学	5★	17	福建师范大学	4★	27	中央民族大学	4★
8	浙江大学	5★-	18	四川大学	4★	28	华中科技大学	4★
9	武汉大学	5★-	19	山东大学	4★	29	湖南师范大学	4★
10	中山大学	5★-	20	北京语言大学	4★			
3★（45个），2★（58个），1★（15个）：名单略								

050104　中国古典文献学（114）

排名	学校名称	星级	排名	学校名称	星级	排名	学校名称	星级
1	复旦大学	5★+	4	北京师范大学	5★	7	山东大学	5★-
2	南京大学	5★	5	陕西师范大学	5★	8	浙江大学	5★-
3	北京大学	5★	6	华中师范大学	5★	9	浙江师范大学	5★-

续表

排名	学校名称	星级	排名	学校名称	星级	排名	学校名称	星级
10	四川大学	5★-	15	武汉大学	4★	20	福建师范大学	4★
11	中国人民大学	5★-	16	郑州大学	4★	21	扬州大学	4★
12	华东师范大学	4★	17	湖北大学	4★	22	上海大学	4★
13	兰州大学	4★	18	暨南大学	4★	23	西南大学	4★
14	中山大学	4★	19	中央民族大学	4★			

3★（34个），2★（46个），1★（11个）：名单略

050105　中国古代文学（177）

排名	学校名称	星级	排名	学校名称	星级	排名	学校名称	星级
1	复旦大学	5★+	13	武汉大学	5★-	25	上海交通大学	4★
2	南京大学	5★+	14	山东大学	5★-	26	上海师范大学	4★
3	北京师范大学	5★	15	中国人民大学	5★-	27	首都师范大学	4★
4	北京大学	5★	16	四川大学	5★-	28	中央民族大学	4★
5	清华大学	5★	17	暨南大学	5★-	29	北京语言大学	4★
6	华中师范大学	5★	18	福建师范大学	5★-	30	河北师范大学	4★
7	陕西师范大学	5★	19	上海大学	4★	31	浙江师范大学	4★
8	华东师范大学	5★	20	吉林大学	4★	32	安徽师范大学	4★
9	南开大学	5★	21	西南大学	4★	33	厦门大学	4★
10	南京师范大学	5★-	22	河北大学	4★	34	新疆大学	4★
11	浙江大学	5★-	23	苏州大学	4★	35	华中科技大学	4★
12	中山大学	5★-	24	兰州大学	4★			

3★（54个），2★（70个），1★（18个）：名单略

050106　中国现当代文学（172）

排名	学校名称	星级	排名	学校名称	星级	排名	学校名称	星级
1	北京师范大学	5★+	13	苏州大学	5★-	25	上海师范大学	4★
2	南京大学	5★+	14	河南大学	5★-	26	福建师范大学	4★
3	北京大学	5★	15	四川大学	5★-	27	兰州大学	4★
4	陕西师范大学	5★	16	山东师范大学	5★-	28	首都师范大学	4★
5	华中师范大学	5★	17	华东师范大学	5★-	29	上海交通大学	4★
6	复旦大学	5★	18	中山大学	4★	30	云南大学	4★
7	清华大学	5★	19	南开大学	4★	31	华中科技大学	4★
8	武汉大学	5★	20	吉林大学	4★	32	中央民族大学	4★
9	中国人民大学	5★	21	暨南大学	4★	33	新疆大学	4★
10	山东大学	5★-	22	浙江大学	4★	34	中国传媒大学	4★
11	南京师范大学	5★-	23	西南大学	4★			
12	浙江师范大学	5★-	24	厦门大学	4★			

3★（52个），2★（69个），1★（17个）：名单略

050107 中国少数民族语言文学（42）

排名	学校名称	星级	排名	学校名称	星级	排名	学校名称	星级
1	清华大学	5★	4	南开大学	5★-	7	西北民族大学	4★
2	陕西师范大学	5★	5	四川大学	4★	8	西南民族大学	4★
3	中央民族大学	5★-	6	内蒙古大学	4★			
3★（13个），2★（17个），1★（4个）：名单略									

050108 比较文学与世界文学（136）

排名	学校名称	星级	排名	学校名称	星级	排名	学校名称	星级
1	南京大学	5★+	10	南开大学	5★-	19	上海交通大学	4★
2	北京师范大学	5★	11	中国人民大学	5★-	20	新疆大学	4★
3	华中师范大学	5★	12	中山大学	5★-	21	暨南大学	4★
4	北京大学	5★	13	山东大学	5★-	22	华中科技大学	4★
5	复旦大学	5★	14	天津师范大学	5★-	23	中央民族大学	4★
6	陕西师范大学	5★	15	上海师范大学	4★	24	福建师范大学	4★
7	清华大学	5★	16	兰州大学	4★	25	武汉大学	4★
8	四川大学	5★-	17	北京语言大学	4★	26	南京师范大学	4★
9	华东师范大学	5★-	18	浙江大学	4★	27	河南大学	4★
3★（41个），2★（54个），1★（14个）：名单略									

0501Z1 汉语国际教育（31）

排名	学校名称	星级	排名	学校名称	星级	排名	学校名称	星级
1	复旦大学	5★	3	北京语言大学	5★-	5	中国人民大学	4★
2	北京师范大学	5★	4	辽宁大学	4★	6	华中科技大学	4★
3★（10个），2★（12个），1★（3个）：名单略									

050201 英语语言文学（199）

排名	学校名称	星级	排名	学校名称	星级	排名	学校名称	星级
1	上海外国语大学	5★+	15	复旦大学	5★-	29	南开大学	4★
2	北京大学	5★+	16	四川外国语大学	5★-	30	山东大学	4★
3	南京大学	5★	17	湖南大学	5★-	31	华中科技大学	4★
4	北京外国语大学	5★	18	华东师范大学	5★-	32	国防科技大学	4★
5	湖南师范大学	5★	19	天津外国语大学	5★-	33	河南大学	4★
6	浙江大学	5★	20	中山大学	5★-	34	东南大学	4★
7	同济大学	5★	21	北京师范大学	4★	35	大连外国语大学	4★
8	清华大学	5★	22	厦门大学	4★	36	华中师范大学	4★
9	上海交通大学	5★	23	西南大学	4★	37	福建师范大学	4★
10	延边大学	5★	24	西安外国语大学	4★	38	中国海洋大学	4★
11	广东外语外贸大学	5★-	25	吉林大学	4★	39	北京语言大学	4★
12	四川大学	5★-	26	东北师范大学	4★	40	郑州大学	4★
13	中国人民大学	5★-	27	南京师范大学	4★			
14	北京航空航天大学	5★-	28	武汉大学	4★			
3★（60个），2★（79个），1★（20个）：名单略									

050202　俄语语言文学（75）

排名	学校名称	星级	排名	学校名称	星级	排名	学校名称	星级
1	南京大学	5★+	6	黑龙江大学	5★-	11	北京师范大学	4★
2	上海外国语大学	5★	7	延边大学	5★-	12	武汉大学	4★
3	北京外国语大学	5★	8	华东师范大学	5★-	13	山东大学	4★
4	北京大学	5★	9	浙江大学	4★	14	东南大学	4★
5	湖南师范大学	5★-	10	南开大学	4★	15	北京航空航天大学	4★

3★（23个），2★（30个），1★（7个）：名单略

050203　法语语言文学（43）

排名	学校名称	星级	排名	学校名称	星级	排名	学校名称	星级
1	南京大学	5★	4	北京大学	5★-	7	浙江大学	4★
2	上海外国语大学	5★	5	华东师范大学	4★	8	广东外语外贸大学	4★
3	北京外国语大学	5★-	6	武汉大学	4★	9	湖南师范大学	4★

3★（13个），2★（17个），1★（4个）：名单略

050204　德语语言文学（40）

排名	学校名称	星级	排名	学校名称	星级	排名	学校名称	星级
1	北京外国语大学	5★	4	上海外国语大学	5★-	7	北京航空航天大学	4★
2	南京大学	5★	5	同济大学	4★	8	广东外语外贸大学	4★
3	北京大学	5★-	6	浙江大学	4★			

3★（12个），2★（16个），1★（4个）：名单略

050205　日语语言文学（131）

排名	学校名称	星级	排名	学校名称	星级	排名	学校名称	星级
1	上海外国语大学	5★+	10	中国人民大学	5★-	19	东南大学	4★
2	北京外国语大学	5★	11	北京师范大学	5★-	20	大连外国语大学	4★
3	北京大学	5★	12	浙江大学	5★-	21	天津外国语大学	4★
4	延边大学	5★	13	厦门大学	5★-	22	黑龙江大学	4★
5	南京大学	5★	14	广东外语外贸大学	4★	23	湖南大学	4★
6	湖南师范大学	5★	15	南开大学	4★	24	苏州大学	4★
7	清华大学	5★	16	同济大学	4★	25	东北师范大学	4★
8	吉林大学	5★-	17	武汉大学	4★	26	郑州大学	4★
9	上海交通大学	5★-	18	山东大学	4★			

3★（40个），2★（52个），1★（13个）：名单略

050206　印度语言文学（6）

排名	学校名称	星级	排名	学校名称	星级	排名	学校名称	星级
1	北京大学	5★						

3★（2个），2★（2个），1★（1个）：名单略

050207 西班牙语语言文学（16）

排名	学校名称	星级	排名	学校名称	星级	排名	学校名称	星级
1	北京大学	5★	2	南京大学	5★	3	上海外国语大学	4★
3★（5个），2★（6个），1★（2个）：名单略									

050208 阿拉伯语语言文学（15）

排名	学校名称	星级	排名	学校名称	星级	排名	学校名称	星级
1	北京大学	5★	2	北京外国语大学	5★-	3	上海外国语大学	4★
3★（5个），2★（6个），1★（1个）：名单略									

050209 欧洲语言文学（12）

排名	学校名称	星级	排名	学校名称	星级	排名	学校名称	星级
1	北京外国语大学	5★	2	上海外国语大学	4★			
3★（4个），2★（5个），1★（1个）：名单略									

050210 亚非语言文学（36）

排名	学校名称	星级	排名	学校名称	星级	排名	学校名称	星级
1	延边大学	5★	4	上海外国语大学	5★-	7	山东大学	4★
2	北京外国语大学	5★	5	湖南师范大学	4★			
3	北京大学	5★-	6	南京大学	4★			
3★（11个），2★（14个），1★（4个）：名单略									

050211 外国语言学及应用语言学（206）

排名	学校名称	星级	排名	学校名称	星级	排名	学校名称	星级
1	北京大学	5★+	15	四川大学	5★-	29	黑龙江大学	4★
2	浙江大学	5★+	16	复旦大学	5★-	30	南京师范大学	4★
3	上海外国语大学	5★	17	华中科技大学	5★-	31	郑州大学	4★
4	湖南师范大学	5★	18	厦门大学	5★-	32	南开大学	4★
5	南京大学	5★	19	同济大学	5★-	33	山东大学	4★
6	延边大学	5★	20	西安外国语大学	5★-	34	河南大学	4★
7	广东外语外贸大学	5★	21	上海海事大学	5★-	35	国防科技大学	4★
8	上海交通大学	5★	22	北京语言大学	4★	36	华南理工大学	4★
9	吉林大学	5★	23	中国海洋大学	4★	37	四川外国语大学	4★
10	北京航空航天大学	5★	24	对外经济贸易大学	4★	38	华中师范大学	4★
11	湖南大学	5★-	25	华东师范大学	4★	39	浙江工商大学	4★
12	北京师范大学	5★-	26	东南大学	4★	40	北京外国语大学	4★
13	清华大学	5★-	27	东北师范大学	4★	41	福建师范大学	4★
14	中山大学	5★-	28	西南大学	4★			
3★（62个），2★（82个），1★（21个）：名单略									

0502Z1　比较文学与跨文化研究（18）

排名	学校名称	星级	排名	学校名称	星级	排名	学校名称	星级
1	北京外国语大学	5★	3	延边大学	4★			
2	上海外国语大学	5★-	4	北京语言大学	4★			
3★（5个），2★（7个），1★（2个）：名单略								

050301　新闻学（105）

排名	学校名称	星级	排名	学校名称	星级	排名	学校名称	星级
1	中国人民大学	5★+	8	武汉大学	5★-	15	南京师范大学	4★
2	中国传媒大学	5★	9	华东师范大学	5★-	16	山东大学	4★
3	清华大学	5★	10	四川大学	5★-	17	郑州大学	4★
4	南京大学	5★	11	厦门大学	5★-	18	河北大学	4★
5	复旦大学	5★	12	暨南大学	4★	19	上海大学	4★
6	华中科技大学	5★-	13	北京大学	4★	20	深圳大学	4★
7	上海交通大学	5★-	14	浙江大学	4★	21	西南政法大学	4★
3★（32个），2★（42个），1★（10个）：名单略								

050302　传播学（112）

排名	学校名称	星级	排名	学校名称	星级	排名	学校名称	星级
1	中国人民大学	5★+	9	华中科技大学	5★-	17	上海大学	4★
2	中国传媒大学	5★	10	浙江大学	5★-	18	华东师范大学	4★
3	北京大学	5★	11	清华大学	5★-	19	郑州大学	4★
4	北京师范大学	5★	12	上海交通大学	4★	20	深圳大学	4★
5	复旦大学	5★	13	南京师范大学	4★	21	安徽大学	4★
6	暨南大学	5★	14	四川大学	4★	22	西南政法大学	4★
7	南京大学	5★-	15	厦门大学	4★			
8	武汉大学	5★-	16	山东大学	4★			
3★（34个），2★（45个），1★（11个）：名单略								

0602L2　历史文献学（51）

排名	学校名称	星级	排名	学校名称	星级	排名	学校名称	星级
1	云南大学	5★+	5	华中师范大学	5★-	9	中山大学	4★
2	兰州大学	5★	6	陕西师范大学	4★	10	西北师范大学	4★
3	武汉大学	5★	7	北京大学	4★			
4	北京师范大学	5★-	8	华东师范大学	4★			
3★（16个），2★（20个），1★（5个）：名单略								

0602L3　专门史（70）

排名	学校名称	星级	排名	学校名称	星级	排名	学校名称	星级
1	云南大学	5★+	3	福建师范大学	5★	5	北京师范大学	5★-
2	清华大学	5★	4	安徽大学	5★	6	陕西师范大学	5★-

排名	学校名称	星级	排名	学校名称	星级	排名	学校名称	星级
7	北京大学	5★-	10	上海师范大学	4★	13	安徽师范大学	4★
8	华中师范大学	4★	11	中山大学	4★	14	华东师范大学	4★
9	武汉大学	4★	12	宁夏大学	4★			

3★（21个），2★（28个），1★（7个）：名单略

0602L4　中国古代史（69）

排名	学校名称	星级	排名	学校名称	星级	排名	学校名称	星级
1	云南大学	5★+	6	南开大学	5★-	11	北京师范大学	4★
2	浙江大学	5★	7	武汉大学	5★-	12	中山大学	4★
3	首都师范大学	5★	8	上海师范大学	4★	13	暨南大学	4★
4	南京师范大学	5★-	9	华中师范大学	4★	14	福建师范大学	4★
5	清华大学	5★-	10	陕西师范大学	4★			

3★（21个），2★（27个），1★（7个）：名单略

0602L5　中国近现代史（68）

排名	学校名称	星级	排名	学校名称	星级	排名	学校名称	星级
1	浙江大学	5★+	6	南开大学	5★-	11	西北大学	4★
2	云南大学	5★	7	湖南师范大学	5★-	12	福建师范大学	4★
3	华中师范大学	5★	8	北京师范大学	4★	13	陕西师范大学	4★
4	清华大学	5★-	9	上海师范大学	4★	14	中山大学	4★
5	西南大学	5★-	10	北京大学	4★			

3★（20个），2★（27个），1★（7个）：名单略

0603L1　世界史（6）

排名	学校名称	星级	排名	学校名称	星级	排名	学校名称	星级
1	云南师范大学	5★						

3★（2个），2★（2个），1★（1个）：名单略

070101　基础数学（219）

排名	学校名称	星级	排名	学校名称	星级	排名	学校名称	星级
1	复旦大学	5★+	10	吉林大学	5★	19	西安交通大学	5★-
2	北京大学	5★+	11	中南大学	5★	20	大连理工大学	5★-
3	北京师范大学	5★	12	四川大学	5★-	21	厦门大学	5★-
4	中国科学技术大学	5★	13	首都师范大学	5★-	22	电子科技大学	5★-
5	清华大学	5★	14	东北师范大学	5★-	23	浙江师范大学	4★
6	上海交通大学	5★	15	南京大学	5★-	24	哈尔滨工业大学	4★
7	南开大学	5★	16	武汉大学	5★-	25	上海大学	4★
8	中山大学	5★	17	华东师范大学	5★-	26	华中师范大学	4★
9	山东大学	5★	18	浙江大学	5★-	27	华中科技大学	4★

续表

排名	学校名称	星级	排名	学校名称	星级	排名	学校名称	星级
28	兰州大学	4★	34	华南师范大学	4★	40	北京航空航天大学	4★
29	曲阜师范大学	4★	35	北京理工大学	4★	41	中国矿业大学	4★
30	天津大学	4★	36	苏州大学	4★	42	西北师范大学	4★
31	重庆大学	4★	37	湘潭大学	4★	43	南京师范大学	4★
32	西北工业大学	4★	38	上海师范大学	4★	44	湖南大学	4★
33	同济大学	4★	39	东南大学	4★			
3★（66个），2★（87个），1★（22个）：名单略								

070102　计算数学（215）

排名	学校名称	星级	排名	学校名称	星级	排名	学校名称	星级
1	北京大学	5★+	16	东北师范大学	5★-	31	上海大学	4★
2	中国科学技术大学	5★+	17	大连理工大学	5★-	32	苏州大学	4★
3	复旦大学	5★	18	华中科技大学	5★-	33	厦门大学	4★
4	清华大学	5★	19	电子科技大学	5★-	34	中国矿业大学	4★
5	四川大学	5★	20	湘潭大学	5★-	35	重庆大学	4★
6	上海交通大学	5★	21	西安交通大学	5★-	36	天津大学	4★
7	吉林大学	5★	22	哈尔滨工业大学	5★-	37	郑州大学	4★
8	北京师范大学	5★	23	兰州大学	4★	38	国防科技大学	4★
9	中山大学	5★	24	浙江大学	4★	39	华北电力大学	4★
10	南开大学	5★	25	同济大学	4★	40	曲阜师范大学	4★
11	山东大学	5★	26	首都师范大学	4★	41	南京师范大学	4★
12	中南大学	5★-	27	上海师范大学	4★	42	北京理工大学	4★
13	南京大学	5★-	28	东南大学	4★	43	新疆大学	4★
14	武汉大学	5★-	29	华南师范大学	4★			
15	华东师范大学	5★-	30	湖南大学	4★			
3★（65个），2★（86个），1★（21个）：名单略								

070103　概率论与数理统计（175）

排名	学校名称	星级	排名	学校名称	星级	排名	学校名称	星级
1	北京大学	5★+	13	武汉大学	5★-	25	东南大学	4★
2	北京师范大学	5★+	14	华中科技大学	5★-	26	上海师范大学	4★
3	上海交通大学	5★	15	电子科技大学	5★-	27	天津大学	4★
4	复旦大学	5★	16	西安交通大学	5★-	28	中国矿业大学	4★
5	南开大学	5★	17	首都师范大学	5★-	29	重庆大学	4★
6	山东大学	5★	18	厦门大学	5★-	30	国防科技大学	4★
7	中山大学	5★	19	哈尔滨工业大学	4★	31	西安电子科技大学	4★
8	中南大学	5★	20	南京大学	4★	32	湖南大学	4★
9	清华大学	5★	21	大连理工大学	4★	33	中国人民大学	4★
10	吉林大学	5★-	22	浙江大学	4★	34	华南师范大学	4★
11	中国科学技术大学	5★-	23	同济大学	4★	35	兰州大学	4★
12	四川大学	5★-	24	湘潭大学	4★			
3★（53个），2★（70个），1★（17个）：名单略								

070104　应用数学（256）

排名	学校名称	星级	排名	学校名称	星级	排名	学校名称	星级
1	复旦大学	5★+	18	武汉大学	5★-	35	苏州大学	4★
2	上海交通大学	5★+	19	首都师范大学	5★-	36	东南大学	4★
3	北京大学	5★+	20	大连理工大学	5★-	37	湖南大学	4★
4	北京师范大学	5★	21	电子科技大学	5★-	38	湘潭大学	4★
5	清华大学	5★	22	华中科技大学	5★-	39	上海大学	4★
6	中山大学	5★	23	北京航空航天大学	5★-	40	南京师范大学	4★
7	东北师范大学	5★	24	西安交通大学	5★-	41	中国计量大学	4★
8	南开大学	5★	25	厦门大学	5★-	42	西北工业大学	4★
9	吉林大学	5★	26	重庆大学	5★-	43	华南师范大学	4★
10	山东大学	5★	27	哈尔滨工业大学	4★	44	西南大学	4★
11	浙江大学	5★	28	兰州大学	4★	45	新疆大学	4★
12	四川大学	5★	29	浙江师范大学	4★	46	中国人民大学	4★
13	中国科学技术大学	5★	30	上海师范大学	4★	47	中国矿业大学	4★
14	中南大学	5★-	31	曲阜师范大学	4★	48	华南理工大学	4★
15	哈尔滨工程大学	5★-	32	华中师范大学	4★	49	天津大学	4★
16	华东师范大学	5★-	33	北京理工大学	4★	50	国防科技大学	4★
17	南京大学	5★-	34	同济大学	4★	51	西北师范大学	4★

3★（77个），2★（102个），1★（26个）：名单略

070105　运筹学与控制论（183）

排名	学校名称	星级	排名	学校名称	星级	排名	学校名称	星级
1	复旦大学	5★+	14	华中科技大学	5★-	27	上海师范大学	4★
2	中山大学	5★+	15	浙江大学	5★-	28	重庆大学	4★
3	山东大学	5★	16	东北师范大学	5★-	29	天津大学	4★
4	吉林大学	5★	17	电子科技大学	5★-	30	同济大学	4★
5	清华大学	5★	18	西安交通大学	5★-	31	华南理工大学	4★
6	四川大学	5★	19	浙江师范大学	4★	32	国防科技大学	4★
7	南开大学	5★	20	湖南大学	4★	33	西安电子科技大学	4★
8	中国科学技术大学	5★	21	上海大学	4★	34	南京师范大学	4★
9	中南大学	5★	22	华南师范大学	4★	35	兰州大学	4★
10	哈尔滨工业大学	5★-	23	湘潭大学	4★	36	华中师范大学	4★
11	南京大学	5★-	24	曲阜师范大学	4★	37	广东工业大学	4★
12	华东师范大学	5★-	25	东南大学	4★			
13	大连理工大学	5★-	26	北京交通大学	4★			

3★（55个），2★（73个），1★（18个）：名单略

070201　理论物理（160）

排名	学校名称	星级	排名	学校名称	星级	排名	学校名称	星级
1	北京大学	5★+	4	复旦大学	5★	7	上海交通大学	5★
2	中国科学技术大学	5★+	5	清华大学	5★	8	中山大学	5★
3	南京大学	5★	6	吉林大学	5★	9	浙江大学	5★-

续表

排名	学校名称	星级	排名	学校名称	星级	排名	学校名称	星级
10	西安交通大学	5★-	18	山东大学	4★	26	北京理工大学	4★
11	华中科技大学	5★-	19	兰州大学	4★	27	厦门大学	4★
12	电子科技大学	5★-	20	北京航空航天大学	4★	28	东南大学	4★
13	华东师范大学	5★-	21	四川大学	4★	29	国防科技大学	4★
14	华南师范大学	5★-	22	大连理工大学	4★	30	南开大学	4★
15	北京师范大学	5★-	23	华南理工大学	4★	31	上海大学	4★
16	湖南大学	5★-	24	同济大学	4★	32	中南大学	4★
17	武汉大学	4★	25	重庆大学	4★			

3★（48个），2★（64个），1★（16个）：名单略

070202 粒子物理与原子核物理（78）

排名	学校名称	星级	排名	学校名称	星级	排名	学校名称	星级
1	中国科学技术大学	5★+	7	上海交通大学	5★-	13	武汉大学	4★
2	复旦大学	5★	8	兰州大学	5★-	14	华中科技大学	4★
3	北京大学	5★	9	山东大学	4★	15	浙江大学	4★
4	清华大学	5★	10	北京师范大学	4★	16	重庆大学	4★
5	南京大学	5★-	11	北京航空航天大学	4★			
6	吉林大学	5★-	12	华南师范大学	4★			

3★（23个），2★（31个），1★（8个）：名单略

070203 原子与分子物理（93）

排名	学校名称	星级	排名	学校名称	星级	排名	学校名称	星级
1	中国科学技术大学	5★+	8	上海交通大学	5★-	15	哈尔滨工业大学	4★
2	北京大学	5★	9	西安交通大学	5★-	16	四川大学	4★
3	吉林大学	5★	10	大连理工大学	4★	17	华东师范大学	4★
4	复旦大学	5★	11	中山大学	4★	18	国防科技大学	4★
5	南京大学	5★	12	北京理工大学	4★	19	山西大学	4★
6	清华大学	5★-	13	浙江大学	4★			
7	华南师范大学	5★-	14	华中科技大学	4★			

3★（28个），2★（37个），1★（9个）：名单略

070204 等离子体物理（46）

排名	学校名称	星级	排名	学校名称	星级	排名	学校名称	星级
1	中国科学技术大学	5★	4	上海交通大学	5★-	7	华中科技大学	4★
2	北京大学	5★	5	大连理工大学	5★-	8	四川大学	4★
3	清华大学	5★-	6	电子科技大学	4★	9	国防科技大学	4★

3★（14个），2★（18个），1★（5个）：名单略

070205 凝聚态物理（176）

排名	学校名称	星级	排名	学校名称	星级	排名	学校名称	星级
1	吉林大学	5★+	4	南京大学	5★	7	湖南大学	5★
2	中国科学技术大学	5★+	5	复旦大学	5★	8	上海交通大学	5★
3	北京大学	5★	6	清华大学	5★	9	兰州大学	5★

续表

排名	学校名称	星级	排名	学校名称	星级	排名	学校名称	星级
10	浙江大学	5★-	19	北京航空航天大学	4★	28	哈尔滨工业大学	4★
11	北京师范大学	5★-	20	华南理工大学	4★	29	华中科技大学	4★
12	西安交通大学	5★-	21	南开大学	4★	30	东南大学	4★
13	武汉大学	5★-	22	厦门大学	4★	31	北京理工大学	4★
14	大连理工大学	5★-	23	华南师范大学	4★	32	国防科技大学	4★
15	电子科技大学	5★-	24	西北工业大学	4★	33	华中师范大学	4★
16	华东师范大学	5★-	25	上海大学	4★	34	苏州大学	4★
17	四川大学	5★-	26	同济大学	4★	35	郑州大学	4★
18	山东大学	5★-	27	重庆大学	4★			
3★（53个），2★（70个），1★（18个）：名单略								

070206 声学（33）

排名	学校名称	星级	排名	学校名称	星级	排名	学校名称	星级
1	南京大学	5★	4	西北工业大学	4★	7	国防科技大学	4★
2	吉林大学	5★	5	同济大学	4★			
3	清华大学	5★-	6	华南师范大学	4★			
3★（10个），2★（13个），1★（3个）：名单略								

070207 光学（164）

排名	学校名称	星级	排名	学校名称	星级	排名	学校名称	星级
1	中国科学技术大学	5★+	12	西安交通大学	5★-	23	四川大学	4★
2	北京大学	5★+	13	大连理工大学	5★-	24	厦门大学	4★
3	南京大学	5★	14	电子科技大学	5★-	25	东南大学	4★
4	复旦大学	5★	15	华中科技大学	5★-	26	北京航空航天大学	4★
5	吉林大学	5★	16	武汉大学	5★-	27	北京理工大学	4★
6	清华大学	5★	17	南开大学	4★	28	上海大学	4★
7	上海交通大学	5★	18	华南理工大学	4★	29	中山大学	4★
8	同济大学	5★	19	华南师范大学	4★	30	西安电子科技大学	4★
9	华东师范大学	5★-	20	山东大学	4★	31	国防科技大学	4★
10	北京师范大学	5★-	21	浙江大学	4★	32	华中师范大学	4★
11	天津大学	5★-	22	哈尔滨工业大学	4★	33	山西大学	4★
3★（49个），2★（66个），1★（16个）：名单略								

070208 无线电物理（63）

排名	学校名称	星级	排名	学校名称	星级	排名	学校名称	星级
1	南京大学	5★+	6	武汉大学	5★-	11	华中科技大学	4★
2	吉林大学	5★	7	兰州大学	4★	12	厦门大学	4★
3	清华大学	5★	8	上海大学	4★	13	中国科学技术大学	4★
4	复旦大学	5★-	9	华东师范大学	4★			
5	电子科技大学	5★-	10	浙江大学	4★			
3★（19个），2★（25个），1★（6个）：名单略								

070301 无机化学（200）

排名	学校名称	星级	排名	学校名称	星级	排名	学校名称	星级
1	中国科学技术大学	5★+	15	山东大学	5★-	29	西安交通大学	4★
2	吉林大学	5★+	16	中山大学	5★-	30	华东师范大学	4★
3	四川大学	5★	17	郑州大学	5★-	31	重庆大学	4★
4	南京大学	5★	18	大连理工大学	5★-	32	同济大学	4★
5	南开大学	5★	19	兰州大学	5★-	33	西北工业大学	4★
6	浙江大学	5★	20	华东理工大学	5★-	34	北京师范大学	4★
7	天津大学	5★	21	福州大学	4★	35	河南大学	4★
8	清华大学	5★	22	东北师范大学	4★	36	北京航空航天大学	4★
9	厦门大学	5★	23	新疆大学	4★	37	东北大学	4★
10	湖南大学	5★	24	苏州大学	4★	38	西北大学	4★
11	复旦大学	5★-	25	北京化工大学	4★	39	青岛科技大学	4★
12	华南理工大学	5★-	26	华中科技大学	4★	40	陕西师范大学	4★
13	武汉大学	5★-	27	中南大学	4★			
14	上海交通大学	5★-	28	北京理工大学	4★			
3★（60个），2★（80个），1★（20个）：名单略									

070302 分析化学（199）

排名	学校名称	星级	排名	学校名称	星级	排名	学校名称	星级
1	南开大学	5★+	15	吉林大学	5★-	29	北京师范大学	4★
2	四川大学	5★+	16	大连理工大学	5★-	30	北京理工大学	4★
3	南京大学	5★	17	山东大学	5★-	31	东北大学	4★
4	中国科学技术大学	5★	18	华南理工大学	5★-	32	同济大学	4★
5	清华大学	5★	19	中山大学	5★-	33	西安交通大学	4★
6	复旦大学	5★	20	华东理工大学	5★-	34	重庆大学	4★
7	武汉大学	5★	21	福州大学	4★	35	中南大学	4★
8	浙江大学	5★	22	东北师范大学	4★	36	苏州大学	4★
9	湖南大学	5★	23	新疆大学	4★	37	山东师范大学	4★
10	厦门大学	5★	24	华东师范大学	4★	38	山西大学	4★
11	上海交通大学	5★-	25	中国农业大学	4★	39	华中师范大学	4★
12	天津大学	5★-	26	北京化工大学	4★	40	西北师范大学	4★
13	郑州大学	5★-	27	华中科技大学	4★			
14	兰州大学	5★-	28	云南大学	4★			
3★（60个），2★（79个），1★（20个）：名单略									

070303 有机化学（205）

排名	学校名称	星级	排名	学校名称	星级	排名	学校名称	星级
1	复旦大学	5★+	6	南开大学	5★	11	中国科学技术大学	5★-
2	清华大学	5★+	7	四川大学	5★	12	燕山大学	5★-
3	兰州大学	5★	8	华东理工大学	5★	13	浙江大学	5★-
4	南京大学	5★	9	郑州大学	5★	14	湖南大学	5★-
5	华南理工大学	5★	10	武汉大学	5★	15	厦门大学	5★-

排名	学校名称	星级	排名	学校名称	星级	排名	学校名称	星级
16	吉林大学	5★-	25	华东师范大学	4★	34	重庆大学	4★
17	山东大学	5★-	26	北京化工大学	4★	35	中南大学	4★
18	上海交通大学	5★-	27	中国农业大学	4★	36	河南大学	4★
19	天津大学	5★-	28	苏州大学	4★	37	华中师范大学	4★
20	中山大学	5★-	29	云南大学	4★	38	浙江师范大学	4★
21	福州大学	5★-	30	华中科技大学	4★	39	中国人民大学	4★
22	东北师范大学	4★	31	北京师范大学	4★	40	西北师范大学	4★
23	大连理工大学	4★	32	北京理工大学	4★	41	河北师范大学	4★
24	新疆大学	4★	33	同济大学	4★			

3★（62个），2★（82个），1★（20个）：名单略

070304　物理化学（192）

排名	学校名称	星级	排名	学校名称	星级	排名	学校名称	星级
1	北京大学	5★+	14	上海交通大学	5★-	27	太原理工大学	4★
2	复旦大学	5★+	15	武汉大学	5★-	28	北京理工大学	4★
3	中国科学技术大学	5★	16	天津大学	5★-	29	华中科技大学	4★
4	吉林大学	5★	17	山东大学	5★-	30	北京航空航天大学	4★
5	厦门大学	5★	18	中山大学	5★-	31	北京师范大学	4★
6	南京大学	5★	19	大连理工大学	5★-	32	同济大学	4★
7	浙江大学	5★	20	华东理工大学	4★	33	中南大学	4★
8	清华大学	5★	21	福州大学	4★	34	西安交通大学	4★
9	南开大学	5★	22	兰州大学	4★	35	云南大学	4★
10	郑州大学	5★	23	东北师范大学	4★	36	重庆大学	4★
11	湖南大学	5★-	24	新疆大学	4★	37	东北大学	4★
12	四川大学	5★-	25	华东师范大学	4★	38	北京化工大学	4★
13	华南理工大学	5★-	26	昆明理工大学	4★			

3★（58个），2★（77个），1★（19个）：名单略

070305　高分子化学与物理（158）

排名	学校名称	星级	排名	学校名称	星级	排名	学校名称	星级
1	吉林大学	5★+	12	武汉大学	5★-	23	华中科技大学	4★
2	中国科学技术大学	5★+	13	清华大学	5★-	24	北京师范大学	4★
3	南开大学	5★	14	上海交通大学	5★-	25	太原理工大学	4★
4	南京大学	5★	15	厦门大学	5★-	26	北京航空航天大学	4★
5	复旦大学	5★	16	天津大学	5★-	27	华东师范大学	4★
6	浙江大学	5★	17	华东理工大学	4★	28	北京理工大学	4★
7	华南理工大学	5★	18	兰州大学	4★	29	中南大学	4★
8	湖南大学	5★	19	东北师范大学	4★	30	北京化工大学	4★
9	大连理工大学	5★-	20	山东大学	4★	31	苏州大学	4★
10	中山大学	5★-	21	郑州大学	4★	32	南昌大学	4★
11	四川大学	5★-	22	新疆大学	4★			

3★（47个），2★（63个），1★（16个）：名单略

070401　天体物理（18）

排名	学校名称	星级	排名	学校名称	星级	排名	学校名称	星级
1	中国科学技术大学	5★	3	北京大学	4★			
2	南京大学	5★-	4	上海交通大学	4★			
3★（5个），2★（7个），1★（2个）：名单略									

070501　自然地理学（78）

排名	学校名称	星级	排名	学校名称	星级	排名	学校名称	星级
1	北京师范大学	5★+	7	中山大学	5★-	13	新疆大学	4★
2	北京大学	5★	8	武汉大学	5★-	14	西北大学	4★
3	南京师范大学	5★	9	河南大学	4★	15	首都师范大学	4★
4	兰州大学	5★	10	云南大学	4★	16	云南师范大学	4★
5	华东师范大学	5★-	11	陕西师范大学	4★			
6	南京大学	5★-	12	福建师范大学	4★			
3★（23个），2★（31个），1★（8个）：名单略									

070502　人文地理学（76）

排名	学校名称	星级	排名	学校名称	星级	排名	学校名称	星级
1	北京大学	5★+	6	南京大学	5★-	11	西北师范大学	4★
2	北京师范大学	5★	7	武汉大学	5★-	12	辽宁师范大学	4★
3	南京师范大学	5★	8	兰州大学	5★-	13	华中师范大学	4★
4	华东师范大学	5★	9	河南大学	4★	14	首都师范大学	4★
5	中山大学	5★-	10	安徽师范大学	4★	15	湖南师范大学	4★
3★（23个），2★（30个），1★（8个）：名单略									

070503　地图学与地理信息系统（81）

排名	学校名称	星级	排名	学校名称	星级	排名	学校名称	星级
1	南京师范大学	5★+	7	南京大学	5★-	13	辽宁师范大学	4★
2	北京大学	5★	8	中山大学	5★-	14	东北师范大学	4★
3	北京师范大学	5★	9	首都师范大学	4★	15	云南师范大学	4★
4	武汉大学	5★	10	河南大学	4★	16	福建师范大学	4★
5	华东师范大学	5★-	11	新疆大学	4★			
6	兰州大学	5★-	12	西北师范大学	4★			
3★（25个），2★（32个），1★（8个）：名单略									

070601　气象学（17）

排名	学校名称	星级	排名	学校名称	星级	排名	学校名称	星级
1	南京信息工程大学	5★	2	南京大学	5★-	3	兰州大学	4★
3★（6个），2★（6个），1★（2个）：名单略									

070602　大气物理学与大气环境（13）

排名	学校名称	星级	排名	学校名称	星级	排名	学校名称	星级
1	兰州大学	5★	2	南京大学	4★	3	南京信息工程大学	4★
3★（4个），2★（5个），1★（1个）：名单略									

070701　物理海洋学（23）

排名	学校名称	星级	排名	学校名称	星级	排名	学校名称	星级
1	中国海洋大学	5★	3	上海交通大学	4★	5	中山大学	4★
2	厦门大学	5★-	4	华东师范大学	4★			
3★（7个），2★（9个），1★（2个）：名单略								

070702　海洋化学（23）

排名	学校名称	星级	排名	学校名称	星级	排名	学校名称	星级
1	中国海洋大学	5★	3	华东师范大学	4★	5	同济大学	4★
2	厦门大学	5★-	4	山东大学	4★			
3★（7个），2★（9个），1★（2个）：名单略								

070703　海洋生物学（25）

排名	学校名称	星级	排名	学校名称	星级	排名	学校名称	星级
1	中国海洋大学	5★	3	同济大学	5★-	5	浙江海洋大学	4★
2	厦门大学	5★-	4	华东师范大学	4★			
3★（8个），2★（10个），1★（2个）：名单略								

070704　海洋地质（19）

排名	学校名称	星级	排名	学校名称	星级	排名	学校名称	星级
1	中国海洋大学	5★	3	同济大学	4★			
2	厦门大学	5★-	4	上海交通大学	4★			
3★（6个），2★（7个），1★（2个）：名单略								

070801　固体地球物理学（19）

排名	学校名称	星级	排名	学校名称	星级	排名	学校名称	星级
1	中国科学技术大学	5★	3	北京大学	4★			
2	武汉大学	5★-	4	同济大学	4★			
3★（6个），2★（7个），1★（2个）：名单略								

070802　空间物理学（16）

排名	学校名称	星级	排名	学校名称	星级	排名	学校名称	星级
1	武汉大学	5★	2	中国科学技术大学	5★-	3	北京大学	4★
3★（5个），2★（6个），1★（2个）：名单略								

070901　矿物学、岩石学、矿床学（34）

排名	学校名称	星级	排名	学校名称	星级	排名	学校名称	星级
1	中国地质大学（北京）	5★	4	北京大学	4★	7	中南大学	4★
2	中国地质大学（武汉）	5★	5	成都理工大学	4★			
3	南京大学	5★-	6	西北大学	4★			
3★（10个），2★（14个），1★（3个）：名单略								

070902 地球化学（32）

排名	学校名称	星级	排名	学校名称	星级	排名	学校名称	星级
1	南京大学	5★	3	西北大学	5★-	5	成都理工大学	4★
2	北京大学	5★	4	中国地质大学（北京）	4★	6	中国地质大学（武汉）	4★
3★（10个），2★（13个），1★（3个）：名单略							

070903 古生物学与地层学（28）

排名	学校名称	星级	排名	学校名称	星级	排名	学校名称	星级
1	北京大学	5★	3	西北大学	5★-	5	中国地质大学（武汉）	4★
2	南京大学	5★-	4	成都理工大学	4★	6	中国地质大学（北京）	4★
3★（8个），2★（11个），1★（3个）：名单略							

070904 构造地质学（30）

排名	学校名称	星级	排名	学校名称	星级	排名	学校名称	星级
1	南京大学	5★	3	北京大学	5★-	5	西北大学	4★
2	中国地质大学（北京）	5★	4	成都理工大学	4★	6	中国地质大学（武汉）	4★
3★（9个），2★（12个），1★（3个）：名单略							

070905 第四纪地质学（26）

排名	学校名称	星级	排名	学校名称	星级	排名	学校名称	星级
1	南京大学	5★	3	西北大学	5★-	5	中国地质大学（武汉）	4★
2	成都理工大学	5★-	4	中国地质大学（北京）	4★			
3★（8个），2★（10个），1★（3个）：名单略							

071001 植物学（153）

排名	学校名称	星级	排名	学校名称	星级	排名	学校名称	星级
1	浙江大学	5★+	12	厦门大学	5★-	23	北京林业大学	4★
2	北京大学	5★+	13	山东大学	5★-	24	东北农业大学	4★
3	中山大学	5★	14	南京农业大学	5★-	25	云南大学	4★
4	复旦大学	5★	15	四川大学	5★-	26	华南师范大学	4★
5	中国农业大学	5★	16	西北农林科技大学	4★	27	华南农业大学	4★
6	武汉大学	5★	17	河南大学	4★	28	吉林大学	4★
7	南京大学	5★	18	兰州大学	4★	29	南京林业大学	4★
8	清华大学	5★	19	同济大学	4★	30	湖南大学	4★
9	西南大学	5★-	20	南开大学	4★	31	北京师范大学	4★
10	华中农业大学	5★-	21	华东师范大学	4★			
11	华中科技大学	5★-	22	四川农业大学	4★			
3★（46个），2★（61个），1★（15个）：名单略							

071002 动物学（138）

排名	学校名称	星级	排名	学校名称	星级	排名	学校名称	星级
1	武汉大学	5★+	4	中山大学	5★	7	北京大学	5★
2	复旦大学	5★	5	厦门大学	5★	8	北京协和医学院	5★-
3	南京大学	5★	6	西南大学	5★	9	清华大学	5★-

续表

排名	学校名称	星级	排名	学校名称	星级	排名	学校名称	星级
10	内蒙古大学	5★-	17	兰州大学	4★	24	重庆大学	4★
11	浙江大学	5★-	18	西北农林科技大学	4★	25	扬州大学	4★
12	四川大学	5★-	19	四川农业大学	4★	26	河北大学	4★
13	华东师范大学	5★-	20	南京林业大学	4★	27	吉林大学	4★
14	中国海洋大学	5★-	21	云南大学	4★	28	南京农业大学	4★
15	山东大学	4★	22	福建农林大学	4★			
16	南开大学	4★	23	同济大学	4★			

3★（41个），2★（55个），1★（14个）：名单略

071003　生理学（107）

排名	学校名称	星级	排名	学校名称	星级	排名	学校名称	星级
1	武汉大学	5★+	8	北京协和医学院	5★-	15	西安交通大学	4★
2	复旦大学	5★	9	清华大学	5★-	16	华东师范大学	4★
3	中国农业大学	5★	10	山西医科大学	5★-	17	华南理工大学	4★
4	南京大学	5★	11	浙江大学	5★-	18	山东大学	4★
5	北京大学	5★	12	西南大学	4★	19	北京师范大学	4★
6	厦门大学	5★-	13	四川大学	4★	20	中南大学	4★
7	中山大学	5★-	14	华中科技大学	4★	21	第二军医大学	4★

3★（33个），2★（42个），1★（11个）：名单略

071004　水生生物学（60）

排名	学校名称	星级	排名	学校名称	星级	排名	学校名称	星级
1	华中农业大学	5★+	5	西南大学	5★-	9	西北农林科技大学	4★
2	厦门大学	5★	6	暨南大学	5★-	10	同济大学	4★
3	中山大学	5★	7	中国海洋大学	4★	11	青岛大学	4★
4	清华大学	5★-	8	华中科技大学	4★	12	山东农业大学	4★

3★（18个），2★（24个），1★（6个）：名单略

071005　微生物学（184）

排名	学校名称	星级	排名	学校名称	星级	排名	学校名称	星级
1	武汉大学	5★+	14	兰州大学	5★-	27	哈尔滨工业大学	4★
2	上海交通大学	5★+	15	西北农林科技大学	5★-	28	华南理工大学	4★
3	华中农业大学	5★	16	云南大学	5★-	29	第二军医大学	4★
4	中国农业大学	5★	17	中国海洋大学	5★-	30	福建农林大学	4★
5	复旦大学	5★	18	南京农业大学	5★-	31	四川农业大学	4★
6	北京协和医学院	5★	19	南开大学	4★	32	北京林业大学	4★
7	浙江大学	5★	20	华南农业大学	4★	33	同济大学	4★
8	厦门大学	5★	21	四川大学	4★	34	南京医科大学	4★
9	中国科学技术大学	5★	22	湖南农业大学	4★	35	湖南大学	4★
10	中山大学	5★-	23	东北农业大学	4★	36	南京工业大学	4★
11	西南大学	5★-	24	华中科技大学	4★	37	北京师范大学	4★
12	清华大学	5★-	25	中南大学	4★			
13	山东大学	5★-	26	吉林大学	4★			

3★（55个），2★（74个），1★（18个）：名单略

071006 神经生物学（73）

排名	学校名称	星级	排名	学校名称	星级	排名	学校名称	星级
1	复旦大学	5★+	6	浙江大学	5★-	11	西安交通大学	4★
2	上海交通大学	5★	7	清华大学	5★-	12	华中科技大学	4★
3	中国科学技术大学	5★	8	华东师范大学	4★	13	第二军医大学	4★
4	中山大学	5★	9	东南大学	4★	14	山东大学	4★
5	华中农业大学	5★-	10	河南大学	4★	15	同济大学	4★
3★（22个），2★（29个），1★（7个）：名单略									

071007 遗传学（143）

排名	学校名称	星级	排名	学校名称	星级	排名	学校名称	星级
1	复旦大学	5★+	11	中国科学技术大学	5★-	21	东南大学	4★
2	上海交通大学	5★	12	厦门大学	5★-	22	西北农林科技大学	4★
3	武汉大学	5★	13	西南大学	5★-	23	兰州大学	4★
4	北京大学	5★	14	中国农业大学	5★-	24	中国海洋大学	4★
5	华中农业大学	5★	15	四川大学	4★	25	同济大学	4★
6	中山大学	5★	16	天津大学	4★	26	第二军医大学	4★
7	北京协和医学院	5★	17	中南大学	4★	27	云南大学	4★
8	浙江大学	5★-	18	华中科技大学	4★	28	南京农业大学	4★
9	清华大学	5★-	19	山东大学	4★	29	福建农林大学	4★
10	南京大学	5★-	20	西安交通大学	4★			
3★（43个），2★（57个），1★（14个）：名单略									

071008 发育生物学（71）

排名	学校名称	星级	排名	学校名称	星级	排名	学校名称	星级
1	上海交通大学	5★+	6	复旦大学	5★-	11	中南大学	4★
2	武汉大学	5★	7	浙江大学	5★-	12	山东大学	4★
3	华中农业大学	5★	8	西南大学	4★	13	同济大学	4★
4	清华大学	5★	9	中国海洋大学	4★	14	东北农业大学	4★
5	厦门大学	5★-	10	北京师范大学	4★			
3★（22个），2★（28个），1★（7个）：名单略									

071009 细胞生物学（144）

排名	学校名称	星级	排名	学校名称	星级	排名	学校名称	星级
1	浙江大学	5★+	11	厦门大学	5★-	21	河南大学	4★
2	上海交通大学	5★	12	中国农业大学	5★-	22	西安交通大学	4★
3	武汉大学	5★	13	西南大学	5★-	23	中南大学	4★
4	北京大学	5★	14	四川大学	5★-	24	中国医科大学	4★
5	北京协和医学院	5★	15	山东大学	4★	25	北京师范大学	4★
6	中国科学技术大学	5★	16	南开大学	4★	26	第二军医大学	4★
7	华中农业大学	5★	17	吉林大学	4★	27	中国海洋大学	4★
8	复旦大学	5★-	18	云南大学	4★	28	同济大学	4★
9	中山大学	5★-	19	兰州大学	4★	29	华南理工大学	4★
10	清华大学	5★-	20	西北农林科技大学	4★			
3★（43个），2★（58个），1★（14个）：名单略									

071010　生物化学与分子生物学（221）

排名	学校名称	星级	排名	学校名称	星级	排名	学校名称	星级
1	复旦大学	5★+	16	华东师范大学	5★-	31	暨南大学	4★
2	上海交通大学	5★+	17	山东大学	5★-	32	北京师范大学	4★
3	浙江大学	5★	18	华中科技大学	5★-	33	湖南大学	4★
4	武汉大学	5★	19	吉林大学	5★-	34	西北农林科技大学	4★
5	北京大学	5★	20	天津大学	5★-	35	第二军医大学	4★
6	华中农业大学	5★	21	南京医科大学	5★-	36	中国海洋大学	4★
7	北京协和医学院	5★	22	华东理工大学	5★-	37	河南大学	4★
8	中国农业大学	5★	23	西安交通大学	4★	38	郑州大学	4★
9	中国科学技术大学	5★	24	南开大学	4★	39	中国计量大学	4★
10	南京大学	5★	25	同济大学	4★	40	中南大学	4★
11	清华大学	5★	26	广州医科大学	4★	41	兰州大学	4★
12	中山大学	5★-	27	江南大学	4★	42	第四军医大学	4★
13	厦门大学	5★-	28	华南理工大学	4★	43	东南大学	4★
14	西南大学	5★-	29	南方医科大学	4★	44	福建农林大学	4★
15	四川大学	5★-	30	天津医科大学	4★			

3★（67个），2★（88个），1★（22个）：名单略

071011　生物物理学（69）

排名	学校名称	星级	排名	学校名称	星级	排名	学校名称	星级
1	上海交通大学	5★+	6	清华大学	5★-	11	西南大学	4★
2	武汉大学	5★	7	北京大学	5★-	12	中国农业大学	4★
3	浙江大学	5★	8	北京协和医学院	4★	13	西安交通大学	4★
4	中国科学技术大学	5★-	9	复旦大学	4★	14	天津大学	4★
5	南京大学	5★-	10	中山大学	4★			

3★（21个），2★（27个），1★（7个）：名单略

071101　系统理论（22）

排名	学校名称	星级	排名	学校名称	星级	排名	学校名称	星级
1	北京师范大学	5★	3	上海理工大学	4★			
2	北京交通大学	5★-	4	国防科技大学	4★			

3★（7个），2★（9个），1★（2个）：名单略

071102　系统分析与集成（20）

排名	学校名称	星级	排名	学校名称	星级	排名	学校名称	星级
1	北京师范大学	5★	3	国防科技大学	4★			
2	北京交通大学	5★-	4	北京邮电大学	4★			

3★（6个），2★（8个），1★（2个）：名单略

080101 一般力学与力学基础（54）

排名	学校名称	星级	排名	学校名称	星级	排名	学校名称	星级
1	西安交通大学	5★+	5	北京大学	5★-	9	天津大学	4★
2	清华大学	5★	6	南京航空航天大学	4★	10	上海交通大学	4★
3	哈尔滨工业大学	5★	7	北京理工大学	4★	11	西北工业大学	4★
4	北京航空航天大学	5★-	8	大连理工大学	4★			
3★（16个），2★（22个），1★（5个）：名单略									

080102 固体力学（79）

排名	学校名称	星级	排名	学校名称	星级	排名	学校名称	星级
1	北京大学	5★+	7	宁波大学	5★-	13	浙江大学	4★
2	清华大学	5★	8	兰州大学	5★-	14	中南大学	4★
3	哈尔滨工业大学	5★	9	北京理工大学	4★	15	上海交通大学	4★
4	北京航空航天大学	5★	10	大连理工大学	4★	16	重庆大学	4★
5	西安交通大学	5★-	11	西北工业大学	4★			
6	南京航空航天大学	5★-	12	天津大学	4★			
3★（24个），2★（31个），1★（8个）：名单略									

080103 流体力学（64）

排名	学校名称	星级	排名	学校名称	星级	排名	学校名称	星级
1	北京大学	5★+	6	北京航空航天大学	5★-	11	中山大学	4★
2	清华大学	5★	7	天津大学	4★	12	湖南大学	4★
3	南京航空航天大学	5★	8	浙江大学	4★	13	北京科技大学	4★
4	西安交通大学	5★-	9	上海交通大学	4★			
5	哈尔滨工业大学	5★-	10	华中科技大学	4★			
3★（19个），2★（26个），1★（6个）：名单略									

080104 工程力学（88）

排名	学校名称	星级	排名	学校名称	星级	排名	学校名称	星级
1	北京大学	5★+	7	北京航空航天大学	5★-	13	上海交通大学	4★
2	哈尔滨工业大学	5★	8	大连理工大学	5★-	14	湖南大学	4★
3	南京航空航天大学	5★	9	兰州大学	5★-	15	浙江大学	4★
4	清华大学	5★	10	中南大学	4★	16	重庆大学	4★
5	宁波大学	5★-	11	东北大学	4★	17	天津大学	4★
6	西安交通大学	5★-	12	西北工业大学	4★	18	四川大学	4★
3★（26个），2★（35个），1★（9个）：名单略									

080201 机械制造及其自动化（201）

排名	学校名称	星级	排名	学校名称	星级	排名	学校名称	星级
1	西北工业大学	5★+	5	哈尔滨工业大学	5★	9	重庆大学	5★
2	西安交通大学	5★+	6	清华大学	5★	10	上海大学	5★
3	上海交通大学	5★	7	浙江大学	5★	11	大连理工大学	5★-
4	华中科技大学	5★	8	湖南大学	5★	12	吉林大学	5★-

续表

排名	学校名称	星级	排名	学校名称	星级	排名	学校名称	星级
13	山东大学	5★-	23	电子科技大学	4★	33	浙江理工大学	4★
14	东北大学	5★-	24	东南大学	4★	34	江苏大学	4★
15	北京理工大学	5★-	25	北京科技大学	4★	35	武汉大学	4★
16	华南理工大学	5★-	26	北京工业大学	4★	36	中国农业大学	4★
17	天津大学	5★-	27	浙江工业大学	4★	37	厦门大学	4★
18	中南大学	5★-	28	四川大学	4★	38	新疆大学	4★
19	广东工业大学	5★-	29	南京理工大学	4★	39	合肥工业大学	4★
20	北京航空航天大学	5★-	30	燕山大学	4★	40	兰州理工大学	4★
21	南京航空航天大学	4★	31	西南交通大学	4★			
22	同济大学	4★	32	中国矿业大学	4★			

3★（61个），2★（80个），1★（20个）：名单略

080202　机械电子工程（205）

排名	学校名称	星级	排名	学校名称	星级	排名	学校名称	星级
1	华中科技大学	5★+	15	燕山大学	5★-	29	西南交通大学	4★
2	西安交通大学	5★+	16	同济大学	5★-	30	南京理工大学	4★
3	西北工业大学	5★	17	东北大学	5★-	31	浙江工业大学	4★
4	清华大学	5★	18	中南大学	5★-	32	吉林大学	4★
5	哈尔滨工业大学	5★	19	中国科学技术大学	5★-	33	中国矿业大学	4★
6	上海交通大学	5★	20	天津大学	5★-	34	中国农业大学	4★
7	浙江大学	5★	21	合肥工业大学	5★-	35	电子科技大学	4★
8	重庆大学	5★	22	东南大学	4★	36	东华大学	4★
9	湖南大学	5★	23	北京科技大学	4★	37	山东大学	4★
10	上海大学	5★	24	西安电子科技大学	4★	38	四川大学	4★
11	大连理工大学	5★-	25	南京航空航天大学	4★	39	厦门大学	4★
12	北京理工大学	5★-	26	江苏大学	4★	40	广东工业大学	4★
13	北京航空航天大学	5★-	27	武汉大学	4★	41	华东理工大学	4★
14	华南理工大学	5★-	28	北京交通大学	4★			

3★（62个），2★（82个），1★（20个）：名单略

080203　机械设计及理论（205）

排名	学校名称	星级	排名	学校名称	星级	排名	学校名称	星级
1	清华大学	5★+	11	吉林大学	5★-	21	北京交通大学	5★-
2	西安交通大学	5★+	12	燕山大学	5★-	22	西南交通大学	4★
3	华中科技大学	5★	13	大连理工大学	5★-	23	合肥工业大学	4★
4	上海交通大学	5★	14	北京理工大学	5★-	24	北京科技大学	4★
5	浙江大学	5★	15	华南理工大学	5★-	25	南京航空航天大学	4★
6	哈尔滨工业大学	5★	16	北京航空航天大学	5★-	26	中南大学	4★
7	重庆大学	5★	17	同济大学	5★-	27	东南大学	4★
8	西北工业大学	5★	18	东北大学	5★-	28	浙江工业大学	4★
9	湖南大学	5★	19	天津大学	5★-	29	山东大学	4★
10	上海大学	5★	20	电子科技大学	5★-	30	江苏大学	4★

续表

排名	学校名称	星级	排名	学校名称	星级	排名	学校名称	星级
31	中国矿业大学	4★	35	中国农业大学	4★	39	广东工业大学	4★
32	北京工业大学	4★	36	四川大学	4★	40	太原理工大学	4★
33	东华大学	4★	37	武汉大学	4★	41	兰州理工大学	4★
34	浙江理工大学	4★	38	厦门大学	4★			

3★（62个），2★（82个），1★（20个）：名单略

080204　车辆工程（154）

排名	学校名称	星级	排名	学校名称	星级	排名	学校名称	星级
1	清华大学	5★+	12	北京理工大学	5★-	23	南京航空航天大学	4★
2	重庆大学	5★+	13	同济大学	5★-	24	中国农业大学	4★
3	西安交通大学	5★	14	东北大学	5★-	25	电子科技大学	4★
4	华中科技大学	5★	15	北京航空航天大学	5★-	26	山东大学	4★
5	上海交通大学	5★	16	东南大学	4★	27	大连理工大学	4★
6	哈尔滨工业大学	5★	17	西南交通大学	4★	28	厦门大学	4★
7	浙江大学	5★	18	华南理工大学	4★	29	燕山大学	4★
8	湖南大学	5★	19	武汉理工大学	4★	30	江苏大学	4★
9	西北工业大学	5★-	20	天津大学	4★	31	北京交通大学	4★
10	上海大学	5★-	21	合肥工业大学	4★			
11	吉林大学	5★-	22	中南大学	4★			

3★（46个），2★（62个），1★（15个）：名单略

080401　精密仪器及机械（63）

排名	学校名称	星级	排名	学校名称	星级	排名	学校名称	星级
1	北京航空航天大学	5★+	6	上海交通大学	5★-	11	电子科技大学	4★
2	西安交通大学	5★	7	天津大学	4★	12	国防科技大学	4★
3	哈尔滨工业大学	5★	8	中国科学技术大学	4★	13	中北大学	4★
4	重庆大学	5★-	9	东南大学	4★			
5	北京理工大学	5★-	10	大连理工大学	4★			

3★（19个），2★（25个），1★（6个）：名单略

080402　测试计量技术及仪器（68）

排名	学校名称	星级	排名	学校名称	星级	排名	学校名称	星级
1	北京航空航天大学	5★+	6	重庆大学	5★-	11	电子科技大学	4★
2	哈尔滨工业大学	5★	7	北京理工大学	5★-	12	国防科技大学	4★
3	西安交通大学	5★	8	吉林大学	4★	13	中北大学	4★
4	天津大学	5★-	9	上海交通大学	4★	14	北京科技大学	4★
5	东南大学	5★-	10	大连理工大学	4★			

3★（20个），2★（27个），1★（7个）：名单略

080501　材料物理与化学（201）

排名	学校名称	星级	排名	学校名称	星级	排名	学校名称	星级
1	中国科学技术大学	5★+	15	西北工业大学	5★-	29	安徽大学	4★
2	清华大学	5★+	16	南京大学	5★-	30	山东大学	4★
3	复旦大学	5★	17	吉林大学	5★-	31	东北大学	4★
4	上海交通大学	5★	18	北京航空航天大学	5★-	32	杭州电子科技大学	4★
5	北京科技大学	5★	19	北京理工大学	5★-	33	重庆大学	4★
6	西安交通大学	5★	20	苏州大学	5★-	34	北京化工大学	4★
7	哈尔滨工业大学	5★	21	南开大学	4★	35	湖南大学	4★
8	华中科技大学	5★	22	四川大学	4★	36	同济大学	4★
9	武汉理工大学	5★	23	北京大学	4★	37	中国石油大学（北京）	4★
10	天津大学	5★	24	中山大学	4★	38	武汉大学	4★
11	中南大学	5★-	25	华东理工大学	4★	39	大连理工大学	4★
12	浙江大学	5★-	26	郑州大学	4★	40	南京理工大学	4★
13	华南理工大学	5★-	27	南昌大学	4★			
14	东南大学	5★-	28	东北师范大学	4★			

3★（61个），2★（80个），1★（20个）：名单略

080502　材料学（200）

排名	学校名称	星级	排名	学校名称	星级	排名	学校名称	星级
1	北京科技大学	5★+	15	华中科技大学	5★-	29	北京大学	4★
2	复旦大学	5★+	16	吉林大学	5★-	30	东北大学	4★
3	西北工业大学	5★	17	燕山大学	5★-	31	北京化工大学	4★
4	武汉理工大学	5★	18	北京航空航天大学	5★-	32	山东大学	4★
5	浙江大学	5★	19	苏州大学	5★-	33	南京理工大学	4★
6	中国科学技术大学	5★	20	西安交通大学	5★-	34	湖南大学	4★
7	四川大学	5★	21	南开大学	4★	35	电子科技大学	4★
8	上海交通大学	5★	22	华东理工大学	4★	36	杭州电子科技大学	4★
9	清华大学	5★	23	北京理工大学	4★	37	同济大学	4★
10	南京大学	5★	24	中山大学	4★	38	重庆大学	4★
11	中南大学	5★-	25	东南大学	4★	39	南京航空航天大学	4★
12	哈尔滨工业大学	5★-	26	郑州大学	4★	40	北京工业大学	4★
13	天津大学	5★-	27	安徽大学	4★			
14	华南理工大学	5★-	28	南昌大学	4★			

3★（60个），2★（80个），1★（20个）：名单略

080503　材料加工工程（184）

排名	学校名称	星级	排名	学校名称	星级	排名	学校名称	星级
1	北京科技大学	5★+	7	四川大学	5★	13	浙江大学	5★-
2	上海交通大学	5★+	8	西北工业大学	5★	14	北京航空航天大学	5★-
3	武汉理工大学	5★	9	南京大学	5★	15	北京理工大学	5★-
4	清华大学	5★	10	哈尔滨工业大学	5★-	16	华中科技大学	5★-
5	华南理工大学	5★	11	中南大学	5★-	17	西安交通大学	5★-
6	中国科学技术大学	5★	12	吉林大学	5★-	18	天津大学	5★-

排名	学校名称	星级	排名	学校名称	星级	排名	学校名称	星级
19	郑州大学	4★	26	东北大学	4★	33	重庆大学	4★
20	华东理工大学	4★	27	北京化工大学	4★	34	武汉大学	4★
21	中山大学	4★	28	湖南大学	4★	35	太原理工大学	4★
22	苏州大学	4★	29	山东大学	4★	36	国防科技大学	4★
23	东南大学	4★	30	电子科技大学	4★	37	南京理工大学	4★
24	南昌大学	4★	31	杭州电子科技大学	4★			
25	安徽大学	4★	32	同济大学	4★			
3★（55个），2★（74个），1★（18个）：名单略									

080601 冶金物理化学（22）

排名	学校名称	星级	排名	学校名称	星级	排名	学校名称	星级
1	北京科技大学	5★	3	东北大学	4★			
2	中南大学	5★-	4	重庆大学	4★			
3★（7个），2★（9个），1★（2个）：名单略									

080602 钢铁冶金（22）

排名	学校名称	星级	排名	学校名称	星级	排名	学校名称	星级
1	中南大学	5★	3	东北大学	4★			
2	北京科技大学	5★-	4	重庆大学	4★			
3★（7个），2★（9个），1★（2个）：名单略									

080603 有色金属冶金（22）

排名	学校名称	星级	排名	学校名称	星级	排名	学校名称	星级
1	北京科技大学	5★	3	东北大学	4★			
2	中南大学	5★-	4	重庆大学	4★			
3★（7个），2★（9个），1★（2个）：名单略									

080701 工程热物理（66）

排名	学校名称	星级	排名	学校名称	星级	排名	学校名称	星级
1	清华大学	5★+	6	天津大学	5★-	11	北京航空航天大学	4★
2	西安交通大学	5★	7	哈尔滨工业大学	5★-	12	华南理工大学	4★
3	华中科技大学	5★	8	华北电力大学	4★	13	南京航空航天大学	4★
4	浙江大学	5★-	9	东南大学	4★			
5	上海交通大学	5★-	10	西北工业大学	4★			
3★（20个），2★（26个），1★（7个）：名单略									

080702 热能工程（82）

排名	学校名称	星级	排名	学校名称	星级	排名	学校名称	星级
1	西安交通大学	5★+	4	浙江大学	5★	7	东南大学	5★-
2	华中科技大学	5★	5	天津大学	5★-	8	北京航空航天大学	5★-
3	上海交通大学	5★	6	哈尔滨工业大学	5★-	9	华北电力大学	4★

续表

排名	学校名称	星级	排名	学校名称	星级	排名	学校名称	星级
10	中国科学技术大学	5★	13	山东大学	4★	16	华东理工大学	4★
11	大连理工大学	5★-	14	武汉大学	4★			
12	重庆大学	5★-	15	东北大学	4★			
3★（25个），2★（33个），1★（8个）：名单略							

080703　动力机械及工程（69）

排名	学校名称	星级	排名	学校名称	星级	排名	学校名称	星级
1	清华大学	5★+	6	哈尔滨工业大学	5★-	11	同济大学	4★
2	西安交通大学	5★	7	东南大学	5★-	12	北京理工大学	4★
3	华中科技大学	5★	8	浙江大学	4★	13	北京航空航天大学	4★
4	上海交通大学	5★-	9	重庆大学	4★	14	江苏大学	4★
5	天津大学	5★-	10	大连理工大学	4★			
3★（21个），2★（27个），1★（7个）：名单略							

080704　流体机械及工程（65）

排名	学校名称	星级	排名	学校名称	星级	排名	学校名称	星级
1	西安交通大学	5★+	6	重庆大学	5★-	11	北京理工大学	4★
2	华中科技大学	5★	7	东南大学	5★-	12	东北大学	4★
3	上海交通大学	5★	8	浙江大学	4★	13	兰州理工大学	4★
4	哈尔滨工业大学	5★-	9	西北工业大学	4★			
5	北京航空航天大学	5★-	10	武汉大学	4★			
3★（20个），2★（26个），1★（6个）：名单略							

080705　制冷及低温工程（52）

排名	学校名称	星级	排名	学校名称	星级	排名	学校名称	星级
1	西安交通大学	5★+	5	浙江大学	5★-	9	天津大学	4★
2	华中科技大学	5★	6	中国科学技术大学	4★	10	北京航空航天大学	4★
3	上海交通大学	5★	7	东南大学	4★			
4	哈尔滨工业大学	5★-	8	北京理工大学	4★			
3★（16个），2★（21个），1★（5个）：名单略							

080706　化工过程机械（61）

排名	学校名称	星级	排名	学校名称	星级	排名	学校名称	星级
1	西安交通大学	5★+	5	哈尔滨工业大学	5★-	9	郑州大学	4★
2	四川大学	5★	6	华南理工大学	5★-	10	山东大学	4★
3	天津大学	5★	7	重庆大学	4★	11	东北大学	4★
4	浙江大学	5★-	8	东南大学	4★	12	华北电力大学	4★
3★（19个），2★（24个），1★（6个）：名单略							

080801 电机与电器（83）

排名	学校名称	星级	排名	学校名称	星级	排名	学校名称	星级
1	华中科技大学	5★+	7	清华大学	5★-	13	大连理工大学	4★
2	西安交通大学	5★	8	河北工业大学	5★-	14	华南理工大学	4★
3	浙江大学	5★	9	东南大学	4★	15	东北大学	4★
4	重庆大学	5★	10	湖南大学	4★	16	山东大学	4★
5	上海交通大学	5★-	11	哈尔滨工业大学	4★	17	沈阳工业大学	4★
6	华北电力大学	5★-	12	天津大学	4★			

3★（25个），2★（33个），1★（8个）：名单略

080802 电力系统及其自动化（92）

排名	学校名称	星级	排名	学校名称	星级	排名	学校名称	星级
1	华北电力大学	5★+	7	浙江大学	5★-	13	武汉大学	4★
2	华中科技大学	5★	8	河北工业大学	5★-	14	四川大学	4★
3	西安交通大学	5★	9	湖南大学	5★-	15	新疆大学	4★
4	重庆大学	5★	10	天津大学	4★	16	大连理工大学	4★
5	清华大学	5★	11	东南大学	4★	17	山东大学	4★
6	上海交通大学	5★-	12	华南理工大学	4★	18	上海电力大学	4★

3★（28个），2★（37个），1★（9个）：名单略

080803 高电压与绝缘技术（59）

排名	学校名称	星级	排名	学校名称	星级	排名	学校名称	星级
1	华中科技大学	5★+	5	上海交通大学	5★-	9	武汉大学	4★
2	重庆大学	5★	6	浙江大学	5★-	10	湖南大学	4★
3	西安交通大学	5★	7	华北电力大学	4★	11	西南交通大学	4★
4	清华大学	5★-	8	河北工业大学	4★	12	哈尔滨理工大学	4★

3★（18个），2★（23个），1★（6个）：名单略

080804 电力电子与电力传动（102）

排名	学校名称	星级	排名	学校名称	星级	排名	学校名称	星级
1	浙江大学	5★+	8	河北工业大学	5★-	15	四川大学	4★
2	华北电力大学	5★	9	湖南大学	5★-	16	哈尔滨工业大学	4★
3	华中科技大学	5★	10	东南大学	5★-	17	新疆大学	4★
4	重庆大学	5★	11	武汉大学	4★	18	大连理工大学	4★
5	西安交通大学	5★	12	天津大学	4★	19	东北大学	4★
6	上海交通大学	5★-	13	山东大学	4★	20	北京交通大学	4★
7	清华大学	5★-	14	华南理工大学	4★			

3★（31个），2★（41个），1★（10个）：名单略

080805　电工理论与新技术（79）

排名	学校名称	星级	排名	学校名称	星级	排名	学校名称	星级
1	华中科技大学	5★+	7	河北工业大学	5★-	13	山东大学	4★
2	华北电力大学	5★	8	清华大学	5★-	14	沈阳工业大学	4★
3	重庆大学	5★	9	湖南大学	4★	15	北京交通大学	4★
4	西安交通大学	5★	10	东南大学	4★	16	西南交通大学	4★
5	上海交通大学	5★-	11	武汉大学	4★			
6	浙江大学	5★-	12	天津大学	4★			

3★（24个），2★（31个），1★（8个）：名单略

080901　物理电子学（95）

排名	学校名称	星级	排名	学校名称	星级	排名	学校名称	星级
1	电子科技大学	5★+	8	北京理工大学	5★-	15	西北工业大学	4★
2	北京大学	5★	9	西安交通大学	5★-	16	北京航空航天大学	4★
3	东南大学	5★	10	华东师范大学	5★-	17	武汉大学	4★
4	南京邮电大学	5★	11	华中科技大学	4★	18	南京大学	4★
5	清华大学	5★	12	复旦大学	4★	19	南开大学	4★
6	浙江大学	5★-	13	中国科学技术大学	4★			
7	哈尔滨工业大学	5★-	14	国防科技大学	4★			

3★（29个），2★（38个），1★（9个）：名单略

080902　电路与系统（100）

排名	学校名称	星级	排名	学校名称	星级	排名	学校名称	星级
1	东南大学	5★+	8	浙江大学	5★-	15	北京理工大学	4★
2	电子科技大学	5★	9	复旦大学	5★-	16	武汉大学	4★
3	北京大学	5★	10	上海交通大学	5★-	17	北京航空航天大学	4★
4	中山大学	5★	11	中国科学技术大学	4★	18	华南理工大学	4★
5	南京邮电大学	5★	12	天津大学	4★	19	国防科技大学	4★
6	西安电子科技大学	5★-	13	南京大学	4★	20	北京邮电大学	4★
7	清华大学	5★-	14	西安交通大学	4★			

3★（30个），2★（40个），1★（10个）：名单略

080903　微电子学与固体电子学（98）

排名	学校名称	星级	排名	学校名称	星级	排名	学校名称	星级
1	北京大学	5★+	8	复旦大学	5★-	15	南京大学	4★
2	电子科技大学	5★	9	吉林大学	5★-	16	哈尔滨工业大学	4★
3	东南大学	5★	10	上海交通大学	5★-	17	北京理工大学	4★
4	南京邮电大学	5★	11	北京邮电大学	4★	18	华中科技大学	4★
5	中山大学	5★	12	浙江大学	4★	19	西安交通大学	4★
6	西安电子科技大学	5★-	13	华东师范大学	4★	20	中国科学技术大学	4★
7	清华大学	5★-	14	天津大学	4★			

3★（29个），2★（39个），1★（10个）：名单略

080904　电磁场与微波技术（84）

排名	学校名称	星级	排名	学校名称	星级	排名	学校名称	星级
1	东南大学	5★+	7	复旦大学	5★-	13	西安交通大学	4★
2	电子科技大学	5★	8	浙江大学	5★-	14	北京理工大学	4★
3	北京大学	5★	9	西安电子科技大学	4★	15	北京邮电大学	4★
4	南京邮电大学	5★	10	中国科学技术大学	4★	16	国防科技大学	4★
5	清华大学	5★-	11	华中科技大学	4★	17	北京航空航天大学	4★
6	上海交通大学	5★-	12	天津大学	4★			

3★（25个），2★（34个），1★（8个）：名单略

081001　通信与信息系统（164）

排名	学校名称	星级	排名	学校名称	星级	排名	学校名称	星级
1	北京邮电大学	5★+	12	武汉大学	5★-	23	吉林大学	4★
2	电子科技大学	5★+	13	浙江大学	5★-	24	重庆大学	4★
3	西安电子科技大学	5★	14	华南理工大学	5★-	25	华东师范大学	4★
4	东南大学	5★	15	西北工业大学	5★-	26	重庆邮电大学	4★
5	上海交通大学	5★	16	哈尔滨工业大学	5★-	27	东北大学	4★
6	清华大学	5★	17	中山大学	4★	28	宁波大学	4★
7	国防科技大学	5★	18	南京邮电大学	4★	29	西南交通大学	4★
8	西安交通大学	5★	19	大连理工大学	4★	30	同济大学	4★
9	华中科技大学	5★-	20	北京航空航天大学	4★	31	南京航空航天大学	4★
10	北京理工大学	5★-	21	天津大学	4★	32	南京大学	4★
11	北京大学	5★-	22	北京交通大学	4★	33	哈尔滨工程大学	4★

3★（49个），2★（66个），1★（16个）：名单略

081002　信号与信息处理（164）

排名	学校名称	星级	排名	学校名称	星级	排名	学校名称	星级
1	北京邮电大学	5★+	12	哈尔滨工业大学	5★-	23	武汉大学	4★
2	西安电子科技大学	5★+	13	南京邮电大学	5★-	24	浙江大学	4★
3	电子科技大学	5★	14	南京大学	5★-	25	重庆大学	4★
4	清华大学	5★	15	华南理工大学	5★-	26	四川大学	4★
5	东南大学	5★	16	北京航空航天大学	5★-	27	华东师范大学	4★
6	上海交通大学	5★	17	中国科学技术大学	4★	28	厦门大学	4★
7	国防科技大学	5★	18	中山大学	4★	29	宁波大学	4★
8	西安交通大学	5★	19	西北工业大学	4★	30	同济大学	4★
9	北京理工大学	5★-	20	重庆邮电大学	4★	31	北京交通大学	4★
10	华中科技大学	5★-	21	天津大学	4★	32	山东大学	4★
11	北京大学	5★-	22	大连理工大学	4★	33	哈尔滨工程大学	4★

3★（49个），2★（66个），1★（16个）：名单略

081101　控制理论与控制工程（179）

排名	学校名称	星级	排名	学校名称	星级	排名	学校名称	星级
1	东北大学	5★+	13	中南大学	5★-	25	西安交通大学	4★
2	浙江大学	5★+	14	天津大学	5★-	26	吉林大学	4★
3	哈尔滨工业大学	5★	15	华南理工大学	5★-	27	燕山大学	4★
4	北京航空航天大学	5★	16	国防科技大学	5★-	28	中国矿业大学	4★
5	清华大学	5★	17	华东理工大学	5★-	29	杭州电子科技大学	4★
6	北京理工大学	5★	18	湖南大学	5★-	30	同济大学	4★
7	东南大学	5★	19	中国科学技术大学	4★	31	南开大学	4★
8	上海交通大学	5★	20	电子科技大学	4★	32	重庆大学	4★
9	华中科技大学	5★	21	江南大学	4★	33	武汉大学	4★
10	大连理工大学	5★-	22	南京理工大学	4★	34	郑州大学	4★
11	西北工业大学	5★-	23	南京航空航天大学	4★	35	上海大学	4★
12	山东大学	5★-	24	西南科技大学	4★	36	广东工业大学	4★

3★（54个），2★（71个），1★（18个）：名单略

081102　检测技术与自动化装置（171）

排名	学校名称	星级	排名	学校名称	星级	排名	学校名称	星级
1	哈尔滨工业大学	5★+	13	华中科技大学	5★-	25	南开大学	4★
2	浙江大学	5★+	14	同济大学	5★-	26	华南理工大学	4★
3	清华大学	5★	15	湖南大学	5★-	27	重庆大学	4★
4	东北大学	5★	16	国防科技大学	5★-	28	厦门大学	4★
5	北京理工大学	5★	17	吉林大学	5★-	29	四川大学	4★
6	上海交通大学	5★	18	西安交通大学	4★	30	郑州大学	4★
7	北京航空航天大学	5★	19	中国矿业大学	4★	31	南京理工大学	4★
8	东南大学	5★	20	河北工业大学	4★	32	华东理工大学	4★
9	中国科学技术大学	5★	21	山东大学	4★	33	中山大学	4★
10	西北工业大学	5★-	22	杭州电子科技大学	4★	34	华东交通大学	4★
11	电子科技大学	5★-	23	哈尔滨工程大学	4★			
12	天津大学	5★-	24	中南大学	4★			

3★（52个），2★（68个），1★（17个）：名单略

081103　系统工程（122）

排名	学校名称	星级	排名	学校名称	星级	排名	学校名称	星级
1	清华大学	5★+	9	西北工业大学	5★-	17	南开大学	4★
2	浙江大学	5★	10	天津大学	5★-	18	南京航空航天大学	4★
3	上海交通大学	5★	11	华北电力大学	5★-	19	中国科学技术大学	4★
4	北京理工大学	5★	12	东北大学	5★-	20	重庆大学	4★
5	东南大学	5★	13	电子科技大学	4★	21	中南大学	4★
6	西安交通大学	5★	14	湖南大学	4★	22	南京理工大学	4★
7	华中科技大学	5★-	15	华南理工大学	4★	23	国防科技大学	4★
8	北京航空航天大学	5★-	16	武汉大学	4★	24	江南大学	4★

3★（37个），2★（49个），1★（12个）：名单略

081104　模式识别与智能系统（162）

排名	学校名称	星级	排名	学校名称	星级	排名	学校名称	星级
1	哈尔滨工业大学	5★+	12	华中科技大学	5★-	23	天津大学	4★
2	清华大学	5★+	13	华南理工大学	5★-	24	南开大学	4★
3	浙江大学	5★	14	湖南大学	5★-	25	武汉大学	4★
4	北京航空航天大学	5★	15	山东大学	5★-	26	郑州大学	4★
5	东南大学	5★	16	国防科技大学	5★-	27	华东理工大学	4★
6	东北大学	5★	17	南京理工大学	4★	28	哈尔滨工程大学	4★
7	北京理工大学	5★	18	同济大学	4★	29	北京化工大学	4★
8	上海交通大学	5★	19	浙江工业大学	4★	30	北京交通大学	4★
9	中国科学技术大学	5★-	20	中南大学	4★	31	中山大学	4★
10	西北工业大学	5★-	21	西安交通大学	4★	32	吉林大学	4★
11	电子科技大学	5★-	22	杭州电子科技大学	4★			

3★（49个），2★（65个），1★（16个）：名单略

081105　导航、制导与控制（79）

排名	学校名称	星级	排名	学校名称	星级	排名	学校名称	星级
1	哈尔滨工业大学	5★+	7	北京理工大学	5★-	13	湖南大学	4★
2	浙江大学	5★	8	上海交通大学	5★-	14	国防科技大学	4★
3	东南大学	5★	9	西北工业大学	4★	15	哈尔滨工程大学	4★
4	北京航空航天大学	5★	10	电子科技大学	4★	16	西安交通大学	4★
5	清华大学	5★-	11	华中科技大学	4★			
6	东北大学	5★-	12	南京航空航天大学	4★			

3★（24个），2★（31个），1★（8个）：名单略

081201　计算机系统结构（189）

排名	学校名称	星级	排名	学校名称	星级	排名	学校名称	星级
1	清华大学	5★+	14	东南大学	5★-	27	湖南大学	4★
2	上海交通大学	5★+	15	电子科技大学	5★-	28	合肥工业大学	4★
3	北京大学	5★	16	新疆大学	5★-	29	复旦大学	4★
4	北京邮电大学	5★	17	天津大学	5★-	30	吉林大学	4★
5	西安电子科技大学	5★	18	东北大学	5★-	31	杭州电子科技大学	4★
6	华中科技大学	5★	19	西北工业大学	5★-	32	重庆大学	4★
7	哈尔滨工业大学	5★	20	四川大学	4★	33	山东大学	4★
8	浙江大学	5★	21	北京理工大学	4★	34	厦门大学	4★
9	国防科技大学	5★	22	华南理工大学	4★	35	北京交通大学	4★
10	南京大学	5★-	23	中南大学	4★	36	南京理工大学	4★
11	中国科学技术大学	5★-	24	重庆邮电大学	4★	37	南京航空航天大学	4★
12	北京航空航天大学	5★-	25	西安交通大学	4★	38	浙江工业大学	4★
13	武汉大学	5★-	26	中山大学	4★			

3★（57个），2★（75个），1★（19个）：名单略

081202 计算机软件与理论（219）

排名	学校名称	星级	排名	学校名称	星级	排名	学校名称	星级
1	北京大学	5★+	16	大连理工大学	5★-	31	重庆邮电大学	4★
2	上海交通大学	5★+	17	吉林大学	5★-	32	中山大学	4★
3	西安电子科技大学	5★	18	华东师范大学	5★-	33	南京理工大学	4★
4	北京邮电大学	5★	19	湖南大学	5★-	34	重庆大学	4★
5	南京大学	5★	20	东北大学	5★-	35	武汉大学	4★
6	清华大学	5★	21	北京师范大学	5★-	36	山东大学	4★
7	华中科技大学	5★	22	天津大学	5★-	37	杭州电子科技大学	4★
8	哈尔滨工业大学	5★	23	同济大学	4★	38	四川大学	4★
9	中国科学技术大学	5★	24	北京交通大学	4★	39	西南大学	4★
10	国防科技大学	5★	25	西安交通大学	4★	40	南开大学	4★
11	北京航空航天大学	5★	26	西北工业大学	4★	41	厦门大学	4★
12	新疆大学	5★-	27	华南理工大学	4★	42	浙江师范大学	4★
13	东南大学	5★-	28	深圳大学	4★	43	安徽大学	4★
14	电子科技大学	5★-	29	中南大学	4★	44	山西大学	4★
15	复旦大学	5★-	30	北京理工大学	4★			

3★（66个），2★（87个），1★（22个）：名单略

081203 计算机应用技术（261）

排名	学校名称	星级	排名	学校名称	星级	排名	学校名称	星级
1	北京大学	5★+	19	天津大学	5★-	37	北京交通大学	4★
2	北京航空航天大学	5★+	20	华东师范大学	5★-	38	中国人民大学	4★
3	上海交通大学	5★+	21	西北工业大学	5★-	39	山东大学	4★
4	哈尔滨工业大学	5★	22	东北大学	5★-	40	重庆邮电大学	4★
5	西安电子科技大学	5★	23	北京理工大学	5★-	41	合肥工业大学	4★
6	华中科技大学	5★	24	杭州电子科技大学	5★-	42	四川大学	4★
7	清华大学	5★	25	西安交通大学	5★-	43	重庆大学	4★
8	北京邮电大学	5★	26	中山大学	5★-	44	同济大学	4★
9	南京大学	5★	27	北京师范大学	4★	45	北京工业大学	4★
10	中国科学技术大学	5★	28	湖南大学	4★	46	南开大学	4★
11	浙江大学	5★	29	深圳大学	4★	47	中国矿业大学	4★
12	国防科技大学	5★	30	华东理工大学	4★	48	南京航空航天大学	4★
13	东南大学	5★	31	吉林大学	4★	49	厦门大学	4★
14	新疆大学	5★-	32	中南大学	4★	50	浙江师范大学	4★
15	复旦大学	5★-	33	安徽大学	4★	51	福州大学	4★
16	华南理工大学	5★-	34	北京科技大学	4★	52	兰州大学	4★
17	电子科技大学	5★-	35	上海大学	4★			
18	大连理工大学	5★-	36	武汉大学	4★			

3★（79个），2★（104个），1★（26个）：名单略

0812Z1　智能科学与技术（18）

排名	学校名称	星级	排名	学校名称	星级	排名	学校名称	星级
1	浙江大学	5★	3	哈尔滨工程大学	4★			
2	北京邮电大学	5★-	4	中国人民大学	4★			
3★（5个），2★（7个），1★（2个）：名单略								

0812Z2　大数据科学与工程（6）

排名	学校名称	星级	排名	学校名称	星级	排名	学校名称	星级
1	北京邮电大学	5★-						
3★（2个），2★（2个），1★（1个）：名单略								

081301　建筑历史与理论（61）

排名	学校名称	星级	排名	学校名称	星级	排名	学校名称	星级
1	同济大学	5★+	5	天津大学	5★-	9	湖南大学	4★
2	东南大学	5★	6	重庆大学	5★-	10	浙江大学	4★
3	清华大学	5★	7	华南理工大学	4★	11	西南交通大学	4★
4	西安建筑科技大学	5★-	8	哈尔滨工业大学	4★	12	武汉大学	4★
3★（19个），2★（24个），1★（6个）：名单略								

081302　建筑设计及其理论（65）

排名	学校名称	星级	排名	学校名称	星级	排名	学校名称	星级
1	同济大学	5★+	6	西安建筑科技大学	5★-	11	浙江大学	4★
2	东南大学	5★	7	湖南大学	5★-	12	深圳大学	4★
3	华南理工大学	5★	8	南京大学	4★	13	华侨大学	4★
4	哈尔滨工业大学	5★-	9	华中科技大学	4★			
5	天津大学	5★-	10	重庆大学	4★			
3★（20个），2★（26个），1★（6个）：名单略								

081304　建筑技术科学（61）

排名	学校名称	星级	排名	学校名称	星级	排名	学校名称	星级
1	清华大学	5★+	5	天津大学	5★-	9	重庆大学	4★
2	同济大学	5★	6	华南理工大学	5★-	10	浙江大学	4★
3	东南大学	5★	7	南京大学	4★	11	西安建筑科技大学	4★
4	哈尔滨工业大学	5★-	8	湖南大学	4★	12	深圳大学	4★
3★（19个），2★（24个），1★（6个）：名单略								

081401　岩土工程（143）

排名	学校名称	星级	排名	学校名称	星级	排名	学校名称	星级
1	东南大学	5★+	5	北京工业大学	5★	9	河海大学	5★-
2	哈尔滨工业大学	5★	6	重庆大学	5★	10	山东大学	5★-
3	上海交通大学	5★	7	同济大学	5★-	11	四川大学	5★-
4	清华大学	5★	8	广西大学	5★-	12	浙江大学	5★-

续表

排名	学校名称	星级	排名	学校名称	星级	排名	学校名称	星级
13	中南大学	5★-	19	西安建筑科技大学	4★	25	郑州大学	4★
14	天津大学	5★-	20	大连理工大学	4★	26	华南理工大学	4★
15	武汉大学	4★	21	湖南大学	4★	27	东北大学	4★
16	中国矿业大学	4★	22	中国矿业大学（北京）	4★	28	长安大学	4★
17	北京交通大学	4★	23	兰州大学	4★	29	成都理工大学	4★
18	中山大学	4★	24	华中科技大学	4★			

3★（43个），2★（57个），1★（14个）：名单略

081402　结构工程（153）

排名	学校名称	星级	排名	学校名称	星级	排名	学校名称	星级
1	哈尔滨工业大学	5★+	12	天津大学	5★-	23	四川大学	4★
2	东南大学	5★+	13	广州大学	5★-	24	华中科技大学	4★
3	上海交通大学	5★	14	湖南大学	5★-	25	吉林大学	4★
4	清华大学	5★	15	西安建筑科技大学	5★-	26	东北大学	4★
5	北京工业大学	5★	16	山东大学	4★	27	武汉大学	4★
6	重庆大学	5★	17	华南理工大学	4★	28	郑州大学	4★
7	广西大学	5★	18	北京交通大学	4★	29	西安理工大学	4★
8	同济大学	5★	19	河海大学	4★	30	兰州理工大学	4★
9	大连理工大学	5★-	20	福州大学	4★	31	汕头大学	4★
10	中南大学	5★-	21	兰州大学	4★			
11	浙江大学	5★-	22	西南交通大学	4★			

3★（46个），2★（61个），1★（15个）：名单略

081403　市政工程（109）

排名	学校名称	星级	排名	学校名称	星级	排名	学校名称	星级
1	重庆大学	5★+	9	大连理工大学	5★-	17	武汉大学	4★
2	东南大学	5★	10	湖南大学	5★-	18	浙江工业大学	4★
3	哈尔滨工业大学	5★	11	华中科技大学	5★-	19	郑州大学	4★
4	北京工业大学	5★	12	西安建筑科技大学	4★	20	兰州交通大学	4★
5	同济大学	5★	13	广州大学	4★	21	沈阳建筑大学	4★
6	广西大学	5★-	14	河海大学	4★	22	合肥工业大学	4★
7	浙江大学	5★-	15	北京交通大学	4★			
8	天津大学	5★-	16	四川大学	4★			

3★（33个），2★（43个），1★（11个）：名单略

081404　供热、供燃气、通风及空调工程（94）

排名	学校名称	星级	排名	学校名称	星级	排名	学校名称	星级
1	东南大学	5★+	5	哈尔滨工业大学	5★	9	天津大学	5★-
2	清华大学	5★	6	同济大学	5★-	10	湖南大学	4★
3	重庆大学	5★	7	上海交通大学	5★-	11	西安建筑科技大学	4★
4	北京工业大学	5★	8	广西大学	5★-	12	大连理工大学	4★

续表

排名	学校名称	星级	排名	学校名称	星级	排名	学校名称	星级
13	浙江大学	4★	16	华中科技大学	4★	19	中国矿业大学	4★
14	中南大学	4★	17	兰州交通大学	4★			
15	四川大学	4★	18	东华大学	4★			
3★（28个），2★（38个），1★（9个）：名单略								

081405　防灾减灾工程及防护工程（119）

排名	学校名称	星级	排名	学校名称	星级	排名	学校名称	星级
1	哈尔滨工业大学	5★+	9	湖南大学	5★-	17	广州大学	4★
2	上海交通大学	5★	10	天津大学	5★-	18	四川大学	4★
3	东南大学	5★	11	山东大学	5★-	19	武汉大学	4★
4	重庆大学	5★	12	华中科技大学	5★-	20	吉林大学	4★
5	同济大学	5★	13	浙江大学	4★	21	华南理工大学	4★
6	北京工业大学	5★	14	西安建筑科技大学	4★	22	东北大学	4★
7	广西大学	5★-	15	北京交通大学	4★	23	郑州大学	4★
8	大连理工大学	5★-	16	兰州大学	4★	24	河海大学	4★
3★（36个），2★（47个），1★（12个）：名单略								

081406　桥梁与隧道工程（109）

排名	学校名称	星级	排名	学校名称	星级	排名	学校名称	星级
1	东南大学	5★+	9	西南交通大学	5★-	17	兰州交通大学	4★
2	哈尔滨工业大学	5★	10	大连理工大学	5★-	18	华中科技大学	4★
3	清华大学	5★	11	天津大学	5★-	19	华南理工大学	4★
4	重庆大学	5★	12	深圳大学	4★	20	浙江大学	4★
5	北京工业大学	5★	13	北京交通大学	4★	21	东北大学	4★
6	广西大学	5★-	14	长安大学	4★	22	郑州大学	4★
7	同济大学	5★-	15	湖南大学	4★			
8	中南大学	5★-	16	山东大学	4★			
3★（33个），2★（43个），1★（11个）：名单略								

081501　水文学及水资源（53）

排名	学校名称	星级	排名	学校名称	星级	排名	学校名称	星级
1	河海大学	5★+	5	天津大学	5★-	9	华中科技大学	4★
2	清华大学	5★	6	西北农林科技大学	4★	10	吉林大学	4★
3	北京师范大学	5★	7	武汉大学	4★	11	西安理工大学	4★
4	中国农业大学	5★-	8	大连理工大学	4★			
3★（16个），2★（21个），1★（5个）：名单略								

081502　水力学及河流动力学（39）

排名	学校名称	星级	排名	学校名称	星级	排名	学校名称	星级
1	河海大学	5★	4	天津大学	5★-	7	中国农业大学	4★
2	清华大学	5★	5	北京师范大学	4★	8	西北农林科技大学	4★
3	武汉大学	5★-	6	四川大学	4★			
3★（12个），2★（15个），1★（4个）：名单略									

081503　水工结构工程（40）

排名	学校名称	星级	排名	学校名称	星级	排名	学校名称	星级
1	河海大学	5★	4	天津大学	5★-	7	中国农业大学	4★
2	清华大学	5★	5	大连理工大学	4★	8	四川大学	4★
3	武汉大学	5★-	6	西北农林科技大学	4★			
3★（12个），2★（16个），1★（4个）：名单略									

081504　水利水电工程（44）

排名	学校名称	星级	排名	学校名称	星级	排名	学校名称	星级
1	河海大学	5★	4	武汉大学	5★-	7	西北农林科技大学	4★
2	清华大学	5★	5	大连理工大学	4★	8	中国农业大学	4★
3	华中科技大学	5★-	6	天津大学	4★	9	四川大学	4★
3★（13个），2★（18个），1★（4个）：名单略									

081505　港口、海岸及近海工程（26）

排名	学校名称	星级	排名	学校名称	星级	排名	学校名称	星级
1	河海大学	5★	3	武汉大学	5★-	5	大连理工大学	4★
2	清华大学	5★-	4	天津大学	4★			
3★（8个），2★（10个），1★（3个）：名单略									

081601　大地测量学与测量工程（48）

排名	学校名称	星级	排名	学校名称	星级	排名	学校名称	星级
1	武汉大学	5★	5	长安大学	5★-	9	山东科技大学	4★
2	同济大学	5★	6	西南交通大学	4★	10	电子科技大学	4★
3	中南大学	5★-	7	兰州交通大学	4★			
4	中国矿业大学	5★-	8	中国地质大学（武汉）	4★			
3★（14个），2★（19个），1★（5个）：名单略									

081602　摄影测量与遥感（45）

排名	学校名称	星级	排名	学校名称	星级	排名	学校名称	星级
1	武汉大学	5★	4	中南大学	5★-	7	北京师范大学	4★
2	同济大学	5★	5	西南交通大学	5★-	8	兰州交通大学	4★
3	北京大学	5★-	6	中国地质大学（武汉）	4★	9	山东科技大学	4★
3★（14个），2★（18个），1★（4个）：名单略									

081603　地图制图学与地理信息工程（48）

排名	学校名称	星级	排名	学校名称	星级	排名	学校名称	星级
1	武汉大学	5★	5	北京师范大学	5★-	9	西南交通大学	4★
2	同济大学	5★	6	山东科技大学	4★	10	郑州大学	4★
3	中南大学	5★-	7	中国地质大学（北京）	4★			
4	中国地质大学（武汉）	5★-	8	河海大学	4★			
3★（14个），2★（19个），1★（5个）：名单略								

081701　化学工程（134）

排名	学校名称	星级	排名	学校名称	星级	排名	学校名称	星级
1	华东理工大学	5★+	10	西安交通大学	5★-	19	郑州大学	4★
2	天津大学	5★	11	湖南大学	5★-	20	东南大学	4★
3	北京化工大学	5★	12	南京工业大学	5★-	21	重庆大学	4★
4	清华大学	5★	13	哈尔滨工业大学	5★-	22	新疆大学	4★
5	上海交通大学	5★	14	中南大学	4★	23	北京理工大学	4★
6	太原理工大学	5★	15	中国石油大学（北京）	4★	24	福州大学	4★
7	浙江大学	5★	16	浙江工业大学	4★	25	苏州大学	4★
8	华南理工大学	5★-	17	四川大学	4★	26	厦门大学	4★
9	大连理工大学	5★-	18	中山大学	4★	27	河北工业大学	4★
3★（40个），2★（54个），1★（13个）：名单略								

081702　化学工艺（148）

排名	学校名称	星级	排名	学校名称	星级	排名	学校名称	星级
1	天津大学	5★+	11	哈尔滨工业大学	5★-	21	中山大学	4★
2	北京化工大学	5★	12	四川大学	5★-	22	北京理工大学	4★
3	华东理工大学	5★	13	湖南大学	5★-	23	中南大学	4★
4	清华大学	5★	14	大连理工大学	5★-	24	福州大学	4★
5	太原理工大学	5★	15	东南大学	5★-	25	南京理工大学	4★
6	上海交通大学	5★	16	南京工业大学	4★	26	西北大学	4★
7	中国石油大学（北京）	5★	17	西安交通大学	4★	27	中国石油大学（华东）	4★
8	郑州大学	5★-	18	厦门大学	4★	28	石河子大学	4★
9	浙江大学	5★-	19	浙江工业大学	4★	29	兰州大学	4★
10	华南理工大学	5★-	20	重庆大学	4★	30	宁夏大学	4★
3★（44个），2★（59个），1★（15个）：名单略								

081703　生物化工（118）

排名	学校名称	星级	排名	学校名称	星级	排名	学校名称	星级
1	华东理工大学	5★+	5	太原理工大学	5★	9	浙江大学	5★-
2	北京化工大学	5★	6	上海交通大学	5★	10	华南理工大学	5★-
3	天津大学	5★	7	南京工业大学	5★-	11	哈尔滨工业大学	5★-
4	清华大学	5★	8	浙江工业大学	5★-	12	大连理工大学	5★-

排名	学校名称	星级	排名	学校名称	星级	排名	学校名称	星级
13	江南大学	4★	17	湖南大学	4★	21	中国石油大学（华东）	4★
14	中国石油大学（北京）	4★	18	重庆大学	4★	22	石河子大学	4★
15	四川大学	4★	19	北京理工大学	4★	23	河北工业大学	4★
16	东南大学	4★	20	中南大学	4★	24	厦门大学	4★

3★（35个），2★（47个），1★（12个）：名单略

081704　应用化学（178）

排名	学校名称	星级	排名	学校名称	星级	排名	学校名称	星级
1	天津大学	5★+	13	四川大学	5★-	25	陕西师范大学	4★
2	华东理工大学	5★+	14	湖南大学	5★-	26	东南大学	4★
3	北京化工大学	5★	15	重庆大学	5★-	27	中山大学	4★
4	清华大学	5★	16	北京理工大学	5★-	28	燕山大学	4★
5	太原理工大学	5★	17	中南大学	5★-	29	江南大学	4★
6	上海交通大学	5★	18	吉林大学	5★-	30	北京工业大学	4★
7	中国科学技术大学	5★	19	南京工业大学	4★	31	陕西科技大学	4★
8	大连理工大学	5★	20	苏州大学	4★	32	新疆大学	4★
9	浙江大学	5★	21	浙江工业大学	4★	33	河北工业大学	4★
10	华南理工大学	5★-	22	中国石油大学（北京）	4★	34	郑州大学	4★
11	哈尔滨工业大学	5★-	23	青岛科技大学	4★	35	华东师范大学	4★
12	西安交通大学	5★-	24	南京理工大学	4★	36	厦门大学	4★

3★（53个），2★（71个），1★（18个）：名单略

081705　工业催化（120）

排名	学校名称	星级	排名	学校名称	星级	排名	学校名称	星级
1	华东理工大学	5★+	9	华南理工大学	5★-	17	四川大学	4★
2	北京化工大学	5★	10	大连理工大学	5★-	18	厦门大学	4★
3	清华大学	5★	11	湖南大学	5★-	19	重庆大学	4★
4	天津大学	5★	12	浙江工业大学	5★-	20	东南大学	4★
5	太原理工大学	5★	13	哈尔滨工业大学	4★	21	郑州大学	4★
6	上海交通大学	5★	14	石河子大学	4★	22	新疆大学	4★
7	南京工业大学	5★-	15	中国石油大学（北京）	4★	23	北京理工大学	4★
8	浙江大学	5★-	16	西安交通大学	4★	24	中南大学	4★

3★（36个），2★（48个），1★（12个）：名单略

081801　矿产普查与勘探（40）

排名	学校名称	星级	排名	学校名称	星级	排名	学校名称	星级
1	中国地质大学（北京）	5★	4	中国石油大学（华东）	5★-	7	中国矿业大学	4★
2	中国石油大学（北京）	5★	5	吉林大学	4★	8	中南大学	4★
3	中国地质大学（武汉）	5★-	6	南京大学	4★			

3★（12个），2★（16个），1★（4个）：名单略

081802　地球探测与信息技术（40）

排名	学校名称	星级	排名	学校名称	星级	排名	学校名称	星级
1	中国地质大学（北京）	5★	4	中国石油大学（华东）	5★-	7	中南大学	4★
2	中国石油大学（北京）	5★	5	吉林大学	4★	8	同济大学	4★
3	中国地质大学（武汉）	5★-	6	南京大学	4★			

3★（12个），2★（16个），1★（4个）：名单略

081803　地质工程（44）

排名	学校名称	星级	排名	学校名称	星级	排名	学校名称	星级
1	中国地质大学（武汉）	5★	4	中国石油大学（华东）	5★-	7	同济大学	4★
2	中国地质大学（北京）	5★	5	吉林大学	4★	8	中南大学	4★
3	中国石油大学（北京）	5★-	6	南京大学	4★	9	成都理工大学	4★

3★（13个），2★（18个），1★（4个）：名单略

081901　采矿工程（30）

排名	学校名称	星级	排名	学校名称	星级	排名	学校名称	星级
1	中国矿业大学	5★	3	北京科技大学	5★-	5	东北大学	4★
2	中国矿业大学（北京）	5★	4	中南大学	4★	6	重庆大学	4★

3★（9个），2★（12个），1★（3个）：名单略

081902　矿物加工工程（28）

排名	学校名称	星级	排名	学校名称	星级	排名	学校名称	星级
1	中国矿业大学	5★	3	北京科技大学	5★-	5	东北大学	4★
2	中南大学	5★-	4	中国矿业大学（北京）	4★	6	重庆大学	4★

3★（8个），2★（11个），1★（3个）：名单略

081903　安全技术及工程（16）

排名	学校名称	星级	排名	学校名称	星级	排名	学校名称	星级
1	中南大学	5★	2	山东科技大学	5★-	3	重庆大学	4★

3★（5个），2★（6个），1★（2个）：名单略

082001　油气井工程（13）

排名	学校名称	星级	排名	学校名称	星级	排名	学校名称	星级
1	中国石油大学（北京）	5★	2	西南石油大学	4★	3	中国石油大学（华东）	4★

3★（4个），2★（5个），1★（1个）：名单略

082002　油气田开发工程（12）

排名	学校名称	星级	排名	学校名称	星级	排名	学校名称	星级
1	中国石油大学（华东）	5★	2	西南石油大学	4★			

3★（4个），2★（5个），1★（1个）：名单略

082003　油气储运工程（12）

排名	学校名称	星级	排名	学校名称	星级	排名	学校名称	星级
1	中国石油大学（北京）	5★	2	西南石油大学	4★			

3★（4个），2★（5个），1★（1个）：名单略

082101　纺织工程（19）

排名	学校名称	星级	排名	学校名称	星级	排名	学校名称	星级
1	东华大学	5★	3	浙江理工大学	4★			
2	天津工业大学	5★-	4	江南大学	4★			
3★（6个），2★（7个），1★（2个）：名单略								

082102　纺织材料与纺织品设计（19）

排名	学校名称	星级	排名	学校名称	星级	排名	学校名称	星级
1	东华大学	5★	3	天津工业大学	4★			
2	浙江理工大学	5★-	4	苏州大学	4★			
3★（6个），2★（7个），1★（2个）：名单略								

082103　纺织化学与染整工程（19）

排名	学校名称	星级	排名	学校名称	星级	排名	学校名称	星级
1	东华大学	5★	3	江南大学	4★			
2	天津工业大学	5★-	4	浙江理工大学	4★			
3★（6个），2★（7个），1★（2个）：名单略								

082104　服装设计与工程（17）

排名	学校名称	星级	排名	学校名称	星级	排名	学校名称	星级
1	东华大学	5★	2	天津工业大学	5★-	3	江南大学	4★
3★（6个），2★（6个），1★（2个）：名单略								

082201　制浆造纸工程（13）

排名	学校名称	星级	排名	学校名称	星级	排名	学校名称	星级
1	华南理工大学	5★	2	江南大学	4★	3	广西大学	4★
3★（4个），2★（5个），1★（1个）：名单略								

082202　制糖工程（10）

排名	学校名称	星级	排名	学校名称	星级	排名	学校名称	星级
1	华南理工大学	5★-	2	江南大学	4★			
3★（3个），2★（4个），1★（1个）：名单略								

082203　发酵工程（19）

排名	学校名称	星级	排名	学校名称	星级	排名	学校名称	星级
1	江南大学	5★	3	四川大学	4★			
2	华南理工大学	5★-	4	天津科技大学	4★			
3★（6个），2★（7个），1★（2个）：名单略								

082204　皮革化学与工程（7）

排名	学校名称	星级	排名	学校名称	星级	排名	学校名称	星级
1	四川大学	5★-						
3★（3个），2★（2个），1★（1个）：名单略								

082301　道路与铁道工程（52）

排名	学校名称	星级	排名	学校名称	星级	排名	学校名称	星级
1	西南交通大学	5★+	5	同济大学	5★-	9	华南理工大学	4★
2	长安大学	5★	6	中南大学	4★	10	长沙理工大学	4★
3	东南大学	5★	7	北京交通大学	4★			
4	大连海事大学	5★-	8	哈尔滨工业大学	4★			
3★（16个），2★（21个），1★（5个）：名单略									

082302　交通信息工程及控制（54）

排名	学校名称	星级	排名	学校名称	星级	排名	学校名称	星级
1	西南交通大学	5★+	5	北京交通大学	5★-	9	华南理工大学	4★
2	大连海事大学	5★	6	中南大学	4★	10	同济大学	4★
3	长安大学	5★	7	北京航空航天大学	4★	11	武汉理工大学	4★
4	东南大学	5★-	8	吉林大学	4★			
3★（16个），2★（22个），1★（5个）：名单略									

082303　交通运输规划与管理（57）

排名	学校名称	星级	排名	学校名称	星级	排名	学校名称	星级
1	西南交通大学	5★+	5	北京交通大学	5★-	9	哈尔滨工业大学	4★
2	长安大学	5★	6	北京航空航天大学	5★-	10	吉林大学	4★
3	东南大学	5★	7	同济大学	4★	11	华南理工大学	4★
4	大连海事大学	5★-	8	中南大学	4★			
3★（18个），2★（22个），1★（6个）：名单略									

082304　载运工具运用工程（48）

排名	学校名称	星级	排名	学校名称	星级	排名	学校名称	星级
1	西南交通大学	5★	5	北京交通大学	5★-	9	北京航空航天大学	4★
2	长安大学	5★	6	同济大学	4★	10	兰州交通大学	4★
3	东南大学	5★-	7	中南大学	4★			
4	大连海事大学	5★-	8	吉林大学	4★			
3★（14个），2★（19个），1★（5个）：名单略									

082401　船舶与海洋结构物设计制造（22）

排名	学校名称	星级	排名	学校名称	星级	排名	学校名称	星级
1	哈尔滨工程大学	5★	3	大连理工大学	4★			
2	上海交通大学	5★-	4	西北工业大学	4★			
3★（7个），2★（9个），1★（2个）：名单略									

082402　轮机工程（17）

排名	学校名称	星级	排名	学校名称	星级	排名	学校名称	星级
1	上海交通大学	5★	2	哈尔滨工程大学	5★-	3	天津大学	4★
3★（6个），2★（6个），1★（2个）：名单略									

082403 水声工程（13）

排名	学校名称	星级	排名	学校名称	星级	排名	学校名称	星级
1	上海交通大学	5★	2	哈尔滨工程大学	4★	3	西北工业大学	4★
3★（4个），2★（5个），1★（1个）：名单略								

082501 飞行器设计（23）

排名	学校名称	星级	排名	学校名称	星级	排名	学校名称	星级
1	北京航空航天大学	5★	3	复旦大学	4★	5	西北工业大学	4★
2	国防科技大学	5★-	4	哈尔滨工业大学	4★			
3★（7个），2★（9个），1★（2个）：名单略								

082502 航空宇航推进理论与工程（20）

排名	学校名称	星级	排名	学校名称	星级	排名	学校名称	星级
1	北京航空航天大学	5★	3	哈尔滨工业大学	4★			
2	国防科技大学	5★-	4	西北工业大学	4★			
3★（6个），2★（8个），1★（2个）：名单略								

082503 航空宇航制造工程（19）

排名	学校名称	星级	排名	学校名称	星级	排名	学校名称	星级
1	北京航空航天大学	5★	3	西北工业大学	4★			
2	国防科技大学	5★-	4	哈尔滨工业大学	4★			
3★（6个），2★（7个），1★（2个）：名单略								

082504 人机与环境工程（16）

排名	学校名称	星级	排名	学校名称	星级	排名	学校名称	星级
1	北京航空航天大学	5★	2	国防科技大学	5★-	3	西北工业大学	4★
3★（5个），2★（6个），1★（2个）：名单略								

082601 武器系统与运用工程（7）

排名	学校名称	星级	排名	学校名称	星级	排名	学校名称	星级
1	北京理工大学	5★-						
3★（3个），2★（2个），1★（1个）：名单略								

082602 兵器发射理论与技术（6）

排名	学校名称	星级	排名	学校名称	星级	排名	学校名称	星级
1	北京理工大学	5★-						
3★（2个），2★（2个），1★（1个）：名单略								

082603 火炮、自动武器与弹药工程（6）

排名	学校名称	星级	排名	学校名称	星级	排名	学校名称	星级
1	北京理工大学	5★-						
3★（2个），2★（2个），1★（1个）：名单略								

082701 核能科学与工程（14）

排名	学校名称	星级	排名	学校名称	星级	排名	学校名称	星级
1	清华大学	5★	2	中国科学技术大学	4★	3	西安交通大学	4★
3★（4个），2★（6个），1★（1个）：名单略							

082702 核燃料循环与材料（11）

排名	学校名称	星级	排名	学校名称	星级	排名	学校名称	星级
1	清华大学	5★	2	中国科学技术大学	4★			
3★（4个），2★（4个），1★（1个）：名单略							

082703 核技术及应用（17）

排名	学校名称	星级	排名	学校名称	星级	排名	学校名称	星级
1	清华大学	5★	2	中国科学技术大学	5★-	3	北京大学	4★
3★（6个），2★（6个），1★（2个）：名单略							

082704 辐射防护及环境保护（13）

排名	学校名称	星级	排名	学校名称	星级	排名	学校名称	星级
1	清华大学	5★	2	中国科学技术大学	4★	3	北京师范大学	4★
3★（4个），2★（5个），1★（1个）：名单略							

082801 农业机械化工程（39）

排名	学校名称	星级	排名	学校名称	星级	排名	学校名称	星级
1	中国农业大学	5★	4	华南农业大学	5★-	7	东北农业大学	4★
2	浙江大学	5★	5	西北农林科技大学	4★	8	南京农业大学	4★
3	吉林大学	5★-	6	华中农业大学	4★			
3★（12个），2★（15个），1★（4个）：名单略							

082802 农业水土工程（34）

排名	学校名称	星级	排名	学校名称	星级	排名	学校名称	星级
1	中国农业大学	5★	4	河海大学	4★	7	湖南农业大学	4★
2	浙江大学	5★	5	东北农业大学	4★			
3	西北农林科技大学	5★-	6	西南大学	4★			
3★（10个），2★（14个），1★（3个）：名单略							

082803 农业生物环境与能源工程（33）

排名	学校名称	星级	排名	学校名称	星级	排名	学校名称	星级
1	中国农业大学	5★	4	华中农业大学	4★	7	江苏大学	4★
2	浙江大学	5★	5	南京农业大学	4★			
3	西北农林科技大学	5★-	6	吉林大学	4★			
3★（10个），2★（13个），1★（3个）：名单略							

082804 农业电气化与自动化（41）

排名	学校名称	星级	排名	学校名称	星级	排名	学校名称	星级
1	中国农业大学	5★	4	西北农林科技大学	5★-	7	华中农业大学	4★
2	浙江大学	5★	5	华南农业大学	4★	8	西南大学	4★
3	吉林大学	5★-	6	南京农业大学	4★			
3★（13个），2★（16个），1★（4个）：名单略								

082901 森林工程（6）

排名	学校名称	星级	排名	学校名称	星级	排名	学校名称	星级
1	东北林业大学	5★-						
3★（2个），2★（2个），1★（1个）：名单略								

082902 木材科学与技术（12）

排名	学校名称	星级	排名	学校名称	星级	排名	学校名称	星级
1	东北林业大学	5★	2	南京林业大学	4★			
3★（4个），2★（5个），1★（1个）：名单略								

082903 林产化学加工工程（13）

排名	学校名称	星级	排名	学校名称	星级	排名	学校名称	星级
1	东北林业大学	5★	2	南京林业大学	4★	3	北京林业大学	4★
3★（4个），2★（5个），1★（1个）：名单略								

083001 环境科学（165）

排名	学校名称	星级	排名	学校名称	星级	排名	学校名称	星级
1	北京大学	5★+	12	上海交通大学	5★-	23	中国矿业大学	4★
2	北京师范大学	5★+	13	天津大学	5★-	24	山东大学	4★
3	清华大学	5★	14	大连理工大学	5★-	25	中国科学技术大学	4★
4	南京大学	5★	15	西北农林科技大学	5★-	26	四川大学	4★
5	浙江大学	5★	16	中国农业大学	5★-	27	武汉大学	4★
6	河海大学	5★	17	南开大学	5★-	28	厦门大学	4★
7	哈尔滨工业大学	5★	18	东南大学	4★	29	暨南大学	4★
8	复旦大学	5★	19	兰州大学	4★	30	中南大学	4★
9	同济大学	5★-	20	湖南大学	4★	31	北京工业大学	4★
10	华南理工大学	5★-	21	重庆大学	4★	32	西安建筑科技大学	4★
11	中国海洋大学	5★-	22	中山大学	4★	33	华中科技大学	4★
3★（50个），2★（66个），1★（16个）：名单略								

083002 环境工程（176）

排名	学校名称	星级	排名	学校名称	星级	排名	学校名称	星级
1	南京大学	5★+	3	北京大学	5★	5	哈尔滨工业大学	5★
2	同济大学	5★+	4	北京师范大学	5★	6	浙江大学	5★

续表

排名	学校名称	星级	排名	学校名称	星级	排名	学校名称	星级
7	清华大学	5★	17	中国农业大学	5★-	27	中山大学	4★
8	复旦大学	5★	18	东南大学	5★-	28	武汉大学	4★
9	河海大学	5★	19	南开大学	4★	29	四川大学	4★
10	华南理工大学	5★-	20	西安建筑科技大学	4★	30	吉林大学	4★
11	山东大学	5★-	21	重庆大学	4★	31	华中科技大学	4★
12	湖南大学	5★-	22	中南大学	4★	32	江南大学	4★
13	上海交通大学	5★-	23	北京科技大学	4★	33	中国海洋大学	4★
14	西北农林科技大学	5★-	24	中国科学技术大学	4★	34	华东理工大学	4★
15	大连理工大学	5★-	25	天津大学	4★	35	广东工业大学	4★
16	华东师范大学	5★-	26	厦门大学	4★			

3★（53个），2★（70个），1★（18个）：名单略

083201　食品科学（96）

排名	学校名称	星级	排名	学校名称	星级	排名	学校名称	星级
1	江南大学	5★+	8	西南大学	5★-	15	上海理工大学	4★
2	中国农业大学	5★	9	西北农林科技大学	5★-	16	吉林大学	4★
3	上海交通大学	5★	10	中国海洋大学	5★-	17	天津科技大学	4★
4	华南理工大学	5★	11	南昌大学	4★	18	北京工商大学	4★
5	东北农业大学	5★	12	浙江工商大学	4★	19	上海海洋大学	4★
6	华中农业大学	5★-	13	南京农业大学	4★			
7	浙江大学	5★-	14	河南工业大学	4★			

3★（29个），2★（38个），1★（10个）：名单略

083202　粮食、油脂及植物蛋白工程（64）

排名	学校名称	星级	排名	学校名称	星级	排名	学校名称	星级
1	江南大学	5★+	6	浙江大学	5★-	11	南京农业大学	4★
2	中国农业大学	5★	7	东北农业大学	4★	12	华南农业大学	4★
3	华南理工大学	5★	8	南昌大学	4★	13	天津科技大学	4★
4	西北农林科技大学	5★-	9	华中农业大学	4★			
5	西南大学	5★-	10	河南工业大学	4★			

3★（19个），2★（26个），1★（6个）：名单略

083203　农产品加工及贮藏工程（78）

排名	学校名称	星级	排名	学校名称	星级	排名	学校名称	星级
1	江南大学	5★+	7	华南理工大学	5★-	13	南昌大学	4★
2	中国农业大学	5★	8	中国海洋大学	5★-	14	西南大学	4★
3	浙江大学	5★	9	西北农林科技大学	4★	15	北京工商大学	4★
4	华中农业大学	5★	10	浙江工商大学	4★	16	吉林大学	4★
5	南京农业大学	5★-	11	华南农业大学	4★			
6	江苏大学	5★-	12	合肥工业大学	4★			

3★（23个），2★（31个），1★（8个）：名单略

083204 水产品加工及贮藏工程（47）

排名	学校名称	星级	排名	学校名称	星级	排名	学校名称	星级
1	江南大学	5★	4	中国海洋大学	5★-	7	南京农业大学	4★
2	中国农业大学	5★	5	浙江工商大学	5★-	8	大连工业大学	4★
3	华南理工大学	5★-	6	华中农业大学	4★	9	北京工商大学	4★

3★（15个），2★（18个），1★（5个）：名单略

090101 作物栽培学与耕作学（49）

排名	学校名称	星级	排名	学校名称	星级	排名	学校名称	星级
1	中国农业大学	5★	5	华南农业大学	5★-	9	扬州大学	4★
2	南京农业大学	5★	6	华中农业大学	4★	10	湖南农业大学	4★
3	四川农业大学	5★-	7	甘肃农业大学	4★			
4	西北农林科技大学	5★-	8	东北农业大学	4★			

3★（15个），2★（19个），1★（5个）：名单略

090102 作物遗传育种（48）

排名	学校名称	星级	排名	学校名称	星级	排名	学校名称	星级
1	四川农业大学	5★	5	西北农林科技大学	5★-	9	东北农业大学	4★
2	南京农业大学	5★	6	华中农业大学	4★	10	河北农业大学	4★
3	中国农业大学	5★	7	浙江大学	4★			
4	海南大学	5★-	8	华南农业大学	4★			

3★（14个），2★（19个），1★（5个）：名单略

090201 果树学（44）

排名	学校名称	星级	排名	学校名称	星级	排名	学校名称	星级
1	华中农业大学	5★	4	西北农林科技大学	5★-	7	河北农业大学	4★
2	浙江大学	5★	5	中国农业大学	4★	8	沈阳农业大学	4★
3	上海交通大学	5★-	6	南京农业大学	4★	9	甘肃农业大学	4★

3★（13个），2★（18个），1★（4个）：名单略

090202 蔬菜学（44）

排名	学校名称	星级	排名	学校名称	星级	排名	学校名称	星级
1	华中农业大学	5★	4	西北农林科技大学	5★-	7	南京农业大学	4★
2	浙江大学	5★	5	中国农业大学	4★	8	沈阳农业大学	4★
3	上海交通大学	5★-	6	东北农业大学	4★	9	甘肃农业大学	4★

3★（13个），2★（18个），1★（4个）：名单略

090203 茶学（20）

排名	学校名称	星级	排名	学校名称	星级	排名	学校名称	星级
1	华中农业大学	5★	3	西北农林科技大学	4★			
2	浙江大学	5★-	4	南京农业大学	4★			

3★（6个），2★（8个），1★（2个）：名单略

090301 土壤学（39）

排名	学校名称	星级	排名	学校名称	星级	排名	学校名称	星级
1	南京农业大学	5★	4	浙江大学	5★-	7	沈阳农业大学	4★
2	中国农业大学	5★	5	华中农业大学	4★	8	东北农业大学	4★
3	西北农林科技大学	5★-	6	福建农林大学	4★			
3★（12个），2★（15个），1★（4个）：名单略								

090302 植物营养学（37）

排名	学校名称	星级	排名	学校名称	星级	排名	学校名称	星级
1	南京农业大学	5★	4	浙江大学	5★-	7	东北农业大学	4★
2	中国农业大学	5★	5	华中农业大学	4★			
3	西北农林科技大学	5★-	6	西南大学	4★			
3★（12个），2★（14个），1★（4个）：名单略								

090401 植物病理学（40）

排名	学校名称	星级	排名	学校名称	星级	排名	学校名称	星级
1	浙江大学	5★	4	南京农业大学	5★-	7	华中农业大学	4★
2	中国农业大学	5★	5	西北农林科技大学	4★	8	福建农林大学	4★
3	贵州大学	5★-	6	华南农业大学	4★			
3★（12个），2★（16个），1★（4个）：名单略								

090402 农业昆虫与害虫防治（43）

排名	学校名称	星级	排名	学校名称	星级	排名	学校名称	星级
1	中国农业大学	5★	4	中山大学	5★-	7	华中农业大学	4★
2	浙江大学	5★	5	南京农业大学	4★	8	华南农业大学	4★
3	贵州大学	5★-	6	西北农林科技大学	4★	9	福建农林大学	4★
3★（13个），2★（17个），1★（4个）：名单略								

090403 农药学（42）

排名	学校名称	星级	排名	学校名称	星级	排名	学校名称	星级
1	贵州大学	5★	4	西北农林科技大学	5★-	7	南京农业大学	4★
2	中国农业大学	5★	5	华东理工大学	4★	8	华中师范大学	4★
3	浙江大学	5★-	6	南开大学	4★			
3★（13个），2★（17个），1★（4个）：名单略								

090501 动物遗传育种与繁殖（50）

排名	学校名称	星级	排名	学校名称	星级	排名	学校名称	星级
1	中国农业大学	5★+	5	浙江大学	5★-	9	扬州大学	4★
2	华中农业大学	5★	6	南京农业大学	4★	10	广西大学	4★
3	东北农业大学	5★	7	四川农业大学	4★			
4	西北农林科技大学	5★-	8	兰州大学	4★			
3★（15个），2★（20个），1★（5个）：名单略								

090502　动物营养与饲料科学（51）

排名	学校名称	星级	排名	学校名称	星级	排名	学校名称	星级
1	中国农业大学	5★+	5	四川农业大学	5★-	9	兰州大学	4★
2	华中农业大学	5★	6	西北农林科技大学	4★	10	扬州大学	4★
3	东北农业大学	5★	7	南京农业大学	4★			
4	浙江大学	5★-	8	华南农业大学	4★			

3★（16个），2★（20个），1★（5个）：名单略

090504　特种经济动物饲养（30）

排名	学校名称	星级	排名	学校名称	星级	排名	学校名称	星级
1	华中农业大学	5★	3	西北农林科技大学	5★-	5	江苏科技大学	4★
2	浙江大学	5★	4	西南大学	4★	6	四川农业大学	4★

3★（9个），2★（12个），1★（3个）：名单略

090601　基础兽医学（41）

排名	学校名称	星级	排名	学校名称	星级	排名	学校名称	星级
1	中国农业大学	5★	4	南京农业大学	5★-	7	东北农业大学	4★
2	华中农业大学	5★	5	扬州大学	4★	8	吉林大学	4★
3	浙江大学	5★-	6	西北农林科技大学	4★			

3★（13个），2★（16个），1★（4个）：名单略

090602　预防兽医学（41）

排名	学校名称	星级	排名	学校名称	星级	排名	学校名称	星级
1	华中农业大学	5★	4	西北农林科技大学	5★-	7	浙江大学	4★
2	中国农业大学	5★	5	南京农业大学	4★	8	东北农业大学	4★
3	扬州大学	5★-	6	四川农业大学	4★			

3★（13个），2★（16个），1★（4个）：名单略

090603　临床兽医学（40）

排名	学校名称	星级	排名	学校名称	星级	排名	学校名称	星级
1	华中农业大学	5★	4	扬州大学	5★-	7	浙江大学	4★
2	中国农业大学	5★	5	东北农业大学	4★	8	四川农业大学	4★
3	西北农林科技大学	5★-	6	南京农业大学	4★			

3★（12个），2★（16个），1★（4个）：名单略

090701　林木遗传育种（26）

排名	学校名称	星级	排名	学校名称	星级	排名	学校名称	星级
1	北京林业大学	5★	3	南京林业大学	5★-	5	西北农林科技大学	4★
2	东北林业大学	5★-	4	福建农林大学	4★			

3★（8个），2★（10个），1★（3个）：名单略

090702　森林培育（28）

排名	学校名称	星级	排名	学校名称	星级	排名	学校名称	星级
1	北京林业大学	5★	3	南京林业大学	5★-	5	中南林业科技大学	4★
2	东北林业大学	5★-	4	福建农林大学	4★	6	西北农林科技大学	4★
3★（8个），2★（11个），1★（3个）：名单略							

090703　森林保护学（23）

排名	学校名称	星级	排名	学校名称	星级	排名	学校名称	星级
1	北京林业大学	5★	3	浙江农林大学	4★	5	西北农林科技大学	4★
2	东北林业大学	5★-	4	南京林业大学	4★			
3★（7个），2★（9个），1★（2个）：名单略							

090704　森林经理学（23）

排名	学校名称	星级	排名	学校名称	星级	排名	学校名称	星级
1	北京林业大学	5★	3	南京林业大学	4★	5	浙江农林大学	4★
2	东北林业大学	5★-	4	西北农林科技大学	4★			
3★（7个），2★（9个），1★（2个）：名单略							

090705　野生动植物保护与利用（19）

排名	学校名称	星级	排名	学校名称	星级	排名	学校名称	星级
1	东北林业大学	5★	3	南京林业大学	4★			
2	北京林业大学	5★-	4	西北农林科技大学	4★			
3★（6个），2★（7个），1★（2个）：名单略							

090706　园林植物与观赏园艺（25）

排名	学校名称	星级	排名	学校名称	星级	排名	学校名称	星级
1	东北林业大学	5★	3	南京林业大学	5★-	5	中南林业科技大学	4★
2	西北农林科技大学	5★-	4	山西农业大学	4★			
3★（8个），2★（10个），1★（2个）：名单略							

090707　水土保持与荒漠化防治（24）

排名	学校名称	星级	排名	学校名称	星级	排名	学校名称	星级
1	北京林业大学	5★	3	西北农林科技大学	4★	5	中南林业科技大学	4★
2	东北林业大学	5★-	4	南京林业大学	4★			
3★（7个），2★（10个），1★（2个）：名单略							

090801　水产养殖（29）

排名	学校名称	星级	排名	学校名称	星级	排名	学校名称	星级
1	上海海洋大学	5★	3	宁波大学	5★-	5	集美大学	4★
2	中国海洋大学	5★-	4	华中农业大学	4★	6	南京农业大学	4★
3★（9个），2★（11个），1★（3个）：名单略							

090802 捕捞学（11）

排名	学校名称	星级	排名	学校名称	星级	排名	学校名称	星级
1	中国海洋大学	5★	2	上海海洋大学	4★			
3★（4个），2★（4个），1★（1个）：名单略									

090803 渔业资源（23）

排名	学校名称	星级	排名	学校名称	星级	排名	学校名称	星级
1	中国海洋大学	5★	3	华中农业大学	4★	5	宁波大学	4★
2	上海海洋大学	5★-	4	南京农业大学	4★			
3★（7个），2★（9个），1★（2个）：名单略									

100101 人体解剖与组织胚胎学（101）

排名	学校名称	星级	排名	学校名称	星级	排名	学校名称	星级
1	中山大学	5★+	8	浙江大学	5★-	15	山东大学	4★
2	上海交通大学	5★	9	清华大学	5★-	16	吉林大学	4★
3	复旦大学	5★	10	武汉大学	5★-	17	东南大学	4★
4	华中科技大学	5★	11	同济大学	4★	18	南京大学	4★
5	北京大学	5★	12	中南大学	4★	19	苏州大学	4★
6	四川大学	5★-	13	深圳大学	4★	20	中国医科大学	4★
7	第二军医大学	5★-	14	重庆医科大学	4★			
3★（31个），2★（40个），1★（10个）：名单略									

100102 免疫学（100）

排名	学校名称	星级	排名	学校名称	星级	排名	学校名称	星级
1	中山大学	5★+	8	浙江大学	5★-	15	武汉大学	4★
2	上海交通大学	5★	9	清华大学	5★-	16	苏州大学	4★
3	华中科技大学	5★	10	山东大学	5★-	17	中南大学	4★
4	复旦大学	5★	11	北京协和医学院	4★	18	吉林大学	4★
5	四川大学	5★	12	同济大学	4★	19	厦门大学	4★
6	第二军医大学	5★-	13	首都医科大学	4★	20	南京大学	4★
7	北京大学	5★-	14	天津医科大学	4★			
3★（30个），2★（40个），1★（10个）：名单略									

100103 病原生物学（97）

排名	学校名称	星级	排名	学校名称	星级	排名	学校名称	星级
1	中山大学	5★+	8	北京大学	5★-	15	吉林大学	4★
2	复旦大学	5★	9	北京协和医学院	5★-	16	南京大学	4★
3	华中科技大学	5★	10	武汉大学	5★-	17	清华大学	4★
4	上海交通大学	5★	11	同济大学	4★	18	山东大学	4★
5	浙江大学	5★	12	南京医科大学	4★	19	苏州大学	4★
6	四川大学	5★-	13	深圳大学	4★			
7	第二军医大学	5★-	14	中南大学	4★			
3★（30个），2★（38个），1★（10个）：名单略									

100104 病理学与病理生理学（100）

排名	学校名称	星级	排名	学校名称	星级	排名	学校名称	星级
1	中山大学	5★+	8	吉林大学	5★-	15	首都医科大学	4★
2	上海交通大学	5★	9	中南大学	5★-	16	天津医科大学	4★
3	华中科技大学	5★	10	郑州大学	5★-	17	山东大学	4★
4	复旦大学	5★	11	同济大学	4★	18	南京大学	4★
5	四川大学	5★	12	北京协和医学院	4★	19	清华大学	4★
6	第二军医大学	5★-	13	深圳大学	4★	20	厦门大学	4★
7	浙江大学	5★-	14	武汉大学	4★			

3★（30个），2★（40个），1★（10个）：名单略

100105 法医学（50）

排名	学校名称	星级	排名	学校名称	星级	排名	学校名称	星级
1	中山大学	5★+	5	山西医科大学	5★-	9	南方医科大学	4★
2	四川大学	5★	6	浙江大学	4★	10	苏州大学	4★
3	华中科技大学	5★	7	中南大学	4★			
4	复旦大学	5★-	8	西安交通大学	4★			

3★（15个），2★（20个），1★（5个）：名单略

100106 放射医学（25）

排名	学校名称	星级	排名	学校名称	星级	排名	学校名称	星级
1	北京大学	5★	3	第二军医大学	5★-	5	北京协和医学院	4★
2	复旦大学	5★-	4	苏州大学	4★			

3★（8个），2★（10个），1★（2个）：名单略

100201 内科学（105）

排名	学校名称	星级	排名	学校名称	星级	排名	学校名称	星级
1	上海交通大学	5★+	8	郑州大学	5★-	15	武汉大学	4★
2	复旦大学	5★	9	浙江大学	5★-	16	重庆医科大学	4★
3	北京大学	5★	10	南京医科大学	5★-	17	山东大学	4★
4	中山大学	5★	11	中南大学	5★-	18	中国医科大学	4★
5	北京协和医学院	5★	12	四川大学	4★	19	同济大学	4★
6	首都医科大学	5★-	13	天津医科大学	4★	20	第四军医大学	4★
7	华中科技大学	5★-	14	南方医科大学	4★	21	广州医科大学	4★

3★（32个），2★（42个），1★（10个）：名单略

100202 儿科学（88）

排名	学校名称	星级	排名	学校名称	星级	排名	学校名称	星级
1	复旦大学	5★+	5	北京协和医学院	5★-	9	天津医科大学	5★-
2	上海交通大学	5★	6	郑州大学	5★-	10	第四军医大学	4★
3	中山大学	5★	7	华中科技大学	5★-	11	重庆医科大学	4★
4	北京大学	5★	8	浙江大学	5★-	12	四川大学	4★

续表

排名	学校名称	星级	排名	学校名称	星级	排名	学校名称	星级
13	中南大学	4★	15	山东大学	4★	17	清华大学	4★
14	同济大学	4★	16	苏州大学	4★	18	南京大学	4★
3★（26个），2★（35个），1★（9个）：名单略								

100203　老年医学（61）

排名	学校名称	星级	排名	学校名称	星级	排名	学校名称	星级
1	复旦大学	5★+	5	华中科技大学	5★-	9	山东大学	4★
2	天津医科大学	5★	6	中南大学	5★-	10	南京医科大学	4★
3	第四军医大学	5★	7	四川大学	4★	11	重庆医科大学	4★
4	上海交通大学	5★-	8	浙江大学	4★	12	中国医科大学	4★
3★（19个），2★（24个），1★（6个）：名单略								

100204　神经病学（97）

排名	学校名称	星级	排名	学校名称	星级	排名	学校名称	星级
1	上海交通大学	5★+	8	北京协和医学院	5★-	15	吉林大学	4★
2	中山大学	5★	9	华中科技大学	5★-	16	山东大学	4★
3	复旦大学	5★	10	浙江大学	5★-	17	重庆医科大学	4★
4	郑州大学	5★	11	东南大学	4★	18	南京大学	4★
5	天津医科大学	5★	12	首都医科大学	4★	19	广州医科大学	4★
6	第四军医大学	5★-	13	中南大学	4★			
7	北京大学	5★-	14	四川大学	4★			
3★（30个），2★（38个），1★（10个）：名单略								

100205　精神病与精神卫生学（56）

排名	学校名称	星级	排名	学校名称	星级	排名	学校名称	星级
1	上海交通大学	5★+	5	浙江大学	5★-	9	武汉大学	4★
2	北京大学	5★	6	四川大学	5★-	10	首都医科大学	4★
3	郑州大学	5★	7	第四军医大学	4★	11	南京大学	4★
4	天津医科大学	5★-	8	同济大学	4★			
3★（17个），2★（22个），1★（6个）：名单略								

100206　皮肤病与性病学（73）

排名	学校名称	星级	排名	学校名称	星级	排名	学校名称	星级
1	上海交通大学	5★+	6	第四军医大学	5★-	11	四川大学	4★
2	中山大学	5★	7	中南大学	5★-	12	同济大学	4★
3	复旦大学	5★	8	浙江大学	4★	13	吉林大学	4★
4	北京协和医学院	5★	9	天津医科大学	4★	14	山东大学	4★
5	北京大学	5★-	10	华中科技大学	4★	15	安徽医科大学	4★
3★（22个），2★（29个），1★（7个）：名单略								

100207　影像医学与核医学（102）

排名	学校名称	星级	排名	学校名称	星级	排名	学校名称	星级
1	复旦大学	5★+	8	华中科技大学	5★-	15	南京大学	4★
2	上海交通大学	5★	9	天津医科大学	5★-	16	兰州大学	4★
3	中山大学	5★	10	四川大学	5★-	17	山东大学	4★
4	北京大学	5★	11	浙江大学	4★	18	吉林大学	4★
5	北京协和医学院	5★	12	同济大学	4★	19	武汉大学	4★
6	郑州大学	5★-	13	中南大学	4★	20	首都医科大学	4★
7	第四军医大学	5★-	14	东南大学	4★			

3★（31个），2★（41个），1★（10个）：名单略

100208　临床检验诊断学（97）

排名	学校名称	星级	排名	学校名称	星级	排名	学校名称	星级
1	中山大学	5★+	8	华中科技大学	5★-	15	武汉大学	4★
2	上海交通大学	5★	9	浙江大学	5★-	16	中南大学	4★
3	复旦大学	5★	10	山东大学	5★-	17	兰州大学	4★
4	北京大学	5★	11	四川大学	4★	18	同济大学	4★
5	北京协和医学院	5★	12	重庆医科大学	4★	19	南京大学	4★
6	第四军医大学	5★-	13	温州医科大学	4★			
7	郑州大学	5★-	14	东南大学	4★			

3★（30个），2★（38个），1★（10个）：名单略

100210　外科学（103）

排名	学校名称	星级	排名	学校名称	星级	排名	学校名称	星级
1	上海交通大学	5★+	8	郑州大学	5★-	15	兰州大学	4★
2	复旦大学	5★	9	第二军医大学	5★-	16	吉林大学	4★
3	北京协和医学院	5★	10	浙江大学	5★-	17	山东大学	4★
4	天津医科大学	5★	11	华中科技大学	4★	18	中南大学	4★
5	北京大学	5★	12	武汉大学	4★	19	重庆医科大学	4★
6	中山大学	5★-	13	同济大学	4★	20	南方医科大学	4★
7	第四军医大学	5★-	14	四川大学	4★	21	中国医科大学	4★

3★（31个），2★（41个），1★（10个）：名单略

100211　妇产科学（93）

排名	学校名称	星级	排名	学校名称	星级	排名	学校名称	星级
1	北京大学	5★+	8	第四军医大学	5★-	15	中南大学	4★
2	上海交通大学	5★	9	浙江大学	5★-	16	吉林大学	4★
3	复旦大学	5★	10	山东大学	4★	17	重庆医科大学	4★
4	北京协和医学院	5★	11	华中科技大学	4★	18	南京大学	4★
5	中山大学	5★	12	东南大学	4★	19	中国医科大学	4★
6	天津医科大学	5★-	13	同济大学	4★			
7	郑州大学	5★-	14	四川大学	4★			

3★（28个），2★（37个），1★（9个）：名单略

100212 眼科学（81）

排名	学校名称	星级	排名	学校名称	星级	排名	学校名称	星级
1	中山大学	5★+	7	北京协和医学院	5★-	13	浙江大学	4★
2	北京大学	5★	8	温州医科大学	5★-	14	四川大学	4★
3	复旦大学	5★	9	第四军医大学	4★	15	同济大学	4★
4	上海交通大学	5★	10	首都医科大学	4★	16	山东大学	4★
5	天津医科大学	5★-	11	华中科技大学	4★			
6	郑州大学	5★-	12	中南大学	4★			

3★（25个），2★（32个），1★（8个）：名单略

100213 耳鼻咽喉科学（77）

排名	学校名称	星级	排名	学校名称	星级	排名	学校名称	星级
1	上海交通大学	5★+	6	郑州大学	5★-	11	四川大学	4★
2	复旦大学	5★	7	第四军医大学	5★-	12	山东大学	4★
3	中山大学	5★	8	华中科技大学	5★-	13	浙江大学	4★
4	北京大学	5★	9	中南大学	4★	14	同济大学	4★
5	天津医科大学	5★-	10	武汉大学	4★	15	吉林大学	4★

3★（24个），2★（30个），1★（8个）：名单略

100214 肿瘤学（95）

排名	学校名称	星级	排名	学校名称	星级	排名	学校名称	星级
1	复旦大学	5★+	8	第四军医大学	5★-	15	武汉大学	4★
2	中山大学	5★	9	四川大学	5★-	16	西安交通大学	4★
3	上海交通大学	5★	10	浙江大学	5★-	17	中南大学	4★
4	天津医科大学	5★	11	华中科技大学	4★	18	吉林大学	4★
5	北京协和医学院	5★	12	同济大学	4★	19	山东大学	4★
6	北京大学	5★-	13	东南大学	4★			
7	郑州大学	5★-	14	南京医科大学	4★			

3★（29个），2★（38个），1★（9个）：名单略

100215 康复医学与理疗学（66）

排名	学校名称	星级	排名	学校名称	星级	排名	学校名称	星级
1	中山大学	5★+	6	第四军医大学	5★-	11	中南大学	4★
2	复旦大学	5★	7	西安交通大学	5★-	12	厦门大学	4★
3	郑州大学	5★	8	华中科技大学	4★	13	温州医科大学	4★
4	四川大学	5★-	9	同济大学	4★			
5	山东大学	5★-	10	首都医科大学	4★			

3★（20个），2★（26个），1★（7个）：名单略

100216 运动医学（29）

排名	学校名称	星级	排名	学校名称	星级	排名	学校名称	星级
1	北京大学	5★	3	华中科技大学	5★-	5	第二军医大学	4★
2	复旦大学	5★-	4	四川大学	4★	6	新疆医科大学	4★

3★（9个），2★（11个），1★（3个）：名单略

100217 麻醉学（84）

排名	学校名称	星级	排名	学校名称	星级	排名	学校名称	星级
1	中山大学	5★+	7	北京协和医学院	5★-	13	同济大学	4★
2	上海交通大学	5★	8	第四军医大学	5★-	14	南京大学	4★
3	复旦大学	5★	9	华中科技大学	4★	15	山东大学	4★
4	天津医科大学	5★	10	浙江大学	4★	16	徐州医科大学	4★
5	北京大学	5★-	11	四川大学	4★	17	山西医科大学	4★
6	郑州大学	5★-	12	温州医科大学	4★			

3★（25个），2★（34个），1★（8个）：名单略

100218 急诊医学（77）

排名	学校名称	星级	排名	学校名称	星级	排名	学校名称	星级
1	中山大学	5★+	6	华中科技大学	5★-	11	中南大学	4★
2	上海交通大学	5★	7	浙江大学	5★-	12	山东大学	4★
3	复旦大学	5★	8	天津医科大学	5★-	13	吉林大学	4★
4	北京协和医学院	5★	9	第四军医大学	4★	14	南京大学	4★
5	郑州大学	5★-	10	四川大学	4★	15	第二军医大学	4★

3★（24个），2★（30个），1★（8个）：名单略

100301 口腔基础医学（37）

排名	学校名称	星级	排名	学校名称	星级	排名	学校名称	星级
1	四川大学	5★	4	上海交通大学	5★-	7	第四军医大学	4★
2	北京大学	5★	5	中山大学	4★			
3	武汉大学	5★-	6	浙江大学	4★			

3★（12个），2★（14个），1★（4个）：名单略

100302 口腔临床医学（45）

排名	学校名称	星级	排名	学校名称	星级	排名	学校名称	星级
1	四川大学	5★	4	中山大学	5★-	7	同济大学	4★
2	上海交通大学	5★	5	华中科技大学	5★-	8	吉林大学	4★
3	武汉大学	5★-	6	浙江大学	4★	9	第四军医大学	4★

3★（14个），2★（18个），1★（4个）：名单略

100401 流行病与卫生统计学（71）

排名	学校名称	星级	排名	学校名称	星级	排名	学校名称	星级
1	南京医科大学	5★+	3	中山大学	5★	5	华中科技大学	5★-
2	复旦大学	5★	4	北京大学	5★	6	北京协和医学院	5★-

排名	学校名称	星级	排名	学校名称	星级	排名	学校名称	星级
7	浙江大学	5★-	10	上海交通大学	4★	13	东南大学	4★
8	第二军医大学	4★	11	郑州大学	4★	14	西安交通大学	4★
9	四川大学	4★	12	吉林大学	4★			

3★（22个），2★（28个），1★（7个）：名单略

100402 劳动卫生与环境卫生学（63）

排名	学校名称	星级	排名	学校名称	星级	排名	学校名称	星级
1	复旦大学	5★+	6	北京大学	5★-	11	吉林大学	4★
2	中山大学	5★	7	华中科技大学	4★	12	四川大学	4★
3	东南大学	5★	8	南京医科大学	4★	13	第二军医大学	4★
4	上海交通大学	5★-	9	武汉大学	4★			
5	浙江大学	5★-	10	郑州大学	4★			

3★（19个），2★（25个），1★（6个）：名单略

100403 营养与食品卫生学（65）

排名	学校名称	星级	排名	学校名称	星级	排名	学校名称	星级
1	中山大学		6	北京大学	5★-	11	哈尔滨医科大学	4★
2	浙江大学		7	复旦大学	5★-	12	南昌大学	4★
3	华中科技大学		8	四川大学	4★	13	南方医科大学	4★
4	上海交通大学	5★-	9	西安交通大学	4★			
5	东南大学	5★-	10	吉林大学	4★			

3★（20个），2★（26个），1★（6个）：名单略

100404 儿少卫生与妇幼保健学（42）

排名	学校名称	星级	排名	学校名称	星级	排名	学校名称	星级
1	北京大学	5★	4	复旦大学	5★-	7	西安交通大学	4★
2	中山大学	5★	5	南京医科大学	4★	8	中南大学	4★
3	华中科技大学	5★-	6	四川大学	4★			

3★（13个），2★（17个），1★（4个）：名单略

100405 卫生毒理学（60）

排名	学校名称	星级	排名	学校名称	星级	排名	学校名称	星级
1	中山大学	5★+	5	复旦大学	5★-	9	西安交通大学	4★
2	华中科技大学	5★	6	北京大学	5★-	10	四川大学	4★
3	东南大学	5★	7	南京医科大学	4★	11	吉林大学	4★
4	浙江大学	5★-	8	中南大学	4★	12	首都医科大学	4★

3★（18个），2★（24个），1★（6个）：名单略

100501　中医基础理论（30）

排名	学校名称	星级	排名	学校名称	星级	排名	学校名称	星级
1	上海中医药大学	5★	3	广州中医药大学	5★-	5	江西中医药大学	4★
2	北京中医药大学	5★	4	南京中医药大学	4★	6	山东中医药大学	4★
3★（9个），2★（12个），1★（3个）：名单略								

100502　中医临床基础（30）

排名	学校名称	星级	排名	学校名称	星级	排名	学校名称	星级
1	北京中医药大学	5★	3	上海中医药大学	5★-	5	南京中医药大学	4★
2	广州中医药大学	5★	4	浙江中医药大学	4★	6	山东中医药大学	4★
3★（9个），2★（12个），1★（3个）：名单略								

100503　中医医史文献（28）

排名	学校名称	星级	排名	学校名称	星级	排名	学校名称	星级
1	北京中医药大学	5★	3	广州中医药大学	5★-	5	南京中医药大学	4★
2	上海中医药大学	5★-	4	山东中医药大学	4★	6	辽宁中医药大学	4★
3★（8个），2★（11个），1★（3个）：名单略								

100504　方剂学（27）

排名	学校名称	星级	排名	学校名称	星级	排名	学校名称	星级
1	北京中医药大学	5★	3	广州中医药大学	5★-	5	湖南中医药大学	4★
2	上海中医药大学	5★-	4	黑龙江中医药大学	4★			
3★（9个），2★（10个），1★（3个）：名单略								

100505　中医诊断学（27）

排名	学校名称	星级	排名	学校名称	星级	排名	学校名称	星级
1	上海中医药大学	5★	3	广州中医药大学	5★-	5	湖南中医药大学	4★
2	北京中医药大学	5★-	4	福建中医药大学	4★			
3★（9个），2★（10个），1★（3个）：名单略								

100506　中医内科学（37）

排名	学校名称	星级	排名	学校名称	星级	排名	学校名称	星级
1	上海中医药大学	5★	4	天津中医药大学	5★-	7	河南中医药大学	4★
2	广州中医药大学	5★	5	南京中医药大学	4★			
3	北京中医药大学	5★-	6	山东中医药大学	4★			
3★（12个），2★（14个），1★（4个）：名单略								

100507　中医外科学（28）

排名	学校名称	星级	排名	学校名称	星级	排名	学校名称	星级
1	上海中医药大学	5★	3	广州中医药大学	5★-	5	辽宁中医药大学	4★
2	北京中医药大学	5★-	4	安徽中医药大学	4★	6	成都中医药大学	4★
3★（8个），2★（11个），1★（3个）：名单略								

100508　中医骨伤科学（28）

排名	学校名称	星级	排名	学校名称	星级	排名	学校名称	星级
1	上海中医药大学	5★	3	辽宁中医药大学	5★-	5	浙江中医药大学	4★
2	广州中医药大学	5★-	4	南京中医药大学	4★	6	湖北中医药大学	4★
3★（8个），2★（11个），1★（3个）：名单略							

100509　中医妇科学（28）

排名	学校名称	星级	排名	学校名称	星级	排名	学校名称	星级
1	上海中医药大学	5★	3	南京中医药大学	5★-	5	天津中医药大学	4★
2	广州中医药大学	5★-	4	黑龙江中医药大学	4★	6	成都中医药大学	4★
3★（8个），2★（11个），1★（3个）：名单略							

100510　中医儿科学（20）

排名	学校名称	星级	排名	学校名称	星级	排名	学校名称	星级
1	上海中医药大学	5★	3	天津中医药大学	4★			
2	广州中医药大学	5★-	4	南京中医药大学	4★			
3★（6个），2★（8个），1★（2个）：名单略							

100511　中医五官科学（15）

排名	学校名称	星级	排名	学校名称	星级	排名	学校名称	星级
1	上海中医药大学	5★	2	湖南中医药大学	5★-	3	成都中医药大学	4★
3★（5个），2★（6个），1★（1个）：名单略							

100512　针灸推拿学（34）

排名	学校名称	星级	排名	学校名称	星级	排名	学校名称	星级
1	上海中医药大学	5★	4	天津中医药大学	4★	7	黑龙江中医药大学	4★
2	北京中医药大学	5★	5	南京中医药大学	4★			
3	广州中医药大学	5★-	6	浙江中医药大学	4★			
3★（10个），2★（14个），1★（3个）：名单略							

100513　民族医学（含：藏医学、蒙医学等）（13）

排名	学校名称	星级	排名	学校名称	星级	排名	学校名称	星级
1	北京中医药大学	5★	2	青海大学	4★	3	内蒙古医科大学	4★
3★（4个），2★（5个），1★（1个）：名单略							

100601　中西医结合基础（46）

排名	学校名称	星级	排名	学校名称	星级	排名	学校名称	星级
1	北京中医药大学	5★	4	华中科技大学	5★-	7	北京大学	4★
2	复旦大学	5★	5	广州中医药大学	5★-	8	辽宁中医药大学	4★
3	上海中医药大学	5★-	6	天津中医药大学	4★	9	山东中医药大学	4★
3★（14个），2★（18个），1★（5个）：名单略							

100602　中西医结合临床（57）

排名	学校名称	星级	排名	学校名称	星级	排名	学校名称	星级
1	复旦大学	5★+	5	广州中医药大学	5★-	9	中山大学	4★
2	北京中医药大学	5★	6	四川大学	5★-	10	北京协和医学院	4★
3	上海中医药大学	5★	7	辽宁中医药大学	4★	11	湖南中医药大学	4★
4	华中科技大学	5★-	8	浙江中医药大学	4★			
3★（18个），2★（22个），1★（6个）：名单略								

100701　药物化学（136）

排名	学校名称	星级	排名	学校名称	星级	排名	学校名称	星级
1	中国药科大学	5★+	10	华中科技大学	5★-	19	首都医科大学	4★
2	中山大学	5★	11	中南大学	5★-	20	西安交通大学	4★
3	中国海洋大学	5★	12	吉林大学	5★-	21	暨南大学	4★
4	复旦大学	5★	13	华东理工大学	5★-	22	浙江工业大学	4★
5	沈阳药科大学	5★	14	第二军医大学	5★-	23	西南大学	4★
6	浙江大学	5★	15	北京协和医学院	4★	24	南方医科大学	4★
7	四川大学	5★	16	南京大学	4★	25	南昌大学	4★
8	上海交通大学	5★-	17	北京大学	4★	26	华东师范大学	4★
9	山东大学	5★-	18	南开大学	4★	27	苏州大学	4★
3★（41个），2★（54个），1★（14个）：名单略								

100702　药剂学（122）

排名	学校名称	星级	排名	学校名称	星级	排名	学校名称	星级
1	四川大学	5★+	9	华中科技大学	5★-	17	山东大学	4★
2	沈阳药科大学	5★	10	北京大学	5★-	18	郑州大学	4★
3	中国药科大学	5★	11	中国海洋大学	5★-	19	吉林大学	4★
4	复旦大学	5★	12	华东理工大学	5★-	20	北京协和医学院	4★
5	浙江大学	5★	13	西南大学	4★	21	南昌大学	4★
6	中山大学	5★	14	厦门大学	4★	22	河北医科大学	4★
7	上海交通大学	5★-	15	中南大学	4★	23	南方医科大学	4★
8	南京大学	5★-	16	西安交通大学	4★	24	首都医科大学	4★
3★（37个），2★（49个），1★（12个）：名单略								

100703　生药学（89）

排名	学校名称	星级	排名	学校名称	星级	排名	学校名称	星级
1	中国药科大学	5★+	7	北京协和医学院	5★-	13	西安交通大学	4★
2	沈阳药科大学	5★	8	中国海洋大学	5★-	14	吉林大学	4★
3	北京大学	5★	9	四川大学	5★-	15	中南大学	4★
4	上海交通大学	5★	10	华中科技大学	4★	16	苏州大学	4★
5	中山大学	5★-	11	山东大学	4★	17	西南大学	4★
6	复旦大学	5★-	12	郑州大学	4★	18	烟台大学	4★
3★（27个），2★（35个），1★（9个）：名单略								

100704 药物分析学（101）

排名	学校名称	星级	排名	学校名称	星级	排名	学校名称	星级
1	中山大学	5★+	8	吉林大学	5★-	15	四川大学	4★
2	中国海洋大学	5★	9	沈阳药科大学	5★-	16	天津大学	4★
3	浙江大学	5★	10	中国药科大学	5★-	17	山东大学	4★
4	上海交通大学	5★	11	北京大学	4★	18	江南大学	4★
5	北京中医药大学	5★	12	复旦大学	4★	19	中南大学	4★
6	华中科技大学	5★-	13	郑州大学	4★	20	北京协和医学院	4★
7	西安交通大学	5★-	14	西南大学	4★			

3★（31个），2★（40个），1★（10个）：名单略

100705 微生物与生化药学（81）

排名	学校名称	星级	排名	学校名称	星级	排名	学校名称	星级
1	中国药科大学	5★+	7	复旦大学	5★-	13	南开大学	4★
2	上海交通大学	5★	8	北京中医药大学	5★-	14	吉林大学	4★
3	浙江大学	5★	9	华东理工大学	4★	15	山东大学	4★
4	中山大学	5★	10	北京协和医学院	4★	16	第四军医大学	4★
5	南京大学	5★-	11	沈阳药科大学	4★			
6	中国海洋大学	5★-	12	西南大学	4★			

3★（25个），2★（32个），1★（8个）：名单略

100706 药理学（127）

排名	学校名称	星级	排名	学校名称	星级	排名	学校名称	星级
1	浙江大学	5★+	10	哈尔滨医科大学	5★-	19	华东师范大学	4★
2	复旦大学	5★	11	安徽医科大学	5★-	20	中国海洋大学	4★
3	中国药科大学	5★	12	西安交通大学	5★-	21	吉林大学	4★
4	中山大学	5★	13	北京大学	5★-	22	厦门大学	4★
5	四川大学	5★	14	华中科技大学	4★	23	山东大学	4★
6	中南大学	5★	15	沈阳药科大学	4★	24	南京医科大学	4★
7	暨南大学	5★-	16	南京大学	4★	25	华东理工大学	4★
8	郑州大学	5★-	17	北京协和医学院	4★			
9	上海交通大学	5★-	18	上海中医药大学	4★			

3★（39个），2★（50个），1★（13个）：名单略

120201 会计学（277）

排名	学校名称	星级	排名	学校名称	星级	排名	学校名称	星级
1	中国人民大学	5★+	9	中央财经大学	5★	17	上海财经大学	5★-
2	西安交通大学	5★+	10	吉林大学	5★	18	中国海洋大学	5★-
3	北京大学	5★+	11	南京大学	5★	19	湖南大学	5★-
4	上海交通大学	5★	12	武汉大学	5★	20	东北财经大学	5★-
5	中山大学	5★	13	对外经济贸易大学	5★	21	东北大学	5★-
6	清华大学	5★	14	华中科技大学	5★	22	西南财经大学	5★-
7	厦门大学	5★	15	哈尔滨工业大学	5★	23	四川大学	5★-
8	重庆大学	5★	16	复旦大学	5★	24	中南大学	5★-

续表

排名	学校名称	星级	排名	学校名称	星级	排名	学校名称	星级
25	北京理工大学	5★-	36	北京交通大学	4★	47	天津财经大学	4★
26	大连理工大学	5★-	37	西南交通大学	4★	48	云南大学	4★
27	山东大学	5★-	38	浙江工商大学	4★	49	西安理工大学	4★
28	浙江大学	5★-	39	兰州大学	4★	50	武汉理工大学	4★
29	同济大学	4★	40	南开大学	4★	51	长沙理工大学	4★
30	中南财经政法大学	4★	41	合肥工业大学	4★	52	华东师范大学	4★
31	暨南大学	4★	42	河海大学	4★	53	华北电力大学	4★
32	首都经济贸易大学	4★	43	哈尔滨商业大学	4★	54	山西财经大学	4★
33	江西财经大学	4★	44	天津大学	4★	55	燕山大学	4★
34	山东财经大学	4★	45	浙江工业大学	4★			
35	北京师范大学	4★	46	华南理工大学	4★			

3★（84个），2★（110个），1★（28个）：名单略

120202　企业管理（296）

排名	学校名称	星级	排名	学校名称	星级	排名	学校名称	星级
1	北京大学	5★+	21	南开大学	5★-	41	哈尔滨工业大学	4★
2	上海交通大学	5★+	22	大连理工大学	5★-	42	中南财经政法大学	4★
3	清华大学	5★+	23	电子科技大学	5★-	43	天津大学	4★
4	中山大学	5★	24	华东师范大学	5★-	44	华侨大学	4★
5	中国人民大学	5★	25	山东大学	5★-	45	河海大学	4★
6	西安交通大学	5★	26	中国科学技术大学	5★-	46	兰州大学	4★
7	暨南大学	5★	27	北京师范大学	5★-	47	北京理工大学	4★
8	华南理工大学	5★	28	四川大学	5★-	48	中国海洋大学	4★
9	南京大学	5★	29	西南财经大学	5★-	49	江西财经大学	4★
10	武汉大学	5★	30	同济大学	5★-	50	合肥工业大学	4★
11	对外经济贸易大学	5★	31	浙江工业大学	4★	51	辽宁大学	4★
12	吉林大学	5★	32	湖南大学	4★	52	东南大学	4★
13	复旦大学	5★	33	上海财经大学	4★	53	西安理工大学	4★
14	浙江大学	5★	34	浙江工商大学	4★	54	云南大学	4★
15	中南大学	5★	35	湖南工商大学	4★	55	山东财经大学	4★
16	天津财经大学	5★-	36	中央财经大学	4★	56	云南财经大学	4★
17	东北大学	5★-	37	东北财经大学	4★	57	长沙理工大学	4★
18	厦门大学	5★-	38	苏州大学	4★	58	郑州大学	4★
19	华中科技大学	5★-	39	首都经济贸易大学	4★	59	西南交通大学	4★
20	重庆大学	5★-	40	北京交通大学	4★			

3★（89个），2★（118个），1★（30个）：名单略

120203　旅游管理（186）

排名	学校名称	星级	排名	学校名称	星级	排名	学校名称	星级
1	上海交通大学	5★+	4	南开大学	5★	7	复旦大学	5★
2	中山大学	5★+	5	四川大学	5★	8	重庆大学	5★
3	西安交通大学	5★	6	厦门大学	5★	9	暨南大学	5★

续表

排名	学校名称	星级	排名	学校名称	星级	排名	学校名称	星级
10	云南大学	5★-	20	吉林大学	4★	30	西北大学	4★
11	浙江大学	5★-	21	中南财经政法大学	4★	31	上海财经大学	4★
12	中国海洋大学	5★-	22	北京理工大学	4★	32	广州大学	4★
13	大连理工大学	5★-	23	陕西师范大学	4★	33	河海大学	4★
14	天津大学	5★-	24	湖南大学	4★	34	武汉大学	4★
15	中南大学	5★-	25	东北财经大学	4★	35	山东大学	4★
16	华东师范大学	5★-	26	华南理工大学	4★	36	云南财经大学	4★
17	华侨大学	5★-	27	北京交通大学	4★	37	东华大学	4★
18	兰州大学	5★-	28	浙江工业大学	4★			
19	浙江工商大学	5★-	29	合肥工业大学	4★			
3★（56个），2★（74个），1★（19个）：名单略									

120204　技术经济及管理（229）

排名	学校名称	星级	排名	学校名称	星级	排名	学校名称	星级
1	中山大学	5★+	17	华南理工大学	5★-	33	合肥工业大学	4★
2	西安交通大学	5★+	18	天津大学	5★-	34	东北财经大学	4★
3	上海交通大学	5★	19	对外经济贸易大学	5★-	35	中南财经政法大学	4★
4	中国人民大学	5★	20	同济大学	5★-	36	哈尔滨理工大学	4★
5	清华大学	5★	21	华北电力大学	5★-	37	武汉大学	4★
6	吉林大学	5★	22	中南大学	5★-	38	东北大学	4★
7	湖南大学	5★	23	浙江工业大学	5★-	39	北京交通大学	4★
8	厦门大学	5★	24	中国科学技术大学	4★	40	暨南大学	4★
9	复旦大学	5★	25	南京大学	4★	41	云南大学	4★
10	哈尔滨工业大学	5★	26	西南财经大学	4★	42	东华大学	4★
11	华中科技大学	5★	27	浙江工商大学	4★	43	福州大学	4★
12	重庆大学	5★-	28	北京理工大学	4★	44	东南大学	4★
13	大连理工大学	5★-	29	中央财经大学	4★	45	西安理工大学	4★
14	南开大学	5★-	30	河海大学	4★	46	郑州大学	4★
15	四川大学	5★-	31	河北工业大学	4★			
16	电子科技大学	5★-	32	江西财经大学	4★			
3★（69个），2★（91个），1★（23个）：名单略									

1202Z2　市场营销（24）

排名	学校名称	星级	排名	学校名称	星级	排名	学校名称	星级
1	中国人民大学	5★	3	上海财经大学	4★	5	厦门大学	4★
2	武汉大学	5★-	4	中南财经政法大学	4★			
3★（7个），2★（10个），1★（2个）：名单略									

120301　农业经济管理（49）

排名	学校名称	星级	排名	学校名称	星级	排名	学校名称	星级
1	浙江大学	5★	5	西北农林科技大学	5★-	9	福建农林大学	4★
2	华中农业大学	5★	6	南京农业大学	4★	10	湖南农业大学	4★
3	中国人民大学	5★-	7	沈阳农业大学	4★			
4	中国农业大学	5★-	8	四川农业大学	4★			

3★（15个），2★（19个），1★（5个）：名单略

120302　林业经济管理（29）

排名	学校名称	星级	排名	学校名称	星级	排名	学校名称	星级
1	华中农业大学	5★	3	浙江大学	5★-	5	西北农林科技大学	4★
2	中国人民大学	5★-	4	南京林业大学	4★	6	北京林业大学	4★

3★（9个），2★（11个），1★（3个）：名单略

120401　行政管理（180）

排名	学校名称	星级	排名	学校名称	星级	排名	学校名称	星级
1	清华大学	5★+	13	华南理工大学	5★-	25	北京航空航天大学	4★
2	北京大学	5★+	14	南京大学	5★-	26	吉林大学	4★
3	中国人民大学	5★	15	华中科技大学	5★-	27	重庆大学	4★
4	中山大学	5★	16	山东大学	5★-	28	中南大学	4★
5	北京师范大学	5★	17	华东师范大学	5★-	29	天津大学	4★
6	武汉大学	5★	18	西安交通大学	5★-	30	东北财经大学	4★
7	四川大学	5★	19	郑州大学	4★	31	中南财经政法大学	4★
8	兰州大学	5★	20	哈尔滨工业大学	4★	32	浙江师范大学	4★
9	东北大学	5★	21	南开大学	4★	33	中国矿业大学（北京）	4★
10	复旦大学	5★-	22	云南大学	4★	34	同济大学	4★
11	上海交通大学	5★-	23	厦门大学	4★	35	中国矿业大学	4★
12	浙江大学	5★-	24	华中师范大学	4★	36	湖南大学	4★

3★（54个），2★（72个），1★（18个）：名单略

120402　社会医学与卫生事业管理（76）

排名	学校名称	星级	排名	学校名称	星级	排名	学校名称	星级
1	北京大学	5★+	6	上海交通大学	5★-	11	厦门大学	4★
2	清华大学	5★	7	中南大学	5★-	12	南京大学	4★
3	中国人民大学	5★	8	浙江大学	5★-	13	四川大学	4★
4	复旦大学	5★	9	武汉大学	4★	14	兰州大学	4★
5	华中科技大学	5★-	10	西安交通大学	4★	15	吉林大学	4★

3★（23个），2★（30个），1★（8个）：名单略

120403　教育经济与管理（128）

排名	学校名称	星级	排名	学校名称	星级	排名	学校名称	星级
1	北京大学	5★+	4	北京师范大学	5★	7	中山大学	5★-
2	清华大学	5★	5	华东师范大学	5★	8	武汉大学	5★-
3	中国人民大学	5★	6	华中科技大学	5★	9	东北大学	5★-

排名	学校名称	星级	排名	学校名称	星级	排名	学校名称	星级
10	南京大学	5★-	16	重庆大学	4★	22	南开大学	4★
11	兰州大学	5★-	17	四川大学	4★	23	华南师范大学	4★
12	浙江大学	5★-	18	厦门大学	4★	24	中国地质大学（武汉）	4★
13	北京航空航天大学	5★-	19	复旦大学	4★	25	华中农业大学	4★
14	天津大学	4★	20	郑州大学	4★	26	中国矿业大学	4★
15	西安交通大学	4★	21	中国科学技术大学	4★			

3★（38个），2★（51个），1★（13个）：名单略

120404 社会保障（145）

排名	学校名称	星级	排名	学校名称	星级	排名	学校名称	星级
1	清华大学	5★+	11	南京大学	5★-	21	重庆大学	4★
2	北京大学	5★	12	华东师范大学	5★-	22	中国农业大学	4★
3	中国人民大学	5★	13	华中科技大学	5★-	23	天津大学	4★
4	中山大学	5★	14	东北大学	5★-	24	上海财经大学	4★
5	武汉大学	5★	15	四川大学	5★-	25	华东政法大学	4★
6	上海交通大学	5★	16	南京农业大学	4★	26	东北财经大学	4★
7	山东大学	5★	17	华南理工大学	4★	27	中南财经政法大学	4★
8	吉林大学	5★-	18	北京师范大学	4★	28	湘潭大学	4★
9	西安交通大学	5★-	19	浙江大学	4★	29	华中农业大学	4★
10	厦门大学	5★-	20	郑州大学	4★			

3★（44个），2★（58个），1★（14个）：名单略

120405 土地资源管理（107）

排名	学校名称	星级	排名	学校名称	星级	排名	学校名称	星级
1	中国人民大学	5★+	8	北京师范大学	5★-	15	重庆大学	4★
2	清华大学	5★	9	华中科技大学	5★-	16	吉林大学	4★
3	浙江大学	5★	10	东北大学	5★-	17	天津大学	4★
4	南京大学	5★	11	南京农业大学	5★-	18	中国矿业大学（北京）	4★
5	中国农业大学	5★	12	华中农业大学	4★	19	中国地质大学（武汉）	4★
6	中山大学	5★-	13	兰州大学	4★	20	中国矿业大学	4★
7	武汉大学	5★-	14	西安交通大学	4★	21	华中师范大学	4★

3★（33个），2★（42个），1★（11个）：名单略

1204Z1 公共政策（28）

排名	学校名称	星级	排名	学校名称	星级	排名	学校名称	星级
1	中国人民大学	5★	3	北京师范大学	5★-	5	复旦大学	4★
2	厦门大学	5★-	4	上海财经大学	4★	6	山东大学	4★

3★（8个），2★（11个），1★（3个）：名单略

1204Z2　公共信息资源管理（19）

排名	学校名称	星级	排名	学校名称	星级	排名	学校名称	星级
1	中国人民大学	5★	3	北京航空航天大学	4★			
2	浙江大学	5★-	4	天津大学	4★			
3★（6个），2★（7个），1★（2个）：名单略								

1204Z3　应急管理（9）

排名	学校名称	星级	排名	学校名称	星级	排名	学校名称	星级
1	复旦大学	5★-	2	吉林大学	4★			
3★（3个），2★（3个），1★（1个）：名单略								

120501　图书馆学（39）

排名	学校名称	星级	排名	学校名称	星级	排名	学校名称	星级
1	武汉大学	5★	4	北京大学	5★-	7	吉林大学	4★
2	南京大学	5★	5	南开大学	4★	8	华中师范大学	4★
3	中国人民大学	5★-	6	中山大学	4★			
3★（12个），2★（15个），1★（4个）：名单略								

120502　情报学（43）

排名	学校名称	星级	排名	学校名称	星级	排名	学校名称	星级
1	武汉大学	5★	4	南开大学	5★-	7	华中师范大学	4★
2	南京大学	5★	5	北京大学	4★	8	中山大学	4★
3	中国人民大学	5★-	6	吉林大学	4★	9	华东师范大学	4★
3★（13个），2★（17个），1★（4个）：名单略								

120503　档案学（31）

排名	学校名称	星级	排名	学校名称	星级	排名	学校名称	星级
1	中国人民大学	5★	3	南京大学	5★-	5	上海大学	4★
2	武汉大学	5★	4	中山大学	4★	6	湘潭大学	4★
3★（10个），2★（12个），1★（3个）：名单略								

1303L2　广播电视艺术学（27）

排名	学校名称	星级	排名	学校名称	星级	排名	学校名称	星级
1	中国传媒大学	5★	3	北京师范大学	5★-	5	北京电影学院	4★
2	中央戏剧学院	5★-	4	上海戏剧学院	4★			
3★（9个），2★（10个），1★（3个）：名单略								

1303Z2　电影学（6）

排名	学校名称	星级	排名	学校名称	星级	排名	学校名称	星级
1	中国人民大学	5★-						
3★（2个），2★（2个），1★（1个）：名单略								

1304Z1 美术史论（6）

排名	学校名称	星级	排名	学校名称	星级	排名	学校名称	星级
1	中国人民大学	5★-						
3★（2个），2★（2个），1★（1个）：名单略									

1305Z1 动画艺术学（6）

排名	学校名称	星级	排名	学校名称	星级	排名	学校名称	星级
1	四川大学	5★-						
3★（2个），2★（2个），1★（1个）：名单略									

中国研究生教育分一级学科竞争力排行榜（专业学位）

0251 金融（专业学位）（191）

排名	学校名称	星级	排名	学校名称	星级	排名	学校名称	星级
1	复旦大学	5★+	14	中国科学技术大学	5★-	27	山东大学	4★
2	上海财经大学	5★+	15	中国农业大学	5★-	28	西北农林科技大学	4★
3	北京大学	5★	16	中南大学	5★-	29	华南理工大学	4★
4	厦门大学	5★	17	大连理工大学	5★-	30	兰州大学	4★
5	西南财经大学	5★	18	清华大学	5★-	31	西安交通大学	4★
6	广东金融学院	5★	19	对外经济贸易大学	5★-	32	南京大学	4★
7	东北财经大学	5★	20	中央财经大学	4★	33	华中科技大学	4★
8	湖南大学	5★	21	浙江大学	4★	34	中国海洋大学	4★
9	上海交通大学	5★	22	中国人民大学	4★	35	吉林大学	4★
10	中山大学	5★	23	四川大学	4★	36	北京航空航天大学	4★
11	华东师范大学	5★-	24	云南大学	4★	37	哈尔滨工业大学	4★
12	天津大学	5★-	25	湖南农业大学	4★	38	中南财经政法大学	4★
13	南开大学	5★-	26	重庆大学	4★			

3★（58个），2★（76个），1★（19个）：名单略

0252 应用统计（专业学位）（144）

排名	学校名称	星级	排名	学校名称	星级	排名	学校名称	星级
1	北京师范大学	5★+	11	华中科技大学	5★-	21	中南大学	4★
2	中国科学技术大学	5★	12	武汉大学	5★-	22	兰州大学	4★
3	厦门大学	5★	13	南开大学	5★-	23	中央民族大学	4★
4	西安交通大学	5★	14	南京大学	5★-	24	哈尔滨工业大学	4★
5	上海交通大学	5★	15	中国人民大学	4★	25	中国海洋大学	4★
6	大连理工大学	5★	16	复旦大学	4★	26	山东大学	4★
7	中山大学	5★	17	云南大学	4★	27	吉林大学	4★
8	清华大学	5★-	18	重庆大学	4★	28	东北财经大学	4★
9	华东师范大学	5★-	19	东南大学	4★	29	上海财经大学	4★
10	湖南大学	5★-	20	东北大学	4★			

3★（43个），2★（58个），1★（14个）：名单略

0253 税务（专业学位）（44）

排名	学校名称	星级	排名	学校名称	星级	排名	学校名称	星级
1	西南财经大学	5★	4	中国人民大学	5★-	7	复旦大学	4★
2	湖南大学	5★	5	北京大学	4★	8	厦门大学	4★
3	南开大学	5★-	6	西安交通大学	4★	9	浙江大学	4★

3★（13个），2★（18个），1★（4个）：名单略

0254 国际商务（专业学位）（116）

排名	学校名称	星级	排名	学校名称	星级	排名	学校名称	星级
1	湖南大学	5★+	9	华中科技大学	5★-	17	浙江大学	4★
2	复旦大学	5★	10	北京大学	5★-	18	南京大学	4★
3	南开大学	5★	11	厦门大学	5★-	19	吉林大学	4★
4	华东师范大学	5★	12	上海对外经贸大学	5★-	20	中国海洋大学	4★
5	西安交通大学	5★	13	对外经济贸易大学	4★	21	山东大学	4★
6	华南理工大学	5★	14	西南财经大学	4★	22	东北大学	4★
7	中山大学	5★-	15	东北财经大学	4★	23	首都经济贸易大学	4★
8	中国人民大学	5★-	16	中央民族大学	4★			

3★（35个），2★（46个），1★（12个）：名单略

0255 保险（专业学位）（40）

排名	学校名称	星级	排名	学校名称	星级	排名	学校名称	星级
1	湖南大学	5★	4	南开大学	5★-	7	中国海洋大学	4★
2	中国人民大学	5★	5	北京大学	4★	8	厦门大学	4★
3	中山大学	5★-	6	华东师范大学	4★			

3★（12个），2★（16个），1★（4个）：名单略

0256 资产评估（专业学位）（42）

排名	学校名称	星级	排名	学校名称	星级	排名	学校名称	星级
1	西南财经大学	5★	4	天津大学	5★-	7	云南大学	4★
2	复旦大学	5★	5	西安建筑科技大学	4★	8	上海财经大学	4★
3	厦门大学	5★-	6	中央财经大学	4★			

3★（13个），2★（17个），1★（4个）：名单略

0257 审计（专业学位）（41）

排名	学校名称	星级	排名	学校名称	星级	排名	学校名称	星级
1	上海立信会计金融学院	5★	4	中山大学	5★-	7	山东大学	4★
2	厦门大学	5★	5	中央财经大学	4★	8	中南财经政法大学	4★
3	云南大学	5★-	6	北京大学	4★			

3★（13个），2★（16个），1★（4个）：名单略

0351 法律（专业学位）（229）

排名	学校名称	星级	排名	学校名称	星级	排名	学校名称	星级
1	北京大学	5★+	11	武汉大学	5★	21	中国科学技术大学	5★-
2	复旦大学	5★+	12	重庆大学	5★-	22	中南财经政法大学	5★-
3	湖南大学	5★	13	西南政法大学	5★-	23	四川大学	5★-
4	郑州大学	5★	14	南京大学	5★-	24	兰州大学	4★
5	西北政法大学	5★	15	山东大学	5★-	25	中央民族大学	4★
6	北京师范大学	5★	16	华东政法大学	5★-	26	清华大学	4★
7	华中科技大学	5★	17	浙江大学	5★-	27	辽宁大学	4★
8	吉林大学	5★	18	北京航空航天大学	5★-	28	新疆大学	4★
9	上海交通大学	5★	19	中山大学	5★-	29	贵州大学	4★
10	中国政法大学	5★	20	华南理工大学	5★-	30	云南大学	4★

续表

排名	学校名称	星级	排名	学校名称	星级	排名	学校名称	星级
31	黑龙江大学	4★	37	西南财经大学	4★	43	上海外国语大学	4★
32	厦门大学	4★	38	南开大学	4★	44	北京理工大学	4★
33	南京师范大学	4★	39	中国海洋大学	4★	45	西北农林科技大学	4★
34	山东政法学院	4★	40	东南大学	4★	46	湘潭大学	4★
35	对外经济贸易大学	4★	41	苏州大学	4★			
36	中南大学	4★	42	中国人民大学	4★			
3★（69个），2★（91个），1★（23个）：名单略								

0352 社会工作（专业学位）（146）

排名	学校名称	星级	排名	学校名称	星级	排名	学校名称	星级
1	北京师范大学	5★+	11	重庆大学	5★-	21	兰州大学	4★
2	复旦大学	5★	12	中国人民大学	5★-	22	厦门大学	4★
3	南京大学	5★	13	吉林大学	5★-	23	深圳大学	4★
4	华南理工大学	5★	14	南开大学	5★-	24	武汉大学	4★
5	华中科技大学	5★	15	云南大学	5★-	25	山东大学	4★
6	中央民族大学	5★	16	西安交通大学	4★	26	东南大学	4★
7	新疆大学	5★	17	中南大学	4★	27	哈尔滨工业大学	4★
8	华东师范大学	5★-	18	郑州大学	4★	28	四川大学	4★
9	中山大学	5★-	19	浙江大学	4★	29	中华女子学院	4★
10	北京大学	5★-	20	西北农林科技大学	4★			
3★（44个），2★（58个），1★（15个）：名单略								

0353 警务（专业学位）（6）

排名	学校名称	星级	排名	学校名称	星级	排名	学校名称	星级
1	云南警官学院	5★-						
3★（2个），2★（2个），1★（1个）：名单略								

0451 教育（专业学位）（157）

排名	学校名称	星级	排名	学校名称	星级	排名	学校名称	星级
1	华南师范大学	5★+	12	河南师范大学	5★-	23	东北师范大学	4★
2	华中师范大学	5★+	13	南京大学	5★-	24	天水师范学院	4★
3	首都师范大学	5★	14	云南师范大学	5★-	25	河南大学	4★
4	北京师范大学	5★	15	中南大学	5★-	26	中央民族大学	4★
5	南京师范大学	5★	16	河北师范大学	5★-	27	扬州大学	4★
6	华东师范大学	5★	17	湖南师范大学	4★	28	云南大学	4★
7	华中科技大学	5★	18	陕西师范大学	4★	29	宁夏师范学院	4★
8	浙江师范大学	5★	19	温州大学	4★	30	湖南大学	4★
9	西北师范大学	5★-	20	中国海洋大学	4★	31	广州大学	4★
10	浙江大学	5★-	21	安徽师范大学	4★			
11	山东师范大学	5★-	22	山西师范大学	4★			
3★（48个），2★（62个），1★（16个）：名单略								

0452 体育（专业学位）（141）

排名	学校名称	星级	排名	学校名称	星级	排名	学校名称	星级
1	天津体育学院	5★+	11	郑州大学	5★-	21	中央民族大学	4★
2	沈阳体育学院	5★	12	武汉体育学院	5★-	22	重庆工商大学	4★
3	北京师范大学	5★	13	云南大学	5★-	23	上海交通大学	4★
4	成都体育学院	5★	14	西安交通大学	5★-	24	吉林大学	4★
5	上海体育学院	5★	15	华东师范大学	4★	25	重庆大学	4★
6	北京体育大学	5★	16	广州体育学院	4★	26	清华大学	4★
7	中南大学	5★	17	华南理工大学	4★	27	西安体育学院	4★
8	山东大学	5★-	18	西安工业大学	4★	28	浙江大学	4★
9	中国海洋大学	5★-	19	上海大学	4★			
10	四川大学	5★-	20	华东交通大学	4★			

3★（43个），2★（56个），1★（14个）：名单略

0453 汉语国际教育（专业学位）（144）

排名	学校名称	星级	排名	学校名称	星级	排名	学校名称	星级
1	四川大学	5★+	11	武汉大学	5★-	21	厦门大学	4★
2	北京师范大学	5★	12	中国人民大学	5★-	22	新疆大学	4★
3	华东师范大学	5★	13	湖南大学	5★-	23	兰州大学	4★
4	中山大学	5★	14	复旦大学	5★-	24	华中科技大学	4★
5	北京大学	5★	15	中国海洋大学	4★	25	吉林大学	4★
6	广东外语外贸大学	5★	16	首都师范大学	4★	26	重庆大学	4★
7	南开大学	5★	17	暨南大学	4★	27	东南大学	4★
8	南京大学	5★-	18	云南大学	4★	28	上海交通大学	4★
9	山东大学	5★-	19	上海财经大学	4★	29	浙江大学	4★
10	中央民族大学	5★-	20	郑州大学	4★			

3★（43个），2★（58个），1★（14个）：名单略

0454 应用心理学（专业学位）（90）

排名	学校名称	星级	排名	学校名称	星级	排名	学校名称	星级
1	中山大学	5★+	7	上海交通大学	5★-	13	浙江大学	4★
2	四川大学	5★	8	北京大学	5★-	14	东南大学	4★
3	华东师范大学	5★	9	浙江工商大学	5★-	15	昆明医科大学	4★
4	南开大学	5★	10	南京大学	4★	16	郑州大学	4★
5	复旦大学	5★	11	首都师范大学	4★	17	国防科技大学	4★
6	天津大学	5★-	12	中央财经大学	4★	18	重庆医科大学	4★

3★（27个），2★（36个），1★（9个）：名单略

0551 翻译（专业学位）（257）

排名	学校名称	星级	排名	学校名称	星级	排名	学校名称	星级
1	北京大学	5★+	6	华东师范大学	5★	11	黑龙江大学	5★
2	北京航空航天大学	5★+	7	北京外国语大学	5★	12	南京大学	5★
3	湖南大学	5★+	8	中山大学	5★	13	北京师范大学	5★
4	广东外语外贸大学	5★	9	复旦大学	5★	14	东北大学	5★-
5	南开大学	5★	10	山东大学	5★	15	厦门大学	5★-

排名	学校名称	星级	排名	学校名称	星级	排名	学校名称	星级
16	四川大学	5★-	28	大连外国语大学	4★	40	哈尔滨工业大学	4★
17	天津外国语大学	5★-	29	北京语言大学	4★	41	郑州大学	4★
18	电子科技大学	5★-	30	西安外国语大学	4★	42	华中科技大学	4★
19	四川外国语大学	5★-	31	北京第二外国语学院	4★	43	吉林大学	4★
20	武汉大学	5★-	32	重庆大学	4★	44	中南大学	4★
21	同济大学	5★-	33	福建师范大学	4★	45	华东政法大学	4★
22	山西师范大学	5★-	34	中国海洋大学	4★	46	西北工业大学	4★
23	上海交通大学	5★-	35	新疆大学	4★	47	华南理工大学	4★
24	国防科技大学	5★-	36	东北师范大学	4★	48	大连理工大学	4★
25	浙江大学	5★-	37	宁波大学	4★	49	天津大学	4★
26	对外经济贸易大学	5★-	38	云南大学	4★	50	吉林外国语大学	4★
27	上海外国语大学	4★	39	南京师范大学	4★	51	上海对外经贸大学	4★

3★（78个），2★（102个），1★（26个）：名单略

0552 新闻与传播（专业学位）（164）

排名	学校名称	星级	排名	学校名称	星级	排名	学校名称	星级
1	浙江传媒学院	5★+	12	重庆大学	5★-	23	西安交通大学	4★
2	北京大学	5★+	13	上海交通大学	5★-	24	华南理工大学	4★
3	新疆大学	5★	14	浙江大学	5★-	25	中南大学	4★
4	复旦大学	5★	15	中国人民大学	5★-	26	兰州大学	4★
5	武汉大学	5★	16	中国科学技术大学	5★-	27	吉林大学	4★
6	湖南大学	5★	17	广东外语外贸大学	4★	28	南京大学	4★
7	中山大学	5★	18	中央民族大学	4★	29	电子科技大学	4★
8	清华大学	5★	19	暨南大学	4★	30	华中科技大学	4★
9	四川大学	5★-	20	厦门大学	4★	31	南开大学	4★
10	北京师范大学	5★-	21	中国传媒大学	4★	32	山东大学	4★
11	华东师范大学	5★-	22	郑州大学	4★	33	北京体育大学	4★

3★（49个），2★（66个），1★（16个）：名单略

0553 出版（专业学位）（27）

排名	学校名称	星级	排名	学校名称	星级	排名	学校名称	星级
1	武汉大学	5★	3	四川大学	5★-	5	华中科技大学	4★
2	南京大学	5★-	4	复旦大学	4★			

3★（9个），2★（10个），1★（3个）：名单略

0651 文物与博物馆（专业学位）（48）

排名	学校名称	星级	排名	学校名称	星级	排名	学校名称	星级
1	郑州大学	5★	5	湖南大学	5★-	9	吉林大学	4★
2	复旦大学	5★	6	北京大学	4★	10	中国科学技术大学	4★
3	南京大学	5★-	7	南开大学	4★			
4	中山大学	5★-	8	武汉大学	4★			

3★（14个），2★（19个），1★（5个）：名单略

0851 建筑学（专业学位）（43）

排名	学校名称	星级	排名	学校名称	星级	排名	学校名称	星级
1	湖南大学	5★	4	同济大学	5★-	7	浙江大学	4★
2	华南理工大学	5★	5	哈尔滨工业大学	4★	8	清华大学	4★
3	南京大学	5★-	6	天津大学	4★	9	西安建筑科技大学	4★
3★（13个），2★（17个），1★（4个）：名单略								

0852 工程（专业学位）（66）

排名	学校名称	星级	排名	学校名称	星级	排名	学校名称	星级
1	哈尔滨工业大学	5★+	6	四川大学	5★-	11	宁波大学	4★
2	南开大学	5★	7	大连理工大学	5★-	12	东南大学	4★
3	天津大学	5★	8	上海电机学院	4★	13	河海大学	4★
4	太原理工大学	5★-	9	燕山大学	4★			
5	中国科学技术大学	5★-	10	华北理工大学	4★			
3★（20个），2★（26个），1★（7个）：名单略								

0853 城市规划（专业学位）（29）

排名	学校名称	星级	排名	学校名称	星级	排名	学校名称	星级
1	湖南大学	5★	3	清华大学	5★-	5	哈尔滨工业大学	4★
2	南京大学	5★-	4	同济大学	4★	6	浙江大学	4★
3★（9个），2★（11个），1★（3个）：名单略								

0854 电子信息（专业学位）（284）

排名	学校名称	星级	排名	学校名称	星级	排名	学校名称	星级
1	电子科技大学	5★+	20	杭州电子科技大学	5★-	39	大连民族大学	4★
2	北京航空航天大学	5★+	21	西安电子科技大学	5★-	40	南京邮电大学	4★
3	东南大学	5★+	22	北京邮电大学	5★-	41	西北师范大学	4★
4	浙江大学	5★	23	四川大学	5★-	42	上海理工大学	4★
5	复旦大学	5★	24	南京航空航天大学	5★-	43	湖州师范学院	4★
6	东北大学	5★	25	西北工业大学	5★-	44	浙江工业大学	4★
7	西安交通大学	5★	26	华东交通大学	5★-	45	北京科技大学	4★
8	华中科技大学	5★	27	上海大学	5★-	46	西安邮电大学	4★
9	北京理工大学	5★	28	哈尔滨工业大学	5★-	47	北京电子科技学院	4★
10	华南理工大学	5★	29	新疆师范大学	4★	48	广东工业大学	4★
11	上海交通大学	5★	30	深圳大学	4★	49	重庆师范大学	4★
12	国防科技大学	5★	31	厦门理工学院	4★	50	重庆大学	4★
13	清华大学	5★	32	北京工业大学	4★	51	合肥工业大学	4★
14	大连理工大学	5★	33	哈尔滨工程大学	4★	52	阜阳师范大学	4★
15	同济大学	5★-	34	山东大学	4★	53	中国计量大学	4★
16	武汉大学	5★-	35	南京大学	4★	54	华中师范大学	4★
17	北京大学	5★-	36	重庆邮电大学	4★	55	昆明理工大学	4★
18	中国科学技术大学	5★-	37	厦门大学	4★	56	安徽大学	4★
19	北京交通大学	5★-	38	中山大学	4★	57	郑州大学	4★
3★（85个），2★（114个），1★（28个）：名单略								

0855 机械（专业学位）（215）

排名	学校名称	星级	排名	学校名称	星级	排名	学校名称	星级
1	天津大学	5★+	16	郑州大学	5★-	31	江苏理工学院	4★
2	浙江大学	5★+	17	山东大学	5★-	32	宝鸡文理学院	4★
3	北京航空航天大学	5★	18	吉林大学	5★-	33	华东交通大学	4★
4	上海交通大学	5★	19	北京交通大学	5★-	34	重庆理工大学	4★
5	重庆大学	5★	20	哈尔滨工程大学	5★-	35	合肥工业大学	4★
6	哈尔滨工业大学	5★	21	华南理工大学	5★-	36	长安大学	4★
7	东华大学	5★	22	湖南大学	5★-	37	桂林电子科技大学	4★
8	华中科技大学	5★	23	电子科技大学	4★	38	宁波大学	4★
9	西安交通大学	5★	24	西北工业大学	4★	39	中国农业大学	4★
10	燕山大学	5★	25	上海大学	4★	40	复旦大学	4★
11	北京理工大学	5★	26	北京大学	4★	41	北京科技大学	4★
12	南京航空航天大学	5★-	27	武汉理工大学	4★	42	北京工业大学	4★
13	同济大学	5★-	28	东南大学	4★	43	浙江工业大学	4★
14	西南交通大学	5★-	29	南京工程学院	4★			
15	大连理工大学	5★-	30	广东工业大学	4★			

3★（65个），2★（86个），1★（21个）：名单略

0856 材料与化工（专业学位）（212）

排名	学校名称	星级	排名	学校名称	星级	排名	学校名称	星级
1	浙江大学	5★+	15	东南大学	5★-	29	东华大学	4★
2	东北大学	5★+	16	电子科技大学	5★-	30	华东理工大学	4★
3	上海交通大学	5★	17	上海大学	5★-	31	青岛科技大学	4★
4	四川大学	5★	18	北京科技大学	5★-	32	湖南工程学院	4★
5	西安交通大学	5★	19	北京化工大学	5★-	33	常州大学	4★
6	华南理工大学	5★	20	南京工业大学	5★-	34	哈尔滨工业大学	4★
7	大连理工大学	5★	21	湖南工业大学	5★-	35	成都大学	4★
8	北京航空航天大学	5★	22	清华大学	4★	36	北京石油化工学院	4★
9	中国科学技术大学	5★	23	西北工业大学	4★	37	江西师范大学	4★
10	同济大学	5★	24	浙江工业大学	4★	38	海南大学	4★
11	北京理工大学	5★	25	西北师范大学	4★	39	湖北大学	4★
12	山东大学	5★-	26	武汉理工大学	4★	40	北京大学	4★
13	华中科技大学	5★-	27	昆明理工大学	4★	41	淮阴工学院	4★
14	复旦大学	5★-	28	厦门大学	4★	42	南京大学	4★

3★（64个），2★（85个），1★（21个）：名单略

0857 资源与环境（专业学位）（176）

排名	学校名称	星级	排名	学校名称	星级	排名	学校名称	星级
1	同济大学	5★+	7	武汉大学	5★	13	山东大学	5★-
2	中山大学	5★+	8	华南理工大学	5★	14	吉林大学	5★-
3	中国石油大学（华东）	5★	9	中国海洋大学	5★	15	天津大学	5★-
4	中国石油大学（北京）	5★	10	东北大学	5★-	16	中国地质大学（北京）	5★-
5	重庆大学	5★	11	四川大学	5★-	17	东南大学	5★-
6	浙江大学	5★	12	昆明理工大学	5★-	18	哈尔滨工业大学	5★-

续表

排名	学校名称	星级	排名	学校名称	星级	排名	学校名称	星级
19	华北科技学院	4★	25	成都理工大学	4★	31	西南石油大学	4★
20	中国地质大学（武汉）	4★	26	上海第二工业大学	4★	32	上海大学	4★
21	重庆科技学院	4★	27	中国矿业大学（北京）	4★	33	南京大学	4★
22	三峡大学	4★	28	西北师范大学	4★	34	复旦大学	4★
23	山东科技大学	4★	29	华东师范大学	4★	35	苏州科技大学	4★
24	中国矿业大学	4★	30	江苏理工学院	4★			

3★（53个），2★（70个），1★（18个）：名单略

0858 能源动力（专业学位）（140）

排名	学校名称	星级	排名	学校名称	星级	排名	学校名称	星级
1	西安交通大学	5★+	11	华中科技大学	5★-	21	国防科技大学	4★
2	天津大学	5★	12	南京航空航天大学	5★-	22	吉林大学	4★
3	浙江大学	5★	13	三峡大学	5★-	23	北京理工大学	4★
4	上海交通大学	5★	14	中国石油大学（华东）	5★-	24	南京工程学院	4★
5	重庆大学	5★	15	哈尔滨工业大学	4★	25	上海电力大学	4★
6	湖南大学	5★	16	西南交通大学	4★	26	上海大学	4★
7	东北大学	5★	17	山东大学	4★	27	华北电力大学	4★
8	北京航空航天大学	5★-	18	哈尔滨工程大学	4★	28	沈阳工程学院	4★
9	东华大学	5★-	19	东南大学	4★			
10	同济大学	5★-	20	中国石油大学（北京）	4★			

3★（42个），2★（56个），1★（14个）：名单略

0859 土木水利（专业学位）（157）

排名	学校名称	星级	排名	学校名称	星级	排名	学校名称	星级
1	同济大学	5★+	12	西南交通大学	5★-	23	郑州大学	4★
2	大连理工大学	5★+	13	重庆交通大学	5★-	24	西安理工大学	4★
3	天津大学	5★	14	三峡大学	5★-	25	绍兴文理学院	4★
4	武汉大学	5★	15	河海大学	5★-	26	北京建筑大学	4★
5	重庆大学	5★	16	上海大学	5★-	27	成都理工大学	4★
6	湖南大学	5★	17	北京工业大学	4★	28	西京学院	4★
7	浙江大学	5★	18	南京工业大学	4★	29	天津城建大学	4★
8	华南理工大学	5★	19	北京科技大学	4★	30	福州大学	4★
9	哈尔滨工业大学	5★-	20	沈阳建筑大学	4★	31	东南大学	4★
10	华东交通大学	5★-	21	苏州科技大学	4★			
11	长安大学	5★-	22	长沙理工大学	4★			

3★（48个），2★（62个），1★（16个）：名单略

0860 生物与医药（专业学位）（136）

排名	学校名称	星级	排名	学校名称	星级	排名	学校名称	星级
1	复旦大学	5★+	5	江南大学	5★	9	郑州大学	5★-
2	四川大学	5★	6	华侨大学	5★	10	上海大学	5★-
3	山东大学	5★	7	云南大学	5★	11	中山大学	5★-
4	中国药科大学	5★	8	华南农业大学	5★-	12	南京大学	5★-

排名	学校名称	星级	排名	学校名称	星级	排名	学校名称	星级
13	上海海洋大学	5★-	18	浙江万里学院	4★	23	华中农业大学	4★
14	西北大学	5★-	19	东北农业大学	4★	24	吉林大学	4★
15	海南大学	4★	20	西北农林科技大学	4★	25	江西农业大学	4★
16	华东理工大学	4★	21	福州大学	4★	26	南昌大学	4★
17	中国海洋大学	4★	22	南京农业大学	4★	27	浙江工业大学	4★
3★（41个），2★（54个），1★（14个）：名单略								

0861 交通运输（专业学位）（81）

排名	学校名称	星级	排名	学校名称	星级	排名	学校名称	星级
1	西南交通大学	5★+	7	山东大学	5★-	13	东南大学	4★
2	同济大学	5★	8	电子科技大学	5★-	14	华东交通大学	4★
3	北京交通大学	5★	9	浙江大学	4★	15	重庆交通大学	4★
4	郑州大学	5★	10	北京航空航天大学	4★	16	哈尔滨工业大学	4★
5	重庆大学	5★-	11	华中科技大学	4★			
6	上海交通大学	5★-	12	华侨大学	4★			
3★（25个），2★（32个），1★（8个）：名单略								

0951 农业推广（专业学位）（110）

排名	学校名称	星级	排名	学校名称	星级	排名	学校名称	星级
1	浙江大学	5★+	9	中国海洋大学	5★-	17	沈阳农业大学	4★
2	华南农业大学	5★	10	云南大学	5★-	18	湖北大学	4★
3	中国农业大学	5★	11	上海交通大学	5★-	19	西南科技大学	4★
4	西北农林科技大学	5★	12	安徽科技学院	4★	20	南京师范大学	4★
5	四川农业大学	5★	13	武汉轻工大学	4★	21	青岛农业大学	4★
6	南京农业大学	5★	14	北京林业大学	4★	22	兰州大学	4★
7	华中农业大学	5★-	15	安徽农业大学	4★			
8	南开大学	5★-	16	山东农业大学	4★			
3★（33个），2★（44个），1★（11个）：名单略								

0952 兽医（专业学位）（45）

排名	学校名称	星级	排名	学校名称	星级	排名	学校名称	星级
1	西北农林科技大学	5★	4	华南农业大学	5★-	7	华中农业大学	4★
2	中国农业大学	5★	5	南京农业大学	5★-	8	上海交通大学	4★
3	吉林大学	5★-	6	浙江大学	4★	9	山西农业大学	4★
3★（14个），2★（18个），1★（4个）：名单略								

0953 风景园林（专业学位）（80）

排名	学校名称	星级	排名	学校名称	星级	排名	学校名称	星级
1	北京大学	5★+	7	华中科技大学	5★-	13	东南大学	4★
2	清华大学	5★	8	天津大学	5★-	14	重庆大学	4★
3	浙江大学	5★	9	哈尔滨工业大学	4★	15	同济大学	4★
4	华南理工大学	5★	10	中南林业科技大学	4★	16	昆明理工大学	4★
5	四川大学	5★-	11	西北农林科技大学	4★			
6	贵州师范大学	5★-	12	上海交通大学	4★			
3★（24个），2★（32个），1★（8个）：名单略								

0954 林业(专业学位)(33)

排名	学校名称	星级	排名	学校名称	星级	排名	学校名称	星级
1	北京林业大学	5★	4	东北林业大学	4★	7	中南林业科技大学	4★
2	四川大学	5★	5	南京林业大学	4★			
3	西北农林科技大学	5★-	6	西南林业大学	4★			

3★(10个), 2★(13个), 1★(3个): 名单略

1051 临床医学(专业学位)(112)

排名	学校名称	星级	排名	学校名称	星级	排名	学校名称	星级
1	重庆医科大学	5★+	9	上海交通大学	5★-	17	中国医科大学	4★
2	南京医科大学	5★	10	北京协和医学院	5★-	18	山东大学	4★
3	哈尔滨医科大学	5★	11	中南大学	5★-	19	安徽医科大学	4★
4	中山大学	5★	12	天津医科大学	4★	20	第二军医大学	4★
5	复旦大学	5★	13	南方医科大学	4★	21	首都医科大学	4★
6	浙江大学	5★	14	郑州大学	4★	22	广西医科大学	4★
7	吉林大学	5★-	15	四川大学	4★			
8	华中科技大学	5★-	16	同济大学	4★			

3★(34个), 2★(45个), 1★(11个): 名单略

1052 口腔医学(专业学位)(65)

排名	学校名称	星级	排名	学校名称	星级	排名	学校名称	星级
1	中山大学	5★+	6	同济大学	5★-	11	重庆医科大学	4★
2	武汉大学	5★	7	南京大学	5★-	12	南京医科大学	4★
3	四川大学	5★	8	吉林大学	4★	13	第四军医大学	4★
4	上海交通大学	5★-	9	浙江大学	4★			
5	北京大学	5★-	10	西安交通大学	4★			

3★(20个), 2★(26个), 1★(6个): 名单略

1053 公共卫生(专业学位)(75)

排名	学校名称	星级	排名	学校名称	星级	排名	学校名称	星级
1	华中科技大学	5★+	6	广东药科大学	5★-	11	吉林大学	4★
2	复旦大学	5★	7	北京大学	5★-	12	上海交通大学	4★
3	中山大学	5★	8	郑州大学	5★-	13	湖南师范大学	4★
4	山东大学	5★	9	四川大学	4★	14	中国医科大学	4★
5	东南大学	5★-	10	兰州大学	4★	15	上海中医药大学	4★

3★(23个), 2★(30个), 1★(7个): 名单略

1054 护理(专业学位)(102)

排名	学校名称	星级	排名	学校名称	星级	排名	学校名称	星级
1	上海中医药大学	5★+	8	南京大学	5★-	15	郑州大学	4★
2	中南大学	5★	9	中山大学	5★-	16	西安交通大学	4★
3	兰州大学	5★	10	湖南中医药大学	5★-	17	北京大学	4★
4	复旦大学	5★	11	武汉大学	4★	18	江南大学	4★
5	广东药科大学	5★	12	延安大学	4★	19	上海交通大学	4★
6	吉林大学	5★-	13	成都医学院	4★	20	电子科技大学	4★
7	华中科技大学	5★-	14	北京中医药大学	4★			

3★(31个), 2★(41个), 1★(10个): 名单略

1055 药学（专业学位）（108）

排名	学校名称	星级	排名	学校名称	星级	排名	学校名称	星级
1	沈阳药科大学	5★+	9	电子科技大学	5★-	17	中南大学	4★
2	中国药科大学	5★	10	山东大学	5★-	18	西安交通大学	4★
3	广东药科大学	5★	11	中国海洋大学	5★-	19	厦门大学	4★
4	天津大学	5★	12	复旦大学	4★	20	北京大学	4★
5	中山大学	5★	13	华南理工大学	4★	21	兰州大学	4★
6	四川大学	5★-	14	郑州大学	4★	22	吉林大学	4★
7	上海大学	5★-	15	浙江大学	4★			
8	上海交通大学	5★-	16	成都医学院	4★			

3★（32个），2★（43个），1★（11个）：名单略

1056 中药学（专业学位）（46）

排名	学校名称	星级	排名	学校名称	星级	排名	学校名称	星级
1	上海中医药大学	5★	4	武汉大学	5★-	7	南京中医药大学	4★
2	北京中医药大学	5★	5	广东药科大学	5★-	8	中国药科大学	4★
3	华中科技大学	5★-	6	南京农业大学	4★	9	沈阳药科大学	4★

3★（14个），2★（18个），1★（5个）：名单略

1057 中医（专业学位）（45）

排名	学校名称	星级	排名	学校名称	星级	排名	学校名称	星级
1	山东中医药大学	5★	4	黑龙江中医药大学	5★-	7	上海中医药大学	4★
2	北京中医药大学	5★	5	广州中医药大学	5★-	8	长春中医药大学	4★
3	南京中医药大学	5★-	6	成都中医药大学	4★	9	天津中医药大学	4★

3★（14个），2★（18个），1★（4个）：名单略

1251 工商管理（专业学位）（155）

排名	学校名称	星级	排名	学校名称	星级	排名	学校名称	星级
1	北京理工大学	5★+	12	清华大学	5★-	23	中央民族大学	4★
2	复旦大学	5★+	13	华中科技大学	5★-	24	天津大学	4★
3	大连理工大学	5★	14	中南大学	5★-	25	北京邮电大学	4★
4	华东师范大学	5★	15	西北大学	5★-	26	南开大学	4★
5	北京航空航天大学	5★	16	华东理工大学	5★-	27	吉林大学	4★
6	同济大学	5★	17	四川大学	4★	28	中国人民大学	4★
7	北京大学	5★	18	合肥工业大学	4★	29	郑州大学	4★
8	兰州大学	5★	19	浙江大学	4★	30	东南大学	4★
9	中山大学	5★-	20	华南理工大学	4★	31	江西财经大学	4★
10	湖南大学	5★-	21	中国科学技术大学	4★			
11	上海交通大学	5★-	22	电子科技大学	4★			

3★（47个），2★（62个），1★（15个）：名单略

1252 公共管理（专业学位）（112）

排名	学校名称	星级	排名	学校名称	星级	排名	学校名称	星级
1	复旦大学	5★+	3	北京航空航天大学	5★	5	浙江大学	5★
2	中山大学	5★	4	四川大学	5★	6	清华大学	5★

排名	学校名称	星级	排名	学校名称	星级	排名	学校名称	星级
7	兰州大学	5★-	13	南京师范大学	4★	19	新疆大学	4★
8	北京师范大学	5★-	14	郑州大学	4★	20	天津大学	4★
9	大连理工大学	5★-	15	西南政法大学	4★	21	哈尔滨工程大学	4★
10	厦门大学	5★-	16	中央民族大学	4★	22	南京农业大学	4★
11	吉林大学	5★-	17	中国人民大学	4★			
12	国防科技大学	4★	18	南开大学	4★			

3★（34个），2★（45个），1★（11个）：名单略

1253 会计（专业学位）（247）

排名	学校名称	星级	排名	学校名称	星级	排名	学校名称	星级
1	湖南大学	5★+	18	复旦大学	5★-	35	广东财经大学	4★
2	中南大学	5★+	19	兰州大学	5★-	36	江西师范大学	4★
3	西安交通大学	5★	20	中国人民大学	5★-	37	云南大学	4★
4	中央财经大学	5★	21	广西财经学院	5★-	38	上海财经大学	4★
5	厦门大学	5★	22	浙江大学	5★-	39	安徽大学	4★
6	中国海洋大学	5★	23	北京大学	5★-	40	南京审计大学	4★
7	东北大学	5★	24	天津财经大学	5★-	41	北京航空航天大学	4★
8	湖北经济学院	5★	25	上海大学	5★-	42	对外经济贸易大学	4★
9	浙江工商大学	5★	26	中南财经政法大学	4★	43	东南大学	4★
10	哈尔滨工业大学	5★	27	江西财经大学	4★	44	湖南科技大学	4★
11	华南理工大学	5★	28	广东外语外贸大学	4★	45	南京财经大学	4★
12	西南财经大学	5★	29	哈尔滨商业大学	4★	46	北京交通大学	4★
13	中山大学	5★-	30	重庆工商大学	4★	47	安徽财经大学	4★
14	东北财经大学	5★-	31	山西财经大学	4★	48	石河子大学	4★
15	山东大学	5★-	32	暨南大学	4★	49	杭州电子科技大学	4★
16	中央民族大学	5★-	33	上海对外经贸大学	4★			
17	南开大学	5★-	34	重庆大学	4★			

3★（75个），2★（98个），1★（25个）：名单略

1254 旅游管理（专业学位）（72）

排名	学校名称	星级	排名	学校名称	星级	排名	学校名称	星级
1	中山大学	5★+	6	中国海洋大学	5★-	11	北京第二外国语学院	4★
2	新疆大学	5★	7	南开大学	5★-	12	浙江师范大学	4★
3	复旦大学	5★	8	桂林理工大学	4★	13	广西师范大学	4★
4	四川大学	5★	9	信阳师范学院	4★	14	鲁东大学	4★
5	中央民族大学	5★-	10	郑州大学	4★			

3★（22个），2★（29个），1★（7个）：名单略

1255 图书情报（专业学位）（49）

排名	学校名称	星级	排名	学校名称	星级	排名	学校名称	星级
1	武汉大学	5★	5	中山大学	5★-	9	华中科技大学	4★
2	南京大学	5★	6	南开大学	4★	10	湘潭大学	4★
3	华东师范大学	5★-	7	中国人民大学	4★			
4	中南大学	5★-	8	复旦大学	4★			

3★（15个），2★（19个），1★（5个）：名单略

1256 工程管理（专业学位）（156）

排名	学校名称	星级	排名	学校名称	星级	排名	学校名称	星级
1	北京大学	5★+	12	南京大学	5★-	23	福建工程学院	4★
2	上海交通大学	5★+	13	东南大学	5★-	24	北京航空航天大学	4★
3	厦门大学	5★	14	浙江大学	5★-	25	哈尔滨理工大学	4★
4	上海大学	5★	15	山东大学	5★-	26	山东财经大学	4★
5	郑州大学	5★	16	北京物资学院	5★-	27	常州大学	4★
6	新疆大学	5★	17	西安交通大学	4★	28	华中科技大学	4★
7	华南理工大学	5★	18	上海电力大学	4★	29	太原科技大学	4★
8	武汉大学	5★	19	清华大学	4★	30	南京邮电大学	4★
9	四川大学	5★-	20	合肥工业大学	4★	31	上海海事大学	4★
10	天津大学	5★-	21	浙江工商大学	4★			
11	南开大学	5★-	22	河海大学	4★			

3★（47个），2★（62个），1★（16个）：名单略

1351 艺术（专业学位）（279）

排名	学校名称	星级	排名	学校名称	星级	排名	学校名称	星级
1	北京师范大学	5★+	20	重庆大学	5★-	39	哈尔滨师范大学	4★
2	华东师范大学	5★+	21	中国音乐学院	5★-	40	华南师范大学	4★
3	中央音乐学院	5★+	22	武汉音乐学院	5★-	41	山东大学	4★
4	清华大学	5★	23	河南大学	5★-	42	苏州大学	4★
5	广西艺术学院	5★	24	云南大学	5★-	43	兰州大学	4★
6	中国美术学院	5★	25	山东师范大学	5★-	44	陕西师范大学	4★
7	东南大学	5★	26	南京大学	5★-	45	西安工程大学	4★
8	中央民族大学	5★	27	湖南大学	5★-	46	华中科技大学	4★
9	南京师范大学	5★	28	四川美术学院	5★-	47	西安音乐学院	4★
10	浙江大学	5★	29	中南大学	4★	48	杭州师范大学	4★
11	武汉大学	5★	30	云南艺术学院	4★	49	南京信息工程大学	4★
12	南京艺术学院	5★	31	上海师范大学	4★	50	郑州大学	4★
13	北京大学	5★	32	东北师范大学	4★	51	安徽师范大学	4★
14	中国传媒大学	5★	33	山西大学	4★	52	中国地质大学（武汉）	4★
15	上海音乐学院	5★-	34	福建师范大学	4★	53	西北农林科技大学	4★
16	中央美术学院	5★-	35	首都师范大学	4★	54	天津大学	4★
17	四川大学	5★-	36	西安美术学院	4★	55	西安工业大学	4★
18	北京电影学院	5★-	37	中央戏剧学院	4★	56	吉林艺术学院	4★
19	浙江师范大学	5★-	38	同济大学	4★			

3★（84个），2★（111个），1★（28个）：名单略

第二部分

中国研究生培养单位各类排名结果、学科等级分布、优势专业及联系方式

国家科学院研究生院（部）（共6个）

14430　中国科学院大学

在中国研究生院研究生教育竞争力排行榜中的名次：总排名1/62，理工类排名1/31。

- 通信地址：北京市石景山区玉泉路19号
- 邮政编码：100049
- 电话号码：010-82649886
- 电子邮箱：ao@ucas.edu.cn

80201　中国社会科学院研究生院

在中国研究生院研究生教育竞争力排行榜中的名次：总排名41/62，文法类排名2/2。

- 通信地址：北京市房山区长于大街11号
- 邮政编码：102488
- 电话号码：010-81360224
- 电子邮箱：yb-yjsy@cass.org.cn

82101　中国农业科学院研究生院

在中国研究生院研究生教育竞争力排行榜中的名次：总排名42/62，农林类排名2/4。

- 通信地址：北京市海淀区中关村南大街12号
- 邮政编码：100081
- 电话号码：010-82109689
- 电子邮箱：yzb@caas.cn

82201　中国林业科学研究院研究生部

在中国研究生院研究生教育竞争力排行榜中的名次：总排名50/62，农林类排名4/4。

- 通信地址：北京市海淀区东小府1号
- 邮政编码：100091
- 电话号码：010-62889030
- 电子邮箱：lkyyjszs@163.com

82501　中国地质科学院研究生院

在中国研究生院研究生教育竞争力排行榜中的名次：总排名43/62，理工类排名22/31。

- 通信地址：北京市西城区百万庄大街26号
- 邮政编码：100037
- 电话号码：010-68992237
- 电子邮箱：edu@cags.ac.cn

84502　中国中医科学院研究生院

在中国研究生院研究生教育竞争力排行榜中的名次：总排名49/62，医药类排名1/1。

- 通信地址：北京市东直门内南小街16号
- 邮政编码：100700
- 电话号码：010-64089480
- 电子邮箱：yzb_716@163.com

普通高校研究生培养单位（共 578 所）

北京市

10001 北京大学

在中国普通高校研究生教育竞争力排行榜中的名次：总排名 1/527，北京市内排名 1/54，综合类排名 1/79。

共 48 个一级学科（学术学位）参评，其中 5★+学科 2 个，5★学科 27 个，5★-学科 7 个，4★学科 7 个，学科优秀率为 89.58%。

门类排名

哲学 3/138、经济学 2/332、法学 2/394、教育学 11/299、文学 1/349、历史学 3/123、理学 1/389、工学 27/434、农学 71/166、医学 1/214、管理学 6/427、艺术学 15/306。

一级学科排名

哲学 3/138、理论经济学 3/116、应用经济学 7/263、法学 6/207、政治学 3/87、社会学 2/87、马克思主义理论 3/353、教育学 15/141、心理学 2/104、中国语言文学 4/179、外国语言文学 3/232、新闻传播学 7/116、考古学 1/29、中国史 9/105、世界史 3/59、数学 11/262、物理学 5/191、化学 12/225、天文学 3/18、地理学 3/87、大气科学 4/17、地球物理学 3/20、地质学 5/36、生物学 10/241、科学技术史 4/18、生态学 5/90、力学 2/94、材料科学与工程 47/219、电子科学与技术 4/122、信息与通信工程 16/179、计算机科学与技术 5/262、测绘科学与技术 22/53、核科学与技术 12/19、环境科学与工程 4/189、软件工程 3/138、基础医学 2/106、临床医学 3/113、口腔医学 1/48、公共卫生与预防医学 1/75、中西医结合 9/60、药学 9/145、医学技术 2/28、护理学 2/59、工商管理 16/307、农林经济管理 26/50、公共管理 3/207、图书情报与档案管理 7/51、艺术学理论 2/60。

优势专业

5★+专业：宗教学 1/52、区域经济学 1/195、产业经济学 2/225、经济法学 1/146、政治学理论 1/77、社会学 1/83、马克思主义基本原理 3/315、国外马克思主义研究 1/86、基础心理学 1/62、应用心理学 1/93、语言学及应用语言学 1/151、汉语言文字学 1/147、英语语言文学 2/199、外国语言学及应用语言学 1/206、基础数学 2/219、计算数学 1/215、概率论与数理统计 1/175、应用数学 3/256、理论物理 1/160、光学 2/164、物理化学 1/192、人文地理学 1/76、植物学 2/153、固体力学 1/79、流体力学 1/64、工程力学 1/88、微电子学与固体电子学 1/98、计算机软件与理论 1/219、计算机应用技术 1/261、环境科学 1/165、妇产科学 1/93、会计学 3/277、企业管理 1/296、行政管理 2/180、社会医学与卫生事业管理 1/76、教育经济与管理 1/128。

5★专业：马克思主义哲学 4/108、中国哲学 5/99、外国哲学 2/91、逻辑学 1/36、伦理学 3/88、美学 1/47、科学技术哲学 4/85、政治经济学 3/103、经济史 1/40、西方经济学 2/95、世界经济 3/85、人口、资源与环境经济学 3/90、国民经济学 3/96、财政学 4/92、金融学 5/229、统计学 3/53、法学理论 2/131、法律史 2/66、宪法学与行政法学 5/151、刑法学 6/136、民商法学 4/183、诉讼法学 3/123、环境与资源保护法学 3/95、国际法学 3/117、科学社会主义与国际共产主义运动 2/38、国际政治 2/62、人口学 2/42、人类学 1/42、马克思主义发展史 3/100、马克思主义中国化研究 5/303、思想政治教育 5/334、中国近现代史基本问题研究 3/187、高等教育学 4/111、文艺学 3/168、中国古典文献学 3/114、中国古代文学 4/177、中国现当代文学 3/172、比较文学与世界文学 4/136、俄语语言文学 4/75、日语语言文学 3/131、西班牙语语言文学 1/16、阿拉伯语语言文学 1/15、传播学 3/112、粒子物理与原子核物理 3/78、原子与分子物理 2/93、等离子体物理 2/46、凝聚态物理 3/176、自然地理学 2/78、地图学与地理信息系统 2/81、地球化学 2/32、古生物学与地层学 1/28、动物学 7/138、生理学 5/107、遗传学 4/143、细胞生物学 4/144、生物化学与分子生物学 5/221、物理电子学 2/95、电路与系统 3/100、电磁场与微波技术 3/84、计算机系统结构 3/189、环境工程 3/176、人体解剖与组织胚胎学 5/101、放射医学 1/25、内科学 3/105、儿科学 4/88、精神病与精神卫生学 2/56、影像医学与核医学 4/102、临床检验诊断学 4/97、外科学 5/103、眼科学 2/81、耳鼻咽喉科学 4/77、运动医学 1/29、口腔基础医学 2/37、流行病与卫生统计学 4/71、儿少卫生与妇幼保健学 1/42、生药学 3/89、社会保障 2/145。

5★-专业：经济思想史 3/33、中共党史 4/50、国际关系 4/52、教育学原理 8/101、教育技术学 4/69、法语语言文学 4/43、德语语言文学 3/40、印度语言文学 1/6、亚非语言文学 3/36、构造地质学 3/30、生物物理学 7/69、一般力学与力学基础 5/54、通信与信息系统 11/164、信号与信息处理 11/164、摄影测量与遥感 3/45、免疫学 7/100、病原生物学 8/97、神经病学 7/97、皮肤病与性病学 5/73、肿瘤学 6/95、麻醉学 5/84、劳动卫生与环境卫生学 6/63、营养与食品卫生学 6/65、卫生毒理学 6/60、药剂学 10/122、药理学 13/127、图书馆学 4/39、专门史 7/70。

4★专业：外交学 3/23、新闻学 13/105、天体物理 3/18、固体地球物理学 3/19、空间物理学 3/16、矿物学、岩石学、矿床学 4/34、材料物理与化学 23/201、材料学 29/200、核技术及应用 3/17、中西医结合基础 7/46、药物化学 17/136、药物分析学 20/109、情报学 5/43、历史文献学 7/51、中国近现代史 10/68。

通信地址：北京市海淀区颐和园路 5 号北京大学研究生院
邮政编码：100871
电话号码：010-62751354
电子邮箱：grszsb@pku.edu.cn

10003 清华大学

在中国普通高校研究生教育竞争力排行榜中的名次：总排名2/527，北京市内排名2/54，理工类排名1/165。

共56个一级学科（学术学位）参评，其中5★+学科7个，5★学科19个，5★-学科12个，4★学科6个，学科优秀率为78.57%。

门类排名

哲学 9/138、经济学 24/332、法学 4/394、教育学 15/299、文学 9/349、历史学 18/123、理学 6/389、工学 1/434、农学 79/166、医学 47/214、管理学 5/427、艺术学 5/306。

一级学科排名

哲学 9/138、理论经济学 19/116、应用经济学 27/263、法学 5/207、政治学 5/87、社会学 9/87、马克思主义理论 4/353、教育学 34/141、心理学 10/104、体育学 9/108、中国语言文学 6/179、外国语言文学 31/232、新闻传播学 10/116、中国史 8/105、世界史 12/59、数学 8/262、物理学 4/191、化学 14/225、天文学 7/18、生物学 4/241、科学技术史 2/18、生态学 50/90、统计学 34/97、力学 3/94、机械工程 3/219、光学工程 38/84、仪器科学与技术 32/69、材料科学与工程 14/219、动力工程及工程热物理 10/105、电气工程 8/110、电子科学与技术 6/122、信息与通信工程 5/179、控制科学与工程 1/185、计算机科学与技术 1/262、建筑学 3/70、土木工程 8/160、水利工程 2/64、测绘科学与技术 25/53、化学工程与技术 4/184、交通运输工程 48/69、航空宇航科学与技术 8/25、核科学与技术 1/19、环境科学与工程 6/189、生物医学工程 1/65、城乡规划学 2/50、风景园林学 1/51、软件工程 1/138、安全科学与工程 17/55、网络空间安全 10/56、基础医学 24/106、临床医学 43/113、工商管理 6/307、公共管理 2/207、艺术学理论 8/60、美术学 4/103、设计学 3/148。

优势专业

5★+专业：金融学 2/229、刑法学 1/136、马克思主义发展史 1/100、马克思主义中国化研究 2/303、思想政治教育 1/334、有机化学 2/205、机械设计及理论 1/205、车辆工程 1/154、材料物理与化学 2/201、工程热物理 1/66、动力机械及工程 1/69、系统工程 1/122、模式识别与智能系统 2/162、计算机系统结构 1/189、建筑技术科学 1/61、企业管理 3/296、行政管理 1/180、社会保障 1/145。

5★专业：政治经济学 5/103、数量经济学 2/111、法学理论 5/131、法律史 3/66、宪法学与行政法学 4/151、民商法学 6/183、诉讼法学 6/123、经济法学 6/146、国际法学 6/117、中外政治制度 3/51、国际关系 3/52、马克思主义基本原理 6/315、国外马克思主义研究 2/86、中国近现代史基本问题研究 4/187、高等教育学 6/111、教育技术学 3/69、体育人文社会学 5/90、文艺学 5/168、语言学及应用语言学 7/151、汉语言文字学 4/147、中国古代文学 5/177、中国现当代文学 7/172、中国少数民族语言文学 1/42、比较文学与世界文学 7/136、英语语言文学 8/199、日语语言文学 7/131、新闻学 3/105、基础数学 5/219、计算数学 4/215、概率论与数理统计 9/175、应用数学 5/256、运筹学与控制论 5/183、理论物理 5/160、粒子物理与原子核物理 4/78、凝聚态物理 6/176、光学 6/164、无线电物理 3/63、无机化学 8/200、分析化学 5/199、物理化学 8/192、植物学 8/153、发育生物学 4/71、生物化学与分子生物学 11/221、一般力学与力学基础 2/54、固体力学 2/79、流体力学 2/64、工程力学 4/88、机械制造及其自动化 6/201、机械电子工程 4/205、材料学 9/200、材料加工工程 4/184、电力系统及其自动化 5/92、物理电子学 5/95、通信与信息系统 6/164、信号与信息处理 4/164、控制理论与控制工程 5/179、检测技术与自动化装置 3/171、计算机软件与理论 6/219、计算机应用技术 7/261、建筑历史与理论 3/61、岩土工程 4/143、结构工程 4/153、供热、供燃气、通风及空调工程 2/94、桥梁与隧道工程 3/109、水文学及水资源 2/53、水力学及河流动力学 2/39、水工结构工程 2/40、水利水电工程 2/44、化学工程 4/134、化学工艺 4/148、生物化工 4/118、应用化学 4/178、工业催化 3/120、核能科学与工程 1/14、核燃料循环与材料 1/11、核技术及应用 1/17、辐射防护及环境保护 1/13、环境科学 3/165、环境工程 7/176、会计学 6/277、技术经济及管理 5/229、社会医学与卫生事业管理 2/76、教育经济与管理 2/128、土地资源管理 2/107、专门史 2/70。

5★-专业：中国哲学 6/99、伦理学 9/88、西方经济学 6/95、环境与资源保护法学 6/95、政治学理论 5/77、国际政治 4/62、社会学 5/83、运动人体科学 5/81、体育教育训练学 9/103、外国语言学及应用语言学 13/206、传播学 11/112、原子与分子物理 6/93、等离子体物理 3/46、声学 3/33、高分子化学与物理 13/158、动物学 9/138、生理学 9/107、水生生物学 4/60、微生物学 12/184、神经生物学 7/73、遗传学 9/143、细胞生物学 10/144、生物物理学 6/69、电机与电器 7/83、高电压与绝缘技术 4/59、电力电子与电力传动 7/102、电工理论与新技术 8/79、电路与系统 7/100、微电子学与固体电子学 7/98、电磁场与微波技术 5/84、导航、制导与控制 5/79、港口、海岸及近海工程 2/26、人体解剖与组织胚胎学 9/101、免疫学 9/100、中国古代史 5/69、中国近现代史 4/68。

4★专业：马克思主义哲学 12/108、外国哲学 15/91、逻辑学 6/36、宗教学 9/52、经济史 6/40、军事法学 2/9、外交学 4/23、人类学 6/42、基础心理学 10/62、应用心理学 11/93、病原生物学 17/97、病理学与病理生理学 19/100、儿科学 17/88。

通信地址：北京市海淀区清华大学研究生院
邮政编码：100084
电话号码：010-62782192
电子邮箱：yjszb@mail.tsinghua.edu.cn

10002 中国人民大学

在中国普通高校研究生教育竞争力排行榜中的名次：总排名10/527，北京市内排名3/54，文法类排名1/24。

共30个一级学科（学术学位）参评，其中5★+学科

11个，5★学科4个，5★-学科2个，4★学科5个，学科优秀率为73.33%。

门类排名

哲学 1/138、经济学 1/332、法学 1/394、教育学 33/299、文学 5/349、历史学 1/123、理学 74/389、工学 156/434、农学 95/166、医学 190/214、管理学 1/427、艺术学 23/306。

一级学科排名

哲学 1/138、理论经济学 1/116、应用经济学 2/263、法学 2/207、政治学 1/87、社会学 1/87、马克思主义理论 1/353、教育学 50/141、心理学 20/104、中国语言文学 9/179、外国语言文学 25/232、新闻传播学 2/116、考古学 6/29、中国史 1/105、世界史 14/59、数学 51/262、物理学 71/191、化学 76/225、地理学 61/87、系统科学 19/23、统计学 5/97、计算机科学与技术 23/262、环境科学与工程 63/189、公共卫生与预防医学 64/75、工商管理 1/307、农林经济管理 1/50、公共管理 1/207、图书情报与档案管理 2/51、戏剧与影视学 10/56、美术学 8/103。

优势专业

5★+专业：中国哲学 1/99、政治经济学 1/103、西方经济学 1/95、世界经济 1/85、国民经济学 1/96、区域经济学 2/195、产业经济学 1/225、国际贸易学 2/192、劳动经济学 1/82、数量经济学 1/111、民商法学 1/183、马克思主义基本原理 1/315、马克思主义中国化研究 3/303、中国近现代史基本问题研究 1/187、新闻学 1/105、传播学 1/112、会计学 1/277、土地资源管理 1/107。

5★专业：马克思主义哲学 5/108、外国哲学 4/91、伦理学 4/88、美学 2/47、宗教学 3/52、科学技术哲学 3/85、经济思想史 1/33、经济史 2/40、人口、资源与环境经济学 2/90、财政学 2/92、金融学 3/229、法学理论 3/131、宪法学与行政法学 3/151、刑法学 5/136、诉讼法学 2/123、经济法学 4/146、环境与资源保护法学 4/95、国际法学 4/117、政治学理论 2/77、中外政治制度 2/51、科学社会主义与国际共产主义运动 1/38、中共党史 2/50、国际政治 3/62、国际关系 2/52、社会学 2/83、人口学 1/42、人类学 2/42、民俗学 1/43、马克思主义发展史 2/100、国外马克思主义研究 3/86、思想政治教育 4/334、中国现当代文学 9/172、企业管理 5/296、技术经济及管理 4/229、行政管理 3/180、社会医学与卫生事业管理 3/76、教育经济与管理 3/128、社会保障 3/145、档案学 1/31、金融工程 1/18、知识产权法 2/44、党的建设 2/47、市场营销 1/24、公共政策 1/28、公共信息资源管理 1/19。

5★-专业：逻辑学 4/36、国防经济 2/15、法律史 6/66、外交学 2/23、高等教育学 7/111、文艺学 11/168、语言学及应用语言学 9/151、汉语言文字学 12/147、中国古典文献学 11/114、中国古代文学 15/177、比较文学与世界文学 11/136、英语语言文学 13/199、日语语言文学 10/131、农业经济管理 3/49、林业经济管理 2/29、图书馆学 3/39、情报学 3/43、网络经济学 1/8、房地产经济学 1/8、城市经济学 1/9、电影学 1/6、美术史论 1/6。

4★专业：基础心理学 11/62、应用心理学 10/93、概率论与数理统计 33/175、应用数学 46/256、有机化学 39/205、计算机应用技术 38/261、管理哲学 2/8、汉语国际教育 5/31、智能科学与技术 4/18。

通信地址：北京市海淀区中关村大街59号中国人民大学研究生院
邮政编码：100872
电话号码：010-62515340
电子邮箱：yjsyleader@ruc.edu.cn

10027　北京师范大学

在中国普通高校研究生教育竞争力排行榜中的名次：总排名19/527，北京市内排名4/54，师范类排名1/61。

共39个一级学科（学术学位）参评，其中5★+学科5个，5★学科6个，5★-学科7个，4★学科8个，学科优秀率为66.67%。

门类排名

哲学 7/138、经济学 27/332、法学 19/394、教育学 1/299、文学 4/349、历史学 12/123、理学 14/389、工学 95/434、管理学 22/427、艺术学 8/306。

一级学科排名

哲学 7/138、理论经济学 15/116、应用经济学 51/263、法学 19/207、政治学 40/87、社会学 13/87、马克思主义理论 17/353、教育学 1/141、心理学 1/104、体育学 8/108、中国语言文学 2/179、外国语言文学 23/232、新闻传播学 20/116、考古学 17/29、中国史 5/105、世界史 7/59、数学 12/262、物理学 28/191、化学 25/225、天文学 4/18、地理学 1/87、生物学 23/241、系统科学 1/23、生态学 7/90、材料科学与工程 147/219、信息与通信工程 65/179、计算机科学与技术 54/262、水利工程 23/64、测绘科学与技术 16/53、核科学与技术 7/19、环境科学与工程 2/189、安全科学与工程 12/55、工商管理 66/307、公共管理 7/207、图书情报与档案管理 23/51、艺术学理论 13/60、音乐与舞蹈学 5/72、戏剧与影视学 5/56、美术学 26/103。

优势专业

5★+专业：比较教育学 1/52、学前教育学 1/60、高等教育学 1/111、教育技术学 1/69、发展与教育心理学 1/69、文艺学 1/168、语言学及应用语言学 2/151、中国现当代文学 1/172、概率论与数理统计 2/175、自然地理学 1/78、环境科学 2/165。

5★专业：人口、资源与环境经济学 5/90、马克思主义基本原理 11/315、马克思主义中国化研究 10/303、思想政治教育 7/334、教育学原理 2/101、课程与教学论 2/112、教育史 1/42、成人教育学 2/30、职业技术教育学 2/43、特殊教育学 1/24、基础心理学 2/62、应用心理学 2/93、运动人体科学 4/81、体育教育训练学 3/103、汉语言文字学 3/147、中国古典文献学 4/114、中国古代文学 3/177、比较文学与世界文学 2/136、传播学 4/112、基础数学 3/219、计算数学 8/215、应用数学 4/256、人文地理学

2/76、地图学与地理信息系统 3/81、系统理论 1/22、系统分析与集成 1/20、水文学及水资源 3/53、环境工程 4/176、行政管理 5/180、教育经济与管理 4/128、汉语国际教育 2/31。

5★-专业：马克思主义哲学 8/108、科学技术哲学 7/85、政治经济学 8/103、刑法学 8/136、民商法学 17/183、诉讼法学 11/123、经济法学 14/146、体育人文社会学 7/90、日语语言文学 11/131、外国语言学及应用语言学 12/206、理论物理 15/160、凝聚态物理 11/176、光学 10/164、计算机软件与理论 21/219、地图制图学与地理信息工程 5/48、企业管理 27/296、土地资源管理 8/107、党的建设 5/47、初等教育学 2/17、历史文献学 4/51、专门史 5/70、公共政策 3/28、广播电视艺术学 3/27。

4★专业：中国哲学 11/99、外国哲学 12/91、伦理学 15/88、美学 6/47、西方经济学 13/95、世界经济 10/85、区域经济学 35/195、金融学 37/229、国际贸易学 32/192、统计学 8/53、法学理论 19/131、宪法学与行政法学 17/151、国际法学 14/117、社会学 13/83、民俗学 5/43、英语语言文学 21/199、俄语语言文学 11/75、粒子物理与原子核物理 10/78、无机化学 34/200、分析化学 29/199、有机化学 31/205、物理化学 31/192、高分子化学与物理 24/158、植物学 31/153、生理学 19/107、微生物学 37/184、发育生物学 10/71、细胞生物学 25/144、生物化学与分子生物学 32/221、计算机应用技术 27/261、水力学及河流动力学 5/39、摄影测量与遥感 7/45、辐射防护及环境保护 3/13、会计学 35/277、社会保障 18/145、中国古代史 11/69、中国近现代史 8/68。

通信地址：北京市新街口外大街19号北京师范大学研究生院
邮政编码：100875
电话号码：010-58808156
电子邮箱：yanzh@bnu.edu.cn

10006 北京航空航天大学

在中国普通高校研究生教育竞争力排行榜中的名次：总排名 25/527，北京市内排名 5/54，理工类排名 12/165。

共 38 个一级学科（学术学位）参评，其中 5★+学科 1 个，5★学科 4 个，5★-学科 8 个，4★学科 5 个，学科优秀率为 47.37%。

门类排名

哲学 74/138、经济学 108/332、法学 41/394、教育学 72/299、文学 65/349、理学 53/389、工学 7/434、医学 134/214、管理学 30/427、艺术学 131/306。

一级学科排名

哲学 75/138、理论经济学 107/116、应用经济学 119/263、法学 23/207、马克思主义理论 176/353、教育学 54/141、心理学 63/104、外国语言文学 21/232、数学 60/262、物理学 20/191、化学 39/225、地球物理学 15/20、统计学 27/97、力学 6/94、机械工程 17/219、光学工程 26/84、仪器科学与技术 1/69、材料科学与工程 18/219、动力工程及工程热物理 8/105、电气工程 43/110、电子科学与技术 9/122、信息与通信工程 11/179、控制科学与工程 7/185、计算机科学与技术 4/262、土木工程 82/160、化学工程与技术 148/184、交通运输工程 8/69、航空宇航科学与技术 1/25、环境科学与工程 77/189、生物医学工程 19/65、软件工程 10/138、安全科学与工程 26/55、基础医学 73/106、特种医学 14/14、管理科学与工程 5/179、工商管理 92/307、公共管理 30/207、设计学 52/148。

优势专业

5★+专业：精密仪器及机械 1/63、测试计量技术及仪器 1/68、计算机应用技术 2/261。

5★专业：外国语言学及应用语言学 10/206、固体力学 4/79、控制理论与控制工程 4/179、检测技术与自动化装置 7/171、模式识别与智能系统 4/162、导航、制导与控制 4/79、计算机软件与理论 11/219、飞行器设计 1/23、航空宇航推进理论与工程 1/20、航空宇航制造工程 1/19、人机与环境工程 1/16。

5★-专业：宪法学与行政法学 15/151、刑法学 12/136、民商法学 16/183、英语语言文学 14/199、应用数学 23/256、一般力学与力学基础 4/54、流体力学 6/64、工程力学 7/88、机械制造及其自动化 20/201、机械电子工程 13/205、机械设计及理论 16/205、车辆工程 15/154、材料物理与化学 18/201、材料学 18/200、材料加工工程 14/184、热能工程 8/82、流体机械及工程 5/65、信号与信息处理 16/164、系统工程 8/122、计算机系统结构 12/189、交通运输规划与管理 6/57、教育经济与管理 13/128。

4★专业：法学理论 25/131、诉讼法学 18/123、国际法学 23/117、高等教育学 19/111、教育技术学 12/69、俄语语言文学 15/75、德语语言文学 7/40、基础数学 40/219、理论物理 20/160、粒子物理与原子核物理 11/78、凝聚态物理 19/176、光学 26/164、无机化学 36/200、物理化学 30/192、高分子化学与物理 26/158、工程热物理 11/66、动力机械及工程 13/69、制冷及低温工程 10/52、物理电子学 16/95、电路与系统 17/100、电磁场与微波技术 17/84、通信与信息系统 20/164、交通信息工程及控制 7/54、载运工具运用工程 9/48、行政管理 25/180、公共信息资源管理 3/19。

通信地址：北京市海淀区学院路37号北航研究生院
邮政编码：100191
电话号码：010-82317637
电子邮箱：yzb@buaa.edu.cn

10007 北京理工大学

在中国普通高校研究生教育竞争力排行榜中的名次：总排名 28/527，北京市内排名 6/54，理工类排名 14/165。

共 31 个一级学科（学术学位）参评，其中 5★+学科 0 个，5★学科 2 个，5★-学科 7 个，4★学科 13 个，学科优秀率为 70.97%。

门类排名

经济学 33/332、法学 77/394、教育学 20/299、文学 117/349、理学 45/389、工学 15/434、医学 175/214、管理学 38/427、艺术学 46/306。

一级学科排名

理论经济学 52/116、应用经济学 39/263、法学 32/207、马克思主义理论 48/353、教育学 21/141、外国语言文学 59/232、数学 40/262、物理学 11/191、化学 31/225、生物学 97/241、统计学 20/97、力学 10/94、机械工程 16/219、光学工程 15/84、仪器科学与技术 7/69、材料科学与工程 22/219、动力工程及工程热物理 15/105、电子科学与技术 11/122、信息与通信工程 15/179、控制科学与工程 5/185、计算机科学与技术 29/262、化学工程与技术 22/184、航空宇航科学与技术 6/25、兵器科学与技术 2/7、生物医学工程 31/65、软件工程 38/138、安全科学与工程 11/55、网络空间安全 19/56、管理科学与工程 19/179、工商管理 28/307、设计学 4/148。

优势专业

5★专业：控制理论与控制工程 6/179、检测技术与自动化装置 5/171、系统工程 4/122、模式识别与智能系统 7/162。

5★-专业：环境与资源保护法学 10/95、高等教育学 8/111、教育技术学 7/69、机械制造及其自动化 15/201、机械电子工程 12/205、机械设计及理论 14/205、车辆工程 12/154、精密仪器及机械 5/63、测试计量技术及仪器 7/68、材料物理与化学 19/201、材料加工工程 15/184、物理电子学 8/95、通信与信息系统 10/164、信号与信息处理 9/164、导航、制导与控制 7/79、计算机应用技术 23/261、应用化学 16/178、武器系统与运用工程 1/7、兵器发射理论与技术 1/6、火炮、自动武器与弹药工程 1/6、会计学 25/277。

4★专业：金融学 40/229、产业经济学 40/225、国际贸易学 31/192、法学理论 18/131、民商法学 28/183、诉讼法学 20/123、国际法学 21/117、马克思主义中国化研究 49/303、教育学原理 11/101、课程与教学论 18/112、教育史 7/42、比较教育学 9/52、成人教育学 4/30、职业技术教育学 5/43、特殊教育学 4/24、基础数学 35/219、计算数学 42/215、应用数学 33/256、理论物理 26/160、原子与分子物理 12/93、凝聚态物理 31/176、光学 27/164、无机化学 28/200、分析化学 30/199、有机化学 32/205、物理化学 28/192、高分子化学与物理 28/158、一般力学与力学基础 7/54、固体力学 9/79、材料学 23/200、动力机械及工程 12/69、流体机械及工程 11/65、制冷及低温工程 8/52、电路与系统 15/100、微电子学与固体电子学 17/98、电磁场与微波技术 14/84、计算机系统结构 21/189、计算机软件与理论 30/219、化学工程 23/134、化学工艺 22/148、生物化工 19/118、工业催化 23/120、企业管理 47/296、旅游管理 22/186、技术经济及管理 28/229。

通信地址：北京市海淀区中关村南大街5号北京理工大学研究生院

邮政编码：100081

电话号码：010-68912832

电子邮箱：grd@bit.edu.cn

10019 中国农业大学

在中国普通高校研究生教育竞争力排行榜中的名次：总排名 36/527，北京市内排名 7/54，农林类排名 1/37。

共 31 个一级学科（学术学位）参评，其中 5★+ 学科 2 个，5★ 学科 6 个，5★- 学科 2 个，4★ 学科 6 个，学科优秀率为 51.61%。

门类排名

经济学 48/332、法学 92/394、文学 220/349、理学 39/389、工学 46/434、农学 1/166、管理学 51/427。

一级学科排名

应用经济学 47/263、法学 73/207、社会学 24/87、马克思主义理论 124/353、新闻传播学 90/116、数学 191/262、化学 81/225、大气科学 11/17、生物学 11/241、生态学 28/90、力学 77/94、机械工程 34/219、电气工程 53/110、计算机科学与技术 64/262、土木工程 117/160、水利工程 7/64、农业工程 2/44、环境科学与工程 22/189、食品科学与工程 1/100、风景园林学 20/51、作物学 1/50、园艺学 8/44、农业资源与环境 1/39、植物保护 1/46、畜牧学 3/54、兽医学 1/42、草学 2/21、工商管理 181/307、农林经济管理 7/50、公共管理 19/207、图书情报与档案管理 32/51。

优势专业

5★+专业：动物遗传育种与繁殖 1/50、动物营养与饲料科学 1/51。

5★专业：植物学 5/153、生理学 3/107、微生物学 4/184、生物化学与分子生物学 8/221、农业机械化工程 1/39、农业水土工程 1/34、农业生物环境与能源工程 1/33、农业电气化与自动化 1/41、食品科学 2/96、粮食、油脂及植物蛋白工程 2/64、农产品加工及贮藏工程 2/78、水产品加工及贮藏工程 2/47、作物栽培学与耕作学 1/49、土壤学 2/39、植物营养学 2/37、植物病理学 2/40、农业昆虫与害虫防治 1/43、农药学 2/42、基础兽医学 1/41、预防兽医学 2/41、临床兽医学 2/40、土地资源管理 5/107。

5★-专业：区域经济学 19/195、产业经济学 21/225、国际贸易学 18/192、人类学 4/42、遗传学 14/143、细胞生物学 12/144、水文学及水资源 4/53、环境科学 16/165、环境工程 17/176、作物遗传育种 3/48、农业经济管理 4/49。

4★专业：金融学 34/229、分析化学 25/199、有机化学 27/205、生物物理学 12/69、机械制造及其自动化 36/201、机械电子工程 34/205、机械设计及理论 35/205、车辆工程 24/154、水力学及河流动力学 7/39、水工结构工程 7/40、水利水电工程 8/44、果树学 5/44、蔬菜学 5/44、社会保障 22/145。

通信地址：北京市海淀区圆明园西路2号中国农业大学研究生院
邮政编码：100193
电话号码：010-62732884
电子邮箱：gradzhao@cau.edu.cn

10008　北京科技大学

在中国普通高校研究生教育竞争力排行榜中的名次：总排名47/527，北京市内排名8/54，理工类排名23/165。

共30个一级学科（学术学位）参评，其中5★+学科0个，5★学科1个，5★-学科1个，4★学科7个，学科优秀率为30%。

门类排名

哲学 128/138、经济学 173/332、法学 101/394、文学 116/349、历史学 118/123、理学 80/389、工学 31/434、管理学 101/427、艺术学 172/306。

一级学科排名

哲学 127/138、应用经济学 160/263、法学 128/207、社会学 78/87、马克思主义理论 77/353、外国语言文学 52/232、数学 122/262、物理学 27/191、化学 48/225、地质学 36/36、生物学 206/241、统计学 78/97、力学 45/94、机械工程 32/219、仪器科学与技术 19/69、材料科学与工程 7/219、冶金工程 2/24、动力工程及工程热物理 20/105、信息与通信工程 67/179、控制科学与工程 36/185、计算机科学与技术 50/262、土木工程 36/160、化学工程与技术 81/184、矿业工程 4/30、环境科学与工程 32/189、安全科学与工程 23/55、管理科学与工程 83/179、工商管理 105/307、公共管理 69/207、设计学 70/148。

优势专业

5★+专业：材料学 1/200、材料加工工程 1/184。

5★专业：材料物理与化学 5/201、冶金物理化学 1/21、钢铁冶金 1/22、有色金属冶金 1/22。

5★-专业：采矿工程 3/30、矿物加工工程 3/28。

4★专业：思想政治教育 49/334、流体力学 13/64、机械制造及其自动化 25/201、机械电子工程 23/205、机械设计及理论 24/205、测试计量技术及仪器 14/68、计算机应用技术 34/261、环境工程 23/176。

通信地址：北京市海淀区学院路30号北京科技大学研究生院
邮政编码：100083
电话号码：010-62332484
电子邮箱：xiaoban@ustb.edu.cn

10023　北京协和医学院

在中国普通高校研究生教育竞争力排行榜中的名次：总排名52/527，北京市内排名9/54，医药类排名1/71。

共12个一级学科（学术学位）参评，其中5★+学科0个，5★学科2个，5★-学科3个，4★学科0个，学科优秀率为41.67%。

门类排名

哲学 135/138、理学 66/389、工学 258/434、医学 8/214、管理学 339/427。

一级学科排名

哲学 134/138、生物学 16/241、生物医学工程 4/65、基础医学 11/106、临床医学 5/113、公共卫生与预防医学 29/75、中西医结合 27/60、药学 7/145、中药学 29/43、医学技术 11/28、公共管理 182/207、图书情报与档案管理 40/51。

优势专业

5★专业：微生物学 6/184、遗传学 7/143、细胞生物学 5/144、生物化学与分子生物学 7/221、内科学 5/105、皮肤病与性病学 4/73、影像医学与核医学 5/102、临床检验诊断学 5/97、外科学 3/103、妇产科学 4/93、肿瘤学 5/95、急诊医学 4/77。

5★-专业：动物学 8/138、生理学 8/107、病原生物学 9/97、儿科学 5/88、神经病学 8/97、眼科学 7/81、麻醉学 7/84、流行病与卫生统计学 6/71、生药学 7/89。

4★专业：生物物理学 8/69、免疫学 11/100、病理学与病理生理学 12/100、放射医学 5/25、中西医结合临床 10/57、药物化学 15/136、药剂学 20/122、药物分析学 15/109、微生物与生化药学 10/81、药理学 17/127。

通信地址：北京市东城区东单三条9号北京协和医学院研究生院
邮政编码：100730
电话号码：010-69155815
电子邮箱：gruduate@pumc.edu.cn

10025　首都医科大学

在中国普通高校研究生教育竞争力排行榜中的名次：总排名60/527，北京市内排名10/54，医药类排名2/71。

共12个一级学科（学术学位）参评，其中5★+学科0个，5★学科0个，5★-学科0个，4★学科2个，学科优秀率为16.67%。

门类排名

法学 337/394、教育学 185/299、理学 142/389、工学 325/434、医学 22/214、管理学 238/427。

一级学科排名

马克思主义理论 327/353、心理学 75/104、生物学 71/241、生物医学工程 23/65、基础医学 25/106、临床医学 14/113、口腔医学 7/48、公共卫生与预防医学 27/75、中医学 30/42、中西医结合 26/60、药学 42/145、公共管理 135/207。

优势专业

5★-专业：内科学 6/105。

4★专业：免疫学 13/100、病理学与病理生理学 15/100、神经病学 12/97、精神病与精神卫生学 10/56、影像医学与核医学 20/102、眼科学 10/81、康复医学与理疗学 10/66、卫生毒理学 12/60、药物化学 19/136、药剂学 24/122。

通信地址：北京市右安门外西头街10号首都医科大学研招办
邮政编码：100069
电话号码：010-83911050
电子邮箱：heqixun@ccmu.edu.cn

10004　北京交通大学

在中国普通高校研究生教育竞争力排行榜中的名次：总排名61/527，北京市内排名11/54，理工类排名29/165。

共34个一级学科（学术学位）参评，其中5★+学科0个，5★学科0个，5★-学科4个，4★学科7个，学科优秀率为32.35%。

门类排名

哲学113/138、经济学45/332、法学108/394、文学150/349、理学99/389、工学39/434、管理学37/427、艺术学175/306。

一级学科排名

哲学112/138、应用经济学37/263、法学107/207、马克思主义理论35/353、外国语言文学113/232、新闻传播学50/116、数学66/262、物理学74/191、生物学229/241、系统科学2/23、统计学28/97、力学33/94、机械工程31/219、光学工程29/84、材料科学与工程114/219、动力工程及工程热物理82/105、电气工程21/110、电子科学与技术38/122、信息与通信工程25/179、控制科学与工程40/185、计算机科学与技术39/262、建筑学18/70、土木工程20/160、化学工程与技术152/184、交通运输工程6/69、环境科学与工程118/189、城乡规划学35/50、软件工程34/138、安全科学与工程16/55、网络空间安全24/56、管理科学与工程10/179、工商管理32/307、公共管理161/207、设计学75/148。

优势专业

5★专业：产业经济学9/225。

5★-专业：系统理论2/22、系统分析与集成2/20、机械设计及理论21/205、交通信息工程及控制5/54、交通运输规划与管理5/57、载运工具运用工程5/48。

4★专业：金融学36/229、劳动经济学14/82、马克思主义发展史13/100、运筹学与控制论26/183、机械电子工程28/205、车辆工程31/154、电力电子与电力传动20/102、电工理论与新技术15/79、通信与信息系统22/164、信号与信息处理31/164、模式识别与智能系统30/162、计算机系统结构35/189、计算机软件与理论24/219、计算机应用技术37/261、岩土工程17/143、结构工程18/153、市政工程15/109、防灾减灾工程及防护工程15/119、桥梁与隧道工程13/109、道路与铁道工程7/52、会计学36/277、企业管理40/296、旅游管理27/186、技术经济及管理39/229。

通信地址：北京市海淀区上园村3号北京交通大学研究生院
邮政编码：100044
电话号码：010-51688153
电子邮箱：yxiao1@bjtu.edu.cn

10005　北京工业大学

在中国普通高校研究生教育竞争力排行榜中的名次：总排名69/527，北京市内排名12/54，理工类排名33/165。

共33个一级学科（学术学位）参评，其中5★+学科0个，5★学科1个，5★-学科0个，4★学科4个，学科优秀率为15.15%。

门类排名

经济学47/332、法学126/394、教育学94/299、文学263/349、理学84/389、工学34/434、管理学152/427、艺术学153/306。

一级学科排名

应用经济学29/263、社会学33/87、马克思主义理论225/353、教育学42/141、外国语言文学169/232、数学54/262、物理学30/191、化学159/225、生物学113/241、统计学26/97、力学28/94、机械工程42/219、光学工程31/84、仪器科学与技术53/69、材料科学与工程53/219、动力工程及工程热物理22/105、电子科学与技术37/122、信息与通信工程77/179、控制科学与工程56/185、计算机科学与技术56/262、建筑学24/70、土木工程4/160、水利工程32/64、化学工程与技术39/184、交通运输工程22/69、环境科学与工程36/189、生物医学工程48/65、城乡规划学13/50、软件工程33/138、网络空间安全52/56、管理科学与工程55/179、工商管理146/307、设计学54/148。

优势专业

5★专业：岩土工程5/143、结构工程5/153、市政工程4/109、供热、供燃气、通风及空调工程4/94、防灾减灾工程及防护工程6/119、桥梁与隧道工程5/109。

4★专业：统计学7/53、机械制造及其自动化26/201、机械设计及理论32/205、材料学40/200、计算机应用技术45/261、应用化学30/178、环境科学31/165。

通信地址：北京市朝阳区平乐园100号北京工业大学研究生招生办公室
邮政编码：100124
电话号码：010-67392533
电子邮箱：yanzhaoban@bjut.edu.cn

10054　华北电力大学

在中国普通高校研究生教育竞争力排行榜中的名次：总排名71/527，北京市内排名13/54，理工类排名35/165。

共24个一级学科（学术学位）参评，其中5★+学科0个，5★学科1个，5★-学科2个，4★学科1个，学科优秀率为16.67%。

门类排名

经济学158/332、法学217/394、文学262/349、理学225/389、工学53/434、管理学72/427。

一级学科排名

应用经济学132/263、法学192/207、马克思主义理论226/353、外国语言文学153/232、数学93/262、物理学

90/191、机械工程 143/219、材料科学与工程 137/219、动力工程及工程热物理 6/105、电气工程 4/110、电子科学与技术 100/122、信息与通信工程 72/179、控制科学与工程 16/185、计算机科学与技术 91/262、土木工程 153/160、水利工程 26/64、化学工程与技术 126/184、核科学与技术 8/19、农业工程 44/44、环境科学与工程 70/189、软件工程 73/138、管理科学与工程 59/179、工商管理 61/307、公共管理 125/207。

优势专业

5★+专业：电力系统及其自动化 1/92。

5★专业：电力电子与电力传动 2/102、电工理论与新技术 2/79。

5★-专业：电机与电器 6/83、系统工程 11/122、技术经济及管理 21/229。

4★专业：马克思主义中国化研究 59/303、计算数学 39/215、工程热物理 8/66、热能工程 9/82、化工过程机械 12/61、高电压与绝缘技术 7/59、会计学 53/277。

通信地址：北京市昌平区回龙观北农路2号华北电力大学研招办
邮政编码：102206
电话号码：010-61773961
电子邮箱：yanzhaoban@ncepu.edu.cn

10010　北京化工大学

在中国普通高校研究生教育竞争力排行榜中的名次：总排名 83/527，北京市内排名 14/54，理工类排名 39/165。

共 22 个一级学科（学术学位）参评，其中 5★+学科 0 个，5★学科 1 个，5★-学科 1 个，4★学科 4 个，学科优秀率为 27.27%。

门类排名

法学 235/394、理学 64/389、工学 64/434、医学 149/214、管理学 108/427。

一级学科排名

法学 187/207、马克思主义理论 187/353、数学 96/262、物理学 67/191、化学 27/225、力学 83/94、机械工程 106/219、材料科学与工程 31/219、动力工程及工程热物理 19/105、信息与通信工程 147/179、控制科学与工程 31/185、计算机科学与技术 104/262、化学工程与技术 3/184、轻工技术与工程 16/23、环境科学与工程 54/189、软件工程 98/138、生物工程 2/20、安全科学与工程 49/55、药学 82/145、管理科学与工程 54/179、工商管理 112/307、公共管理 145/207。

优势专业

5★专业：化学工程 3/134、化学工艺 2/148、生物化工 2/118、应用化学 3/178、工业催化 2/120。

4★专业：无机化学 25/200、分析化学 26/199、有机化学 26/205、物理化学 38/192、高分子化学与物理 30/158、材料物理与化学 34/201、材料学 31/200、材料加工工程 27/184、模式识别与智能系统 29/162。

通信地址：北京市朝阳区北三环东路15号北京化工大学研招办
邮政编码：100029
电话号码：010-64435655
电子邮箱：yzb@mail.buct.edu.cn

10013　北京邮电大学

在中国普通高校研究生教育竞争力排行榜中的名次：总排名 87/527，北京市内排名 15/54，理工类排名 40/165。

共 20 个一级学科（学术学位）参评，其中 5★+学科 2 个，5★学科 0 个，5★-学科 1 个，4★学科 4 个，学科优秀率为 35%。

门类排名

经济学 117/332、法学 228/394、文学 172/349、理学 180/389、工学 58/434、管理学 123/427、艺术学 182/306。

一级学科排名

应用经济学 87/263、法学 195/207、马克思主义理论 193/353、外国语言文学 120/232、新闻传播学 70/116、数学 147/262、物理学 66/191、系统科学 5/23、机械工程 57/219、光学工程 13/84、材料科学与工程 149/219、电子科学与技术 19/122、信息与通信工程 1/179、控制科学与工程 45/185、计算机科学与技术 2/262、软件工程 22/138、网络空间安全 4/56、工商管理 88/307、公共管理 103/207、设计学 102/148。

优势专业

5★+专业：通信与信息系统 1/164、信号与信息处理 1/164。

5★专业：计算机系统结构 4/189、计算机软件与理论 4/219、计算机应用技术 8/261。

5★-专业：智能科学与技术 2/18、大数据科学与工程 1/6。

4★专业：系统分析与集成 4/20、电路与系统 20/100、微电子学与固体电子学 11/98、电磁场与微波技术 15/84。

通信地址：北京市西土城路10号北京邮电大学研究生院
邮政编码：100876
电话号码：010-62285173
电子邮箱：yzb@bupt.edu.cn

11414　中国石油大学（北京）

在中国普通高校研究生教育竞争力排行榜中的名次：总排名 90/527，北京市内排名 16/54，理工类排名 43/165。

共 23 个一级学科（学术学位）参评，其中 5★+学科 0 个，5★学科 0 个，5★-学科 2 个，4★学科 1 个，学科优秀率为 13.04%。

门类排名

经济学 214/332、法学 171/394、教育学 247/299、文学 251/349、理学 87/389、工学 51/434、管理学 172/427。

一级学科排名

应用经济学 226/263、政治学 68/87、马克思主义理论 112/353、外国语言文学 185/232、数学 151/262、物理学 85/191、化学 96/225、地球物理学 6/20、地质学 15/36、力学 31/94、机械工程 65/219、材料科学与工程 65/219、动力工程及工程热物理 42/105、信息与通信工程 94/179、控制科学与工程 54/185、计算机科学与技术 141/262、化学工程与技术 12/184、地质资源与地质工程 4/45、石油与天然气工程 3/16、环境科学与工程 131/189、安全科学与工程 14/55、管理科学与工程 73/179、工商管理 156/307。

优势专业

5★专业：化学工艺 7/148、矿产普查与勘探 2/40、地球探测与信息技术 2/40、油气井工程 1/13、油气储运工程 1/12。

5★-专业：地质工程 3/44。

4★专业：材料物理与化学 37/201、化学工程 15/134、生物化工 14/118、应用化学 22/178、工业催化 15/120。

通信地址：	北京市昌平区中国石油大学（北京）研究生院
邮政编码：	102200
电话号码：	010-89733075
电子邮箱：	sdyzb@cup.edu.cn

10034　中央财经大学

在中国普通高校研究生教育竞争力排行榜中的名次：总排名 93/527，北京市内排名 17/54，财经类排名 1/34。

共 17 个一级学科（学术学位）参评，其中 5★+学科 1 个，5★学科 1 个，5★-学科 2 个，4★学科 1 个，学科优秀率为 29.41%。

门类排名

哲学 136/138、经济学 4/332、法学 61/394、教育学 154/299、文学 148/349、理学 246/389、工学 410/434、管理学 52/427、艺术学 194/306。

一级学科排名

哲学 135/138、理论经济学 9/116、应用经济学 1/263、法学 63/207、社会学 57/87、马克思主义理论 27/353、心理学 34/104、中国语言文学 138/179、外国语言文学 211/232、新闻传播学 56/116、数学 221/262、统计学 4/97、网络空间安全 49/56、管理科学与工程 42/179、工商管理 39/307、公共管理 63/207、艺术学理论 37/60。

优势专业

5★+专业：财政学 1/92。

5★专业：国民经济学 2/96、区域经济学 3/195、金融学 6/229、产业经济学 5/225、国际贸易学 7/192、劳动经济学 2/82、国防经济 1/15、马克思主义中国化研究 14/303、会计学 9/277。

5★-专业：数量经济学 9/111、金融工程 2/18。

4★专业：政治经济学 16/103、经济史 8/40、世界经济 13/85、人口、资源与环境经济学 14/90、企业管理 36/296、技术经济及管理 29/229、城市经济学 2/9。

通信地址：	北京市海淀区学院南路39号中央财经大学研招办
邮政编码：	100081
电话号码：	010-62289034
电子邮箱：	yjs@cufe.edu.cn

10022　北京林业大学

在中国普通高校研究生教育竞争力排行榜中的名次：总排名 94/527，北京市内排名 18/54，农林类排名 6/37。

共 25 个一级学科（学术学位）参评，其中 5★+学科 0 个，5★学科 1 个，5★-学科 3 个，4★学科 2 个，学科优秀率为 24%。

门类排名

哲学 114/138、经济学 180/332、法学 234/394、教育学 174/299、文学 226/349、理学 104/389、工学 119/434、农学 10/166、管理学 116/427、艺术学 138/306。

一级学科排名

哲学 113/138、应用经济学 181/263、法学 191/207、马克思主义理论 231/353、心理学 78/104、外国语言文学 152/232、数学 168/262、地理学 40/87、生物学 39/241、生态学 9/90、机械工程 70/219、计算机科学与技术 200/262、建筑学 35/70、土木工程 145/160、林业工程 3/13、环境科学与工程 83/189、食品科学与工程 84/100、城乡规划学 27/50、风景园林学 5/51、农业资源与环境 28/39、林学 1/36、草学 6/21、工商管理 206/307、农林经济管理 5/50、设计学 44/148。

优势专业

5★专业：林木遗传育种 1/26、森林培育 1/28、森林保护学 1/23、森林经理学 1/23、水土保持与荒漠化防治 1/24。

5★-专业：野生动植物保护与利用 2/19。

4★专业：植物学 23/153、微生物学 32/184、林产化学加工工程 3/13、林业经济管理 6/29。

通信地址：	北京市海淀区清华东路35号北京林业大学研究生院
邮政编码：	100083
电话号码：	010-62338214
电子邮箱：	yzb@bjfu.edu.cn

11415　中国地质大学（北京）

在中国普通高校研究生教育竞争力排行榜中的名次：总排名 117/527，北京市内排名 19/54，理工类排名 54/165。

共 28 个一级学科（学术学位）参评，其中 5★+学科 0 个，5★学科 0 个，5★-学科 2 个，4★学科 2 个，学科优秀率为 14.29%。

门类排名

经济学 86/332、法学 119/394、教育学 192/299、文学 242/349、理学 52/389、工学 80/434、管理学 67/427、艺术

学 166/306。

一级学科排名

应用经济学 68/263、法学 167/207、马克思主义理论 78/353、心理学 104/104、体育学 107/108、外国语言文学 159/232、数学 247/262、物理学 168/191、化学 110/225、海洋科学 9/29、地球物理学 7/20、地质学 3/36、机械工程 134/219、材料科学与工程 93/219、信息与通信工程 127/179、控制科学与工程 77/185、计算机科学与技术 122/262、土木工程 57/160、水利工程 25/64、测绘科学与技术 9/53、地质资源与地质工程 3/45、石油与天然气工程 7/16、环境科学与工程 46/189、软件工程 94/138、管理科学与工程 89/179、工商管理 163/307、公共管理 26/207、设计学 56/148。

优势专业

5★专业：矿物学、岩石学、矿床学 1/34、构造地质学 2/30、矿产普查与勘探 1/40、地球探测与信息技术 1/40、地质工程 2/44。

4★专业：思想政治教育 54/334、地球化学 4/32、古生物学与地层学 6/28、第四纪地质学 4/26、地图制图学与地理信息工程 7/48。

```
通信地址：北京市海淀区学院路29号中国地质大学(北京)研究生院
邮政编码：100083
电话号码：010-82321924
电子邮箱：yolong@cugb.edu.cn
```

10026　北京中医药大学

在中国普通高校研究生教育竞争力排行榜中的名次：总排名120/527，北京市内排名20/54，医药类排名8/71。

共7个一级学科（学术学位）参评，其中5★+学科1个，5★学科2个，5★-学科0个，4★学科0个，学科优秀率为42.86%。

门类排名

法学 360/394、文学 343/349、医学 13/214、管理学 368/427。

一级学科排名

马克思主义理论 343/353、中医学 1/42、中西医结合 1/60、药学 51/145、中药学 1/43、护理学 27/59、公共管理 167/207。

优势专业

5★专业：中医基础理论 2/30、中医临床基础 1/30、中医医史文献 1/28、方剂学 1/27、针灸推拿学 2/34、民族医学（含：藏医学、蒙医学等）1/13、中西医结合基础 1/46、中西医结合临床 2/57。

5★-专业：中医诊断学 2/27、中医内科学 3/37、中医外科学 2/28、药物分析学 11/109、微生物与生化药学 8/81。

```
通信地址：北京市朝阳区北三环东路11号北京中医药大学研招办
邮政编码：100029
电话号码：010-64286502
电子邮箱：bjcmyzb@163.com
```

10028　首都师范大学

在中国普通高校研究生教育竞争力排行榜中的名次：总排名121/527，北京市内排名21/54，师范类排名13/61。

共28个一级学科（学术学位）参评，其中5★+学科0个，5★学科1个，5★-学科3个，4★学科6个，学科优秀率为35.71%。

门类排名

哲学 26/138、经济学 280/332、法学 63/394、教育学 19/299、文学 30/349、历史学 29/123、理学 31/389、工学 270/434、管理学 223/427、艺术学 31/306。

一级学科排名

哲学 26/138、法学 136/207、政治学 52/87、马克思主义理论 19/353、教育学 16/141、心理学 14/104、中国语言文学 17/179、外国语言文学 43/232、考古学 15/29、中国史 36/105、世界史 13/59、数学 10/262、物理学 62/191、化学 136/225、地理学 11/87、生物学 52/241、科学技术史 18/18、生态学 49/90、统计学 35/97、信息与通信工程 161/179、计算机科学与技术 88/262、环境科学与工程 96/189、软件工程 83/138、工商管理 299/307、公共管理 84/207、音乐与舞蹈学 9/72、美术学 9/103、设计学 117/148。

优势专业

5★专业：思想政治教育 12/334、课程与教学论 6/112、中国古代史 3/69。

5★-专业：文艺学 13/168、基础数学 13/219、概率论与数理统计 17/175、应用数学 19/256。

4★专业：马克思主义哲学 19/108、外国哲学 18/91、马克思主义基本原理 33/315、马克思主义中国化研究 43/303、中国近现代史基本问题研究 37/187、教育学原理 20/101、发展与教育心理学 14/69、语言学及应用语言学 28/151、中国古代文学 27/177、中国现当代文学 28/172、计算数学 26/215、自然地理学 15/78、人文地理学 14/76、地图学与地理信息系统 9/81。

```
通信地址：北京市西三环北路105号首都师范大学研招办
邮政编码：100048
电话号码：010-68902658
电子邮箱：cnuyzb@126.com
```

10052　中央民族大学

在中国普通高校研究生教育竞争力排行榜中的名次：总排名122/527，北京市内排名22/54，民族类排名1/13。

共27个一级学科（学术学位）参评，其中5★+学科

0个，5★学科1个，5★-学科3个，4★学科1个，学科优秀率为18.52%。

门类排名

哲学 39/138、经济学 104/332、法学 10/394、教育学 63/299、文学 29/349、历史学 22/123、理学 244/389、工学 273/434、医学 192/214、管理学 124/427、艺术学 41/306。

一级学科排名

哲学 40/138、理论经济学 56/116、应用经济学 127/263、法学 48/207、社会学 7/87、民族学 1/39、马克思主义理论 139/353、教育学 38/141、中国语言文学 18/179、外国语言文学 95/232、新闻传播学 47/116、考古学 25/29、中国史 18/105、世界史 58/59、数学 142/262、生物学 142/241、生态学 31/90、统计学 43/97、光学工程 84/84、计算机科学与技术 132/262、环境科学与工程 108/189、软件工程 136/138、中药学 26/43、工商管理 111/307、公共管理 67/207、音乐与舞蹈学 6/72、美术学 44/103。

优势专业

5★专业：民族学 2/35、马克思主义民族理论与政策 1/30、中国少数民族经济 1/27、中国少数民族史 2/31、中国少数民族艺术 1/22。

5★-专业：语言学及应用语言学 11/151、中国少数民族语言文学 3/42。

4★专业：人类学 8/42、民俗学 8/43、文艺学 30/168、汉语言文字学 27/147、中国古典文献学 19/114、中国古代文学 28/177、中国现当代文学 32/172、比较文学与世界文学 23/136。

> 通信地址：北京市中关村南大街27号中央民族大学研招办
> 邮政编码：100081
> 电话号码：010-68932544
> 电子邮箱：yjs@muc.edu.cn

11413　中国矿业大学（北京）

在中国普通高校研究生教育竞争力排行榜中的名次：总排名130/527，北京市内排名23/54，理工类排名57/165。

共28个一级学科（学术学位）参评，其中5★+学科0个，5★学科1个，5★-学科1个，4★学科1个，学科优秀率为10.71%。

门类排名

经济学 259/332、法学 158/394、教育学 210/299、文学 247/349、理学 154/389、工学 52/434、管理学 91/427、艺术学 257/306。

一级学科排名

应用经济学 236/263、马克思主义理论 87/353、体育学 96/108、外国语言文学 173/232、数学 87/262、物理学 178/191、化学 173/225、地理学 84/87、地球物理学 17/20、地质学 14/36、力学 47/94、机械工程 81/219、材料科学与工程 139/219、动力工程及工程热物理 80/105、电气工程 36/110、信息与通信工程 62/179、控制科学与工程 87/185、计算机科学与技术 83/262、土木工程 27/160、水利工程 63/64、测绘科学与技术 13/53、化学工程与技术 54/184、地质资源与地质工程 16/45、矿业工程 3/30、环境科学与工程 61/189、安全科学与工程 2/55、工商管理 184/307、公共管理 44/207。

优势专业

5★专业：采矿工程 2/30。

4★专业：思想政治教育 37/334、岩土工程 22/143、矿物加工工程 4/28、行政管理 33/180、土地资源管理 18/107。

> 通信地址：北京市海淀区学院路丁11号中国矿业大学研究生院
> 邮政编码：100083
> 电话号码：010-62331208
> 电子邮箱：lbs@cumtb.edu.cn

10053　中国政法大学

在中国普通高校研究生教育竞争力排行榜中的名次：总排名148/527，北京市内排名24/54，文法类排名2/24。

共13个一级学科（学术学位）参评，其中5★+学科1个，5★学科0个，5★-学科1个，4★学科0个，学科优秀率为15.38%。

门类排名

哲学 57/138、经济学 81/332、法学 5/394、教育学 169/299、文学 142/349、历史学 65/123、管理学 117/427。

一级学科排名

哲学 58/138、理论经济学 36/116、应用经济学 169/263、法学 1/207、政治学 9/87、社会学 71/87、马克思主义理论 72/353、心理学 43/104、外国语言文学 94/232、新闻传播学 48/116、中国史 47/105、工商管理 224/307、公共管理 119/207。

优势专业

5★+专业：法学理论 1/131、法律史 1/66、宪法学与行政法学 2/151、民商法学 2/183、诉讼法学 1/123、环境与资源保护法学 1/95。

5★专业：刑法学 2/136、经济法学 2/146、国际法学 2/117。

5★-专业：军事法学 1/9、知识产权法 3/44。

4★专业：国际政治 10/62。

> 通信地址：北京市海淀区西土城路25号中国政法大学研招办
> 邮政编码：100088
> 电话号码：010-58908070
> 电子邮箱：yzb@cupl.edu.cn

10036　对外经济贸易大学

在中国普通高校研究生教育竞争力排行榜中的名次：总排名156/527，北京市内排名25/54，财经类排名5/34。

共11个一级学科（学术学位）参评，其中5★+学科

1个，5★学科0个，5★-学科2个，4★学科2个，学科优秀率为45.45%。

门类排名

经济学 6/332、法学 46/394、教育学 211/299、文学 57/349、理学 351/389、管理学 45/427。

一级学科排名

理论经济学 26/116、应用经济学 3/263、法学 31/207、政治学 16/87、马克思主义理论 190/353、中国语言文学 175/179、外国语言文学 17/232、统计学 25/97、管理科学与工程 79/179、工商管理 17/307、公共管理 46/207。

优势专业

5★+专业：国际贸易学 1/192。

5★专业：国民经济学 5/96、区域经济学 10/195、财政学 5/92、金融学 4/229、产业经济学 3/225、劳动经济学 4/82、统计学 2/53、数量经济学 3/111、会计学 13/277、企业管理 11/296。

5★-专业：技术经济及管理 19/229。

4★专业：西方经济学 17/95、世界经济 11/85、民商法学 21/183、经济法学 23/146、国际法学 20/117、外国语言学及应用语言学 24/206、金融工程 3/18、房地产经济学 2/8。

通信地址：北京市朝阳区惠新东街10号对外经济贸易大学研究生处

邮政编码：100029

电话号码：010-64492151

电子邮箱：yzb@uibe.edu.cn

10043　北京体育大学

在中国普通高校研究生教育竞争力排行榜中的名次：总排名175/527，北京市内排名26/54，体育类排名1/13。

共6个一级学科（学术学位）参评，其中5★+学科0个，5★学科1个，5★-学科0个，4★学科0个，学科优秀率为16.67%。

门类排名

法学 285/394、教育学 9/299、文学 290/349、医学 171/214、管理学 377/427、艺术学 301/306。

一级学科排名

马克思主义理论 205/353、教育学 93/141、心理学 74/104、体育学 2/108、临床医学 106/113、公共管理 189/207。

优势专业

5★+专业：体育人文社会学 1/90、体育教育训练学 1/103。

5★专业：运动人体科学 2/81、民族传统体育学 2/77。

通信地址：北京市海淀区信息路48号北京体育大学研究生处

邮政编码：100084

电话号码：010-62989361

电子邮箱：grs@bsu.edu.cn

10033　中国传媒大学

在中国普通高校研究生教育竞争力排行榜中的名次：总排名192/527，北京市内排名27/54，文法类排名3/24。

共19个一级学科（学术学位）参评，其中5★+学科3个，5★学科1个，5★-学科2个，4★学科1个，学科优秀率为36.84%。

门类排名

经济学 267/332、法学 244/394、教育学 262/299、文学 12/349、理学 369/389、工学 237/434、管理学 317/427、艺术学 1/306。

一级学科排名

应用经济学 237/263、法学 207/207、政治学 69/87、马克思主义理论 260/353、中国语言文学 59/179、外国语言文学 128/232、新闻传播学 1/116、数学 242/262、电子科学与技术 84/122、信息与通信工程 17/179、计算机科学与技术 186/262、网络空间安全 46/56、管理科学与工程 142/179、公共管理 201/207、艺术学理论 1/60、音乐与舞蹈学 4/72、戏剧与影视学 1/56、美术学 15/103、设计学 8/148。

优势专业

5★专业：新闻学 2/105、传播学 2/112、广播电视艺术学 1/27。

4★专业：中国现当代文学 34/172。

通信地址：北京市朝阳区定福庄东街1号中国传媒大学研招办

邮政编码：100024

电话号码：010-65768805

电子邮箱：yzhb@cuc.edu.cn

10011　北京工商大学

在中国普通高校研究生教育竞争力排行榜中的名次：总排名248/527，北京市内排名28/54，财经类排名10/34。

共17个一级学科（学术学位）参评，其中5★+学科0个，5★学科0个，5★-学科0个，4★学科2个，学科优秀率为11.76%。

门类排名

经济学 58/332、法学 197/394、文学 222/349、理学 327/389、工学 186/434、管理学 168/427、艺术学 253/306。

一级学科排名

理论经济学 109/116、应用经济学 58/263、法学 119/207、马克思主义理论 281/353、新闻传播学 93/116、化学 199/225、统计学 19/97、机械工程 201/219、材料科学与工程 169/219、控制科学与工程 159/185、计算机科学与技术 250/262、化学工程与技术 145/184、轻工技术与工程 18/23、环境科学与工程 137/189、食品科学与工程 17/100、管理科学与工程 130/179、工商管理 81/307。

优势专业

4★专业：产业经济学 44/225、食品科学 18/96、农产品加工及贮藏工程 15/78、水产品加工及贮藏工程 9/47。

> 通信地址：北京市海淀区阜成路 11 号北京工商大学研招办
> 邮政编码：100048
> 电话号码：010-68984722
> 电子邮箱：yzb@btbu.edu.cn

10047　中央美术学院

在中国普通高校研究生教育竞争力排行榜中的名次：总排名 258/527，北京市内排名 29/54，艺术类排名 1/30。

共 6 个一级学科（学术学位）参评，其中 5★+学科 1 个，5★学科 1 个，5★-学科 0 个，4★学科 1 个，学科优秀率为 50%。

门类排名

工学 342/434、农学 165/166、艺术学 4/306。

一级学科排名

建筑学 62/70、城乡规划学 49/50、风景园林学 50/51、艺术学理论 7/60、美术学 1/103、设计学 5/148。

> 通信地址：北京市朝阳区花家地南街 8 号中央美术学院研招办
> 邮政编码：100102
> 电话号码：010-64771056
> 电子邮箱：graduate@cafa.edu.cn

10045　中央音乐学院

在中国普通高校研究生教育竞争力排行榜中的名次：总排名 266/527，北京市内排名 30/54，艺术类排名 2/30。

共 2 个一级学科（学术学位）参评，其中 5★+学科 1 个，5★学科 0 个，5★-学科 1 个，4★学科 0 个，学科优秀率为 100%。

门类排名

艺术学 13/306。

一级学科排名

音乐与舞蹈学 1/72、美术学 7/103。

> 通信地址：北京市西城区鲍家街 43 号中央音乐学院研究生处
> 邮政编码：100031
> 电话号码：010-66425586
> 电子邮箱：yjsc@ccom.edu.cn

10038　首都经济贸易大学

在中国普通高校研究生教育竞争力排行榜中的名次：总排名 271/527，北京市内排名 31/54，财经类排名 13/34。

共 11 个一级学科（学术学位）参评，其中 5★+学科 0 个，5★学科 0 个，5★-学科 1 个，4★学科 1 个，学科优秀率为 18.18%。

门类排名

经济学 25/332、法学 149/394、文学 224/349、理学 350/389、工学 404/434、管理学 56/427。

一级学科排名

理论经济学 51/116、应用经济学 18/263、法学 104/207、马克思主义理论 199/353、外国语言文学 163/232、新闻传播学 110/116、统计学 23/97、安全科学与工程 27/55、管理科学与工程 44/179、工商管理 35/307、公共管理 85/207。

优势专业

4★专业：国民经济学 18/96、金融学 42/229、国际贸易学 35/192、劳动经济学 12/82、会计学 32/277、企业管理 39/296。

> 通信地址：北京市丰台区花乡张家路口 121 号首都经济贸易大学研究生部
> 邮政编码：100070
> 电话号码：010-83951590
> 电子邮箱：yjsb@cueb.edu.cn

10030　北京外国语大学

在中国普通高校研究生教育竞争力排行榜中的名次：总排名 279/527，北京市内排名 32/54，文法类排名 8/24。

共 11 个一级学科（学术学位）参评，其中 5★+学科 1 个，5★学科 0 个，5★-学科 0 个，4★学科 0 个，学科优秀率为 9.09%。

门类排名

经济学 235/332、法学 132/394、教育学 131/299、文学 6/349、历史学 113/123、管理学 231/427。

一级学科排名

应用经济学 243/263、法学 120/207、政治学 49/87、马克思主义理论 297/353、教育学 109/141、中国语言文学 72/179、外国语言文学 1/232、新闻传播学 62/116、世界史 45/59、管理科学与工程 78/179、工商管理 278/307。

优势专业

5★专业：英语语言文学 4/199、俄语语言文学 3/75、德语语言文学 1/40、日语语言文学 2/131、欧洲语言文学 1/12、亚非语言文学 2/36、比较文学与跨文化研究 1/18。

5★-专业：法语语言文学 3/43、阿拉伯语言文学 2/15。

4★专业：外国语言学及应用语言学 40/206。

> 通信地址：北京市海淀区西三环北路 2 号北京外国语大学研招办
> 邮政编码：100089
> 电话号码：010-88816246
> 电子邮箱：yzb@bfsu.edu.cn

10016　北京建筑大学

在中国普通高校研究生教育竞争力排行榜中的名次：总排名 301/527，北京市内排名 33/54，理工类排名 112/165。

共 13 个一级学科（学术学位）参评，

门类排名

经济学 321/332、法学 312/394、理学 363/389、工学 198/434、农学 161/166、管理学 285/427。

一级学科排名

马克思主义理论 291/353、数学 234/262、机械工程 202/219、控制科学与工程 131/185、建筑学 20/70、土木工程 58/160、测绘科学与技术 33/53、交通运输工程 49/69、环境科学与工程 104/189、城乡规划学 44/50、风景园林学 44/51、管理科学与工程 139/179、工商管理 286/307。

> 通信地址：北京市西城区展览馆路1号北京建筑大学研招办
> 邮政编码：100044
> 电话号码：010-68322241
> 电子邮箱：yjs@bucea.edu.cn

10032　北京语言大学

在中国普通高校研究生教育竞争力排行榜中的名次：总排名 314/527，北京市内排名 34/54，文法类排名 9/24。

共9个一级学科（学术学位）参评，其中5★+学科0个，5★学科0个，5★−学科2个，4★学科0个，学科优秀率为 22.22%。

门类排名

经济学 291/332、法学 251/394、教育学 146/299、文学 21/349、历史学 116/123、工学 365/434、管理学 395/427、艺术学 252/306。

一级学科排名

政治学 81/87、马克思主义理论 351/353、教育学 124/141、心理学 84/104、中国语言文学 12/179、外国语言文学 18/232、新闻传播学 102/116、中国史 105/105、计算机科学与技术 204/262。

优势专业

5★−专业：语言学及应用语言学 15/151、汉语国际教育 3/31。

4★专业：汉语言文字学 20/147、中国古代文学 29/177、比较文学与世界文学 17/136、英语语言文学 39/199、外国语言学及应用语言学 22/206、比较文学与跨文化研究 4/18。

> 通信地址：北京市海淀区学院路15号北京语言大学研招办
> 邮政编码：100083
> 电话号码：010-82303470
> 电子邮箱：yzb@blcu.edu.cn

10050　北京电影学院

在中国普通高校研究生教育竞争力排行榜中的名次：总排名 332/527，北京市内排名 35/54，艺术类排名 6/30。

共3个一级学科（学术学位）参评，其中5★+学科0个，5★学科0个，5★−学科1个，4★学科1个，学科优秀率为 66.67%。

门类排名

管理学 424/427、艺术学 10/306。

一级学科排名

艺术学理论 15/60、戏剧与影视学 6/56、美术学 20/103。

优势专业

4★专业：广播电视艺术学 5/27。

> 通信地址：北京市海淀区西土城路4号北京电影学院研招办
> 邮政编码：100088
> 电话号码：010-82283407
> 电子邮箱：liyun@bfa.edu.cn

10009　北方工业大学

在中国普通高校研究生教育竞争力排行榜中的名次：总排名 340/527，北京市内排名 36/54，理工类排名 126/165。

共17个一级学科（学术学位）参评。

门类排名

经济学 230/332、法学 170/394、文学 240/349、理学 340/389、工学 204/434、管理学 282/427、艺术学 219/306。

一级学科排名

应用经济学 217/263、法学 96/207、马克思主义理论 229/353、外国语言文学 149/232、数学 219/262、统计学 76/97、机械工程 176/219、电气工程 61/110、电子科学与技术 76/122、信息与通信工程 119/179、控制科学与工程 52/185、计算机科学与技术 142/262、建筑学 50/70、土木工程 127/160、网络空间安全 51/56、工商管理 213/307、设计学 107/148。

> 通信地址：北京市石景山区晋元庄路5号北方工业大学研招办
> 邮政编码：100144
> 电话号码：010-88803523
> 电子邮箱：yjs@ncut.edu.cn

10046　中国音乐学院

在中国普通高校研究生教育竞争力排行榜中的名次：总排名 360/527，北京市内排名 37/54，艺术类排名 8/30。

共2个一级学科（学术学位）参评，其中5★+学科0个，5★学科1个，5★−学科0个，4★学科1个，学科优秀率为 100%。

门类排名

艺术学 32/306。

一级学科排名

艺术学理论 9/60、音乐与舞蹈学 3/72。

> 通信地址：北京市朝阳区安翔路一号中国音乐学院研招办
> 邮政编码：100101
> 电话号码：010-64874884
> 电子邮箱：yzb@ccmusic.edu.cn

11232　北京信息科技大学

在中国普通高校研究生教育竞争力排行榜中的名次：总排名368/527，北京市内排名38/54，理工类排名132/165。

共10个一级学科（学术学位）参评。

门类排名

经济学 256/332、法学 303/394、文学 328/349、理学 342/389、工学 239/434、管理学 228/427。

一级学科排名

应用经济学 225/263、马克思主义理论 237/353、数学 176/262、机械工程 141/219、仪器科学与技术 54/69、电子科学与技术 94/122、信息与通信工程 110/179、控制科学与工程 138/185、计算机科学与技术 138/262、工商管理 234/307。

通信地址：北京市海淀区清河小营东路12号北京信息科技大学研招办
邮政编码：100192
电话号码：010-62843704
电子邮箱：yzb@bistu.edu.cn

11417　北京联合大学

在中国普通高校研究生教育竞争力排行榜中的名次：总排名372/527，北京市内排名39/54，综合类排名65/79。

共10个一级学科（学术学位）参评。

门类排名

经济学 298/332、法学 290/394、教育学 241/299、文学 294/349、历史学 71/123、理学 353/389、工学 306/434、医学 214/214、管理学 212/427、艺术学 198/306。

一级学科排名

马克思主义理论 223/353、考古学 22/29、中国史 93/105、地理学 42/87、计算机科学与技术 175/262、交通运输工程 62/69、食品科学与工程 55/100、软件工程 79/138、工商管理 107/307、设计学 43/148。

通信地址：北京市朝阳区北四环东路97号北京联合大学研招办
邮政编码：100101
电话号码：010-64909005
电子邮箱：ldyzb@buu.edu.cn

10048　中央戏剧学院

在中国普通高校研究生教育竞争力排行榜中的名次：总排名382/527，北京市内排名40/54，艺术类排名9/30。

共1个一级学科（学术学位）参评，其中5★+学科0个，5★学科0个，5★-学科1个，4★学科0个，学科优秀率为100%。

门类排名

艺术学 18/306。

一级学科排名

戏剧与影视学 4/56。

优势专业

5★-专业：广播电视艺术学 2/27。

通信地址：北京市东城区东棉花胡同39号中央戏剧学院研招办
邮政编码：100710
电话号码：010-69200512
电子邮箱：zhongxiyjs@zhongxi.cn

10041　中国人民公安大学

在中国普通高校研究生教育竞争力排行榜中的名次：总排名386/527，北京市内排名41/54，文法类排名11/24。

共1个一级学科（学术学位）参评。

门类排名

法学 40/394、工学 326/434、管理学 421/427。

一级学科排名

法学 50/207。

优势专业

4★专业：宪法学与行政法学 30/151、刑法学 24/136、诉讼法学 25/123。

通信地址：北京市西城区木樨地南里甲一号中国人民公安大学研招办
邮政编码：100038
电话号码：010-83903086
电子邮箱：yzb_cppsu@sina.com

10040　外交学院

在中国普通高校研究生教育竞争力排行榜中的名次：总排名404/527，北京市内排名42/54，文法类排名12/24。

共4个一级学科（学术学位）参评，其中5★+学科0个，5★学科0个，5★-学科1个，4★学科0个，学科优秀率为25%。

门类排名

经济学 220/332、法学 49/394、文学 197/349。

一级学科排名

理论经济学 91/116、法学 199/207、政治学 6/87、外国语言文学 76/232。

优势专业

5★-专业：国际政治 5/62、国际关系 5/52。

4★专业：政治学理论 12/77、科学社会主义与国际共产主义运动 6/38、外交学 5/23。

通信地址：北京市西城区展览馆路24号外交学院研究生处
邮政编码：100037
电话号码：010-68323297
电子邮箱：yzhb@cfau.edu.cn

10029　首都体育学院

在中国普通高校研究生教育竞争力排行榜中的名次：总排名 419/527，北京市内排名 43/54，体育类排名 6/13。

共 2 个一级学科（学术学位）参评，其中 5★+学科 0 个，5★学科 0 个，5★-学科 0 个，4★学科 1 个，学科优秀率为 50%。

门类排名

教育学 66/299、文学 307/349。

一级学科排名

心理学 95/104、体育学 17/108。

优势专业

4★专业：体育人文社会学 16/90、体育教育训练学 13/103、民族传统体育学 12/77。

通信地址：北京市北三环西路 11 号首都体育学院研招办
邮政编码：100088
电话号码：010-82099034
电子邮箱：yjsb@cupes.edu.cn

10017　北京石油化工学院

在中国普通高校研究生教育竞争力排行榜中的名次：总排名 449/527，北京市内排名 44/54，理工类排名 152/165。

共 4 个一级学科（学术学位）参评。

门类排名

工学 281/434、管理学 337/427。

一级学科排名

机械工程 157/219、材料科学与工程 181/219、控制科学与工程 154/185、工商管理 269/307。

通信地址：北京市大兴区黄村清源北路 19 号北京石油化工学院研招办
邮政编码：102617
电话号码：010-81292056
电子邮箱：qiaoxi@bipt.edu.cn

10031　北京第二外国语学院

在中国普通高校研究生教育竞争力排行榜中的名次：总排名 450/527，北京市内排名 45/54，文法类排名 15/24。

共 5 个一级学科（学术学位）参评。

门类排名

哲学 109/138、经济学 183/332、教育学 270/299、文学 91/349、管理学 188/427。

一级学科排名

哲学 108/138、应用经济学 162/263、中国语言文学 123/179、外国语言文学 49/232、工商管理 86/307。

通信地址：北京市朝阳区定福庄南里 1 号北京第二外国语学院研究生处
邮政编码：100024
电话号码：010-65773331
电子邮箱：yjs@bisu.edu.cn

10049　中国戏曲学院

在中国普通高校研究生教育竞争力排行榜中的名次：总排名 461/527，北京市内排名 46/54，艺术类排名 15/30。

共 3 个一级学科（学术学位）参评。

门类排名

艺术学 112/306。

一级学科排名

艺术学理论 58/60、音乐与舞蹈学 62/72、戏剧与影视学 13/56。

通信地址：北京市丰台区万泉寺 400 号中国戏曲学院研招办
邮政编码：100073
电话号码：010-63351562
电子邮箱：yzb@nacta.edu.cn

10020　北京农学院

在中国普通高校研究生教育竞争力排行榜中的名次：总排名 466/527，北京市内排名 47/54，农林类排名 36/37。

共 11 个一级学科（学术学位）参评。

门类排名

经济学 326/332、法学 391/394、工学 339/434、农学 48/166、管理学 321/427。

一级学科排名

食品科学与工程 82/100、风景园林学 45/51、生物工程 18/20、作物学 42/50、园艺学 37/44、植物保护 42/46、畜牧学 41/54、兽医学 37/42、林学 30/36、工商管理 302/307、农林经济管理 31/50。

通信地址：北京市昌平区回龙观镇北农路 7 号北京农学院研招办
邮政编码：102206
电话号码：010-80799079
电子邮箱：wangyan5984@163.com

10037　北京物资学院

在中国普通高校研究生教育竞争力排行榜中的名次：总排名 475/527，北京市内排名 48/54，财经类排名 34/34。

共 5 个一级学科（学术学位）参评。

门类排名

经济学 112/332、工学 349/434、管理学 205/427。

一级学科排名

理论经济学 99/116、应用经济学 107/263、计算机科学与技术 192/262、管理科学与工程 105/179、工商管理 200/307。

通信地址：北京市通州区富河大街1号北京物资学院研招办
邮政编码：101149
电话号码：010-89534461
电子邮箱：bwuyjsb@126.com

10012　北京服装学院

在中国普通高校研究生教育竞争力排行榜中的名次：总排名484/527，北京市内排名49/54，理工类排名157/165。

共8个一级学科（学术学位）参评，其中5★+学科0个，5★学科0个，5★-学科0个，4★学科1个，学科优秀率为12.5%。

门类排名

经济学306/332、法学375/394、历史学117/123、工学314/434、管理学343/427、艺术学69/306。

一级学科排名

民族学36/39、机械工程215/219、材料科学与工程178/219、纺织科学与工程18/22、工商管理270/307、艺术学理论35/60、美术学65/103、设计学20/148。

通信地址：北京市朝阳区樱花东街甲2号北京服装学院研招办
邮政编码：100029
电话号码：010-64288145
电子邮箱：yjs@bift.edu.cn

10015　北京印刷学院

在中国普通高校研究生教育竞争力排行榜中的名次：总排名489/527，北京市内排名50/54，理工类排名160/165。

共12个一级学科（学术学位）参评。

门类排名

法学326/394、文学173/349、理学385/389、工学290/434、管理学363/427、艺术学119/306。

一级学科排名

马克思主义理论307/353、新闻传播学54/116、科学技术史13/18、机械工程200/219、材料科学与工程166/219、信息与通信工程146/179、轻工技术与工程12/23、网络空间安全55/56、工商管理300/307、艺术学理论31/60、美术学69/103、设计学73/148。

通信地址：北京市大兴区兴华大街（二段）1号北京印刷学院研招办
邮政编码：102600
电话号码：010-60261465
电子邮箱：yzb@bigc.edu.cn

10051　北京舞蹈学院

在中国普通高校研究生教育竞争力排行榜中的名次：总排名498/527，北京市内排名51/54，艺术类排名20/30。

共2个一级学科（学术学位）参评。

门类排名

艺术学96/306。

一级学科排名

艺术学理论42/60、音乐与舞蹈学16/72。

通信地址：北京市海淀区万寿寺路1号北京舞蹈学院研招办
邮政编码：100073
电话号码：010-68935749
电子邮箱：yjs@bda.edu.cn

10042　国际关系学院

在中国普通高校研究生教育竞争力排行榜中的名次：总排名502/527，北京市内排名52/54，文法类排名20/24。

共5个一级学科（学术学位）参评。

门类排名

经济学242/332、法学159/394、文学228/349、工学389/434。

一级学科排名

理论经济学87/116、政治学32/87、外国语言文学135/232、化学工程与技术183/184、网络空间安全44/56。

通信地址：北京市海淀区坡上村12号国际关系学院研究生处
邮政编码：100091
电话号码：010-62861184
电子邮箱：uiryzb@uir.edu.cn

11625　中国青年政治学院

在中国普通高校研究生教育竞争力排行榜中的名次：总排名509/527，北京市内排名53/54，文法类排名21/24。

共2个一级学科（学术学位）参评。

门类排名

哲学116/138、法学232/394。

一级学科排名

哲学116/138、马克思主义理论161/353。

通信地址：北京市海淀区西三环北路25号中国青年政治学院研招办
邮政编码：100089
电话号码：010-88567500
电子邮箱：yzb@cyu.edu.cn

10018　北京电子科技学院

在中国普通高校研究生教育竞争力排行榜中的名次：总排名521/527，北京市内排名54/54，理工类排名164/165。

共1个一级学科（学术学位）参评。

门类排名

工学357/434。

一级学科排名

网络空间安全 28/56。

通信地址：北京市丰台区富丰路 7 号北京电子科技学院研招办
邮政编码：100070
电话号码：010-83635300
电子邮箱：gr@besti.edu.cn

12453　中国劳动关系学院

在中国仅专业硕士招生普通高校研究生教育竞争力排行榜中的名次：总排名 30/51，北京市内排名 1/3，文法类排名 2/8。

共 1 个一级学科（专业学位）参评。

门类排名

管理学 405/427。

一级学科排名

公共管理（专业学位）30/112。

通信地址：北京市海淀区增光路 45 号中国劳动关系学院研招办
邮政编码：100048
电话号码：010-88562083
电子邮箱：yjsc@ciir.edu.cn

11418　北京城市学院

在中国仅专业硕士招生普通高校研究生教育竞争力排行榜中的名次：总排名 40/51，北京市内排名 2/3，综合类排名 7/9。

共 4 个一级学科（专业学位）参评。

门类排名

法学 386/394、医学 213/214、管理学 427/427、艺术学 264/306。

一级学科排名

社会工作（专业学位）76/146、中药学（专业学位）34/46、公共管理（专业学位）97/112、艺术（专业学位）115/279。

通信地址：北京市海淀区北四环中路 269 号北京城市学院研招办
邮政编码：100083
电话号码：010-62321818
电子邮箱：nic@bcu.edu.cn

11149　中华女子学院

在中国仅专业硕士招生普通高校研究生教育竞争力排行榜中的名次：总排名 45/51，北京市内排名 3/3，综合类排名 8/9。

共 1 个一级学科（专业学位）参评。

门类排名

法学 378/394。

一级学科排名

社会工作（专业学位）29/146。

通信地址：北京市朝阳区育慧东路 1 号中华女子学院研招办
邮政编码：100101
电话号码：010-84659610
电子邮箱：yanzhao@cwu.edu.cn

上海市

10248　上海交通大学

在中国普通高校研究生教育竞争力排行榜中的名次：总排名 4/527，上海市内排名 1/24，理工类排名 2/165。

共 56 个一级学科（学术学位）参评，其中 5★+ 学科 3 个，5★ 学科 12 个，5★- 学科 12 个，4★ 学科 11 个，学科优秀率为 67.86%。

门类排名

哲学 67/138、经济学 35/332、法学 26/394、教育学 31/299、文学 25/349、历史学 61/123、理学 11/389、工学 4/434、农学 41/166、医学 5/214、管理学 12/427、艺术学 70/306。

一级学科排名

哲学 67/138、应用经济学 30/263、法学 15/207、政治学 36/87、马克思主义理论 46/353、教育学 67/141、心理学 24/104、体育学 36/108、中国语言文学 30/179、外国语言文学 15/232、新闻传播学 13/116、中国史 43/105、数学 13/262、物理学 7/191、化学 19/225、天文学 5/18、海洋科学 7/29、生物学 9/241、科学技术史 3/18、生态学 12/90、统计学 29/97、力学 9/94、机械工程 1/219、仪器科学与技术 9/69、材料科学与工程 12/219、动力工程及工程热物理 5/105、电气工程 6/110、电子科学与技术 15/122、信息与通信工程 6/179、控制科学与工程 4/185、计算机科学与技术 3/262、建筑学 25/70、土木工程 9/160、化学工程与技术 6/184、交通运输工程 26/69、船舶与海洋工程 1/24、航空宇航科学与技术 12/25、核科学与技术 10/19、环境科学与工程 17/189、生物医学工程 9/65、食品科学与工程 35/100、风景园林学 21/51、生物工程 8/20、网络空间安全 6/56、园艺学 9/44、畜牧学 29/54、基础医学 8/106、临床医学 2/113、口腔医学 4/48、公共卫生与预防医学 23/75、药学 6/145、护理学 5/59、管理科学与工程 9/179、工商管理 2/307、公共管理 22/207、设计学 12/148。

优势专业

5★+ 专业：应用数学 2/256、微生物学 2/184、发育生物学 1/71、生物化学与分子生物学 2/221、生物物理学 1/69、材料加工工程 2/184、计算机系统结构 2/189、计算机软件与理论 2/219、计算机应用技术 3/261、内科学 1/105、神经病学 1/97、精神病与精神卫生学 1/56、皮肤病与性病学 1/73、外科学 1/103、耳鼻咽喉科学 1/77、企业管理 2/296、旅游管理 1/186。

5★专业：金融学 7/229、产业经济学 4/225、国际贸易学 6/192、宪法学与行政法学 8/151、马克思主义中国化研究 13/303、应用心理学 4/93、英语语言文学 9/199、外国语言学及应用语言学 8/206、基础数学 6/219、计算数学 6/215、概率论与数理统计 3/175、理论物理 7/160、凝聚态物理 8/176、光学 7/164、神经生物学 2/73、遗传学 2/143、细胞生物学 2/144、机械制造及其自动化 3/201、机械电子工程 6/205、机械设计及理论 4/205、车辆工程 5/154、材料物理与化学 4/201、材料学 8/200、热能工程 3/82、流体机械及工程 3/65、制冷及低温工程 3/52、通信与信息系统 5/164、信号与信息处理 6/164、控制理论与控制工程 8/179、检测技术与自动化装置 6/171、系统工程 3/122、模式识别与智能系统 8/162、岩土工程 3/143、结构工程 3/153、防灾减灾工程及防护工程 2/119、化学工程 5/134、化学工艺 6/148、生物化工 6/118、应用化学 6/178、工业催化 6/120、轮机工程 1/17、水声工程 1/13、食品科学 3/96、人体解剖与组织胚胎学 2/101、免疫学 2/100、病原生物学 4/97、病理学与病理生理学 2/100、儿科学 2/88、影像医学与核医学 2/102、临床检验诊断学 2/97、妇产科学 2/93、眼科学 4/81、肿瘤学 3/95、麻醉学 2/84、急诊医学 2/77、口腔临床医学 2/45、生药学 4/89、药物分析学 5/109、微生物与生化药学 2/81、会计学 4/277、技术经济及管理 3/229、社会保障 6/145。

5★-专业：法学理论 13/131、民商法学 10/183、诉讼法学 7/123、经济法学 12/146、国际法学 11/117、马克思主义基本原理 30/315、高等教育学 10/111、文艺学 10/168、日语语言文学 9/131、新闻学 7/105、粒子物理与原子核物理 7/78、原子与分子物理 8/93、等离子体物理 4/46、无机化学 14/200、分析化学 11/199、有机化学 18/205、物理化学 14/192、高分子化学与物理 14/158、精密仪器及机械 6/63、工程热物理 5/66、动力机械及工程 4/69、电机与电器 5/83、电力系统及其自动化 6/92、高电压与绝缘技术 5/59、电力电子与电力传动 6/102、电工理论与新技术 5/79、电路与系统 10/100、微电子学与固体电子学 10/98、电磁场与微波技术 6/84、导航、制导与控制 8/79、供热、供燃气、通风及空调工程 7/94、船舶与海洋结构物设计制造 2/22、环境科学 12/165、环境工程 13/176、果树学 3/44、蔬菜学 3/44、老年医学 4/61、口腔基础医学 4/37、劳动卫生与环境卫生学 4/63、营养与食品卫生学 4/65、药物化学 8/136、药剂学 7/122、药理学 9/127、行政管理 11/180、社会医学与卫生事业管理 6/76。

4★专业：刑法学 18/136、环境与资源保护法学 14/95、体育教育训练学 20/103、语言学及应用语言学 25/151、中国古代文学 25/177、中国现当代文学 29/172、比较文学与世界文学 19/136、传播学 12/112、天体物理 4/18、物理海洋学 3/23、海洋地质 4/19、一般力学与力学基础 10/54、固体力学 15/79、流体力学 9/64、工程力学 13/88、测试计量技术及仪器 9/68、流行病与卫生统计学 10/71。

通信地址：上海市闵行区东川路800号上海交通大学研究生院
邮政编码：200240
电话号码：021-34206123
电子邮箱：yzb@sjtu.edu.cn

10246　复旦大学

在中国普通高校研究生教育竞争力排行榜中的名次：总排名12/527，上海市内排名2/24，综合类排名7/79。

共42个一级学科（学术学位）参评，其中5★+学科6个，5★学科15个，5★-学科8个，4★学科5个，学科优秀率为80.95%。

门类排名

哲学 2/138、经济学 11/332、法学 6/394、教育学 54/299、文学 3/349、历史学 2/123、理学 2/389、工学 50/434、医学 2/214、管理学 11/427、艺术学 88/306。

一级学科排名

哲学 2/138、理论经济学 5/116、应用经济学 12/263、法学 16/207、政治学 2/87、社会学 3/87、马克思主义理论 9/353、教育学 65/141、心理学 28/104、中国语言文学 1/179、外国语言文学 13/232、新闻传播学 5/116、考古学 3/29、中国史 2/105、世界史 6/59、数学 2/262、物理学 6/191、化学 2/225、大气科学 5/17、生物学 1/241、生态学 6/90、统计学 17/97、力学 44/94、光学工程 14/84、材料科学与工程 26/219、电子科学与技术 5/122、信息与通信工程 59/179、计算机科学与技术 15/262、航空宇航科学与技术 14/25、环境科学与工程 10/189、生物医学工程 10/65、网络空间安全 8/56、基础医学 1/106、临床医学 1/113、公共卫生与预防医学 4/75、中西医结合 2/60、药学 4/145、护理学 3/59、管理科学与工程 43/179、工商管理 18/307、公共管理 9/207、戏剧与影视学 17/56。

优势专业

5★+专业：马克思主义哲学 1/108、外国哲学 1/91、伦理学 1/88、科学技术哲学 1/85、国际政治 1/62、国际关系 1/52、中国古典文献学 1/114、中国古代文学 1/177、基础数学 1/219、应用数学 1/256、运筹学与控制论 1/183、有机化学 1/205、物理化学 2/192、神经生物学 1/73、遗传学 1/143、生物化学与分子生物学 1/221、材料学 2/200、儿科学 1/88、老年医学 1/61、影像医学与核医学 1/102、肿瘤学 1/95、劳动卫生与环境卫生学 1/63、中西医结合临床 1/57。

5★专业：中国哲学 2/99、世界经济 4/85、人口、资源与环境经济学 4/90、区域经济学 7/195、产业经济学 7/225、国际贸易学 5/192、政治学理论 4/77、中共党史 3/50、外交学 1/23、马克思主义基本原理 8/315、马克思主义中国化研究 12/303、思想政治教育 9/334、文艺学 4/168、语言学及应用语言学 5/151、汉语言文字学 2/147、中国现当代文学 6/172、比较文学与世界文学 5/136、新闻学 5/105、传播学 5/112、计算数学 3/215、概率论与数理统计 4/175、理论物理 4/160、粒子物理与原子核物理 2/78、原子与分子物理 4/93、凝聚态物理 5/176、光学 4/164、分析化学 6/199、高分子化学与物理 5/158、植物学 4/153、动物学 2/138、生理学 2/107、微生物学 5/184、材料物理与化学 3/201、环境科学 8/165、环境工程 8/176、人体解剖与组织胚胎学 3/101、免疫学 4/100、病原生物学 2/97、病理学与病理生理学 4/100、内科学 2/105、神经病学 3/97、皮肤病与性病学 3/73、临床检验诊断学 3/97、外科学 2/103、妇产科学 3/93、眼科学 3/81、耳鼻咽喉科学 2/77、康复医学与理疗学 2/66、麻醉学 3/84、急诊医学 3/77、流行病与卫生统计学 2/71、中西医结合基础 2/46、药物化学 4/136、药剂学 4/122、药理学 2/127、企业管理 13/296、旅游管理 7/186、技术经济及管理 9/229、社会医学与卫生事业管理 4/76、汉语国际教育 1/31。

5★-专业：美学 4/47、宗教学 4/52、政治经济学 7/103、西方经济学 9/95、国民经济学 9/96、金融学 12/229、劳动经济学 8/82、数量经济学 11/111、中外政治制度 4/51、科学社会主义与国际共产主义运动 4/38、人口学 3/42、英语语言文学 15/199、外国语言学及应用语言学 16/206、无线电物理 4/63、无机化学 11/200、发育生物学 6/71、细胞生物学 8/144、电路与系统 9/100、微电子学与固体电子学 8/98、电磁场与微波技术 7/84、计算机软件与理论 15/219、计算机应用技术 15/261、法医学 4/50、放射医学 2/25、运动医学 2/29、营养与食品卫生学 7/65、儿少卫生与妇幼保健学 4/42、卫生毒理学 5/60、生药学 6/89、微生物与生化药学 7/81、会计学 16/277、行政管理 10/180、管理哲学 1/8、党的建设 4/47、应急管理 1/9。

4★专业：逻辑学 5/36、经济史 5/40、财政学 14/92、法学理论 21/131、法律史 10/66、宪法学与行政法学 22/151、刑法学 23/136、民商法学 27/183、诉讼法学 21/123、经济法学 21/146、环境与资源保护法学 12/95、国际法学 15/117、社会学 9/83、民俗学 6/43、马克思主义发展史 19/100、国外马克思主义研究 14/86、高等教育学 20/111、生物物理学 9/69、物理电子学 12/95、计算机系统结构 29/189、飞行器设计 3/23、药物分析学 13/109、教育经济与管理 19/128、公共政策 5/28。

通信地址：上海市邯郸路220号复旦大学研究生院
邮政编码：200433
电话号码：021-65643991
电子邮箱：gs_admission@fudan.edu.cn

10247 同济大学

在中国普通高校研究生教育竞争力排行榜中的名次：总排名17/527，上海市内排名3/24，理工类排名7/165。

共44个一级学科（学术学位）参评，其中5★+学科2个，5★学科3个，5★-学科8个，4★学科15个，学科优秀率为63.64%。

门类排名

哲学 17/138、经济学 43/332、法学 34/394、教育学 71/299、文学 41/349、理学 24/389、工学 13/434、农学 106/166、医学 31/214、管理学 43/427、艺术学 50/306。

一级学科排名

哲学 17/138、应用经济学 31/263、法学 45/207、政治学 18/87、马克思主义理论 31/353、教育学 44/141、心理学 70/104、中国语言文学 80/179、外国语言文学 19/232、新闻传播学 58/116、数学 33/262、物理学 31/191、化学 33/225、海洋科学 4/29、地球物理学 4/20、生物学 17/241、力学 29/94、机械工程 18/219、材料科学与工程 37/219、动力工程及工程热物理 32/105、电气工程 60/110、信息与通信工程 38/179、控制科学与工程 15/185、计算机科学与技术 34/262、建筑学 1/70、土木工程 5/160、测绘科学与技术 2/53、地质资源与地质工程 22/45、交通运输工程 7/69、航空宇航科学与技术 25/25、环境科学与工程 7/189、城乡规划学 1/50、风景园林学 4/51、软件工程 23/138、基础医学 23/106、临床医学 16/113、口腔医学 8/48、公共卫生与预防医学 54/75、药学 90/145、管理科学与工程 26/179、工商管理 33/307、公共管理 40/207、艺术学理论 32/60、设计学 9/148。

优势专业

5★+专业：建筑历史与理论 1/61、建筑设计及其理论 1/65、环境工程 2/176。

5★专业：金融学 11/229、马克思主义基本原理 7/315、英语语言文学 7/199、光学 8/164、建筑技术科学 2/61、岩土工程 7/143、结构工程 8/153、市政工程 5/109、防灾减灾工程及防护工程 5/119、大地测量学与测量工程 2/48、摄影测量与遥感 2/45、地图制图学与地理信息工程 2/48。

5★-专业：区域经济学 15/195、马克思主义中国化研究 20/303、思想政治教育 30/334、外国语言学及应用语言学 19/206、海洋生物学 3/25、机械电子工程 16/205、机械设计及理论 17/205、车辆工程 13/154、检测技术与自动化装置 14/171、供热、供燃气、通风及空调工程 6/94、桥梁与隧道工程 7/109、道路与铁道工程 5/52、环境科学 9/165、企业管理 30/296、技术经济及管理 20/229。

4★专业：中国哲学 13/99、外国哲学 14/91、伦理学 16/88、美学 8/47、科学技术哲学 13/85、产业经济学 27/225、国际贸易学 27/192、民商法学 37/183、国际政治 8/62、国际关系 9/52、成人教育学 5/30、德语语言文学 5/40、日语语言文学 16/131、基础数学 33/219、计算数学 25/215、概率论与数理统计 23/175、应用数学 34/256、运筹学与控制论 30/183、理论物理 24/160、凝聚态物理 26/176、声学 5/33、无机化学 32/200、分析化学 32/199、有机化学 33/205、物理化学 32/192、海洋化学 5/23、海洋地质 3/19、固体地球物理学 4/19、植物学 19/153、动物学 23/138、水生生物学 10/60、微生物学 33/184、神经生物学 15/73、遗传学 25/143、发育生物学 13/71、细胞生物学 28/144、生物化学与分子生物学 25/221、机械制造及其自动化 22/201、材料物理与化学 36/201、材料学 37/200、材料加工工程 32/184、动力机械及工程 11/69、通信与信息系统 30/164、信号与信息处理 30/164、控制理论与控制工程 30/179、模式识别与智能系统 18/162、计算机软件与理论 23/219、计算机应用技术 44/261、地球探测与信息技术 8/40、地质工程 7/44、交通信息工程及控制 10/54、交通运输规划与管理 7/57、载运工具运用工程 6/48、人体解剖与组织胚胎学 11/101、免疫学 12/100、病原生物学 11/97、病理学与病理生理学 11/100、内科学 19/105、儿科学 14/88、精神病与精神卫生学 8/56、皮肤病与性病学 12/73、影像医学与核医学 12/102、临床检验诊断学 18/97、外科学 13/103、妇产科学 13/93、眼科学 15/81、耳鼻咽喉科学 14/77、肿瘤学 12/95、康复医学与理疗学 9/66、麻醉学 13/84、口腔临床医学 7/45、会计学 29/277、行政管理 34/180。

通信地址：上海市四平路1239号瑞安楼同济大学研究生院
邮政编码：200092
电话号码：021-65982944
电子邮箱：yzb@gs.tongji.edu.cn

10269　华东师范大学

在中国普通高校研究生教育竞争力排行榜中的名次：总排名33/527，上海市内排名4/24，师范类排名2/61。

共38个一级学科（学术学位）参评，其中5★+学科0个，5★学科6个，5★-学科7个，4★学科15个，学科优秀率为73.68%。

门类排名

哲学 11/138、经济学 37/332、法学 20/394、教育学 2/299、文学 13/349、历史学 19/123、理学 17/389、工学 108/434、医学 142/214、管理学 25/427、艺术学 17/306。

一级学科排名

哲学 11/138、应用经济学 48/263、法学 55/207、政治学 21/87、社会学 4/87、马克思主义理论 21/353、教育学 2/141、心理学 12/104、体育学 5/108、中国语言文学 10/179、外国语言文学 9/232、新闻传播学 15/116、中国史 13/105、世界史 10/59、数学 28/262、物理学 14/191、化学 30/225、地理学 5/87、大气科学 14/17、海洋科学 6/29、生物学 38/241、生态学 4/90、统计学 7/97、电子科学与技术 24/122、信息与通信工程 34/179、计算机科学与技术 26/262、水利工程 50/64、化学工程与技术 104/184、环境科学与工程 57/189、软件工程 5/138、药学 55/145、工商管理 43/307、公共管理 28/207、图书情报与档案管理 15/51、音乐与舞蹈学 19/72、戏剧与影视学 20/56、美术学 12/103、设计学 29/148。

优势专业

5★+专业：教育学原理 1/101、课程与教学论 1/112。

5★专业：民俗学 2/43、思想政治教育 11/334、教育史 2/42、比较教育学 2/52、学前教育学 2/60、高等教育学 2/111、成人教育学 1/30、职业技术教育学 1/43、体育人文社会学 4/90、运动人体科学 3/81、文艺学 7/168、中国古代文学 8/177、人文地理学 4/76、教育经济与管理 5/128、初等教育学 1/17。

5★-专业：马克思主义哲学 10/108、中国哲学 7/99、外国哲学 8/91、产业经济学 16/225、国际贸易学 14/192、马克思主义基本原理 26/315、马克思主义中国化研究 22/303、特殊教育学 2/24、发展与教育心理学 6/69、应用心理学 6/93、体育教育训练学 8/103、民族传统体育学 7/77、语言学及应用语言学 12/151、汉语言文字学 14/147、中国现当代文学 17/172、比较文学与世界文学 9/136、英语语言文学 18/199、俄语语言文学 8/75、新闻学 9/105、基础数学 17/219、计算数学 15/215、应用数学 16/256、运筹学与控制论 12/183、理论物理 13/160、凝聚态物理 16/176、光学 9/164、自然地理学 5/78、地图学与地理信息系统 5/81、动物学 13/138、生物化学与分子生物学 16/221、物理电子学 10/95、计算机软件与理论 18/219、计算机应用技术 20/261、环境工程 16/176、企业管理 24/296、旅游管理 16/186、行政管理 17/180、社会保障 12/145。

4★专业：伦理学 10/88、宗教学 6/52、区域经济学 22/195、金融学 29/229、政治学理论 15/77、中共党史 8/50、社会学 10/83、人口学 6/42、中国古典文献学 12/114、法语语言文学 5/43、外国语言学及应用语言学 25/206、传播学 18/112、原子与分子物理 17/93、无线电物理 9/63、无机化学 30/200、分析化学 24/199、有机化学 25/205、物理化学 25/192、高分子化学与物理 27/158、物理海洋学 4/23、海洋化学 3/23、海洋生物学 4/25、植物学 21/153、生理学 16/107、神经生物学 8/73、微电子学与固体电子学 13/98、通信与信息系统 25/164、信号与信息处理 27/164、应用化学 35/178、药物化学 26/136、药理学 19/127、会计学 52/277、情报学 9/43、历史文献学 8/51、专门史 14/70。

通信地址：上海市东川路500号华东师范大学研究生院
邮政编码：200241
电话号码：021-54344721
电子邮箱：yjszs@admin.ecnu.edu.cn

10280　上海大学

在中国普通高校研究生教育竞争力排行榜中的名次：总排名40/527，上海市内排名5/24，综合类排名16/79。

共44个一级学科（学术学位）参评，其中5★+学科0个，5★学科2个，5★-学科4个，4★学科9个，学科优秀率为34.09%。

门类排名

哲学 69/138、经济学 60/332、法学 50/394、教育学 158/299、文学 40/349、历史学 28/123、理学 67/389、工学 36/434、医学 159/214、管理学 59/427、艺术学 9/306。

一级学科排名

哲学 72/138、理论经济学 68/116、应用经济学 63/263、法学 75/207、政治学 51/87、社会学 14/87、马克思主义理论 94/353、中国语言文学 31/179、外国语言文学 105/232、新闻传播学 19/116、中国史 25/105、世界史 5/59、数学 36/262、物理学 39/191、化学 86/225、生物学 112/241、统计学 70/97、力学 21/94、机械工程 11/219、仪器科学与技术 45/69、材料科学与工程 45/219、冶金工程 8/24、电气工程 34/110、电子科学与技术 47/122、信息与通信工程 31/179、控制科学与工程 30/185、计算机科学与技术 40/262、建筑学 37/70、土木工程 62/160、化学工程与技术 25/184、核科学与技术 18/19、环境科学与工程 43/189、生物医学工程 52/65、食品科学与工程 98/100、软件工程 80/138、药学 139/145、管理科学与工程 17/179、工商管理 98/307、图书情报与档案管理 13/51、艺术学理论 12/60、音乐与舞蹈学 36/72、戏剧与影视学 3/56、美术学 10/103、设计学 10/148。

优势专业

5★专业：社会学 3/83、机械制造及其自动化 10/201、机械电子工程 10/205、机械设计及理论 10/205。

5★-专业：车辆工程 10/154。

4★专业：思想政治教育 34/334、语言学及应用语言学 30/151、中国古典文献学 22/114、中国古代文学 19/177、新闻学 19/105、传播学 17/112、基础数学 25/219、计算数学 31/215、应用数学 39/256、运筹学与控制论 21/183、理论物理 31/160、凝聚态物理 25/176、光学 28/164、无线电物理 8/63、控制理论与控制工程 35/179、计算机应用技术 35/261、档案学 5/31。

```
通信地址：上海市上大路99号上海大学研究生招生办公室
邮政编码：200444
电话号码：021-66133763
电子邮箱：yhb@t.shu.edu.cn
```

10251　华东理工大学

在中国普通高校研究生教育竞争力排行榜中的名次：总排名 51/527，上海市内排名 6/24，理工类排名 25/165。

共 31 个一级学科（学术学位）参评，其中 5★+学科 1 个，5★学科 3 个，5★-学科 0 个，4★学科 4 个，学科优秀率为 25.81%。

门类排名

哲学 92/138、经济学 93/332、法学 89/394、教育学 180/299、文学 225/349、理学 50/389、工学 38/434、农学 70/166、医学 115/214、管理学 79/427、艺术学 136/306。

一级学科排名

哲学 91/138、应用经济学 72/263、法学 140/207、社会学 10/87、马克思主义理论 99/353、教育学 134/141、体育学 94/108、外国语言文学 134/232、数学 56/262、物理学 131/191、化学 10/225、生物学 116/241、机械工程 64/219、材料科学与工程 8/219、动力工程及工程热物理 17/105、信息与通信工程 158/179、控制科学与工程 38/185、计算机科学与技术 78/262、化学工程与技术 2/184、石油与天然气工程 14/16、环境科学与工程 37/189、食品科学与工程 90/100、生物工程 1/20、安全科学与工程 48/55、植物保护 24/46、药学 24/145、管理科学与工程 49/179、工商管理 113/307、公共管理 109/207、图书情报与档案管理 46/51、设计学 34/148。

优势专业

5★+专业：化学工程 1/134、生物化工 1/118、应用化学 2/178、工业催化 1/120。

5★专业：有机化学 8/205、化学工艺 3/148。

5★-专业：无机化学 20/200、分析化学 20/199、生物化学与分子生物学 22/221、控制理论与控制工程 17/179、药物化学 13/136、药剂学 12/122。

4★专业：区域经济学 39/195、产业经济学 43/225、马克思主义中国化研究 31/303、物理化学 20/192、高分子化学与物理 17/158、机械电子工程 41/205、材料物理与化学 25/201、材料学 22/200、材料加工工程 20/184、热能工程 16/82、检测技术与自动化装置 32/171、模式识别与智能系统 27/162、计算机应用技术 30/261、环境工程 34/176、农药学 5/42、微生物与生化药学 9/81、药理学 25/127。

```
通信地址：上海市梅陇路130号华东理工大学研究生院
邮政编码：200237
电话号码：021-64252453
电子邮箱：yzb@ecust.edu.cn
```

10255　东华大学

在中国普通高校研究生教育竞争力排行榜中的名次：总排名 96/527，上海市内排名 7/24，理工类排名 46/165。

共 30 个一级学科（学术学位）参评，其中 5★+学科 0 个，5★学科 1 个，5★-学科 0 个，4★学科 4 个，学科优秀率为 16.67%。

门类排名

经济学 146/332、法学 293/394、文学 193/349、历史学 101/123、理学 107/389、工学 60/434、管理学 71/427、艺术学 49/306。

一级学科排名

应用经济学 143/263、马克思主义理论 203/353、外国语言文学 116/232、新闻传播学 99/116、中国史 89/105、数学 115/262、物理学 170/191、化学 37/225、生物学 226/241、系统科学 20/23、科学技术史 15/18、力学 94/94、机械工程 74/219、光学工程 43/84、材料科学与工程 27/219、电气工程 105/110、信息与通信工程 79/179、控制科学与工程 47/185、计算机科学与技术 84/262、土木工程 102/160、化学工程与技术 124/184、纺织科学与工程 1/22、环境科学与工程 40/189、软件工程 61/138、管理科学与工程 53/179、工商管理 53/307、公共管理 202/207、艺术学理论 40/60、美术学 98/103、设计学 18/148。

优势专业

5★专业：纺织工程 1/19、纺织材料与纺织品设计 1/19、纺织化学与染整工程 1/19、服装设计与工程 1/17。

4★专业：机械电子工程 36/205、机械设计及理论 33/205、供热、供燃气、通风及空调工程 18/94、旅游管理 37/186、技术经济及管理 42/229。

通信地址：上海市松江区大学城人民北路 2999 号东华大学研招办
邮政编码：201620
电话号码：021-67792430
电子邮箱：yzb@dhu.edu.cn

10252　上海理工大学

在中国普通高校研究生教育竞争力排行榜中的名次：总排名 107/527，上海市内排名 8/24，理工类排名 52/165。

共 27 个一级学科（学术学位）参评，其中 5★+学科 0 个，5★学科 0 个，5★-学科 1 个，4★学科 3 个，学科优秀率为 14.81%。

门类排名

经济学 109/332、法学 315/394、文学 136/349、理学 177/389、工学 86/434、医学 163/214、管理学 112/427、艺术学 238/306。

一级学科排名

应用经济学 86/263、马克思主义理论 255/353、外国语言文学 117/232、新闻传播学 34/116、数学 97/262、物理学 98/191、化学 163/225、系统科学 3/23、力学 88/94、机械工程 43/219、光学工程 7/84、仪器科学与技术 38/69、材料科学与工程 107/219、动力工程及工程热物理 13/105、电气工程 82/110、信息与通信工程 163/179、控制科学与工程 42/185、计算机科学与技术 119/262、土木工程 68/160、交通运输工程 59/69、环境科学与工程 92/189、生物医学工程 14/65、食品科学与工程 40/100、软件工程 82/138、管理科学与工程 63/179、工商管理 120/307、公共管理 168/207。

优势专业

4★专业：系统理论 3/22、食品科学 15/96。

通信地址：上海市军工路 516 号上海理工大学研招办
邮政编码：200093
电话号码：021-55272521
电子邮箱：yzb@usst.edu.cn

10270　上海师范大学

在中国普通高校研究生教育竞争力排行榜中的名次：总排名 112/527，上海市内排名 9/24，师范类排名 11/61。

共 32 个一级学科（学术学位）参评，其中 5★+学科 0 个，5★学科 2 个，5★-学科 3 个，4★学科 3 个，学科优秀率为 25%。

门类排名

哲学 23/138、经济学 138/332、法学 54/394、教育学 13/299、文学 38/349、历史学 5/123、理学 92/389、工学 224/434、农学 114/166、管理学 139/427、艺术学 33/306。

一级学科排名

哲学 23/138、应用经济学 122/263、法学 92/207、政治学 39/87、社会学 52/87、马克思主义理论 33/353、教育学 11/141、心理学 13/104、体育学 50/108、中国语言文学 22/179、外国语言文学 89/232、新闻传播学 59/116、中国史 4/105、世界史 2/59、数学 23/262、物理学 118/191、化学 104/225、天文学 14/18、地理学 43/87、生物学 114/241、信息与通信工程 139/179、计算机科学与技术 157/262、土木工程 146/160、化学工程与技术 88/184、环境科学与工程 75/189、工商管理 117/307、公共管理 71/207、艺术学理论 56/60、音乐与舞蹈学 23/72、戏剧与影视学 29/56、美术学 73/103、设计学 143/148。

优势专业

5★-专业：马克思主义中国化研究 28/303、汉语言文字学 13/147。

4★专业：中国近现代史基本问题研究 24/187、课程与教学论 21/112、比较教育学 8/52、学前教育学 10/60、职业技术教育学 7/43、发展与教育心理学 9/69、应用心理学 17/93、语言学及应用语言学 19/151、中国古代文学 26/177、中国现当代文学 25/172、比较文学与世界文学 15/136、基础数学 38/219、计算数学 27/215、概率论与数理统计 26/175、应用数学 30/256、运筹学与控制论 27/183、专门史 10/70、中国古代史 8/69、中国近现代史 9/68。

通信地址：上海市桂林路 100 号上海师范大学研招办
邮政编码：200234
电话号码：021-64322314
电子邮箱：yzb@shnu.edu.cn

10268　上海中医药大学

在中国普通高校研究生教育竞争力排行榜中的名次：总排名 137/527，上海市内排名 10/24，医药类排名 11/71。

共 7 个一级学科（学术学位）参评，其中 5★+学科 0 个，5★学科 1 个，5★-学科 1 个，4★学科 1 个，学科优秀率为 42.86%。

门类排名

法学 351/394、文学 326/349、理学 325/389、医学 27/214。

一级学科排名

马克思主义理论 326/353、科学技术史 9/18、中医学 3/42、中西医结合 3/60、药学 86/145、中药学 5/43、医学技术 13/28。

优势专业

5★专业：中医基础理论 1/30、中医诊断学 1/27、中医内科学 1/37、中医外科学 1/28、中医骨伤科学 1/28、中医妇科学 1/28、中医儿科学 1/20、中医五官科学 1/15、针灸推拿学 1/34、中西医结合临床 3/57。

5★-专业：中医临床基础 3/30、中医医史文献 2/28、方剂学 2/27、中西医结合基础 3/46。

4★专业：药理学 18/127。

```
通信地址：上海市蔡伦路1200号上海中医药大学研招办
邮政编码：201203
电话号码：021-51322530
电子邮箱：shutcmyjs@163.com
```

90026 第二军医大学

在中国普通高校研究生教育竞争力排行榜中的名次：总排名140/527，上海市内排名11/24，医药类排名13/71。

共11个一级学科（学术学位）参评，其中5★+学科0个，5★学科0个，5★-学科1个，4★学科4个，学科优秀率为45.45%。

门类排名

教育学 287/299、理学 89/389、医学 19/214、管理学 319/427。

一级学科排名

生物学 30/241、基础医学 7/106、临床医学 18/113、口腔医学 31/48、公共卫生与预防医学 12/75、中西医结合 30/60、药学 19/145、中药学 22/43、特种医学 4/14、护理学 24/59、公共管理 133/207。

优势专业

5★-专业：人体解剖与组织胚胎学 7/101、免疫学 6/100、病原生物学 7/97、病理学与病理生理学 6/100、放射医学 3/25、外科学 9/103、药物化学 14/136。

4★专业：生理学 21/107、微生物学 29/184、神经生物学 13/73、遗传学 26/143、细胞生物学 26/144、生物化学与分子生物学 35/221、运动医学 5/29、急诊医学 15/77、流行病与卫生统计学 8/71、劳动卫生与环境卫生学 13/63。

```
通信地址：上海市翔殷路800号第二军医大学研究生院招生培养处
邮政编码：200433
电话号码：021-81870842
电子邮箱：yjszsw@smmu.edu.cn
```

10272 上海财经大学

在中国普通高校研究生教育竞争力排行榜中的名次：总排名141/527，上海市内排名12/24，财经类排名4/34。

共15个一级学科（学术学位）参评，其中5★+学科1个，5★学科1个，5★-学科3个，4★学科4个，学科优秀率为60%。

门类排名

哲学 48/138、经济学 10/332、法学 42/394、教育学 191/299、文学 106/349、理学 150/389、工学 329/434、管理学 29/427。

一级学科排名

哲学 48/138、理论经济学 8/116、应用经济学 6/263、法学 34/207、社会学 42/87、马克思主义理论 59/353、中国语言文学 122/179、外国语言文学 100/232、新闻传播学 40/116、数学 169/262、统计学 1/97、软件工程 15/138、管理科学与工程 16/179、工商管理 21/307、公共管理 33/207。

优势专业

5★专业：区域经济学 9/195、产业经济学 6/225、国际贸易学 4/192、数量经济学 4/111。

5★-专业：政治经济学 10/103、人口、资源与环境经济学 8/90、金融学 13/229、会计学 17/277。

4★专业：马克思主义哲学 21/108、伦理学 18/88、经济思想史 4/33、西方经济学 15/95、国民经济学 11/96、财政学 15/92、民商法学 33/183、经济法学 18/146、马克思主义基本原理 60/315、马克思主义中国化研究 53/303、中国近现代史基本问题研究 30/187、企业管理 33/296、旅游管理 31/186、社会保障 24/145、市场营销 3/24、公共政策 4/28。

```
通信地址：上海市国定路777号上海财经大学研招办
邮政编码：200433
电话号码：021-65903795
电子邮箱：yzb@shufe.edu.cn
```

10264 上海海洋大学

在中国普通高校研究生教育竞争力排行榜中的名次：总排名 163/527，上海市内排名 13/24，农林类排名 13/37。

共15个一级学科（学术学位）参评，其中5★+学科0个，5★学科1个，5★-学科0个，4★学科2个，学科优秀率为20%。

门类排名

经济学 268/332、法学 348/394、文学 298/349、理学 90/389、工学 205/434、农学 31/166、管理学 362/427。

一级学科排名

应用经济学 252/263、法学 197/207、外国语言文学 223/232、海洋科学 5/29、生物学 31/241、生态学 75/90、机械工程 219/219、动力工程及工程热物理 102/105、计算机科学与技术 243/262、船舶与海洋工程 18/24、环境科学与工程 94/189、食品科学与工程 22/100、软件工程 122/138、水产 1/29、农林经济管理 40/50。

优势专业

5★专业：水产养殖 1/29。

5★-专业：渔业资源 2/23。

4★专业：食品科学 19/96、捕捞学 2/11。

```
通信地址：上海市浦东新区沪城环路999号上海海洋大学研招办
邮政编码：201306
电话号码：021-61900053
电子邮箱：yzb@shou.edu.cn
```

10277　上海体育学院

在中国普通高校研究生教育竞争力排行榜中的名次：总排名191/527，上海市内排名14/24，体育类排名2/13。

共4个一级学科（学术学位）参评，其中5★+学科1个，5★学科0个，5★-学科0个，4★学科0个，学科优秀率为25%。

门类排名
教育学 8/299、文学 274/349、医学 187/214。

一级学科排名
心理学 79/104、体育学 1/108、新闻传播学 114/116、医学技术 12/28。

优势专业
5★+专业：运动人体科学 1/81、民族传统体育学 1/77。

5★专业：体育人文社会学 2/90、体育教育训练学 2/103。

5★-专业：体育工程学 1/7。

通信地址：上海市清源环路650号上海体育学院研究生招生办公室
邮政编码：200438
电话号码：021-51253164
电子邮箱：t3164@126.com

10254　上海海事大学

在中国普通高校研究生教育竞争力排行榜中的名次：总排名210/527，上海市内排名15/24，理工类排名81/165。

共18个一级学科（学术学位）参评，其中5★+学科0个，5★学科0个，5★-学科0个，4★学科2个，学科优秀率为11.11%。

门类排名
经济学 201/332、法学 166/394、教育学 268/299、文学 112/349、理学 361/389、工学 125/434、管理学 69/427。

一级学科排名
应用经济学 173/263、法学 81/207、马克思主义理论 346/353、外国语言文学 38/232、数学 230/262、机械工程 174/219、动力工程及工程热物理 63/105、电气工程 45/110、电子科学与技术 119/122、信息与通信工程 104/179、控制科学与工程 163/185、计算机科学与技术 105/262、水利工程 44/64、交通运输工程 11/69、船舶与海洋工程 8/24、安全科学与工程 29/55、管理科学与工程 58/179、工商管理 95/307。

优势专业
5★-专业：外国语言学及应用语言学 21/206。

通信地址：上海市临港新城海港大道1550号上海海事大学研招办
邮政编码：201306
电话号码：021-38284586
电子邮箱：gs_admission@shmtu.edu.cn

10276　华东政法大学

在中国普通高校研究生教育竞争力排行榜中的名次：总排名243/527，上海市内排名16/24，文法类排名5/24。

共8个一级学科（学术学位）参评，其中5★+学科0个，5★学科1个，5★-学科0个，4★学科1个，学科优秀率为25%。

门类排名
经济学 169/332、法学 21/394、文学 160/349、管理学 104/427。

一级学科排名
应用经济学 153/263、法学 7/207、政治学 38/87、社会学 76/87、马克思主义理论 129/353、外国语言文学 109/232、新闻传播学 49/116、公共管理 35/207。

优势专业
5★专业：法学理论 6/131。

5★-专业：法律史 7/66、刑法学 13/136、经济法学 15/146。

4★专业：宪法学与行政法学 26/151、民商法学 19/183、诉讼法学 14/123、社会保障 25/145、知识产权法 7/44。

通信地址：上海市长宁区万航渡路1575号17号楼103室
邮政编码：201620
电话号码：021-62071885
电子邮箱：y_zsb@163.com

10271　上海外国语大学

在中国普通高校研究生教育竞争力排行榜中的名次：总排名254/527，上海市内排名17/24，文法类排名7/24。

共8个一级学科（学术学位）参评，其中5★+学科1个，5★学科0个，5★-学科0个，4★学科1个，学科优秀率为25%。

门类排名
经济学 184/332、法学 83/394、教育学 152/299、文学 8/349、管理学 227/427。

一级学科排名
应用经济学 199/263、政治学 12/87、马克思主义理论 340/353、教育学 103/141、中国语言文学 92/179、外国语言文学 2/232、新闻传播学 39/116、工商管理 154/307。

优势专业
5★+专业：英语语言文学 1/199、日语语言文学 1/131。

5★专业：俄语语言文学 2/75、法语语言文学 2/43、外国语言学及应用语言学 3/206。

5★-专业：德语语言文学 4/40、亚非语言文学 4/36、比较文学与跨文化研究 2/18。

4★专业：西班牙语语言文学 3/16、阿拉伯语语言文学 3/15、欧洲语言文学 2/12。

通信地址：上海市大连西路550号1号楼411室上海外国语大学研招办
邮政编码：200083
电话号码：021-35373072
电子邮箱：shisuyzb@126.com

10856　上海工程技术大学

在中国普通高校研究生教育竞争力排行榜中的名次：总排名269/527，上海市内排名18/24，理工类排名101/165。

共9个一级学科（学术学位）参评。

门类排名

工学 194/434、管理学 155/427、艺术学 156/306。

一级学科排名

机械工程 102/219、材料科学与工程 121/219、控制科学与工程 135/185、化学工程与技术 73/184、纺织科学与工程 14/22、交通运输工程 29/69、工商管理 96/307、公共管理 81/207、设计学 69/148。

通信地址：上海市松江大学城龙腾路333号上海工程技术大学研招办
邮政编码：201620
电话号码：021-67791223
电子邮箱：yzb@sues.edu.cn

10256　上海电力大学

在中国普通高校研究生教育竞争力排行榜中的名次：总排名285/527，上海市内排名19/24，理工类排名105/165。

共7个一级学科（学术学位）参评，其中5★+学科0个，5★学科0个，5★-学科0个，4★学科1个，学科优秀率为14.29%。

门类排名

理学 302/389、工学 169/434、管理学 399/427。

一级学科排名

物理学 109/191、动力工程及工程热物理 55/105、电气工程 14/110、信息与通信工程 108/179、控制科学与工程 84/185、化学工程与技术 102/184、管理科学与工程 102/179。

优势专业

4★专业：电力系统及其自动化 18/92。

通信地址：上海市平凉路2103号上海电力大学研究生处
邮政编码：200090
电话号码：021-35303739
电子邮箱：yzb@shiep.edu.cn

10259　上海应用技术大学

在中国普通高校研究生教育竞争力排行榜中的名次：总排名310/527，上海市内排名20/24，理工类排名115/165。

共8个一级学科（学术学位）参评。

门类排名

理学 248/389、工学 235/434、农学 147/166、管理学 358/427、艺术学 262/306。

一级学科排名

数学 121/262、生态学 26/90、机械工程 122/219、材料科学与工程 202/219、控制科学与工程 177/185、化学工程与技术 61/184、轻工技术与工程 19/23、管理科学与工程 92/179。

通信地址：上海市海泉路100号上海应用技术大学研招办
邮政编码：201418
电话号码：021-60873067
电子邮箱：yzb@sit.edu.cn

10278　上海音乐学院

在中国普通高校研究生教育竞争力排行榜中的名次：总排名350/527，上海市内排名21/24，艺术类排名7/30。

共3个一级学科（学术学位）参评，其中5★+学科0个，5★学科1个，5★-学科0个，4★学科0个，学科优秀率为33.33%。

门类排名

艺术学 14/306。

一级学科排名

艺术学理论 17/60、音乐与舞蹈学 2/72、戏剧与影视学 33/56。

通信地址：上海市汾阳路20号上海音乐学院研究生部
邮政编码：200031
电话号码：021-64330407
电子邮箱：yjsb@shcmusic.edu.cn

10273　上海对外经贸大学

在中国普通高校研究生教育竞争力排行榜中的名次：总排名374/527，上海市内排名22/24，财经类排名21/34。

共7个一级学科（学术学位）参评。

门类排名

经济学 85/332、法学 189/394、文学 152/349、理学 377/389、管理学 150/427。

一级学科排名

理论经济学 64/116、应用经济学 85/263、法学 86/207、马克思主义理论 331/353、外国语言文学 72/232、统计学 56/97、工商管理 68/307。

通信地址：上海市古北路620号4号楼502室上海对外经贸大学研招办
邮政编码：200336
电话号码：021-52067316
电子邮箱：yjsb@suibe.edu.cn

10279　上海戏剧学院

在中国普通高校研究生教育竞争力排行榜中的名次：总排名387/527，上海市内排名23/24，艺术类排名10/30。

共4个一级学科（学术学位）参评，其中5★+学科0个，5★学科0个，5★-学科0个，4★学科1个，学科优秀率为25%。

门类排名
艺术学 21/306。

一级学科排名
艺术学理论 19/60、音乐与舞蹈学 65/72、戏剧与影视学 7/56、设计学 122/148。

优势专业
4★专业：广播电视艺术学 4/27。

通信地址：上海市华山路630号上海戏剧学院研招办
邮政编码：200040
电话号码：021-62482724
电子邮箱：yzb@sta.edu.cn

11835　上海政法学院

在中国普通高校研究生教育竞争力排行榜中的名次：总排名482/527，上海市内排名24/24，文法类排名18/24。

共3个一级学科（学术学位）参评。

门类排名
经济学 319/332、法学 129/394、文学 261/349。

一级学科排名
法学 62/207、马克思主义理论 219/353、新闻传播学 97/116。

通信地址：上海市青浦区外青松公路7989号上海政法学院研招办
邮政编码：201701
电话号码：021-39225119
电子邮箱：yzb@shupl.edu.cn

11458　上海电机学院

在中国仅专业硕士招生普通高校研究生教育竞争力排行榜中的名次：总排名19/51，上海市内排名1/4，理工类排名7/14。

共1个一级学科（专业学位）参评。

门类排名
工学 378/434。

一级学科排名
工程（专业学位）8/66。

通信地址：上海市浦东新区橄榄路1350号上海电机学院研招办
邮政编码：201306
电话号码：021-38223020
电子邮箱：yjs@sdju.edu.cn

11047　上海立信会计金融学院

在中国仅专业硕士招生普通高校研究生教育竞争力排行榜中的名次：总排名21/51，上海市内排名2/4，财经类排名4/5。

共1个一级学科（专业学位）参评。

门类排名
经济学 199/332。

一级学科排名
审计（专业学位）1/41。

通信地址：上海市松江区文翔路2800号上海立信会计金融学院研究生处
邮政编码：201620
电话号码：021-67705124
电子邮箱：lxyz@lixin.edu.cn

12044　上海第二工业大学

在中国仅专业硕士招生普通高校研究生教育竞争力排行榜中的名次：总排名31/51，上海市内排名3/4，理工类排名11/14。

共2个一级学科（专业学位）参评。

门类排名
工学 377/434。

一级学科排名
电子信息(专业学位)275/284、资源与环境（专业学位）26/176。

通信地址：上海市浦东新区金海路2360号综合楼1201室上海第二工业大学研招办
邮政编码：201209
电话号码：021-50214986
电子邮箱：yjs@sspu.cn

10274　上海海关学院

在中国仅专业硕士招生普通高校研究生教育竞争力排行榜中的名次：总排名46/51，上海市内排名4/4，文法类排名6/8。

共1个一级学科（专业学位）参评。

门类排名
经济学 308/332。

一级学科排名
税务（专业学位）27/44。

通信地址：上海市浦东新区华夏西路5677号上海海关学院研招办
邮政编码：201204
电话号码：021-28992899
电子邮箱：shcc_gs@126.com

江苏省

10284 南京大学

在中国普通高校研究生教育竞争力排行榜中的名次：总排名 6/527，江苏省内排名 1/30，综合类排名 4/79。

共 44 个一级学科（学术学位）参评，其中 5★+学科 0 个，5★学科 13 个，5★-学科 14 个，4★学科 10 个，学科优秀率为 84.09%。

门类排名

哲学 5/138、经济学 21/332、法学 7/394、教育学 44/299、文学 2/349、历史学 13/123、理学 3/389、工学 35/434、医学 36/214、管理学 7/427、艺术学 7/306。

一级学科排名

哲学 5/138、理论经济学 10/116、应用经济学 25/263、法学 13/207、政治学 7/87、社会学 5/87、马克思主义理论 8/353、教育学 37/141、心理学 41/104、中国语言文学 3/179、外国语言文学 4/232、新闻传播学 9/116、考古学 11/29、中国史 19/105、世界史 11/59、数学 16/262、物理学 3/191、化学 9/225、天文学 2/18、地理学 6/87、大气科学 2/17、地质学 2/36、生物学 12/241、生态学 14/90、光学工程 11/84、材料科学与工程 9/219、电子科学与技术 17/122、信息与通信工程 29/179、计算机科学与技术 9/262、建筑学 10/70、地质资源与地质工程 6/45、环境科学与工程 3/189、城乡规划学 5/50、软件工程 13/138、基础医学 27/106、临床医学 26/113、口腔医学 37/48、药学 23/145、管理科学与工程 21/179、工商管理 27/307、公共管理 11/207、图书情报与档案管理 3/51、戏剧与影视学 2/56、美术学 25/103。

优势专业

5★+专业：文艺学 2/168、中国古代文学 2/177、中国现当代文学 2/172、比较文学与世界文学 1/136、俄语语言文学 1/75、无线电物理 1/63、环境工程 1/176。

5★专业：马克思主义哲学 2/108、中国哲学 3/99、外国哲学 5/91、逻辑学 2/36、宗教学 2/52、西方经济学 4/95、社会学 4/83、马克思主义基本原理 10/315、马克思主义中国化研究 7/303、语言学及应用语言学 4/151、汉语言文字学 6/147、中国古典文献学 2/114、英语语言文学 3/199、法语语言文学 1/43、德语语言文学 2/40、日语语言文学 5/131、外国语言学及应用语言学 5/206、新闻学 4/105、理论物理 3/160、原子与分子物理 5/93、凝聚态物理 4/176、声学 1/33、光学 3/164、无机化学 4/200、分析化学 3/199、有机化学 4/205、物理化学 6/192、高分子化学与物理 4/158、地球化学 1/32、构造地质学 1/30、第四纪地质学 1/26、植物学 7/153、动物学 3/138、生理学 4/107、生物化学与分子生物学 10/221、材料学 10/200、材料加工工程 9/184、计算机软件与理论 5/219、计算机应用技术 9/261、环境科学 4/165、会计学 11/277、企业管理 9/296、土地资源管理 4/107、图书馆学 2/39、情报学 2/43。

5★-专业：伦理学 5/88、科学技术哲学 5/85、政治经济学 6/103、世界经济 8/85、金融学 22/229、产业经济学 12/225、国际贸易学 16/192、宪法学与行政法学 13/151、民商法学 11/183、经济法学 13/146、环境与资源保护法学 7/95、中外政治制度 5/51、中共党史 5/50、马克思主义发展史 9/100、思想政治教育 26/334、中国近现代史基本问题研究 11/187、课程与教学论 10/112、高等教育学 11/111、西班牙语语言文学 2/16、传播学 7/112、基础数学 15/219、计算数学 13/215、应用数学 17/256、运筹学与控制论 11/183、粒子物理与原子核物理 5/78、天体物理 2/18、自然地理学 6/78、人文地理学 6/76、地图学与地理信息系统 7/81、气象学 2/17、矿物学、岩石学、矿床学 3/34、古生物学与地层学 2/28、遗传学 10/143、生物物理学 5/69、材料物理与化学 16/201、信号与信息处理 14/164、计算机系统结构 10/189、药剂学 8/122、微生物与生化药学 5/81、行政管理 14/180、教育经济与管理 10/128、社会保障 11/145、档案学 3/31。

4★专业：人口、资源与环境经济学 12/90、国民经济学 12/96、区域经济学 25/195、数量经济学 19/111、法学理论 16/131、法律史 11/66、刑法学 17/136、诉讼法学 16/123、国际法学 18/117、政治学理论 10/77、国际政治 7/62、国际关系 7/52、人口学 5/42、人类学 7/42、国外马克思主义研究 10/86、亚非语言文学 6/36、概率论与数理统计 20/175、大气物理学与大气环境 2/13、物理电子学 18/95、电路与系统 13/100、微电子学与固体电子学 15/98、通信与信息系统 32/164、建筑设计及其理论 8/65、建筑技术科学 7/61、矿产普查与勘探 6/40、地球探测与信息技术 6/40、地质工程 6/44、人体解剖学与组织胚胎学 18/101、免疫学 20/100、病原生物学 16/97、病理学与病理生理学 18/100、儿科学 18/88、神经病学 18/97、精神病与精神卫生学 11/56、影像医学与核医学 15/102、临床检验诊断学 19/97、妇产科学 18/93、麻醉学 14/84、急诊医学 14/77、药物化学 16/136、药理学 16/127、技术经济及管理 25/229、社会医学与卫生事业管理 12/76。

通信地址：江苏省南京市鼓楼区汉口路 22 号南京大学研究生院
邮政编码：210093
电话号码：025-83593251
电子邮箱：yzb@nju.edu.cn

10286 东南大学

在中国普通高校研究生教育竞争力排行榜中的名次：总排名 18/527，江苏省内排名 2/30，理工类排名 8/165。

共 50 个一级学科（学术学位）参评，其中 5★+学科 1 个，5★学科 7 个，5★-学科 7 个，4★学科 17 个，学科优秀率为 64%。

门类排名

哲学 13/138、经济学 41/332、法学 33/394、教育学

65/299、文学 82/349、历史学 108/123、理学 47/389、工学 3/434、农学 104/166、医学 44/214、管理学 36/427、艺术学 16/306。

一级学科排名

哲学 13/138、应用经济学 32/263、法学 22/207、政治学 72/87、社会学 46/87、马克思主义理论 51/353、教育学 59/141、心理学 59/104、体育学 58/108、中国语言文学 93/179、外国语言文学 32/232、中国史 98/105、数学 27/262、物理学 13/191、化学 59/225、生物学 46/241、统计学 42/97、力学 26/94、机械工程 28/219、光学工程 18/84、仪器科学与技术 8/69、材料科学与工程 23/219、动力工程及工程热物理 7/105、电气工程 11/110、电子科学与技术 3/122、信息与通信工程 4/179、控制科学与工程 6/185、计算机科学与技术 12/262、建筑学 2/70、土木工程 1/160、测绘科学与技术 19/53、化学工程与技术 18/184、交通运输工程 4/69、环境科学与工程 24/189、生物医学工程 2/65、城乡规划学 6/50、风景园林学 3/51、软件工程 16/138、网络空间安全 7/56、基础医学 37/106、临床医学 33/113、公共卫生与预防医学 10/75、中医学 38/42、护理学 26/59、管理科学与工程 20/179、工商管理 56/307、公共管理 65/207、图书情报与档案管理 28/51、艺术学理论 4/60、设计学 30/148。

优势专业

5★+专业：电路与系统 1/100、电磁场与微波技术 1/84、岩土工程 1/143、结构工程 2/153、供热、供燃气、通风及空调工程 1/94、桥梁与隧道工程 1/109。

5★专业：宪法学与行政法学 7/151、物理电子学 3/95、微电子学与固体电子学 3/98、通信与信息系统 4/164、信号与信息处理 5/164、控制理论与控制工程 7/179、检测技术与自动化装置 8/171、系统工程 5/122、模式识别与智能系统 5/162、导航、制导与控制 3/79、计算机应用技术 13/261、建筑历史与理论 2/61、建筑设计及其理论 2/65、建筑技术科学 3/61、市政工程 2/109、防灾减灾工程及防护工程 3/119、道路与铁道工程 3/52、交通运输规划与管理 3/57、劳动卫生与环境卫生学 3/63、卫生毒理学 3/60。

5★-专业：伦理学 6/88、国际贸易学 17/192、刑法学 10/136、民商法学 14/183、诉讼法学 12/123、测试计量技术及仪器 5/68、材料物理与化学 14/201、热能工程 7/82、动力机械及工程 7/69、流体机械及工程 7/65、电力电子与电力传动 10/102、计算机系统结构 14/189、计算机软件与理论 13/219、化学工艺 15/148、交通信息工程及控制 4/54、载运工具运用工程 3/48、环境工程 18/176、营养与食品卫生学 5/65。

4★专业：马克思主义哲学 15/108、中国哲学 16/99、国民经济学 13/96、区域经济学 21/195、金融学 28/229、产业经济学 36/225、法学理论 14/131、国际法学 17/117、马克思主义基本原理 34/315、思想政治教育 41/334、中国近现代史基本问题研究 29/187、英语语言文学 34/199、俄语语言文学 14/75、日语语言文学 19/131、外国语言学及应用语言学 26/206、基础数学 39/219、计算数学 28/215、概率论与数理统计 25/175、应用数学 36/256、运筹学与控制论 25/183、理论物理 28/160、凝聚态物理 30/176、光学 25/164、神经生物学 9/73、遗传学 21/143、生物化学与分子生物学 43/221、机械制造及其自动化 24/201、机械电子工程 22/205、机械设计及理论 27/205、车辆工程 16/154、精密仪器及机械 9/63、材料学 25/200、材料加工工程 23/184、工程热物理 9/66、制冷及低温工程 7/52、化工过程机械 8/61、电机与电器 9/83、电力系统及其自动化 11/92、电工理论与新技术 10/79、化学工程 20/134、生物化工 16/118、应用化学 26/178、工业催化 20/120、环境科学 18/165、人体解剖与组织胚胎学 17/101、神经病学 11/97、影像医学与核医学 14/102、临床检验诊断学 14/97、妇产科学 12/93、肿瘤学 13/95、流行病与卫生统计学 13/71、企业管理 52/296、技术经济及管理 44/229。

通信地址：江苏省南京市玄武区四牌楼2号逸夫建筑馆203室 东南大学研究生院
邮政编码：211189
电话号码：025-83792583
电子邮箱：yzb@seu.edu.cn

10285　苏州大学

在中国普通高校研究生教育竞争力排行榜中的名次：总排名37/527，江苏省内排名3/30，综合类排名15/79。

共48个一级学科（学术学位）参评，其中5★+学科0个，5★学科3个，5★-学科2个，4★学科12个，学科优秀率为35.42%。

门类排名

哲学 30/138、经济学 79/332、法学 39/394、教育学 34/299、文学 27/349、历史学 56/123、理学 42/389、工学 66/434、农学 69/166、医学 29/214、管理学 64/427、艺术学 54/306。

一级学科排名

哲学 30/138、应用经济学 66/263、法学 38/207、政治学 26/87、社会学 84/87、马克思主义理论 70/353、教育学 56/141、心理学 40/104、体育学 12/108、中国语言文学 20/179、外国语言文学 29/232、新闻传播学 44/116、中国史 42/105、世界史 47/59、数学 44/262、物理学 9/191、化学 28/225、生物学 66/241、统计学 45/97、机械工程 117/219、光学工程 6/84、材料科学与工程 17/219、冶金工程 13/24、电子科学与技术 109/122、信息与通信工程 69/179、控制科学与工程 125/185、计算机科学与技术 36/262、建筑学 43/70、化学工程与技术 35/184、纺织科学与工程 6/22、交通运输工程 35/69、生物医学工程 43/65、风景园林学 36/51、软件工程 29/138、畜牧学 30/54、基础医学 15/106、临床医学 30/113、公共卫生与预防医学 20/75、药学 22/145、特种医学 1/14、护理学 13/59、管理科学与工程 117/179、工商管理 59/307、公共管理 51/207、图书情报与档案管理 36/51、音乐与舞蹈学 33/72、美术学 22/103、设计学 7/148。

优势专业

5★专业：民族传统体育学 4/77。

5★-专业：中国现当代文学 13/172、材料物理与化学 20/201、材料学 19/200。

4★专业：马克思主义哲学 20/108、民商法学 35/183、马克思主义基本原理 59/315、马克思主义中国化研究 56/303、高等教育学 13/111、体育人文社会学 15/90、运动人体科学 16/81、体育教育训练学 11/103、文艺学 27/168、中国古代文学 23/177、日语语言文学 24/131、基础数学 36/219、计算数学 32/215、应用数学 35/256、凝聚态物理 34/176、无机化学 24/200、分析化学 36/199、有机化学 28/205、高分子化学与物理 31/158、材料加工工程 22/184、化学工程 25/134、应用化学 20/178、纺织材料与纺织品设计 4/19、人体解剖与组织胚胎学 19/101、免疫学 16/100、病原生物学 19/97、法医学 10/50、放射医学 4/25、儿科学 16/88、药物化学 27/136、生药学 16/89、药物分析学 19/109、企业管理 38/296。

通信地址：江苏省苏州市十梓街1号苏州大学研究生招生办公室
邮政编码：215006
电话号码：0512-65112816
电子邮箱：sudazxl@126.co

10287　南京航空航天大学

在中国普通高校研究生教育竞争力排行榜中的名次：总排名44/527，江苏省内排名4/30，理工类排名21/165。

共34个一级学科（学术学位）参评，其中5★+学科0个，5★学科0个，5★-学科3个，4★学科7个，学科优秀率为29.41%。

门类排名

经济学 141/332、法学 145/394、教育学 183/299、文学 209/349、理学 102/389、工学 30/434、管理学 62/427、艺术学 61/306。

一级学科排名

应用经济学 118/263、法学 145/207、马克思主义理论 97/353、教育学 121/141、外国语言文学 114/232、数学 55/262、物理学 40/191、化学 123/225、力学 7/94、机械工程 13/219、光学工程 34/84、仪器科学与技术 14/69、材料科学与工程 42/219、动力工程及工程热物理 25/105、电气工程 33/110、电子科学与技术 86/122、信息与通信工程 27/179、控制科学与工程 25/185、计算机科学与技术 48/262、土木工程 129/160、交通运输工程 18/69、航空宇航科学与技术 5/25、兵器科学与技术 6/7、核科学与技术 17/19、生物医学工程 53/65、软件工程 26/138、网络空间安全 25/56、管理科学与工程 15/179、工商管理 82/307、公共管理 134/207、音乐与舞蹈学 66/72、戏剧与影视学 21/56、美术学 95/103、设计学 88/148。

优势专业

5★专业：流体力学 3/64、工程力学 3/88。

5★-专业：固体力学 6/79。

4★专业：马克思主义基本原理 39/315、一般力学与力学基础 6/54、机械制造及其自动化 21/201、机械电子工程 25/205、机械设计及理论 25/205、车辆工程 23/154、材料学 39/200、工程热物理 13/66、通信与信息系统 31/164、控制理论与控制工程 23/179、系统工程 18/122、导航、制导与控制 12/79、计算机系统结构 37/189、计算机应用技术 48/261。

通信地址：江苏省南京市御道街29号南京航空航天大学研究生院
邮政编码：210016
电话号码：025-84892487
电子邮箱：graduate@nuaa.edu.cn

10288　南京理工大学

在中国普通高校研究生教育竞争力排行榜中的名次：总排名45/527，江苏省内排名5/30，理工类排名22/165。

共36个一级学科（学术学位）参评，其中5★+学科0个，5★学科1个，5★-学科1个，4★学科9个，学科优秀率为30.56%。

门类排名

经济学 156/332、法学 157/394、教育学 200/299、文学 199/349、理学 103/389、工学 28/434、管理学 75/427、艺术学 139/306。

一级学科排名

应用经济学 151/263、法学 189/207、社会学 66/87、马克思主义理论 103/353、外国语言文学 110/232、新闻传播学 111/116、数学 45/262、物理学 81/191、化学 83/225、统计学 80/97、力学 18/94、机械工程 24/219、光学工程 3/84、仪器科学与技术 11/69、材料科学与工程 40/219、动力工程及工程热物理 36/105、电气工程 59/110、电子科学与技术 27/122、信息与通信工程 45/179、控制科学与工程 23/185、计算机科学与技术 53/262、土木工程 106/160、化学工程与技术 26/184、交通运输工程 55/69、航空宇航科学与技术 7/25、兵器科学与技术 1/7、环境科学与工程 56/189、生物医学工程 36/65、软件工程 24/138、安全科学与工程 42/55、网络空间安全 23/56、管理科学与工程 27/179、工商管理 201/307、公共管理 192/207、图书情报与档案管理 17/51、设计学 63/148。

优势专业

5★-专业：思想政治教育 33/334。

4★专业：机械制造及其自动化 29/201、机械电子工程 30/205、材料物理与化学 40/201、材料学 33/200、材料加工工程 37/184、控制理论与控制工程 22/179、检测技术与自动化装置 31/171、系统工程 22/122、模式识别与智能系统 17/162、计算机系统结构 36/189、计算机软件与理论 33/219、化学工艺 25/148、应用化学 24/178。

通信地址：江苏省南京市孝陵卫街200号南京理工大学研究生院
邮政编码：210094
电话号码：025-84303162
电子邮箱：yzb@njust.edu.cn

10295　江南大学

在中国普通高校研究生教育竞争力排行榜中的名次：总排名46/527，江苏省内排名6/30，综合类排名19/79。

共30个一级学科（学术学位）参评，其中5★+学科1个，5★学科1个，5★-学科2个，4★学科2个，学科优秀率为20%。

门类排名

经济学208/332、法学128/394、教育学123/299、文学216/349、理学129/389、工学48/434、农学110/166、医学123/214、管理学245/427、艺术学22/306。

一级学科排名

应用经济学193/263、法学89/207、马克思主义理论114/353、教育学88/141、中国语言文学178/179、外国语言文学189/232、数学163/262、化学101/225、生物学109/241、机械工程76/219、光学工程61/84、材料科学与工程125/219、电气工程92/110、电子科学与技术114/122、控制科学与工程26/185、计算机科学与技术85/262、化学工程与技术17/184、纺织科学与工程4/22、轻工技术与工程2/23、环境科学与工程69/189、食品科学与工程2/100、软件工程58/138、临床医学105/113、公共卫生与预防医学44/75、药学54/145、管理科学与工程108/179、工商管理190/307、音乐与舞蹈学55/72、美术学55/103、设计学1/148。

优势专业

5★+专业：食品科学1/96、粮食、油脂及植物蛋白工程1/64、农产品加工及贮藏工程1/78。

5★专业：发酵工程1/19、水产品加工及贮藏工程1/47。

5★-专业：马克思主义基本原理31/315。

4★专业：生物化学与分子生物学27/221、控制理论与控制工程21/179、系统工程24/122、生物化工13/118、应用化学29/178、纺织工程4/19、纺织化学与染整工程3/19、服装设计与工程3/17、制浆造纸工程2/13、制糖工程2/10、环境工程32/176。

通信地址：江苏省无锡市蠡湖大道1800号江南大学研招办
邮政编码：214122
电话号码：0510-85197929
电子邮箱：yzb@jiangnan.edu.cn

10307　南京农业大学

在中国普通高校研究生教育竞争力排行榜中的名次：总排名50/527，江苏省内排名7/30，农林类排名4/37。

共31个一级学科（学术学位）参评，其中5★+学科0个，5★学科2个，5★-学科5个，4★学科7个，学科优秀率为45.16%。

门类排名

哲学123/138、经济学74/332、法学169/394、文学221/349、理学70/389、工学135/434、农学3/166、医学157/214、管理学35/427。

一级学科排名

哲学122/138、应用经济学53/263、法学200/207、社会学58/87、马克思主义理论215/353、外国语言文学108/232、数学243/262、化学138/225、生物学21/241、科学技术史8/18、生态学16/90、机械工程108/219、计算机科学与技术237/262、农业工程8/44、环境科学与工程65/189、食品科学与工程7/100、风景园林学24/51、作物2/50、园艺学3/44、农业资源与环境2/39、植物保护6/46、畜牧学5/54、兽医学4/42、水产6/29、草学9/21、中药学31/43、管理科学与工程140/179、工商管理93/307、农林经济管理10/50、公共管理25/207、图书情报与档案管理14/51。

优势专业

5★专业：作物栽培学与耕作学2/49、作物遗传育种2/48、土壤学1/39、植物营养学1/37。

5★-专业：植物学14/153、微生物学18/184、农产品加工及贮藏工程5/78、植物生理学4/40、基础兽医学4/41、土地资源管理11/107。

4★专业：区域经济学27/195、金融学32/229、产业经济学26/225、国际贸易学26/192、动物学28/138、遗传学28/143、农业机械化工程8/39、农业生物环境与能源工程5/33、农业电气化与自动化6/41、食品科学13/96、粮食、油脂及植物蛋白工程11/64、水产品加工及贮藏工程7/47、果树学6/44、蔬菜学7/44、茶学4/20、农业昆虫与害虫防治5/43、农药学7/42、动物遗传育种与繁殖6/50、动物营养与饲料科学7/51、预防兽医学5/41、临床兽医学6/40、水产养殖6/29、渔业资源4/23、农业经济管理6/49、社会保障16/145。

通信地址：江苏省南京市玄武区卫岗1号南京农业大学研究生院
邮政编码：210095
电话号码：025-84395345
电子邮箱：gaochan@njau.edu.cn

10290　中国矿业大学

在中国普通高校研究生教育竞争力排行榜中的名次：总排名55/527，江苏省内排名8/30，理工类排名27/165。

共35个一级学科（学术学位）参评，其中5★+学科1个，5★学科1个，5★-学科1个，4★学科6个，学科优秀率为25.71%。

门类排名

经济学145/332、法学176/394、教育学119/299、文学131/349、理学81/389、工学32/434、管理学46/427、

艺术学 152/306。

一级学科排名

应用经济学 125/263、马克思主义理论 102/353、体育学 87/108、中国语言文学 172/179、外国语言文学 93/232、数学 32/262、物理学 145/191、化学 139/225、地理学 73/87、地球物理学 16/20、地质学 13/36、统计学 84/97、力学 40/94、机械工程 38/219、材料科学与工程 111/219、动力工程及工程热物理 44/105、电气工程 25/110、电子科学与技术 111/122、信息与通信工程 44/179、控制科学与工程 60/185、计算机科学与技术 67/262、土木工程 25/160、水利工程 58/64、测绘科学与技术 4/53、化学工程与技术 43/184、地质资源与地质工程 10/45、矿业工程 1/30、环境科学与工程 35/189、城乡规划学 18/50、软件工程 62/138、安全科学与工程 1/55、管理科学与工程 22/179、工商管理 180/307、公共管理 27/207、设计学 48/148。

优势专业

5★专业：采矿工程 1/30、矿物加工工程 1/28。

5★-专业：大地测量学与测量工程 4/48。

4★专业：思想政治教育 35/334、基础数学 41/219、计算数学 34/215、概率论与数理统计 28/175、应用数学 47/256、机械制造及其自动化 32/201、机械电子工程 33/205、机械设计及理论 31/205、控制理论与控制工程 28/179、检测技术与自动化装置 19/171、计算机应用技术 47/261、岩土工程 16/143、供热、供燃气、通风及空调工程 19/94、矿产普查与勘探 7/40、环境科学 23/165、行政管理 35/180、教育经济与管理 26/128、土地资源管理 20/107。

通信地址：江苏省徐州市金山东路1号中国矿业大学研究生院
邮政编码：221008
电话号码：0516-85390333
电子邮箱：cumtyjsy@cumt.edu.cn

10319　南京师范大学

在中国普通高校研究生教育竞争力排行榜中的名次：总排名 56/527，江苏省内排名 9/30，师范类排名 3/61。

共 40 个一级学科（学术学位）参评，其中 5★+学科 0 个、5★学科 2 个、5★-学科 0 个、4★学科 12 个，学科优秀率为 35%。

门类排名

哲学 44/138、经济学 82/332、法学 27/394、教育学 6/299、文学 20/349、历史学 34/123、理学 28/389、工学 148/434、农学 72/166、医学 111/214、管理学 110/427、艺术学 11/306。

一级学科排名

哲学 37/138、应用经济学 70/263、法学 29/207、政治学 22/87、社会学 59/87、马克思主义理论 39/353、教育学 4/141、心理学 23/104、体育学 15/108、中国语言文学 21/179、外国语言文学 24/232、新闻传播学 14/116、考古学 16/29、中国史 37/105、数学 39/262、物理学 58/191、化学 51/225、地理学 2/87、海洋科学 19/29、生物学 42/241、生态学 38/90、统计学 41/97、动力工程及工程热物理 70/105、电气工程 81/110、电子科学与技术 50/122、控制科学与工程 181/185、计算机科学与技术 106/262、测绘科学与技术 31/53、化学工程与技术 159/184、环境科学与工程 50/189、食品科学与工程 88/100、网络空间安全 45/56、水产 16/29、药学 110/145、工商管理 103/307、公共管理 76/207、音乐与舞蹈学 11/72、戏剧与影视学 9/56、美术学 11/103、设计学 21/148。

优势专业

5★+专业：地图学与地理信息系统 1/81。

5★专业：马克思主义基本原理 12/315、教育学原理 5/101、课程与教学论 4/112、自然地理学 3/78、人文地理学 3/76。

5★-专业：法学理论 11/131、马克思主义中国化研究 23/303、学前教育学 5/60、中国古代文学 10/177、中国现当代文学 11/172、中国古代史 4/69。

4★专业：金融学 46/229、刑法学 25/136、思想政治教育 51/334、高等教育学 12/111、职业技术教育学 6/43、教育技术学 11/69、体育人文社会学 12/90、体育教育训练学 17/103、民族传统体育学 15/77、文艺学 22/168、语言学及应用语言学 22/151、比较文学与世界文学 26/136、英语语言文学 27/199、外国语言学及应用语言学 30/206、新闻学 15/105、传播学 13/112、基础数学 43/219、计算数学 41/215、应用数学 40/256、运筹学与控制论 34/183。

通信地址：江苏省南京市栖霞区文苑路1号南京师范大学研招办
邮政编码：210023
电话号码：025-85891892
电子邮箱：zhouya@njnu.edu.cn

10294　河海大学

在中国普通高校研究生教育竞争力排行榜中的名次：总排名 58/527，江苏省内排名 10/30，理工类排名 28/165。

共 40 个一级学科（学术学位）参评，其中 5★+学科 2 个、5★学科 0 个、5★-学科 2 个、4★学科 6 个，学科优秀率为 25%。

门类排名

哲学 81/138、经济学 123/332、法学 56/394、教育学 136/299、文学 188/349、理学 127/389、工学 24/434、农学 107/166、管理学 49/427。

一级学科排名

哲学 82/138、理论经济学 104/116、应用经济学 114/263、法学 87/207、社会学 12/87、马克思主义理论 26/353、教育学 131/141、心理学 99/104、体育学 105/108、外国语言文学 180/232、新闻传播学 85/116、数学 76/262、物理学 175/191、地理学 41/87、海洋科学 10/29、地质学 30/36、统计学 39/97、力学 15/94、机械工程 100/219、材

料科学与工程 116/219、动力工程及工程热物理 81/105、电气工程 39/110、电子科学与技术 103/122、信息与通信工程 24/179、控制科学与工程 81/185、计算机科学与技术 35/262、土木工程 16/160、水利工程 1/64、测绘科学与技术 8/53、地质资源与地质工程 25/45、交通运输工程 44/69、船舶与海洋工程 16/24、农业工程 12/44、环境科学与工程 1/189、软件工程 30/138、农业资源与环境 39/39、管理科学与工程 60/179、工商管理 37/307、公共管理 95/207、图书情报与档案管理 44/51。

优势专业

5★+专业：水文学及水资源 1/53。

5★专业：思想政治教育 17/334、水力学及河流动力学 1/39、水工结构工程 1/40、水利水电工程 1/44、港口、海岸及近海工程 1/26、环境科学 6/165、环境工程 9/176。

5★-专业：岩土工程 9/143。

4★专业：民俗学 9/43、马克思主义基本原理 37/315、结构工程 19/153、市政工程 14/109、防灾减灾工程及防护工程 24/119、地图制图学与地理信息工程 8/48、农业水土工程 4/34、会计学 42/277、企业管理 45/296、旅游管理 33/186、技术经济及管理 30/229。

```
通信地址：江苏省南京市西康路1号河海大学研究生院
邮政编码：210098
电话号码：025-83786303
电子邮箱：hhuyzb@hhu.edu.cn
```

10299　江苏大学

在中国普通高校研究生教育竞争力排行榜中的名次：总排名 63/527，江苏省内排名 11/30，综合类排名 21/79。

共 43 个一级学科（学术学位）参评，其中 5★+学科 0 个，5★学科 0 个，5★-学科 0 个，4★学科 2 个，学科优秀率为 4.65%。

门类排名

哲学 112/138、经济学 155/332、法学 199/394、教育学 139/299、文学 174/349、理学 101/389、工学 49/434、医学 76/214、管理学 97/427、艺术学 176/306。

一级学科排名

哲学 111/138、应用经济学 158/263、法学 177/207、马克思主义理论 218/353、教育学 110/141、中国语言文学 169/179、外国语言文学 122/232、数学 117/262、物理学 92/191、化学 74/225、生物学 124/241、生态学 85/90、统计学 89/97、力学 48/94、机械工程 35/219、光学工程 68/84、仪器科学与技术 31/69、材料科学与工程 66/219、冶金工程 21/24、动力工程及工程热物理 27/105、电气工程 37/110、电子科学与技术 104/122、信息与通信工程 144/179、控制科学与工程 51/185、计算机科学与技术 65/262、土木工程 138/160、水利工程 47/64、化学工程与技术 100/184、交通运输工程 23/69、农业工程 11/44、环境科学与工程 59/189、生物医学工程 59/65、食品科学与工程 11/100、安全科学与工程 54/55、基础医学 74/106、临床医学 48/113、药学 75/145、中药学 34/43、管理科学与工程 50/179、工商管理 149/307、公共管理 165/207、图书情报与档案管理 31/51、美术学 64/103。

优势专业

5★-专业：农产品加工及贮藏工程 6/78。

4★专业：机械制造及其自动化 34/201、机械电子工程 26/205、机械设计及理论 30/205、车辆工程 30/154、动力机械及工程 14/69、农业生物环境与能源工程 7/33。

```
通信地址：江苏省镇江市学府路301号江苏大学研究生楼520室
邮政编码：212013
电话号码：0511-88780086
电子邮箱：yzb@ujs.edu.cn
```

10312　南京医科大学

在中国普通高校研究生教育竞争力排行榜中的名次：总排名 64/527，江苏省内排名 12/30，医药类排名 3/71。

共 13 个一级学科（学术学位）参评，其中 5★+学科 0 个，5★学科 0 个，5★-学科 1 个，4★学科 4 个，学科优秀率为 38.46%。

门类排名

法学 354/394、教育学 197/299、理学 120/389、工学 341/434、医学 20/214、管理学 281/427。

一级学科排名

马克思主义理论 329/353、心理学 80/104、生物学 47/241、生物医学工程 25/65、基础医学 18/106、临床医学 20/113、口腔医学 10/48、公共卫生与预防医学 5/75、中医学 39/42、药学 41/145、医学技术 8/28、护理学 21/59、公共管理 149/207。

优势专业

5★+专业：流行病与卫生统计学 1/71。

5★-专业：生物化学与分子生物学 21/221、内科学 10/105。

4★专业：微生物学 34/184、病原生物学 12/97、老年医学 10/61、肿瘤学 14/95、劳动卫生与环境卫生学 8/63、儿少卫生与妇幼保健学 5/42、卫生毒理学 7/60、药理学 24/127。

```
通信地址：江苏省南京市江宁区龙眠大道101号南京医科大学德馨楼A217研究生院招生办公室
邮政编码：211166
电话号码：025-86869222
电子邮箱：degree@njmu.edu.cn
```

11117　扬州大学

在中国普通高校研究生教育竞争力排行榜中的名次：总排名 67/527，江苏省内排名 13/30，综合类排名 22/79。

共 42 个一级学科（学术学位）参评，其中 5★+学科

0个，5★学科0个，5★-学科0个，4★学科4个，学科优秀率为9.52%。

门类排名

哲学 97/138、经济学 84/332、法学 82/394、教育学 43/299、文学 43/349、历史学 30/123、理学 57/389、工学 101/434、农学 15/166、医学 69/214、管理学 153/427、艺术学 74/306。

一级学科排名

哲学 97/138、应用经济学 88/263、法学 70/207、马克思主义理论 56/353、教育学 62/141、心理学 85/104、体育学 24/108、中国语言文学 41/179、外国语言文学 48/232、中国史 20/105、数学 53/262、物理学 53/191、化学 55/225、生物学 55/241、机械工程 121/219、材料科学与工程 112/219、动力工程及工程热物理 91/105、电气工程 101/110、控制科学与工程 101/185、计算机科学与技术 99/262、土木工程 55/160、水利工程 15/64、化学工程与技术 74/184、农业工程 21/44、环境科学与工程 138/189、食品科学与工程 25/100、软件工程 41/138、作物学 16/50、园艺学 12/44、农业资源与环境 24/39、植物保护 26/46、畜牧学 11/54、兽医学 8/42、水产 13/29、基础医学 72/106、临床医学 51/113、公共卫生与预防医学 68/75、中西医结合 36/60、药学 107/145、工商管理 179/307、农林经济管理 38/50、戏剧与影视学 18/56。

优势专业

5★-专业：预防兽医学 3/41、临床兽医学 4/40。

4★专业：马克思主义中国化研究 39/303、思想政治教育 66/334、运动人体科学 14/81、文艺学 18/168、语言学及应用语言学 17/151、中国古典文献学 21/114、动物学 25/138、作物栽培学与耕作学 9/49、动物遗传育种与繁殖 9/50、动物营养与饲料科学 10/51、基础兽医学 5/41。

> 通信地址：江苏省扬州市大学南路88号扬州大学研招办
> 邮政编码：225009
> 电话号码：0514-87979213
> 电子邮箱：yjszs@yzu.edu.cn

10300 南京信息工程大学

在中国普通高校研究生教育竞争力排行榜中的名次：总排名89/527，江苏省内排名14/30，理工类排名42/165。

共22个一级学科（学术学位）参评，其中5★+学科0个，5★学科1个，5★-学科1个，4★学科1个，学科优秀率为13.64%。

门类排名

经济学 151/332、法学 256/394、教育学 214/299、文学 140/349、理学 41/389、工学 131/434、农学 78/166、管理学 178/427、艺术学 163/306。

一级学科排名

应用经济学 156/263、马克思主义理论 147/353、中国语言文学 164/179、外国语言文学 148/232、数学 57/262、地理学 36/87、大气科学 1/17、海洋科学 18/29、科学技术史 5/18、生态学 54/90、光学工程 51/84、材料科学与工程 132/219、信息与通信工程 12/179、控制科学与工程 57/185、计算机科学与技术 81/262、水利工程 24/64、测绘科学与技术 20/53、环境科学与工程 34/189、软件工程 47/138、农业资源与环境 22/39、管理科学与工程 48/179、工商管理 161/307。

优势专业

5★专业：气象学 1/17。

4★专业：大气物理学与大气环境 3/13。

> 通信地址：江苏省南京市浦口区宁六路219号南京信息工程大学研招办
> 邮政编码：210044
> 电话号码：025-58731201
> 电子邮箱：yzb@nuist.edu.cn

10291 南京工业大学

在中国普通高校研究生教育竞争力排行榜中的名次：总排名91/527，江苏省内排名15/30，理工类排名44/165。

共29个一级学科（学术学位）参评，其中5★+学科0个，5★学科0个，5★-学科1个，4★学科2个，学科优秀率为10.34%。

门类排名

经济学 303/332、法学 222/394、教育学 297/299、文学 280/349、理学 132/389、工学 71/434、医学 150/214、管理学 171/427、艺术学 256/306。

一级学科排名

法学 131/207、马克思主义理论 314/353、外国语言文学 201/232、化学 57/225、生物学 133/241、力学 91/94、机械工程 111/219、光学工程 64/84、材料科学与工程 48/219、动力工程及工程热物理 21/105、电气工程 108/110、控制科学与工程 71/185、计算机科学与技术 131/262、建筑学 36/70、土木工程 37/160、测绘科学与技术 52/53、化学工程与技术 10/184、地质资源与地质工程 45/45、环境科学与工程 90/189、食品科学与工程 95/100、城乡规划学 46/50、风景园林学 51/51、生物工程 4/20、安全科学与工程 18/55、药学 83/145、管理科学与工程 120/179、工商管理 152/307、公共管理 195/207、图书情报与档案管理 45/51。

优势专业

5★-专业：化学工程 12/134、生物化工 7/118、工业催化 7/120。

4★专业：微生物学 36/184、化学工艺 16/148、应用化学 19/178。

> 通信地址：江苏省南京市浦口区浦珠南路30号南京工业大学研究生院招生与就业办
> 邮政编码：211816
> 电话号码：025-58139194
> 电子邮箱：yzb@njut.edu.cn

10298 南京林业大学

在中国普通高校研究生教育竞争力排行榜中的名次：总排名100/527，江苏省内排名16/30，农林类排名7/37。

共25个一级学科（学术学位）参评，其中5★+学科0个，5★学科1个，5★-学科1个，4★学科2个，学科优秀率为16%。

门类排名

经济学 149/332、法学 325/394、文学 237/349、理学 124/389、工学 81/434、农学 30/166、管理学 78/427、艺术学 149/306。

一级学科排名

应用经济学 142/263、马克思主义理论 285/353、新闻传播学 89/116、生物学 51/241、生态学 21/90、机械工程 79/219、材料科学与工程 109/219、动力工程及工程热物理 83/105、电子科学与技术 81/122、控制科学与工程 153/185、土木工程 75/160、化学工程与技术 85/184、轻工技术与工程 8/23、交通运输工程 37/69、林业工程 1/13、环境科学与工程 169/189、食品科学与工程 66/100、城乡规划学 34/50、风景园林学 7/51、软件工程 114/138、林学 3/36、管理科学与工程 141/179、工商管理 304/307、农林经济管理 6/50、设计学 45/148。

优势专业

5★-专业：林木遗传育种 3/26、森林培育 3/28、园林植物与观赏园艺 3/25。

4★专业：植物学 29/153、动物学 20/138、木材科学与技术 2/12、林产化学加工工程 2/13、森林保护学 4/23、森林经理学 3/23、野生动植物保护与利用 3/19、水土保持与荒漠化防治 4/24、林业经济管理 4/29。

通信地址：江苏省南京市龙蟠路159号南京林业大学研究生院招生办公室
邮政编码：210037
电话号码：025-85427772
电子邮箱：grad2@njfu.edu.cn

10315 南京中医药大学

在中国普通高校研究生教育竞争力排行榜中的名次：总排名123/527，江苏省内排名17/30，医药类排名9/71。

共11个一级学科（学术学位）参评，其中5★+学科0个，5★学科0个，5★-学科1个，4★学科1个，学科优秀率为18.18%。

门类排名

教育学 281/299、理学 282/389、工学 398/434、医学 40/214、管理学 370/427。

一级学科排名

生物学 155/241、科学技术史 10/18、软件工程 53/138、基础医学 99/106、临床医学 68/113、中医学 7/42、中西医结合 17/60、药学 61/145、中药学 4/43、护理学 23/59、公共管理 190/207。

优势专业

5★-专业：中医妇科学 3/28。

4★专业：中医基础理论 4/30、中医临床基础 5/30、中医医史文献 5/28、中医内科学 5/37、中医骨伤科学 4/28、中医儿科学 4/20、针灸推拿学 5/34。

通信地址：江苏省南京市仙林大学城仙林大道138号南京中医药大学研招办
邮政编码：210023
电话号码：025-85811028
电子邮箱：yzb@njutcm.edu.cn

10293 南京邮电大学

在中国普通高校研究生教育竞争力排行榜中的名次：总排名125/527，江苏省内排名18/30，理工类排名56/165。

共21个一级学科（学术学位）参评，其中5★+学科0个，5★学科3个，5★-学科0个，4★学科0个，学科优秀率为14.29%。

门类排名

经济学 215/332、法学 202/394、教育学 129/299、文学 277/349、理学 189/389、工学 88/434、管理学 225/427、艺术学 283/306。

一级学科排名

应用经济学 205/263、社会学 34/87、马克思主义理论 186/353、教育学 98/141、外国语言文学 219/232、数学 171/262、物理学 104/191、化学 105/225、光学工程 4/84、仪器科学与技术 39/69、材料科学与工程 99/219、电子科学与技术 2/122、信息与通信工程 9/179、控制科学与工程 91/185、计算机科学与技术 76/262、测绘科学与技术 30/53、生物医学工程 50/65、软件工程 51/138、网络空间安全 31/56、管理科学与工程 91/179、工商管理 259/307。

优势专业

5★专业：物理电子学 4/95、电路与系统 5/100、微电子学与固体电子学 4/98、电磁场与微波技术 4/84。

5★-专业：信号与信息处理 13/164。

4★专业：通信与信息系统 18/164。

通信地址：江苏省南京市亚东新城区文苑路9号南京邮电大学仙林校区研究生招生办公室
邮政编码：210023
电话号码：025-83492350
电子邮箱：yzb@njupt.edu.cn

10316 中国药科大学

在中国普通高校研究生教育竞争力排行榜中的名次：总排名144/527，江苏省内排名19/30，医药类排名15/71。

共7个一级学科（学术学位）参评，其中5★+学科1

个，5★学科1个，5★-学科0个，4★学科0个，学科优秀率为**28.57%**。

门类排名

经济学 317/332、法学 313/394、理学 149/389、工学 383/434、医学 30/214、管理学 367/427。

一级学科排名

马克思主义理论 204/353、化学 149/225、生物学 111/241、基础医学 51/106、药学 1/145、中药学 2/43、公共管理 177/207。

优势专业

5★+专业：药物化学 1/136、生药学 1/89、微生物与生化药学 1/81。

5★专业：药剂学 3/122、药物分析学 3/109、药理学 3/127。

> 通信地址：江苏省南京市江宁区龙眠大道639号中国药科大学研招办
> 邮政编码：211198
> 电话号码：025-86185281
> 电子邮箱：cpuyzb@163.com

10304　南通大学

在中国普通高校研究生教育竞争力排行榜中的名次：总排名**157/527**，江苏省内排名**20/30**，综合类排名**41/79**。

共**22**个一级学科（学术学位）参评。

门类排名

经济学 238/332、法学 269/394、教育学 79/299、文学 126/349、理学 222/389、工学 216/434、医学 55/214、管理学 315/427、艺术学 162/306。

一级学科排名

应用经济学 211/263、马克思主义理论 131/353、教育学 52/141、体育学 43/108、中国语言文学 101/179、外国语言文学 141/232、数学 216/262、物理学 139/191、生物学 119/241、机械工程 118/219、信息与通信工程 52/179、控制科学与工程 92/185、土木工程 90/160、纺织科学与工程 15/22、基础医学 33/106、临床医学 45/113、公共卫生与预防医学 60/75、药学 74/145、特种医学 9/14、医学技术 24/28、公共管理 127/207、美术学 61/103。

> 通信地址：江苏省南通市啬园路9号南通大学研究生招生办公室
> 邮政编码：226019
> 电话号码：0513-85012093
> 电子邮箱：yzb@ntu.edu.cn

10292　常州大学

在中国普通高校研究生教育竞争力排行榜中的名次：总排名**187/527**，江苏省内排名**21/30**，理工类排名**77/165**。

共**13**个一级学科（学术学位）参评。

门类排名

法学 225/394、理学 168/389、工学 136/434、医学 206/214、管理学 224/427、艺术学 226/306。

一级学科排名

法学 110/207、化学 98/225、机械工程 124/219、材料科学与工程 71/219、动力工程及工程热物理 60/105、电子科学与技术 88/122、计算机科学与技术 113/262、土木工程 136/160、化学工程与技术 60/184、石油与天然气工程 10/16、环境科学与工程 105/189、安全科学与工程 34/55、工商管理 106/307。

> 通信地址：江苏省常州市武进区常州大学研招办
> 邮政编码：213164
> 电话号码：0519-86330238
> 电子邮箱：yzb@cczu.edu.cn

10320　江苏师范大学

在中国普通高校研究生教育竞争力排行榜中的名次：总排名**189/527**，江苏省内排名**22/30**，师范类排名**20/61**。

共**34**个一级学科（学术学位）参评。

门类排名

哲学 73/138、经济学 164/332、法学 152/394、教育学 69/299、文学 92/349、历史学 55/123、理学 108/389、工学 257/434、管理学 165/427、艺术学 60/306。

一级学科排名

哲学 73/138、应用经济学 138/263、法学 132/207、马克思主义理论 138/353、教育学 53/141、心理学 100/104、体育学 75/108、中国语言文学 78/179、外国语言文学 81/232、新闻传播学 104/116、考古学 23/29、中国史 63/105、世界史 40/59、数学 103/262、物理学 142/191、化学 92/225、地理学 48/87、生物学 118/241、生态学 72/90、统计学 68/97、机械工程 194/219、光学工程 50/84、电气工程 64/110、测绘科学与技术 32/53、城乡规划学 31/50、软件工程 78/138、管理科学与工程 159/179、工商管理 235/307、公共管理 146/207、艺术理论 48/60、音乐与舞蹈学 67/72、戏剧与影视学 36/56、美术学 66/103、设计学 132/148。

> 通信地址：江苏省徐州市铜山新区上海路101号江苏师范大学研招办
> 邮政编码：221116
> 电话号码：0516-83403083
> 电子邮箱：yjsc@xznu.edu.cn

10289　江苏科技大学

在中国普通高校研究生教育竞争力排行榜中的名次：总排名**196/527**，江苏省内排名**23/30**，理工类排名**79/165**。

共**23**个一级学科（学术学位）参评。

门类排名

经济学 250/332、文学 283/349、理学 230/389、工学 134/434、农学 75/166、管理学 164/427。

一级学科排名

理论经济学 93/116、外国语言文学 202/232、物理学 155/191、化学 181/225、生物学 134/241、科学技术史 14/18、力学 81/94、机械工程 139/219、材料科学与工程 85/219、冶金工程 16/24、动力工程及工程热物理 95/105、电气工程 106/110、电子科学与技术 121/122、信息与通信工程 124/179、控制科学与工程 94/185、计算机科学与技术 165/262、土木工程 111/160、化学工程与技术 86/184、船舶与海洋工程 9/24、软件工程 125/138、畜牧学 27/54、管理科学与工程 70/179、工商管理 191/307。

优势专业

4★专业：特种经济动物饲养 5/30。

```
通信地址：江苏省镇江市梦溪路 2 号江苏科技大学研究生招生办公室
邮政编码：212003
电话号码：0511-84402362
电子邮箱：tiaoji2015@163.com
```

10313　徐州医科大学

在中国普通高校研究生教育竞争力排行榜中的名次：总排名 259/527，江苏省内排名 24/30，医药类排名 31/71。

共 7 个一级学科（学术学位）参评。

门类排名

理学 201/389、工学 418/434、医学 58/214。

一级学科排名

生物学 87/241、生物医学工程 55/65、基础医学 50/106、临床医学 39/113、公共卫生与预防医学 63/75、药学 59/145、医学技术 25/28。

优势专业

4★专业：麻醉学 16/84。

```
通信地址：江苏省徐州市铜山路 209 号徐州医科大学研究生学院
邮政编码：221004
电话号码：0516-83262307
电子邮箱：zsb85748499@163.com
```

10327　南京财经大学

在中国普通高校研究生教育竞争力排行榜中的名次：总排名 264/527，江苏省内排名 25/30，财经类排名 12/34。

共 11 个一级学科（学术学位）参评。

门类排名

经济学 50/332、法学 175/394、文学 267/349、理学 316/389、工学 291/434、管理学 115/427。

一级学科排名

理论经济学 46/116、应用经济学 62/263、法学 114/207、马克思主义理论 150/353、外国语言文学 183/232、数学 113/262、计算机科学与技术 202/262、食品科学与工程 36/100、软件工程 131/138、管理科学与工程 95/179、工商管理 76/307。

```
通信地址：江苏省南京市亚东新城区文苑路 3 号南京财经大学研招办
邮政编码：210023
电话号码：025-84028597
电子邮箱：yjsc@njue.edu.cn
```

10331　南京艺术学院

在中国普通高校研究生教育竞争力排行榜中的名次：总排名 286/527，江苏省内排名 26/30，艺术类排名 4/30。

共 5 个一级学科（学术学位）参评，其中 5★+学科 0 个，5★学科 1 个，5★-学科 3 个，4★学科 1 个，学科优秀率为 100%。

门类排名

艺术学 3/306。

一级学科排名

艺术学理论 5/60、音乐与舞蹈学 7/72、戏剧与影视学 11/56、美术学 5/103、设计学 13/148。

```
通信地址：江苏省南京市北京西路 74 号南京艺术学院研究生招生办公室
邮政编码：210013
电话号码：025-83498696
电子邮箱：njartiyjs@163.com
```

10332　苏州科技大学

在中国普通高校研究生教育竞争力排行榜中的名次：总排名 296/527，江苏省内排名 27/30，综合类排名 58/79。

共 16 个一级学科（学术学位）参评。

门类排名

哲学 68/138、经济学 314/332、教育学 253/299、历史学 105/123、理学 296/389、工学 220/434、农学 166/166、管理学 379/427、艺术学 234/306。

一级学科排名

哲学 68/138、中国史 97/105、世界史 34/59、数学 138/262、物理学 153/191、机械工程 209/219、光学工程 59/84、材料科学与工程 199/219、计算机科学与技术 242/262、建筑学 33/70、土木工程 80/160、化学工程与技术 166/184、环境科学与工程 87/189、城乡规划学 19/50、风景园林学 38/51、管理科学与工程 103/179。

```
通信地址：江苏省苏州高新区科锐路 1 号苏州科技大学研招办
邮政编码：215009
电话号码：0512-68093182
电子邮箱：yzb@usts.edu.cn
```

11287　南京审计大学

在中国普通高校研究生教育竞争力排行榜中的名次：总排名341/527，江苏省内排名28/30，财经类排名16/34。

共7个一级学科（学术学位）参评。

门类排名

经济学 87/332、法学 262/394、理学 376/389、工学 356/434、管理学 248/427。

一级学科排名

理论经济学 48/116、应用经济学 112/263、法学 154/207、统计学 53/97、计算机科学与技术 177/262、工商管理 187/307、公共管理 153/207。

> 通信地址：江苏省南京市浦口区江浦街道雨山西路86号南京审计大学研招办
> 邮政编码：211815
> 电话号码：025-58318146
> 电子邮箱：yjsb@nau.edu.cn

11641　江苏海洋大学

在中国普通高校研究生教育竞争力排行榜中的名次：总排名451/527，江苏省内排名29/30，理工类排名153/165。

共6个一级学科（学术学位）参评。

门类排名

经济学 299/332、文学 202/349、理学 336/389、工学 253/434、农学 121/166、医学 205/214、管理学 404/427。

一级学科排名

中国语言文学 162/179、海洋科学 22/29、机械工程 168/219、材料科学与工程 189/219、控制科学与工程 162/185、化学工程与技术 110/184。

> 通信地址：江苏省连云港市新浦区苍梧路59号江苏海洋大学研招办
> 邮政编码：222005
> 电话号码：0518-85895243
> 电子邮箱：yjsc@hhit.edu.cn

10330　南京体育学院

在中国普通高校研究生教育竞争力排行榜中的名次：总排名477/527，江苏省内排名30/30，体育类排名10/13。

共1个一级学科（学术学位）参评。

门类排名

教育学 116/299。

一级学科排名

体育学 37/108。

> 通信地址：江苏省南京市灵谷寺路8号南京体育学院研招办
> 邮政编码：210014
> 电话号码：025-84755772
> 电子邮箱：jackey520@gmail.com

11276　南京工程学院

在中国仅专业硕士招生普通高校研究生教育竞争力排行榜中的名次：总排名1/51，江苏省内排名1/3，理工类排名1/14。

共2个一级学科（专业学位）参评。

门类排名

工学 311/434。

一级学科排名

机械（专业学位）29/215、能源动力（专业学位）24/140。

> 通信地址：江苏省南京市弘景大道1号南京工程学院研招办
> 邮政编码：211167
> 电话号码：025-86118981
> 电子邮箱：grad@njit.edu.cn

11463　江苏理工学院

在中国仅专业硕士招生普通高校研究生教育竞争力排行榜中的名次：总排名2/51，江苏省内排名2/3，理工类排名2/14。

共2个一级学科（专业学位）参评。

门类排名

工学 348/434。

一级学科排名

机械（专业学位）31/215、资源与环境（专业学位）30/176。

> 通信地址：江苏省常州市中吴大道1801号江苏理工学院研招办
> 邮政编码：213001
> 电话号码：0519-86953091
> 电子邮箱：yjsc@jsut.edu.cn

11049　淮阴工学院

在中国仅专业硕士招生普通高校研究生教育竞争力排行榜中的名次：总排名6/51，江苏省内排名3/3，理工类排名3/14。

共1个一级学科（专业学位）参评。

门类排名

工学 379/434。

一级学科排名

材料与化工（专业学位）41/212。

> 通信地址：江苏省淮安市枚乘东路1号淮阴工学研招办院
> 邮政编码：223003
> 电话号码：0517-83559107
> 电子邮箱：graduate@hyit.edu.cn

湖北省

10486　武汉大学

在中国普通高校研究生教育竞争力排行榜中的名次：总排名 7/527，湖北省内排名 1/26，综合类排名 5/79。

共 56 个一级学科（学术学位）参评，其中 5★+学科 3 个，5★学科 15 个，5★−学科 7 个，4★学科 13 个，学科优秀率为 67.86%。

门类排名

哲学 6/138、经济学 3/332、法学 3/394、教育学 50/299、文学 11/349、历史学 6/123、理学 7/389、工学 18/434、医学 18/214、管理学 2/427、艺术学 45/306。

一级学科排名

哲学 6/138、理论经济学 2/116、应用经济学 11/263、法学 4/207、政治学 10/87、社会学 16/87、马克思主义理论 2/353、教育学 39/141、心理学 22/104、中国语言文学 14/179、外国语言文学 11/232、新闻传播学 3/116、考古学 4/29、中国史 7/105、世界史 8/59、数学 25/262、物理学 16/191、化学 5/225、地理学 4/87、地球物理学 1/20、生物学 6/241、生态学 32/90、力学 46/94、机械工程 45/219、光学工程 48/84、仪器科学与技术 33/69、材料科学与工程 33/219、动力工程及工程热物理 33/105、电气工程 13/110、电子科学与技术 31/122、信息与通信工程 22/179、控制科学与工程 35/185、计算机科学与技术 18/262、建筑学 16/70、土木工程 28/160、水利工程 4/64、测绘科学与技术 1/53、化学工程与技术 76/184、轻工技术与工程 15/23、环境科学与工程 23/189、城乡规划学 9/50、软件工程 4/138、网络空间安全 2/56、基础医学 14/106、临床医学 17/113、口腔医学 2/48、公共卫生与预防医学 24/75、药学 33/145、护理学 25/59、管理科学与工程 11/179、工商管理 13/307、公共管理 6/207、图书情报与档案管理 1/51、艺术学理论 22/60、戏剧与影视学 12/56、设计学 40/148。

优势专业

5★+专业：人口、资源与环境经济学 1/90、宪法学与行政法学 1/151、国际法学 1/117、马克思主义基本原理 2/315、思想政治教育 2/334、中国近现代史基本问题研究 2/187、动物学 1/138、生理学 1/107、微生物学 1/184。

5★专业：政治经济学 2/103、经济思想史 2/33、西方经济学 3/95、世界经济 2/85、金融学 9/229、法学理论 7/131、刑法学 4/136、民商法学 5/183、诉讼法学 4/123、经济法学 3/146、环境与资源保护法学 2/95、马克思主义发展史 4/100、马克思主义中国化研究 4/303、国外马克思主义研究 4/86、中国现当代文学 8/172、分析化学 7/199、有机化学 10/205、地图学与地理信息系统 4/81、空间物理学 1/16、植物学 6/153、遗传学 3/143、发育生物学 2/71、细胞生物学 3/144、生物化学与分子生物学 4/221、生物物理学 2/69、大地测量学与测量工程 1/48、摄影测量与遥感 1/45、地图制图学与地理信息工程 1/48、会计学 12/277、企业管理 10/296、行政管理 6/180、社会保障 5/145、图书馆学 1/39、情报学 1/43、档案学 2/31、党的建设 1/47、历史文献学 3/51。

5★−专业：马克思主义哲学 7/108、中国哲学 8/99、外国哲学 9/91、美学 5/47、经济史 3/40、区域经济学 18/195、财政学 6/92、产业经济学 15/225、法律史 4/66、社会学 6/83、文艺学 12/168、汉语言文字学 9/147、中国古代文学 13/177、新闻学 8/105、传播学 8/112、基础数学 16/219、计算数学 14/215、概率论与数理统计 13/175、应用数学 18/256、凝聚态物理 13/176、光学 16/164、无线电物理 6/63、无机化学 13/200、物理化学 15/192、高分子化学与物理 12/158、自然地理学 8/78、人文地理学 7/76、固体地球物理学 2/19、通信与信息系统 12/164、计算机系统结构 13/189、水力学及河流动力学 3/39、水工结构工程 3/40、水利水电工程 4/44、港口、海岸及近海工程 3/26、人体解剖与组织胚胎学 10/101、病原生物学 10/97、口腔基础医学 3/37、口腔临床医学 3/45、教育经济与管理 8/128、土地资源管理 7/107、知识产权法 4/44、中国古代史 7/69、市场营销 2/24。

4★专业：伦理学 14/88、宗教学 8/52、科学技术哲学 16/85、国际贸易学 34/192、数量经济学 15/111、政治学理论 9/77、中外政治制度 6/51、科学社会主义与国际共产主义运动 5/38、中共党史 6/50、国际关系 10/52、教育学原理 18/101、课程与教学论 17/112、语言学及应用语言学 29/151、中国古典文献学 15/114、比较文学与世界文学 25/136、英语语言文学 28/199、俄语语言文学 12/75、法语语言文学 6/43、日语语言文学 17/131、理论物理 17/160、粒子物理与原子核物理 13/78、机械制造及其自动化 35/201、机械电子工程 27/205、机械设计及理论 37/205、材料物理与化学 38/201、材料加工工程 34/184、热能工程 14/82、流体机械及工程 10/65、电力系统及其自动化 13/92、高电压与绝缘技术 9/59、电力电子与电力传动 11/102、电工理论与新技术 11/79、物理电子学 17/95、电路与系统 16/100、信号与信息处理 23/164、控制理论与控制工程 33/179、系统工程 16/122、模式识别与智能系统 25/162、计算机软件与理论 35/219、计算机应用技术 36/261、建筑历史与理论 12/61、岩土工程 15/143、结构工程 27/153、市政工程 17/109、防灾减灾工程及防护工程 19/119、水文学及水资源 7/53、环境科学 27/165、环境工程 28/176、免疫学 15/100、病理学与病理生理学 14/100、内科学 15/105、精神病与精神卫生学 9/56、影像医学与核医学 19/102、临床检验诊断学 15/97、外科学 12/103、耳鼻咽喉科学 10/77、肿瘤学 15/95、劳动卫生与环境卫生学 9/63、旅游管理 34/186、技术经济及管理 37/229、社会医学与卫生事业管理 9/76、专门史 9/70。

通信地址：湖北省武汉市武昌区珞珈山街 16 号武汉大学研究生院
邮政编码：430072
电话号码：027-68754125
电子邮箱：yzb@whu.edu.cn

10487 华中科技大学

在中国普通高校研究生教育竞争力排行榜中的名次：总排名9/527，湖北省内排名2/26，理工类排名4/165。

共45个一级学科（学术学位）参评，其中5★+学科1个，5★学科8个，5★-学科13个，4★学科16个，学科优秀率为84.44%。

门类排名

哲学 12/138、经济学 22/332、法学 29/394、教育学 25/299、文学 26/349、理学 22/389、工学 8/434、农学 86/166、医学 6/214、管理学 14/427、艺术学 87/306。

一级学科排名

哲学 12/138、理论经济学 22/116、应用经济学 26/263、法学 43/207、社会学 15/87、马克思主义理论 34/353、教育学 20/141、中国语言文学 27/179、外国语言文学 33/232、新闻传播学 11/116、数学 19/262、物理学 8/191、化学 26/225、生物学 18/241、统计学 16/97、力学 17/94、机械工程 4/219、光学工程 8/84、材料科学与工程 6/219、动力工程及工程热物理 2/105、电气工程 1/110、电子科学与技术 14/122、信息与通信工程 13/179、控制科学与工程 9/185、计算机科学与技术 6/262、建筑学 13/70、土木工程 17/160、水利工程 20/64、船舶与海洋工程 13/24、环境科学与工程 16/189、生物医学工程 15/65、城乡规划学 4/50、风景园林学 19/51、网络空间安全 12/56、基础医学 5/106、临床医学 12/113、口腔医学 11/48、公共卫生与预防医学 6/75、中西医结合 4/60、药学 14/145、护理学 7/59、管理科学与工程 24/179、工商管理 34/307、公共管理 5/207、设计学 27/148。

优势专业

5★+专业：机械电子工程 1/205、电机与电器 1/83、高电压与绝缘技术 1/59、电工理论与新技术 1/79。

5★专业：国际贸易学 8/192、马克思主义基本原理 16/315、教育学原理 3/101、高等教育学 5/111、机械制造及其自动化 4/201、机械设计及理论 3/205、车辆工程 4/154、材料物理与化学 8/201、工程热物理 3/66、热能工程 2/82、动力机械及工程 3/69、流体机械及工程 2/65、制冷及低温工程 2/52、电力系统及其自动化 2/92、电力电子与电力传动 3/102、控制理论与控制工程 9/179、计算机系统结构 6/189、计算机软件与理论 7/219、计算机应用技术 6/261、人体解剖与组织胚胎学 4/101、免疫学 3/100、病原生物学 3/97、病理学与病理生理学 3/100、法医学 3/50、营养与食品卫生学 3/65、卫生毒理学 2/60、会计学 14/277、技术经济及管理 11/229、教育经济与管理 6/128。

5★-专业：马克思主义哲学 11/108、外国哲学 7/91、科学技术哲学 9/85、外国语言学及应用语言学 17/206、新闻学 6/105、传播学 9/112、计算数学 18/215、概率论与数理统计 14/175、应用数学 22/256、运筹学与控制论 14/183、理论物理 11/160、光学 15/164、植物学 11/153、生物化学与分子生物学 18/221、材料学 15/200、材料加工工程 16/184、通信与信息系统 9/164、信号与信息处理 10/164、检测技术与自动化装置 13/171、系统工程 7/122、模式识别与智能系统 12/162、市政工程 11/109、防灾减灾工程及防护工程 12/119、水利水电工程 3/44、内科学 7/105、儿科学 7/88、老年医学 5/61、神经病学 9/97、影像医学与核医学 8/102、临床检验诊断学 8/97、耳鼻咽喉科学 8/77、运动医学 3/29、急诊医学 6/77、口腔临床医学 5/45、流行病与卫生统计学 5/71、儿少卫生与妇幼保健学 3/42、中西医结合基础 4/46、中西医结合临床 4/57、药物化学 10/136、药剂学 9/122、药物分析学 8/109、企业管理 19/296、行政管理 15/180、社会医学与卫生事业管理 5/76、社会保障 13/145、土地资源管理 9/107。

4★专业：中国哲学 18/99、伦理学 11/88、政治经济学 19/103、西方经济学 18/95、世界经济 16/85、人口、资源与环境经济学 17/90、区域经济学 30/195、金融学 27/229、产业经济学 31/225、数量经济学 13/111、宪法学与行政法学 27/151、民商法学 25/183、社会学 16/83、人口学 7/42、马克思主义发展史 16/100、马克思主义中国化研究 37/303、思想政治教育 45/334、文艺学 32/168、语言学及应用语言学 18/151、汉语言文字学 28/147、中国古代文学 35/177、中国现当代文学 31/172、比较文学与世界文学 22/136、英语语言文学 31/199、基础数学 27/219、粒子物理与原子核物理 14/78、原子与分子物理 14/93、等离子体物理 7/46、凝聚态物理 29/176、无线电物理 11/63、无机化学 26/200、分析化学 27/199、有机化学 30/205、物理化学 29/192、高分子化学与物理 23/158、生理学 14/107、水生生物学 8/60、微生物学 24/184、神经生物学 12/73、遗传学 18/143、流体力学 10/64、物理电子学 11/95、微电子学与固体电子学 18/98、电磁场与微波技术 11/84、导航、制导与控制 11/79、建筑设计及其理论 9/65、岩土工程 24/143、结构工程 24/153、供热、供燃气、通风及空调工程 16/94、桥梁与隧道工程 18/109、水文学及水资源 9/53、环境科学 33/165、环境工程 31/176、皮肤病与性病学 10/73、外科学 11/103、妇产科学 11/93、眼科学 11/81、肿瘤学 11/95、康复医学与理疗学 8/66、麻醉学 9/84、劳动卫生与环境卫生学 7/63、生药学 10/89、药理学 14/127、汉语国际教育 6/31。

通信地址：湖北省武汉市武昌珞瑜路1037号
邮政编码：430074
电话号码：027-87541746
电子邮箱：zhaoban@mail.hust.edu.cn

10504 华中农业大学

在中国普通高校研究生教育竞争力排行榜中的名次：总排名49/527，湖北省内排名3/26，农林类排名3/37。

共27个一级学科（学术学位）参评，其中5★+学科2个，5★学科5个，5★-学科2个，4★学科5个，学科优秀率为51.85%。

门类排名

经济学 118/332、法学 121/394、文学 208/349、理学

32/389、工学 115/434、农学 2/166、管理学 33/427。

一级学科排名

应用经济学 104/263、法学 148/207、社会学 31/87、马克思主义理论 184/353、外国语言文学 186/232、新闻传播学 74/116、数学 187/262、化学 121/225、生物学 2/241、生态学 29/90、计算机科学与技术 103/262、农业工程 3/44、环境科学与工程 71/189、食品科学与工程 3/100、风景园林学 10/51、生物工程 3/20、作物学 3/50、园艺学 1/44、农业资源与环境 6/39、植物保护 4/46、畜牧学 1/54、兽医学 2/42、林学 21/36、水产 4/29、工商管理 194/307、农林经济管理 2/50、公共管理 29/207。

优势专业

5★+专业：水生生物学 1/60。

5★专业：微生物学 3/184、遗传学 5/143、发育生物学 3/71、细胞生物学 7/144、生物化学与分子生物学 6/221、农产品加工及贮藏工程 4/78、果树学 1/44、蔬菜学 1/44、茶学 1/20、动物遗传育种与繁殖 2/50、动物营养与饲料科学 2/51、特种经济动物饲养 1/30、基础兽医学 2/41、预防兽医学 1/41、临床兽医学 1/40、农业经济管理 2/49、林业经济管理 1/29。

5★-专业：植物学 10/153、神经生物学 5/73、食品科学 6/96。

4★专业：产业经济学 42/225、农业机械化工程 6/39、农业生物环境与能源工程 4/33、农业电气化与自动化 7/41、粮食、油脂及植物蛋白工程 9/64、水产品加工及贮藏工程 6/47、作物栽培学与耕作学 6/49、作物遗传育种 6/48、土壤学 5/39、植物营养学 5/37、植物病理学 7/40、农业昆虫与害虫防治 7/43、水产养殖 4/29、渔业资源 3/23、教育经济与管理 25/128、社会保障 29/145、土地资源管理 12/107。

通信地址：湖北省武汉市洪山区狮子山街1号
邮政编码：430070
电话号码：027-87280470
电子邮箱：yjs10504@mail.hzau.edu.cn

10497 武汉理工大学

在中国普通高校研究生教育竞争力排行榜中的名次：总排名 54/527，湖北省内排名 4/26，理工类排名 26/165。

共 46 个一级学科（学术学位）参评，其中 5★+学科 0 个，5★学科 0 个，5★-学科 4 个，4★学科 2 个，学科优秀率为 13.04%。

门类排名

哲学 63/138、经济学 72/332、法学 67/394、教育学 113/299、文学 158/349、历史学 98/123、理学 122/389、工学 37/434、医学 145/214、管理学 98/427、艺术学 52/306。

一级学科排名

哲学 65/138、应用经济学 77/263、法学 172/207、政治学 57/87、马克思主义理论 29/353、教育学 117/141、体育学 68/108、外国语言文学 101/232、新闻传播学 83/116、中国史 84/105、数学 114/262、物理学 83/191、化学 68/225、地理学 71/87、系统科学 17/23、统计学 85/97、力学 43/94、机械工程 22/219、仪器科学与技术 22/69、材料科学与工程 13/219、动力工程及工程热物理 57/105、电气工程 70/110、电子科学与技术 79/122、信息与通信工程 36/179、控制科学与工程 65/185、计算机科学与技术 70/262、建筑学 40/70、土木工程 41/160、水利工程 49/64、化学工程与技术 72/184、矿业工程 17/30、交通运输工程 12/69、船舶与海洋工程 7/24、环境科学与工程 60/189、生物医学工程 54/65、食品科学与工程 96/100、城乡规划学 48/50、软件工程 67/138、安全科学与工程 24/55、药学 85/145、管理科学与工程 56/179、工商管理 97/307、公共管理 162/207、艺术学理论 36/60、美术学 101/103、设计学 15/148。

优势专业

5★专业：材料物理与化学 9/201、材料学 4/200、材料加工工程 3/184。

4★专业：马克思主义基本原理 58/315、马克思主义中国化研究 54/303、中国近现代史基本问题研究 31/187、车辆工程 19/154、交通信息工程及控制 11/54、会计学 50/277。

通信地址：湖北省武汉市洪山区珞狮路 122 号
邮政编码：430070
电话号码：027-87651413
电子邮箱：yzb@whut.edu.cn

10511 华中师范大学

在中国普通高校研究生教育竞争力排行榜中的名次：总排名 57/527，湖北省内排名 5/26，师范类排名 4/61。

共 34 个一级学科（学术学位）参评，其中 5★+学科 0 个，5★学科 4 个，5★-学科 4 个，4★学科 4 个，学科优秀率为 35.29%。

门类排名

哲学 34/138、经济学 110/332、法学 18/394、教育学 3/299、文学 15/349、历史学 14/123、理学 46/389、工学 209/434、农学 54/166、管理学 44/427、艺术学 79/306。

一级学科排名

哲学 34/138、应用经济学 100/263、法学 84/207、政治学 4/87、社会学 30/87、马克思主义理论 20/353、教育学 5/141、心理学 4/104、体育学 6/108、中国语言文学 7/179、外国语言文学 35/232、新闻传播学 35/116、中国史 11/105、世界史 16/59、数学 38/262、物理学 32/191、化学 70/225、天文学 13/18、地理学 21/87、生物学 90/241、生态学 79/90、统计学 32/97、电子科学与技术 51/122、信息与通信工程 78/179、计算机科学与技术 75/262、化学工程与技术 164/184、植物保护 22/46、管理科学与工程 46/179、工商管理 275/307、公共管理 38/207、图书情报与档案管理 5/51、音乐与舞蹈学 22/72、美术学 36/103、设计学 92/148。

优势专业

5★+专业：中外政治制度 1/51、中共党史 1/50。

5★专业：政治学理论 3/77、课程与教学论 5/112、教育技术学 2/69、发展与教育心理学 2/69、文艺学 6/168、语言学及应用语言学 3/151、汉语言文字学 5/147、中国古典文献学 6/114、中国古代文学 6/177、中国现当代文学 5/172、比较文学与世界文学 3/136、中国近现代史 3/68。

5★-专业：科学社会主义与国际共产主义运动 3/38、国际政治 6/62、马克思主义基本原理 23/315、思想政治教育 18/334、教育史 3/42、学前教育学 4/60、基础心理学 4/62、应用心理学 8/93、体育人文社会学 6/90、体育教育训练学 6/103、民族传统体育学 6/77、历史文献学 5/51。

4★专业：马克思主义哲学 18/108、国际关系 6/52、马克思主义中国化研究 42/303、中国近现代史基本问题研究 33/187、教育学原理 12/101、比较教育学 6/52、高等教育学 14/111、特殊教育学 3/24、运动人体科学 13/81、英语语言文学 36/199、外国语言学及应用语言学 38/206、基础数学 26/219、应用数学 32/256、运筹学与控制论 36/183、凝聚态物理 33/176、光学 32/164、分析化学 39/199、有机化学 37/205、人文地理学 13/76、农药学 8/42、行政管理 24/180、土地资源管理 21/107、图书馆学 8/39、情报学 7/43、专门史 8/70、中国古代史 9/69。

通信地址：湖北省武汉市珞喻路 152 号
邮政编码：430079
电话号码：027-67861488
电子邮箱：yzb@ccnu.edu.cn

10491　中国地质大学（武汉）

在中国普通高校研究生教育竞争力排行榜中的名次：总排名 68/527，湖北省内排名 6/26，理工类排名 32/165。

共 34 个一级学科（学术学位）参评，其中 5★+学科 0 个，5★学科 2 个，5★-学科 0 个，4★学科 4 个，学科优秀率为 17.65%。

门类排名

经济学 95/332、法学 112/394、教育学 109/299、文学 211/349、理学 43/389、工学 68/434、管理学 89/427、艺术学 128/306。

一级学科排名

应用经济学 71/263、法学 151/207、马克思主义理论 68/353、教育学 89/141、心理学 91/104、体育学 95/108、外国语言文学 147/232、新闻传播学 108/116、数学 222/262、物理学 121/191、化学 152/225、地理学 33/87、大气科学 13/17、海洋科学 12/29、地球物理学 5/20、地质学 1/36、生物学 214/241、机械工程 164/219、材料科学与工程 118/219、信息与通信工程 74/179、控制科学与工程 76/185、计算机科学与技术 112/262、土木工程 59/160、水利工程 29/64、测绘科学与技术 6/53、地质资源与地质工程 1/45、石油与天然气工程 9/16、环境科学与工程 31/189、软件工程 60/138、安全科学与工程 13/55、管理科学与工程 81/179、工商管理 177/307、公共管理 39/207、设计学 39/148。

优势专业

5★专业：矿物学、岩石学、矿床学 2/34、地质工程 1/44。

5★-专业：思想政治教育 31/334、地图制图学与地理信息工程 4/48、矿产普查与勘探 3/40、地球探测与信息技术 3/40。

4★专业：地球化学 6/32、古生物学与地层学 5/28、构造地质学 6/30、第四纪地质学 5/26、大地测量学与测量工程 8/48、摄影测量与遥感 6/45、教育经济与管理 24/128、土地资源管理 19/107。

通信地址：湖北省武汉市洪山区鲁磨路 388 号
邮政编码：430074
电话号码：027-67885153
电子邮箱：yzb@cug.edu.cn

10520　中南财经政法大学

在中国普通高校研究生教育竞争力排行榜中的名次：总排名 134/527，湖北省内排名 7/26，财经类排名 2/34。

共 18 个一级学科（学术学位）参评，其中 5★+学科 0 个，5★学科 4 个，5★-学科 1 个，4★学科 1 个，学科优秀率为 33.33%。

门类排名

哲学 35/138、经济学 13/332、法学 14/394、文学 101/349、历史学 112/123、理学 276/389、工学 347/434、农学 138/166、管理学 18/427。

一级学科排名

哲学 35/138、理论经济学 12/116、应用经济学 10/263、法学 3/207、政治学 46/87、社会学 61/87、马克思主义理论 105/353、中国语言文学 159/179、外国语言文学 84/232、新闻传播学 67/116、中国史 102/105、统计学 3/97、计算机科学与技术 252/262、环境科学与工程 133/189、管理科学与工程 77/179、工商管理 15/307、农林经济管理 30/50、公共管理 24/207。

优势专业

5★专业：法学理论 4/131、宪法学与行政法学 6/151、刑法学 3/136、民商法学 3/183、诉讼法学 5/123、经济法学 5/146、环境与资源保护法学 5/95、国际法学 5/117、知识产权法 1/44。

5★-专业：财政学 8/92、金融学 21/229、产业经济学 23/225、国际贸易学 19/192、法律史 5/66。

4★专业：经济思想史 7/33、国民经济学 16/96、区域经济学 29/195、会计学 30/277、企业管理 42/296、旅游管理 21/186、技术经济及管理 35/229、行政管理 31/180、社会保障 27/145、市场营销 4/24。

```
通信地址：湖北省武汉市东湖高新技术开发区南湖大道 182 号
         中南财经政法大学研究生招生办公室
邮政编码：430073
电话号码：027-88386706
电子邮箱：yjszsb@zuel.edu.cn
```

10488　武汉科技大学

在中国普通高校研究生教育竞争力排行榜中的名次：总排名 147/527，湖北省内排名 8/26，理工类排名 62/165。

共 33 个一级学科（学术学位）参评，其中 5★+学科 0 个，5★学科 1 个，5★-学科 0 个，4★学科 3 个，学科优秀率为 12.12%。

门类排名

哲学 117/138、经济学 263/332、法学 258/394、文学 253/349、理学 160/389、工学 70/434、医学 129/214、管理学 157/427、艺术学 192/306。

一级学科排名

哲学 115/138、理论经济学 115/116、应用经济学 247/263、马克思主义理论 156/353、外国语言文学 191/232、数学 210/262、物理学 107/191、化学 124/225、生物学 123/241、系统科学 7/23、统计学 71/97、力学 71/94、机械工程 37/219、仪器科学与技术 59/69、材料科学与工程 51/219、冶金工程 5/24、电气工程 109/110、信息与通信工程 121/179、控制科学与工程 55/185、计算机科学与技术 90/262、建筑学 59/70、土木工程 79/160、化学工程与技术 44/184、矿业工程 6/30、交通运输工程 65/69、环境科学与工程 173/189、软件工程 91/138、安全科学与工程 3/55、基础医学 67/106、公共卫生与预防医学 41/75、工商管理 100/307、公共管理 137/207、设计学 110/148。

```
通信地址：湖北省武汉市青山区建设一路
邮政编码：430081
电话号码：027-68862830
电子邮箱：wustyjsy@wust.edu.cn
```

10512　湖北大学

在中国普通高校研究生教育竞争力排行榜中的名次：总排名 162/527，湖北省内排名 9/26，综合类排名 43/79。

共 31 个一级学科（学术学位）参评，其中 5★+学科 0 个，5★学科 0 个，5★-学科 0 个，4★学科 2 个，学科优秀率为 6.45%。

门类排名

哲学 27/138、经济学 101/332、法学 109/394、教育学 73/299、文学 69/349、历史学 37/123、理学 91/389、工学 190/434、农学 100/166、医学 168/214、管理学 141/427、艺术学 191/306。

一级学科排名

哲学 27/138、理论经济学 32/116、应用经济学 253/263、法学 121/207、马克思主义理论 76/353、教育学 112/141、心理学 56/104、体育学 57/108、中国语言文学 55/179、外国语言文学 127/232、新闻传播学 69/116、中国史 30/105、世界史 53/59、数学 80/262、物理学 125/191、化学 103/225、地理学 54/87、生物学 95/241、生态学 27/90、材料科学与工程 43/219、电子科学与技术 75/122、信息与通信工程 135/179、化学工程与技术 172/184、软件工程 89/138、网络空间安全 39/56、药学 114/145、工商管理 138/307、公共管理 111/207、图书情报与档案管理 47/51、美术学 89/103、设计学 120/148。

优势专业

4★专业：政治经济学 20/103、马克思主义基本原理 50/315、中国古典文献学 17/114。

```
通信地址：湖北省武汉市武昌区友谊大道 368 号
邮政编码：430062
电话号码：027-88663060
电子邮箱：yjsc@hubu.edu.cn
```

10489　长江大学

在中国普通高校研究生教育竞争力排行榜中的名次：总排名 186/527，湖北省内排名 10/26，综合类排名 47/79。

共 36 个一级学科（学术学位）参评，其中 5★+学科 0 个，5★学科 0 个，5★-学科 0 个，4★学科 1 个，学科优秀率为 2.78%。

门类排名

经济学 254/332、法学 253/394、教育学 114/299、文学 161/349、历史学 72/123、理学 159/389、工学 124/434、农学 40/166、医学 119/214、管理学 275/427、艺术学 266/306。

一级学科排名

应用经济学 224/263、马克思主义理论 197/353、教育学 95/141、体育学 97/108、中国语言文学 127/179、外国语言文学 192/232、中国史 56/105、数学 189/262、物理学 113/191、地理学 86/87、地球物理学 20/20、地质学 26/36、生物学 120/241、生态学 88/90、机械工程 130/219、光学工程 74/84、动力工程及工程热物理 96/105、信息与通信工程 126/179、计算机科学与技术 170/262、土木工程 74/160、水利工程 53/64、测绘科学与技术 40/53、化学工程与技术 105/184、地质资源与地质工程 7/45、石油与天然气工程 4/16、食品科学与工程 83/100、风景园林学 22/51、作物学 15/50、园艺学 29/44、农业资源与环境 34/39、植物保护 29/46、水产 17/29、基础医学 64/106、临床医学 79/113、工商管理 145/307、农林经济管理 44/50。

```
通信地址：湖北省荆州市南环路 1 号
邮政编码：434023
电话号码：0716-8060564
电子邮箱：yzb@yangtzeu.edu.cn
```

11075　三峡大学

在中国普通高校研究生教育竞争力排行榜中的名次：总排名 211/527，湖北省内排名 11/26，综合类排名 49/79。

共 25 个一级学科（学术学位）参评，其中 5★+学科 0 个，5★学科 0 个，5★-学科 0 个，4★学科 1 个，学科优秀率为 4%。

门类排名

经济学 285/332、法学 143/394、教育学 132/299、文学 129/349、理学 188/389、工学 114/434、医学 118/214、管理学 167/427、艺术学 280/306。

一级学科排名

应用经济学 244/263、法学 166/207、民族学 30/39、马克思主义理论 122/353、教育学 113/141、中国语言文学 140/179、外国语言文学 178/232、数学 125/262、物理学 129/191、化学 161/225、生物学 213/241、力学 89/94、机械工程 133/219、材料科学与工程 190/219、动力工程及工程热物理 77/105、电气工程 32/110、信息与通信工程 155/179、控制科学与工程 105/185、计算机科学与技术 163/262、土木工程 60/160、水利工程 11/64、地质资源与地质工程 43/45、基础医学 42/106、临床医学 101/113、工商管理 198/307。

通信地址：湖北省宜昌市大学路 8 号三峡大学研招办
邮政编码：443002
电话号码：0717-6392638
电子邮箱：yzb@ctgu.edu.cn

10490　武汉工程大学

在中国普通高校研究生教育竞争力排行榜中的名次：总排名 224/527，湖北省内排名 12/26，理工类排名 88/165。

共 22 个一级学科（学术学位）参评，其中 5★+学科 0 个，5★学科 0 个，5★-学科 0 个，4★学科 1 个，学科优秀率为 4.55%。

门类排名

经济学 316/332、法学 186/394、文学 260/349、理学 187/389、工学 116/434、医学 173/214、管理学 179/427、艺术学 215/306。

一级学科排名

法学 165/207、马克思主义理论 181/353、外国语言文学 204/232、化学 85/225、机械工程 179/219、光学工程 60/84、材料科学与工程 76/219、动力工程及工程热物理 46/105、信息与通信工程 116/179、控制科学与工程 90/185、计算机科学与技术 164/262、土木工程 81/160、化学工程与技术 29/184、矿业工程 22/30、环境科学与工程 135/189、软件工程 90/138、安全科学与工程 51/55、药学 112/145、管理科学与工程 146/179、工商管理 242/307、公共管理 147/207、设计学 139/148。

通信地址：湖北省武汉市东湖新技术开发区光谷一路 206 号
邮政编码：430205
电话号码：027-81349501
电子邮箱：yzb@hust.edu.cn

10524　中南民族大学

在中国普通高校研究生教育竞争力排行榜中的名次：总排名 232/527，湖北省内排名 13/26，民族类排名 2/13。

共 24 个一级学科（学术学位）参评，其中 5★+学科 0 个，5★学科 0 个，5★-学科 1 个，4★学科 0 个，学科优秀率为 4.17%。

门类排名

经济学 129/332、法学 43/394、教育学 102/299、文学 71/349、历史学 64/123、理学 184/389、工学 307/434、农学 139/166、医学 139/214、管理学 158/427、艺术学 174/306。

一级学科排名

理论经济学 82/116、应用经济学 163/263、法学 97/207、社会学 44/87、民族学 3/39、马克思主义理论 157/353、教育学 76/141、中国语言文学 56/179、外国语言文学 195/232、新闻传播学 71/116、中国史 64/105、数学 248/262、化学 106/225、生物学 139/241、信息与通信工程 138/179、计算机科学与技术 203/262、环境科学与工程 170/189、生物医学工程 41/65、药学 134/145、中药学 40/43、管理科学与工程 118/179、工商管理 142/307、公共管理 128/207、设计学 98/148。

优势专业

4★专业：民族学 6/35、马克思主义民族理论与政策 4/30、中国少数民族经济 5/27、中国少数民族艺术 3/22。

通信地址：湖北省武昌民族大道 708 号中南民族大学研究生院
邮政编码：430074
电话号码：027-67842123
电子邮箱：yjsb@scuec.edu.cn

10500　湖北工业大学

在中国普通高校研究生教育竞争力排行榜中的名次：总排名 247/527，湖北省内排名 14/26，理工类排名 96/165。

共 21 个一级学科（学术学位）参评。

门类排名

经济学 172/332、法学 231/394、教育学 204/299、文学 275/349、理学 287/389、工学 154/434、农学 96/166、医学 176/214、管理学 213/427、艺术学 158/306。

一级学科排名

应用经济学 168/263、马克思主义理论 106/353、教育学 133/141、外国语言文学 210/232、机械工程 126/219、仪器科学与技术 52/69、材料科学与工程 131/219、电气工程 48/110、电子科学与技术 65/122、控制科学与工程

104/185、计算机科学与技术 150/262、建筑学 54/70、土木工程 95/160、化学工程与技术 101/184、轻工技术与工程 9/23、食品科学与工程 91/100、生物工程 15/20、药学 122/145、管理科学与工程 148/179、工商管理 172/307、设计学 51/148。

通信地址：湖北省武汉市洪山区南李路28号
邮政编码：430068
电话号码：027-59752000
电子邮箱：yzb@hbut.edu.cn

10495 武汉纺织大学

在中国普通高校研究生教育竞争力排行榜中的名次：总排名 300/527，湖北省内排名 15/26，理工类排名 111/165。

共 12 个一级学科（学术学位）参评。

门类排名

经济学 252/332、法学 289/394、文学 285/349、理学 284/389、工学 266/434、管理学 176/427、艺术学 123/306。

一级学科排名

应用经济学 231/263、马克思主义理论 200/353、数学 260/262、化学 214/225、机械工程 198/219、化学工程与技术 174/184、纺织科学与工程 9/22、环境科学与工程 152/189、管理科学与工程 133/179、工商管理 128/307、艺术学理论 51/60、设计学 68/148。

通信地址：湖北省武汉市江夏区阳光大道1号
邮政编码：430200
电话号码：027-59367498
电子邮箱：yzb@wtu.edu.cn

10522 武汉体育学院

在中国普通高校研究生教育竞争力排行榜中的名次：总排名 319/527，湖北省内排名 16/26，体育类排名 3/13。

共 8 个一级学科（学术学位）参评，其中 5★+学科 0 个，5★学科 1 个，5★−学科 0 个，4★学科 0 个，学科优秀率为 12.5%。

门类排名

哲学 86/138、教育学 30/299、文学 256/349、医学 166/214、管理学 390/427、艺术学 168/306。

一级学科排名

哲学 136/138、心理学 77/104、体育学 3/108、新闻传播学 82/116、临床医学 113/113、特种医学 10/14、工商管理 297/307、音乐与舞蹈学 35/72。

优势专业

5★−专业：体育教育训练学 7/103、民族传统体育学 5/77。

4★专业：体育人文社会学 10/90、运动人体科学 11/81。

通信地址：湖北省武汉市洪山区珞瑜路461号
邮政编码：430079
电话号码：027-87190222
电子邮箱：Webmaster@whsu.edu.cn

10496 武汉轻工大学

在中国普通高校研究生教育竞争力排行榜中的名次：总排名 325/527，湖北省内排名 17/26，理工类排名 121/165。

共 13 个一级学科（学术学位）参评，其中 5★+学科 0 个，5★学科 0 个，5★−学科 0 个，4★学科 1 个，学科优秀率为 7.69%。

门类排名

经济学 281/332、法学 297/394、文学 311/349、理学 253/389、工学 233/434、农学 74/166、医学 155/214、管理学 220/427、艺术学 255/306。

一级学科排名

应用经济学 229/263、马克思主义理论 198/353、生物学 108/241、机械工程 177/219、信息与通信工程 153/179、土木工程 133/160、化学工程与技术 139/184、食品科学与工程 20/100、软件工程 124/138、畜牧学 35/54、药学 105/145、工商管理 168/307、公共管理 184/207。

通信地址：湖北省武汉市汉口常青花园学府南路68号武汉轻工大学研究生招生办公室
邮政编码：430023
电话号码：027-83913149
电子邮箱：yjschu@whpu.edu.cn

10507 湖北中医药大学

在中国普通高校研究生教育竞争力排行榜中的名次：总排名 339/527，湖北省内排名 18/26，医药类排名 46/71。

共 7 个一级学科（学术学位）参评。

门类排名

文学 330/349、工学 420/434、医学 90/214、管理学 398/427。

一级学科排名

中医学 16/42、中西医结合 46/60、药学 92/145、中药学 21/43、医学技术 21/28、护理学 55/59、管理科学与工程 175/179。

优势专业

4★专业：中医骨伤科学 6/28。

通信地址：湖北省武汉市洪山区黄家湖西路1号湖北中医药大学研究生招生办公室
邮政编码：430065
电话号码：027-68890083
电子邮箱：hbzyyzb@163.com

10929　湖北医药学院

在中国普通高校研究生教育竞争力排行榜中的名次：总排名399/527，湖北省内排名19/26，医药类排名59/71。

共3个一级学科（学术学位）参评。

门类排名

医学 73/214。

一级学科排名

基础医学 46/106、临床医学 41/113、医学技术 10/28。

```
通信地址：湖北省十堰市人民南路30号湖北医药学院研招办
邮政编码：442000
电话号码：0719-8891088
电子邮箱：yjs@yymc.edu.cn
```

11072　江汉大学

在中国普通高校研究生教育竞争力排行榜中的名次：总排名409/527，湖北省内排名20/26，综合类排名70/79。

共8个一级学科（学术学位）参评。

门类排名

法学 387/394、教育学 196/299、文学 239/349、历史学 73/123、理学 294/389、工学 299/434、医学 152/214、管理学 327/427、艺术学 242/306。

一级学科排名

中国语言文学 158/179、中国史 53/105、生物学 210/241、材料科学与工程 218/219、化学工程与技术 131/184、环境科学与工程 158/189、基础医学 97/106、管理科学与工程 119/179。

```
通信地址：湖北省武汉市经济技术开发区三角湖路江汉大学研招办
邮政编码：430056
电话号码：027-84225310
电子邮箱：yzb@jhun.edu.cn
```

10517　湖北民族大学

在中国普通高校研究生教育竞争力排行榜中的名次：总排名427/527，湖北省内排名21/26，民族类排名11/13。

共8个一级学科（学术学位）参评。

门类排名

法学 160/394、文学 191/349、理学 347/389、工学 304/434、农学 80/166、医学 153/214、管理学 407/427。

一级学科排名

民族学 16/39、马克思主义理论 278/353、中国语言文学 161/179、数学 179/262、化学工程与技术 142/184、食品科学与工程 65/100、林学 24/36、中医学 31/42。

```
通信地址：湖北省恩施市学院路39号
邮政编码：445000
电话号码：0718-8437422
电子邮箱：hbmzxyyz@163.com
```

11524　武汉音乐学院

在中国普通高校研究生教育竞争力排行榜中的名次：总排名462/527，湖北省内排名22/26，艺术类排名16/30。

共1个一级学科（学术学位）参评。

门类排名

法学 369/394、艺术学 59/306。

一级学科排名

马克思主义理论 339/353。

```
通信地址：湖北省武汉市武昌区解放路255号武汉音乐学院研招办
邮政编码：430000
电话号码：027-88068297
电子邮箱：yjsb8297@whcm.
```

10513　湖北师范大学

在中国普通高校研究生教育竞争力排行榜中的名次：总排名467/527，湖北省内排名23/26，师范类排名52/61。

共11个一级学科（学术学位）参评。

门类排名

经济学 266/332、法学 286/394、教育学 108/299、文学 175/349、历史学 95/123、理学 239/389、工学 390/434、艺术学 261/306。

一级学科排名

应用经济学 228/263、马克思主义理论 286/353、教育学 68/141、中国语言文学 107/179、外国语言文学 197/232、中国史 83/105、数学 174/262、化学 171/225、地理学 75/87、生物学 223/241、光学工程 75/84。

```
通信地址：湖北省黄石市磁湖路11号
邮政编码：435002
电话号码：0714-6570761
电子邮箱：hsyzb2009@163.com
```

10523　湖北美术学院

在中国普通高校研究生教育竞争力排行榜中的名次：总排名487/527，湖北省内排名24/26，艺术类排名19/30。

共3个一级学科（学术学位）参评。

门类排名

艺术学 83/306。

一级学科排名

艺术学理论 34/60、美术学 31/103、设计学 59/148。

通信地址：湖北省武汉市江夏区藏龙岛科技园粟庙路6号湖北美术学院研究生处
邮政编码：430205
电话号码：027-81317219
电子邮箱：yzb@hifa.edu.cn

10519　湖北文理学院

在中国普通高校研究生教育竞争力排行榜中的名次：总排名504/527，湖北省内排名25/26，综合类排名78/79。

共1个一级学科（学术学位）参评。

门类排名

文学 336/349。

一级学科排名

中国语言文学 165/179。

通信地址：湖北省襄阳市隆中路296号
邮政编码：441053
电话号码：0710-3592707
电子邮箱：yjsc@hbuas.edu.cn

10525　湖北汽车工业学院

在中国普通高校研究生教育竞争力排行榜中的名次：总排名516/527，湖北省内排名26/26，理工类排名163/165。

共4个一级学科（学术学位）参评。

门类排名

工学 316/434、管理学 393/427。

一级学科排名

机械工程 172/219、光学工程 83/84、材料科学与工程 187/219、管理科学与工程 154/179。

通信地址：湖北省十堰市车城西路167号
邮政编码：442002
电话号码：0719-8241492
电子邮箱：yzb@huat.edu.cn

11600　湖北经济学院

在中国仅专业硕士招生普通高校研究生教育竞争力排行榜中的名次：总排名12/51，湖北省内排名1/3，财经类排名1/5。

共1个一级学科（专业学位）参评。

门类排名

管理学 324/427。

一级学科排名

会计（专业学位）8/247。

通信地址：湖北省武汉市江夏区藏龙岛开发区杨桥湖大道8号湖北经济学院研招办
邮政编码：430205
电话号码：027-81973948
电子邮箱：yjsjyc@hbue.edu.cn

10514　黄冈师范学院

在中国仅专业硕士招生普通高校研究生教育竞争力排行榜中的名次：总排名20/51，湖北省内排名2/3，师范类排名4/12。

共1个一级学科（专业学位）参评。

门类排名

教育学 217/299。

一级学科排名

教育（专业学位）60/157。

通信地址：湖北省黄冈市开发区新港二路146号
邮政编码：438000
电话号码：0713-8833019
电子邮箱：yjszs@hgnu.edu.cn

10927　湖北科技学院

在中国仅专业硕士招生普通高校研究生教育竞争力排行榜中的名次：总排名27/51，湖北省内排名3/3，理工类排名10/14。

共1个一级学科（专业学位）参评。

门类排名

医学 204/214。

一级学科排名

药学（专业学位）34/108。

通信地址：湖北省咸宁市咸宁大道88号湖北科技学院研招办
邮政编码：437100
电话号码：0715-8250857
电子邮箱：yzb@hbust.edu.cn

广东省

10558　中山大学

在中国普通高校研究生教育竞争力排行榜中的名次：总排名5/527，广东省内排名1/24，综合类排名3/79。

共63个一级学科（学术学位）参评，其中5★+学科1个，5★学科9个，5★-学科14个，4★学科12个，学科优秀率为57.14%。

门类排名

哲学 4/138、经济学 16/332、法学 15/394、教育学 48/299、文学 17/349、历史学 7/123、理学 4/389、工学 43/434、农学 62/166、医学 3/214、管理学 4/427、艺术学 140/306。

一级学科排名

哲学 4/138、理论经济学 21/116、应用经济学 16/263、法学 18/207、政治学 20/87、社会学 8/87、民族学 23/39、马克思主义理论 13/353、心理学 32/104、体育学 62/108、中国语言文学 19/179、外国语言文学 28/232、新闻传播学 25/116、考古学 13/29、中国史 6/105、世界史 4/59、数学 7/262、物理学 29/191、化学 16/225、天文学 9/18、地理学 8/87、大气科学 6/17、海洋科学 13/29、地球物理学 12/20、地质学 9/36、生物学 5/241、生态学 2/90、统计学 15/97、力学 24/94、光学工程 30/84、材料科学与工程 24/219、动力工程及工程热物理 66/105、电气工程 75/110、电子科学与技术 12/122、信息与通信工程 26/179、控制科学与工程 64/185、计算机科学与技术 19/262、土木工程 98/160、水利工程 28/64、化学工程与技术 36/184、交通运输工程 28/69、航空宇航科学与技术 22/25、核科学与技术 13/19、环境科学与工程 27/189、生物医学工程 17/65、城乡规划学 24/50、软件工程 18/138、网络空间安全 20/56、植物保护 23/46、基础医学 3/106、临床医学 4/113、口腔医学 5/48、公共卫生与预防医学 3/75、中西医结合 20/60、药学 5/145、特种医学 3/14、医学技术 4/28、护理学 6/59、管理科学与工程 14/179、工商管理 3/307、公共管理 12/207、图书情报与档案管理 4/51、设计学 41/148。

优势专业

5★+专业：运筹学与控制论 2/183、人体解剖与组织胚胎学 1/101、免疫学 1/100、病原生物学 1/97、病理学与病理生理学 1/100、法医学 1/50、临床检验诊断学 1/97、眼科学 1/81、康复医学与理疗学 1/66、麻醉学 1/84、急诊医学 1/77、营养与食品卫生学 1/65、卫生毒理学 1/60、旅游管理 2/186、技术经济及管理 1/229。

5★专业：马克思主义哲学 3/108、中国哲学 4/99、外国哲学 3/91、伦理学 2/88、区域经济学 8/195、金融学 8/229、产业经济学 10/225、中国近现代史基本问题研究 8/187、基础数学 8/219、计算数学 9/215、概率论与数理统计 7/175、应用数学 6/256、理论物理 8/160、植物学 3/153、动物学 4/138、水生生物学 3/60、神经生物学 4/73、遗传学 6/143、电路与系统 4/100、微电子学与固体电子学 5/98、内科学 4/105、儿科学 3/88、神经病学 2/97、皮肤病与性病学 2/73、影像医学与核医学 3/102、妇产科学 5/93、耳鼻咽喉科学 3/77、肿瘤学 2/95、流行病与卫生统计学 3/71、劳动卫生与环境卫生学 2/63、儿少卫生与妇幼保健学 2/42、药物化学 2/136、药剂学 6/122、药物分析学 4/109、微生物与生化药学 4/81、药理学 4/127、会计学 5/277、企业管理 4/296、行政管理 4/180、社会保障 4/145。

5★-专业：逻辑学 3/36、美学 3/47、宗教学 5/52、科学技术哲学 6/85、世界经济 6/85、人口、资源与环境经济学 9/90、国际贸易学 15/192、社会学 7/83、民俗学 3/43、马克思主义基本原理 22/315、马克思主义中国化研究 21/303、思想政治教育 20/334、语言学及应用语言学 13/151、汉语言文字学 10/147、中国古代文学 12/177、比较文学与世界文学 12/136、英语语言文学 20/199、外国语言学及应用语言学 14/206、无机化学 16/200、分析化学 19/199、有机化学 20/205、物理化学 18/192、高分子化学与物理 10/158、自然地理学 7/78、人文地理学 5/76、地图学与地理信息系统 8/81、生理学 7/107、微生物学 10/184、细胞生物学 9/144、生物化学与分子生物学 12/221、计算机应用技术 26/261、农业昆虫与害虫防治 4/43、外科学 6/103、口腔临床医学 4/45、生药学 5/89、教育经济与管理 7/128、土地资源管理 6/107。

4★专业：西方经济学 11/95、劳动经济学 13/82、数量经济学 12/111、法学理论 23/131、宪法学与行政法学 24/151、民商法学 30/183、诉讼法学 23/123、环境与资源保护法学 11/95、国际法学 13/117、政治学理论 13/77、中外政治制度 9/51、民族学 5/35、马克思主义发展史 11/100、国外马克思主义研究 12/86、文艺学 19/168、中国古典文献学 14/114、中国现当代文学 18/172、原子与分子物理 11/93、光学 29/164、物理海洋学 5/23、生物物理学 10/69、流体力学 11/64、材料物理与化学 24/201、材料学 24/200、材料加工工程 21/184、通信与信息系统 17/164、信号与信息处理 18/164、检测技术与自动化装置 33/171、模式识别与智能系统 31/162、计算机系统结构 26/189、计算机软件与理论 32/219、岩土工程 18/143、化学工程 18/134、化学工艺 21/148、应用化学 27/178、环境科学 22/165、环境工程 27/176、口腔基础医学 5/37、中西医结合临床 9/57、图书馆学 6/39、情报学 8/43、档案学 4/31、历史文献学 9/51、专门史 11/70、中国古代史 12/69、中国近现代史 14/68。

通信地址：广东省广州市海珠区新港西路135号
邮政编码：510275
电话号码：020-84113696
电子邮箱：yzb@sysu.edu.cn

10561　华南理工大学

在中国普通高校研究生教育竞争力排行榜中的名次：总排名24/527，广东省内排名2/24，理工类排名11/165。

共38个一级学科（学术学位）参评，其中5★+学科0个，5★学科4个，5★-学科7个，4★学科13个，学科优秀率为63.16%。

门类排名

经济学 40/332、法学 60/394、教育学 87/299、文学 79/349、理学 33/389、工学 12/434、农学 83/166、医学 113/214、管理学 20/427、艺术学 94/306。

一级学科排名

应用经济学 33/263、法学 40/207、马克思主义理论 44/353、体育学 34/108、外国语言文学 66/232、新闻传播学 30/116、数学 47/262、物理学 38/191、化学 17/225、生物学 58/241、力学 41/94、机械工程 23/219、材料科学与工程 11/219、动力工程及工程热物理 34/105、电气工程 18/110、电子科学与技术 23/122、信息与通信工程 18/179、控制科学与工程 24/185、计算机科学与技术 37/262、建筑学 6/70、土木工程 26/160、化学工程与技术 9/184、轻工技术与工程 1/23、交通运输工程 16/69、船舶与海洋工程 14/24、环境科学与工程 14/189、生物医学工程 29/65、食品科学与工程 4/100、城乡规划学 8/50、风景园林学 15/51、软件工程 31/138、安全科学与工程 28/55、临床医学 92/113、管理科学与工程 18/179、工商管理 23/307、公共管理 23/207、音乐与舞蹈学 20/72、设计学 14/148。

优势专业

5★专业：有机化学 5/205、高分子化学与物理 7/158、材料加工工程 5/184、建筑设计及其理论 3/65、制浆造纸工程 1/13、制糖工程 1/10、食品科学 4/96、粮食、油脂及植物蛋白工程 3/64、企业管理 8/296。

5★-专业：金融学 14/229、马克思主义中国化研究 18/303、无机化学 12/200、分析化学 18/199、物理化学 13/192、机械制造及其自动化 16/201、机械电子工程 14/205、机械设计及理论 15/205、材料物理与化学 13/201、材料学 14/200、化工过程机械 6/61、通信与信息系统 14/164、信号与信息处理 15/164、控制理论与控制工程 15/179、模式识别与智能系统 13/162、计算机应用技术 16/261、建筑技术科学 6/61、化学工程 8/134、化学工艺 10/148、生物化工 10/118、应用化学 10/178、工业催化 9/120、发酵工程 2/19、环境科学 10/165、环境工程 10/176、农产品加工及贮藏工程 7/78、水产品加工及贮藏工程 3/47、技术经济及管理 17/229、行政管理 13/180。

4★专业：区域经济学 24/195、国际贸易学 29/192、数量经济学 16/111、思想政治教育 38/334、中国近现代史基本问题研究 25/187、外国语言学及应用语言学 36/206、应用数学 48/256、运筹学与控制论 31/183、理论物理 23/160、凝聚态物理 20/176、光学 18/164、生理学 17/107、微生物学 28/184、细胞生物学 29/144、生物化学与分子生物学 28/221、车辆工程 18/154、工程热物理 12/66、电机与电器 14/83、电力系统及其自动化 12/92、电力电子与电力传动 14/102、电路与系统 18/100、检测技术与自动化装置 26/171、系统工程 15/122、计算机系统结构 22/189、计算机软件与理论 27/219、建筑历史与理论 7/61、岩土工程 26/143、结构工程 17/153、防灾减灾工程及防护工程 21/119、桥梁与隧道工程 19/109、道路与铁道工程 9/52、交通信息工程及控制 9/54、交通运输规划与管理 11/57、会计学 46/277、旅游管理 26/186、社会保障 17/145。

通信地址：广东省广州市天河区华南理工大学清清文理楼 37 号楼 505
邮政编码：510640
电话号码：020-87113401
电子邮箱：adyzb@scut.edu.cn

10559　暨南大学

在中国普通高校研究生教育竞争力排行榜中的名次：总排名 43/527，广东省内排名 3/24，综合类排名 18/79。

共 41 个一级学科（学术学位）参评，其中 5★+学科 0 个，5★学科 2 个，5★-学科 2 个，4★学科 11 个，学科优秀率为 36.59%。

门类排名

哲学 119/138、经济学 18/332、法学 62/394、教育学 98/299、文学 19/349、历史学 17/123、理学 34/389、工学 106/434、医学 39/214、管理学 24/427、艺术学 167/306。

一级学科排名

哲学 118/138、理论经济学 20/116、应用经济学 17/263、法学 46/207、政治学 17/87、社会学 68/87、马克思主义理论 160/353、心理学 37/104、中国语言文学 11/179、外国语言文学 78/232、新闻传播学 6/116、中国史 16/105、世界史 22/59、数学 112/262、物理学 82/191、化学 43/225、生物学 25/241、生态学 25/90、统计学 51/97、力学 35/94、光学工程 16/84、材料科学与工程 87/219、电子科学与技术 60/122、信息与通信工程 91/179、计算机科学与技术 74/262、土木工程 131/160、环境科学与工程 33/189、生物医学工程 8/65、食品科学与工程 19/100、网络空间安全 18/56、基础医学 47/106、临床医学 46/113、公共卫生与预防医学 47/75、中医学 28/42、中西医结合 24/60、药学 17/145、中药学 9/43、管理科学与工程 66/179、工商管理 9/307、公共管理 60/207、艺术学理论 25/60。

优势专业

5★专业：产业经济学 11/225、语言学及应用语言学 8/151、传播学 6/112、企业管理 7/296、旅游管理 9/186。

5★-专业：区域经济学 14/195、金融学 23/229、劳动经济学 7/82、文艺学 14/168、中国古代文学 17/177、水生生物学 6/60、药剂学 7/127。

4★专业：政治经济学 18/103、国民经济学 14/96、国际贸易学 24/192、数量经济学 20/111、民商法学 34/183、国际关系 8/52、汉语言文字学 25/147、中国古典文献学 18/114、中国现当代文学 21/172、比较文学与世界文学 21/136、新闻学 12/105、生物化学与分子生物学 31/221、环境科学 29/165、药物化学 21/136、会计学 31/277、技术经济及管理 40/229、中国古代史 13/69。

通信地址：广东省广州市黄埔大道西 601 号
邮政编码：510632
电话号码：020-85220045
电子邮箱：oyzb@jnu.edu.cn

10564　华南农业大学

在中国普通高校研究生教育竞争力排行榜中的名次：总排名 65/527，广东省内排名 4/24，农林类排名 5/37。

共 30 个一级学科（学术学位）参评，其中 5★+学科 0 个，5★学科 0 个，5★-学科 0 个，4★学科 9 个，学科优秀率为 30%。

门类排名

经济学 102/332、法学 265/394、文学 287/349、历史

学 94/123、理学 76/389、工学 105/434、农学 6/166、管理学 88/427、艺术学 212/306。

一级学科排名

应用经济学 80/263、马克思主义理论 280/353、中国史 81/105、数学 105/262、地理学 45/87、生物学 45/241、科学技术史 11/18、生态学 10/90、机械工程 89/219、光学工程 54/84、计算机科学与技术 110/262、化学工程与技术 71/184、农业工程 9/44、林业工程 8/13、环境科学与工程 45/189、食品科学与工程 14/100、风景园林学 29/51、作物学 6/50、园艺学 5/44、农业资源与环境 8/39、植物保护 8/46、畜牧学 8/54、兽医学 15/42、林学 19/36、水产 20/29、草学 13/21、工商管理 230/307、农林经济管理 16/50、公共管理 66/207、设计学 142/148。

优势专业

5★-专业：农业机械化工程 4/39、作物栽培学与耕作学 5/49。

4★专业：马克思主义中国化研究 57/303、植物学 27/153、微生物学 20/184、农业电气化与自动化 5/41、粮食、油脂及植物蛋白工程 12/64、农产品加工及贮藏工程 11/78、作物遗传育种 8/48、植物病理学 6/40、农业昆虫与害虫防治 8/43、动物营养与饲料科学 8/51。

通信地址：广东省广州市天河区五山路483号华南农业大学研究生院招生办公室
邮政编码：510642
电话号码：020-85280066
电子邮箱：yab@scau.edu.cn

10574　华南师范大学

在中国普通高校研究生教育竞争力排行榜中的名次：总排名72/527，广东省内排名5/24，师范类排名6/61。

共34个一级学科（学术学位）参评，其中5★+学科0个，5★学科2个，5★-学科3个，4★学科6个，学科优秀率为32.35%。

门类排名

哲学 38/138、经济学 67/332、法学 57/394、教育学 5/299、文学 46/349、历史学 36/123、理学 23/389、工学 166/434、农学 98/166、医学 125/214、管理学 73/427、艺术学 76/306。

一级学科排名

哲学 39/138、理论经济学 78/116、应用经济学 67/263、法学 79/207、政治学 27/87、马克思主义理论 30/353、教育学 7/141、心理学 3/104、体育学 7/108、中国语言文学 39/179、外国语言文学 53/232、新闻传播学 92/116、中国史 46/105、世界史 20/59、数学 30/262、物理学 15/191、化学 36/225、地理学 12/87、生物学 32/241、生态学 33/90、光学工程 41/84、材料科学与工程 154/219、电子科学与技术 43/122、计算机科学与技术 96/262、化学工程与技术 149/184、环境科学与工程 85/189、软件工程 25/138、水产 19/29、药学 98/145、工商管理 74/307、公共管理 45/207、图书情报与档案管理 22/51、音乐与舞蹈学 10/72、美术学 37/103。

优势专业

5★专业：发展与教育心理学 3/69、应用心理学 3/93、体育人文社会学 3/90。

5★-专业：运动人体科学 8/81、理论物理 14/160、原子与分子物理 7/93。

4★专业：马克思主义基本原理 47/315、马克思主义中国化研究 32/303、思想政治教育 39/334、中国近现代史基本问题研究 22/187、课程与教学论 13/112、职业技术教育学 9/43、特殊教育学 5/24、教育技术学 10/69、基础心理学 7/62、体育教育训练学 12/103、民族传统体育学 9/77、汉语言文字学 22/147、基础数学 34/219、计算数学 29/215、概率论与数理统计 34/175、应用数学 43/256、运筹学与控制论 22/183、粒子物理与原子核物理 12/78、凝聚态物理 23/176、声学 6/33、光学 19/164、植物学 26/153、教育经济与管理 23/128。

通信地址：广东省广州市天河区中山大道西55号华南师范大学研究生招生办公室
邮政编码：510631
电话号码：020-85213863
电子邮箱：yjshc2@scnu.edu.cn

12121　南方医科大学

在中国普通高校研究生教育竞争力排行榜中的名次：总排名74/527，广东省内排名6/24，医药类排名4/71。

共15个一级学科（学术学位）参评，其中5★+学科0个，5★学科0个，5★-学科0个，4★学科1个，学科优秀率为6.67%。

门类排名

经济学 304/332、法学 243/394、教育学 203/299、理学 136/389、工学 310/434、医学 28/214、管理学 287/427。

一级学科排名

马克思主义理论 164/353、心理学 94/104、生物学 44/241、生物医学工程 26/65、基础医学 28/106、临床医学 32/113、口腔医学 19/48、公共卫生与预防医学 28/75、中医学 29/42、中西医结合 25/60、药学 43/145、中药学 23/43、特种医学 11/14、护理学 14/59、公共管理 175/207。

优势专业

4★专业：生物化学与分子生物学 29/221、法医学 9/50、内科学 14/105、外科学 20/103、营养与食品卫生学 13/65、药物化学 24/136、药剂学 23/122。

通信地址：广东省广州市沙太南路1023号南方医科大学研招办
邮政编码：510515
电话号码：020-61648036
电子邮箱：manqiang@fimmu.com

10590　深圳大学

在中国普通高校研究生教育竞争力排行榜中的名次：总排名76/527，广东省内排名7/24，综合类排名24/79。

共38个一级学科（学术学位）参评，其中5★+学科0个，5★学科1个，5★-学科0个，4★学科3个，学科优秀率为10.53%。

门类排名

哲学62/138、经济学69/332、法学114/394、教育学57/299、文学52/349、理学100/389、工学90/434、医学120/214、管理学99/427、艺术学57/306。

一级学科排名

哲学63/138、理论经济学30/116、应用经济学134/263、法学66/207、政治学53/87、马克思主义理论130/353、教育学71/141、心理学25/104、体育学40/108、中国语言文学67/179、外国语言文学86/232、新闻传播学16/116、数学156/262、物理学60/191、化学209/225、生物学80/241、生态学66/90、机械工程119/219、光学工程2/84、材料科学与工程104/219、电子科学与技术80/122、信息与通信工程37/179、控制科学与工程179/185、计算机科学与技术49/262、建筑学12/70、土木工程38/160、化学工程与技术178/184、生物医学工程30/65、城乡规划学21/50、基础医学38/106、管理科学与工程94/179、工商管理115/307、公共管理188/207、艺术学理论29/60、音乐与舞蹈学61/72、戏剧与影视学32/56、美术学47/103、设计学67/148。

优势专业

4★专业：发展与教育心理学13/69、应用心理学16/93、新闻学20/105、传播学20/112、计算机软件与理论28/219、计算机应用技术29/261、建筑设计及其理论12/65、建筑技术科学12/61、桥梁与隧道工程12/109、人体解剖与组织胚胎学13/101、病原生物学13/97、病理学与病理生理学13/100。

```
通信地址：广东省深圳市南山区深圳大学研究生院
邮政编码：518060
电话号码：0755-26536177
电子邮箱：szuyz@szu.edu.cn
```

11845　广东工业大学

在中国普通高校研究生教育竞争力排行榜中的名次：总排名103/527，广东省内排名8/24，理工类排名50/165。

共23个一级学科（学术学位）参评，其中5★+学科0个，5★学科0个，5★-学科0个，4★学科5个，学科优秀率为21.74%。

门类排名

经济学167/332、法学381/394、文学296/349、理学236/389、工学67/434、管理学94/427、艺术学106/306。

一级学科排名

应用经济学165/263、数学52/262、机械工程41/219、光学工程47/84、仪器科学与技术35/69、材料科学与工程59/219、动力工程及工程热物理47/105、电气工程54/110、电子科学与技术57/122、信息与通信工程48/179、控制科学与工程34/185、计算机科学与技术79/262、建筑学48/70、土木工程69/160、测绘科学与技术45/53、化学工程与技术38/184、环境科学与工程38/189、城乡规划学38/50、软件工程72/138、管理科学与工程39/179、工商管理127/307、公共管理160/207、设计学23/148。

优势专业

5★-专业：机械制造及其自动化19/201。

4★专业：运筹学与控制论37/183、机械电子工程40/205、机械设计及理论39/205、控制理论与控制工程36/179、环境工程35/176。

```
通信地址：广东省广州市番禺区大学城外环西路100号广东工业大学研招办
邮政编码：510006
电话号码：020-39322722
电子邮箱：yzb@gdut.edu.cn
```

11078　广州大学

在中国普通高校研究生教育竞争力排行榜中的名次：总排名118/527，广东省内排名9/24，综合类排名35/79。

共35个一级学科（学术学位）参评，其中5★+学科0个，5★学科0个，5★-学科0个，4★学科1个，学科优秀率为2.86%。

门类排名

哲学89/138、经济学120/332、法学124/394、教育学40/299、文学110/349、历史学79/123、理学130/389、工学141/434、农学134/166、管理学149/427、艺术学66/306。

一级学科排名

哲学87/138、应用经济学95/263、法学88/207、社会学32/87、马克思主义理论120/353、教育学35/141、心理学33/104、体育学88/108、中国语言文学88/179、外国语言文学213/232、新闻传播学63/116、中国史68/105、数学73/262、物理学174/191、化学155/225、天文学6/18、地理学34/87、生物学163/241、统计学33/97、力学82/94、机械工程137/219、材料科学与工程135/219、电子科学与技术118/122、信息与通信工程64/179、建筑学26/70、土木工程18/160、化学工程与技术132/184、城乡规划学37/50、网络空间安全14/56、工商管理64/307、公共管理120/207、音乐与舞蹈学29/72、戏剧与影视学26/56、美术学76/103、设计学127/148。

优势专业

5★-专业：结构工程13/153。

4★专业：高等教育学17/111、市政工程13/109、防灾减灾工程及防护工程17/119、旅游管理32/186。

通信地址：广东省广州市大学城外环西路230号广州大学研招办
邮政编码：510006
电话号码：020-39366238
电子邮箱：zhangjiansheng@gzhu.edu.cn

通信地址：广东省广州市东风西路195号
邮政编码：511436
电话号码：020-81340448
电子邮箱：yzb@gzhmc.edu.cn

10572　广州中医药大学

在中国普通高校研究生教育竞争力排行榜中的名次：总排名143/527，广东省内排名10/24，医药类排名14/71。

共9个一级学科（学术学位）参评，其中5★+学科0个，5★学科1个，5★-学科1个，4★学科0个，学科优秀率为22.22%。

门类排名
哲学131/138、医学15/214、管理学391/427。

一级学科排名
哲学130/138、基础医学104/106、临床医学57/113、中医学2/42、中西医结合5/60、药学65/145、中药学10/43、护理学39/59、公共管理197/207。

优势专业
5★专业：中医临床基础2/30、中医内科学2/37。

5★-专业：中医基础理论3/30、中医医史文献3/28、方剂学3/27、中医诊断学3/27、中医外科学3/28、中医骨伤科学2/28、中医妇科学2/28、中医儿科学2/20、针灸推拿学3/34、中西医结合基础5/46、中西医结合临床5/57。

通信地址：广东省广州市番禺区大学城外环东路232号广州中医药大学
邮政编码：510006
电话号码：020-39358233
电子邮箱：yzb@gzhtcm.edu.cn

10570　广州医科大学

在中国普通高校研究生教育竞争力排行榜中的名次：总排名158/527，广东省内排名11/24，医药类排名17/71。

共9个一级学科（学术学位）参评。

门类排名
理学271/389、工学373/434、医学50/214、管理学394/427。

一级学科排名
生物学147/241、生物医学工程34/65、基础医学63/106、临床医学31/113、公共卫生与预防医学37/75、中西医结合48/60、药学69/145、护理学30/59、管理科学与工程158/179。

优势专业
4★专业：生物化学与分子生物学26/221、内科学21/105、神经病学19/97。

11846　广东外语外贸大学

在中国普通高校研究生教育竞争力排行榜中的名次：总排名212/527，广东省内排名12/24，文法类排名4/24。

共11个一级学科（学术学位）参评，其中5★+学科0个，5★学科1个，5★-学科0个，4★学科0个，学科优秀率为9.09%。

门类排名
经济学64/332、法学120/394、教育学160/299、文学31/349、工学387/434、管理学140/427。

一级学科排名
理论经济学84/116、应用经济学61/263、法学57/207、政治学60/87、马克思主义理论245/353、中国语言文学116/179、外国语言文学7/232、新闻传播学77/116、网络空间安全32/56、管理科学与工程121/179、工商管理110/307。

优势专业
5★专业：外国语言学及应用语言学7/206。

5★-专业：英语语言文学11/199。

4★专业：国际贸易学38/192、法语语言文学8/43、德语语言文学8/40、日语语言文学14/131。

通信地址：广东省广州市白云大道北2号广东外语外贸大学研招办
邮政编码：510420
电话号码：020-36207044
电子邮箱：zzpzzf@163.com

10560　汕头大学

在中国普通高校研究生教育竞争力排行榜中的名次：总排名234/527，广东省内排名13/24，综合类排名52/79。

共25个一级学科（学术学位）参评。

门类排名
经济学289/332、法学357/394、教育学111/299、文学132/349、理学143/389、工学232/434、医学71/214、管理学217/427、艺术学154/306。

一级学科排名
应用经济学256/263、马克思主义理论342/353、教育学99/141、中国语言文学156/179、外国语言文学226/232、新闻传播学98/116、数学86/262、化学154/225、海洋科学16/29、生物学102/241、机械工程171/219、光学工程56/84、材料科学与工程208/219、信息与通信工程113/179、计算机科学与技术217/262、土木工程100/160、化学工程与技术161/184、基础医学58/106、临床医学55/113、公共卫生与预防医学 74/75、药学 91/145、工商管理 208/307、公共管理 194/207、美术学 100/103、设计学 145/148。

优势专业

4★专业：结构工程 31/153。

```
通信地址：广东省汕头市大学路 243 号汕头大学研究生学院
邮政编码：515063
电话号码：0754-86502424
电子邮箱：o_yjsc@stu.edu.cn
```

10573　广东药科大学

在中国普通高校研究生教育竞争力排行榜中的名次：总排名 291/527，广东省内排名 14/24，医药类排名 38/71。

共 5 个一级学科（学术学位）参评。

门类排名

工学 372/434、医学 93/214。

一级学科排名

生物工程 7/20、基础医学 69/106、公共卫生与预防医学 31/75、中西医结合 18/60、药学 46/145。

```
通信地址：广东省广州市大学城外环东路 280 号
邮政编码：510006
电话号码：020-39352060
电子邮箱：gyyjsc@126.com
```

10566　广东海洋大学

在中国普通高校研究生教育竞争力排行榜中的名次：总排名 305/527，广东省内排名 15/24，农林类排名 31/37。

共 11 个一级学科（学术学位）参评。

门类排名

经济学 213/332、法学 328/394、理学 255/389、工学 251/434、农学 49/166、管理学 345/427、艺术学 293/306。

一级学科排名

应用经济学 188/263、马克思主义理论 310/353、海洋科学 15/29、机械工程 213/219、计算机科学与技术 180/262、食品科学与工程 32/100、作物学 41/50、畜牧学 42/54、水产 8/29、工商管理 267/307、公共管理 206/207。

```
通信地址：广东省湛江市湖光岩东广东海洋大学研究生处招生与就业办公室
邮政编码：524088
电话号码：0759-2396185
电子邮箱：gdouyjs@163.com
```

10571　广东医科大学

在中国普通高校研究生教育竞争力排行榜中的名次：总排名 312/527，广东省内排名 16/24，医药类排名 41/71。

共 6 个一级学科（学术学位）参评。

门类排名

理学 365/389、医学 63/214。

一级学科排名

生物学 191/241、基础医学 95/106、临床医学 40/113、公共卫生与预防医学 49/75、药学 95/145、医学技术 14/28。

```
通信地址：广东省湛江市文明东路 2 号广东医科大学研究生学院
邮政编码：524023
电话号码：0759-2388246
电子邮箱：gdmcyjszs@126.com
```

10592　广东财经大学

在中国普通高校研究生教育竞争力排行榜中的名次：总排名 359/527，广东省内排名 17/24，财经类排名 19/34。

共 9 个一级学科（学术学位）参评。

门类排名

经济学 98/332、法学 150/394、文学 272/349、理学 379/389、工学 394/434、管理学 160/427、艺术学 207/306。

一级学科排名

理论经济学 72/116、应用经济学 99/263、法学 74/207、马克思主义理论 259/353、外国语言文学 209/232、统计学 55/97、管理科学与工程 137/179、工商管理 77/307、设计学 131/148。

```
通信地址：广东省广州市海珠区仑头路 21 号
邮政编码：510320
电话号码：020-84096844
电子邮箱：zsb@gdufe.edu.cn
```

11847　佛山科学技术学院

在中国普通高校研究生教育竞争力排行榜中的名次：总排名 379/527，广东省内排名 18/24，理工类排名 134/165。

共 6 个一级学科（学术学位）参评。

门类排名

经济学 300/332、教育学 245/299、工学 272/434、农学 65/166。

一级学科排名

机械工程 145/219、光学工程 79/84、材料科学与工程 186/219、土木工程 130/160、畜牧学 49/54、兽医学 34/42。

```
通信地址：广东省佛山市江湾一路 18 号佛山科学技术学院研招办
邮政编码：528000
电话号码：0757-82982395
电子邮箱：interbecker@qq.com
```

11349　五邑大学

在中国普通高校研究生教育竞争力排行榜中的名次：

总排名 421/527，广东省内排名 19/24，综合类排名 71/79。

共 10 个一级学科（学术学位）参评。

门类排名

教育学 278/299、理学 355/389、工学 279/434、医学 174/214、管理学 346/427。

一级学科排名

数学 224/262、机械工程 196/219、材料科学与工程 170/219、信息与通信工程 168/179、控制科学与工程 170/185、化学工程与技术 179/184、纺织科学与工程 22/22、药学 111/145、管理科学与工程 174/179、工商管理 305/307。

通信地址：广东省江门市东成村 22 号五邑大学研招办
邮政编码：529020
电话号码：0750-3296951
电子邮箱：yjs@wyu.edu.cn

10586 广州美术学院

在中国普通高校研究生教育竞争力排行榜中的名次：总排名 431/527，广东省内排名 20/24，艺术类排名 13/30。

共 3 个一级学科（学术学位）参评，其中 5★+学科 0 个、5★学科 0 个、5★-学科 0 个、4★学科 1 个，学科优秀率为 33.33%。

门类排名

教育学 298/299、历史学 123/123、农学 163/166、艺术学 71/306。

一级学科排名

艺术学理论 30/60、美术学 21/103、设计学 49/148。

通信地址：广东省广州市海珠区昌岗东路 257 号
邮政编码：510260
电话号码：020-84019197
电子邮箱：yzb@gzarts.edu.cn

10585 广州体育学院

在中国普通高校研究生教育竞争力排行榜中的名次：总排名 456/527，广东省内排名 21/24，体育类排名 9/13。

共 2 个一级学科（学术学位）参评。

门类排名

教育学 91/299、文学 324/349、医学 199/214。

一级学科排名

体育学 33/108、临床医学 109/113。

通信地址：广东省广州市广州大道中 1268 号
邮政编码：510500
电话号码：020-87553731
电子邮箱：yanzhaobanzhang@163.com

11347 仲恺农业工程学院

在中国普通高校研究生教育竞争力排行榜中的名次：总排名 468/527，广东省内排名 22/24，农林类排名 37/37。

共 9 个一级学科（学术学位）参评。

门类排名

工学 286/434、农学 51/166、艺术学 265/306。

一级学科排名

化学工程与技术 153/184、农业工程 38/44、环境科学与工程 161/189、食品科学与工程 69/100、作物学 46/50、园艺学 44/44、植物保护 38/46、畜牧学 40/54、林学 25/36。

通信地址：广东省广州市海珠区纺织路东沙街 24 号仲恺农业工程学院研招办
邮政编码：510225
电话号码：020-89002097
电子邮箱：xkb@zhku.edu.cn

10588 广东技术师范大学

在中国普通高校研究生教育竞争力排行榜中的名次：总排名 470/527，广东省内排名 23/24，师范类排名 53/61。

共 4 个一级学科（学术学位）参评。

门类排名

法学 257/394、教育学 150/299、文学 266/349、工学 353/434、管理学 408/427。

一级学科排名

民族学 25/39、教育学 100/141、新闻传播学 73/116、控制科学与工程 155/185。

通信地址：广东省广州市天河区中山大道西 293 号广东技术师范大学研招办
邮政编码：510665
电话号码：020-38256458
电子邮箱：gsyzb@gdin.edu.cn

10587 星海音乐学院

在中国普通高校研究生教育竞争力排行榜中的名次：总排名 471/527，广东省内排名 24/24，艺术类排名 17/30。

共 1 个一级学科（学术学位）参评。

门类排名

艺术学 114/306。

一级学科排名

音乐与舞蹈学 15/72。

通信地址：广东省广州市大学城外环西路 398 号星海音乐学院研究生部
邮政编码：510006
电话号码：020-39363999
电子邮箱：yzb@xhzsb.edu.cn

11540　广东金融学院

在中国仅专业硕士招生普通高校研究生教育竞争力排行榜中的名次：总排名 14/51，广东省内排名 1/1，财经类排名 2/5。

共 1 个一级学科（专业学位）参评。

门类排名

经济学 210/332。

一级学科排名

金融（专业学位）6/191。

通信地址：广东省广州市天河区迎福路 527 号广东金融学院研招办
邮政编码：510521
电话号码：020-87217040
电子邮箱：yjschu@163.com

陕西省

10698　西安交通大学

在中国普通高校研究生教育竞争力排行榜中的名次：总排名 14/527，陕西省内排名 1/26，理工类排名 5/165。

共 41 个一级学科（学术学位）参评，其中 5★+学科 2 个，5★学科 7 个，5★-学科 8 个，4★学科 11 个，学科优秀率为 68.29%。

门类排名

哲学 20/138、经济学 19/332、法学 22/394、教育学 126/299、文学 76/349、理学 35/389、工学 9/434、医学 21/214、管理学 9/427、艺术学 115/306。

一级学科排名

哲学 20/138、理论经济学 40/116、应用经济学 14/263、法学 25/207、社会学 22/87、马克思主义理论 12/353、外国语言文学 56/232、新闻传播学 51/116、数学 17/262、物理学 25/191、化学 35/225、生物学 36/241、统计学 13/97、力学 5/94、机械工程 2/219、仪器科学与技术 2/69、材料科学与工程 19/219、动力工程及工程热物理 1/105、电气工程 3/110、电子科学与技术 10/122、信息与通信工程 10/179、控制科学与工程 11/185、计算机科学与技术 33/262、建筑学 29/70、土木工程 42/160、化学工程与技术 27/184、航空宇航科学与技术 11/25、核科学与技术 4/19、环境科学与工程 55/189、生物医学工程 18/65、网络空间安全 3/56、基础医学 29/106、临床医学 27/113、口腔医学 22/48、公共卫生与预防医学 9/75、药学 15/145、护理学 8/59、管理科学与工程 7/179、工商管理 4/307、公共管理 13/207、设计学 64/148。

优势专业

5★+专业：一般力学与力学基础 1/54、机械制造及其自动化 2/201、机械电子工程 2/205、机械设计及理论 2/205、热能工程 1/82、流体机械及工程 1/65、制冷及低温工程 1/52、化工过程机械 1/61、会计学 2/277、技术经济及管理 2/229。

5★专业：区域经济学 6/195、产业经济学 8/225、国际贸易学 9/192、马克思主义基本原理 15/315、思想政治教育 16/334、车辆工程 3/154、精密仪器及机械 2/63、测试计量技术及仪器 3/68、材料物理与化学 6/201、工程热物理 2/66、动力机械及工程 2/69、电机与电器 2/83、电力系统及其自动化 3/92、高电压与绝缘技术 3/59、电力电子与电力传动 5/102、电工理论与新技术 4/79、通信与信息系统 8/164、信号与信息处理 8/164、系统工程 6/122、企业管理 6/296、旅游管理 3/186。

5★-专业：金融学 16/229、统计学 4/53、数量经济学 10/111、国际法学 10/117、马克思主义发展史 6/100、马克思主义中国化研究 16/303、国外马克思主义研究 9/86、基础数学 19/219、计算数学 21/215、概率论与数理统计 16/175、应用数学 24/256、运筹学与控制论 18/183、理论物理 10/160、原子与分子物理 9/93、凝聚态物理 12/176、光学 12/164、固体力学 5/79、流体力学 4/64、工程力学 6/88、材料学 20/200、材料加工工程 17/184、物理电子学 9/95、计算机应用技术 25/261、化学工程 10/134、应用化学 12/178、康复医学与理疗学 7/66、药物分析学 6/109、药理学 12/127、行政管理 18/180、社会保障 9/145。

4★专业：马克思主义哲学 17/108、科学技术哲学 14/85、财政学 13/92、法学理论 26/131、宪法学与行政法学 25/151、诉讼法学 24/123、社会学 15/83、中国近现代史基本问题研究 20/187、无机化学 29/200、分析化学 33/199、物理化学 34/192、生理学 15/107、神经生物学 11/73、遗传学 20/143、细胞生物学 22/144、生物化学与分子生物学 23/221、生物物理学 13/69、电路与系统 14/100、微电子学与固体电子学 19/98、电磁场与微波技术 13/84、控制理论与控制工程 25/179、检测技术与自动化装置 18/171、模式识别与智能系统 21/162、导航、制导与控制 16/79、计算机系统结构 25/189、计算机软件与理论 25/219、化学工艺 17/148、工业催化 16/120、核能科学与工程 3/14、法医学 8/50、肿瘤学 16/95、流行病与卫生统计学 14/71、营养与食品卫生学 9/65、儿少卫生与妇幼保健学 7/42、卫生毒理学 9/60、药物化学 20/136、药剂学 16/122、生药学 13/89、社会医学与卫生事业管理 10/76、教育经济与管理 15/128、土地资源管理 14/107。

通信地址：陕西省西安市咸宁西路 28 号西安交通大学研究生院
邮政编码：710049
电话号码：029-82668329
电子邮箱：yzb@xjtu.edu.cn

10699　西北工业大学

在中国普通高校研究生教育竞争力排行榜中的名次：

总排名31/527，陕西省内排名2/26，理工类排名16/165。

共36个一级学科（学术学位）参评，其中5★+学科0个，5★学科1个，5★-学科4个，4★学科7个，学科优秀率为33.33%。

门类排名

经济学 175/332、法学 104/394、教育学 104/299、文学 155/349、理学 71/389、工学 21/434、医学 194/214、管理学 70/427、艺术学 141/306。

一级学科排名

应用经济学 157/263、法学 116/207、马克思主义理论 55/353、教育学 85/141、体育学 100/108、外国语言文学 83/232、数学 42/262、物理学 43/191、化学 69/225、生物学 140/241、生态学 67/90、力学 13/94、机械工程 6/219、光学工程 25/84、材料科学与工程 15/219、动力工程及工程热物理 28/105、电气工程 50/110、电子科学与技术 22/122、信息与通信工程 20/179、控制科学与工程 10/185、计算机科学与技术 28/262、建筑学 34/70、土木工程 148/160、化学工程与技术 80/184、交通运输工程 20/69、船舶与海洋工程 12/24、航空宇航科学与技术 3/25、兵器科学与技术 5/7、生物医学工程 22/65、软件工程 12/138、网络空间安全 13/56、药学 115/145、管理科学与工程 30/179、工商管理 71/307、公共管理 97/207、设计学 79/148。

优势专业

5★+专业：机械制造及其自动化 1/201。

5★专业：机械电子工程 3/205，机械设计及理论 8/205，材料学 3/200，材料加工工程 8/184。

5★-专业：思想政治教育 25/334、车辆工程 9/154、材料物理与化学 15/201、通信与信息系统 15/164、控制理论与控制工程 11/179、检测技术与自动化装置 10/171、系统工程 9/122、模式识别与智能系统 10/162、计算机系统结构 19/189、计算机应用技术 21/261。

4★专业：马克思主义基本原理 52/315、马克思主义中国化研究 46/303、基础数学 32/219、应用数学 42/256、凝聚态物理 24/176、声学 4/33、无机化学 33/200、一般力学与力学基础 11/54、固体力学 11/79、工程力学 12/88、工程热物理 10/66、流体机械及工程 9/65、物理电子学 15/95、信号与信息处理 19/164、导航、制导与控制 9/79、计算机软件与理论 26/219、船舶与海洋结构物设计制造 4/22、水声工程 3/13、飞行器设计 5/23、航空宇航推进理论与工程 4/20、航空宇航制造工程 3/19、人机与环境工程 3/16。

通信地址：陕西省西安市友谊西路127号西北工业大学研究生院
邮政编码：710072
电话号码：029-88493042
电子邮箱：yzb@nwpu.edu.cn

10712 西北农林科技大学

在中国普通高校研究生教育竞争力排行榜中的名次：总排名42/527，陕西省内排名3/26，农林类排名2/37。

共27个一级学科（学术学位）参评，其中5★+学科0个，5★学科0个，5★-学科8个，4★学科5个，学科优秀率为48.15%。

门类排名

经济学 128/332、法学 134/394、文学 347/349、理学 60/389、工学 79/434、农学 5/166、医学 148/214、管理学 66/427、艺术学 147/306。

一级学科排名

应用经济学 98/263、社会学 39/87、马克思主义理论 155/353、数学 231/262、化学 135/225、生物学 19/241、科学技术史 17/18、机械工程 105/219、计算机科学与技术 89/262、土木工程 83/160、水利工程 8/64、农业工程 4/44、林业工程 11/13、环境科学与工程 20/189、食品科学与工程 9/100、风景园林学 13/51、作物学 5/50、园艺学 7/44、农业资源与环境 7/39、植物保护 5/46、畜牧学 6/54、兽医学 3/42、林学 4/36、水产 23/29、草学 8/21、药学 88/145、农林经济管理 4/50。

优势专业

5★-专业：微生物学 15/184、农业水土工程 3/34、农业生物环境与能源工程 3/33、农业电气化与自动化 4/41、环境科学 15/165、环境工程 14/176、食品科学 9/96、粮食、油脂及植物蛋白工程 4/64、作物栽培学与耕作学 4/49、作物遗传育种 5/48、果树学 4/44、蔬菜学 4/44、土壤学 3/39、植物营养学 3/37、农药学 4/42、动物遗传育种与繁殖 4/50、特种经济动物饲养 3/30、预防兽医学 4/41、临床兽医学 3/40、园林植物与观赏园艺 2/25、农业经济管理 5/49。

4★专业：金融学 44/229、植物学 16/153、动物学 18/138、水生生物学 9/60、遗传学 22/143、细胞生物学 20/144、生物化学与分子生物学 34/221、水文学及水资源 6/53、水力学及河流动力学 8/39、水工结构工程 6/40、水利水电工程 7/44、农业机械化工程 5/39、农产品加工及贮藏工程 9/78、茶学 3/20、植物病理学 5/40、农业昆虫与害虫防治 6/43、动物营养与饲料科学 6/51、基础兽医学 6/41、林木遗传育种 5/26、森林培育 6/28、森林保护学 5/23、森林经理学 4/23、野生动植物保护与利用 4/19、水土保持与荒漠化防治 3/24、林业经济管理 5/29。

通信地址：陕西省西安市杨凌区邰城路3号西北农林科技大学研究生院
邮政编码：712100
电话号码：029-87080151
电子邮箱：zhsh@nwsuaf.edu.cn

10701 西安电子科技大学

在中国普通高校研究生教育竞争力排行榜中的名次：总排名66/527，陕西省内排名4/26，理工类排名31/165。

共25个一级学科（学术学位）参评，其中5★+学科

0个，5★学科2个，5★-学科1个，4★学科2个，学科优秀率为20%。

门类排名

哲学 111/138、经济学 196/332、法学 321/394、教育学 179/299、文学 246/349、理学 135/389、工学 55/434、管理学 121/427。

一级学科排名

哲学 110/138、应用经济学 197/263、马克思主义理论 238/353、体育学 89/108、外国语言文学 166/232、数学 67/262、物理学 75/191、统计学 72/97、力学 67/94、机械工程 54/219、光学工程 17/84、仪器科学与技术 21/69、材料科学与工程 119/219、电气工程 97/110、电子科学与技术 7/122、信息与通信工程 3/179、控制科学与工程 41/185、计算机科学与技术 8/262、交通运输工程 64/69、生物医学工程 38/65、软件工程 19/138、网络空间安全 17/56、管理科学与工程 52/179、工商管理 239/307、图书情报与档案管理 39/51。

优势专业

5★+专业：信号与信息处理 2/164。

5★专业：通信与信息系统 3/164、计算机系统结构 5/189、计算机软件与理论 3/219、计算机应用技术 5/261。

5★-专业：电路与系统 6/100、微电子学与固体电子学 6/98。

4★专业：概率论与数理统计 31/175、运筹学与控制论 33/183、光学 30/164、机械电子工程 24/205、电磁场与微波技术 9/84。

```
通信地址：陕西省西安市太白南路 2 号西安电子科技大学研究
         生院
邮政编码：710071
电话号码：029-88201947
电子邮箱：xidianyzb@gmail.com
```

10697　西北大学

在中国普通高校研究生教育竞争力排行榜中的名次：总排名77/527，陕西省内排名5/26，综合类排名25/79。

共 38 个一级学科（学术学位）参评，其中5★+学科0个，5★学科0个，5★-学科0个，4★学科7个，学科优秀率为18.42%。

门类排名

哲学 53/138、经济学 32/332、法学 96/394、教育学 189/299、文学 58/349、历史学 23/123、理学 26/389、工学 133/434、医学 144/214、管理学 65/427、艺术学 77/306。

一级学科排名

哲学 55/138、理论经济学 31/116、应用经济学 40/263、法学 76/207、马克思主义理论 63/353、心理学 89/104、中国语言文学 40/179、外国语言文学 133/232、新闻传播学 61/116、考古学 9/29、中国史 27/105、世界史 26/59、数学 88/262、物理学 64/191、化学 40/225、地理学 23/87、地质学 6/36、生物学 69/241、科学技术史 6/18、生态学 48/90、统计学 60/97、光学工程 46/84、动力工程及工程热物理 89/105、电子科学与技术 70/122、信息与通信工程 93/179、计算机科学与技术 71/262、化学工程与技术 34/184、地质资源与地质工程 13/45、环境科学与工程 117/189、食品科学与工程 75/100、城乡规划学 22/50、软件工程 40/138、中药学 12/43、工商管理 46/307、公共管理 57/207、图书情报与档案管理 37/51、戏剧与影视学 8/56、美术学 33/103。

优势专业

5★-专业：地球化学 3/32、古生物学与地层学 3/28、第四纪地质学 3/26。

4★专业：西方经济学 19/95、产业经济学 34/225、马克思主义基本原理 63/315、马克思主义中国化研究 35/303、无机化学 38/200、自然地理学 14/78、矿物学、岩石学、矿床学 6/34、构造地质学 5/30、化学工艺 26/148、旅游管理 30/186、中国近现代史 11/68。

```
通信地址：陕西省西安市太白北路 229 号西北大学研招办
邮政编码：710069
电话号码：029-88302210
电子邮箱：yjszb@nwu.edu.cn
```

10718　陕西师范大学

在中国普通高校研究生教育竞争力排行榜中的名次：总排名79/527，陕西省内排名6/26，师范类排名7/61。

共 35 个一级学科（学术学位）参评，其中5★+学科0个，5★学科1个，5★-学科3个，4★学科1个，学科优秀率为14.29%。

门类排名

哲学 37/138、经济学 80/332、法学 58/394、教育学 14/299、文学 14/349、历史学 15/123、理学 49/389、工学 159/434、管理学 102/427、艺术学 73/306。

一级学科排名

哲学 38/138、理论经济学 39/116、应用经济学 82/263、社会学 45/87、民族学 12/39、马克思主义理论 40/353、教育学 13/141、心理学 8/104、体育学 59/108、中国语言文学 5/179、外国语言文学 47/232、新闻传播学 42/116、考古学 21/29、中国史 10/105、世界史 21/59、数学 72/262、物理学 69/191、化学 49/225、地理学 20/87、生物学 54/241、生态学 46/90、统计学 82/97、材料科学与工程 95/219、信息与通信工程 159/179、计算机科学与技术 63/262、化学工程与技术 68/184、环境科学与工程 91/189、食品科学与工程 43/100、软件工程 54/138、工商管理 72/307、公共管理 53/207、音乐与舞蹈学 27/72、戏剧与影视学 38/56、美术学 63/103、设计学 119/148。

优势专业

5★专业：语言学及应用语言学 6/151、汉语言文字学 7/147、中国古典文献学 5/114、中国古代文学 7/177、中国现当代文学 4/172、中国少数民族语言文学 2/42、比较文学与世界文学 6/136。

5★-专业：文艺学 9/168、专门史 6/70。

4★专业：中国少数民族史 5/31、马克思主义基本原理 48/315、马克思主义中国化研究 52/303、思想政治教育 61/334、中国近现代史基本问题研究 21/187、教育学原理 14/101、课程与教学论 14/112、学前教育学 8/60、高等教育学 21/111、基础心理学 8/62、发展与教育心理学 12/69、应用心理学 12/93、无机化学 40/200、自然地理学 11/78、应用化学 25/178、旅游管理 23/186、历史文献学 6/51、中国古代史 10/69、中国近现代史 13/68。

通信地址：陕西省西安市长安区西长安街 620 号陕西师范大学研招办
邮政编码：710119
电话号码：029-85310346
电子邮箱：yjsc4@snnu.edu.cn

10703　西安建筑科技大学

在中国普通高校研究生教育竞争力排行榜中的名次：总排名 98/527，陕西省内排名 7/26，理工类排名 48/165。

共 28 个一级学科（学术学位）参评，其中 5★+学科 0 个，5★学科 3 个，5★-学科 0 个，4★学科 4 个，学科优秀率为 25%。

门类排名

哲学 93/138、经济学 274/332、法学 226/394、教育学 142/299、文学 178/349、理学 245/389、工学 72/434、农学 128/166、管理学 148/427、艺术学 92/306。

一级学科排名

哲学 92/138、法学 183/207、马克思主义理论 142/353、中国语言文学 125/179、数学 111/262、物理学 105/191、力学 69/94、机械工程 62/219、材料科学与工程 39/219、冶金工程 10/24、信息与通信工程 82/179、控制科学与工程 70/185、计算机科学与技术 123/262、建筑学 8/70、土木工程 6/160、化学工程与技术 91/184、矿业工程 26/30、交通运输工程 46/69、环境科学与工程 29/189、城乡规划学 3/50、风景园林学 2/51、安全科学与工程 43/55、管理科学与工程 34/179、工商管理 209/307、公共管理 101/207、戏剧与影视学 47/56、美术学 88/103、设计学 46/148。

优势专业

5★-专业：建筑历史与理论 4/61、建筑设计及其理论 6/65、结构工程 15/153。

4★专业：建筑技术科学 11/61、岩土工程 19/143、市政工程 12/109、供热、供燃气、通风及空调工程 11/94、防灾减灾工程及防护工程 14/119、环境科学 32/165、环境工程 20/176。

通信地址：陕西省西安市雁塔路 13 号西安建筑科技大学研招办
邮政编码：710055
电话号码：029-82202244
电子邮箱：xjdyzb@163.com

10710　长安大学

在中国普通高校研究生教育竞争力排行榜中的名次：总排名 106/527，陕西省内排名 8/26，理工类排名 51/165。

共 33 个一级学科（学术学位）参评，其中 5★+学科 0 个，5★学科 0 个，5★-学科 1 个，4★学科 1 个，学科优秀率为 6.06%。

门类排名

哲学 87/138、经济学 226/332、法学 237/394、教育学 269/299、文学 255/349、理学 156/389、工学 59/434、农学 140/166、管理学 129/427、艺术学 277/306。

一级学科排名

哲学 86/138、应用经济学 246/263、法学 205/207、马克思主义理论 121/353、外国语言文学 207/232、数学 126/262、地理学 69/87、地球物理学 10/20、地质学 21/36、统计学 79/97、力学 57/94、机械工程 61/219、材料科学与工程 124/219、动力工程及工程热物理 74/105、电气工程 104/110、信息与通信工程 97/179、控制科学与工程 79/185、计算机科学与技术 114/262、土木工程 24/160、水利工程 19/64、测绘科学与技术 18/53、化学工程与技术 180/184、地质资源与地质工程 15/45、交通运输工程 5/69、环境科学与工程 49/189、城乡规划学 20/50、风景园林学 41/51、软件工程 118/138、安全科学与工程 40/55、网络空间安全 56/56、管理科学与工程 145/179、工商管理 139/307、公共管理 113/207。

优势专业

5★专业：道路与铁道工程 2/52、交通信息工程及控制 3/54、交通运输规划与管理 2/57、载运工具运用工程 2/48。

5★-专业：大地测量学与测量工程 5/48。

4★专业：岩土工程 28/143、桥梁与隧道工程 14/109。

通信地址：陕西省西安市南二环路长安大学研招办
邮政编码：710064
电话号码：029-82334323
电子邮箱：yzban@chd.edu.cn

10700　西安理工大学

在中国普通高校研究生教育竞争力排行榜中的名次：总排名 154/527，陕西省内排名 9/26，理工类排名 64/165。

共 29 个一级学科（学术学位）参评，其中 5★+学科 0 个，5★学科 0 个，5★-学科 0 个，4★学科 2 个，学科优秀率为 6.9%。

门类排名

经济学 160/332、法学 131/394、文学 257/349、理学 300/389、工学 62/434、农学 111/166、管理学 85/427、艺术学 170/306。

一级学科排名

理论经济学 108/116、应用经济学 170/263、马克思主义理论 75/353、外国语言文学 194/232、数学 106/262、物理学 185/191、力学 55/94、机械工程 60/219、光学工程 73/84、仪器科学与技术 27/69、材料科学与工程 82/219、动力工程及工程热物理 99/105、电气工程 42/110、电子科学与技术 44/122、信息与通信工程 105/179、控制科学与工程 46/185、计算机科学与技术 69/262、土木工程 48/160、水利工程 12/64、化学工程与技术 181/184、轻工技术与工程 17/23、农业工程 18/44、环境科学与工程 68/189、食品科学与工程 100/100、软件工程 137/138、林学 33/36、管理科学与工程 74/179、工商管理 58/307、设计学 37/148。

优势专业

4★专业：马克思主义中国化研究 60/303、思想政治教育 52/334、结构工程 29/153、水文学及水资源 11/53、会计学 49/277、企业管理 53/296、技术经济及管理 45/229。

```
通信地址：陕西省西安市金花路 5 号西安理工大学研招办
邮政编码：710048
电话号码：029-82312416
电子邮箱：yjsb@xaut.edu.cn
```

91030 第四军医大学

在中国普通高校研究生教育竞争力排行榜中的名次：总排名 161/527，陕西省内排名 10/26，医药类排名 18/71。

共 12 个一级学科（学术学位）参评，其中 5★+学科 0 个，5★学科 0 个，5★-学科 1 个，4★学科 5 个，学科优秀率为 50%。

门类排名

教育学 141/299、理学 82/389、工学 177/434、医学 10/214、管理学 196/427。

一级学科排名

心理学 54/104、生物学 34/241、生物医学工程 13/65、基础医学 21/106、临床医学 7/113、口腔医学 9/48、公共卫生与预防医学 18/75、药学 21/145、中药学 24/43、特种医学 5/14、护理学 18/59、公共管理 124/207。

优势专业

5★专业：老年医学 3/61。

5★-专业：神经病学 6/97、皮肤病与性病学 6/73、影像医学与核医学 7/102、临床检验诊断学 6/97、外科学 7/103、妇产科学 8/93、耳鼻咽喉科学 7/77、肿瘤学 8/95、康复医学与理疗学 6/66、麻醉学 8/84。

4★专业：生物化学与分子生物学 42/221、内科学 20/105、儿科学 10/88、精神病与精神卫生学 7/56、眼科学 9/81、急诊医学 9/77、口腔基础医学 7/37、口腔临床医学 9/45、药物分析学 17/109、微生物与生化药学 16/81。

```
通信地址：陕西省西安市长乐西路 169 号第四军医大学研究生
         院招生培养处
邮政编码：710032
电话号码：029-84712526
电子邮箱：webmaster@fmmu.edu.cn
```

10704 西安科技大学

在中国普通高校研究生教育竞争力排行榜中的名次：总排名 174/527，陕西省内排名 11/26，理工类排名 71/165。

共 26 个一级学科（学术学位）参评，其中 5★+学科 0 个，5★学科 0 个，5★-学科 1 个，4★学科 0 个，学科优秀率为 3.85%。

门类排名

经济学 279/332、法学 144/394、文学 331/349、理学 227/389、工学 93/434、管理学 235/427、艺术学 225/306。

一级学科排名

应用经济学 254/263、马克思主义理论 82/353、数学 257/262、物理学 88/191、化学 185/225、地理学 44/87、力学 74/94、机械工程 93/219、仪器科学与技术 49/69、材料科学与工程 134/219、电气工程 66/110、电子科学与技术 87/122、信息与通信工程 109/179、控制科学与工程 100/185、计算机科学与技术 191/262、土木工程 65/160、测绘科学与技术 15/53、化学工程与技术 115/184、地质资源与地质工程 29/45、矿业工程 9/30、环境科学与工程 126/189、软件工程 116/138、安全科学与工程 6/55、管理科学与工程 135/179、工商管理 240/307、设计学 109/148。

```
通信地址：陕西省西安市雁塔中路 58 号西安科技大学研招办
邮政编码：710054
电话号码：029-85583845
电子邮箱：xkyyzb@xust.edu.cn
```

10708 陕西科技大学

在中国普通高校研究生教育竞争力排行榜中的名次：总排名 179/527，陕西省内排名 12/26，理工类排名 73/165。

共 19 个一级学科（学术学位）参评，其中 5★+学科 0 个，5★学科 0 个，5★-学科 0 个，4★学科 1 个，学科优秀率为 5.26%。

门类排名

经济学 312/332、法学 294/394、教育学 272/299、文学 316/349、理学 208/389、工学 120/434、医学 197/214、管理学 292/427、艺术学 113/306。

一级学科排名

马克思主义理论 209/353、数学 185/262、物理学 159/191、化学 99/225、机械工程 129/219、材料科学与工程 69/219、动力工程及工程热物理 62/105、电气工程 102/110、电子科学与技术 91/122、控制科学与工程 139/185、化学工程与技术 40/184、轻工技术与工程 4/23、环境科学与工程 115/189、食品科学与工程 63/100、软件工程 105/138、药学 142/145、工商管理 143/307、艺术学理论 52/60、设计学 50/148。

优势专业

4★专业：应用化学 31/178。

通信地址：陕西省西安市未央大学园区陕西科技大学研招办
邮政编码：710021
电话号码：029-86168200
电子邮箱：yjszs@sust.edu.cn

10709　西安工程大学

在中国普通高校研究生教育竞争力排行榜中的名次：总排名294/527，陕西省内排名13/26，理工类排名108/165。

共16个一级学科（学术学位）参评。

门类排名

法学 212/394、文学 265/349、理学 312/389、工学 202/434、管理学 204/427、艺术学 100/306。

一级学科排名

马克思主义理论 123/353、外国语言文学 220/232、数学 175/262、物理学 182/191、机械工程 178/219、材料科学与工程 206/219、电气工程 96/110、控制科学与工程 98/185、计算机科学与技术 238/262、土木工程 156/160、化学工程与技术 108/184、纺织科学与工程 10/22、环境科学与工程 136/189、管理科学与工程 93/179、工商管理 223/307、设计学 32/148。

通信地址：陕西省西安市金花南路19号（金花校区）西安工程大学研招办
邮政编码：710048
电话号码：029-82330076
电子邮箱：yanjiu@xaist.edu.cn

10705　西安石油大学

在中国普通高校研究生教育竞争力排行榜中的名次：总排名295/527，陕西省内排名14/26，理工类排名109/165。

共17个一级学科（学术学位）参评。

门类排名

经济学 245/332、法学 255/394、教育学 234/299、文学 319/349、理学 362/389、工学 163/434、管理学 270/427、艺术学 292/306。

一级学科排名

应用经济学 220/263、马克思主义理论 177/353、地质学 34/36、机械工程 151/219、光学工程 80/84、仪器科学与技术 63/69、材料科学与工程 140/219、动力工程及工程热物理 58/105、电气工程 89/110、电子科学与技术 122/122、控制科学与工程 116/185、计算机科学与技术 158/262、化学工程与技术 130/184、地质资源与地质工程 32/45、石油与天然气工程 6/16、管理科学与工程 165/179、工商管理 185/307。

通信地址：陕西省西安市电子二路东段18号西安石油大学研招办
邮政编码：710065
电话号码：029-88382328
电子邮箱：yanzb@xsyu.edu.cn

10702　西安工业大学

在中国普通高校研究生教育竞争力排行榜中的名次：总排名323/527，陕西省内排名15/26，理工类排名120/165。

共17个一级学科（学术学位）参评。

门类排名

经济学 211/332、法学 284/394、教育学 190/299、文学 185/349、理学 309/389、工学 158/434、管理学 233/427、艺术学 202/306。

一级学科排名

应用经济学 185/263、马克思主义理论 152/353、中国语言文学 167/179、外国语言文学 231/232、物理学 101/191、机械工程 85/219、光学工程 39/84、仪器科学与技术 61/69、材料科学与工程 100/219、信息与通信工程 179/179、控制科学与工程 96/185、计算机科学与技术 174/262、土木工程 103/160、兵器科学与技术 7/7、软件工程 128/138、管理科学与工程 116/179、工商管理 211/307。

通信地址：陕西省西安市未央大学园区学府中路2号西安工业大学研招办
邮政编码：710021
电话号码：029-86173235
电子邮箱：120699833@qq.com

10726　西北政法大学

在中国普通高校研究生教育竞争力排行榜中的名次：总排名338/527，陕西省内排名16/26，文法类排名10/24。

共7个一级学科（学术学位）参评，其中5★+学科0个，5★学科0个，5★-学科1个，4★学科0个，学科优秀率为14.29%。

门类排名

哲学 94/138、经济学 193/332、法学 44/394、文学 212/349、管理学 247/427。

一级学科排名

哲学 93/138、理论经济学 89/116、法学 20/207、政治学 83/87、马克思主义理论 289/353、新闻传播学 52/116、公共管理 89/207。

优势专业

4★专业：民商法学 20/183、经济法学 22/146。

通信地址：陕西省西安市雁塔区长安南路300号西北政法大学研招办
邮政编码：710063
电话号码：029-85385134
电子邮箱：yzb@nwupl.edu.cn

11664　西安邮电大学

在中国普通高校研究生教育竞争力排行榜中的名次：总排名342/527，陕西省内排名17/26，理工类排名127/165。

共 12 个一级学科（学术学位）参评。

门类排名

经济学 204/332、法学 233/394、文学 334/349、理学 278/389、工学 219/434、管理学 246/427。

一级学科排名

应用经济学 171/263、马克思主义理论 110/353、物理学 79/191、光学工程 53/84、电子科学与技术 68/122、信息与通信工程 85/179、控制科学与工程 111/185、计算机科学与技术 102/262、交通运输工程 39/69、软件工程 93/138、管理科学与工程 144/179、工商管理 277/307。

```
通信地址：陕西省西安市长安区韦郭路西安邮电大学南校区研招办
邮政编码：710121
电话号码：029-88166177
电子邮箱：gr@xupt.edu.cn
```

10719　延安大学

在中国普通高校研究生教育竞争力排行榜中的名次：总排名 356/527，陕西省内排名 18/26，综合类排名 62/79。

共 19 个一级学科（学术学位）参评。

门类排名

哲学 101/138、经济学 260/332、法学 172/394、教育学 168/299、文学 183/349、历史学 90/123、理学 219/389、工学 322/434、医学 141/214、管理学 311/427、艺术学 258/306。

一级学科排名

哲学 100/138、应用经济学 218/263、政治学 58/87、马克思主义理论 115/353、教育学 137/141、体育学 103/108、中国语言文学 150/179、外国语言文学 232/232、中国史 77/105、数学 220/262、物理学 169/191、化学 194/225、生物学 169/241、生态学 60/90、信息与通信工程 130/179、化学工程与技术 129/184、基础医学 59/106、工商管理 272/307、公共管理 186/207。

```
通信地址：陕西省延安市杨家岭延安大学研招办
邮政编码：716000
电话号码：0911-2332224
电子邮箱：yadxyzb@public.xa.sn.cn
```

10716　陕西中医药大学

在中国普通高校研究生教育竞争力排行榜中的名次：总排名 369/527，陕西省内排名 19/26，医药类排名 54/71。

共 5 个一级学科（学术学位）参评。

门类排名

教育学 238/299、医学 95/214。

一级学科排名

临床医学 98/113、中医学 23/42、中西医结合 39/60、药学 100/145、中药学 36/43。

```
通信地址：陕西省咸阳市世纪大道沣河桥西侧陕西中医药大学研招办
邮政编码：712046
电话号码：029-38185073
电子邮箱：sxzzyxyyzb@163.com
```

10720　陕西理工大学

在中国普通高校研究生教育竞争力排行榜中的名次：总排名 407/527，陕西省内排名 20/26，综合类排名 69/79。

共 8 个一级学科（学术学位）参评。

门类排名

法学 308/394、教育学 227/299、文学 157/349、理学 259/389、工学 282/434、管理学 413/427。

一级学科排名

马克思主义理论 273/353、中国语言文学 108/179、化学 183/225、生物学 153/241、机械工程 135/219、材料科学与工程 153/219、交通运输工程 66/69、食品科学与工程 80/100。

```
通信地址：陕西省汉中市朝阳路陕西理工大学研招办
邮政编码：723001
电话号码：0916-2641564
电子邮箱：yjsc@snut.edu.cn
```

10724　西安外国语大学

在中国普通高校研究生教育竞争力排行榜中的名次：总排名 417/527，陕西省内排名 21/26，文法类排名 13/24。

共 8 个一级学科（学术学位）参评，其中 5★+学科 0 个，5★学科 1 个，5★-学科 0 个，4★学科 0 个，学科优秀率为 12.5%。

门类排名

经济学 205/332、法学 330/394、教育学 140/299、文学 45/349、理学 383/389、管理学 288/427、艺术学 278/306。

一级学科排名

应用经济学 212/263、马克思主义理论 292/353、教育学 106/141、中国语言文学 110/179、外国语言文学 10/232、新闻传播学 94/116、地理学 82/87、工商管理 233/307。

优势专业

5★-专业：外国语言学及应用语言学 20/206。

4★专业：英语语言文学 24/199。

```
通信地址：陕西省西安市郭杜教育开发区文苑南路西安外国语大学研招办
邮政编码：710128
电话号码：029-85319238
电子邮箱：wyyjsb@xisu.edu.cn
```

10729　西安美术学院

在中国普通高校研究生教育竞争力排行榜中的名次：总排名426/527，陕西省内排名22/26，艺术类排名12/30。

共3个一级学科（学术学位）参评，其中5★+学科0个，5★学科0个，5★-学科1个，4★学科1个，学科优秀率为66.67%。

门类排名

艺术学 53/306。

一级学科排名

艺术学理论 18/60、美术学 6/103、设计学 17/148。

> **通信地址**：陕西省西安市含光路100号西安美术学院研招办
> **邮政编码**：710065
> **电话号码**：029-88222342
> **电子邮箱**：yzb@xafa.edu.cn

10721　宝鸡文理学院

在中国普通高校研究生教育竞争力排行榜中的名次：总排名429/527，陕西省内排名23/26，师范类排名47/61。

共7个一级学科（学术学位）参评。

门类排名

哲学 95/138、教育学 157/299、文学 177/349、理学 256/389、工学 374/434、管理学 403/427、艺术学 236/306。

一级学科排名

哲学 94/138、教育学 114/141、中国语言文学 137/179、数学 217/262、物理学 157/191、化学 189/225、地理学 62/87。

> **通信地址**：陕西省宝鸡市宝光路44号宝鸡文理学院研招办
> **邮政编码**：721016
> **电话号码**：0917-3566366
> **电子邮箱**：webmaster@bjwlxy.edu.cn

10727　西安体育学院

在中国普通高校研究生教育竞争力排行榜中的名次：总排名446/527，陕西省内排名24/26，体育类排名7/13。

共4个一级学科（学术学位）参评。

门类排名

教育学 101/299、医学 200/214。

一级学科排名

教育学 139/141、心理学 102/104、体育学 42/108、临床医学 111/113。

> **通信地址**：陕西省西安市含光北路65号西安体育学院研招办
> **邮政编码**：710068
> **电话号码**：029-88409471
> **电子邮箱**：Xtyjsb@pub.xaonline.com

11560　西安财经大学

在中国普通高校研究生教育竞争力排行榜中的名次：总排名464/527，陕西省内排名25/26，财经类排名32/34。

共5个一级学科（学术学位）参评。

门类排名

经济学 111/332、法学 266/394、文学 301/349、理学 374/389、管理学 243/427。

一级学科排名

应用经济学 92/263、法学 150/207、统计学 54/97、工商管理 122/307、公共管理 92/207。

> **通信地址**：陕西省西安市长安区韦常路2号西安财经大学研招办
> **邮政编码**：100872
> **电话号码**：029-81556499
> **电子邮箱**：yzb@xaufe.edu.cn

10728　西安音乐学院

在中国普通高校研究生教育竞争力排行榜中的名次：总排名510/527，陕西省内排名26/26，艺术类排名25/30。

共2个一级学科（学术学位）参评。

门类排名

艺术学 34/306。

一级学科排名

艺术学理论 33/60、音乐与舞蹈学 18/72。

> **通信地址**：陕西省西安市长安中路108号西安音乐学院研招办
> **邮政编码**：710061
> **电话号码**：029-85237451
> **电子邮箱**：xiyinkeyan@163.com

11840　西安医学院

在中国仅专业硕士招生普通高校研究生教育竞争力排行榜中的名次：总排名5/51，陕西省内排名1/2，医药类排名2/3。

共1个一级学科（专业学位）参评。

门类排名

医学 160/214。

一级学科排名

临床医学（专业学位）35/112。

> **通信地址**：陕西省西安市未央区辛王路1号西安医学院研招办
> **邮政编码**：710021
> **电话号码**：029-86168677
> **电子邮箱**：xyyzb2011@163.com

12715　西京学院

在中国仅专业硕士招生普通高校研究生教育竞争力

排行榜中的名次：总排名 7/51，陕西省内排名 2/2，综合类排名 1/9。

共 5 个一级学科（专业学位）参评。

门类排名

经济学 301/332、工学 324/434、艺术学 268/306。

一级学科排名

审计（专业学位）13/41、电子信息（专业学位）61/284、机械（专业学位）45/215、土木水利（专业学位）28/157、艺术（专业学位）174/279。

> 通信地址：陕西省西安市长安区西京路1号西京学院研招办
> 邮政编码：710123
> 电话号码：029-85628112
> 电子邮箱：renlinzheng@163.com

浙江省

10335　浙江大学

在中国普通高校研究生教育竞争力排行榜中的名次：总排名 3/527，浙江省内排名 1/19，综合类排名 2/79。

共 60 个一级学科（学术学位）参评，其中 5★+学科 4 个，5★学科 21 个，5★-学科 19 个，4★学科 11 个，学科优秀率为 91.67%。

门类排名

哲学 10/138、经济学 12/332、法学 16/394、教育学 7/299、文学 10/349、历史学 9/123、理学 9/389、工学 2/434、农学 4/166、医学 7/214、管理学 3/427、艺术学 20/306。

一级学科排名

哲学 10/138、理论经济学 7/116、应用经济学 15/263、法学 11/207、社会学 19/87、马克思主义理论 10/353、教育学 10/141、心理学 6/104、体育学 11/108、中国语言文学 15/179、外国语言文学 6/232、新闻传播学 12/116、考古学 10/29、中国史 14/105、世界史 19/59、数学 20/262、物理学 10/191、化学 11/225、大气科学 17/17、地质学 7/36、生物学 3/241、生态学 3/90、力学 11/94、机械工程 5/219、光学工程 1/84、材料科学与工程 2/219、动力工程及工程热物理 4/105、电气工程 2/110、电子科学与技术 8/122、信息与通信工程 23/179、控制科学与工程 2/185、计算机科学与技术 13/262、建筑学 11/70、土木工程 7/160、化学工程与技术 8/184、航空宇航科学与技术 9/25、农业工程 1/44、环境科学与工程 9/189、生物医学工程 5/65、食品科学与工程 5/100、软件工程 2/138、网络空间安全 9/56、作物学 7/50、园艺学 2/44、农业资源与环境 5/39、植物保护 3/46、畜牧学 4/54、兽医学 5/42、基础医学 4/106、临床医学 10/113、口腔医学 6/48、公共卫生与预防医学 7/75、药学 12/145、护理学 9/59、管理科学与工程 1/179、工商管理 20/307、农林经济管理 3/50、公共管理 4/207、艺术学理论 6/60、设计学 6/148。

优势专业

5★+专业：外国语言学及应用语言学 2/206、植物学 1/153、细胞生物学 1/144、电力电子与电力传动 1/102、控制理论与控制工程 2/179、检测技术与自动化装置 2/171、药理学 1/127、中国近现代史 1/68。

5★专业：区域经济学 5/195、经济法学 7/146、思想政治教育 6/334、应用心理学 5/93、英语语言文学 6/199、应用数学 11/256、无机化学 6/200、分析化学 8/199、物理化学 7/192、高分子化学与物理 6/158、微生物学 7/184、生物化学与分子生物学 3/221、生物物理学 3/69、机械制造及其自动化 7/201、机械电子工程 7/205、机械设计及理论 5/205、车辆工程 7/154、材料学 5/200、热能工程 4/82、电机与电器 3/83、系统工程 2/122、模式识别与智能系统 3/162、导航、制导与控制 2/79、计算机系统结构 8/189、计算机应用技术 11/261、化学工程 7/134、应用化学 9/178、农业机械化工程 2/39、农业水土工程 2/34、农业生物环境与能源工程 2/33、农业电气化与自动化 2/41、环境科学 5/165、环境工程 6/176、农产品加工及贮藏工程 3/78、果树学 2/44、蔬菜学 2/44、植物病理学 1/40、农业昆虫与害虫防治 2/43、特种经济动物饲养 2/30、病原生物学 5/97、营养与食品卫生学 2/65、药物化学 6/136、药剂学 5/122、药物分析学 2/109、微生物与生化药学 3/81、企业管理 14/296、农业经济管理 1/49、土地资源管理 3/107、中国古代史 2/69、智能科学与技术 1/18。

5★-专业：外国哲学 6/91、世界经济 9/85、金融学 20/229、产业经济学 13/225、国际贸易学 11/192、劳动经济学 6/82、法学理论 8/131、宪法学与行政法学 10/151、民商法学 18/183、诉讼法学 9/123、国际法学 8/117、社会学 8/83、马克思主义基本原理 21/315、马克思主义中国化研究 24/303、中国近现代史基本问题研究 14/187、教育学原理 10/101、课程与教学论 9/112、教育史 4/42、比较教育学 5/52、高等教育学 9/111、教育技术学 5/69、基础心理学 5/62、发展与教育心理学 5/69、体育人文社会学 8/90、运动人体科学 6/81、体育教育训练学 10/103、文艺学 16/168、语言学及应用语言学 10/151、汉语言文字学 8/147、中国古典文献学 8/114、中国古代文学 11/177、日语语言文学 12/131、传播学 10/112、基础数学 18/219、运筹学与控制论 15/183、理论物理 9/160、凝聚态物理 10/176、有机化学 13/205、动物学 11/138、生理学 11/107、神经生物学 6/73、遗传学 8/143、发育生物学 7/71、材料物理与化学 12/201、材料加工工程 13/184、工程热物理 4/66、制冷及低温工程 5/52、化工过程机械 4/61、电力系统及其自动化 7/92、高电压与绝缘技术 6/59、电工理论与新技术 6/79、物理电子学 6/95、电路与系统 8/100、电磁场与微波技术 8/84、通信与信息系统 13/164、岩土工程 12/143、结构工程 11/153、市政工程 7/109、化学工艺 9/148、生物化工 9/118、工业催化 8/120、食品科学 7/96、粮食、油脂及植物蛋白工程 6/64、茶学 2/20、土壤学 4/39、植物营养学 4/37、农药学 3/42、动物遗传育种与繁殖 5/50、动物营养与饲料科学 4/51、基础兽医学 3/41、人体解剖与组织胚胎学 8/101、免疫学 8/100、病理学与病理生理学 7/100、内科学 9/105、儿科学 8/88、神经病学 10/97、精神病与精神卫生学 5/56、临床检验诊断学 9/97、外科学 10/103、妇产科学 9/93、肿瘤学 10/95、急诊医学 7/77、流行病与卫生统计学 7/71、劳动卫生与环境卫生学 5/63、卫生毒理学 4/60、会计学 28/277、旅游管理 11/186、林业经济管理 3/29、行政管理 12/180、社会医学与卫生事业管理 8/76、教育经济与管理 12/128、公共信息资源管理 2/19。

4★专业：中国哲学 17/99、美学 7/47、科学技术哲学 10/85、政治经济学 13/103、经济思想史 6/33、西方经济学 12/95、人口、资源与环境经济学 15/90、国民经济学 17/96、财政学 18/92、刑法学 20/136、人口学 8/42、国外马克思主义研究 15/86、中国现当代文学 22/172、比较文学与世界文学 18/136、俄语语言文学 9/75、法语语言文学 7/43、德语语言文学 6/40、新闻学 14/105、计算数学 24/215、概率论与数理统计 22/175、粒子物理与原子核物理 15/78、原子与分子物理 13/93、光学 21/164、无线电物理 10/63、固体力学 13/79、流体力学 8/64、工程力学 15/88、动力机械及工程 8/69、流体机械及工程 8/65、微电子学与固体电子学 12/98、信号与信息处理 24/164、建筑历史与理论 10/61、建筑设计及其理论 11/65、建筑技术科学 10/61、供热、供燃气、通风及空调工程 13/94、防灾减灾工程及防护工程 13/119、桥梁与隧道工程 20/109、作物遗传育种 7/48、预防兽医学 7/41、临床兽医学 7/40、法医学 6/50、老年医学 8/61、皮肤病与性病学 8/73、影像医学与核医学 11/102、眼科学 13/81、耳鼻咽喉科学 13/77、麻醉学 10/84、口腔基础医学 6/37、口腔临床医学 6/45、社会保障 19/145、党的建设 7/47。

通信地址：浙江省杭州市浙大路38号浙江大学研究生院
邮政编码：310058
电话号码：0571-87951349
电子邮箱：yjsy-zsb@zju.edu.cn

10337　浙江工业大学

在中国普通高校研究生教育竞争力排行榜中的名次：总排名62/527，浙江省内排名2/19，理工类排名30/165。

共32个一级学科（学术学位）参评，其中5★+学科0个，5★学科0个，5★-学科1个，4★学科4个，学科优秀率为15.63%。

门类排名

哲学 125/138、经济学 56/332、法学 190/394、教育学 99/299、文学 93/349、理学 110/389、工学 63/434、农学 68/166、医学 108/214、管理学 47/427、艺术学 98/306。

一级学科排名

哲学 124/138、应用经济学 38/263、法学 149/207、马克思主义理论 284/353、教育学 82/141、中国语言文学 81/179、新闻传播学 79/116、数学 127/262、物理学 117/191、化学 82/225、生物学 151/241、机械工程 36/219、光学工程 66/84、材料科学与工程 120/219、动力工程及工程热物理 38/105、信息与通信工程 81/179、控制科学与工程 48/185、计算机科学与技术 58/262、建筑学 42/70、土木工程 35/160、化学工程与技术 14/184、环境科学与工程 42/189、食品科学与工程 45/100、城乡规划学 29/50、软件工程 55/138、生物工程 9/20、植物保护 45/46、药学 39/145、管理科学与工程 65/179、工商管理 36/307、公共管理 107/207、设计学 26/148。

优势专业

5★-专业：生物化工 8/118、工业催化 12/120、技术经济及管理 23/229。

4★专业：产业经济学 29/225、国际贸易学 28/192、机械制造及其自动化 27/201、机械电子工程 31/205、机械设计及理论 28/205、模式识别与智能系统 19/162、计算机系统结构 38/189、市政工程 18/109、化学工程 16/134、化学工艺 19/148、应用化学 21/178、药物化学 22/136、会计学 45/277、企业管理 31/296、旅游管理 28/186。

通信地址：浙江省杭州市朝晖六区潮王路18号浙江工业大学研究生招生办公室
邮政编码：310014
电话号码：0571-88320119
电子邮箱：yzb@zjut.edu.cn

11646　宁波大学

在中国普通高校研究生教育竞争力排行榜中的名次：总排名84/527，浙江省内排名3/19，综合类排名28/79。

共30个一级学科（学术学位）参评，其中5★+学科0个，5★学科1个，5★-学科1个，4★学科9个，学科优秀率为36.67%。

门类排名

经济学 61/332、法学 85/394、教育学 28/299、文学 67/349、历史学 54/123、理学 83/389、工学 82/434、农学 44/166、医学 65/214、管理学 114/427、艺术学 99/306。

一级学科排名

应用经济学 45/263、法学 78/207、马克思主义理论 41/353、教育学 25/141、心理学 30/104、体育学 18/108、中国语言文学 83/179、外国语言文学 42/232、中国史 39/105、数学 84/262、物理学 34/191、化学 91/225、地理学 56/87、海洋科学 14/29、生物学 88/241、力学 12/94、机械工程 80/219、电子科学与技术 32/122、信息与通信工程 8/179、计算机科学与技术 107/262、土木工程 32/160、交通运输工程 31/69、船舶与海洋工程 10/24、食品科学与工程 18/100、水产 3/29、临床医学 47/113、公共卫生与预防医学 61/75、工商管理 116/307、公共管理 100/207、音乐与舞蹈学 39/72。

优势专业

5★-专业：固体力学 7/79、工程力学 5/88、水产养殖 3/29。

4★专业：马克思主义中国化研究 51/303、通信与信息系统 28/164、信号与信息处理 29/164、渔业资源 5/23。

```
通信地址：浙江省宁波市风华路 818 号宁波大学研招办
邮政编码：315211
电话号码：0574-87600226
电子邮箱：yzb@nbu.edu.cn
```

10345　浙江师范大学

在中国普通高校研究生教育竞争力排行榜中的名次：总排名 95/527，浙江省内排名 4/19，师范类排名 8/61。

共 28 个一级学科（学术学位）参评，其中 5★+学科 0 个，5★学科 0 个，5★-学科 1 个，4★学科 9 个，学科优秀率为 35.71%。

门类排名

经济学 113/332、法学 71/394、教育学 12/299、文学 32/349、历史学 31/123、理学 72/389、工学 150/434、管理学 126/427、艺术学 42/306。

一级学科排名

应用经济学 94/263、法学 123/207、政治学 62/87、社会学 48/87、马克思主义理论 50/353、教育学 9/141、心理学 16/104、体育学 39/108、中国语言文学 23/179、外国语言文学 63/232、中国史 33/105、世界史 33/59、数学 29/262、物理学 59/191、化学 61/225、地理学 51/87、生物学 106/241、生态学 65/90、机械工程 189/219、光学工程 45/84、计算机科学与技术 42/262、环境科学与工程 132/189、软件工程 21/138、工商管理 119/307、公共管理 41/207、音乐与舞蹈学 13/72、戏剧与影视学 30/56、美术学 19/103。

优势专业

5★-专业：教育学原理 7/101、教育技术学 6/69、中国古典文献学 9/114、中国现当代文学 12/172。

4★专业：区域经济学 33/195、思想政治教育 58/334、学前教育学 7/60、高等教育学 16/111、应用心理学 19/93、语言学及应用语言学 27/151、汉语言文字学 23/147、中国古代文学 31/177、基础数学 23/219、应用数学 29/256、运筹学与控制论 19/183、有机化学 38/205、计算机软件与理论 42/219、计算机应用技术 50/261、行政管理 32/180。

```
通信地址：浙江省金华市迎宾大道 688 号浙江师范大学研招办
邮政编码：321004
电话号码：0579-82283026
电子邮箱：yzb@zjnu.cn
```

10336　杭州电子科技大学

在中国普通高校研究生教育竞争力排行榜中的名次：总排名 97/527，浙江省内排名 5/19，理工类排名 47/165。

共 19 个一级学科（学术学位）参评，其中 5★+学科 0 个，5★学科 0 个，5★-学科 2 个，4★学科 7 个，学科优秀率为 47.37%。

门类排名

经济学 132/332、法学 240/394、教育学 225/299、文学 176/349、理学 191/389、工学 69/434、管理学 84/427、艺术学 275/306。

一级学科排名

应用经济学 46/263、马克思主义理论 153/353、外国语言文学 91/232、数学 49/262、物理学 70/191、统计学 37/97、机械工程 40/219、仪器科学与技术 40/69、材料科学与工程 50/219、电气工程 40/110、电子科学与技术 20/122、信息与通信工程 35/179、控制科学与工程 19/185、计算机科学与技术 16/262、生物医学工程 37/65、软件工程 59/138、网络空间安全 11/56、管理科学与工程 31/179、工商管理 62/307。

优势专业

5★-专业：计算机应用技术 24/261。

4★专业：材料物理与化学 32/201、材料学 36/200、材料加工工程 31/184、控制理论与控制工程 29/179、检测技术与自动化装置 22/171、模式识别与智能系统 22/162、计算机系统结构 31/189、计算机软件与理论 37/219。

```
通信地址：浙江省杭州市下沙高教园区 2 号大街杭州电子科技大学研招办
邮政编码：310018
电话号码：0571-86919140
电子邮箱：yzb@hdu.edu.cn
```

10338　浙江理工大学

在中国普通高校研究生教育竞争力排行榜中的名次：总排名 115/527，浙江省内排名 6/19，理工类排名 53/165。

共 24 个一级学科（学术学位）参评，其中 5★+学科 0 个，5★学科 0 个，5★-学科 2 个，4★学科 3 个，学科优秀率为 20.83%。

门类排名

经济学 90/332、法学 163/394、教育学 110/299、文学 163/349、理学 121/389、工学 85/434、农学 141/166、管理学 210/427、艺术学 40/306。

一级学科排名

应用经济学 64/263、法学 133/207、马克思主义理论 90/353、心理学 52/104、外国语言文学 119/232、数学 95/262、物理学 93/191、化学 65/225、生物学 117/241、机械工程 21/219、仪器科学与技术 46/69、材料科学与工程 60/219、动力工程及工程热物理 54/105、信息与通信工程 92/179、控制科学与工程 74/185、计算机科学与技术 116/262、土木工程 137/160、纺织科学与工程 2/22、软件工程 28/138、管理科学与工程 129/179、工商管理 203/307、艺术学理论 10/60、美术学 48/103、设计学 22/148。

优势专业
5★-专业：纺织材料与纺织品设计 2/19。

4★专业：产业经济学 39/225、中国近现代史基本问题研究 26/187、机械制造及其自动化 33/201、机械设计及理论 34/205、纺织工程 3/19、纺织化学与染整工程 4/19。

```
通信地址：浙江省杭州市下沙高教园区 2 号大街 928 号浙江理
         工大学研招办
邮政编码：310018
电话号码：0571-86843082
电子邮箱：zstuyjs@gmail.com
```

10343　温州医科大学

在中国普通高校研究生教育竞争力排行榜中的名次：总排名 153/527，浙江省内排名 7/19，医药类排名 16/71。

共 12 个一级学科（学术学位）参评，其中 5★+学科 0 个，5★学科 0 个，5★-学科 1 个，4★学科 3 个，学科优秀率为 33.33%。

门类排名
教育学 266/299、理学 172/389、工学 269/434、医学 33/214、管理学 316/427。

一级学科排名
生物学 63/241、生物医学工程 11/65、基础医学 36/106、临床医学 19/113、口腔医学 32/48、公共卫生与预防医学 46/75、中西医结合 37/60、药学 18/145、中药学 37/43、医学技术 3/28、护理学 42/59、公共管理 129/207。

优势专业
5★-专业：眼科学 8/81。

4★专业：临床检验诊断学 13/97、康复医学与理疗学 13/66、麻醉学 12/84。

```
通信地址：浙江省温州市茶山高教园区温州医科大学
邮政编码：325035
电话号码：0577-86689753
电子邮箱：wmczs@126.com
```

10353　浙江工商大学

在中国普通高校研究生教育竞争力排行榜中的名次：总排名 173/527，浙江省内排名 8/19，财经类排名 6/34。

共 15 个一级学科（学术学位）参评，其中 5★+学科 0 个，5★学科 0 个，5★-学科 1 个，4★学科 3 个，学科优秀率为 26.67%。

门类排名
经济学 38/332、法学 107/394、教育学 188/299、文学 96/349、理学 263/389、工学 172/434、管理学 57/427、艺术学 160/306。

一级学科排名
理论经济学 57/116、应用经济学 43/263、法学 44/207、马克思主义理论 196/353、中国语言文学 106/179、外国语言文学 60/232、统计学 14/97、信息与通信工程 96/179、计算机科学与技术 97/262、环境科学与工程 88/189、食品科学与工程 16/100、城乡规划学 41/50、工商管理 29/307、公共管理 79/207、设计学 57/148。

优势专业
5★-专业：水产品加工及贮藏工程 5/47、旅游管理 19/186。

4★专业：金融学 43/229、产业经济学 24/225、国际贸易学 25/192、外国语言学及应用语言学 39/206、食品科学 12/96、农产品加工及贮藏工程 10/78、会计学 38/277、企业管理 34/296、技术经济及管理 27/229。

```
通信地址：浙江省杭州市下沙高教园区学正街 18 号浙江工商大
         学研招办
邮政编码：310018
电话号码：0571-28877235
电子邮箱：yjsy@zjsu.edu.cn
```

10356　中国计量大学

在中国普通高校研究生教育竞争力排行榜中的名次：总排名 182/527，浙江省内排名 9/19，理工类排名 74/165。

共 15 个一级学科（学术学位）参评，其中 5★+学科 0 个，5★学科 1 个，5★-学科 0 个，4★学科 2 个，学科优秀率为 20%。

门类排名
哲学 70/138、经济学 283/332、法学 238/394、教育学 243/299、理学 178/389、工学 123/434、医学 201/214、管理学 264/427、艺术学 254/306。

一级学科排名
哲学 69/138、法学 164/207、马克思主义理论 267/353、数学 94/262、生物学 96/241、机械工程 167/219、光学工程 10/84、仪器科学与技术 3/69、材料科学与工程 78/219、电子科学与技术 52/122、信息与通信工程 57/179、控制科学与工程 37/185、计算机科学与技术 134/262、安全科学与工程 41/55、管理科学与工程 69/179。

优势专业
4★专业：应用数学 41/256、生物化学与分子生物学 39/221。

```
通信地址：浙江省杭州市下沙高教园区学源街 258 号中国计量
         大学研招办
邮政编码：310018
电话号码：0571-87676168
电子邮箱：yjsb@cjlu.edu.cn
```

10341　浙江农林大学

在中国普通高校研究生教育竞争力排行榜中的名次：总排名195/527，浙江省内排名10/19，农林类排名15/37。

共17个一级学科（学术学位）参评。

门类排名

法学 215/394、理学 228/389、工学 196/434、农学 32/166、医学 208/214、管理学 271/427、艺术学 164/306。

一级学科排名

法学 194/207、马克思主义理论 233/353、生物学 115/241、生态学 51/90、光学工程 49/84、建筑学 44/70、林业工程 9/13、食品科学与工程 67/100、城乡规划学 11/50、风景园林学 11/51、作物学 38/50、园艺学 25/44、农业资源与环境 12/39、兽医学 29/42、林学 12/36、农林经济管理 15/50、设计学 53/148。

优势专业

4★专业：森林保护学 3/23、森林经理学 5/23。

通信地址：浙江省临安市浙江农林大学研究生处
邮政编码：311300
电话号码：0571-63743970
电子邮箱：yzb@zafu.edu.cn

10344　浙江中医药大学

在中国普通高校研究生教育竞争力排行榜中的名次：总排名209/527，浙江省内排名11/19，医药类排名25/71。

共7个一级学科（学术学位）参评。

门类排名

医学 49/214、管理学 410/427。

一级学科排名

基础医学 57/106、临床医学 81/113、中医学 15/42、中西医结合 13/60、药学 47/145、中药学 15/43、护理学 35/59。

优势专业

4★专业：中医临床基础 4/30、中医骨伤科学 5/28、针灸推拿学 6/34、中西医结合临床 8/57。

通信地址：浙江省杭州市滨江区滨文路548号浙江中医药大学研招办
邮政编码：310053
电话号码：0571-86613539
电子邮箱：yzb@zjtcm.edu.cn

10346　杭州师范大学

在中国普通高校研究生教育竞争力排行榜中的名次：总排名213/527，浙江省内排名12/19，师范类排名24/61。

共24个一级学科（学术学位）参评。

门类排名

哲学 105/138、经济学 198/332、法学 185/394、教育学 59/299、文学 72/349、历史学 80/123、理学 109/389、工学 321/434、医学 130/214、管理学 187/427、艺术学 55/306。

一级学科排名

哲学 105/138、应用经济学 202/263、法学 157/207、马克思主义理论 189/353、教育学 48/141、心理学 45/104、体育学 67/108、中国语言文学 76/179、外国语言文学 64/232、中国史 71/105、数学 170/262、物理学 135/191、化学 102/225、生物学 86/241、生态学 59/90、计算机科学与技术 190/262、网络空间安全 37/56、公共卫生与预防医学 52/75、护理学 22/59、管理科学与工程 143/179、公共管理 49/207、艺术学理论 26/60、戏剧与影视学 49/56、美术学 53/103。

通信地址：浙江省杭州市余杭区仓前街道海曙路58号杭州师范大学研招办
邮政编码：311121
电话号码：0571-28861023
电子邮箱：yjs_zsb@126.com

10351　温州大学

在中国普通高校研究生教育竞争力排行榜中的名次：总排名219/527，浙江省内排名13/19，综合类排名50/79。

共17个一级学科（学术学位）参评。

门类排名

经济学 174/332、法学 168/394、教育学 64/299、文学 104/349、历史学 85/123、理学 144/389、工学 234/434、医学 207/214、艺术学 121/306。

一级学科排名

应用经济学 175/263、法学 163/207、马克思主义理论 118/353、教育学 51/141、体育学 46/108、中国语言文学 73/179、中国史 72/105、数学 128/262、物理学 158/191、化学 94/225、生物学 181/241、机械工程 114/219、材料科学与工程 129/219、电气工程 55/110、计算机科学与技术 120/262、音乐与舞蹈学 17/72、设计学 124/148。

通信地址：浙江省温州市茶山高教园区温州大学南校区温州大学研招办
邮政编码：325035
电话号码：0577-86680868
电子邮箱：yjs@wzu.edu.cn

10355　中国美术学院

在中国普通高校研究生教育竞争力排行榜中的名次：总排名282/527，浙江省内排名14/19，艺术类排名3/30。

共3个一级学科（学术学位）参评，其中5★+学科0个，5★学科1个，5★-学科0个，4★学科1个，学科优秀率为66.67%。

门类排名

历史学 122/123、工学 417/434、农学 160/166、艺术学 6/306。

一级学科排名

建筑学 69/70、艺术学理论 11/60、美术学 2/103。

> 通信地址：浙江省杭州市南山路218号中国美术学院研招办
> 邮政编码：310002
> 电话号码：0571-87164629
> 电子邮箱：yjsc@caa.edu.cn

11482　浙江财经大学

在中国普通高校研究生教育竞争力排行榜中的名次：总排名 283/527，浙江省内排名 15/19，财经类排名 15/34。

共 8 个一级学科（学术学位）参评，其中 5★+学科 0 个，5★学科 0 个，5★-学科 0 个，4★学科 1 个，学科优秀率为 12.5%。

门类排名

哲学 127/138、经济学 36/332、法学 182/394、教育学 254/299、文学 149/349、管理学 92/427。

一级学科排名

哲学 125/138、理论经济学 44/116、应用经济学 36/263、法学 82/207、中国语言文学 151/179、外国语言文学 146/232、工商管理 83/307、公共管理 74/207。

优势专业

4★专业：财政学 10/92、产业经济学 35/225。

> 通信地址：浙江省杭州市下沙高教园区学源街18号浙江财经大学研招办
> 邮政编码：310018
> 电话号码：0571-86754635
> 电子邮箱：yjs@zufe.edu.cn

10340　浙江海洋大学

在中国普通高校研究生教育竞争力排行榜中的名次：总排名 299/527，浙江省内排名 16/19，农林类排名 29/37。

共 9 个一级学科（学术学位）参评，其中 5★+学科 0 个，5★学科 0 个，5★-学科 1 个，4★学科 2 个，学科优秀率为 33.33%。

门类排名

教育学 256/299、理学 211/389、工学 210/434、农学 60/166、医学 182/214、管理学 361/427。

一级学科排名

数学 104/262、海洋科学 3/29、机械工程 165/219、水利工程 39/64、石油与天然气工程 11/16、船舶与海洋工程 3/24、食品科学与工程 42/100、水产 5/29、农林经济管理 41/50。

优势专业

4★专业：海洋生物学 5/25。

> 通信地址：浙江省舟山市临城海大南路1号浙江海洋大学研招办
> 邮政编码：316000
> 电话号码：0580-8180690
> 电子邮箱：yjsczs@163.com

10349　绍兴文理学院

在中国普通高校研究生教育竞争力排行榜中的名次：总排名 363/527，浙江省内排名 17/19，综合类排名 63/79。

共 7 个一级学科（学术学位）参评。

门类排名

教育学 215/299、文学 145/349、理学 233/389、工学 238/434、医学 189/214、管理学 304/427、艺术学 237/306。

一级学科排名

中国语言文学 121/179、数学 227/262、物理学 165/191、化学 206/225、生物学 221/241、纺织科学与工程 11/22、工商管理 237/307。

> 通信地址：浙江省绍兴市越城区环城西路508路绍兴文理学院研究生处
> 邮政编码：312000
> 电话号码：0575-88348557
> 电子邮箱：yzb@usx.edu.cn

11057　浙江科技学院

在中国普通高校研究生教育竞争力排行榜中的名次：总排名 408/527，浙江省内排名 18/19，理工类排名 142/165。

共 5 个一级学科（学术学位）参评。

门类排名

经济学 282/332、教育学 246/299、理学 283/389、工学 264/434、艺术学 249/306。

一级学科排名

数学 140/262、物理学 154/191、机械工程 128/219、土木工程 125/160、化学工程与技术 90/184。

> 通信地址：浙江省杭州市留和路318号浙江科技学院研招办
> 邮政编码：310023
> 电话号码：0571-85070292
> 电子邮箱：webmaster@zust.edu.cn

10347　湖州师范学院

在中国普通高校研究生教育竞争力排行榜中的名次：总排名 418/527，浙江省内排名 19/19，师范类排名 44/61。

共 2 个一级学科（学术学位）参评。

门类排名

教育学 149/299、工学 380/434、农学 99/166、医学 122/214、艺术学 269/306。

一级学科排名

教育学 94/141、水产 15/29。

通信地址：浙江省湖州市二环东路759号湖州师范学院研招办
邮政编码：313000
电话号码：0572-2321128
电子邮箱：hutcyjs@163.com

11647　浙江传媒学院

在中国仅专业硕士招生普通高校研究生教育竞争力排行榜中的名次：总排名 3/51，浙江省内排名 1/2，文法类排名 1/8。

共 1 个一级学科（专业学位）参评。

门类排名

文学 201/349。

一级学科排名

新闻与传播（专业学位）1/164。

通信地址：浙江省杭州市下沙高教园区学源街998号浙江传媒学院研招办
邮政编码：310018
电话号码：0571-86706226
电子邮箱：yjsc@zjicm.edu.cn

10876　浙江万里学院

在中国仅专业硕士招生普通高校研究生教育竞争力排行榜中的名次：总排名 18/51，浙江省内排名 2/2，理工类排名 6/14。

共 2 个一级学科（专业学位）参评。

门类排名

工学 375/434、管理学 409/427。

一级学科排名

生物与医药（专业学位）18/136、工程管理（专业学位）66/156。

通信地址：浙江省宁波市鄞州区钱湖南路8号浙江万里学院研招办
邮政编码：315100
电话号码：0574-88222065
电子邮箱：yjsb@zwu.edu.cn

四川省

10610　四川大学

在中国普通高校研究生教育竞争力排行榜中的名次：总排名 11/527，四川省内排名 1/22，综合类排名 6/79。

共 59 个一级学科（学术学位）参评，其中 5★+学科 2 个，5★学科 12 个，5★-学科 15 个，4★学科 11 个，学科优秀率为 67.8%。

门类排名

哲学 25/138、经济学 28/332、法学 17/394、教育学 42/299、文学 7/349、历史学 11/123、理学 12/389、工学 16/434、农学 61/166、医学 4/214、管理学 10/427、艺术学 2/306。

一级学科排名

哲学 25/138、理论经济学 17/116、应用经济学 44/263、法学 12/207、政治学 28/87、社会学 28/87、民族学 27/39、马克思主义理论 24/353、体育学 27/108、中国语言文学 8/179、外国语言文学 34/232、新闻传播学 4/116、考古学 5/29、中国史 12/105、世界史 18/59、数学 6/262、物理学 12/191、化学 7/225、生物学 15/241、生态学 13/90、统计学 9/97、力学 22/94、机械工程 39/219、光学工程 28/84、仪器科学与技术 30/69、材料科学与工程 1/219、动力工程及工程热物理 45/105、电气工程 19/110、电子科学与技术 49/122、信息与通信工程 41/179、控制科学与工程 63/185、计算机科学与技术 21/262、土木工程 15/160、水利工程 5/64、化学工程与技术 13/184、轻工技术与工程 7/23、航空宇航科学与技术 24/25、核科学与技术 9/19、环境科学与工程 11/189、生物医学工程 6/65、城乡规划学 16/50、软件工程 20/138、网络空间安全 21/56、基础医学 6/106、临床医学 8/113、口腔医学 3/48、公共卫生与预防医学 2/75、中西医结合 12/60、药学 8/145、特种医学 6/14、医学技术 1/28、护理学 1/59、管理科学与工程 8/179、工商管理 11/307、公共管理 10/207、图书情报与档案管理 16/51、艺术学理论 3/60、美术学 3/103、设计学 2/148。

优势专业

5★+专业：分析化学 2/199、药剂学 1/122。

5★专业：刑法学 7/136、民商法学 9/183、马克思主义中国化研究 11/303、计算数学 5/215、应用数学 12/256、运筹学与控制论 6/183、无机化学 3/200、有机化学 7/205、材料学 7/200、材料加工工程 7/184、化工过程机械 2/61、免疫学 5/100、病理学与病理生理学 5/100、法医学 2/50、口腔基础医学 1/37、口腔临床医学 1/45、药物化学 7/136、药理学 5/127、旅游管理 5/186、行政管理 7/180。

5★-专业：宪法学与行政法学 12/151、环境与资源保护法学 9/95、马克思主义发展史 10/100、中国近现代史基本问题研究 18/187、语言学及应用语言学 14/151、中国古典文献学 10/114、中国古代文学 16/177、中国现当代文学 15/172、比较文学与世界文学 8/136、英语语言文学 12/199、外国语言学及应用语言学 15/206、新闻学 10/105、基础数学 12/219、概率论与数理统计 12/175、凝聚态物理 17/176、物理化学 12/192、高分子化学与物理 11/158、植物学 15/153、动物学 12/138、细胞生物学 14/144、生物化学与分子生物学 15/221、岩土工程 11/143、化学工艺 12/148、应用化学 13/178、皮革化学与工程 1/7、人体解剖与组织胚胎学 6/101、病原生物学 6/97、精神病与精神卫生学 6/56、影像医学与核医学 10/102、肿瘤学 9/95、康复医学与理疗学 4/66、中西医结合临床 6/57、生药学 9/89、会计学 23/277、企业管理 28/296、技术经济及管理 15/229、社会保障 15/145、动画艺术学 1/6。

4★专业：外国哲学 17/91、政治经济学 14/103、世界经济 14/85、人口、资源与环境经济学 13/90、区域经济学 32/195、法学理论 17/131、法律史 12/66、诉讼法学 15/123、经济法学 25/146、国际法学 19/117、马克思主义基本原理 41/315、思想政治教育 44/334、文艺学 20/168、汉语言文字学 18/147、中国少数民族语言文学 5/42、传播学 14/112、理论物理 21/160、原子与分子物理 16/93、等离子体物理 8/46、光学 23/164、生理学 13/107、微生物学 21/184、遗传学 15/143、工程力学 18/88、机械制造及其自动化 28/201、机械电子工程 38/205、机械设计及理论 36/205、材料物理与化学 22/201、电力系统及其自动化 14/92、电力电子与电力传动 15/102、信号与信息处理 26/164、检测技术与自动化装置 29/171、计算机系统结构 20/189、计算机软件与理论 38/219、计算机应用技术 42/261、结构工程 23/153、市政工程 16/109、供热、供燃气、通风及空调工程 15/94、防灾减灾工程及防护工程 18/119、水力学及河流动力学 6/39、水工结构工程 8/40、水利水电工程 9/44、化学工程 17/134、生物化工 15/118、工业催化 17/120、发酵工程 3/19、环境科学 26/165、环境工程 29/176、内科学 12/105、儿科学 12/88、老年医学 7/61、神经病学 14/97、皮肤病与性病学 11/73、临床检验诊断学 11/97、外科学 14/103、妇产科学 14/93、眼科学 14/81、耳鼻咽喉科学 11/77、运动医学 4/29、麻醉学 11/84、急诊医学 10/77、流行病与卫生统计学 9/71、劳动卫生与环境卫生学 12/63、营养与食品卫生学 8/65、儿少卫生与妇幼保健学 6/42、卫生毒理学 10/60、药物分析学 12/109、社会医学与卫生事业管理 13/76、教育经济与管理 17/128。

通信地址：四川省成都市一环路南一段 24 号四川大学研究生院
邮政编码：610065
电话号码：028-85467270
电子邮箱：scuyz@scu.edu.cn

10614 电子科技大学

在中国普通高校研究生教育竞争力排行榜中的名次：总排名 27/527，四川省内排名 2/22，理工类排名 13/165。

共 29 个一级学科（学术学位）参评，其中 5★+学科 2 个，5★学科 1 个，5★-学科 4 个，4★学科 8 个，学科优秀率为 51.72%。

门类排名

经济学 105/332、法学 99/394、教育学 151/299、文学 133/349、理学 54/389、工学 29/434、医学 85/214、管理学 27/427。

一级学科排名

应用经济学 90/263、马克思主义理论 15/353、心理学 36/104、外国语言文学 87/232、新闻传播学 64/116、数学 18/262、物理学 21/191、生物学 105/241、统计学 40/97、机械工程 29/219、光学工程 9/84、仪器科学与技术 12/69、材料科学与工程 41/219、电气工程 38/110、电子科学与技术 1/122、信息与通信工程 2/179、控制科学与工程 12/185、计算机科学与技术 14/262、测绘科学与技术 10/53、化学工程与技术 62/184、航空宇航科学与技术 16/25、生物医学工程 27/65、软件工程 11/138、网络空间安全 15/56、临床医学 54/113、口腔医学 40/48、管理科学与工程 28/179、工商管理 50/307、公共管理 43/207。

优势专业

5★+专业：物理电子学 1/95、通信与信息系统 2/164。

5★专业：马克思主义基本原理 14/315、思想政治教育 10/334、电路与系统 2/100、微电子学与固体电子学 2/98、电磁场与微波技术 2/84、信号与信息处理 3/164。

5★-专业：中国近现代史基本问题研究 10/187、基础数学 22/219、计算数学 19/215、概率论与数理统计 15/175、应用数学 21/256、运筹学与控制论 17/183、理论物理 12/160、凝聚态物理 15/176、光学 14/164、无线电物理 5/63、机械设计及理论 20/205、检测技术与自动化装置 11/171、模式识别与智能系统 11/162、计算机系统结构 15/189、计算机软件与理论 14/219、计算机应用技术 17/261、企业管理 23/296、技术经济及管理 16/229。

4★专业：应用心理学 15/93、等离子体物理 6/46、机械制造及其自动化 23/201、机械电子工程 35/205、车辆工程 25/154、精密仪器及机械 11/63、测试计量技术及仪器 11/68、材料学 35/200、材料加工工程 30/184、控制理论与控制工程 20/179、系统工程 13/122、导航、制导与控制 10/79、大地测量学与测量工程 10/48。

通信地址：四川省成都市高新西区西源大道 2006 号电子科技大学研究生院
邮政编码：611731
电话号码：028-61830153
电子邮箱：yzb@uestc.edu.cn

10613 西南交通大学

在中国普通高校研究生教育竞争力排行榜中的名次：总排名 48/527，四川省内排名 3/22，理工类排名 24/165。

共 41 个一级学科（学术学位）参评，其中 5★+学科 1 个，5★学科 0 个，5★-学科 3 个，4★学科 6 个，学科优秀率为 24.39%。

门类排名

哲学 88/138、经济学 121/332、法学 113/394、教育学 155/299、文学 95/349、理学 139/389、工学 25/434、农学 151/166、医学 138/214、管理学 61/427、艺术学 127/306。

一级学科排名

哲学 88/138、理论经济学 60/116、应用经济学 139/263、法学 174/207、马克思主义理论 69/353、心理学 44/104、中国语言文学 89/179、外国语言文学 121/232、新闻传播学 109/116、数学 81/262、物理学 35/191、化学 148/225、生物学 235/241、系统科学 23/23、统计学 61/97、力学 19/94、机械工程 19/219、材料科学与工程 55/219、动力工程及工程热物理 90/105、电气工程 10/110、电子科学与技术 62/122、信息与通信工程 19/179、控制科学与工程 50/185、计算机科学与技术 59/262、建筑学 15/70、土木工程 19/160、测绘科学与技术 5/53、地质资源与地质工程 20/45、交通运输工程 1/69、环境科学与工程 97/189、生物医学工程 63/65、城乡规划学 40/50、风景园林学 48/51、软件工程 69/138、安全科学与工程 52/55、临床医学 104/113、药学 128/145、管理科学与工程 51/179、工商管理 49/307、公共管理 83/207、设计学 55/148。

优势专业

5★+专业：道路与铁道工程 1/52、交通信息工程及控制 1/54、交通运输规划与管理 1/57。

5★专业：载运工具运用工程 1/48。

5★-专业：桥梁与隧道工程 9/109、摄影测量与遥感 5/45。

4★专业：马克思主义基本原理 49/315、思想政治教育 62/334、机械制造及其自动化 31/201、机械电子工程 29/205、机械设计及理论 22/205、车辆工程 17/154、高电压与绝缘技术 11/59、电工理论与新技术 16/79、通信与信息系统 29/164、建筑历史与理论 11/61、结构工程 22/153、大地测量学与测量工程 6/48、地图制图学与地理信息工程 9/48、会计学 37/277、企业管理 59/296。

通信地址：四川省成都市二环路北一段 111 号西南交通大学研究生院
邮政编码：610031
电话号码：028-87600114
电子邮箱：yzb@home.swjtu.edu.cn

10615　西南石油大学

在中国普通高校研究生教育竞争力排行榜中的名次：总排名 124/527，四川省内排名 4/22，理工类排名 55/165。

共 21 个一级学科（学术学位）参评，其中 5★+学科 0 个，5★学科 1 个，5★-学科 0 个，4★学科 1 个，学科优秀率为 9.52%。

门类排名

经济学 257/332、法学 138/394、文学 273/349、理学 182/389、工学 75/434、管理学 257/427。

一级学科排名

应用经济学 251/263、法学 127/207、马克思主义理论 104/353、外国语言文学 218/232、数学 149/262、地质学 16/36、力学 70/94、机械工程 63/219、仪器科学与技术 43/69、材料科学与工程 98/219、动力工程及工程热物理 64/105、控制科学与工程 86/185、土木工程 78/160、化学工程与技术 30/184、地质资源与地质工程 14/45、石油与天然气工程 1/16、环境科学与工程 121/189、软件工程 112/138、网络空间安全 38/56、管理科学与工程 104/179、工商管理 244/307。

优势专业

4★专业：油气井工程 2/13、油气田开发工程 2/12、油气储运工程 2/12。

通信地址：四川省成都市新都区新都大道8号西南石油大学研招办
邮政编码：610500
电话号码：028-83032120
电子邮箱：swpu2120@126.com

10626　四川农业大学

在中国普通高校研究生教育竞争力排行榜中的名次：总排名 129/527，四川省内排名 5/22，农林类排名 10/37。

共 18 个一级学科（学术学位）参评，其中 5★+学科 0 个，5★学科 0 个，5★-学科 1 个，4★学科 4 个，学科优秀率为 27.78%。

门类排名

经济学 165/332、法学 246/394、理学 128/389、工学 241/434、农学 8/166、管理学 134/427、艺术学 270/306。

一级学科排名

应用经济学 149/263、马克思主义理论 163/353、生物学 43/241、农业工程 34/44、环境科学与工程 76/189、食品科学与工程 44/100、风景园林学 6/51、作物学 4/50、园艺学 15/44、农业资源与环境 16/39、植物保护 17/46、畜牧学 7/54、兽医学 7/42、林学 16/36、水产 22/29、草学 10/21、工商管理 207/307、农林经济管理 13/50。

优势专业

5★专业：作物遗传育种 1/48。

5★-专业：作物栽培学与耕作学 3/49、动物营养与饲料科学 5/51。

4★专业：植物学 22/153、动物学 19/138、微生物学 31/184、动物遗传育种与繁殖 7/50、特种经济动物饲养 6/30、预防兽医学 6/41、临床兽医学 8/40、农业经济管理 8/49。

通信地址：四川省雅安市新康路46号四川农业大学研招办
邮政编码：625014
电话号码：028-86290956
电子邮箱：sicauyz@qq.com

10651　西南财经大学

在中国普通高校研究生教育竞争力排行榜中的名次：总排名 139/527，四川省内排名 6/22，财经类排名 3/34。

共 13 个一级学科（学术学位）参评，其中 5★+学科

0个，5★学科2个，5★-学科0个，4★学科3个，学科优秀率为38.46%。

门类排名

经济学 5/332、法学 48/394、教育学 195/299、文学 231/349、理学 266/389、工学 359/434、农学 132/166、管理学 31/427。

一级学科排名

理论经济学 16/116、应用经济学 4/263、法学 33/207、社会学 25/87、马克思主义理论 92/353、外国语言文学 160/232、数学 133/262、统计学 21/97、计算机科学与技术 181/262、管理科学与工程 35/179、工商管理 12/307、农林经济管理 39/50、公共管理 110/207。

优势专业

5★+专业：金融学 1/229、统计学 1/53。

5★专业：国民经济学 4/96、财政学 3/92、国际贸易学 3/192、劳动经济学 3/82、数量经济学 5/111。

5★-专业：西方经济学 7/95、区域经济学 13/195、产业经济学 14/225、会计学 22/277、企业管理 29/296。

4★专业：政治经济学 12/103、国防经济 3/15、刑法学 26/136、民商法学 24/183、经济法学 24/146、思想政治教育 56/334、技术经济及管理 26/229、金融工程 4/18。

通信地址：四川省成都市温江柳台大道555号西南财经大学研招办
邮政编码：611130
电话号码：028-87092244
电子邮箱：yzb@swufe.edu.cn

10616 成都理工大学

在中国普通高校研究生教育竞争力排行榜中的名次：总排名146/527，四川省内排名7/22，理工类排名61/165。

共24个一级学科（学术学位）参评，其中5★+学科0个，5★学科0个，5★-学科1个，4★学科0个，学科优秀率为4.17%。

门类排名

经济学 147/332、法学 196/394、文学 241/349、理学 63/389、工学 109/434、农学 130/166、管理学 206/427、艺术学 246/306。

一级学科排名

应用经济学 131/263、法学 169/207、马克思主义理论 145/353、外国语言文学 227/232、新闻传播学 112/116、数学 177/262、物理学 138/191、化学 184/225、地理学 55/87、地球物理学 8/20、地质学 4/36、仪器科学与技术 41/69、材料科学与工程 141/219、信息与通信工程 120/179、计算机科学与技术 145/262、土木工程 43/160、测绘科学与技术 27/53、化学工程与技术 141/184、地质资源与地质工程 12/45、石油与天然气工程 8/16、核科学与技术 11/19、环境科学与工程 102/189、管理科学与工程 85/179、工商管理 273/307。

优势专业

5★-专业：第四纪地质学 2/26。

4★专业：矿物学、岩石学、矿床学 5/34、地球化学 5/32、古生物学与地层学 4/28、构造地质学 4/30、岩土工程 29/143、地质工程 9/44。

通信地址：四川省成都市成华区二仙桥东三路1号成都理工大学研招办
邮政编码：610059
电话号码：028-84078699
电子邮箱：yzb@cdut.edu.cn

10619 西南科技大学

在中国普通高校研究生教育竞争力排行榜中的名次：总排名188/527，四川省内排名8/22，理工类排名78/165。

共23个一级学科（学术学位）参评。

门类排名

经济学 192/332、法学 164/394、教育学 248/299、文学 189/349、理学 183/389、工学 137/434、农学 101/166、管理学 252/427。

一级学科排名

应用经济学 174/263、法学 161/207、马克思主义理论 140/353、中国语言文学 149/179、外国语言文学 217/232、物理学 89/191、化学 112/225、生物学 137/241、机械工程 138/219、材料科学与工程 63/219、信息与通信工程 86/179、控制科学与工程 62/185、计算机科学与技术 155/262、土木工程 114/160、化学工程与技术 93/184、地质资源与地质工程 35/45、矿业工程 25/30、核科学与技术 15/19、环境科学与工程 73/189、城乡规划学 15/50、软件工程 101/138、安全科学与工程 30/55、工商管理 150/307。

优势专业

4★专业：控制理论与控制工程 24/179。

通信地址：四川省绵阳市涪城区青龙大道中段59号西南科技大学研招办
邮政编码：621010
电话号码：0816-6089115
电子邮箱：yjsy@swust.cn

10636 四川师范大学

在中国普通高校研究生教育竞争力排行榜中的名次：总排名202/527，四川省内排名9/22，师范类排名22/61。

共24个一级学科（学术学位）参评，其中5★+学科0个，5★学科0个，5★-学科0个，4★学科1个，学科优秀率为4.17%。

门类排名

哲学 55/138、经济学 142/332、法学 209/394、教育学 52/299、文学 81/349、历史学 62/123、理学 147/389、工学 296/434、管理学 216/427、艺术学 68/306。

一级学科排名

哲学 57/138、理论经济学 67/116、应用经济学 232/263、法学 158/207、马克思主义理论 249/353、教育学 29/141、心理学 88/104、体育学 93/108、中国语言文学 47/179、外国语言文学 150/232、中国史 69/105、世界史 44/59、数学 46/262、物理学 94/191、化学 150/225、地理学 50/87、生物学 167/241、计算机科学与技术 111/262、环境科学与工程 101/189、软件工程 77/138、工商管理 108/307、艺术学理论 47/60、音乐与舞蹈学 50/72、戏剧与影视学 23/56。

> 通信地址：四川省成都市锦江区静安路5号四川师范大学研招办
> 邮政编码：610068
> 电话号码：028-84760732
> 电子邮箱：yzb@sicnu.edu.cn

10633　成都中医药大学

在中国普通高校研究生教育竞争力排行榜中的名次：总排名 204/527，四川省内排名 10/22，医药类排名 24/71。

共 10 个一级学科（学术学位）参评，其中 5★+学科 0 个，5★学科 0 个，5★-学科 1 个，4★学科 1 个，学科优秀率为 20%。

门类排名

法学 374/394、医学 37/214、管理学 348/427。

一级学科排名

马克思主义理论 350/353、基础医学 89/106、临床医学 78/113、公共卫生与预防医学 57/75、中医学 4/42、中西医结合 19/60、药学 66/145、中药学 6/43、护理学 33/59、公共管理 176/207。

优势专业

4★专业：中医外科学 6/28、中医妇科学 6/28、中医五官科学 3/15。

> 通信地址：四川省成都市十二桥路37号成都中医药大学研招办
> 邮政编码：610072
> 电话号码：028-87786551
> 电子邮箱：yzb@cdutcm.edu.cn

10656　西南民族大学

在中国普通高校研究生教育竞争力排行榜中的名次：总排名 273/527，四川省内排名 11/22，民族类排名 3/13。

共 23 个一级学科（学术学位）参评，其中 5★+学科 0 个，5★学科 0 个，5★-学科 1 个，4★学科 0 个，学科优秀率为 4.35%。

门类排名

哲学 33/138、经济学 107/332、法学 59/394、教育学 226/299、文学 74/349、历史学 67/123、理学 261/389、工学 355/434、农学 59/166、医学 185/214、管理学 183/427、艺术学 133/306。

一级学科排名

哲学 33/138、理论经济学 110/116、应用经济学 106/263、法学 101/207、社会学 72/87、民族学 4/39、马克思主义理论 312/353、中国语言文学 44/179、外国语言文学 143/232、中国史 51/105、化学 207/225、生物学 239/241、生态学 73/90、建筑学 60/70、软件工程 74/138、畜牧学 46/54、兽医学 32/42、草学 17/21、中药学 35/43、工商管理 265/307、公共管理 78/207、音乐与舞蹈学 49/72、美术学 75/103。

优势专业

5★-专业：民族学 4/35、中国少数民族经济 3/27。

4★专业：马克思主义民族理论与政策 6/30、中国少数民族史 4/31、中国少数民族语言文学 8/42。

> 通信地址：四川省成都市一环路南四段16号西南民族大学研招办
> 邮政编码：610041
> 电话号码：028-85524577
> 电子邮箱：minyanyuan@swun.edu.cn

10623　西华大学

在中国普通高校研究生教育竞争力排行榜中的名次：总排名 292/527，四川省内排名 12/22，综合类排名 57/79。

共 19 个一级学科（学术学位）参评。

门类排名

经济学 237/332、法学 210/394、文学 167/349、理学 357/389、工学 192/434、农学 145/166、管理学 249/427、艺术学 213/306。

一级学科排名

应用经济学 201/263、社会学 38/87、马克思主义理论 162/353、中国语言文学 118/179、外国语言文学 228/232、数学 250/262、物理学 173/191、机械工程 147/219、材料科学与工程 146/219、动力工程及工程热物理 76/105、电气工程 72/110、信息与通信工程 165/179、计算机科学与技术 161/262、土木工程 85/160、交通运输工程 38/69、食品科学与工程 78/100、软件工程 117/138、工商管理 121/307、设计学 60/148。

> 通信地址：四川省成都市金牛区西华大学研招办
> 邮政编码：610039
> 电话号码：028-87720075
> 电子邮箱：yzb@xhu.edu.cn

10638　西华师范大学

在中国普通高校研究生教育竞争力排行榜中的名次：总排名 297/527，四川省内排名 13/22，师范类排名 31/61。

共 18 个一级学科（学术学位）参评。

门类排名

法学 156/394、教育学 82/299、文学 146/349、历史学 58/123、理学 155/389、工学 362/434、农学 76/166、管理

学 261/427、艺术学 243/306。

一级学科排名

政治学 44/87、马克思主义理论 117/353、教育学 90/141、体育学 64/108、中国语言文学 96/179、考古学 27/29、中国史 76/105、世界史 49/59、数学 148/262、物理学 122/191、化学 129/225、天文学 12/18、地理学 65/87、生物学 143/241、生态学 58/90、软件工程 50/138、林学 23/36、公共管理 87/207。

```
通信地址：四川省南充市师大路1号西华师范大学研招办
邮政编码：637002
电话号码：0817-2568034
电子邮箱：cwnuyjsc@163.com
```

10653　成都体育学院

在中国普通高校研究生教育竞争力排行榜中的名次：总排名 324/527，四川省内排名 14/22，体育类排名 4/13。

共 4 个一级学科（学术学位）参评，其中 5★+学科 0 个，5★学科 1 个，5★-学科 0 个，4★学科 0 个，学科优秀率为 25%。

门类排名

教育学 37/299、文学 259/349、医学 169/214、艺术学 295/306。

一级学科排名

体育学 4/108、新闻传播学 91/116、临床医学 107/113、中西医结合 59/60。

优势专业

5★专业：体育教育训练学 4/103、民族传统体育学 3/77。

5★-专业：体育人文社会学 9/90。

4★专业：运动人体科学 9/81。

```
通信地址：四川省成都市武侯区体院路2号成都体育学院研招办
邮政编码：610041
电话号码：028-85096075
电子邮箱：cdtyyyb@cdsu.edu.cn
```

10632　西南医科大学

在中国普通高校研究生教育竞争力排行榜中的名次：总排名 335/527，四川省内排名 15/22，医药类排名 44/71。

共 9 个一级学科（学术学位）参评。

门类排名

教育学 286/299、理学 372/389、医学 80/214、管理学 406/427。

一级学科排名

生物学 232/241、基础医学 79/106、临床医学 66/113、口腔医学 43/48、中医学 26/42、中西医结合 43/60、药学 97/145、中药学 41/43、护理学 53/59。

```
通信地址：四川省泸州市龙马潭区香林路1段1号西南医科大学研招办
邮政编码：646000
电话号码：0830-3161326
电子邮箱：tiaoji10632@126.com
```

10621　成都信息工程大学

在中国普通高校研究生教育竞争力排行榜中的名次：总排名 366/527，四川省内排名 16/22，理工类排名 131/165。

共 11 个一级学科（学术学位）参评。

门类排名

经济学 264/332、法学 393/394、教育学 290/299、理学 273/389、工学 263/434、农学 143/166、管理学 366/427。

一级学科排名

应用经济学 249/263、数学 240/262、大气科学 10/17、统计学 75/97、电子科学与技术 82/122、信息与通信工程 80/179、计算机科学与技术 215/262、环境科学与工程 155/189、软件工程 92/138、网络空间安全 40/56、管理科学与工程 172/179。

```
通信地址：四川省成都市西南航空港经济开发区学府路一段24号成都信息工程大学研招办
邮政编码：610225
电话号码：028-85966365
电子邮箱：yzb@cuit.edu.cn
```

10634　川北医学院

在中国普通高校研究生教育竞争力排行榜中的名次：总排名 401/527，四川省内排名 17/22，医药类排名 60/71。

共 4 个一级学科（学术学位）参评。

门类排名

医学 96/214。

一级学科排名

基础医学 70/106、临床医学 71/113、药学 116/145、医学技术 18/28。

```
通信地址：四川省南充市涪江路234号川北医学院研招办
邮政编码：637000
电话号码：0817-2240136
电子邮箱：yjscyzb@126.com
```

10622　四川轻化工大学

在中国普通高校研究生教育竞争力排行榜中的名次：总排名 422/527，四川省内排名 18/22，理工类排名 145/165。

共 7 个一级学科（学术学位）参评。

门类排名

法学 388/394、教育学 264/299、理学 290/389、工学 249/434、农学 153/166、管理学 351/427、艺术学 272/306。

一级学科排名

数学 207/262、化学 210/225、机械工程 187/219、控制科学与工程 128/185、化学工程与技术 82/184、食品科学与工程 85/100、管理科学与工程 128/179。

> 通信地址：四川省自贡市汇兴路 519 号四川轻化工大学研招办
> 邮政编码：643000
> 电话号码：0813-5505850
> 电子邮箱：suseyjs@163.com

11079　成都大学

在中国普通高校研究生教育竞争力排行榜中的名次：总排名 448/527，四川省内排名 19/22，综合类排名 74/79。

共 2 个一级学科（学术学位）参评。

门类排名

教育学 219/299、文学 315/349、工学 399/434、农学 126/166、医学 146/214、管理学 305/427、艺术学 196/306。

一级学科排名

药学 63/145、工商管理 227/307。

> 通信地址：四川省成都市成洛大道 2025 号
> 邮政编码：610106
> 电话号码：028-84616702
> 电子邮箱：cdyjsc@163.com

13705　成都医学院

在中国普通高校研究生教育竞争力排行榜中的名次：总排名 459/527，四川省内排名 20/22，医药类排名 66/71。

共 2 个一级学科（学术学位）参评。

门类排名

法学 336/394、教育学 274/299、医学 131/214。

一级学科排名

马克思主义理论 302/353、基础医学 66/106。

> 通信地址：新都校区：四川省成都市新都区新都大道 200 号研招办；天回校区：四川省成都市金牛区蓉都大道天回路 601 号成都医学院研招办
> 邮政编码：610500(新都)；610083（天回）
> 电话号码：028-68289141
> 电子邮箱：cyyjsc001@163.com

10624　中国民用航空飞行学院

在中国普通高校研究生教育竞争力排行榜中的名次：总排名 497/527，四川省内排名 21/22，理工类排名 162/165。

共 4 个一级学科（学术学位）参评。

门类排名

文学 318/349、工学 294/434、管理学 380/427。

一级学科排名

交通运输工程 41/69、航空宇航科学与技术 19/25、安全科学与工程 31/55、管理科学与工程 162/179。

> 通信地址：四川省广汉市南昌路四段 46 号中国民用航空飞行学院研招办
> 邮政编码：618307
> 电话号码：0838-5182078
> 电子邮箱：yzb@cafuc.edu.cn

10654　四川音乐学院

在中国普通高校研究生教育竞争力排行榜中的名次：总排名 506/527，四川省内排名 22/22，艺术类排名 23/30。

共 2 个一级学科（学术学位）参评。

门类排名

教育学 293/299、艺术学 102/306。

一级学科排名

艺术学理论 43/60、音乐与舞蹈学 47/72。

> 通信地址：四川省成都市新生路 6 号四川音乐学院研招办
> 邮政编码：610021
> 电话号码：028-85430277
> 电子邮箱：123224440@qq.com

10639　绵阳师范学院

在中国仅专业硕士招生普通高校研究生教育竞争力排行榜中的名次：总排名 38/51，四川省内排名 1/2，师范类排名 10/12。

共 1 个一级学科（专业学位）参评。

门类排名

工学 433/434。

一级学科排名

资源与环境（专业学位）87/176。

> 通信地址：四川省绵阳市高新区绵兴西路 166 号绵阳师范学院研招办
> 邮政编码：621000
> 电话号码：0816-2200008
> 电子邮箱：yzb@mnu.cn

12212　四川警察学院

在中国仅专业硕士招生普通高校研究生教育竞争力排行榜中的名次：总排名 44/51，四川省内排名 2/2，文法类排名 5/8。

共 1 个一级学科（专业学位）参评。

门类排名

法学 366/394。

一级学科排名

警务（专业学位）4/6。

通信地址：四川省泸州市江阳区江阳西路34号四川警察学院研招办
邮政编码：646000
电话号码：0830-3115671
电子邮箱：yzb@scpolicec.edu.cn

辽宁省

10141 大连理工大学

在中国普通高校研究生教育竞争力排行榜中的名次：总排名30/527，辽宁省内排名1/35，理工类排名15/165。

共42个一级学科（学术学位）参评，其中5★+学科1个，5★学科3个，5★-学科10个，4★学科6个，学科优秀率为47.62%。

门类排名

哲学 31/138、经济学 65/332、法学 74/394、教育学 96/299、文学 100/349、理学 27/389、工学 10/434、管理学 17/427、艺术学 44/306。

一级学科排名

哲学 31/138、应用经济学 78/263、法学 98/207、马克思主义理论 22/353、教育学 87/141、体育学 70/108、中国语言文学 136/179、外国语言文学 70/232、新闻传播学 43/116、数学 15/262、物理学 19/191、化学 18/225、生物学 91/241、力学 1/94、机械工程 14/219、光学工程 35/84、仪器科学与技术 10/69、材料科学与工程 16/219、动力工程及工程热物理 11/105、电气工程 17/110、电子科学与技术 72/122、信息与通信工程 28/179、控制科学与工程 33/185、计算机科学与技术 47/262、建筑学 31/70、土木工程 11/160、水利工程 6/64、化学工程与技术 7/184、交通运输工程 34/69、船舶与海洋工程 11/24、航空宇航科学与技术 23/25、环境科学与工程 21/189、生物医学工程 20/65、城乡规划学 12/50、软件工程 14/138、生物工程 5/20、安全科学与工程 15/55、管理科学与工程 3/179、工商管理 7/307、公共管理 61/207、美术学 41/103、设计学 36/148。

优势专业

5★专业：应用化学 8/178。

5★-专业：马克思主义基本原理 17/315、马克思主义中国化研究 17/303、思想政治教育 22/334、中国近现代史基本问题研究 13/187、基础数学 20/219、计算数学 17/215、应用数学 20/256、运筹学与控制论 13/183、等离子体物理 5/46、凝聚态物理 14/176、光学 13/164、无机化学 18/200、分析化学 16/199、物理化学 19/192、高分子化学与物理 9/158、工程力学 8/88、机械制造及其自动化 11/201、机械电子工程 11/205、机械设计及理论 13/205、控制理论与控制工程 10/179、计算机软件与理论 16/219、计算机应用技术 18/261、结构工程 9/153、市政工程 9/109、防灾减灾工程及防护工程 8/119、桥梁与隧道工程 10/109、化学工程 9/134、化学工艺 14/148、生物化工 12/118、工业催化 10/120、环境科学 14/165、环境工程 15/176、会计学 26/277、企业管理 22/296、旅游管理 13/186、技术经济及管理 13/229。

4★专业：概率论与数理统计 21/175、理论物理 22/160、原子与分子物理 10/93、有机化学 23/205、一般力学与力学基础 8/54、固体力学 10/79、车辆工程 27/154、精密仪器及机械 10/63、测试计量技术及仪器 10/68、材料物理与化学 39/201、热能工程 11/82、动力机械及工程 10/69、电机与电器 13/83、电力系统及其自动化 16/92、电力电子与电力传动 18/102、通信与信息系统 19/164、信号与信息处理 22/164、岩土工程 20/143、供热、供燃气、通风及空调工程 12/94、水文学及水资源 8/53、水工结构工程 5/40、水利水电工程 5/44、港口、海岸及近海工程 5/26、船舶与海洋结构物设计制造 3/22。

通信地址：辽宁省大连市甘井子区凌工路2号大连理工大学研究生院
邮政编码：116024
电话号码：0411-84708338
电子邮箱：yjsyzb@dlut.edu.cn

10145 东北大学

在中国普通高校研究生教育竞争力排行榜中的名次：总排名38/527，辽宁省内排名2/35，理工类排名19/165。

共36个一级学科（学术学位）参评，其中5★+学科0个，5★学科1个，5★-学科5个，4★学科7个，学科优秀率为36.11%。

门类排名

哲学 32/138、经济学 39/332、法学 70/394、教育学 153/299、文学 128/349、理学 62/389、工学 17/434、管理学 26/427、艺术学 35/306。

一级学科排名

哲学 32/138、应用经济学 28/263、法学 71/207、民族学 35/39、马克思主义理论 57/353、体育学 74/108、外国语言文学 57/232、数学 79/262、物理学 49/191、化学 38/225、生物学 131/241、力学 38/94、机械工程 20/219、材料科学与工程 30/219、冶金工程 3/24、动力工程及工程热物理 16/105、电气工程 29/110、电子科学与技术 54/122、信息与通信工程 43/179、控制科学与工程 3/185、计算机科学与技术 22/262、建筑学 47/70、土木工程 33/160、测绘科学与技术 21/53、化学工程与技术 63/184、地质资源与地质工程 21/45、矿业工程 12/30、环境科学与工程 74/189、生物医学工程 7/65、软件工程 8/138、安全科学与工程

25/55、管理科学与工程 47/179、工商管理 48/307、公共管理 16/207、艺术学理论 16/60、设计学 84/148。

优势专业

5★+专业：控制理论与控制工程 1/179。

5★专业：检测技术与自动化装置 4/171、模式识别与智能系统 6/162、行政管理 9/180。

5★-专业：国民经济学 10/96、马克思主义基本原理 19/315、中国近现代史基本问题研究 15/187、机械制造及其自动化 14/201、机械电子工程 17/205、机械设计及理论 18/205、车辆工程 14/154、系统工程 12/122、导航、制导与控制 6/79、计算机系统结构 18/189、计算机软件与理论 20/219、计算机应用技术 22/261、会计学 21/277、企业管理 17/296、教育经济与管理 9/128、社会保障 14/145、土地资源管理 10/107。

4★专业：伦理学 17/88、科学技术哲学 15/85、区域经济学 36/195、金融学 39/229、产业经济学 37/225、国际贸易学 33/192、宪法学与行政法学 28/151、无机化学 37/200、分析化学 31/199、物理化学 37/192、工程力学 11/88、材料物理与化学 31/201、材料学 30/200、材料加工工程 26/184、冶金物理化学 3/21、钢铁冶金 3/22、有色金属冶金 3/22、热能工程 15/82、流体机械及工程 12/65、化工过程机械 11/61、电机与电器 15/83、电力电子与电力传动 19/102、通信与信息系统 27/164、岩土工程 27/143、结构工程 26/153、防灾减灾工程及防护工程 22/119、桥梁与隧道工程 21/109、采矿工程 5/30、矿物加工工程 5/28、技术经济及管理 38/229。

```
通信地址：辽宁省沈阳市和平区文化路 3 号巷 11 号东北大学研究生院
邮政编码：110819
电话号码：024-83687556
电子邮箱：dbdxyz@126.com
```

10159　中国医科大学

在中国普通高校研究生教育竞争力排行榜中的名次：总排名 102/527，辽宁省内排名 3/35，医药类排名 5/71。

共 13 个一级学科（学术学位）参评，其中 5★+学科 0 个，5★学科 0 个，5★-学科 0 个，4★学科 3 个，学科优秀率为 23.08%。

门类排名

哲学 120/138、教育学 221/299、理学 123/389、工学 369/434、医学 23/214、管理学 211/427。

一级学科排名

哲学 119/138、心理学 103/104、生物学 49/241、生物医学工程 39/65、基础医学 12/106、临床医学 22/113、口腔医学 13/48、公共卫生与预防医学 13/75、中西医结合 51/60、药学 44/145、护理学 15/59、公共管理 183/207、图书情报与档案管理 41/51。

优势专业

4★专业：细胞生物学 24/144、人体解剖与组织胚胎学 20/101、内科学 18/105、老年医学 12/61、外科学 21/103、妇产科学 19/93。

```
通信地址：辽宁省沈阳市沈北新区蒲河路 77 号中国医科大学研究生院
邮政编码：110013
电话号码：024-31670100
电子邮箱：yzb@cmu.edu.cn
```

10151　大连海事大学

在中国普通高校研究生教育竞争力排行榜中的名次：总排名 160/527，辽宁省内排名 4/35，理工类排名 65/165。

共 23 个一级学科（学术学位）参评，其中 5★+学科 0 个，5★学科 2 个，5★-学科 0 个，4★学科 2 个，学科优秀率为 17.39%。

门类排名

经济学 221/332、法学 79/394、文学 195/349、理学 241/389、工学 78/434、管理学 159/427。

一级学科排名

应用经济学 206/263、法学 47/207、马克思主义理论 54/353、外国语言文学 80/232、数学 119/262、物理学 96/191、生物学 237/241、机械工程 127/219、材料科学与工程 172/219、电气工程 93/110、电子科学与技术 89/122、信息与通信工程 47/179、控制科学与工程 67/185、计算机科学与技术 60/262、土木工程 109/160、交通运输工程 2/69、交通运输工程 3/69、船舶与海洋工程 5/24、船舶与海洋工程 6/24、环境科学与工程 66/189、软件工程 63/138、工商管理 135/307、公共管理 115/207。

优势专业

5★专业：交通信息工程及控制 2/54。

5★-专业：道路与铁道工程 4/52、交通运输规划与管理 4/57、载运工具运用工程 4/48。

4★专业：宪法学与行政法学 29/151、民商法学 31/183、环境与资源保护法学 17/95、国际法学 16/117、马克思主义中国化研究 36/303。

```
通信地址：辽宁省大连市凌海路 1 号大连海事大学研究生院
邮政编码：116026
电话号码：0411-84729493
电子邮箱：yzb@dlmu.edu.cn
```

10140　辽宁大学

在中国普通高校研究生教育竞争力排行榜中的名次：总排名 180/527，辽宁省内排名 5/35，综合类排名 45/79。

共 31 个一级学科（学术学位）参评，其中 5★+学科 0 个，5★学科 1 个，5★-学科 1 个，4★学科 3 个，学科优秀率为 16.13%。

门类排名

哲学 41/138、经济学 8/332、法学 38/394、教育学 251/299、文学 63/349、历史学 44/123、理学 94/389、工学 226/434、农学 124/166、医学 172/214、管理学 58/427、艺术学 161/306。

一级学科排名

哲学 42/138、理论经济学 11/116、应用经济学 5/263、法学 27/207、政治学 31/87、社会学 65/87、马克思主义理论 53/353、中国语言文学 48/179、外国语言文学 74/232、新闻传播学 60/116、考古学 28/29、中国史 61/105、世界史 36/59、数学 205/262、物理学 102/191、化学 64/225、生物学 188/241、生态学 89/90、统计学 22/97、仪器科学与技术 65/69、电子科学与技术 113/122、计算机科学与技术 146/262、化学工程与技术 177/184、环境科学与工程 78/189、软件工程 115/138、药学 120/145、管理科学与工程 126/179、工商管理 38/307、公共管理 54/207、图书情报与档案管理 38/51、戏剧与影视学 44/56。

优势专业

5★专业：数量经济学 6/111。

5★-专业：国民经济学 6/96、区域经济学 16/195、财政学 7/92、金融学 17/229、产业经济学 17/225、国际贸易学 12/192、劳动经济学 5/82。

4★专业：经济法学 26/146、马克思主义基本原理 43/315、思想政治教育 55/334、企业管理 51/296、汉语国际教育 4/31。

通信地址：辽宁省沈阳市皇姑区崇山中路66号辽宁大学研招办
邮政编码：110036
电话号码：024-62202349
电子邮箱：yzb@lnu.edu.cn

10173　东北财经大学

在中国普通高校研究生教育竞争力排行榜中的名次：总排名 194/527，辽宁省内排名 6/35，财经类排名 7/34。

共9个一级学科（学术学位）参评，其中5★+学科0个，5★学科2个，5★-学科0个，4★学科2个，学科优秀率为44.44%。

门类排名

经济学 15/332、法学 165/394、教育学 265/299、文学 223/349、管理学 32/427。

一级学科排名

理论经济学 25/116、应用经济学 13/263、法学 139/207、马克思主义理论 126/353、外国语言文学 161/232、新闻传播学 78/116、管理科学与工程 29/179、工商管理 5/307、公共管理 37/207。

优势专业

5★-专业：国民经济学 8/96、产业经济学 19/225、会计学 20/277。

4★专业：金融学 24/229、国际贸易学 22/192、劳动经济学 16/82、数量经济学 21/111、企业管理 37/296、旅游管理 25/186、技术经济及管理 34/229、行政管理 30/180、社会保障 26/145。

通信地址：辽宁省大连市黑石礁尖山街217号东北财经大学研究生院
邮政编码：116025
电话号码：0411-84710345
电子邮箱：graduate@dufe.edu.cn

10161　大连医科大学

在中国普通高校研究生教育竞争力排行榜中的名次：总排名 200/527，辽宁省内排名 7/35，医药类排名 23/71。

共12个一级学科（学术学位）参评。

门类排名

哲学 134/138、法学 306/394、教育学 173/299、理学 167/389、医学 53/214。

一级学科排名

哲学 133/138、马克思主义理论 246/353、心理学 71/104、生物学 72/241、基础医学 40/106、临床医学 44/113、口腔医学 30/48、公共卫生与预防医学 56/75、中西医结合 21/60、药学 68/145、医学技术 20/28、护理学 52/59。

通信地址：辽宁省大连市旅顺南路西段9号大连医科大学研究生院
邮政编码：116044
电话号码：0411-6110153
电子邮箱：dlmeduyzb@163.com

10157　沈阳农业大学

在中国普通高校研究生教育竞争力排行榜中的名次：总排名 207/527，辽宁省内排名 8/35，农林类排名 20/37。

共19个一级学科（学术学位）参评，其中5★+学科0个，5★学科0个，5★-学科2个，4★学科2个，学科优秀率为21.05%。

门类排名

法学 367/394、理学 164/389、工学 193/434、农学 7/166、管理学 136/427。

一级学科排名

马克思主义理论 338/353、大气科学 15/17、生物学 56/241、生态学 81/90、水利工程 56/64、农业工程 6/44、食品科学与工程 33/100、风景园林学 37/51、作物学 19/50、园艺学 4/44、农业资源与环境 3/39、植物保护 9/46、畜牧学 36/54、兽医学 10/42、林学 11/36、草学 19/21、工商管理 205/307、农林经济管理 11/50、公共管理 179/207。

优势专业

4★专业：果树学 8/44、蔬菜学 8/44、土壤学 7/39、农业经济管理 7/49。

通信地址：辽宁省沈阳市东陵路120号沈阳农业大学研究生院
邮政编码：110866
电话号码：024-888487057
电子邮箱：10157yz@163.com

10147　辽宁工程技术大学

在中国普通高校研究生教育竞争力排行榜中的名次：总排名223/527，辽宁省内排名9/35，理工类排名87/165。

共20个一级学科（学术学位）参评，其中5★+学科0个，5★学科0个，5★-学科0个，4★学科1个，学科优秀率为5%。

门类排名

经济学 236/332、理学 371/389、工学 111/434、农学 120/166、管理学 166/427。

一级学科排名

应用经济学 241/263、数学 206/262、力学 52/94、机械工程 99/219、材料科学与工程 164/219、动力工程及工程热物理 86/105、电气工程 86/110、信息与通信工程 118/179、控制科学与工程 172/185、计算机科学与技术 218/262、土木工程 66/160、测绘科学与技术 11/53、地质资源与地质工程 30/45、矿业工程 10/30、环境科学与工程 146/189、软件工程 84/138、安全科学与工程 22/55、林学 34/36、管理科学与工程 72/179、工商管理 182/307。

通信地址：辽宁省阜新市细河区中华路47号辽宁工程技术大学研究生院
邮政编码：123000
电话号码：0418-3350462
电子邮箱：3350462@163.com

10163　沈阳药科大学

在中国普通高校研究生教育竞争力排行榜中的名次：总排名230/527，辽宁省内排名10/35，医药类排名27/71。

共7个一级学科（学术学位）参评，其中5★+学科0个，5★学科1个，5★-学科0个，4★学科0个，学科优秀率为14.29%。

门类排名

理学 175/389、工学 298/434、医学 57/214、管理学 326/427。

一级学科排名

化学 117/225、生物学 166/241、化学工程与技术 121/184、食品科学与工程 57/100、药学 2/145、中药学 13/43、工商管理 261/307。

优势专业

5★+专业：药物分析学 1/109。

5★专业：药物化学 5/136、药剂学 2/122、生药学 2/89。

4★专业：微生物与生化药学 11/81、药理学 15/127。

通信地址：辽宁省沈阳市沈河区文化路103号沈阳药科大学
邮政编码：110016
电话号码：024-23986089
电子邮箱：islandwhx@126.com

10165　辽宁师范大学

在中国普通高校研究生教育竞争力排行榜中的名次：总排名236/527，辽宁省内排名11/35，师范类排名26/61。

共25个一级学科（学术学位）参评，其中5★+学科0个，5★学科0个，5★-学科1个，4★学科2个，学科优秀率为12%。

门类排名

经济学 240/332、法学 94/394、教育学 21/299、文学 80/349、历史学 47/123、理学 93/389、工学 351/434、管理学 265/427、艺术学 80/306。

一级学科排名

应用经济学 214/263、法学 168/207、政治学 30/87、马克思主义理论 74/353、教育学 31/141、心理学 9/104、体育学 19/108、中国语言文学 62/179、外国语言文学 75/232、考古学 26/29、中国史 66/105、世界史 54/59、数学 154/262、物理学 76/191、化学 80/225、地理学 14/87、生物学 127/241、生态学 77/90、计算机科学与技术 125/262、工商管理 284/307、图书情报与档案管理 42/51、音乐与舞蹈学 56/72、戏剧与影视学 40/56、美术学 70/103、设计学 112/148。

优势专业

5★-专业：思想政治教育 29/334。

4★专业：中共党史 10/50、马克思主义中国化研究 55/303、基础心理学 9/62、发展与教育心理学 10/69、应用心理学 13/93、人文地理学 12/76、地图学与地理信息系统 13/81。

通信地址：辽宁省大连市黄河路850号辽宁师范大学研究生院
邮政编码：116029
电话号码：0411-82153737
电子邮箱：lsyjs@163.com

10142　沈阳工业大学

在中国普通高校研究生教育竞争力排行榜中的名次：总排名260/527，辽宁省内排名12/35，理工类排名99/165。

共20个一级学科（学术学位）参评，其中5★+学科0个，5★学科0个，5★-学科0个，4★学科1个，学科优秀率为5%。

门类排名

经济学 223/332、法学 183/394、理学 321/389、工学 113/434、管理学 177/427。

一级学科排名

应用经济学 219/263、法学 102/207、马克思主义理论

191/353、数学 192/262、物理学 189/191、机械工程 53/219、仪器科学与技术 24/69、材料科学与工程 75/219、动力工程及工程热物理 100/105、电气工程 20/110、电子科学与技术 117/122、信息与通信工程 173/179、控制科学与工程 136/185、计算机科学与技术 220/262、土木工程 158/160、化学工程与技术 134/184、环境科学与工程 179/189、生物医学工程 56/65、管理科学与工程 84/179、工商管理 202/307。

优势专业

4★专业：电机与电器 17/83、电工理论与新技术 14/79。

通信地址：辽宁省沈阳市经济技术开发区沈辽西路 111 号沈阳工业大学研招办
邮政编码：110870
电话号码：024-25494900
电子邮箱：yzbsut@163.com

10167 渤海大学

在中国普通高校研究生教育竞争力排行榜中的名次：总排名267/527，辽宁省内排名13/35，综合类排名55/79。

共 18 个一级学科（学术学位）参评。

门类排名

哲学 100/138、经济学 315/332、法学 213/394、教育学 117/299、文学 122/349、历史学 107/123、理学 224/389、工学 203/434、农学 117/166、管理学 307/427、艺术学 203/306。

一级学科排名

哲学 95/138、政治学 66/87、马克思主义理论 143/353、教育学 86/141、中国语言文学 143/179、外国语言文学 144/232、新闻传播学 87/116、中国史 96/105、数学 180/262、物理学 163/191、化学 142/225、材料科学与工程 183/219、控制科学与工程 95/185、化学工程与技术 150/184、食品科学与工程 38/100、软件工程 52/138、工商管理 189/307、美术学 35/103。

通信地址：辽宁省锦州市松山新区科技路 19 号渤海大学研招办
邮政编码：121013
电话号码：0416-3400137
电子邮箱：webmaster@bhu.edu.cn

10153 沈阳建筑大学

在中国普通高校研究生教育竞争力排行榜中的名次：总排名309/527，辽宁省内排名14/35，理工类排名114/165。

共 16 个一级学科（学术学位）参评，其中 5★+学科 0 个，5★学科 0 个，5★-学科 0 个，4★学科 1 个，学科优秀率为 6.25%。

门类排名

法学 320/394、文学 313/349、工学 121/434、农学 149/166、管理学 338/427、艺术学 186/306。

一级学科排名

马克思主义理论 265/353、力学 54/94、机械工程 94/219、材料科学与工程 182/219、控制科学与工程 137/185、计算机科学与技术 179/262、建筑学 22/70、土木工程 30/160、测绘科学与技术 49/53、交通运输工程 54/69、环境科学与工程 147/189、城乡规划学 17/50、风景园林学 17/51、软件工程 111/138、管理科学与工程 110/179、设计学 66/148。

优势专业

4★专业：市政工程 21/109。

通信地址：辽宁省沈阳市浑南新区浑南东路 9 号沈阳建筑大学研究生院
邮政编码：110168
电话号码：024-24692889
电子邮箱：yjszs@sjzu.edu.cn

10152 大连工业大学

在中国普通高校研究生教育竞争力排行榜中的名次：总排名320/527，辽宁省内排名15/35，理工类排名118/165。

共 14 个一级学科（学术学位）参评，其中 5★+学科 0 个，5★学科 0 个，5★-学科 0 个，4★学科 3 个，学科优秀率为 21.43%。

门类排名

理学 247/389、工学 149/434、农学 108/166、管理学 347/427、艺术学 116/306。

一级学科排名

化学 167/225、生物学 164/241、机械工程 195/219、光学工程 82/84、材料科学与工程 165/219、控制科学与工程 174/185、化学工程与技术 155/184、纺织科学与工程 5/22、轻工技术与工程 3/23、环境科学与工程 165/189、食品科学与工程 15/100、工商管理 276/307、美术学 79/103、设计学 25/148。

优势专业

4★专业：水产品加工及贮藏工程 8/47。

通信地址：辽宁省大连市甘井子区轻工苑一号大连工业大学研究生学院
邮政编码：116034
电话号码：0411-86323616
电子邮箱：yzb@dlpu.edu.cn

10166 沈阳师范大学

在中国普通高校研究生教育竞争力排行榜中的名次：总排名326/527，辽宁省内排名16/35，师范类排名36/61。

共 26 个一级学科（学术学位）参评。

门类排名

哲学 91/138、经济学 261/332、法学 125/394、教育学

55/299、文学 111/349、理学 186/389、工学 308/434、管理学 202/427、艺术学 95/306。

一级学科排名

哲学 90/138、理论经济学 100/116、法学 68/207、社会学 55/87、马克思主义理论 216/353、教育学 40/141、心理学 58/104、体育学 80/108、中国语言文学 90/179、外国语言文学 118/232、数学 211/262、物理学 108/191、化学 192/225、生物学 165/241、生态学 52/90、统计学 92/97、材料科学与工程 216/219、计算机科学与技术 256/262、化学工程与技术 151/184、食品科学与工程 71/100、工商管理 254/307、公共管理 123/207、音乐与舞蹈学 63/72、戏剧与影视学 54/56、美术学 60/103、设计学 136/148。

通信地址：辽宁省沈阳市皇姑区黄河北大街253号沈阳师范大学研究生处
邮政编码：110034
电话号码：024-86592979
电子邮箱：synuyzb@126.com

10148　辽宁石油化工大学

在中国普通高校研究生教育竞争力排行榜中的名次：总排名 **330/527**，辽宁省内排名 **17/35**，理工类排名 **124/165**。

共 **14** 个一级学科（学术学位）参评。

门类排名

法学 280/394、文学 320/349、理学 260/389、工学 191/434、管理学 290/427、艺术学 276/306。

一级学科排名

马克思主义理论 168/353、物理学 143/191、化学 131/225、机械工程 184/219、材料科学与工程 155/219、动力工程及工程热物理 52/105、控制科学与工程 117/185、计算机科学与技术 189/262、土木工程 97/160、化学工程与技术 97/184、石油与天然气工程 12/16、环境科学与工程 157/189、安全科学与工程 53/55、工商管理 176/307。

通信地址：辽宁省抚顺市望花区丹东路（西段）1号辽宁石油化工大学研究生学院
邮政编码：113001
电话号码：024-56860939
电子邮箱：yanjs@lnpu.edu.cn

10160　锦州医科大学

在中国普通高校研究生教育竞争力排行榜中的名次：总排名 **336/527**，辽宁省内排名 **18/35**，医药类排名 **45/71**。

共 **10** 个一级学科（学术学位）参评。

门类排名

哲学 133/138、法学 350/394、理学 310/389、农学 84/166、医学 89/214。

一级学科排名

哲学 132/138、马克思主义理论 324/353、生物学 146/241、基础医学 65/106、临床医学 70/113、口腔医学 44/48、公共卫生与预防医学 65/75、中西医结合 58/60、药学 89/145、护理学 45/59。

通信地址：辽宁省锦州市松坡路3段40号辽宁医科大学研招办
邮政编码：121001
电话号码：0416-4673300
电子邮箱：yzb10160@163.com

11258　大连大学

在中国普通高校研究生教育竞争力排行榜中的名次：总排名 **352/527**，辽宁省内排名 **19/35**，综合类排名 **61/79**。

共 **21** 个一级学科（学术学位）参评。

门类排名

法学 335/394、教育学 130/299、文学 165/349、历史学 115/123、理学 267/389、工学 243/434、医学 117/214、管理学 310/427、艺术学 171/306。

一级学科排名

马克思主义理论 300/353、体育学 63/108、中国语言文学 170/179、外国语言文学 196/232、世界史 56/59、化学 165/225、生物学 186/241、机械工程 193/219、材料科学与工程 212/219、控制科学与工程 121/185、计算机科学与技术 139/262、土木工程 134/160、环境科学与工程 189/189、软件工程 104/138、网络空间安全 54/56、基础医学 98/106、临床医学 77/113、护理学 38/59、工商管理 282/307、音乐与舞蹈学 69/72、美术学 91/103。

通信地址：辽宁省大连市经济技术开发区学府大街10号大连大学研招办
邮政编码：116622
电话号码：0411-87402323
电子邮箱：yzb@dlu.edu.cn

10143　沈阳航空航天大学

在中国普通高校研究生教育竞争力排行榜中的名次：总排名 **354/527**，辽宁省内排名 **20/35**，理工类排名 **130/165**。

共 **15** 个一级学科（学术学位）参评。

门类排名

法学 296/394、理学 305/389、工学 181/434、管理学 274/427、艺术学 190/306。

一级学科排名

马克思主义理论 221/353、数学 150/262、力学 73/94、机械工程 152/219、材料科学与工程 161/219、动力工程及工程热物理 68/105、信息与通信工程 129/179、控制科学与工程 102/185、计算机科学与技术 126/262、交通运输工程 68/69、航空宇航科学与技术 15/25、安全科学与工程 37/55、工商管理 183/307、美术学 102/103、设计学 99/148。

通信地址：辽宁省沈阳市沈北新区道义南大街37号沈阳航空航天大学研招办

邮政编码：110136

电话号码：024-89726538

电子邮箱：yzb@sau.edu.cn

10162 辽宁中医药大学

在中国普通高校研究生教育竞争力排行榜中的名次：总排名 355/527，辽宁省内排名 21/35，医药类排名 52/71。

共 5 个一级学科（学术学位）参评，其中 5★+学科 0 个，5★学科 0 个，5★-学科 0 个，4★学科 1 个，学科优秀率为 20%。

门类排名

法学 363/394、医学 81/214。

一级学科排名

马克思主义理论 334/353、中医学 14/42、中西医结合 8/60、药学 93/145、中药学 16/43。

优势专业

5★-专业：中医骨伤科学 3/28。

4★专业：中医医史文献 6/28、中医外科学 5/28、中西医结合基础 8/46、中西医结合临床 7/57。

通信地址：辽宁省沈阳市皇姑区崇山东路79号辽宁中医药大学研招办

邮政编码：110847

电话号码：024-31207065

电子邮箱：lnzyyzb@tom.com

10158 大连海洋大学

在中国普通高校研究生教育竞争力排行榜中的名次：总排名 364/527，辽宁省内排名 22/35，农林类排名 32/37。

共 10 个一级学科（学术学位）参评。

门类排名

法学 230/394、文学 305/349、理学 269/389、工学 276/434、农学 58/166、管理学 331/427。

一级学科排名

法学 185/207、马克思主义理论 230/353、海洋科学 25/29、生物学 168/241、控制科学与工程 127/185、水利工程 59/64、船舶与海洋工程 24/24、农业工程 39/44、水产 10/29、工商管理 263/307。

通信地址：辽宁省大连市沙河口区黑石礁街52号大连海洋大学研招办

邮政编码：116023

电话号码：0411-84762665

电子邮箱：yzb@dlou.edu.cn

10150 大连交通大学

在中国普通高校研究生教育竞争力排行榜中的名次：总排名 377/527，辽宁省内排名 23/35，理工类排名 133/165。

共 13 个一级学科（学术学位）参评。

门类排名

法学 263/394、理学 330/389、工学 147/434、管理学 256/427。

一级学科排名

马克思主义理论 208/353、数学 155/262、力学 63/94、机械工程 46/219、材料科学与工程 101/219、电气工程 88/110、控制科学与工程 119/185、计算机科学与技术 193/262、交通运输工程 27/69、环境科学与工程 166/189、软件工程 113/138、管理科学与工程 173/179、工商管理 245/307。

通信地址：辽宁省大连市沙河口区黄河路794号大连交通大学研究生院

邮政编码：116028

电话号码：0411-84729493

电子邮箱：yjsb@djtu.edu.cn

10154 辽宁工业大学

在中国普通高校研究生教育竞争力排行榜中的名次：总排名 385/527，辽宁省内排名 24/35，理工类排名 135/165。

共 14 个一级学科（学术学位）参评。

门类排名

法学 345/394、文学 346/349、理学 368/389、工学 195/434、管理学 254/427。

一级学科排名

马克思主义理论 319/353、数学 239/262、机械工程 115/219、材料科学与工程 176/219、动力工程及工程热物理 97/105、电气工程 91/110、信息与通信工程 115/179、控制科学与工程 132/185、计算机科学与技术 121/262、土木工程 128/160、交通运输工程 47/69、环境科学与工程 188/189、管理科学与工程 170/179、工商管理 238/307。

通信地址：辽宁省锦州市古塔区士英街169号辽宁工业大学研究生院

邮政编码：121001

电话号码：0416-4198417

电子邮箱：lgdxxgkb@163.com

10146 辽宁科技大学

在中国普通高校研究生教育竞争力排行榜中的名次：总排名 393/527，辽宁省内排名 25/35，理工类排名 138/165。

共 11 个一级学科（学术学位）参评。

门类排名

法学 394/394、理学 328/389、工学 179/434、管理学

335/427。

一级学科排名

数学 146/262、机械工程 203/219、材料科学与工程 158/219、冶金工程 14/24、动力工程及工程热物理 88/105、控制科学与工程 169/185、计算机科学与技术 259/262、土木工程 159/160、化学工程与技术 53/184、矿业工程 28/30、工商管理 281/307。

通信地址：	辽宁省鞍山市铁东区千山中路185号辽宁科技大学研究生院
邮政编码：	114051
电话号码：	0412-5928178
电子邮箱：	wangdetao0803@163.com

10144　沈阳理工大学

在中国普通高校研究生教育竞争力排行榜中的名次：总排名 432/527，辽宁省内排名 26/35，理工类排名 148/165。

共 14 个一级学科（学术学位）参评。

门类排名

经济学 295/332、法学 370/394、文学 314/349、工学 201/434、管理学 325/427、艺术学 199/306。

一级学科排名

应用经济学 260/263、马克思主义理论 341/353、力学 61/94、机械工程 120/219、光学工程 81/84、材料科学与工程 151/219、信息与通信工程 122/179、控制科学与工程 107/185、计算机科学与技术 187/262、化学工程与技术 125/184、兵器科学与技术 4/7、环境科学与工程 168/189、工商管理 246/307、设计学 105/148。

通信地址：	辽宁省沈阳市浑南新区南屏中路6号沈阳理工大学研究生院
邮政编码：	110159
电话号码：	024-24686219
电子邮箱：	dzj6028@163.com

12026　大连民族大学

在中国普通高校研究生教育竞争力排行榜中的名次：总排名 434/527，辽宁省内排名 27/35，民族类排名 12/13。

共 2 个一级学科（学术学位）参评。

门类排名

法学 288/394、工学 335/434。

一级学科排名

民族学 32/39、生物工程 6/20。

通信地址：	辽宁省大连市经济技术开发区辽河西路18号大连民族大学研招办
邮政编码：	116600
电话号码：	0411-87533705
电子邮箱：	yzb@dlnu.edu.cn

10149　沈阳化工大学

在中国普通高校研究生教育竞争力排行榜中的名次：总排名 437/527，辽宁省内排名 28/35，理工类排名 150/165。

共 12 个一级学科（学术学位）参评。

门类排名

经济学 276/332、法学 383/394、文学 200/349、理学 285/389、工学 242/434、管理学 349/427。

一级学科排名

应用经济学 250/263、外国语言文学 123/232、化学 180/225、机械工程 204/219、材料科学与工程 217/219、动力工程及工程热物理 87/105、信息与通信工程 154/179、控制科学与工程 176/185、计算机科学与技术 233/262、化学工程与技术 143/184、环境科学与工程 167/189、管理科学与工程 179/179。

通信地址：	辽宁省沈阳市经济技术开发区11号街沈阳化工大学研究生院
邮政编码：	110142
电话号码：	024-89386567
电子邮箱：	yzbsyict@126.com

10176　沈阳体育学院

在中国普通高校研究生教育竞争力排行榜中的名次：总排名 447/527，辽宁省内排名 29/35，体育类排名 8/13。

共 1 个一级学科（学术学位）参评。

门类排名

教育学 83/299、文学 325/349。

一级学科排名

体育学 31/108。

通信地址：	辽宁省沈阳市苏家屯区金钱松东路36号沈阳体育学院研招办
邮政编码：	110102
电话号码：	024-89166572
电子邮箱：	yjs@syty.edu.cn

10172　大连外国语大学

在中国普通高校研究生教育竞争力排行榜中的名次：总排名 473/527，辽宁省内排名 30/35，文法类排名 17/24。

共 3 个一级学科（学术学位）参评，其中 5★+学科 0 个，5★学科 0 个，5★-学科 0 个，4★学科 1 个，学科优秀率为 33.33%。

门类排名

法学 364/394、教育学 258/299、文学 64/349、管理学 383/427、艺术学 297/306。

一级学科排名

马克思主义理论 335/353、中国语言文学 135/179、外国语言文学 27/232。

优势专业

4★专业：英语语言文学 35/199、日语语言文学 20/131。

```
通信地址：辽宁省大连市旅顺口区旅顺南路西段 6 号大连外国
         语大学研究生处
邮政编码：116044
电话号码：0411-86111234
电子邮箱：yzb@dlufl.edu.cn
```

11035　沈阳大学

在中国普通高校研究生教育竞争力排行榜中的名次：总排名 481/527，辽宁省内排名 31/35，综合类排名 76/79。

共 8 个一级学科（学术学位）参评。

门类排名

经济学 234/332、教育学 206/299、理学 323/389、工学 256/434、管理学 273/427、艺术学 228/306。

一级学科排名

应用经济学 190/263、生物学 224/241、材料科学与工程 193/219、控制科学与工程 151/185、土木工程 135/160、环境科学与工程 113/189、工商管理 210/307、美术学 90/103。

```
通信地址：辽宁省沈阳市大东区联合路 54 号沈阳大学研究生学
         院（沈阳大学南院 1 号楼 B424）
邮政编码：110044
电话号码：024-62266962
电子邮箱：yjsb03@syugs.org.cn
```

10177　沈阳音乐学院

在中国普通高校研究生教育竞争力排行榜中的名次：总排名 513/527，辽宁省内排名 32/35，艺术类排名 26/30。

共 2 个一级学科（学术学位）参评。

门类排名

艺术学 105/306。

一级学科排名

艺术学理论 41/60、音乐与舞蹈学 34/72。

```
通信地址：辽宁省沈阳市和平区三好街 61 号沈阳音乐学院研招办
邮政编码：110818
电话号码：024-83910311
电子邮箱：sycmyjs@163.com
```

10164　沈阳医学院

在中国普通高校研究生教育竞争力排行榜中的名次：总排名 514/527，辽宁省内排名 33/35，医药类排名 70/71。

共 2 个一级学科（学术学位）参评。

门类排名

医学 135/214。

一级学科排名

基础医学 55/106、公共卫生与预防医学 45/75。

```
通信地址：辽宁省沈阳市黄河北大街 146 号沈阳医学院研招办
邮政编码：110034
电话号码：024-62214188
电子邮箱：symcxkjs@126.com
```

10175　中国刑事警察学院

在中国普通高校研究生教育竞争力排行榜中的名次：总排名 515/527，辽宁省内排名 34/35，文法类排名 22/24。

共 3 个一级学科（学术学位）参评。

门类排名

法学 214/394、教育学 249/299、工学 385/434、医学 198/214。

一级学科排名

法学 146/207、教育学 132/141、基础医学 105/106。

```
通信地址：辽宁省沈阳市皇姑区塔湾街 83 号中国刑事警察学院
         研招办
邮政编码：110854
电话号码：024-86982292
电子邮箱：yjsc@ccpc.edu.cn
```

10178　鲁迅美术学院

在中国普通高校研究生教育竞争力排行榜中的名次：总排名 517/527，辽宁省内排名 35/35，艺术类排名 27/30。

共 3 个一级学科（学术学位）参评。

门类排名

艺术学 89/306。

一级学科排名

艺术学理论 53/60、美术学 42/103、设计学 65/148。

```
通信地址：辽宁省沈阳市和平区三好街 19 号鲁迅美术学院研招办
邮政编码：110816
电话号码：024-23932106
电子邮箱：yzb@lumei.edu.cn
```

11632　沈阳工程学院

在中国仅专业硕士招生普通高校研究生教育竞争力排行榜中的名次：总排名 36/51，辽宁省内排名 1/2，理工类排名 13/14。

共 1 个一级学科（专业学位）参评。

门类排名

工学 403/434。

一级学科排名

能源动力（专业学位）28/140。

通信地址：辽宁省沈阳市沈北新区蒲昌路18号沈阳工程学院研招办
邮政编码：110136
电话号码：024-31975863
电子邮箱：yzb@sie.edu.cn

10169　鞍山师范学院

在中国仅专业硕士招生普通高校研究生教育竞争力排行榜中的名次：总排名47/51，辽宁省内排名2/2，师范类排名11/12。

共1个一级学科（专业学位）参评。

门类排名

教育学 299/299。

一级学科排名

教育（专业学位）122/157。

通信地址：辽宁省鞍山市铁东区平安街43号鞍山师范学院研究生管理办公室
邮政编码：114007
电话号码：0412-2960295
电子邮箱：asncyjs@126.com

山东省

10422　山东大学

在中国普通高校研究生教育竞争力排行榜中的名次：总排名20/527，山东省内排名1/28，综合类排名10/79。

共52个一级学科（学术学位）参评，其中5★+学科0个，5★学科5个，5★-学科8个，4★学科16个，学科优秀率为55.77%。

门类排名

哲学 14/138、经济学 17/332、法学 13/394、教育学 76/299、文学 16/349、历史学 25/123、理学 13/389、工学 26/434、医学 14/214、管理学 23/427、艺术学 65/306。

一级学科排名

哲学 14/138、理论经济学 13/116、应用经济学 21/263、法学 14/207、政治学 11/87、社会学 18/87、马克思主义理论 11/353、体育学 29/108、中国语言文学 13/179、外国语言文学 12/232、新闻传播学 17/116、考古学 7/29、中国史 34/105、世界史 30/59、数学 4/262、物理学 24/191、化学 21/225、海洋科学 8/29、地球物理学 11/20、生物学 14/241、生态学 53/90、统计学 11/97、力学 64/94、机械工程 26/219、光学工程 33/84、材料科学与工程 32/219、动力工程及工程热物理 24/105、电气工程 16/110、电子科学与技术 34/122、信息与通信工程 39/179、控制科学与工程 21/185、计算机科学与技术 41/262、土木工程 23/160、水利工程 45/64、化学工程与技术 56/184、交通运输工程 40/69、环境科学与工程 18/189、生物医学工程 21/65、软件工程 7/138、网络空间安全 16/56、基础医学 10/106、临床医学 15/113、口腔医学 20/48、公共卫生与预防医学 16/75、药学 3/145、护理学 17/59、管理科学与工程 23/179、工商管理 44/307、公共管理 31/207、图书情报与档案管理 34/51、艺术学理论 20/60、设计学 28/148。

优势专业

5★专业：马克思主义中国化研究 6/303、思想政治教育 15/334、文艺学 8/168、基础数学 9/219、计算数学 11/215、概率论与数理统计 6/175、应用数学 10/256、运筹学与控制论 3/183、社会保障 7/145。

5★-专业：马克思主义哲学 9/108、中国哲学 9/99、科学技术哲学 8/85、金融学 18/229、法学理论 12/131、宪法学与行政法学 14/151、刑法学 11/136、民商法学 13/183、诉讼法学 8/123、民俗学 4/43、马克思主义基本原理 18/315、国外马克思主义研究 7/86、中国古典文献学 7/114、中国古代文学 14/177、中国现当代文学 10/172、比较文学与世界文学 13/136、凝聚态物理 18/176、无机化学 15/200、分析化学 17/199、有机化学 17/205、物理化学 17/192、植物学 13/153、微生物学 13/184、生物化学与分子生物学 17/221、机械制造及其自动化 13/201、控制理论与控制工程 12/179、模式识别与智能系统 15/162、岩土工程 10/143、防灾减灾工程及防护工程 11/119、环境工程 11/176、免疫学 10/100、临床检验诊断学 10/97、康复医学与理疗学 5/66、药物化学 9/136、会计学 27/277、企业管理 25/296、行政管理 16/180。

4★专业：外国哲学 13/91、宗教学 7/52、政治经济学 15/103、西方经济学 16/95、人口、资源与环境经济学 18/90、区域经济学 38/195、产业经济学 28/225、国际贸易学 20/192、经济法学 16/146、国际法学 22/117、政治学理论 11/77、科学社会主义与国际共产主义运动 7/38、中共党史 9/50、国际政治 12/62、社会学 11/83、中国近现代史基本问题研究 36/187、体育人文社会学 14/90、语言学及应用语言学 26/151、汉语言文字学 19/147、英语语言文学 30/199、俄语语言文学 13/75、日语语言文学 18/131、亚非语言文学 7/36、外国语言学及应用语言学 33/206、新闻学 16/105、传播学 16/112、理论物理 18/160、粒子物理与原子核物理 9/78、光学 20/164、高分子化学与物理 20/158、海洋化学 4/23、动物学 15/138、生理学 18/107、神经生物学 14/73、遗传学 19/143、发育生物学 12/71、细胞生物学 15/144、机械电子工程 37/205、机械设计及理论 29/205、车辆工程 26/154、材料物理与化学 30/201、材料学 32/200、材料加工工程 29/184、热能工程 13/82、化工过程机械 10/61、电机与电器 16/83、电力系统及其自动化 17/92、电力电子与电力传动 13/102、电工理论与新技术 13/79、信号与信息处理 32/164、检测技术与自动化装置 21/171、计算机系统结构 33/189、计算机软件与理论 36/219、计算机应用技术 39/261、结构工程 16/153、桥梁与隧道工程

16/109、环境科学 24/165、人体解剖与组织胚胎学 15/101、病原生物学 18/97、病理学与病理生理学 17/100、内科学 17/105、儿科学 15/88、老年医学 9/61、神经病学 16/97、皮肤病与性病学 14/73、影像医学与核医学 17/102、外科学 17/103、妇产科学 10/93、眼科学 16/81、耳鼻咽喉科学 12/77、肿瘤学 19/95、麻醉学 15/84、急诊医学 12/77、药剂学 17/122、生药学 11/89、药物分析学 16/109、微生物与生化药学 15/81、药理学 23/127、旅游管理 35/186、公共政策 6/28。

通信地址：山东省济南市山大南路 27 号山东大学研究生院
邮政编码：250100
电话号码：0531-88364334
电子邮箱：sduyzb@163.com

10423　中国海洋大学

在中国普通高校研究生教育竞争力排行榜中的名次：总排名 39/527，山东省内排名 2/28，理工类排名 20/165。

共 34 个一级学科（学术学位）参评，其中 5★+学科 0 个，5★学科 1 个，5★−学科 5 个，4★学科 5 个，学科优秀率为 32.35%。

门类排名

经济学 44/332、法学 37/394、教育学 148/299、文学 68/349、历史学 82/123、理学 20/389、工学 77/434、农学 37/166、医学 91/214、管理学 42/427。

一级学科排名

应用经济学 49/263、法学 36/207、政治学 45/87、马克思主义理论 174/353、中国语言文学 74/179、外国语言文学 46/232、中国史 60/105、数学 77/262、物理学 127/191、化学 71/225、地理学 53/87、大气科学 7/17、海洋科学 1/29、地质学 17/36、生物学 24/241、生态学 22/90、机械工程 96/219、材料科学与工程 122/219、信息与通信工程 71/179、控制科学与工程 66/185、计算机科学与技术 27/262、土木工程 72/160、水利工程 17/64、化学工程与技术 58/184、地质资源与地质工程 28/45、船舶与海洋工程 20/24、环境科学与工程 12/189、食品科学与工程 12/100、软件工程 42/138、水产 2/29、药学 10/145、工商管理 26/307、农林经济管理 29/50、公共管理 58/207。

优势专业

5★专业：物理海洋学 1/23、海洋化学 1/23、海洋生物学 1/25、海洋地质 1/19、捕捞学 1/11、渔业资源 1/23、药物化学 3/136。

5★−专业：动物学 14/138、微生物学 17/184、环境科学 11/165、食品科学 10/96、农产品加工及贮藏工程 8/78、水产品加工及贮藏工程 4/47、水产养殖 2/29、药剂学 11/122、生药学 8/89、药物分析学 7/109、微生物与生化药学 6/81、会计学 18/277、旅游管理 12/186。

4★专业：国民经济学 19/96、区域经济学 23/195、宪法学与行政法学 23/151、环境与资源保护法学 16/95、英语语言文学 38/199、外国语言学及应用语言学 23/206、水生生物学 7/60、遗传学 24/143、发育生物学 9/71、细胞生物学 27/144、生物化学与分子生物学 36/221、环境工程 33/176、药理学 20/127、企业管理 48/296。

通信地址：山东省青岛市崂山区松岭路 238 号中国海洋大学研招办
邮政编码：266100
电话号码：0532-66782080
电子邮箱：hdyzb@ouc.edu.cn

11065　青岛大学

在中国普通高校研究生教育竞争力排行榜中的名次：总排名 86/527，山东省内排名 3/28，综合类排名 30/79。

共 42 个一级学科（学术学位）参评，其中 5★+学科 0 个，5★学科 0 个，5★−学科 0 个，4★学科 2 个，学科优秀率为 4.76%。

门类排名

经济学 57/332、法学 151/394、教育学 84/299、文学 103/349、历史学 68/123、理学 95/389、工学 128/434、医学 43/214、管理学 100/427、艺术学 104/306。

一级学科排名

理论经济学 47/116、应用经济学 79/263、法学 103/207、政治学 74/87、马克思主义理论 268/353、教育学 61/141、心理学 69/104、中国语言文学 98/179、外国语言文学 67/232、中国史 52/105、数学 98/262、物理学 68/191、化学 114/225、生物学 48/241、系统科学 9/23、机械工程 153/219、材料科学与工程 67/219、动力工程及工程热物理 92/105、电气工程 83/110、电子科学与技术 59/122、信息与通信工程 177/179、控制科学与工程 106/185、计算机科学与技术 87/262、化学工程与技术 78/184、纺织科学与工程 7/22、环境科学与工程 98/189、软件工程 37/138、网络空间安全 48/56、基础医学 43/106、临床医学 50/113、口腔医学 29/48、公共卫生与预防医学 19/75、中西医结合 53/60、药学 26/145、特种医学 7/14、护理学 44/59、管理科学与工程 62/179、工商管理 84/307、公共管理 122/207、音乐与舞蹈学 54/72、美术学 92/103、设计学 100/148。

优势专业

4★专业：水生生物学 11/60。

通信地址：山东省青岛市宁夏路 308 号青岛大学研招办
邮政编码：266071
电话号码：0532-85953655
电子邮箱：yzb@qdu.edu.cn

10425　中国石油大学（华东）

在中国普通高校研究生教育竞争力排行榜中的名次：总排名 92/527，山东省内排名 4/28，理工类排名 45/165。

共 32 个一级学科（学术学位）参评，其中 5★+学科

0个，5★学科1个，5★-学科1个，4★学科2个，学科优秀率为12.5%。

门类排名

经济学 163/332、法学 123/394、教育学 165/299、文学 245/349、理学 106/389、工学 45/434、管理学 161/427。

一级学科排名

应用经济学 154/263、法学 160/207、马克思主义理论 71/353、体育学 90/108、外国语言文学 174/232、数学 186/262、物理学 126/191、化学 90/225、海洋科学 28/29、地球物理学 9/20、地质学 11/36、统计学 91/97、力学 49/94、机械工程 97/219、光学工程 78/84、材料科学与工程 86/219、动力工程及工程热物理 30/105、电气工程 57/110、信息与通信工程 87/179、控制科学与工程 61/185、计算机科学与技术 108/262、土木工程 124/160、测绘科学与技术 26/53、化学工程与技术 32/184、地质资源与地质工程 2/45、石油与天然气工程 2/16、船舶与海洋工程 23/24、环境科学与工程 82/189、软件工程 76/138、安全科学与工程 20/55、管理科学与工程 80/179、工商管理 155/307。

优势专业

5★专业：油气田开发工程 1/12。

5★-专业：矿产普查与勘探 4/40、地球探测与信息技术 4/40、地质工程 4/44。

4★专业：马克思主义中国化研究 40/303、化学工艺 27/148、生物化工 21/118、油气井工程 3/13。

```
通信地址  山东省青岛市经济技术开发区长江西路66号
邮政编码  266580
电话号码  0532-86981390
电子邮箱  sdyzb@upc.edu.cn
```

10424　山东科技大学

在中国普通高校研究生教育竞争力排行榜中的名次：总排名99/527，山东省内排名5/28，理工类排名49/165。

共29个一级学科（学术学位）参评，其中5★+学科0个，5★学科0个，5★-学科0个，4★学科2个，学科优秀率为6.9%。

门类排名

经济学 249/332、法学 173/394、文学 232/349、理学 134/389、工学 65/434、管理学 144/427、艺术学 245/306。

一级学科排名

应用经济学 238/263、法学 115/207、马克思主义理论 239/353、外国语言文学 142/232、数学 69/262、地理学 49/87、地质学 22/36、系统科学 6/23、统计学 52/97、力学 59/94、机械工程 50/219、材料科学与工程 102/219、动力工程及工程热物理 53/105、电气工程 51/110、电子科学与技术 74/122、信息与通信工程 73/179、控制科学与工程 43/185、计算机科学与技术 61/262、土木工程 50/160、测绘科学与技术 7/53、化学工程与技术 70/184、地质资源与地质工程 17/45、矿业工程 8/30、交通运输工程 60/69、船舶与海洋工程 22/24、环境科学与工程 116/189、安全科学与工程 7/55、管理科学与工程 71/179、工商管理 196/307。

优势专业

5★-专业：安全技术及工程 2/16。

4★专业：大地测量学与测量工程 9/48、摄影测量与遥感 9/45、地图制图学与地理信息工程 6/48。

```
通信地址  山东省青岛市经济技术开发区前湾港路579号
邮政编码  266590
电话号码  0532-86057150
电子邮箱  yzb@sdust.edu.cn
```

10445　山东师范大学

在中国普通高校研究生教育竞争力排行榜中的名次：总排名116/527，山东省内排名6/28，师范类排名12/61。

共33个一级学科（学术学位）参评，其中5★+学科0个，5★学科0个，5★-学科0个，4★学科5个，学科优秀率为15.15%。

门类排名

哲学 79/138、经济学 116/332、法学 87/394、教育学 26/299、文学 50/349、历史学 39/123、理学 61/389、工学 211/434、管理学 93/427、艺术学 24/306。

一级学科排名

哲学 80/138、理论经济学 35/116、法学 95/207、政治学 70/87、马克思主义理论 60/353、教育学 30/141、心理学 15/104、体育学 49/108、中国语言文学 36/179、外国语言文学 65/232、新闻传播学 103/116、中国史 67/105、世界史 27/59、数学 78/262、物理学 46/191、化学 78/225、地理学 25/87、生物学 84/241、生态学 84/90、统计学 87/97、光学工程 44/84、电子科学与技术 71/122、信息与通信工程 60/179、计算机科学与技术 82/262、化学工程与技术 116/184、食品科学与工程 79/100、管理科学与工程 33/179、工商管理 124/307、公共管理 106/207、艺术学理论 49/60、音乐与舞蹈学 32/72、戏剧与影视学 22/56、美术学 18/103。

优势专业

5★-专业：课程与教学论 11/112、发展与教育心理学 7/69、中国现当代文学 16/172。

4★专业：马克思主义基本原理 55/315、马克思主义中国化研究 41/303、思想政治教育 48/334、教育学原理 17/101、文艺学 28/168、分析化学 37/199。

```
通信地址  山东省济南市文化东路88号
邮政编码  250014
电话号码  0531-86180804
电子邮箱  yzb@sdsf.edu.cn
```

10434　山东农业大学

在中国普通高校研究生教育竞争力排行榜中的名次：

总排名167/527，山东省内排名7/28，农林类排名14/37。

共24个一级学科（学术学位）参评。

门类排名

经济学179/332、法学301/394、理学115/389、工学176/434、农学13/166、管理学145/427。

一级学科排名

应用经济学176/263、马克思主义理论262/353、化学95/225、生物学60/241、生态学47/90、机械工程166/219、计算机科学与技术197/262、土木工程143/160、水利工程51/64、测绘科学与技术47/53、农业工程20/44、环境科学与工程119/189、食品科学与工程30/100、风景园林学39/51、作物学20/50、园艺学11/44、农业资源与环境17/39、植物保护15/46、畜牧学19/54、兽医学18/42、林学8/36、工商管理258/307、农林经济管理21/50、公共管理141/207。

优势专业

4★专业：水生生物学12/60。

通信地址：山东省泰安市岱宗大街61号
邮政编码：271018
电话号码：0538-8242639
电子邮箱：yzb2008@sdau.edu.cn

10446　曲阜师范大学

在中国普通高校研究生教育竞争力排行榜中的名次：总排名169/527，山东省内排名8/28，师范类排名17/61。

共25个一级学科（学术学位）参评，其中5★+学科0个，5★学科0个，5★-学科0个，4★学科3个，学科优秀率为12%。

门类排名

哲学47/138、经济学150/332、法学127/394、教育学32/299、文学85/349、历史学53/123、理学79/389、工学215/434、管理学276/427、艺术学78/306。

一级学科排名

哲学47/138、理论经济学70/116、应用经济学191/263、马克思主义理论66/353、教育学27/141、心理学55/104、体育学32/108、中国语言文学70/179、外国语言文学61/232、中国史50/105、世界史50/59、数学41/262、物理学52/191、化学97/225、地理学60/87、生物学145/241、生态学45/90、统计学38/97、控制科学与工程78/185、软件工程45/138、图书情报与档案管理43/51、艺术学理论44/60、音乐与舞蹈学42/72、戏剧与影视学45/56、美术学45/103。

优势专业

5★专业：教育学原理4/101。

5★-专业：马克思主义中国化研究27/303。

4★专业：统计学11/53、课程与教学论20/112、成人教育学6/30、基础数学29/219、计算数学40/215、应用数学31/256、运筹学与控制论24/183。

通信地址：山东省曲阜市静轩西路57号
邮政编码：273165
电话号码：0537-4455327
电子邮箱：yzb@qfsf.edu.cn

10426　青岛科技大学

在中国普通高校研究生教育竞争力排行榜中的名次：总排名176/527，山东省内排名9/28，理工类排名72/165。

共24个一级学科（学术学位）参评，其中5★+学科0个，5★学科0个，5★-学科0个，4★学科2个，学科优秀率为8.33%。

门类排名

经济学170/332、法学216/394、文学218/349、理学141/389、工学96/434、医学183/214、管理学277/427、艺术学145/306。

一级学科排名

应用经济学145/263、法学144/207、马克思主义理论207/353、外国语言文学132/232、数学235/262、化学47/225、海洋科学29/29、统计学86/97、力学85/94、机械工程92/219、材料科学与工程49/219、动力工程及工程热物理14/105、控制科学与工程152/185、计算机科学与技术196/262、化学工程与技术21/184、石油与天然气工程15/16、轻工技术与工程11/23、环境科学与工程144/189、软件工程132/138、安全科学与工程45/55、药学138/145、工商管理157/307、戏剧与影视学46/56、美术学80/103。

优势专业

4★专业：无机化学39/200、应用化学23/178。

通信地址：山东省青岛市市北区郑州路53号
邮政编码：266042
电话号码：0532-88958383
电子邮箱：yzb@qust.edu.cn

10427　济南大学

在中国普通高校研究生教育竞争力排行榜中的名次：总排名178/527，山东省内排名10/28，综合类排名44/79。

共23个一级学科（学术学位）参评。

门类排名

经济学191/332、法学229/394、教育学161/299、文学166/349、理学137/389、工学161/434、医学99/214、管理学242/427、艺术学193/306。

一级学科排名

应用经济学195/263、社会学67/87、马克思主义理论180/353、心理学90/104、中国语言文学177/179、外国语言文学171/232、数学252/262、物理学103/191、化学66/225、生物学204/241、机械工程173/219、材料科学与工程73/219、信息与通信工程172/179、控制科学与工程126/185、计算机科学与技术151/262、土木工程116/160、水利工程 41/64、化学工程与技术 57/184、环境科学与工程 140/189、药学 144/145、管理科学与工程 151/179、工商管理 212/307、设计学 125/148。

> 通信地址：山东省济南市南辛庄西路 336 号
> 邮政编码：250022
> 电话号码：0531-82765949
> 电子邮箱：yjs_zcm@ujn.edu.cn

10456　山东财经大学

在中国普通高校研究生教育竞争力排行榜中的名次：总排名 220/527，山东省内排名 11/28，财经类排名 8/34。

共 9 个一级学科（学术学位）参评，其中 5★+学科 0 个，5★学科 0 个，5★-学科 0 个，4★学科 2 个，学科优秀率为 22.22%。

门类排名

经济学 29/332、法学 177/394、教育学 261/299、文学 170/349、理学 356/389、工学 302/434、管理学 63/427。

一级学科排名

理论经济学 43/116、应用经济学 34/263、法学 118/207、马克思主义理论 263/353、外国语言文学 82/232、统计学 44/97、计算机科学与技术 94/262、工商管理 52/307、公共管理 48/207。

优势专业

4★专业：金融学 26/229、国际贸易学 36/192、会计学 34/277、企业管理 55/296。

> 通信地址：山东省济南市市中区舜耕路 40 号
> 邮政编码：250002
> 电话号码：0531-82911053
> 电子邮箱：yzb@sdcj.edu.cn

10433　山东理工大学

在中国普通高校研究生教育竞争力排行榜中的名次：总排名 222/527，山东省内排名 12/28，理工类排名 86/165。

共 24 个一级学科（学术学位）参评。

门类排名

经济学 140/332、法学 191/394、文学 204/349、理学 213/389、工学 139/434、农学 123/166、管理学 200/427、艺术学 274/306。

一级学科排名

应用经济学 128/263、法学 182/207、社会学 83/87、马克思主义理论 201/353、中国语言文学 124/179、数学 164/262、物理学 190/191、化学 188/225、生物学 233/241、机械工程 78/219、仪器科学与技术 55/69、材料科学与工程 144/219、动力工程及工程热物理 79/105、电气工程 44/110、控制科学与工程 180/185、计算机科学与技术 219/262、测绘科学与技术 41/53、化学工程与技术 92/184、矿业工程 23/30、交通运输工程 45/69、农业工程 17/44、食品科学与工程 72/100、工商管理 226/307、图书情报与档案管理 25/51。

> 通信地址：山东省淄博市张店区新村西路 266 号
> 邮政编码：255049
> 电话号码：0533-2782143
> 电子邮箱：yzb@sdlg.edu.cn

11066　烟台大学

在中国普通高校研究生教育竞争力排行榜中的名次：总排名 240/527，山东省内排名 13/28，综合类排名 53/79。

共 23 个一级学科（学术学位）参评。

门类排名

经济学 287/332、法学 102/394、教育学 283/299、文学 186/349、理学 165/389、工学 207/434、农学 115/166、医学 106/214、管理学 322/427。

一级学科排名

应用经济学 261/263、法学 67/207、民族学 29/39、马克思主义理论 303/353、中国语言文学 148/179、外国语言文学 158/232、数学 208/262、物理学 134/191、化学 100/225、海洋科学 24/29、生物学 177/241、机械工程 156/219、材料科学与工程 157/219、电子科学与技术 97/122、计算机科学与技术 222/262、建筑学 63/70、土木工程 115/160、化学工程与技术 118/184、环境科学与工程 145/189、食品科学与工程 97/100、生物工程 13/20、药学 34/145、工商管理 229/307。

优势专业

4★专业：生药学 18/89、药物分析学 22/109。

> 通信地址：山东省烟台市莱山区清泉路 30 号烟台大学研招办
> 邮政编码：264005
> 电话号码：0535-6906017
> 电子邮箱：xwb@ytu.edu.cn

10431　齐鲁工业大学

在中国普通高校研究生教育竞争力排行榜中的名次：总排名 256/527，山东省内排名 14/28，理工类排名 97/165。

共 16 个一级学科（学术学位）参评。

门类排名

经济学 229/332、法学 361/394、文学 339/349、理学 133/389、工学 152/434、管理学 267/427、艺术学 184/306。

一级学科排名

应用经济学 207/263、马克思主义理论 330/353、数学 136/262、化学 84/225、生物学 197/241、生态学 90/90、机械工程 104/219、材料科学与工程 113/219、控制科学与工程 59/185、计算机科学与技术 212/262、化学工程与技术 66/184、轻工技术与工程 10/23、环境科学与工程 130/189、食品科学与工程 37/100、工商管理 218/307、设计学 86/148。

通信地址：山东省济南市长清区大学路3501号
邮政编码：250353
电话号码：0531-89631518
电子邮箱：yzb10431@163.com

10441 山东中医药大学

在中国普通高校研究生教育竞争力排行榜中的名次：总排名263/527，山东省内排名15/28，医药类排名32/71。

共8个一级学科（学术学位）参评。

门类排名

法学 373/394、教育学 172/299、理学 373/389、工学 431/434、医学 48/214。

一级学科排名

马克思主义理论 348/353、心理学 68/104、科学技术史 16/18、临床医学 63/113、中医学 10/42、中西医结合 16/60、药学 70/145、护理学 29/59。

优势专业

4★专业：中医基础理论 6/30、中医临床基础 6/30、中医医史文献 4/28、中医内科学 6/37、中西医结合基础 9/46。

通信地址：山东省济南市长清大学科技园山东中医药大学行政楼207室
邮政编码：250355
电话号码：0531-89628065（传真）
电子邮箱：yjsc8065@163.com

10435 青岛农业大学

在中国普通高校研究生教育竞争力排行榜中的名次：总排名274/527，山东省内排名16/28，农林类排名28/37。

共14个一级学科（学术学位）参评。

门类排名

理学 217/389、工学 262/434、农学 42/166、管理学 354/427。

一级学科排名

生物学 103/241、化学工程与技术 136/184、农业工程 30/44、食品科学与工程 50/100、风景园林学 34/51、作物学 37/50、园艺学 24/44、农业资源与环境 26/39、植物保护 25/46、畜牧学 45/54、兽医学 39/42、水产 18/29、草学 16/21、农林经济管理 35/50。

通信地址：山东省青岛市城阳区长城路700号青岛农业大学研招办
邮政编码：266109
电话号码：0532-86080598（传真）
电子邮箱：yzb@qau.edu.cn

10429 青岛理工大学

在中国普通高校研究生教育竞争力排行榜中的名次：总排名278/527，山东省内排名17/28，理工类排名103/165。

共17个一级学科（学术学位）参评。

门类排名

经济学 206/332、法学 340/394、理学 387/389、工学 153/434、农学 157/166、管理学 286/427。

一级学科排名

应用经济学 192/263、马克思主义理论 320/353、数学 254/262、力学 76/94、机械工程 75/219、材料科学与工程 188/219、信息与通信工程 178/179、控制科学与工程 184/185、计算机科学与技术 241/262、建筑学 28/70、土木工程 51/160、水利工程 64/64、交通运输工程 69/69、环境科学与工程 114/189、风景园林学 49/51、安全科学与工程 39/55、工商管理 260/307。

通信地址：山东省青岛市市北区抚顺路11号青岛理工大学研招办
邮政编码：266033
电话号码：0532-85071303
电子邮箱：yjshk@qtech.edu.cn

10447 聊城大学

在中国普通高校研究生教育竞争力排行榜中的名次：总排名280/527，山东省内排名18/28，师范类排名30/61。

共26个一级学科（学术学位）参评。

门类排名

经济学 188/332、法学 204/394、教育学 80/299、文学 127/349、历史学 96/123、理学 148/389、工学 255/434、农学 97/166、艺术学 122/306。

一级学科排名

应用经济学 183/263、政治学 41/87、马克思主义理论 192/353、教育学 60/141、心理学 86/104、体育学 101/108、中国语言文学 112/179、外国语言文学 154/232、中国史 99/105、世界史 37/59、数学 181/262、物理学 120/191、化学 151/225、地理学 63/87、生物学 157/241、系统科学 13/23、光学工程 55/84、材料科学与工程 133/219、信息与通信工程 125/179、化学工程与技术 175/184、风景园林学 42/51、软件工程 107/138、生物工程 17/20、作物学 47/50、音乐与舞蹈学 53/72、美术学 62/103。

通信地址：山东省聊城市湖南路1号
邮政编码：252059
电话号码：0635-8239267
电子邮箱：yjsc@lcu.edu.cn

10451 鲁东大学

在中国普通高校研究生教育竞争力排行榜中的名次：总排名304/527，山东省内排名19/28，师范类排名32/61。

共18个一级学科（学术学位）参评。

门类排名

经济学 310/332、法学 271/394、教育学 81/299、文学 121/349、历史学 103/123、理学 192/389、工学 288/434、农学 82/166、管理学 365/427。

一级学科排名

马克思主义理论 212/353、教育学 45/141、体育学 84/108、中国语言文学 102/179、外国语言文学 176/232、中国史 100/105、世界史 42/59、数学 226/262、物理学 136/191、化学 162/225、地理学 77/87、生物学 220/241、生态学 78/90、材料科学与工程 143/219、计算机科学与技术 159/262、水利工程 30/64、园艺学 35/44、水产 28/29。

通信地址：山东省烟台市芝罘区红旗中路186号
邮政编码：264025
电话号码：0535-6681458
电子邮箱：yzb@ldu.edu.cn

10430　山东建筑大学

在中国普通高校研究生教育竞争力排行榜中的名次：总排名 322/527，山东省内排名 20/28，理工类排名 119/165。

共 16 个一级学科（学术学位）参评。

门类排名

法学 333/394、文学 312/349、理学 366/389、工学 162/434、农学 150/166、管理学 309/427、艺术学 169/306。

一级学科排名

马克思主义理论 317/353、物理学 183/191、机械工程 149/219、材料科学与工程 177/219、动力工程及工程热物理 65/105、控制科学与工程 145/185、计算机科学与技术 255/262、建筑学 17/70、土木工程 93/160、测绘科学与技术 46/53、交通运输工程 50/69、环境科学与工程 139/189、城乡规划学 26/50、风景园林学 47/51、工商管理 250/307、美术学 97/103。

通信地址：山东省济南市临港开发区凤鸣路行政办公楼BG107室（西）
邮政编码：250101
电话号码：0531-86367033（传真）
电子邮箱：yzb@sdjz.edu.cn

10439　山东第一医科大学

在中国普通高校研究生教育竞争力排行榜中的名次：总排名 331/527，山东省内排名 21/28，医药类排名 43/71。

共 7 个一级学科（学术学位）参评。

门类排名

理学 354/389、工学 413/434、医学 68/214。

一级学科排名

生物学 202/241、基础医学 60/106、临床医学 60/113、公共卫生与预防医学 55/75、中西医结合 49/60、药学 49/145、护理学 47/59。

通信地址：山东省泰安市长城路619号
邮政编码：271000
电话号码：0538-6222218
电子邮箱：yjsb@tsmc.edu.cn

10438　潍坊医学院

在中国普通高校研究生教育竞争力排行榜中的名次：总排名 344/527，山东省内排名 22/28，医药类排名 48/71。

共 10 个一级学科（学术学位）参评。

门类排名

教育学 209/299、理学 304/389、医学 67/214、管理学 371/427。

一级学科排名

心理学 101/104、生物学 141/241、基础医学 80/106、临床医学 56/113、口腔医学 36/48、公共卫生与预防医学 38/75、中西医结合 42/60、药学 77/145、护理学 51/59、公共管理 185/207。

通信地址：山东省潍坊市宝通西街7166号
邮政编码：261053
电话号码：0536-8462341
电子邮箱：yzhb@wfmc.edu.cn

10440　滨州医学院

在中国普通高校研究生教育竞争力排行榜中的名次：总排名 376/527，山东省内排名 23/28，医药类排名 57/71。

共 7 个一级学科（学术学位）参评。

门类排名

教育学 275/299、理学 345/389、医学 78/214。

一级学科排名

生物学 183/241、基础医学 56/106、临床医学 62/113、口腔医学 47/48、中西医结合 41/60、医学技术 15/28、护理学 41/59。

通信地址：山东省烟台市莱山区观海路346号
邮政编码：264003
电话号码：0535-6913252
电子邮箱：byyzxwb@bzmc.edu.cn

11688　山东工商学院

在中国普通高校研究生教育竞争力排行榜中的名

次:总排名 445/527,山东省内排名 24/28,财经类排名 29/34。

共 5 个一级学科（学术学位）参评。

门类排名

经济学 127/332、工学 363/434、管理学 174/427。

一级学科排名

应用经济学 105/263、计算机科学与技术 207/262、管理科学与工程 107/179、工商管理 123/307、公共管理 170/207。

通信地址：山东省烟台市莱山区滨海中路 191 号山东工商学院研招办
邮政编码：264005
电话号码：0535-6903764
电子邮箱：yjsc@sdibt.edu.cn

11510　山东交通学院

在中国普通高校研究生教育竞争力排行榜中的名次:总排名 483/527,山东省内排名 25/28,理工类排名 156/165。

共 1 个一级学科（学术学位）参评。

门类排名

工学 338/434。

一级学科排名

交通运输工程 57/69。

通信地址：山东省济南市长清大学科技园海棠路 5001 号山东交通学院研招办
邮政编码：250357
电话号码：0531-80683788
电子邮箱：sdjtyzb@163.com

10458　山东艺术学院

在中国普通高校研究生教育竞争力排行榜中的名次:总排名 485/527,山东省内排名 26/28,艺术类排名 18/30。

共 5 个一级学科（学术学位）参评。

门类排名

艺术学 63/306。

一级学科排名

艺术学理论 59/60、音乐与舞蹈学 46/72、戏剧与影视学 50/56、美术学 96/103、设计学 146/148。

通信地址：山东省济南市文化东路 91 号
邮政编码：250014
电话号码：0531-86522235
电子邮箱：yjsb@sdca.edu.cn

10908　山东工艺美术学院

在中国普通高校研究生教育竞争力排行榜中的名次:总排名 500/527,山东省内排名 27/28,艺术类排名 21/30。

共 3 个一级学科（学术学位）参评。

门类排名

艺术学 86/306。

一级学科排名

艺术学理论 27/60、美术学 43/103、设计学 58/148。

通信地址：山东省济南市长清区大学科技园 1 号路 1255 号山东工艺美术学院研招办
邮政编码：250300
电话号码：0531-89626300
电子邮箱：yjszs@sdada.edu.cn

10457　山东体育学院

在中国普通高校研究生教育竞争力排行榜中的名次:总排名 501/527,山东省内排名 28/28,体育类排名 13/13。

共 1 个一级学科（学术学位）参评。

门类排名

教育学 118/299。

一级学科排名

体育学 41/108。

通信地址：山东省济南市世纪大道 10600 号
邮政编码：250102
电话号码：0531-89655111
电子邮箱：sdpeiyzb@163.com

10443　济宁医学院

在中国仅专业硕士招生普通高校研究生教育竞争力排行榜中的名次：总排名 4/51,山东省内排名 1/2,医药类排名 1/3。

共 1 个一级学科（专业学位）参评。

门类排名

医学 178/214。

一级学科排名

临床医学（专业学位）42/112。

通信地址：山东省济宁市太白湖新区荷花路 16 号
邮政编码：272001
电话号码：0537-3616166
电子邮箱：yjsc0537@163.com

14100　山东政法学院

在中国仅专业硕士招生普通高校研究生教育竞争力排行榜中的名次：总排名 41/51,山东省内排名 2/2,文法类排名 3/8。

共1个一级学科（专业学位）参评。

门类排名

法学 339/394。

一级学科排名

法律（专业学位）34/229。

通信地址：山东省济南市历下区解放东路63号山东政法大学研招办
邮政编码：250014
电话号码：0531-88599998
电子邮箱：zhfalvshuoshi@126.com

湖南省

10533 中南大学

在中国普通高校研究生教育竞争力排行榜中的名次：总排名13/527，湖南省内排名1/15，综合类排名8/79。

共46个一级学科（学术学位）参评，其中5★+学科0个，5★学科7个，5★-学科10个，4★学科12个，学科优秀率为63.04%。

门类排名

哲学 19/138、经济学 49/332、法学 23/394、教育学 58/299、文学 49/349、理学 19/389、工学 14/434、医学 11/214、管理学 19/427、艺术学 58/306。

一级学科排名

哲学 19/138、应用经济学 50/263、法学 21/207、社会学 21/87、马克思主义理论 14/353、心理学 26/104、中国语言文学 42/179、外国语言文学 51/232、数学 9/262、物理学 36/191、化学 32/225、地质学 8/36、生物学 20/241、统计学 12/97、力学 20/94、机械工程 25/219、材料科学与工程 10/219、冶金工程 1/24、动力工程及工程热物理 31/105、电气工程 41/110、电子科学与技术 45/122、信息与通信工程 63/179、控制科学与工程 20/185、计算机科学与技术 25/262、建筑学 23/70、土木工程 13/160、测绘科学与技术 3/53、化学工程与技术 16/184、地质资源与地质工程 9/45、矿业工程 2/30、交通运输工程 9/69、航空宇航科学与技术 20/25、环境科学与工程 26/189、安全科学与工程 21/55、基础医学 9/106、临床医学 11/113、口腔医学 21/48、公共卫生与预防医学 11/75、药学 16/145、特种医学 8/14、护理学 4/59、管理科学与工程 12/179、工商管理 14/307、公共管理 21/207、艺术学理论 21/60、设计学 38/148。

优势专业

5★专业：思想政治教育 13/334、基础数学 11/219、概率论与数理统计 8/175、运筹学与控制论 9/183、安全技术及工程 1/16、药理学 6/127、企业管理 15/296。

5★-专业：伦理学 8/88、马克思主义基本原理 29/315、马克思主义中国化研究 26/303、中国近现代史基本问题研究 16/187、计算数学 12/215、应用数学 14/256、机械制造及其自动化 18/201、机械电子工程 18/205、材料物理与化学 11/201、材料学 11/200、材料加工工程 11/184、冶金物理化学 2/21、钢铁冶金 2/22、有色金属冶金 2/22、控制理论与控制工程 13/179、岩土工程 13/143、结构工程 10/153、桥梁与隧道工程 8/109、大地测量学与测量工程 3/48、摄影测量与遥感 4/45、地图制图学与地理信息工程 3/48、应用化学 17/178、矿物加工工程 2/28、病理学与病理生理学 9/100、内科学 11/105、老年医学 6/61、皮肤病与性病学 7/73、药物化学 11/136、会计学 24/277、旅游管理 15/186、技术经济及管理 22/229、社会医学与卫生事业管理 7/76。

4★专业：中国哲学 15/99、区域经济学 26/195、金融学 35/229、产业经济学 45/225、国际贸易学 23/192、法学理论 24/131、宪法学与行政法学 19/151、民商法学 26/183、经济法学 28/146、民俗学 7/43、国外马克思主义研究 16/86、应用心理学 14/93、文艺学 31/168、理论物理 32/160、无机化学 27/200、分析化学 35/199、有机化学 35/205、物理化学 33/192、高分子化学与物理 29/158、矿物学、岩石学、矿床学 7/34、生理学 20/107、微生物学 25/184、遗传学 17/143、发育生物学 11/71、细胞生物学 23/144、生物化学与分子生物学 40/221、固体力学 14/79、工程力学 10/88、机械设计及理论 26/205、车辆工程 22/154、检测技术与自动化装置 24/171、系统工程 21/122、模式识别与智能系统 20/162、计算机系统结构 23/189、计算机软件与理论 29/219、计算机应用技术 32/261、供热、供燃气、通风及空调工程 14/94、化学工程 14/134、化学工艺 23/148、生物化工 20/118、工业催化 24/120、矿产普查与勘探 8/40、地球探测与信息技术 7/40、地质工程 8/44、采矿工程 4/30、道路与铁道工程 6/52、交通信息工程及控制 6/54、交通运输规划与管理 8/57、载运工具运用工程 7/48、环境科学 30/165、环境工程 22/176、人体解剖与组织胚胎学 12/101、免疫学 17/100、病原生物学 14/97、法医学 7/50、儿科学 13/88、神经病学 13/97、影像医学与核医学 13/102、临床检验诊断学 16/97、外科学 18/103、妇产科学 15/93、眼科学 12/81、耳鼻咽喉科学 9/77、肿瘤学 17/95、康复医学与理疗学 11/66、急诊医学 11/77、儿少卫生与妇幼保健学 8/42、卫生毒理学 8/60、药剂学 15/122、生药学 15/89、行政管理 28/180、知识产权法 6/44。

通信地址：湖南省长沙市麓山南路932号中南大学校本部三办公楼301室
邮政编码：410083
电话号码：0731-88876806
电子邮箱：yzb@csu.edu.cn

90002 国防科技大学

在中国普通高校研究生教育竞争力排行榜中的名次：

总排名 21/527，湖南省内排名 2/15，理工类排名 9/165。

共 23 个一级学科（学术学位）参评，其中 5★+学科 0 个，5★学科 3 个，5★-学科 4 个，4★学科 5 个，学科优秀率为 52.17%。

门类排名

法学 55/394、教育学 202/299、文学 105/349、理学 51/389、工学 19/434、管理学 236/427。

一级学科排名

政治学 25/87、马克思主义理论 49/353、外国语言文学 45/232、数学 35/262、物理学 18/191、化学 168/225、大气科学 8/17、海洋科学 11/29、系统科学 4/23、力学 23/94、机械工程 84/219、光学工程 19/84、仪器科学与技术 16/69、材料科学与工程 70/219、电子科学与技术 18/122、信息与通信工程 7/179、控制科学与工程 13/185、计算机科学与技术 11/262、航空宇航科学与技术 2/25、核科学与技术 16/19、软件工程 6/138、网络空间安全 5/56、管理科学与工程 87/179。

优势专业

5★专业：通信与信息系统 7/164、信号与信息处理 7/164、计算机系统结构 9/189、计算机软件与理论 10/219、计算机应用技术 12/261。

5★-专业：马克思主义中国化研究 29/303、思想政治教育 32/334、控制理论与控制工程 16/179、检测技术与自动化装置 16/171、模式识别与智能系统 16/162、飞行器设计 2/23、航空宇航推进理论与工程 2/20、航空宇航制造工程 2/19、人机与环境工程 2/16。

4★专业：马克思主义基本原理 46/315、马克思主义发展史 17/100、国外马克思主义研究 13/86、中国近现代史基本问题研究 32/187、英语语言文学 32/199、外国语言学及应用语言学 35/206、计算数学 38/215、概率论与数理统计 30/175、应用数学 50/256、运筹学与控制论 32/183、理论物理 29/160、原子与分子物理 18/93、等离子体物理 9/46、凝聚态物理 32/176、声学 7/33、光学 31/164、系统理论 4/22、系统分析与集成 3/20、精密仪器及机械 12/63、测试计量技术及仪器 12/68、材料加工工程 36/184、物理电子学 14/95、电路与系统 19/100、电磁场与微波技术 16/84、系统工程 23/122、导航、制导与控制 14/79。

通信地址：湖南省长沙市开福区德雅路 109 号国防科技大学研招办
邮政编码：410073
电话号码：0731-84572515
电子邮箱：gfkdyzc@nudt.edu.cn

10532 湖南大学

在中国普通高校研究生教育竞争力排行榜中的名次：总排名 34/527，湖南省内排名 3/15，理工类排名 18/165。

共 30 个一级学科（学术学位）参评，其中 5★+学科 0 个，5★学科 1 个，5★-学科 9 个，4★学科 8 个，学科优秀率为 60%。

门类排名

哲学 43/138、经济学 14/332、法学 31/394、教育学 62/299、文学 36/349、历史学 49/123、理学 40/389、工学 20/434、医学 170/214、管理学 41/427、艺术学 67/306。

一级学科排名

哲学 44/138、理论经济学 23/116、应用经济学 19/263、法学 26/207、马克思主义理论 25/353、教育学 46/141、体育学 52/108、中国语言文学 64/179、外国语言文学 37/232、新闻传播学 31/116、数学 34/262、物理学 50/191、化学 13/225、生物学 77/241、力学 16/94、机械工程 9/219、材料科学与工程 34/219、电气工程 9/110、电子科学与技术 35/122、信息与通信工程 61/179、控制科学与工程 14/185、计算机科学与技术 31/262、建筑学 9/70、土木工程 14/160、化学工程与技术 15/184、交通运输工程 30/69、环境科学与工程 19/189、药学 119/145、工商管理 22/307、公共管理 47/207。

优势专业

5★专业：凝聚态物理 7/176、无机化学 10/200、分析化学 9/199、高分子化学与物理 8/158、机械制造及其自动化 8/201、机械电子工程 9/205、机械设计及理论 9/205、车辆工程 8/154、技术经济及管理 7/229。

5★-专业：中国哲学 10/99、区域经济学 17/195、民商法学 12/183、经济法学 8/146、马克思主义中国化研究 25/303、思想政治教育 19/334、英语语言文学 17/199、外国语言学及应用语言学 11/206、理论物理 16/160、有机化学 14/205、物理化学 11/192、电力系统及其自动化 9/92、电力电子与电力传动 9/102、控制理论与控制工程 18/179、检测技术与自动化装置 15/171、模式识别与智能系统 14/162、计算机软件与理论 19/219、建筑设计及其理论 7/65、结构工程 14/153、市政工程 10/109、防灾减灾工程及防护工程 9/119、化学工程 11/134、化学工艺 13/148、应用化学 14/178、工业催化 11/120、环境工程 12/176、会计学 19/277。

4★专业：马克思主义哲学 14/108、政治经济学 17/103、世界经济 15/85、人口、资源与环境经济学 16/90、国民经济学 15/96、财政学 17/92、金融学 25/229、产业经济学 30/225、国际贸易学 21/192、数量经济学 18/111、刑法学 19/136、环境与资源保护法学 13/95、马克思主义基本原理 53/315、马克思主义发展史 12/100、中国近现代史基本问题研究 23/187、日语语言文学 23/131、基础数学 44/219、计算数学 30/215、概率论与数理统计 32/175、应用数学 37/256、运筹学与控制论 20/183、植物学 30/153、微生物学 35/184、生物化学与分子生物学 33/221、流体力学 12/64、工程力学 14/88、材料物理与化学 35/201、材料学 34/200、材料加工工程 28/184、电机与电器 10/83、高电压与绝缘技术 10/59、电工理论与新技术 9/79、系统工程 14/122、导航、制导与控制 13/79、计算机系统结构 27/189、计算机应用技术 28/261、建筑历史与理论 9/61、建筑技术科学 8/61、岩土工程 21/143、供热、供燃气、通风及空调工程 10/94、桥梁与隧道工程 15/109、生物化工

17/118、环境科学 20/165、企业管理 32/296、旅游管理 24/186、行政管理 36/180。

```
通信地址：湖南省长沙市岳麓区湖南大学
邮政编码：410082
电话号码：0731-88822856
电子邮箱：yzb@hnu.edu.cn
```

10542 湖南师范大学

在中国普通高校研究生教育竞争力排行榜中的名次：总排名 101/527，湖南省内排名 4/15，师范类排名 9/61。

共 34 个一级学科（学术学位）参评，其中 5★+学科 0 个，5★学科 1 个，5★-学科 0 个，4★学科 4 个，学科优秀率为 14.71%。

门类排名

哲学 24/138、经济学 91/332、法学 53/394、教育学 22/299、文学 18/349、历史学 33/123、理学 59/389、工学 248/434、医学 100/214、管理学 194/427、艺术学 26/306。

一级学科排名

哲学 24/138、理论经济学 33/116、应用经济学 124/263、法学 42/207、政治学 42/87、社会学 51/87、马克思主义理论 83/353、教育学 18/141、心理学 31/104、体育学 21/108、中国语言文学 43/179、外国语言文学 5/232、新闻传播学 24/116、中国史 29/105、世界史 43/59、数学 68/262、物理学 61/191、化学 77/225、天文学 17/18、地理学 19/87、生物学 73/241、统计学 48/97、电子科学与技术 78/122、计算机科学与技术 210/262、化学工程与技术 94/184、软件工程 85/138、基础医学 45/106、临床医学 88/113、公共卫生与预防医学 59/75、药学 99/145、工商管理 94/307、音乐与舞蹈学 12/72、美术学 24/103、设计学 108/148。

优势专业

5★专业：英语语言文学 5/199、日语语言文学 6/131、外国语言学及应用语言学 4/206。

5★-专业：伦理学 7/88、教育学原理 9/101、俄语语言文学 5/75、中国近现代史 7/68。

4★专业：民商法学 36/183、环境与资源保护法学 19/95、课程与教学论 15/112、学前教育学 9/60、高等教育学 22/111、运动人体科学 10/81、体育教育训练学 18/103、民族传统体育学 14/77、文艺学 23/168、汉语言文字学 29/147、法语语言文学 9/43、亚非语言文学 5/36、人文地理学 15/76。

```
通信地址：湖南省长沙市岳麓区麓山南路 36 号
邮政编码：410081
电话号码：0731-88872350
电子邮箱：yjsynews@hunnu.edu.cn
```

10530 湘潭大学

在中国普通高校研究生教育竞争力排行榜中的名次：总排名 128/527，湖南省内排名 5/15，综合类排名 36/79。

共 31 个一级学科（学术学位）参评，其中 5★+学科 0 个，5★学科 0 个，5★-学科 1 个，4★学科 3 个，学科优秀率为 12.9%。

门类排名

哲学 42/138、经济学 73/332、法学 36/394、文学 70/349、历史学 78/123、理学 77/389、工学 129/434、管理学 55/427、艺术学 282/306。

一级学科排名

哲学 43/138、理论经济学 34/116、应用经济学 123/263、法学 30/207、政治学 54/87、马克思主义理论 43/353、中国语言文学 61/179、外国语言文学 97/232、新闻传播学 68/116、中国史 90/105、世界史 55/59、数学 24/262、物理学 72/191、化学 62/225、统计学 30/97、力学 50/94、机械工程 146/219、材料科学与工程 57/219、动力工程及工程热物理 98/105、电气工程 76/110、电子科学与技术 102/122、信息与通信工程 167/179、控制科学与工程 171/185、计算机科学与技术 135/262、土木工程 154/160、化学工程与技术 42/184、环境科学与工程 79/189、管理科学与工程 136/179、工商管理 114/307、公共管理 36/207、图书情报与档案管理 11/51。

优势专业

5★专业：马克思主义中国化研究 8/303。

5★-专业：中国近现代史基本问题研究 17/187、计算数学 20/215。

4★专业：刑法学 27/136、经济法学 29/146、马克思主义基本原理 38/315、思想政治教育 63/334、基础数学 37/219、概率论与数理统计 24/175、应用数学 38/256、运筹学与控制论 23/183、社会保障 28/145、档案学 6/31。

```
通信地址：湖南湘潭市湘潭大学研究生院
邮政编码：411105
电话号码：0731-58292051
电子邮箱：yzb@xtu.edu.cn
```

10536 长沙理工大学

在中国普通高校研究生教育竞争力排行榜中的名次：总排名 132/527，湖南省内排名 6/15，理工类排名 58/165。

共 30 个一级学科（学术学位）参评，其中 5★+学科 0 个，5★学科 0 个，5★-学科 0 个，4★学科 1 个，学科优秀率为 3.33%。

门类排名

哲学 75/138、经济学 137/332、法学 264/394、文学 141/349、理学 204/389、工学 84/434、管理学 131/427、艺术学 200/306。

一级学科排名

哲学 76/138、应用经济学 129/263、马克思主义理论 136/353、中国语言文学 147/179、外国语言文学 187/232、数学 100/262、物理学 186/191、化学 133/225、统计学 94/97、力学 87/94、机械工程 136/219、材料科学与工程 152/219、动力工程及工程热物理 72/105、电气工程 24/110、电子科学与技术 42/122、信息与通信工程 142/179、控制科学与工程 110/185、计算机科学与技术 136/262、建筑学 41/70、土木工程 54/160、水利工程 18/64、测绘科学与技术 43/53、化学工程与技术 158/184、交通运输工程 14/69、食品科学与工程 53/100、软件工程 108/138、管理科学与工程 123/179、工商管理 70/307、公共管理 207/207、设计学 114/148。

优势专业

4★专业：道路与铁道工程 10/52、会计学 51/277、企业管理 57/296。

通信地址：湖南省长沙市长沙理工大学金盆岭校区
邮政编码：410076
电话号码：0731-82309679
电子邮箱：csust_yzb@163.com

10537 湖南农业大学

在中国普通高校研究生教育竞争力排行榜中的名次：总排名 150/527，湖南省内排名 7/15，农林类排名 12/37。

共 23 个一级学科（学术学位）参评。

门类排名

经济学 269/332、法学 316/394、教育学 138/299、文学 271/349、理学 158/389、工学 227/434、农学 23/166、医学 188/214、管理学 130/427。

一级学科排名

马克思主义理论 258/353、教育学 84/141、外国语言文学 205/232、化学 215/225、生物学 76/241、生态学 20/90、计算机科学与技术 240/262、农业工程 22/44、环境科学与工程 86/189、食品科学与工程 47/100、风景园林学 27/51、作物学 13/50、园艺学 13/44、农业资源与环境 11/39、植物保护 21/46、畜牧学 17/54、兽医学 16/42、水产 21/29、草学 14/21、公共卫生与预防医学 69/75、工商管理 228/307、农林经济管理 14/50、公共管理 55/207。

优势专业

4★专业：微生物学 22/184、农业水土工程 7/34、作物栽培学与耕作学 10/49、农业经济管理 10/49。

通信地址：湖南省长沙市芙蓉区湖南农业大学研究生院招生办
邮政编码：410128
电话号码：0731-84618111
电子邮箱：yzb@hunau.net

10534 湖南科技大学

在中国普通高校研究生教育竞争力排行榜中的名次：总排名 183/527，湖南省内排名 8/15，理工类排名 75/165。

共 30 个一级学科（学术学位）参评，其中 5★+学科 0 个，5★学科 0 个，5★-学科 0 个，4★学科 1 个，学科优秀率为 3.33%。

门类排名

哲学 98/138、经济学 96/332、法学 105/394、教育学 95/299、文学 138/349、历史学 92/123、理学 195/389、工学 146/434、管理学 226/427、艺术学 107/306。

一级学科排名

哲学 98/138、应用经济学 69/263、马克思主义理论 47/353、教育学 102/141、心理学 98/104、体育学 82/108、中国语言文学 155/179、外国语言文学 156/232、中国史 79/105、数学 228/262、物理学 140/191、化学 140/225、生物学 222/241、机械工程 83/219、仪器科学与技术 51/69、材料科学与工程 150/219、控制科学与工程 160/185、计算机科学与技术 226/262、建筑学 39/70、土木工程 73/160、测绘科学与技术 38/53、化学工程与技术 160/184、地质资源与地质工程 39/45、矿业工程 15/30、软件工程 44/138、安全科学与工程 33/55、工商管理 130/307、音乐与舞蹈学 57/72、美术学 72/103、设计学 134/148。

优势专业

5★-专业：马克思主义基本原理 28/315。

4★专业：马克思主义中国化研究 50/303、思想政治教育 59/334、中国近现代史基本问题研究 27/187。

通信地址：湖南省湘潭市桃源路湖南科技大学南校区
邮政编码：411201
电话号码：0731-58291000
电子邮箱：yjsc@hnust.edu.cn

10538 中南林业科技大学

在中国普通高校研究生教育竞争力排行榜中的名次：总排名 215/527，湖南省内排名 9/15，农林类排名 21/37。

共 20 个一级学科（学术学位）参评，其中 5★+学科 0 个，5★学科 0 个，5★-学科 0 个，4★学科 1 个，学科优秀率为 5%。

门类排名

经济学 186/332、法学 208/394、文学 289/349、理学 173/389、工学 157/434、农学 34/166、管理学 215/427、艺术学 178/306。

一级学科排名

应用经济学 182/263、法学 126/207、马克思主义理论 299/353、外国语言文学 222/232、生物学 89/241、生态学 34/90、机械工程 142/219、材料科学与工程 196/219、信息与通信工程 128/179、土木工程 119/160、化学工程与技术 111/184、林业工程 6/13、环境科学与工程 112/189、食品科学与工程 28/100、风景园林学 16/51、软件工程 106/138、林学 6/36、管理科学与工程 152/179、工商管理 153/307、设计学 90/148。

优势专业

4★专业：森林培育 5/28、园林植物与观赏园艺 5/25、水土保持与荒漠化防治 5/24。

> 通信地址：湖南省长沙市天心区韶山南路 498 号
> 邮政编码：410004
> 电话号码：0731-85623096
> 电子邮箱：csuftyzb@126.com

10555　南华大学

在中国普通高校研究生教育竞争力排行榜中的名次：总排名 216/527，湖南省内排名 10/15，理工类排名 83/165。

共 24 个一级学科（学术学位）参评。

门类排名

哲学 106/138、经济学 194/332、法学 272/394、文学 279/349、理学 215/389、工学 184/434、医学 56/214、管理学 189/427、艺术学 204/306。

一级学科排名

哲学 106/138、应用经济学 189/263、马克思主义理论 167/353、外国语言文学 225/232、数学 256/262、化学 115/225、生物学 187/241、机械工程 186/219、电子科学与技术 116/122、土木工程 84/160、地质资源与地质工程 33/45、矿业工程 21/30、核科学与技术 6/19、城乡规划学 28/50、软件工程 88/138、安全科学与工程 19/55、基础医学 26/106、临床医学 53/113、公共卫生与预防医学 53/75、药学 102/145、护理学 31/59、工商管理 236/307、公共管理 148/207、设计学 130/148。

> 通信地址：湖南省衡阳市常胜西路 28 号南华大学研究生处招生办
> 邮政编码：421001
> 电话号码：0734-8282310
> 电子邮箱：nhdxyzb@163.com

10541　湖南中医药大学

在中国普通高校研究生教育竞争力排行榜中的名次：总排名 272/527，湖南省内排名 11/15，医药类排名 34/71。

共 9 个一级学科（学术学位）参评，其中 5★+学科 0 个，5★学科 0 个，5★-学科 0 个，4★学科 1 个，学科优秀率为 11.11%。

门类排名

法学 358/394、工学 415/434、医学 61/214、管理学 411/427。

一级学科排名

马克思主义理论 328/353、基础医学 101/106、临床医学 93/113、口腔医学 39/48、中医学 6/42、中西医结合 15/60、药学 81/145、中药学 32/43、护理学 58/59。

优势专业

5★-专业：中医五官科学 2/15。

4★专业：方剂学 5/27、中医诊断学 5/27、中西医结合临床 11/57。

> 通信地址：湖南省长沙市含浦科教园区
> 邮政编码：410208
> 电话号码：0731-88458277
> 电子邮箱：yjsy8277@163.com

11535　湖南工业大学

在中国普通高校研究生教育竞争力排行榜中的名次：总排名 288/527，湖南省内排名 12/15，理工类排名 106/165。

共 16 个一级学科（学术学位）参评，其中 5★+学科 0 个，5★学科 0 个，5★-学科 0 个，4★学科 1 个，学科优秀率为 6.25%。

门类排名

哲学 138/138、法学 178/394、教育学 134/299、文学 250/349、理学 265/389、工学 187/434、农学 154/166、管理学 192/427、艺术学 75/306。

一级学科排名

哲学 138/138、法学 91/207、马克思主义理论 254/353、体育学 56/108、外国语言文学 214/232、数学 131/262、机械工程 144/219、材料科学与工程 88/219、冶金工程 17/24、电气工程 67/110、控制科学与工程 178/185、土木工程 101/160、管理科学与工程 157/179、工商管理 151/307、戏剧与影视学 35/56、设计学 19/148。

> 通信地址：湖南省株洲市天元区泰山西路湖南工业大学研招办
> 邮政编码：412007
> 电话号码：0731-22183156
> 电子邮箱：hgdpyb@163.com

10531　吉首大学

在中国普通高校研究生教育竞争力排行榜中的名次：总排名 365/527，湖南省内排名 13/15，综合类排名 64/79。

共 15 个一级学科（学术学位）参评，其中 5★+学科 0 个，5★学科 0 个，5★-学科 0 个，4★学科 1 个，学科优秀率为 6.67%。

门类排名

哲学 82/138、经济学 209/332、法学 153/394、教育学 93/299、文学 169/349、历史学 77/123、理学 231/389、工学 400/434、医学 191/214、管理学 232/427、艺术学 247/306。

一级学科排名

哲学 81/138、应用经济学 184/263、民族学 17/39、马克思主义理论 220/353、体育学 20/108、中国语言文学 144/179、中国史 65/105、数学 197/262、物理学 160/191、化学 196/225、生物学 201/241、生态学 57/90、统计学 77/97、林业工程 13/13、工商管理 173/307。

> 通信地址：湖南省吉首市人民南路 120 号
> 邮政编码：416000
> 电话号码：0743-8565122
> 电子邮箱：yjsb@jsu.edu.cn

10554　湖南工商大学

在中国普通高校研究生教育竞争力排行榜中的名次：总排名396/527，湖南省内排名14/15，财经类排名24/34。

共10个一级学科（学术学位）参评。

门类排名

经济学 99/332、法学 211/394、文学 192/349、工学 409/434、管理学 181/427、艺术学 235/306。

一级学科排名

理论经济学 50/116、应用经济学 101/263、法学 156/207、马克思主义理论 294/353、中国语言文学 160/179、信息与通信工程 66/179、软件工程 97/138、管理科学与工程 99/179、工商管理 89/307、设计学 148/148。

优势专业

4★专业：企业管理 35/296。

通信地址：湖南省长沙市岳麓区岳麓大道569号
邮政编码：410205
电话号码：0731-88688031
电子邮箱：hnsxyyjsy@126.com

10543　湖南理工学院

在中国普通高校研究生教育竞争力排行榜中的名次：总排名463/527，湖南省内排名15/15，理工类排名155/165。

共9个一级学科（学术学位）参评。

门类排名

经济学 275/332、法学 382/394、教育学 212/299、文学 215/349、理学 326/389、工学 305/434、管理学 386/427、艺术学 185/306。

一级学科排名

应用经济学 248/263、中国语言文学 130/179、新闻传播学 81/116、数学 232/262、化学 221/225、机械工程 211/219、信息与通信工程 111/179、化学工程与技术 135/184、设计学 111/148。

通信地址：湖南省岳阳市岳阳楼区学院路湖南理工学院研究生工作处招生办公室
邮政编码：414006
电话号码：0730-8809779
电子邮箱：gs@hnist.edu.cn

10547　邵阳学院

在中国仅专业硕士招生普通高校研究生教育竞争力排行榜中的名次：总排名17/51，湖南省内排名1/3，综合类排名3/9。

共2个一级学科（专业学位）参评。

门类排名

工学 401/434。

一级学科排名

材料与化工（专业学位）135/212、生物与医药（专业学位）36/136。

通信地址：湖南省邵阳市邵阳学院七里坪校区办公楼619
邮政编码：422000
电话号码：0739-5431123
电子邮箱：syxyyjsc@163.com

11342　湖南工程学院

在中国仅专业硕士招生普通高校研究生教育竞争力排行榜中的名次：总排名23/51，湖南省内排名2/3，理工类排名8/14。

共2个一级学科（专业学位）参评。

门类排名

工学 361/434。

一级学科排名

材料与化工（专业学位）32/212、能源动力（专业学位）29/140。

通信地址：湖南省湘潭市岳塘区福星中路88号湖南工程学院研招办
邮政编码：411104
电话号码：0731-58683922
电子邮箱：yjsc@hnie.edu.cn

10553　湖南人文科技学院

在中国仅专业硕士招生普通高校研究生教育竞争力排行榜中的名次：总排名35/51，湖南省内排名3/3，师范类排名9/12。

共1个一级学科（专业学位）参评。

门类排名

农学 137/166。

一级学科排名

农业推广（专业学位）98/110。

通信地址：湖南省娄底市氐星路487号湖南人文科技学院研究生招生办公室
邮政编码：417000
电话号码：0738-8227671
电子邮箱：rwkjyjsc@163.com

天津市

10056　天津大学

在中国普通高校研究生教育竞争力排行榜中的名次：总排名22/527，天津市内排名1/18，理工类排名10/165。

共46个一级学科（学术学位）参评，其中5★+学科2个，5★学科5个，5★-学科12个，4★学科9个，学科优秀率为60.87%。

门类排名

哲学 77/138、经济学 89/332、法学 98/394、教育学 35/299、文学 118/349、理学 30/389、工学 5/434、农学 89/166、医学 114/214、管理学 15/427、艺术学 62/306。

一级学科排名

哲学 79/138、应用经济学 91/263、法学 90/207、政治学 84/87、马克思主义理论 62/353、教育学 24/141、心理学 66/104、中国语言文学 109/179、外国语言文学 136/232、数学 31/262、物理学 47/191、化学 15/225、地理学 80/87、海洋科学 17/29、地质学 33/36、生物学 85/241、力学 8/94、机械工程 15/219、光学工程 5/84、仪器科学与技术 6/69、材料科学与工程 3/219、动力工程及工程热物理 9/105、电气工程 12/110、电子科学与技术 21/122、信息与通信工程 30/179、控制科学与工程 18/185、计算机科学与技术 24/262、建筑学 4/70、土木工程 12/160、水利工程 3/64、化学工程与技术 1/184、轻工技术与工程 14/23、船舶与海洋工程 4/24、环境科学与工程 5/189、生物医学工程 3/65、食品科学与工程 68/100、城乡规划学 7/50、风景园林学 14/51、软件工程 9/138、网络空间安全 30/56、药学 28/145、管理科学与工程 2/179、工商管理 25/307、公共管理 14/207、图书情报与档案管理 48/51、设计学 42/148。

优势专业

5★+专业：化学工艺 1/148、应用化学 1/178。

5★专业：无机化学 7/200、材料物理与化学 10/201、化工过程机械 3/61、化学工程 2/134、生物化工 3/118、工业催化 4/120。

5★–专业：经济法学 9/146、职业技术教育学 4/43、光学 11/164、分析化学 12/199、有机化学 19/205、物理化学 16/192、高分子化学与物理 16/158、生物化学与分子生物学 20/221、机械制造及其自动化 17/201、机械电子工程 20/205、机械设计及理论 19/205、测试计量技术及仪器 4/68、材料学 13/200、材料加工工程 18/184、工程热物理 6/66、热能工程 5/82、动力机械及工程 5/69、控制理论与控制工程 14/179、检测技术与自动化装置 12/171、系统工程 10/122、计算机系统结构 17/189、计算机软件与理论 22/219、计算机应用技术 19/261、建筑历史与理论 5/61、建筑设计及其理论 5/65、建筑技术科学 5/61、岩土工程 14/143、结构工程 12/153、市政工程 8/109、供热、供燃气、通风及空调工程 9/94、防灾减灾工程及防护工程 10/119、桥梁与隧道工程 11/109、水文学及水资源 5/53、水力学及河流动力学 4/39、水工结构工程 4/40、环境科学 13/165、旅游管理 14/186、技术经济及管理 18/229。

4★专业：金融学 45/229、高等教育学 15/111、基础数学 30/219、计算数学 36/215、概率论与数理统计 27/175、应用数学 49/256、运筹学与控制论 29/183、遗传学 16/143、生物物理学 14/69、一般力学与力学基础 9/54、固体力学 12/79、流体力学 7/64、工程力学 17/88、车辆工程 20/154、精密仪器及机械 7/63、制冷及低温工程 9/52、电机与电器 12/83、电力系统及其自动化 10/92、电力电子与电力传动 12/102、电工理论与新技术 12/79、电路与系统 12/100、微电子学与固体电子学 14/98、电磁场与微波技术 12/84、通信与信息系统 21/164、信号与信息处理 21/164、模式识别与智能系统 23/162、水利水电工程 6/44、港口、海岸及近海工程 4/26、轮机工程 3/17、环境工程 25/176、会计学 44/277、企业管理 43/296、行政管理 29/180、教育经济与管理 14/128、社会保障 23/145、土地资源管理 17/107、公共信息资源管理 4/19。

通信地址：	天津市南开区卫津路92号天津大学研究生院
邮政编码：	300072
电话号码：	022-27404743
电子邮箱：	yzb@tju.edu.cn

10055　南开大学

在中国普通高校研究生教育竞争力排行榜中的名次：总排名 23/527，天津市内排名 2/18，综合类排名 11/79。

共43个一级学科（学术学位）参评，其中5★+学科2个，5★学科4个，5★–学科6个，4★学科11个，学科优秀率为53.49%。

门类排名

哲学 8/138、经济学 9/332、法学 11/394、教育学 90/299、文学 22/349、历史学 16/123、理学 16/389、工学 74/434、农学 53/166、医学 64/214、管理学 13/427、艺术学 39/306。

一级学科排名

哲学 8/138、理论经济学 4/116、应用经济学 8/263、法学 24/207、政治学 8/87、社会学 6/87、民族学 38/39、马克思主义理论 7/353、心理学 27/104、中国语言文学 16/179、外国语言文学 26/232、新闻传播学 41/116、考古学 12/29、中国史 23/105、世界史 9/59、数学 1/262、物理学 26/191、化学 1/225、生物学 33/241、生态学 19/90、统计学 10/97、光学工程 24/84、材料科学与工程 29/219、电子科学与技术 26/122、信息与通信工程 53/179、控制科学与工程 22/185、计算机科学与技术 46/262、环境科学与工程 15/189、食品科学与工程 93/100、软件工程 36/138、网络空间安全 41/56、植物保护 16/46、基础医学 82/106、临床医学 59/113、口腔医学 41/48、药学 29/145、管理科学与工程 38/179、工商管理 10/307、公共管理 32/207、图书情报与档案管理 6/51、艺术学理论 28/60、美术学 38/103、设计学 61/148。

优势专业

5★+专业：分析化学 1/199。

5★专业：政治经济学 4/103、西方经济学 5/95、区域经济学 4/195、金融学 10/229、马克思主义基本原理 13/315、马克思主义中国化研究 15/303、中国近现代史基本问题研究 7/187、中国古代文学 9/177、基础数学 7/219、计算数学 10/215、概率论与数理统计 5/175、应用数学 8/256、运筹学与控制论 7/183、无机化学 5/200、有机化学 6/205、物理化学 9/192、高分子化学与物理 3/158、旅游管理 4/186。

5★-专业：马克思主义哲学 6/108、经济史 4/40、世界经济 5/85、人口、资源与环境经济学 6/90、财政学 9/92、产业经济学 18/225、国际贸易学 13/192、国际法学 12/117、人口学 4/42、人类学 3/42、马克思主义发展史 7/100、国外马克思主义研究 8/86、思想政治教育 24/334、中国少数民族语言文学 4/42、比较文学与世界文学 10/136、环境科学 17/165、企业管理 21/296、技术经济及管理 14/229、情报学 4/43、中国古代史 6/69、中国近现代史 6/68。

4★专业：中国哲学 14/99、外国哲学 16/91、逻辑学 7/36、美学 9/47、宗教学 10/52、科学技术哲学 12/85、劳动经济学 9/82、数量经济学 14/111、法律史 9/66、宪法学与行政法学 16/151、刑法学 15/136、民商法学 23/183、经济法学 17/146、政治学理论 14/77、中外政治制度 7/51、科学社会主义与国际共产主义运动 8/38、中共党史 7/50、国际政治 9/62、社会学 14/83、文艺学 21/168、语言学及应用语言学 21/151、汉语言文字学 21/147、中国现当代文学 19/172、英语语言文学 29/199、俄语语言文学 10/75、日语语言文学 15/131、外国语言学及应用语言学 32/206、理论物理 30/160、凝聚态物理 21/176、光学 17/164、植物学 20/153、动物学 16/138、微生物学 19/184、细胞生物学 16/144、生物化学与分子生物学 24/221、材料物理与化学 21/201、材料学 21/200、物理电子学 19/95、控制理论与控制工程 31/179、检测技术与自动化装置 25/171、系统工程 17/122、模式识别与智能系统 24/162、计算机软件与理论 40/219、计算机应用技术 46/261、环境工程 19/176、农药学 6/42、药物化学 18/136、微生物与生化药学 13/81、会计学 40/277、行政管理 21/180、教育经济与管理 22/128、图书馆学 5/39、党的建设 6/47。

通信地址：天津市南开区卫津路94号南开大学研究生院
邮政编码：300071
电话号码：022-23504845
电子邮箱：yzb@nankai.edu.cn

10062 天津医科大学

在中国普通高校研究生教育竞争力排行榜中的名次：总排名 113/527，天津市内排名 3/18，医药类排名 6/71。

共 13 个一级学科（学术学位）参评，其中 5★+学科 0 个，5★学科 0 个，5★-学科 1 个，4★学科 1 个，学科优秀率为 15.38%。

门类排名

哲学 132/138、法学 377/394、教育学 295/299、理学 200/389、工学 301/434、医学 12/214、管理学 378/427。

一级学科排名

哲学 131/138、马克思主义理论 353/353、生物学 100/241、生物医学工程 16/65、基础医学 13/106、临床医学 9/113、口腔医学 26/48、公共卫生与预防医学 36/75、中西医结合 23/60、药学 30/145、医学技术 7/28、护理学 20/59、公共管理 191/207。

优势专业

5★专业：老年医学 2/61、神经病学 5/97、外科学 4/103、肿瘤学 4/95、麻醉学 4/84。

5★-专业：儿科学 9/88、精神病与精神卫生学 4/56、影像医学与核医学 9/102、妇产科学 6/93、眼科学 5/81、耳鼻咽喉科学 5/77、急诊医学 8/77。

4★专业：生物化学与分子生物学 30/221、免疫学 14/100、病理学与病理生理学 16/100、内科学 13/105、皮肤病与性病学 9/73。

通信地址：天津市和平区气象台路22号天津医科大学研招办
邮政编码：300070
电话号码：022-83336930
电子邮箱：yzb@tijmu.edu.cn

10058 天津工业大学

在中国普通高校研究生教育竞争力排行榜中的名次：总排名 164/527，天津市内排名 4/18，理工类排名 66/165。

共 25 个一级学科（学术学位）参评，其中 5★+学科 0 个，5★学科 0 个，5★-学科 0 个，4★学科 1 个，学科优秀率为 4%。

门类排名

经济学 166/332、法学 221/394、文学 238/349、理学 157/389、工学 91/434、管理学 122/427、艺术学 150/306。

一级学科排名

应用经济学 140/263、法学 173/207、马克思主义理论 293/353、外国语言文学 131/232、数学 63/262、物理学 63/191、统计学 47/97、机械工程 87/219、光学工程 70/84、材料科学与工程 68/219、电气工程 65/110、电子科学与技术 56/122、信息与通信工程 101/179、控制科学与工程 69/185、计算机科学与技术 109/262、化学工程与技术 67/184、纺织科学与工程 3/22、环境科学与工程 103/189、生物医学工程 42/65、软件工程 81/138、管理科学与工程 111/179、工商管理 134/307、公共管理 64/207、戏剧与影视学 51/56、设计学 113/148。

优势专业

5★-专业：纺织工程 2/19、纺织化学与染整工程 2/19、服装设计与工程 2/17。

4★专业：纺织材料与纺织品设计 3/19。

通信地址：天津市西青区宾水西道399号天津工业大学研招办
邮政编码：300387
电话号码：022-83955016
电子邮箱：yjs@tjpu.edu.cn

10057 天津科技大学

在中国普通高校研究生教育竞争力排行榜中的名次：

总排名 184/527，天津市内排名 5/18，理工类排名 76/165。

共 22 个一级学科（学术学位）参评。

门类排名

经济学 176/332、文学 235/349、理学 166/389、工学 112/434、农学 113/166、医学 151/214、管理学 230/427、艺术学 206/306。

一级学科排名

应用经济学 167/263、外国语言文学 106/232、化学 108/225、海洋科学 23/29、生物学 173/241、机械工程 66/219、仪器科学与技术 47/69、材料科学与工程 160/219、动力工程及工程热物理 105/105、控制科学与工程 133/185、计算机科学与技术 253/262、化学工程与技术 49/184、轻工技术与工程 6/23、环境科学与工程 123/189、食品科学与工程 26/100、软件工程 130/138、生物工程 12/20、公共卫生与预防医学 70/75、药学 109/145、管理科学与工程 106/179、工商管理 126/307、设计学 123/148。

优势专业

4★专业：发酵工程 4/19、食品科学 17/96、粮食、油脂及植物蛋白工程 13/64。

```
通信地址：天津市经济技术开发区第十三大街29号天津科技大
         学研招办
邮政编码：300457
电话号码：022-60602018
电子邮箱：yjsh@tust.edu.cn
```

10065 天津师范大学

在中国普通高校研究生教育竞争力排行榜中的名次：总排名 185/527，天津市内排名 6/18，师范类排名 19/61。

共 22 个一级学科（学术学位）参评，其中 5★+学科 0 个，5★学科 0 个，5★-学科 1 个，4★学科 1 个，学科优秀率为 9.09%。

门类排名

经济学 162/332、法学 45/394、教育学 29/299、文学 66/349、历史学 43/123、理学 146/389、工学 350/434、管理学 138/427、艺术学 110/306。

一级学科排名

理论经济学 83/116、法学 99/207、政治学 19/87、社会学 80/87、马克思主义理论 58/353、教育学 33/141、心理学 7/104、体育学 91/108、中国语言文学 63/179、外国语言文学 126/232、新闻传播学 29/116、数学 144/262、物理学 132/191、化学 127/225、天文学 18/18、地理学 52/87、生物学 160/241、材料科学与工程 204/219、工商管理 283/307、公共管理 203/207、图书情报与档案管理 24/51、戏剧与影视学 52/56。

优势专业

5★-专业：政治学理论 8/77、课程与教学论 7/112、基础心理学 6/62、应用心理学 9/93、比较文学与世界文学 14/136。

4★专业：马克思主义基本原理 44/315、马克思主义中国化研究 33/303、思想政治教育 43/334、发展与教育心理学 8/69。

```
通信地址：天津市西青区宾水西道393号天津师范大学研招办
邮政编码：300387
电话号码：022-23766157
电子邮箱：gzc@mail.tjnu.edu.cn
```

10063 天津中医药大学

在中国普通高校研究生教育竞争力排行榜中的名次：总排名 229/527，天津市内排名 7/18，医药类排名 26/71。

共 6 个一级学科（学术学位）参评，其中 5★+学科 0 个，5★学科 0 个，5★-学科 0 个，4★学科 3 个，学科优秀率为 50%。

门类排名

教育学 239/299、医学 54/214、管理学 329/427。

一级学科排名

中医学 8/42、中西医结合 10/60、药学 52/145、中药学 8/43、护理学 28/59、管理科学与工程 96/179。

优势专业

5★-专业：中医内科学 4/37。

4★专业：中医妇科学 5/28、中医儿科学 3/20、针灸推拿学 4/34、中西医结合基础 6/46。

```
通信地址：天津市南开区鞍山西道312号天津中医药大学研招办
邮政编码：300193
电话号码：022-59596191
电子邮箱：zhaosk_2011@126.com
```

10060 天津理工大学

在中国普通高校研究生教育竞争力排行榜中的名次：总排名 231/527，天津市内排名 8/18，理工类排名 90/165。

共 23 个一级学科（学术学位）参评。

门类排名

法学 245/394、教育学 279/299、文学 254/349、理学 206/389、工学 144/434、医学 164/214、管理学 162/427、艺术学 143/306。

一级学科排名

社会学 75/87、马克思主义理论 247/353、外国语言文学 175/232、数学 253/262、物理学 124/191、化学 107/225、机械工程 175/219、光学工程 76/84、材料科学与工程 74/219、电气工程 77/110、电子科学与技术 67/122、信息与通信工程 112/179、控制科学与工程 144/185、计算机科学与技术 66/262、化学工程与技术 117/184、环境科学与工程 129/189、软件工程 134/138、安全科学与工程 47/55、网络空间安全 43/56、药学 143/145、管理科学与工程 67/179、工商管理 158/307、设计学 33/148。

通信地址：天津市西青区宾水西道391号天津理工大学研招办
邮政编码：300384
电话号码：022-60215566
电子邮箱：yjys@tjut.edu.cn

10059　中国民航大学

在中国普通高校研究生教育竞争力排行榜中的名次：总排名306/527，天津市内排名9/18，理工类排名113/165。

共13个一级学科（学术学位）参评，其中5★+学科0个，5★学科0个，5★-学科1个，4★学科0个，学科优秀率为7.69%。

门类排名

经济学 278/332、法学 302/394、文学 348/349、理学 364/389、工学 212/434、管理学 314/427。

一级学科排名

应用经济学 262/263、法学 184/207、数学 165/262、机械工程 208/219、材料科学与工程 210/219、信息与通信工程 89/179、控制科学与工程 112/185、计算机科学与技术 201/262、石油与天然气工程 16/16、交通运输工程 36/69、航空宇航科学与技术 17/25、安全科学与工程 5/55、工商管理 199/307。

通信地址：天津市东丽区津北公路2898号中国民航大学研招办
邮政编码：300300
电话号码：022-24092146
电子邮箱：yzb@cauc.edu.cn

10070　天津财经大学

在中国普通高校研究生教育竞争力排行榜中的名次：总排名357/527，天津市内排名10/18，财经类排名18/34。

共10个一级学科（学术学位）参评，其中5★+学科0个，5★学科0个，5★-学科2个，4★学科0个，学科优秀率为20%。

门类排名

经济学 26/332、法学 192/394、文学 227/349、理学 163/389、工学 364/434、管理学 60/427。

一级学科排名

理论经济学 63/116、应用经济学 20/263、法学 113/207、马克思主义理论 305/353、外国语言文学 155/232、数学 249/262、计算机科学与技术 171/262、管理科学与工程 86/179、工商管理 30/307、公共管理 173/207。

优势专业

5★-专业：统计学 5/53、企业管理 16/296。

4★专业：金融学 33/229、产业经济学 38/225、劳动经济学 15/82、数量经济学 22/111、会计学 47/277。

通信地址：天津市河西区珠江道25号天津财经大学研招办
邮政编码：300222
电话号码：022-88186371
电子邮箱：yjs@tjufe.edu.cn

10069　天津商业大学

在中国普通高校研究生教育竞争力排行榜中的名次：总排名397/527，天津市内排名11/18，财经类排名25/34。

共8个一级学科（学术学位）参评。

门类排名

经济学 106/332、法学 161/394、文学 306/349、工学 313/434、管理学 234/427。

一级学科排名

理论经济学 71/116、应用经济学 116/263、法学 94/207、马克思主义理论 165/353、动力工程及工程热物理 59/105、轻工技术与工程 23/23、食品科学与工程 92/100、工商管理 131/307。

通信地址：天津市北辰区光荣道409号
邮政编码：300134
电话号码：022-26686545
电子邮箱：tsyjs@tjcu.edu.cn

10071　天津体育学院

在中国普通高校研究生教育竞争力排行榜中的名次：总排名415/527，天津市内排名12/18，体育类排名5/13。

共2个一级学科（学术学位）参评，其中5★+学科0个，5★学科0个，5★-学科0个，4★学科1个，学科优秀率为50%。

门类排名

教育学 38/299、文学 323/349。

一级学科排名

教育学 92/141、体育学 13/108。

优势专业

4★专业：运动人体科学 12/81、体育教育训练学 16/103、民族传统体育学 10/77。

通信地址：天津市河西区卫津南路51号天津体育学院招生办
邮政编码：301617
电话号码：022-23016498
电子邮箱：yzb@tjipe.edu.cn

10792　天津城建大学

在中国普通高校研究生教育竞争力排行榜中的名次：总排名420/527，天津市内排名13/18，理工类排名144/165。

共12个一级学科（学术学位）参评。

门类排名

经济学 182/332、理学 329/389、工学 213/434、农学 129/166、管理学 341/427、艺术学 216/306。

一级学科排名

应用经济学 172/263、化学 178/225、材料科学与工程 219/219、动力工程及工程热物理 56/105、控制科学与工程 130/185、计算机科学与技术 235/262、建筑学 57/70、土木工程 70/160、测绘科学与技术 44/53、环境科学与工程 151/189、管理科学与工程 124/179、设计学 77/148。

```
通信地址：天津市西青区津静公路 26 号天津城建大学研招办
邮政编码：300384
电话号码：022-23085040
电子邮箱：ysb@tjuci.edu.cn
```

10061　天津农学院

在中国普通高校研究生教育竞争力排行榜中的名次：总排名 457/527，天津市内排名 14/18，农林类排名 35/37。

共 9 个一级学科（学术学位）参评。

门类排名

工学 320/434、农学 52/166、管理学 352/427。

一级学科排名

农业工程 31/44、食品科学与工程 73/100、作物学 43/50、园艺学 41/44、植物保护 37/46、畜牧学 51/54、兽医学 35/42、水产 24/29、农林经济管理 33/50。

```
通信地址：天津市西青区津静路 22 号天津农学院研招办
邮政编码：300384
电话号码：022-23785573
电子邮箱：tjauyzs@126.com
```

10066　天津职业技术师范大学

在中国普通高校研究生教育竞争力排行榜中的名次：总排名 465/527，天津市内排名 15/18，师范类排名 51/61。

共 8 个一级学科（学术学位）参评。

门类排名

教育学 85/299、理学 344/389、工学 292/434、艺术学 300/306。

一级学科排名

教育学 49/141、心理学 60/104、数学 182/262、机械工程 150/219、材料科学与工程 211/219、信息与通信工程 166/179、控制科学与工程 164/185、交通运输工程 61/69。

优势专业

4★专业：职业技术教育学 8/43。

```
通信地址：天津市河西区大沽南路 1310 号天津职业技术师范大学研招办
邮政编码：300222
电话号码：022-88181618
电子邮箱：tutezyjy1618@163.com
```

10068　天津外国语大学

在中国普通高校研究生教育竞争力排行榜中的名次：总排名 469/527，天津市内排名 16/18，文法类排名 16/24。

共 6 个一级学科（学术学位）参评，其中 5★+学科 0 个，5★学科 0 个，5★-学科 0 个，4★学科 1 个，学科优秀率为 16.67%。

门类排名

哲学 129/138、经济学 202/332、法学 349/394、教育学 282/299、文学 61/349。

一级学科排名

哲学 128/138、理论经济学 77/116、政治学 76/87、中国语言文学 157/179、外国语言文学 30/232、新闻传播学 107/116。

优势专业

5★-专业：英语语言文学 19/199。

4★专业：日语语言文学 21/131。

```
通信地址：天津市河西区马场道 117 号天津外国语大学研招办
邮政编码：300204
电话号码：022-23280352
电子邮箱：graduate@tjfsu.edu.cn
```

10072　天津音乐学院

在中国普通高校研究生教育竞争力排行榜中的名次：总排名 523/527，天津市内排名 17/18，艺术类排名 28/30。

共 3 个一级学科（学术学位）参评。

门类排名

艺术学 124/306。

一级学科排名

艺术学理论 55/60、音乐与舞蹈学 40/72、戏剧与影视学 56/56。

```
通信地址：天津市河东区十一经路五十七号天津音乐学院研招办
邮政编码：300171
电话号码：022-24310376
电子邮箱：sjy@tjcm.edu.cn
```

10073　天津美术学院

在中国普通高校研究生教育竞争力排行榜中的名次：总排名 526/527，天津市内排名 18/18，艺术类排名 30/30。

共 3 个一级学科（学术学位）参评。

门类排名

艺术学 118/306。

一级学科排名

艺术学理论 60/60、美术学 57/103、设计学 115/148。

```
通信地址：天津市河北区天纬路 4 号天津美术学院研招办
邮政编码：300141
电话号码：022-26241719
电子邮箱：yjsb@tjarts.edu.cn
```

安徽省

10358　中国科学技术大学

在中国普通高校研究生教育竞争力排行榜中的名次：总排名8/527，安徽省内排名1/18，理工类排名3/165。

共38个一级学科（学术学位）参评，其中5★+学科3个，5★学科5个，5★-学科6个，4★学科7个，学科优秀率为55.26%。

门类排名

哲学 50/138、经济学 136/332、法学 206/394、文学 139/349、历史学 83/123、理学 5/389、工学 23/434、医学 133/214、管理学 50/427。

一级学科排名

哲学 50/138、法学 193/207、马克思主义理论 270/353、新闻传播学 76/116、考古学 19/29、数学 3/262、物理学 2/191、化学 4/225、天文学 1/18、大气科学 12/17、地球物理学 2/20、地质学 18/36、生物学 13/241、科学技术史 1/18、生态学 40/90、统计学 8/97、力学 14/94、机械工程 101/219、光学工程 12/84、仪器科学与技术 20/69、材料科学与工程 4/219、动力工程及工程热物理 29/105、电气工程 110/110、电子科学与技术 13/122、信息与通信工程 21/179、控制科学与工程 17/185、计算机科学与技术 10/262、化学工程与技术 47/184、核科学与技术 2/19、环境科学与工程 28/189、生物医学工程 12/65、软件工程 43/138、安全科学与工程 4/55、网络空间安全 1/56、临床医学 91/113、管理科学与工程 41/179、工商管理 60/307、公共管理 50/207。

优势专业

5★+专业：计算数学 2/215、理论物理 2/160、粒子物理与原子核物理 1/78、原子与分子物理 1/93、凝聚态物理 2/176、光学 1/164、无机化学 1/200、高分子化学与物理 2/158、材料物理与化学 1/201。

5★专业：基础数学 4/219、应用数学 13/256、运筹学与控制论 8/183、等离子体物理 1/46、分析化学 4/199、物理化学 3/192、天体物理 1/18、固体地球物理学 1/19、微生物学 9/184、神经生物学 3/73、细胞生物学 6/144、生物化学与分子生物学 9/221、材料学 6/200、材料加工工程 6/184、检测技术与自动化装置 9/171、计算机软件与理论 9/219、计算机应用技术 10/261、应用化学 7/178。

5★-专业：概率论与数理统计 11/175、有机化学 11/205、空间物理学 2/16、遗传学 11/143、生物物理学 4/69、机械电子工程 19/205、模式识别与智能系统 9/162、计算机系统结构 11/189、核技术及应用 2/17、企业管理 26/296。

4★专业：中国哲学 20/99、科学技术哲学 17/85、无线电物理 13/63、精密仪器及机械 8/63、热能工程 10/82、制冷及低温工程 6/52、物理电子学 13/95、电路与系统 11/100、微电子学与固体电子学 20/98、电磁场与微波技术 10/84、信号与信息处理 17/164、控制理论与控制工程 19/179、系统工程 19/122、核能科学与工程 2/14、核燃料循环与材料 2/11、辐射防护及环境保护 2/13、环境科学 25/165、环境工程 24/176、技术经济及管理 24/229、教育经济与管理 21/128。

通信地址：安徽省合肥市金寨路96号中国科学技术大学研究生院
邮政编码：230026
电话号码：0551-63602924
电子邮箱：gradschl@ustc.edu.cn

10359　合肥工业大学

在中国普通高校研究生教育竞争力排行榜中的名次：总排名75/527，安徽省内排名2/18，理工类排名36/165。

共40个一级学科（学术学位）参评，其中5★+学科0个，5★学科1个，5★-学科0个，4★学科4个，学科优秀率为12.5%。

门类排名

哲学 137/138、经济学 133/332、法学 147/394、文学 219/349、理学 97/389、工学 47/434、农学 118/166、医学 211/214、管理学 39/427、艺术学 177/306。

一级学科排名

哲学 137/138、理论经济学 106/116、应用经济学 121/263、法学 135/207、马克思主义理论 65/353、外国语言文学 124/232、数学 83/262、物理学 86/191、化学 172/225、地理学 72/87、地质学 12/36、生物学 162/241、力学 30/94、机械工程 30/219、光学工程 57/84、仪器科学与技术 23/69、材料科学与工程 46/219、动力工程及工程热物理 61/105、电气工程 23/110、电子科学与技术 58/122、信息与通信工程 50/179、控制科学与工程 73/185、计算机科学与技术 32/262、建筑学 61/70、土木工程 34/160、水利工程 34/64、测绘科学与技术 28/53、化学工程与技术 75/184、地质资源与地质工程 31/45、交通运输工程 33/69、环境科学与工程 58/189、生物医学工程 62/65、食品科学与工程 21/100、城乡规划学 50/50、软件工程 35/138、管理科学与工程 4/179、工商管理 40/307、公共管理 172/207、美术学 103/103、设计学 129/148。

优势专业

5★-专业：机械电子工程 21/205。

4★专业：马克思主义基本原理 61/315、机械制造及其自动化 39/201、机械设计及理论 23/205、车辆工程 21/154、计算机系统结构 28/189、计算机应用技术 41/261、市政工程 22/109、农产品加工及贮藏工程 12/78、会计学 41/277、企业管理 50/296、旅游管理 29/186、技术经济及管理 33/229。

通信地址：安徽省合肥市屯溪路193号合肥工业大学研招办
邮政编码：230009
电话号码：0551-62901228
电子邮箱：hgdyzb@hfut.edu.cn

10357　安徽大学

在中国普通高校研究生教育竞争力排行榜中的名次：总排名111/527，安徽省内排名3/18，综合类排名34/79。

共33个一级学科（学术学位）参评，其中5★+学科0个，5★学科0个，5★-学科0个，4★学科5个，学科优秀率为15.15%。

门类排名

哲学 40/138、经济学 42/332、法学 47/394、教育学 193/299、文学 59/349、历史学 20/123、理学 85/389、工学 110/434、管理学 113/427、艺术学 111/306。

一级学科排名

哲学 41/138、理论经济学 74/116、应用经济学 42/263、法学 37/207、政治学 55/87、社会学 23/87、马克思主义理论 95/353、教育学 130/141、中国语言文学 69/179、外国语言文学 96/232、新闻传播学 22/116、考古学 8/29、中国史 24/105、数学 62/262、物理学 80/191、化学 54/225、生物学 208/241、生态学 37/90、统计学 62/97、光学工程 52/84、材料科学与工程 28/219、电子科学与技术 39/122、信息与通信工程 70/179、控制科学与工程 124/185、计算机科学与技术 45/262、化学工程与技术 109/184、环境科学与工程 99/189、软件工程 57/138、工商管理 104/307、公共管理 158/207、图书情报与档案管理 19/51、音乐与舞蹈学 41/72、美术学 51/103。

优势专业

5★专业：专门史 4/70。

4★专业：马克思主义发展史 20/100、传播学 21/112、材料物理与化学 29/201、材料学 27/200、材料加工工程 25/184、计算机软件与理论 43/219、计算机应用技术 33/261。

通信地址：安徽省合肥市九龙路111号安徽大学研究生招生办公室
邮政编码：230601
电话号码：0551-63861850
电子邮箱：ady@ahu.edu.cn

10366　安徽医科大学

在中国普通高校研究生教育竞争力排行榜中的名次：总排名133/527，安徽省内排名4/18，医药类排名10/71。

共14个一级学科（学术学位）参评，其中5★+学科0个，5★学科0个，5★-学科0个，4★学科1个，学科优秀率为7.14%。

门类排名

法学 314/394、教育学 163/299、理学 203/389、工学 393/434、医学 35/214、管理学 342/427。

一级学科排名

马克思主义理论 251/353、心理学 62/104、生物学 92/241、基础医学 34/106、临床医学 37/113、口腔医学 25/48、公共卫生与预防医学 15/75、中西医结合 55/60、药学 32/145、中药学 38/43、特种医学 12/14、医学技术 28/28、护理学 36/59、公共管理 169/207。

优势专业

5★-专业：药理学 11/127。

4★专业：皮肤病与性病学 15/73。

通信地址：安徽省合肥市梅山路81号安徽医科大学研究生学院研招办
邮政编码：230032
电话号码：0551-65161051
电子邮箱：yzb@ahmu.edu.cn

10370　安徽师范大学

在中国普通高校研究生教育竞争力排行榜中的名次：总排名177/527，安徽省内排名5/18，师范类排名18/61。

共29个一级学科（学术学位）参评，其中5★+学科0个，5★学科0个，5★-学科0个，4★学科3个，学科优秀率为10.34%。

门类排名

哲学 72/138、经济学 195/332、法学 84/394、教育学 41/299、文学 60/349、历史学 27/123、理学 65/389、工学 285/434、农学 142/166、管理学 191/427、艺术学 64/306。

一级学科排名

哲学 71/138、理论经济学 103/116、法学 122/207、政治学 71/87、社会学 69/87、马克思主义理论 61/353、教育学 23/141、心理学 47/104、体育学 48/108、中国语言文学 37/179、外国语言文学 203/232、新闻传播学 66/116、中国史 21/105、数学 118/262、物理学 87/191、化学 56/225、地理学 29/87、生物学 79/241、生态学 41/90、统计学 96/97、材料科学与工程 171/219、计算机科学与技术 127/262、化学工程与技术 171/184、环境科学与工程 100/189、工商管理 166/307、公共管理 143/207、音乐与舞蹈学 28/72、戏剧与影视学 28/56、美术学 50/103。

优势专业

4★专业：马克思主义基本原理 36/315、马克思主义中国化研究 61/303、思想政治教育 53/334、中国近现代史基本问题研究 35/187、课程与教学论 22/112、学前教育 12/60、中国古代文学 32/177、人文地理学 10/76、专门史 13/70。

通信地址：安徽省芜湖市弋江区花津南路92号安徽师范大学研招办
邮政编码：241003
电话号码：0553-5910126
电子邮箱：yzb@ahnu.edu.cn

10364　安徽农业大学

在中国普通高校研究生教育竞争力排行榜中的名次：总排名198/527，安徽省内排名6/18，农林类排名16/37。

共25个一级学科（学术学位）参评，其中5★+学科0个，5★学科0个，5★-学科0个，4★学科1个，学科优秀率为4%。

门类排名

经济学 231/332、法学 317/394、理学 117/389、工学 229/434、农学 24/166、医学 179/214、管理学 169/427。

一级学科排名

应用经济学 198/263、马克思主义理论 252/353、化学 202/225、大气科学 16/17、生物学 40/241、生态学 42/90、机械工程 154/219、计算机科学与技术 225/262、农业工程 29/44、林业工程 10/13、环境科学与工程 111/189、城乡规划学 47/50、风景园林学 32/51、作物学 23/50、园艺学 10/44、农业资源与环境 29/39、植物保护 14/46、畜牧学 21/54、兽医学 28/42、林学 18/36、水产 27/29、公共卫生与预防医学 73/75、工商管理 252/307、农林经济管理 32/50、公共管理 164/207。

```
通信地址：安徽省合肥市长江西路130号安徽农业大学研招办
邮政编码：230036
电话号码：0551-65786436
电子邮箱：yjszb@ahau.edu.c
```

10360　安徽工业大学

在中国普通高校研究生教育竞争力排行榜中的名次：总排名227/527，安徽省内排名7/18，理工类排名89/165。

共17个一级学科（学术学位）参评。

门类排名

经济学 148/332、法学 247/394、文学 341/349、理学 234/389、工学 127/434、管理学 260/427、艺术学 232/306。

一级学科排名

应用经济学 135/263、马克思主义理论 141/353、数学 241/262、化学 153/225、机械工程 95/219、光学工程 72/84、材料科学与工程 81/219、冶金工程 9/24、动力工程及工程热物理 51/105、电气工程 56/110、控制科学与工程 156/185、计算机科学与技术 154/262、土木工程 118/160、化学工程与技术 77/184、环境科学与工程 110/189、工商管理 136/307、设计学 144/148。

```
通信地址：安徽省马鞍山市湖东路安徽工业大学研究生招生办公室
邮政编码：243002
电话号码：0555-2311612
电子邮箱：yzb@ahut.edu.cn
```

10361　安徽理工大学

在中国普通高校研究生教育竞争力排行榜中的名次：总排名241/527，安徽省内排名8/18，理工类排名93/165。

共22个一级学科（学术学位）参评，其中5★+学科0个，5★学科0个，5★-学科0个，4★学科1个，学科优秀率为4.55%。

门类排名

经济学 318/332、文学 342/349、理学 333/389、工学 100/434、医学 132/214、管理学 272/427。

一级学科排名

数学 135/262、力学 86/94、机械工程 112/219、仪器科学与技术 58/69、材料科学与工程 167/219、动力工程及工程热物理 104/105、电气工程 69/110、电子科学与技术 101/122、控制科学与工程 166/185、计算机科学与技术 214/262、建筑学 67/70、土木工程 39/160、测绘科学与技术 39/53、化学工程与技术 95/184、地质资源与地质工程 19/45、矿业工程 18/30、环境科学与工程 67/189、软件工程 96/138、安全科学与工程 10/55、基础医学 93/106、临床医学 96/113、管理科学与工程 97/179。

```
通信地址：安徽省淮南市舜耕中路168号安徽理工大学研招办
邮政编码：232001
电话号码：0554-6668749
电子邮箱：yjsk@aust.edu
```

10369　安徽中医药大学

在中国普通高校研究生教育竞争力排行榜中的名次：总排名307/527，安徽省内排名9/18，医药类排名40/71。

共5个一级学科（学术学位）参评，其中5★+学科0个，5★学科0个，5★-学科0个，4★学科2个，学科优秀率为40%。

门类排名

医学 70/214、管理学 392/427。

一级学科排名

中医学 5/42、中西医结合 7/60、药学 57/145、中药学 14/43、公共管理 199/207。

优势专业

4★专业：中医外科学 4/28。

```
通信地址：安徽省合肥市梅山路103号安徽中医药大学研招办
邮政编码：230038
电话号码：0551-68129404
电子邮箱：yzb@ahtcm.edu.cn
```

10373　淮北师范大学

在中国普通高校研究生教育竞争力排行榜中的名次：总排名328/527，安徽省内排名10/18，师范类排名37/61。

共16个一级学科（学术学位）参评。

门类排名

经济学 241/332、法学 275/394、教育学 68/299、文学 162/349、历史学 86/123、理学 170/389、工学 303/434、管理学 369/427、艺术学 221/306。

一级学科排名

理论经济学 98/116、马克思主义理论 242/353、教育学 66/141、心理学 72/104、体育学 76/108、中国语言文学 128/179、中国史 73/105、数学 201/262、化学 113/225、生物学 172/241、材料科学与工程 148/219、信息与通信工程 123/179、化学工程与技术 173/184、软件工程 102/138、管理科学与工程 122/179、美术学 67/103。

> 通信地址：安徽省淮北市东山路100号淮北师范大学研招办
> 邮政编码：235000
> 电话号码：0561-3803593
> 电子邮箱：yjszsb@chnu.edu.cn

10378　安徽财经大学

在中国普通高校研究生教育竞争力排行榜中的名次：总排名 346/527，安徽省内排名 11/18，财经类排名 17/34。

共 9 个一级学科（学术学位）参评。

门类排名

经济学 59/332、法学 193/394、文学 291/349、理学 382/389、管理学 105/427、艺术学 188/306。

一级学科排名

理论经济学 54/116、应用经济学 81/263、法学 108/207、马克思主义理论 276/353、统计学 64/97、管理科学与工程 109/179、工商管理 75/307、公共管理 94/207、美术学 83/103。

> 通信地址：安徽省蚌埠市曹山路962号安徽财经大学研招办
> 邮政编码：233030
> 电话号码：0552-3169051
> 电子邮箱：acyjszs@126.com

10367　蚌埠医学院

在中国普通高校研究生教育竞争力排行榜中的名次：总排名 347/527，安徽省内排名 12/18，医药类排名 49/71。

共 6 个一级学科（学术学位）参评。

门类排名

理学 257/389、工学 434/434、医学 84/214。

一级学科排名

生物学 171/241、基础医学 84/106、临床医学 65/113、药学 121/145、医学技术 23/28、护理学 37/59。

> 通信地址：安徽省蚌埠市东海大道2600号蚌埠医学院招生办
> 邮政编码：233030
> 电话号码：0552-3179907
> 电子邮箱：bbmczsk@126.com

10368　皖南医学院

在中国普通高校研究生教育竞争力排行榜中的名次：总排名 375/527，安徽省内排名 13/18，医药类排名 56/71。

共 6 个一级学科（学术学位）参评。

门类排名

教育学 289/299、理学 324/389、医学 103/214。

一级学科排名

生物学 170/241、基础医学 71/106、临床医学 87/113、公共卫生与预防医学 67/75、中西医结合 50/60、药学 130/145。

> 通信地址：安徽省芜湖市高教园区文昌西路22号皖南医学院研招办
> 邮政编码：241002
> 电话号码：0553-3932531
> 电子邮箱：yzb@wnmc.edu.cn

10363　安徽工程大学

在中国普通高校研究生教育竞争力排行榜中的名次：总排名 402/527，安徽省内排名 14/18，理工类排名 139/165。

共 20 个一级学科（学术学位）参评。

门类排名

经济学 270/332、法学 311/394、教育学 208/299、文学 333/349、理学 349/389、工学 223/434、管理学 357/427、艺术学 132/306。

一级学科排名

应用经济学 258/263、马克思主义理论 275/353、体育学 98/108、数学 244/262、化学 211/225、生物学 241/241、系统科学 14/23、机械工程 180/219、材料科学与工程 192/219、电气工程 90/110、控制科学与工程 142/185、计算机科学与技术 260/262、纺织科学与工程 20/22、环境科学与工程 163/189、食品科学与工程 74/100、软件工程 135/138、生物工程 20/20、管理科学与工程 149/179、美术学 94/103、设计学 47/148。

> 通信地址：安徽省芜湖市北京中路安徽工程大学研招办
> 邮政编码：241000
> 电话号码：0553-2871437
> 电子邮箱：yjszs@ahpu.edu.cn

10878　安徽建筑大学

在中国普通高校研究生教育竞争力排行榜中的名次：总排名 416/527，安徽省内排名 15/18，理工类排名 143/165。

共 11 个一级学科（学术学位）参评。

门类排名

经济学 330/332、理学 335/389、工学 218/434、农学 136/166、管理学 297/427、艺术学 291/306。

一级学科排名

化学 182/225、材料科学与工程 179/219、电子科学与技术 96/122、控制科学与工程 140/185、建筑学 68/70、土木工程 71/160、环境科学与工程 150/189、城乡规划学 43/50、安全科学与工程 46/55、管理科学与工程 161/179、公共管理 166/207。

通信地址：安徽省合肥市蜀山区紫云路292号安徽建筑大学研究生招生办公室
邮政编码：230022
电话号码：0551-63518485
电子邮箱：zhangzd@ahjzu.edu.cn

10372　安庆师范大学

在中国普通高校研究生教育竞争力排行榜中的名次：总排名455/527，安徽省内排名16/18，师范类排名49/61。

共11个一级学科（学术学位）参评。

门类排名

法学 252/394、教育学 159/299、文学 130/349、历史学 88/123、理学 235/389、工学 331/434、艺术学 287/306。

一级学科排名

马克思主义理论 248/353、教育学 125/141、中国语言文学 91/179、中国史 74/105、数学 162/262、化学 174/225、生态学 80/90、统计学 74/97、信息与通信工程 131/179、环境科学与工程 154/189、软件工程 103/138。

通信地址：安徽省安庆市集贤北路1318号安庆师范大学研招办
邮政编码：246133
电话号码：0556-5303726
电子邮箱：1091931898@qq.com

11059　合肥学院

在中国普通高校研究生教育竞争力排行榜中的名次：总排名492/527，安徽省内排名17/18，综合类排名77/79。

共1个一级学科（学术学位）参评。

门类排名

工学 366/434。

一级学科排名

材料科学与工程 203/219。

通信地址：安徽省合肥市经济开发区99号合肥学院研招办
邮政编码：230601
电话号码：0551-62158059
电子邮箱：yzb@hfuu.edu.cn

10371　阜阳师范大学

在中国普通高校研究生教育竞争力排行榜中的名次：总排名503/527，安徽省内排名18/18，师范类排名58/61。

共5个一级学科（学术学位）参评。

门类排名

法学 287/394、教育学 187/299、文学 180/349、理学 279/389、工学 386/434、管理学 323/427。

一级学科排名

马克思主义理论 169/353、中国语言文学 131/179、化学 200/225、生物学 198/241、工商管理 241/307。

通信地址：安徽省阜阳市清河西路100号阜阳师范大学研招办
邮政编码：236037
电话号码：0558-2595335
电子邮箱：yjszs@fync.edu.cn

10879　安徽科技学院

在中国仅专业硕士招生普通高校研究生教育竞争力排行榜中的名次：总排名13/51，安徽省内排名1/2，理工类排名5/14。

共1个一级学科（专业学位）参评。

门类排名

农学 91/166。

一级学科排名

农业推广（专业学位）12/110。

通信地址：安徽省凤阳市东华路9号安徽科技学院研招办
邮政编码：233100
电话号码：0550-6732795
电子邮箱：yzb@ahstu.edu.cn

14098　合肥师范学院

在中国仅专业硕士招生普通高校研究生教育竞争力排行榜中的名次：总排名29/51，安徽省内排名2/2，师范类排名6/12。

共1个一级学科（专业学位）参评。

门类排名

教育学 229/299。

一级学科排名

教育（专业学位）66/157。

通信地址：安徽省合肥市经济技术开发区莲花路1688号合肥师范学院研究生处
邮政编码：230601
电话号码：0551-3676140
电子邮箱：junfeiz@hftc.edu.cn

黑龙江省

10213　哈尔滨工业大学

在中国普通高校研究生教育竞争力排行榜中的名次：总排名16/527，黑龙江省内排名1/18，理工类排名6/165。

共38个一级学科（学术学位）参评，其中5★+学科1个，5★学科7个，5★-学科5个，4★学科4个，学科优秀率为44.74%。

门类排名

哲学 80/138、经济学 92/332、法学 78/394、文学 125/349、理学 29/389、工学 6/434、农学 90/166、管理学 48/427。

一级学科排名

哲学 83/138、理论经济学 61/116、应用经济学 111/263、法学 100/207、社会学 43/87、马克思主义理论 222/353、外国语言文学 73/232、数学 22/262、物理学 17/191、化学 52/225、海洋科学 20/29、生物学 57/241、力学 4/94、机械工程 7/219、光学工程 21/84、仪器科学与技术 4/69、材料科学与工程 5/219、动力工程及工程热物理 3/105、电气工程 15/110、电子科学与技术 25/122、信息与通信工程 14/179、控制科学与工程 8/185、计算机科学与技术 7/262、建筑学 5/70、土木工程 2/160、化学工程与技术 19/184、交通运输工程 25/69、船舶与海洋工程 15/24、航空宇航科学与技术 4/25、环境科学与工程 8/189、生物医学工程 32/65、食品科学与工程 56/100、城乡规划学 14/50、风景园林学 23/51、网络空间安全 29/56、管理科学与工程 45/179、工商管理 47/307、公共管理 42/207。

优势专业

5★+专业：检测技术与自动化装置 1/171、模式识别与智能系统 1/162、导航、制导与控制 1/79、结构工程 1/153、防灾减灾工程及防护工程 1/119。

5★专业：一般力学与力学基础 3/54、固体力学 3/79、工程力学 2/88、机械制造及其自动化 5/201、机械电子工程 5/205、机械设计及理论 6/205、车辆工程 6/154、精密仪器及机械 3/63、测试计量技术及仪器 2/68、材料物理与化学 7/201、控制理论与控制工程 3/179、计算机系统结构 7/189、计算机软件与理论 8/219、计算机应用技术 4/261、岩土工程 2/143、市政工程 3/109、供热、供燃气、通风及空调工程 5/94、桥梁与隧道工程 2/109、环境科学 7/165、环境工程 5/176、技术经济及管理 10/229。

5★-专业：计算数学 22/215、运筹学与控制论 10/183、流体力学 5/64、材料学 12/200、材料加工工程 10/184、工程热物理 7/66、热能工程 6/82、动力机械及工程 6/69、流体机械及工程 4/65、制冷及低温工程 4/52、化工过程机械 5/61、物理电子学 7/95、通信与信息系统 16/164、信号与信息处理 12/164、建筑设计及其理论 4/65、建筑技术科学 4/61、化学工程 13/134、化学工艺 11/148、生物化工 11/118、应用化学 11/178、会计学 15/277。

4★专业：马克思主义中国化研究 58/303、思想政治教育 60/334、基础数学 24/219、概率论与数理统计 19/175、应用数学 27/256、原子与分子物理 15/93、凝聚态物理 28/176、光学 22/164、微生物学 27/184、电机与电器 11/83、电力电子与电力传动 16/102、微电子学与固体电子学 16/98、建筑历史与理论 8/61、工业催化 13/120、道路与铁道工程 8/52、交通运输规划与管理 9/57、飞行器设计 4/23、航空宇航推进理论与工程 3/20、航空宇航制造工程 4/19、

企业管理 41/296、行政管理 20/180。

通信地址：黑龙江省哈尔滨市南岗区西大直街92号哈尔滨工业大学研究生院
邮政编码：150090
电话号码：0415-86416113
电子邮箱：yzb@hit.edu.cn

10217 哈尔滨工程大学

在中国普通高校研究生教育竞争力排行榜中的名次：总排名88/527，黑龙江省内排名2/18，理工类排名41/165。

共33个一级学科（学术学位）参评，其中5★+学科0个，5★学科0个，5★-学科1个，4★学科3个，学科优秀率为12.12%。

门类排名

经济学 161/332、法学 137/394、教育学 182/299、文学 236/349、理学 181/389、工学 44/434、管理学 90/427。

一级学科排名

应用经济学 146/263、法学 162/207、社会学 70/87、马克思主义理论 98/353、心理学 96/104、体育学 92/108、外国语言文学 151/232、数学 74/262、物理学 78/191、海洋科学 27/29、力学 39/94、机械工程 52/219、光学工程 27/84、仪器科学与技术 25/69、材料科学与工程 62/219、动力工程及工程热物理 35/105、电气工程 94/110、电子科学与技术 73/122、信息与通信工程 40/179、控制科学与工程 27/185、计算机科学与技术 44/262、土木工程 147/160、水利工程 52/64、化学工程与技术 87/184、船舶与海洋工程 2/24、航空宇航科学与技术 21/25、核科学与技术 3/19、环境科学与工程 187/189、生物医学工程 65/65、软件工程 32/138、管理科学与工程 40/179、工商管理 125/307、公共管理 88/207。

优势专业

5★专业：船舶与海洋结构物设计制造 1/22。

5★-专业：思想政治教育 28/334、应用数学 15/256、轮机工程 2/17。

4★专业：通信与信息系统 33/164、信号与信息处理 33/164、检测技术与自动化装置 23/171、模式识别与智能系统 28/162、导航、制导与控制 15/79、水声工程 2/13、智能科学与技术 3/18。

通信地址：黑龙江省哈尔滨市南岗区南通大街145号
邮政编码：150001
电话号码：0451-82519679
电子邮箱：yjszb@hrbeu.edu.cn

10225 东北林业大学

在中国普通高校研究生教育竞争力排行榜中的名次：总排名119/527，黑龙江省内排名3/18，农林类排名9/37。

共27个一级学科（学术学位）参评，其中5★+学科

0个，5★学科1个，5★-学科0个，4★学科3个，学科优秀率为14.81%。

门类排名

经济学 277/332、法学 142/394、文学 217/349、理学 88/389、工学 102/434、农学 12/166、医学 162/214、管理学 156/427、艺术学 165/306。

一级学科排名

应用经济学 255/263、法学 124/207、马克思主义理论 101/353、外国语言文学 115/232、数学 246/262、化学 126/225、生物学 27/241、生态学 17/90、机械工程 77/219、光学工程 71/84、信息与通信工程 169/179、控制科学与工程 148/185、计算机科学与技术 133/262、土木工程 113/160、交通运输工程 19/69、林业工程 2/13、食品科学与工程 94/100、城乡规划学 36/50、风景园林学 12/51、软件工程 129/138、畜牧学 31/54、林学 2/36、药学 135/145、工商管理 169/307、农林经济管理 18/50、公共管理 200/207、设计学 80/148。

优势专业

5★专业：木材科学与技术 1/12、林产化学加工工程 1/13、野生动植物保护与利用 1/19、园林植物与观赏园艺 1/25。

5★-专业：森林工程 1/6、林木遗传育种 2/26、森林培育 2/28、森林保护学 2/23、森林经理学 2/23、水土保持与荒漠化防治 2/24。

通信地址：	黑龙江省哈尔滨市香坊区和兴路26号东北林业大学研招办
邮政编码：	150040
电话号码：	0451-82190710
电子邮箱：	yzb@nefu.edu.cn

10224　东北农业大学

在中国普通高校研究生教育竞争力排行榜中的名次：总排名136/527，黑龙江省内排名4/18，农林类排名11/37。

共22个一级学科（学术学位）参评，其中5★+学科0个，5★学科1个，5★-学科2个，4★学科4个，学科优秀率为31.82%。

门类排名

经济学 216/332、法学 267/394、文学 268/349、理学 152/389、工学 143/434、农学 9/166、管理学 82/427、艺术学 303/306。

一级学科排名

应用经济学 203/263、马克思主义理论 179/353、外国语言文学 182/232、生物学 62/241、机械工程 206/219、计算机科学与技术 248/262、水利工程 42/64、化学工程与技术 163/184、农业工程 5/44、食品科学与工程 6/100、风景园林学 25/51、作物学 10/50、园艺学 18/44、农业资源与环境 4/39、植物保护 30/46、畜牧学 2/54、兽医学 6/42、草学 11/21、管理科学与工程 168/179、工商管理 289/307、农林经济管理 9/50、公共管理 150/207。

优势专业

5★专业：食品科学 5/96、动物遗传育种与繁殖 3/50、动物营养与饲料科学 3/51。

4★专业：植物学 24/153、微生物学 23/184、发育生物学 14/71、农业机械化工程 7/39、农业水土工程 5/34、粮食、油脂及植物蛋白工程 7/64、作物栽培学与耕作学 8/49、作物遗传育种 9/48、蔬菜学 6/44、土壤学 8/39、植物营养学 7/37、基础兽医学 7/41、预防兽医学 8/41、临床兽医学 5/40。

通信地址：	黑龙江省哈尔滨市香坊区木材街59号东北农业大学研究生招生办公室
邮政编码：	150030
电话号码：	0451-55190398
电子邮箱：	neauyzb@163.com

10226　哈尔滨医科大学

在中国普通高校研究生教育竞争力排行榜中的名次：总排名138/527，黑龙江省内排名5/18，医药类排名12/71。

共11个一级学科（学术学位）参评，其中5★+学科0个，5★学科0个，5★-学科0个，4★学科1个，学科优秀率为9.09%。

门类排名

法学 376/394、理学 125/389、工学 345/434、医学 25/214、管理学 201/427。

一级学科排名

马克思主义理论 352/353、生物学 65/241、生物医学工程 33/65、基础医学 22/106、临床医学 29/113、口腔医学 18/48、公共卫生与预防医学 22/75、中西医结合 31/60、药学 25/145、护理学 16/59、公共管理 112/207。

优势专业

5★-专业：药理学 10/127。

4★专业：营养与食品卫生学 11/65。

通信地址：	黑龙江省哈尔滨市南岗区保健路157号哈尔滨医科大学研招办
邮政编码：	150081
电话号码：	0451-86671349
电子邮箱：	yzb@brbmu.edu.cn

10212　黑龙江大学

在中国普通高校研究生教育竞争力排行榜中的名次：总排名159/527，黑龙江省内排名6/18，综合类排名42/79。

共34个一级学科（学术学位）参评，其中5★+学科0个，5★学科0个，5★-学科1个，4★学科4个，学科优秀率为14.71%。

门类排名

哲学 21/138、经济学 114/332、法学 51/394、教育学 181/299、文学 28/349、历史学 89/123、理学 113/389、工学 189/434、农学 116/166、管理学 83/427、艺术学 240/306。

一级学科排名

哲学 21/138、理论经济学 38/116、应用经济学 148/263、法学 39/207、政治学 65/87、社会学 74/87、马克思主义理论 73/353、教育学 136/141、中国语言文学 35/179、外国语言文学 16/232、新闻传播学 80/116、中国史 94/105、世界史 52/59、数学 173/262、物理学 133/191、化学 53/225、生物学 230/241、生态学 44/90、统计学 83/97、材料科学与工程 156/219、电子科学与技术 48/122、信息与通信工程 106/179、控制科学与工程 141/185、计算机科学与技术 162/262、水利工程 62/64、化学工程与技术 146/184、环境科学与工程 159/189、软件工程 138/138、网络空间安全 53/56、植物保护 46/46、管理科学与工程 176/179、工商管理 214/307、公共管理 80/207、图书情报与档案管理 10/51。

优势专业

5★-专业：俄语语言文学 6/75。

4★专业：民商法学 22/183、日语语言文学 22/131、外国语言学及应用语言学 29/206。

通信地址	黑龙江省哈尔滨市南岗区学府路 74 号黑龙江大学研招办
邮政编码	150080
电话号码	0451-86608729
电子邮箱	yzb@hlju.edu.cn

10214 哈尔滨理工大学

在中国普通高校研究生教育竞争力排行榜中的名次：总排名208/527，黑龙江省内排名7/18，理工类排名80/165。

共 24 个一级学科（学术学位）参评，其中 5★+学科 0 个，5★学科 0 个，5★-学科 0 个，4★学科 1 个，学科优秀率为 4.17%。

门类排名

哲学 103/138、经济学 153/332、法学 259/394、教育学 213/299、文学 206/349、理学 218/389、工学 103/434、管理学 95/427。

一级学科排名

哲学 103/138、应用经济学 137/263、马克思主义理论 125/353、教育学 141/141、外国语言文学 104/232、数学 161/262、物理学 151/191、化学 223/225、力学 90/94、机械工程 82/219、光学工程 77/84、仪器科学与技术 28/69、材料科学与工程 79/219、动力工程及工程热物理 73/105、电气工程 22/110、电子科学与技术 115/122、信息与通信工程 102/179、控制科学与工程 88/185、计算机科学与技术 68/262、化学工程与技术 113/184、软件工程 110/138、安全科学与工程 55/55、管理科学与工程 61/179、工商管理 65/307。

优势专业

4★专业：高电压与绝缘技术 12/59、技术经济及管理 36/229。

通信地址	黑龙江省哈尔滨市南岗区学府路 52 号新教学楼 E1320 室
邮政编码	150080
电话号码	0451-86390155
电子邮箱	yzb@hrbust.edu.cn

10220 东北石油大学

在中国普通高校研究生教育竞争力排行榜中的名次：总排名245/527，黑龙江省内排名8/18，理工类排名95/165。

共 23 个一级学科（学术学位）参评，其中 5★+学科 0 个，5★学科 0 个，5★-学科 0 个，4★学科 2 个，学科优秀率为 8.7%。

门类排名

法学 218/394、教育学 144/299、理学 249/389、工学 94/434、管理学 284/427、艺术学 229/306。

一级学科排名

政治学 73/87、马克思主义理论 133/353、教育学 74/141、数学 245/262、化学 169/225、地球物理学 19/20、地质学 32/36、机械工程 55/219、仪器科学与技术 50/69、材料科学与工程 173/219、动力工程及工程热物理 78/105、电气工程 58/110、信息与通信工程 134/179、控制科学与工程 108/185、计算机科学与技术 173/262、土木工程 104/160、化学工程与技术 37/184、地质资源与地质工程 8/45、石油与天然气工程 5/16、环境科学与工程 186/189、软件工程 119/138、工商管理 171/307、艺术学理论 54/60。

通信地址	黑龙江省大庆市高新技术开发区发展路 199 号东北石油大学研招办
邮政编码	163318
电话号码	0459-6503721
电子邮箱	dyyanzhaoban@126.com

10231 哈尔滨师范大学

在中国普通高校研究生教育竞争力排行榜中的名次：总排名255/527，黑龙江省内排名9/18，师范类排名28/61。

共 21 个一级学科（学术学位）参评，其中 5★+学科 0 个，5★学科 0 个，5★-学科 0 个，4★学科 4 个，学科优秀率为 19.05%。

门类排名

经济学 271/332、法学 122/394、教育学 45/299、文学 51/349、历史学 51/123、理学 112/389、工学 277/434、管理学 229/427、艺术学 28/306。

一级学科排名

应用经济学 245/263、马克思主义理论 38/353、教育学 17/141、心理学 81/104、体育学 66/108、中国语言文学

54/179、外国语言文学 40/232、中国史 92/105、世界史 24/59、数学 167/262、物理学 111/191、化学 134/225、地理学 24/87、生物学 125/241、计算机科学与技术 149/262、工商管理 290/307、公共管理 99/207、音乐与舞蹈学 48/72、戏剧与影视学 39/56、美术学 13/103、设计学 83/148。

优势专业

5★-专业：思想政治教育 23/334。

4★专业：马克思主义基本原理 62/315、马克思主义中国化研究 48/303、教育技术学 13/69。

通信地址：黑龙江省哈尔滨市和兴路 50 号哈尔滨师范大学研招办
邮政编码：150025
电话号码：0451-88067222
电子邮箱：yzb@hrbnu.edu.cn

10228　黑龙江中医药大学

在中国普通高校研究生教育竞争力排行榜中的名次：总排名 290/527，黑龙江省内排名 10/18，医药类排名 37/71。

共 7 个一级学科（学术学位）参评，其中 5★+学科 0 个，5★学科 0 个，5★-学科 1 个，4★学科 1 个，学科优秀率为 28.57%。

门类排名

医学 45/214。

一级学科排名

基础医学 106/106、临床医学 112/113、中医学 9/42、中西医结合 11/60、药学 48/145、中药学 3/43、护理学 49/59。

优势专业

4★专业：方剂学 4/27、中医妇科学 4/28、针灸推拿学 7/34。

通信地址：黑龙江省哈尔滨市香坊区和平路 24 号黑龙江中医药大学研招办
邮政编码：150040
电话号码：0451-82197018
电子邮箱：jiang2412@sina.com

10232　齐齐哈尔大学

在中国普通高校研究生教育竞争力排行榜中的名次：总排名 383/527，黑龙江省内排名 11/18，综合类排名 67/79。

共 20 个一级学科（学术学位）参评。

门类排名

经济学 288/332、法学 268/394、教育学 216/299、文学 198/349、历史学 104/123、理学 240/389、工学 228/434、管理学 308/427、艺术学 134/306。

一级学科排名

马克思主义理论 149/353、中国语言文学 176/179、外国语言文学 145/232、中国史 91/105、物理学 179/191、化学 146/225、生物学 180/241、机械工程 218/219、材料科学与工程 175/219、信息与通信工程 174/179、控制科学与工程 165/185、计算机科学与技术 234/262、化学工程与技术 120/184、纺织科学与工程 19/22、环境科学与工程 160/189、食品科学与工程 70/100、工商管理 251/307、音乐与舞蹈学 45/72、美术学 93/103、设计学 81/148。

通信地址：黑龙江省齐齐哈尔市文化大街 42 号齐齐哈尔大学研招办
邮政编码：161006
电话号码：0452-2742663
电子邮箱：yjsc@qqhru.edu.cn

10240　哈尔滨商业大学

在中国普通高校研究生教育竞争力排行榜中的名次：总排名 384/527，黑龙江省内排名 12/18，财经类排名 23/34。

共 14 个一级学科（学术学位）参评，其中 5★+学科 0 个，5★学科 0 个，5★-学科 0 个，4★学科 1 个，学科优秀率为 7.14%。

门类排名

经济学 53/332、法学 239/394、工学 236/434、农学 119/166、医学 137/214、管理学 81/427。

一级学科排名

理论经济学 111/116、应用经济学 55/263、法学 171/207、马克思主义理论 333/353、机械工程 192/219、动力工程及工程热物理 103/105、信息与通信工程 176/179、计算机科学与技术 254/262、食品科学与工程 27/100、药学 94/145、中药学 25/43、管理科学与工程 125/179、工商管理 42/307、公共管理 132/207。

优势专业

4★专业：会计学 43/277。

通信地址：黑龙江省哈尔滨市松北区学海街 1 号哈尔滨商业大学研招办
邮政编码：150028
电话号码：0451-84892021
电子邮箱：yzb@hrbcu.edu.cn

10223　黑龙江八一农垦大学

在中国普通高校研究生教育竞争力排行榜中的名次：总排名 390/527，黑龙江省内排名 13/18，农林类排名 33/37。

共 10 个一级学科（学术学位）参评。

门类排名

理学 338/389、工学 284/434、农学 36/166、管理学 306/427。

一级学科排名

生物学 182/241、机械工程 217/219、农业工程 19/44、作物学 32/50、农业资源与环境 31/39、植物保护 40/46、畜牧学 47/54、兽医学 20/42、工商管理 288/307、农林经济管理 49/50。

通信地址：黑龙江省大庆市高新技术产业开发区新风路 5 号黑龙江八一农垦大学研究生处
邮政编码：163319
电话号码：0459-6819132
电子邮箱：byndyzb@163.com

10222　佳木斯大学

在中国普通高校研究生教育竞争力排行榜中的名次：总排名 428/527，黑龙江省内排名 14/18，综合类排名 72/79。

共 15 个一级学科（学术学位）参评。

门类排名

法学 323/394、教育学 222/299、文学 196/349、理学 286/389、工学 265/434、医学 88/214、管理学 426/427、艺术学 159/306。

一级学科排名

马克思主义理论 271/353、中国语言文学 174/179、外国语言文学 170/232、化学 191/225、生物学 152/241、材料科学与工程 115/219、计算机科学与技术 258/262、农业工程 37/44、基础医学 68/106、临床医学 75/113、口腔医学 38/48、公共卫生与预防医学 58/75、药学 78/145、音乐与舞蹈学 60/72、美术学 87/103。

通信地址：黑龙江省佳木斯市学府街 148 号佳木斯大学研招办
邮政编码：154007
电话号码：0454-8618499
电子邮箱：jmsuyzb@163.com

10219　黑龙江科技大学

在中国普通高校研究生教育竞争力排行榜中的名次：总排名 486/527，黑龙江省内排名 15/18，理工类排名 158/165。

共 11 个一级学科（学术学位）参评。

门类排名

经济学 323/332、法学 295/394、理学 370/389、工学 261/434、管理学 218/427。

一级学科排名

马克思主义理论 232/353、物理学 180/191、机械工程 185/219、材料科学与工程 214/219、电气工程 80/110、计算机科学与技术 257/262、土木工程 144/160、化学工程与技术 182/184、矿业工程 30/30、工商管理 264/307、公共管理 159/207。

通信地址：黑龙江省哈尔滨市松北区浦源路 2468 号
邮政编码：150022
电话号码：0451-88036418
电子邮箱：88036418@163.com

10242　哈尔滨体育学院

在中国普通高校研究生教育竞争力排行榜中的名次：总排名 493/527，黑龙江省内排名 16/18，体育类排名 11/13。

共 1 个一级学科（学术学位）参评，其中 5★+学科 0 个，5★学科 0 个，5★-学科 0 个，4★学科 1 个，学科优秀率为 100%。

门类排名

教育学 74/299。

一级学科排名

体育学 16/108。

优势专业

4★专业：体育人文社会学 17/90、运动人体科学 15/81、体育教育训练学 19/103、民族传统体育学 11/77。

通信地址：黑龙江省哈尔滨市南岗区大成街 1 号哈尔滨体育学院研招办
邮政编码：150008
电话号码：0451-87023611
电子邮箱：yasi5212@126com

10233　牡丹江师范学院

在中国普通高校研究生教育竞争力排行榜中的名次：总排名 494/527，黑龙江省内排名 17/18，师范类排名 57/61。

共 8 个一级学科（学术学位）参评。

门类排名

法学 299/394、教育学 162/299、文学 143/349、理学 341/389、管理学 416/427。

一级学科排名

马克思主义理论 224/353、体育学 61/108、中国语言文学 100/179、外国语言文学 190/232、数学 229/262、物理学 177/191、化学 212/225、生物学 192/241。

通信地址：黑龙江省牡丹江市爱民区文化街 191 号牡丹江师范学院研究生招生办
邮政编码：157011
电话号码：0453-6511507
电子邮箱：msyyjsc@163.com

10229　牡丹江医学院

在中国普通高校研究生教育竞争力排行榜中的名次：总排名 512/527，黑龙江省内排名 18/18，医药类排名 69/71。

共 4 个一级学科（学术学位）参评。

门类排名

理学 348/389、工学 421/434、医学 140/214。

一级学科排名

生物学 205/241、生物医学工程 61/65、基础医学 91/106、临床医学 108/113。

通信地址：黑龙江省牡丹江市爱民区通乡街3号牡丹江医学院研招办
邮政编码：157011
电话号码：0453-6984041
电子邮箱：308182370@qq.com

11446 黑龙江东方学院

在中国仅专业硕士招生普通高校研究生教育竞争力排行榜中的名次：总排名50/51，黑龙江省内排名1/1，综合类排名9/9。

共2个一级学科（专业学位）参评。

门类排名

经济学331/332、工学432/434。

一级学科排名

国际商务（专业学位）111/116、工程（专业学位）51/66。

通信地址：黑龙江省哈尔滨市南岗区学府路331号黑龙江东方学院
邮政编码：150086
电话号码：0451-85963915
电子邮箱：dfxyyb@163.com

吉林省

10183 吉林大学

在中国普通高校研究生教育竞争力排行榜中的名次：总排名15/527，吉林省内排名1/18，综合类排名9/79。

共65个一级学科（学术学位）参评，其中5★+学科1个，5★学科4个，5★-学科11个，4★学科15个，学科优秀率为47.69%。

门类排名

哲学15/138、经济学20/332、法学8/394、教育学36/299、文学23/349、历史学10/123、理学10/389、工学22/434、农学25/166、医学17/214、管理学16/427、艺术学30/306。

一级学科排名

哲学15/138、理论经济学14/116、应用经济学22/263、法学8/207、政治学13/87、社会学17/87、马克思主义理论6/353、教育学73/141、心理学48/104、体育学30/108、中国语言文学25/179、外国语言文学22/232、新闻传播学32/116、考古学2/29、中国史31/105、世界史23/59、数学5/262、物理学1/191、化学3/225、地球物理学13/20、地质学19/36、生物学26/241、统计学18/97、力学53/94、机械工程12/219、仪器科学与技术15/69、材料科学与工程21/219、动力工程及工程热物理26/105、电气工程68/110、电子科学与技术30/122、信息与通信工程46/179、控制科学与工程44/185、计算机科学与技术20/262、土木工程49/160、水利工程31/64、测绘科学与技术23/53、化学工程与技术79/184、地质资源与地质工程5/45、交通运输工程10/69、农业工程7/44、环境科学与工程30/189、生物医学工程35/65、食品科学与工程31/100、软件工程17/138、作物学30/50、植物保护18/46、畜牧学23/54、兽医学9/42、基础医学17/106、临床医学21/113、口腔医学16/48、公共卫生与预防医学8/75、药学11/145、特种医学13/14、医学技术26/28、护理学19/59、管理科学与工程37/179、工商管理24/307、农林经济管理25/50、公共管理15/207、图书情报与档案管理8/51、音乐与舞蹈学37/72、戏剧与影视学25/56、美术学27/103、设计学16/148。

优势专业

5★+专业：凝聚态物理1/176、无机化学2/200、高分子化学与物理1/158。

5★专业：民商法学7/183、马克思主义基本原理9/315、马克思主义中国化研究9/303、思想政治教育14/334、中国近现代史基本问题研究9/187、外国语言学及应用语言学9/206、基础数学10/219、计算数学7/215、应用数学9/256、运筹学与控制论4/183、理论物理6/160、原子与分子物理3/93、声学2/33、光学5/164、无线电物理2/63、物理化学4/192、会计学10/277、企业管理12/296、技术经济及管理6/229。

5★-专业：政治经济学9/103、西方经济学10/95、世界经济7/85、人口、资源与环境经济学7/90、区域经济学11/195、金融学15/229、产业经济学20/225、数量经济学7/111、法学理论10/131、宪法学与行政法学11/151、刑法学9/136、诉讼法学10/123、经济法学11/146、国际法学7/117、政治学理论6/77、马克思主义发展史8/100、国外马克思主义研究6/86、文艺学17/168、汉语言文字学11/147、日语语言文学8/131、概率论与数理统计10/175、粒子物理与原子核物理6/78、分析化学15/199、有机化学16/205、生物化学与分子生物学19/221、机械制造及其自动化12/201、机械设计及理论11/205、车辆工程11/154、材料物理与化学17/201、材料学16/200、材料加工工程12/184、微电子学与固体电子学9/98、检测技术与自动化装置17/171、计算机软件与理论17/219、应用化学18/178、农业机械化工程3/39、农业电气化与自动化3/41、病理学与病理生理学8/100、药物化学12/136、药物分析学9/109、社会保障8/145。

4★专业：外国哲学11/91、伦理学13/88、科学技术哲学11/85、财政学16/92、国际贸易学37/192、法律史8/66、国际政治11/62、社会学12/83、语言学及应用语言学16/151、中国古代文学20/177、中国现当代文学20/172、英语语言文学25/199、植物学28/153、动物学27/138、微生物学26/184、细胞生物学17/144、机械电子工程32/205、测试计量技术及仪器8/68、通信与信息系统23/164、控制理论与控制工程26/179、模式识别与智能系统32/162、计算机系统结构 30/189、计算机应用技术 31/261、结构工程 25/153、防灾减灾工程及防护工程 20/119、水文学及水资源 10/53、矿产普查与勘探 5/40、地球探测与信息技术 5/40、地质工程 5/44、交通信息工程及控制 8/54、交通运输规划与管理 10/57、载运工具运用工程 8/48、农业生物环境与能源工程 6/33、环境工程 30/176、食品科学 16/96、农产品加工及贮藏工程 16/78、基础兽医学 8/41、人体解剖与组织胚胎学 16/101、免疫学 18/100、病原生物学 15/97、神经病学 15/97、皮肤病与性病学 13/73、影像医学与核医学 18/102、外科学 16/103、妇产科学 16/93、耳鼻咽喉科学 15/77、肿瘤学 18/95、急诊医学 13/77、口腔临床医学 8/45、流行病与卫生统计学 12/71、劳动卫生与环境卫生学 11/63、营养与食品卫生学 10/65、卫生毒理学 11/60、药剂学 19/122、生药学 14/89、微生物与生化药学 14/81、药理学 21/127、旅游管理 20/186、行政管理 26/180、社会医学与卫生事业管理 15/76、土地资源管理 16/107、图书馆学 7/39、情报学 6/43、知识产权法 5/44、党的建设 8/47、应急管理 2/9。

```
通信地址：吉林省长春市前进大街 2699 号吉林大学研究生院
邮政编码：130012
电话号码：0431-85166371
电子邮箱：jdyzb@jlu.edu.cn
```

10200　东北师范大学

在中国普通高校研究生教育竞争力排行榜中的名次：总排名 59/527，吉林省内排名 2/18，师范类排名 5/61。

共 36 个一级学科（学术学位）参评，其中 5★+学科 1 个，5★学科 3 个，5★-学科 2 个，4★学科 6 个，学科优秀率为 33.33%。

门类排名

哲学 46/138、经济学 75/332、法学 25/394、教育学 10/299、文学 42/349、历史学 4/123、理学 18/389、工学 180/434、农学 77/166、管理学 128/427、艺术学 36/306。

一级学科排名

哲学 46/138、理论经济学 88/116、应用经济学 74/263、法学 152/207、政治学 23/87、社会学 81/87、马克思主义理论 5/353、教育学 6/141、心理学 19/104、体育学 28/108、中国语言文学 46/179、外国语言文学 36/232、新闻传播学 84/116、考古学 24/29、中国史 28/105、世界史 1/59、数学 14/262、物理学 42/191、化学 23/225、地理学 15/87、生物学 68/241、生态学 15/90、统计学 2/97、材料科学与工程 61/219、控制科学与工程 173/185、环境科学与工程 41/189、城乡规划学 25/50、草学 3/21、工商管理 256/307、公共管理 82/207、图书情报与档案管理 18/51、艺术学理论 45/60、音乐与舞蹈学 8/72、戏剧与影视学 31/56、美术学 23/103、设计学 128/148。

优势专业

5★+专业：马克思主义中国化研究 1/303、思想政治教育 3/334。

5★专业：马克思主义基本原理 5/315、马克思主义发展史 5/100、中国近现代史基本问题研究 5/187、比较教育学 3/52、学前教育学 3/60、应用数学 7/256。

5★-专业：国外马克思主义研究 5/86、教育学原理 6/101、课程与教学论 8/112、基础数学 14/219、计算数学 16/215、运筹学与控制论 16/183、党的建设 3/47。

4★专业：教育史 6/42、教育技术学 9/69、发展与教育心理学 11/69、体育人文社会学 13/90、体育教育训练学 21/103、文艺学 29/168、英语语言文学 26/199、日语语言文学 25/131、外国语言学及应用语言学 27/206、无机化学 22/200、分析化学 22/199、有机化学 22/205、物理化学 23/192、高分子化学与物理 19/158、地图学与地理信息系统 14/81、材料物理与化学 28/201、初等教育学 3/17。

```
通信地址：吉林省长春市人民大街 5268 号东北师范大学研究
        生院
邮政编码：130024
电话号码：0431-85099608
电子邮箱：yzb@nenu.edu.cn
```

10186　长春理工大学

在中国普通高校研究生教育竞争力排行榜中的名次：总排名 221/527，吉林省内排名 3/18，理工类排名 85/165。

共 19 个一级学科（学术学位）参评。

门类排名

经济学 273/332、法学 135/394、文学 171/349、理学 161/389、工学 118/434、管理学 334/427、艺术学 294/306。

一级学科排名

应用经济学 242/263、法学 111/207、马克思主义理论 96/353、中国语言文学 139/179、外国语言文学 200/232、数学 204/262、物理学 65/191、化学 132/225、机械工程 90/219、光学工程 20/84、仪器科学与技术 29/69、材料科学与工程 89/219、电子科学与技术 41/122、信息与通信工程 54/179、控制科学与工程 113/185、计算机科学与技术 72/262、生物医学工程 58/65、软件工程 120/138、工商管理 274/307。

```
通信地址：吉林省长春市卫星路 7186 号长春理工大学研招办
邮政编码：130022
电话号码：0431-85380204
电子邮箱：custyzb@sohu.com
```

10193　吉林农业大学

在中国普通高校研究生教育竞争力排行榜中的名次：总排名 228/527，吉林省内排名 4/18，农林类排名 23/37。

共 24 个一级学科（学术学位）参评，其中 5★+学科 0 个，5★学科 0 个，5★-学科 0 个，4★学科 1 个，学科优秀率为 4.17%。

门类排名

法学 261/394、教育学 242/299、理学 179/389、工学 225/434、农学 19/166、医学 143/214、管理学 239/427。

一级学科排名

社会学 73/87、马克思主义理论 195/353、教育学 140/141、化学 225/225、生物学 78/241、生态学 74/90、计算机科学与技术 262/262、化学工程与技术 184/184、轻工技术与工程 13/23、农业工程 26/44、环境科学与工程 162/189、食品科学与工程 23/100、风景园林学 31/51、作物学 11/50、园艺学 34/44、农业资源与环境 13/39、植物保护 7/46、畜牧学 13/54、兽医学 13/42、林学 36/36、草学 12/21、药学 136/145、中药学 18/43、农林经济管理 23/50。

> 通信地址：吉林省长春市新城大街2888号吉林农业大学研究生招生工作办公室
> 邮政编码：130118
> 电话号码：0431-84533049
> 电子邮箱：graduate@jlau.edu.cn

10184 延边大学

在中国普通高校研究生教育竞争力排行榜中的名次：总排名246/527，吉林省内排名5/18，综合类排名54/79。

共34个一级学科（学术学位）参评，其中5★+学科0个，5★学科0个，5★-学科1个，4★学科0个，学科优秀率为2.94%。

门类排名

哲学 104/138、经济学 222/332、法学 95/394、教育学 100/299、文学 54/349、历史学 70/123、理学 207/389、工学 336/434、农学 46/166、医学 66/214、管理学 266/427、艺术学 117/306。

一级学科排名

哲学 104/138、理论经济学 95/116、法学 117/207、政治学 78/87、民族学 11/39、马克思主义理论 182/353、教育学 97/141、体育学 85/108、中国语言文学 97/179、外国语言文学 14/232、世界史 15/59、数学 225/262、物理学 161/191、化学 120/225、地理学 57/87、生物学 175/241、机械工程 214/219、计算机科学与技术 232/262、土木工程 160/160、作物学 45/50、园艺学 43/44、农业资源与环境 38/39、畜牧学 16/54、兽医学 41/42、基础医学 54/106、临床医学 61/113、公共卫生与预防医学 75/75、中西医结合 56/60、药学 50/145、护理学 43/59、工商管理 164/307、音乐与舞蹈学 58/72、美术学 68/103、设计学 126/148。

优势专业

5★专业：英语语言文学 10/199、日语语言文学 4/131、亚非语言文学 1/36、外国语言学及应用语言学 6/206。

5★-专业：俄语语言文学 7/75。

4★专业：中国少数民族经济 4/27、比较文学与跨文化研究 3/18。

> 通信地址：吉林省延吉市公园路977号延边大学研招办
> 邮政编码：133002
> 电话号码：0433-2732079
> 电子邮箱：yzb@ybu.edu.cn

10188 东北电力大学

在中国普通高校研究生教育竞争力排行榜中的名次：总排名298/527，吉林省内排名6/18，理工类排名110/165。

共14个一级学科（学术学位）参评。

门类排名

法学 332/394、文学 332/349、理学 380/389、工学 170/434、管理学 296/427、艺术学 222/306。

一级学科排名

马克思主义理论 290/353、数学 251/262、机械工程 210/219、仪器科学与技术 56/69、动力工程及工程热物理 43/105、电气工程 46/110、信息与通信工程 143/179、控制科学与工程 82/185、计算机科学与技术 194/262、土木工程 99/160、化学工程与技术 154/184、环境科学与工程 181/189、工商管理 232/307、设计学 89/148。

> 通信地址：吉林省吉林市船营区长春路169号东北电力大学研招办
> 邮政编码：132012
> 电话号码：0432-64806432
> 电子邮箱：lip056@163.com

10190 长春工业大学

在中国普通高校研究生教育竞争力排行榜中的名次：总排名348/527，吉林省内排名7/18，理工类排名128/165。

共18个一级学科（学术学位）参评。

门类排名

经济学 255/332、法学 201/394、文学 210/349、理学 209/389、工学 175/434、管理学 255/427、艺术学 244/306。

一级学科排名

应用经济学 239/263、法学 188/207、社会学 86/87、马克思主义理论 194/353、外国语言文学 99/232、数学 203/262、物理学 141/191、化学 109/225、生物学 228/241、统计学 66/97、机械工程 91/219、材料科学与工程 106/219、电气工程 62/110、信息与通信工程 145/179、控制科学与工程 123/185、计算机科学与技术 209/262、化学工程与技术 59/184、公共管理 131/207。

> 通信地址：吉林省长春市延安大街2055号长春工业大学南湖校区办公楼1426室
> 邮政编码：130012
> 电话号码：0431-85716566
> 电子邮箱：yzb@ccut.edu.cn

10203　吉林师范大学

在中国普通高校研究生教育竞争力排行榜中的名次：总排名361/527，吉林省内排名8/18，师范类排名39/61。

共17个一级学科（学术学位）参评。

门类排名

哲学 90/138、经济学 320/332、法学 207/394、教育学 75/299、文学 99/349、历史学 76/123、理学 176/389、管理学 312/427、艺术学 209/306。

一级学科排名

哲学 89/138、法学 179/207、马克思主义理论 159/353、教育学 101/141、心理学 64/104、体育学 79/108、中国语言文学 126/179、外国语言文学 98/232、新闻传播学 105/116、中国史 59/105、数学 200/262、物理学 99/191、化学 122/225、地理学 64/87、生物学 195/241、工商管理 253/307、美术学 85/103。

通信地址：吉林省四平市铁西区海丰大街1301号吉林师范大学研究生招生办公室
邮政编码：136000
电话号码：0434-3294603
电子邮箱：sdyjs@jlnu.edu.cn

10199　长春中医药大学

在中国普通高校研究生教育竞争力排行榜中的名次：总排名394/527，吉林省内排名9/18，医药类排名58/71。

共5个一级学科（学术学位）参评，其中5★+学科0个，5★学科0个，5★-学科0个，4★学科1个，学科优秀率为20%。

门类排名

医学 75/214。

一级学科排名

中医学 20/42、中西医结合 45/60、药学 73/145、中药学 7/43、护理学 57/59。

通信地址：吉林省长春市净月经济开发区博硕路1035号长春中医药大学研招办
邮政编码：130117
电话号码：0431-86172413
电子邮箱：kjming21@163.com

10201　北华大学

在中国普通高校研究生教育竞争力排行榜中的名次：总排名398/527，吉林省内排名10/18，综合类排名68/79。

共22个一级学科（学术学位）参评。

门类排名

法学 278/394、教育学 121/299、文学 134/349、历史学 109/123、理学 289/389、工学 271/434、农学 63/166、医学 128/214、管理学 294/427、艺术学 217/306。

一级学科排名

马克思主义理论 243/353、教育学 81/141、中国语言文学 133/179、外国语言文学 177/232、世界史 38/59、数学 199/262、物理学 172/191、化学 213/225、生物学 240/241、机械工程 163/219、材料科学与工程 213/219、电气工程 79/110、计算机科学与技术 261/262、林业工程 12/13、风景园林学 43/51、软件工程 133/138、林学 22/36、基础医学 85/106、临床医学 103/113、药学 131/145、工商管理 257/307、美术学 99/103。

通信地址：吉林省吉林市丰满区滨江东路3999号北华大学研招办
邮政编码：132013
电话号码：0432-64608056
电子邮箱：beihuayjs@163.com

10207　吉林财经大学

在中国普通高校研究生教育竞争力排行榜中的名次：总排名454/527，吉林省内排名11/18，财经类排名30/34。

共9个一级学科（学术学位）参评。

门类排名

经济学 100/332、法学 219/394、文学 278/349、理学 386/389、工学 422/434、管理学 109/427。

一级学科排名

理论经济学 97/116、应用经济学 96/263、法学 143/207、马克思主义理论 306/353、外国语言文学 224/232、数学 259/262、管理科学与工程 167/179、工商管理 148/307、公共管理 139/207。

通信地址：吉林省长春市净月大街3699号吉林财经大学研招办
邮政编码：130117
电话号码：0431-84539140
电子邮箱：jlcjdx9140@163.com

10205　长春师范大学

在中国普通高校研究生教育竞争力排行榜中的名次：总排名474/527，吉林省内排名12/18，师范类排名54/61。

共12个一级学科（学术学位）参评。

门类排名

法学 327/394、教育学 133/299、文学 153/349、历史学 46/123、理学 288/389、工学 414/434、管理学 397/427、艺术学 195/306。

一级学科排名

马克思主义理论 274/353、教育学 96/141、中国语言文学 154/179、外国语言文学 208/232、中国史 40/105、数学 255/262、物理学 171/191、化学 197/225、地理学 74/87、生物学 203/241、软件工程 95/138、美术学 74/103。

通信地址：吉林省长春市长吉北路677号长春师范大学研招办
邮政编码：130032
电话号码：0431-86168862
电子邮箱：ccsfdxzsb@163.com

10191 吉林建筑大学

在中国普通高校研究生教育竞争力排行榜中的名次：总排名488/527，吉林省内排名13/18，理工类排名159/165。

共11个一级学科（学术学位）参评。

门类排名

经济学 294/332、法学 331/394、工学 244/434、农学 156/166、管理学 396/427、艺术学 230/306。

一级学科排名

应用经济学 259/263、政治学 87/87、马克思主义理论 288/353、材料科学与工程 191/219、建筑学 65/70、土木工程 87/160、测绘科学与技术 48/53、环境科学与工程 172/189、城乡规划学 45/50、管理科学与工程 164/179、设计学 133/148。

通信地址：吉林省长春市新城大街5088号吉林建筑大学研招办
邮政编码：130118
电话号码：0431-84566037
电子邮箱：jzxy@qq.com

10192 吉林化工学院

在中国普通高校研究生教育竞争力排行榜中的名次：总排名495/527，吉林省内排名14/18，理工类排名161/165。

共3个一级学科（学术学位）参评。

门类排名

理学 320/389、工学 315/434。

一级学科排名

化学 156/225、材料科学与工程 205/219、化学工程与技术 98/184。

通信地址：吉林省吉林市承德街45号吉林化工学院研究生招生办公室
邮政编码：132022
电话号码：0432-63081060
电子邮箱：yjsc@jlict.edu.cn

10208 吉林体育学院

在中国普通高校研究生教育竞争力排行榜中的名次：总排名496/527，吉林省内排名15/18，体育类排名12/13。

共2个一级学科（学术学位）参评。

门类排名

教育学 103/299、管理学 400/427、艺术学 304/306。

一级学科排名

体育学 35/108、公共管理 204/207。

通信地址：吉林省长春市南关区自由大路2476号吉林体育学院研招办
邮政编码：130022
电话号码：0431-85267666
电子邮箱：yanjiushengty@163.com

10209 吉林艺术学院

在中国普通高校研究生教育竞争力排行榜中的名次：总排名505/527，吉林省内排名16/18，艺术类排名22/30。

共5个一级学科（学术学位）参评。

门类排名

文学 344/349、农学 162/166、艺术学 47/306。

一级学科排名

艺术学理论 50/60、音乐与舞蹈学 24/72、戏剧与影视学 34/56、美术学 56/103、设计学 71/148。

通信地址：吉林省长春市自由大路695号吉林艺术学院研招办
邮政编码：130021
电话号码：0431-85641085
电子邮箱：jlartyjs@163.com

11726 长春大学

在中国普通高校研究生教育竞争力排行榜中的名次：总排名519/527，吉林省内排名17/18，综合类排名79/79。

共5个一级学科（学术学位）参评。

门类排名

经济学 296/332、法学 356/394、教育学 294/299、文学 322/349、工学 323/434、农学 164/166、医学 196/214、管理学 328/427、艺术学 288/306。

一级学科排名

马克思主义理论 315/353、机械工程 207/219、食品科学与工程 89/100、中医学 42/42、工商管理 217/307。

通信地址：吉林省长春市卫星路6543号长春大学研招办
邮政编码：130022
电话号码：0431-85250095
电子邮箱：yanzhaoban@ccu.edu.cn

10964 吉林外国语大学

在中国普通高校研究生教育竞争力排行榜中的名次：总排名522/527，吉林省内排名18/18，文法类排名24/24。

共1个一级学科（学术学位）参评。

门类排名

经济学 332/332、教育学 175/299、文学 303/349、管理学 423/427。

一级学科排名

教育学 120/141。

通信地址：吉林省长春市净月大街3658号吉林外国语大学研招办
邮政编码：130117
电话号码：0431-84565032
电子邮箱：hqyjsb@126.com

11437　长春工程学院

在中国仅专业硕士招生普通高校研究生教育竞争力排行榜中的名次：总排名32/51，吉林省内排名1/1，理工类排名12/14。

共1个一级学科（专业学位）参评。

门类排名

工学 406/434。

一级学科排名

工程（专业学位）16/66。

通信地址：吉林省长春市宽平大路395号长春工程学院研招办
邮政编码：130012
电话号码：0431-85711192
电子邮箱：xkb@ccit.edu.cn

福建省

10384　厦门大学

在中国普通高校研究生教育竞争力排行榜中的名次：总排名26/527，福建省内排名1/11，综合类排名12/79。

共45个一级学科（学术学位）参评，其中5★+学科0个，5★学科7个，5★-学科10个，4★学科12个，学科优秀率为64.44%。

门类排名

哲学 16/138、经济学 7/332、法学 12/394、教育学 18/299、文学 24/349、历史学 24/123、理学 8/389、工学 33/434、医学 38/214、管理学 8/427、艺术学 25/306。

一级学科排名

哲学 16/138、理论经济学 6/116、应用经济学 9/263、法学 9/207、政治学 15/87、社会学 11/87、民族学 15/39、马克思主义理论 64/353、教育学 8/141、中国语言文学 32/179、外国语言文学 20/232、新闻传播学 8/116、考古学 20/29、中国史 17/105、世界史 25/59、数学 21/262、物理学 23/191、化学 6/225、天文学 15/18、海洋科学 2/29、生物学 7/241、生态学 8/90、统计学 6/97、机械工程 27/219、仪器科学与技术 18/69、材料科学与工程 38/219、电子科学与技术 16/122、信息与通信工程 42/179、控制科学与工程 39/185、计算机科学与技术 17/262、建筑学 14/70、土木工程 61/160、化学工程与技术 11/184、航空宇航科学与技术 10/25、环境科学与工程 13/189、基础医学 49/106、临床医学 28/113、公共卫生与预防医学 25/75、中医学 27/42、药学 36/145、管理科学与工程 32/179、工商管理 8/307、公共管理 8/207、戏剧与影视学 14/56、美术学 32/103。

优势专业

5★专业：国际贸易学 10/192、高等教育学 3/111、无机化学 9/200、分析化学 10/199、物理化学 5/192、动物学 5/138、水生生物学 2/60、微生物学 8/184、会计学 7/277、旅游管理 6/186、技术经济及管理 8/229。

5★-专业：西方经济学 8/95、国民经济学 7/96、区域经济学 12/195、金融学 19/229、产业经济学 22/225、数量经济学 8/111、民商法学 15/183、国际法学 9/117、政治学理论 7/77、中国近现代史基本问题研究 12/187、比较教育学 4/52、日语语言文学 13/131、外国语言学及应用语言学 18/206、新闻学 11/105、基础数学 21/219、概率论与数理统计 18/175、应用数学 25/256、有机化学 15/205、高分子化学与物理 15/158、物理海洋学 2/23、海洋化学 2/23、海洋生物学 2/25、海洋地质 2/19、植物学 12/153、生理学 6/107、遗传学 12/143、发育生物学 5/71、细胞生物学 11/144、生物化学与分子生物学 13/221、企业管理 18/296、社会保障 10/145、公共政策 2/28。

4★专业：马克思主义哲学 16/108、中国哲学 12/99、外国哲学 10/91、伦理学 12/88、政治经济学 11/103、经济思想史 5/33、经济史 7/40、世界经济 12/85、人口、资源与环境经济学 11/90、财政学 11/92、劳动经济学 10/82、法学理论 15/131、宪法学与行政法学 20/151、刑法学 21/136、诉讼法学 19/123、经济法学 19/146、中外政治制度 10/51、社会学 17/83、人类学 5/42、马克思主义基本原理 45/315、马克思主义中国化研究 38/303、国外马克思主义研究 17/86、思想政治教育 57/334、课程与教学论 16/112、教育史 5/42、文艺学 26/168、语言学及应用语言学 20/151、汉语言文字学 16/147、中国古代文学 33/177、中国现当代文学 24/172、英语语言文学 22/199、传播学 15/112、计算数学 33/215、理论物理 27/160、凝聚态物理 22/176、光学 24/164、无线电物理 12/63、机械制造及其自动化 37/201、机械电子工程 39/205、机械设计及理论 38/205、车辆工程 28/154、信号与信息处理 28/164、检测技术与自动化装置 28/171、计算机系统结构 34/189、计算机软件与理论 41/219、计算机应用技术 49/261、化学工程 26/134、化学工艺 18/148、生物化工 24/118、应用化学 36/178、工业催化 18/120、环境科学 28/165、环境工程 26/176、免疫学 19/100、病理学与病理生理学 20/100、康复医学与理疗学 12/66、药剂学 14/122、药理学 22/127、行政管理 23/180、社会医学与卫生事业管理 11/76、教育经济与管理 18/128、网络经济学 2/8、知识产权法 8/44、市场营销 5/24。

通信地址：福建省厦门市思明区思明南路422号厦门大学研究生院
邮政编码：361005
电话号码：0592-2188888
电子邮箱：zs@xmu.edu.cn

10386 福州大学

在中国普通高校研究生教育竞争力排行榜中的名次：总排名85/527，福建省内排名2/11，综合类排名29/79。

共38个一级学科（学术学位）参评，其中5★+学科0个，5★学科1个，5★-学科1个，4★学科4个，学科优秀率为15.79%。

门类排名

经济学 103/332、法学 115/394、教育学 170/299、文学 230/349、理学 48/389、工学 56/434、医学 158/214、管理学 53/427、艺术学 130/306。

一级学科排名

理论经济学 58/116、应用经济学 109/263、法学 56/207、社会学 60/87、马克思主义理论 206/353、心理学 46/104、外国语言文学 137/232、数学 70/262、物理学 164/191、化学 8/225、地理学 38/87、统计学 95/97、力学 62/94、机械工程 44/219、材料科学与工程 64/219、电气工程 31/110、电子科学与技术 36/122、信息与通信工程 55/179、控制科学与工程 75/185、计算机科学与技术 55/262、土木工程 22/160、水利工程 40/64、化学工程与技术 28/184、地质资源与地质工程 42/45、矿业工程 27/30、环境科学与工程 80/189、食品科学与工程 41/100、城乡规划学 23/50、软件工程 99/138、生物工程 10/20、安全科学与工程 38/55、药学 101/145、管理科学与工程 13/179、工商管理 57/307、公共管理 108/207、图书情报与档案管理 51/51、美术学 78/103、设计学 78/148。

优势专业

5★-专业：有机化学 21/205。

4★专业：环境与资源保护法学 18/95、无机化学 21/200、分析化学 21/199、物理化学 21/192、计算机应用技术 51/261、结构工程 20/153、化学工程 24/134、化学工艺 24/148、技术经济及管理 43/229。

```
通信地址：福建省福州市福州地区大学城学园路2号福州大学
         研招办
邮政编码：350116
电话号码：0591-22865515
电子邮箱：yzb@fzu.edu.cn
```

10394 福建师范大学

在中国普通高校研究生教育竞争力排行榜中的名次：总排名108/527，福建省内排名3/11，师范类排名10/61。

共33个一级学科（学术学位）参评，其中5★+学科0个，5★学科0个，5★-学科2个，4★学科7个，学科优秀率为27.27%。

门类排名

经济学 52/332、法学 73/394、教育学 16/299、文学 33/349、历史学 35/123、理学 56/389、工学 206/434、管理学 127/427、艺术学 12/306。

一级学科排名

理论经济学 18/116、应用经济学 115/263、法学 106/207、马克思主义理论 37/353、教育学 26/141、心理学 21/104、体育学 10/108、中国语言文学 24/179、外国语言文学 55/232、新闻传播学 37/116、中国史 26/105、数学 75/262、物理学 73/191、化学 73/225、地理学 9/87、生物学 94/241、生态学 23/90、统计学 58/97、光学工程 22/84、材料科学与工程 117/219、信息与通信工程 157/179、计算机科学与技术 93/262、环境科学与工程 143/189、生物医学工程 44/65、生物工程 16/20、网络空间安全 26/56、管理科学与工程 127/179、公共管理 86/207、图书情报与档案管理 21/51、音乐与舞蹈学 14/72、戏剧与影视学 15/56、美术学 17/103、设计学 103/148。

优势专业

5★专业：体育教育训练学 5/103、专门史 3/70。

5★-专业：运动人体科学 7/81、文艺学 15/168、中国古代文学 18/177。

4★专业：马克思主义基本原理 35/315、马克思主义发展史 18/100、马克思主义中国化研究 34/303、思想政治教育 50/334、课程与教学论 19/112、体育人文社会学 11/90、民族传统体育学 13/77、汉语言文字学 17/147、中国古典文献学 20/114、中国现当代文学 26/172、比较文学与世界文学 24/136、英语语言文学 37/199、外国语言学及应用语言学 41/206、自然地理学 12/78、地图学与地理信息系统 16/81、中国古代史 14/69、中国近现代史 12/68。

```
通信地址：福建省福州市大学城科技路1号福建师范大学旗山
         校区佘明培楼六楼
邮政编码：350117
电话号码：0591-22867434
电子邮箱：yzb@fjnu.edu.cn
```

10389 福建农林大学

在中国普通高校研究生教育竞争力排行榜中的名次：总排名110/527，福建省内排名4/11，农林类排名8/37。

共27个一级学科（学术学位）参评，其中5★+学科0个，5★学科0个，5★-学科0个，4★学科4个，学科优秀率为14.81%。

门类排名

经济学 181/332、法学 250/394、理学 114/389、工学 132/434、农学 11/166、管理学 86/427、艺术学 173/306。

一级学科排名

应用经济学 177/263、马克思主义理论 178/353、地理学 39/87、生物学 50/241、生态学 18/90、统计学 57/97、机械工程 140/219、计算机科学与技术 182/262、化学工程与技术 140/184、交通运输工程 67/69、农业工程 15/44、林业工程 4/13、环境科学与工程 84/189、食品科学与工程 24/100、风景园林学 9/51、作物学 18/50、园艺学 6/44、农业资源与环境 9/39、植物保护 10/46、畜牧学 32/54、兽医学 30/42、林学 7/36、水产 14/29、工商管理 178/307、农林经济管理 12/50、公共管理 68/207、设计学 74/148。

优势专业

4★专业：动物学 22/138、微生物学 30/184、遗传学 29/143、生物化学与分子生物学 44/221、土壤学 6/39、植物病理学 8/40、农业昆虫与害虫防治 9/43、林木遗传育种 4/26、森林培育 4/28、农业经济管理 9/49。

通信地址：福建省福州市仓山区上下店路15号
邮政编码：350002
电话号码：0591-3769584 或 3789215
电子邮箱：fafuyzb804@163.com

10385　华侨大学

在中国普通高校研究生教育竞争力排行榜中的名次：总排名 149/527，福建省内排名 5/11，综合类排名 39/79。

共 24 个一级学科（学术学位）参评。

门类排名

哲学 45/138、经济学 78/332、法学 140/394、教育学 205/299、文学 124/349、历史学 110/123、理学 140/389、工学 99/434、管理学 106/427、艺术学 214/306。

一级学科排名

哲学 45/138、应用经济学 60/263、法学 130/207、政治学 61/87、马克思主义理论 171/353、中国语言文学 99/179、外国语言文学 216/232、中国史 101/105、数学 198/262、化学 63/225、生物学 227/241、系统科学 22/23、机械工程 58/219、光学工程 65/84、材料科学与工程 80/219、信息与通信工程 76/179、控制科学与工程 93/185、建筑学 19/70、土木工程 52/160、化学工程与技术 45/184、环境科学与工程 124/189、软件工程 49/138、工商管理 63/307、公共管理 126/207。

优势专业

5★-专业：旅游管理 17/186。

4★专业：产业经济学 41/225、建筑设计及其理论 13/65、企业管理 44/296。

通信地址：福建省泉州市丰泽区城华北路269号华侨大学研招办
邮政编码：361021
电话号码：0595-22692540
电子邮箱：hdyzb@hqu.edu.cn

10392　福建医科大学

在中国普通高校研究生教育竞争力排行榜中的名次：总排名 193/527，福建省内排名 6/11，医药类排名 21/71。

共 9 个一级学科（学术学位）参评，其中 5★+学科 0 个，5★学科 0 个，5★-学科 0 个，4★学科 1 个，学科优秀率为 11.11%。

门类排名

教育学 291/299、理学 277/389、医学 32/214、管理学 385/427。

一级学科排名

生物学 126/241、基础医学 41/106、临床医学 25/113、口腔医学 12/48、公共卫生与预防医学 26/75、药学 58/145、医学技术 9/28、护理学 10/59、公共管理 193/207。

通信地址：福建省福州市闽侯上街学园路1号福建医科大学研究生招生办公室
邮政编码：350122
电话号码：0591-22862107
电子邮箱：fjmuyjsc@163.com

10393　福建中医药大学

在中国普通高校研究生教育竞争力排行榜中的名次：总排名 303/527，福建省内排名 7/11，医药类排名 39/71。

共 7 个一级学科（学术学位）参评，其中 5★+学科 0 个，5★学科 0 个，5★-学科 1 个，4★学科 0 个，学科优秀率为 14.29%。

门类排名

医学 62/214。

一级学科排名

临床医学 95/113、中医学 17/42、中西医结合 6/60、药学 108/145、中药学 33/43、医学技术 27/28、护理学 48/59。

优势专业

4★专业：中医诊断学 4/27。

通信地址：福建省福州市闽侯上街邱阳路1号福建中医药大学研招办
邮政编码：350122
电话号码：0591-22861067
电子邮箱：2403619712@qq.com

10390　集美大学

在中国普通高校研究生教育竞争力排行榜中的名次：总排名 333/527，福建省内排名 8/11，综合类排名 59/79。

共 14 个一级学科（学术学位）参评。

门类排名

经济学 168/332、法学 359/394、教育学 137/299、文学 187/349、理学 272/389、工学 260/434、农学 55/166、管理学 355/427、艺术学 211/306。

一级学科排名

应用经济学 144/263、马克思主义理论 349/353、体育学 72/108、中国语言文学 168/179、数学 129/262、生物学 212/241、机械工程 197/219、信息与通信工程 141/179、交通运输工程 51/69、船舶与海洋工程 21/24、食品科学与工程 64/100、水产 7/29、工商管理 280/307、设计学 87/148。

优势专业

4★专业：水产养殖 5/29。

通信地址：福建省厦门市集美区银江路185号集美大学研招办
邮政编码：361021
电话号码：0592-6182568
电子邮箱：yzb@jmu.edu.cn

11062 厦门理工学院

在中国普通高校研究生教育竞争力排行榜中的名次：总排名406/527，福建省内排名9/11，理工类排名141/165。

共2个一级学科（学术学位）参评。

门类排名

工学289/434、管理学303/427、艺术学305/306。

一级学科排名

机械工程103/219、管理科学与工程98/179。

通信地址：福建省厦门市集美校区理工路600号厦门理工学院研招办
邮政编码：361024
电话号码：0592-6291269
电子邮箱：yjsb@xmut.edu.cn

10388 福建工程学院

在中国普通高校研究生教育竞争力排行榜中的名次：总排名424/527，福建省内排名10/11，理工类排名146/165。

共4个一级学科（学术学位）参评。

门类排名

工学274/434、管理学384/427、艺术学224/306。

一级学科排名

材料科学与工程198/219、土木工程94/160、交通运输工程58/69、设计学97/148。

通信地址：福建省福州市大学新区学园路3号福建工程学院研招办
邮政编码：350118
电话号码：0591-22863085
电子邮箱：yjsc@fjut.edu.cn

10402 闽南师范大学

在中国普通高校研究生教育竞争力排行榜中的名次：总排名440/527，福建省内排名11/11，师范类排名48/61。

共7个一级学科（学术学位）参评。

门类排名

经济学325/332、法学310/394、教育学127/299、文学115/349、理学226/389、工学384/434。

一级学科排名

马克思主义理论256/353、教育学138/141、心理学53/104、中国语言文学77/179、数学108/262、化学128/225、计算机科学与技术239/262。

通信地址：福建省漳州市芗城区县前直街36号闽南师范大学研招办
邮政编码：363000
电话号码：0596-2527801
电子邮箱：yjsc@fjzs.edu.cn

10395 闽江学院

在中国仅专业硕士招生普通高校研究生教育竞争力排行榜中的名次：总排名10/51，福建省内排名1/2，综合类排名2/9。

共1个一级学科（专业学位）参评。

门类排名

管理学425/427。

一级学科排名

工商管理（专业学位）151/155。

通信地址：福州市大学城文贤路1号闽江学院研招办
邮政编码：350108
电话号码：0591-83761552
电子邮箱：mjxy@mju.edu.cn

10399 泉州师范学院

在中国仅专业硕士招生普通高校研究生教育竞争力排行榜中的名次：总排名28/51，福建省内排名2/2，师范类排名5/12。

共1个一级学科（专业学位）参评。

门类排名

艺术学223/306。

一级学科排名

艺术（专业学位）83/279。

通信地址：福建省泉州市东海大街398号泉州师范学院研招办
邮政编码：362000
电话号码：0595-22919508
电子邮箱：yzb@qztc.edu.cn

重庆市

10611 重庆大学

在中国普通高校研究生教育竞争力排行榜中的名次：总排名32/527，重庆市内排名1/13，理工类排名17/165。

共51个一级学科（学术学位）参评，其中5★+学科0个，5★学科4个，5★-学科7个，4★学科17个，学科优秀率为54.9%。

门类排名

哲学 71/138、经济学 31/332、法学 35/394、教育学 77/299、文学 55/349、历史学 84/123、理学 25/389、工学 11/434、农学 105/166、医学 107/214、管理学 21/427、艺术学 29/306。

一级学科排名

哲学 70/138、理论经济学 81/116、应用经济学 23/263、法学 17/207、马克思主义理论 80/353、教育学 79/141、心理学 82/104、体育学 53/108、中国语言文学 86/179、外国语言文学 58/232、新闻传播学 28/116、中国史 62/105、数学 26/262、物理学 37/191、化学 34/225、生物学 28/241、生态学 30/90、统计学 24/97、力学 37/94、机械工程 8/219、光学工程 23/84、仪器科学与技术 5/69、材料科学与工程 36/219、冶金工程 4/24、动力工程及工程热物理 12/105、电气工程 5/110、电子科学与技术 61/122、信息与通信工程 32/179、控制科学与工程 28/185、计算机科学与技术 30/262、建筑学 7/70、土木工程 3/160、化学工程与技术 20/184、矿业工程 5/30、交通运输工程 42/69、航空宇航科学与技术 18/25、环境科学与工程 25/189、生物医学工程 28/65、城乡规划学 10/50、风景园林学 8/51、软件工程 27/138、安全科学与工程 9/55、基础医学 35/106、临床医学 99/113、药学 45/145、管理科学与工程 6/179、工商管理 19/307、公共管理 17/207、戏剧与影视学 19/56、美术学 30/103、设计学 24/148。

优势专业

5★+专业：车辆工程 2/154、市政工程 1/109。

5★专业：机械制造及其自动化 9/201、机械电子工程 8/205、机械设计及理论 7/205、电机与电器 4/83、电力系统及其自动化 4/92、高电压与绝缘技术 2/59、电力电子与电力传动 4/102、电工理论与新技术 3/79、岩土工程 6/143、结构工程 6/153、供热、供燃气、通风及空调工程 3/94、防灾减灾工程及防护工程 4/119、桥梁与隧道工程 4/109、会计学 8/277、旅游管理 8/186。

5★-专业：环境与资源保护法学 8/95、应用数学 26/256、精密仪器及机械 4/63、测试计量技术及仪器 6/68、流体机械及工程 6/65、建筑历史与理论 6/61、应用化学 15/178、企业管理 20/296、技术经济及管理 12/229。

4★专业：区域经济学 28/195、金融学 38/229、产业经济学 33/225、国际贸易学 30/192、劳动经济学 11/82、数量经济学 17/111、法学理论 22/131、法律史 13/66、宪法学与行政法学 21/151、刑法学 22/136、民商法学 29/183、诉讼法学 17/123、经济法学 20/146、基础数学 31/219、计算数学 35/215、概率论与数理统计 29/175、运筹学与控制论 28/183、理论物理 25/160、粒子物理与原子核物理 16/78、凝聚态物理 27/176、无机化学 31/200、分析化学 34/199、有机化学 34/205、物理化学 36/192、动物学 24/138、固体力学 16/79、工程力学 16/88、材料物理与化学 33/201、材料学 38/200、材料加工工程 33/184、冶金物理化学 4/21、钢铁冶金 4/22、有色金属冶金 4/22、热能工程 12/82、动力机械及工程 9/69、化工过程机械 7/61、通信与信息系统 24/164、信号与信息处理 25/164、控制理论与控制工程 32/179、检测技术与自动化装置 27/171、系统工程 20/122、计算机系统结构 32/189、计算机软件与理论 34/219、计算机应用技术 43/261、建筑设计及其理论 10/65、建筑技术科学 9/61、化学工程 21/134、化学工艺 20/148、生物化工 18/118、工业催化 19/120、采矿工程 6/30、矿物加工工程 6/28、安全技术及工程 3/16、环境科学 21/165、环境工程 21/176、行政管理 27/180、教育经济与管理 16/128、社会保障 21/145、土地资源管理 15/107。

通信地址：重庆市沙坪坝正街174号重庆大学研究生院
邮政编码：400030
电话号码：023-65105286
电子邮箱：yzb@cqu.edu.cn

10635 西南大学

在中国普通高校研究生教育竞争力排行榜中的名次：总排名41/527，重庆市内排名2/13，综合类排名17/79。

共54个一级学科（学术学位）参评，其中5★+学科0个，5★学科4个，5★-学科1个，4★学科8个，学科优秀率为24.07%。

门类排名

哲学 22/138、经济学 63/332、法学 52/394、教育学 4/299、文学 34/349、历史学 38/123、理学 21/389、工学 107/434、农学 21/166、医学 105/214、管理学 80/427、艺术学 38/306。

一级学科排名

哲学 22/138、理论经济学 114/116、应用经济学 41/263、法学 93/207、政治学 75/87、社会学 79/87、民族学 34/39、马克思主义理论 18/353、教育学 3/141、心理学 5/104、体育学 38/108、中国语言文学 28/179、外国语言文学 41/232、新闻传播学 33/116、中国史 49/105、世界史 29/59、数学 50/262、物理学 115/191、化学 41/225、地理学 31/87、地质学 31/36、生物学 8/241、生态学 36/90、统计学 31/97、机械工程 116/219、材料科学与工程 130/219、信息与通信工程 149/179、计算机科学与技术 57/262、化学工程与技术 168/184、纺织科学与工程 21/22、农业工程 10/44、环境科学与工程 47/189、食品科学与工程 8/100、风景园林学 33/51、软件工程 70/138、作物学 22/50、园艺学 14/44、农业资源与环境 10/39、植物保护 13/46、畜牧学 10/54、兽医学 24/42、林学 32/36、水产 11/29、药学 20/145、中药学 30/43、工商管理 132/307、农林经济管理 22/50、公共管理 70/207、图书情报与档案管理 35/51、艺术学理论 24/60、音乐与舞蹈学 26/72、戏剧与影视学 24/56、美术学 34/103、设计学 94/148。

优势专业

5★专业：思想政治教育 8/334、课程与教学论 3/112、基础心理学 3/62、动物学 6/138。

5★-专业：马克思主义基本原理 24/315、学前教育学 6/60、成人教育学 3/30、职业技术教育学 3/43、发展与教育心理学 4/69、应用心理学 7/93、汉语言文字学 15/147、植物学 9/153、水生生物学 5/60、微生物学 11/184、遗传学 13/143、细胞生物学 13/144、生物化学与分子生物学 14/221、食品科学 8/96、粮食、油脂及植物蛋白工程 5/64、药物分析学 10/109、中国近现代史 5/68。

4★专业：区域经济学 37/195、金融学 30/229、统计学 6/53、教育学原理 13/101、教育史 8/42、比较教育学 7/52、教育技术学 8/69、语言学及应用语言学 24/151、中国古典文献学 23/114、中国古代文学 21/177、中国现当代文学 23/172、英语语言文学 23/199、外国语言学及应用语言学 28/206、应用数学 44/256、生理学 12/107、发育生物学 8/71、生物物理学 11/69、计算机软件与理论 39/219、农业水土工程 6/34、农业电气化与自动化 8/41、农产品加工及贮藏工程 14/78、植物营养学 6/37、特种经济动物饲养 4/30、药物化学 23/136、药剂学 13/122、生药学 17/89、微生物与生化药学 12/81。

通信地址：重庆市北碚区天生路2号西南大学研招办
邮政编码：400715
电话号码：023-68252456
电子邮箱：yanzhao@swu.edu.cn

10631 重庆医科大学

在中国普通高校研究生教育竞争力排行榜中的名次：总排名114/527，重庆市内排名3/13，医药类排名7/71。

共13个一级学科（学术学位）参评，其中5★+学科0个，5★学科0个，5★-学科0个，4★学科4个，学科优秀率为30.77%。

门类排名

经济学 311/332、法学 352/394、教育学 260/299、文学 327/349、理学 171/389、工学 309/434、医学 16/214、管理学 295/427。

一级学科排名

马克思主义理论 325/353、生物学 75/241、生物医学工程 24/65、基础医学 20/106、临床医学 13/113、口腔医学 17/48、公共卫生与预防医学 33/75、中医学 33/42、中西医结合 44/60、药学 37/145、医学技术 6/28、护理学 11/59、公共管理 93/207。

优势专业

4★专业：人体解剖与组织胚胎学 14/101、内科学 16/105、儿科学 11/88、老年医学 11/61、神经病学 17/97、临床检验诊断学 12/97、外科学 19/103、妇产科学 17/93。

通信地址：重庆市渝中区医学院路1号重庆医科大学研招办
邮政编码：400016
电话号码：023-68485540
电子邮箱：yzb01@cqmu.edu.cn

10617 重庆邮电大学

在中国普通高校研究生教育竞争力排行榜中的名次：总排名170/527，重庆市内排名4/13，理工类排名69/165。

共18个一级学科（学术学位）参评，其中5★+学科0个，5★学科0个，5★-学科0个，4★学科2个，学科优秀率为11.11%。

门类排名

法学 220/394、文学 337/349、理学 214/389、工学 138/434、管理学 340/427、艺术学 281/306。

一级学科排名

法学 201/207、马克思主义理论 108/353、数学 141/262、物理学 110/191、生物学 159/241、系统科学 12/23、机械工程 160/219、光学工程 67/84、仪器科学与技术 48/69、电气工程 103/110、电子科学与技术 55/122、信息与通信工程 33/179、控制科学与工程 68/185、计算机科学与技术 38/262、生物医学工程 46/65、软件工程 56/138、网络空间安全 35/56、管理科学与工程 90/179。

优势专业

4★专业：通信与信息系统 26/164、信号与信息处理 20/164、计算机系统结构 24/189、计算机软件与理论 31/219、计算机应用技术 40/261。

通信地址：重庆市南岸区南山街道崇文路2号重庆邮电大学研招办
邮政编码：400065
电话号码：023-62460038
电子邮箱：yzb@cqupt.edu.cn

10618 重庆交通大学

在中国普通高校研究生教育竞争力排行榜中的名次：总排名235/527，重庆市内排名5/13，理工类排名91/165。

共16个一级学科（学术学位）参评，其中5★+学科0个，5★学科0个，5★-学科0个，4★学科2个，学科优秀率为12.5%。

门类排名

法学 254/394、教育学 296/299、文学 229/349、理学 343/389、工学 104/434、农学 148/166、管理学 133/427。

一级学科排名

马克思主义理论 135/353、外国语言文学 168/232、地理学 83/87、系统科学 10/23、力学 65/94、机械工程 132/219、材料科学与工程 184/219、计算机科学与技术 148/262、土木工程 47/160、水利工程 9/64、测绘科学与技术 42/53、交通运输工程 13/69、船舶与海洋工程 17/24、环境科学与工程 120/189、管理科学与工程 75/179、工商管理 174/307。

通信地址：重庆市南岸区学府大道66号重庆交通大学研招办
邮政编码：400074
电话号码：023-62650942
电子邮箱：jyyzb@cqjtu.edu.cn

10652　西南政法大学

在中国普通高校研究生教育竞争力排行榜中的名次：总排名 251/527，重庆市内排名 6/13，文法类排名 6/24。

共 9 个一级学科（学术学位）参评，其中 5★+学科 0 个，5★学科 1 个，5★-学科 0 个，4★学科 0 个，学科优秀率为 11.11%。

门类排名

哲学 76/138、经济学 134/332、法学 28/394、文学 120/349、管理学 209/427。

一级学科排名

哲学 77/138、应用经济学 136/263、法学 10/207、政治学 47/87、马克思主义理论 134/353、外国语言文学 179/232、新闻传播学 26/116、工商管理 293/307、公共管理 130/207。

优势专业

5★专业：民商法学 8/183。

5★-专业：法学理论 9/131、刑法学 14/136、经济法学 10/146。

4★专业：宪法学与行政法学 18/151、诉讼法学 13/123、环境与资源保护法学 15/95、新闻学 21/105、传播学 22/112。

> 通信地址：重庆市渝北区宝圣大道 301 号西南政法大学研招办
> 邮政编码：401120
> 电话号码：023-67258892
> 电子邮箱：yzb@swupl.edu.cm

11799　重庆工商大学

在中国普通高校研究生教育竞争力排行榜中的名次：总排名 262/527，重庆市内排名 7/13，财经类排名 11/34。

共 13 个一级学科（学术学位）参评。

门类排名

经济学 54/332、法学 195/394、教育学 199/299、文学 159/349、理学 299/389、工学 283/434、管理学 103/427、艺术学 273/306。

一级学科排名

理论经济学 79/116、应用经济学 54/263、社会学 54/87、马克思主义理论 166/353、新闻传播学 46/116、数学 107/262、统计学 49/97、机械工程 158/219、环境科学与工程 93/189、食品科学与工程 76/100、软件工程 68/138、管理科学与工程 138/179、工商管理 78/307。

优势专业

4★专业：区域经济学 31/195。

> 通信地址：重庆市南岸区学府大道 19 号重庆工商大学研招办
> 邮政编码：400067
> 电话号码：023-62769448
> 电子邮箱：jfp@ctbu.edu.cn

10637　重庆师范大学

在中国普通高校研究生教育竞争力排行榜中的名次：总排名 276/527，重庆市内排名 8/13，师范类排名 29/61。

共 25 个一级学科（学术学位）参评。

门类排名

哲学 102/138、经济学 154/332、法学 241/394、教育学 70/299、文学 114/349、历史学 41/123、理学 145/389、工学 327/434、农学 112/166、管理学 268/427、艺术学 93/306。

一级学科排名

哲学 102/138、理论经济学 113/116、应用经济学 150/263、马克思主义理论 127/353、教育学 41/141、中国语言文学 117/179、外国语言文学 140/232、新闻传播学 115/116、考古学 14/29、中国史 88/105、世界史 59/59、数学 92/262、物理学 123/191、化学 195/225、地理学 32/87、生物学 154/241、系统科学 21/23、生态学 86/90、光学工程 42/84、软件工程 86/138、管理科学与工程 153/179、工商管理 279/307、音乐与舞蹈学 71/72、美术学 49/103、设计学 140/148。

> 通信地址：重庆市大学城重庆师范大学虎溪校区重庆师范大学研招办
> 邮政编码：401331
> 电话号码：023-65910997
> 电子邮箱：yzb@cqnu.edu.cn

11660　重庆理工大学

在中国普通高校研究生教育竞争力排行榜中的名次：总排名 284/527，重庆市内排名 9/13，理工类排名 104/165。

共 15 个一级学科（学术学位）参评。

门类排名

经济学 144/332、法学 318/394、理学 315/389、工学 200/434、医学 167/214、管理学 193/427。

一级学科排名

应用经济学 155/263、马克思主义理论 264/353、数学 160/262、统计学 65/97、机械工程 110/219、光学工程 62/84、仪器科学与技术 34/69、材料科学与工程 138/219、信息与通信工程 100/179、计算机科学与技术 124/262、化学工程与技术 119/184、生物医学工程 49/65、药学 113/145、管理科学与工程 150/179、工商管理 109/307。

> 通信地址：重庆市杨家坪兴胜路 4 号重庆理工大学研招办
> 邮政编码：400054
> 电话号码：023-68667302
> 电子邮箱：yjs@cqut.edu.cn

11551　重庆科技学院

在中国普通高校研究生教育竞争力排行榜中的名次：

总排名 430/527,重庆市内排名 10/13,理工类排名 147/165。

共 1 个一级学科（学术学位）参评。

门类排名

理学 313/389、工学 352/434、管理学 382/427。

一级学科排名

化学 147/225。

> 通信地址：重庆市沙坪坝区大学城东路 20 号博学楼 F111 重庆科技学院研招办
> 邮政编码：401331
> 电话号码：023-65023287
> 电子邮箱：cqustxkb@163.com

10650　四川外国语大学

在中国普通高校研究生教育竞争力排行榜中的名次：总排名 433/527，重庆市内排名 11/13，文法类排名 14/24。

共 5 个一级学科（学术学位）参评，其中 5★+学科 0 个，5★学科 1 个，5★-学科 0 个，4★学科 0 个，学科优秀率为 20%。

门类排名

经济学 297/332、法学 279/394、教育学 178/299、文学 39/349。

一级学科排名

马克思主义理论 227/353、教育学 135/141、中国语言文学 114/179、外国语言文学 8/232、新闻传播学 75/116。

优势专业

5★-专业：英语语言文学 16/199。

4★专业：外国语言学及应用语言学 37/206。

> 通信地址：重庆市沙坪坝区烈士墓壮志路 33 号四川外国语大学研招办
> 邮政编码：400031
> 电话号码：023-65385296
> 电子邮箱：sisuyzb@126.com

10655　四川美术学院

在中国普通高校研究生教育竞争力排行榜中的名次：总排名 438/527，重庆市内排名 12/13，艺术类排名 14/30。

共 4 个一级学科（学术学位）参评，其中 5★+学科 0 个，5★学科 0 个，5★-学科 0 个，4★学科 1 个，学科优秀率为 25%。

门类排名

农学 158/166、艺术学 27/306。

一级学科排名

艺术学理论 46/60、戏剧与影视学 55/56、美术学 14/103、设计学 104/148。

> 通信地址：重庆市九龙坡区黄桷坪正街 108 号四川美术学院研招办
> 邮政编码：401331
> 电话号码：023-65921111
> 电子邮箱：zhaoban@scfai.edu.cn

10643　重庆三峡学院

在中国普通高校研究生教育竞争力排行榜中的名次：总排名 476/527，重庆市内排名 13/13，综合类排名 75/79。

共 2 个一级学科（学术学位）参评。

门类排名

教育学 252/299、工学 367/434、农学 122/166、管理学 414/427。

一级学科排名

电子科学与技术 112/122、环境科学与工程 180/189。

> 通信地址：重庆市万州区天星路 666 号重庆三峡学院研招办
> 邮政编码：404100
> 电话号码：023-58105711
> 电子邮箱：cqsxxyyjsczb@126.com

河南省

10459　郑州大学

在中国普通高校研究生教育竞争力排行榜中的名次：总排名 29/527，河南省内排名 1/16，综合类排名 13/79。

共 59 个一级学科（学术学位）参评，其中 5★+学科 0 个，5★学科 1 个，5★-学科 3 个，4★学科 14 个，学科优秀率为 30.51%。

门类排名

哲学 54/138、经济学 62/332、法学 32/394、教育学 47/299、文学 35/349、历史学 32/123、理学 36/389、工学 41/434、农学 81/166、医学 9/214、管理学 28/427、艺术学 82/306。

一级学科排名

哲学 52/138、理论经济学 90/116、应用经济学 75/263、法学 35/207、政治学 29/87、社会学 53/87、马克思主义理论 36/353、教育学 91/141、心理学 51/104、体育学 23/108、中国语言文学 52/179、外国语言文学 39/232、新闻传播学 18/116、中国史 54/105、世界史 17/59、数学 64/262、物理学 48/191、化学 22/225、地理学 76/87、生物学 41/241、统计学 88/97、力学 42/94、机械工程 49/219、仪器科学与技术 68/69、材料科学与工程 25/219、冶金工程 22/24、动力工程及工程热物理 41/105、电气工程 30/110、电子科学与技术 69/122、信息与通信工程 56/179、控制科学与工程 29/185、计算机科学与技术 86/262、建筑学 38/70、土木工程 21/160、水利工程 13/64、测绘科学与技术 24/53、化学工程与技术 23/184、交通运输工程 56/69、核科学与技术 19/19、环境科学与工程 72/189、城乡规划学 32/50、软件工程 39/138、安全科学与工程 36/55、网络空间安全 34/56、作物学 39/50、基础医学 19/106、临床医学 6/113、口腔医学 42/48、公共卫生与预防医学 17/75、中西医结合 54/60、药学 13/145、医学技术 5/28、护理学 12/59、管理科学与工程 68/179、工商管理 69/307、公共管理 20/207、图书情报与档案管理 9/51、音乐与舞蹈学 43/72、美术学 40/103。

优势专业

5★专业：有机化学 9/205、物理化学 10/192、神经病学 4/97、精神病与精神卫生学 3/56、康复医学与理疗学 3/66。

5★-专业：宪法学与行政法学 9/151、马克思主义基本原理 27/315、无机化学 17/200、分析化学 13/199、化学工艺 8/148、病理学与病理生理学 10/100、内科学 8/105、儿科学 6/88、影像医学与核医学 6/102、临床检验诊断学 7/97、外科学 8/103、妇产科学 7/93、眼科学 6/81、耳鼻咽喉科学 6/77、肿瘤学 7/95、麻醉学 6/84、急诊医学 5/77、药理学 8/127。

4★专业：法学理论 20/131、马克思主义中国化研究 44/303、思想政治教育 36/334、中国近现代史基本问题研究 28/187、汉语言文字学 26/147、中国古典文献学 16/114、英语语言文学 40/199、日语语言文学 26/131、外国语言学及应用语言学 31/206、新闻学 17/105、传播学 19/112、计算数学 37/215、凝聚态物理 35/176、高分子化学与物理 21/158、生物化学与分子生物学 38/221、材料物理与化学 26/201、材料学 26/200、材料加工工程 19/184、化工过程机械 9/61、控制理论与控制工程 34/179、检测技术与自动化装置 30/171、模式识别与智能系统 26/162、岩土工程 25/143、结构工程 28/153、市政工程 19/109、防灾减灾工程及防护工程 23/119、桥梁与隧道工程 22/109、地图制图学与地理信息工程 10/48、化学工程 19/134、应用化学 34/178、工业催化 21/120、流行病与卫生统计学 11/71、劳动卫生与环境卫生学 10/63、药剂学 18/122、生药学 12/89、药物分析学 14/109、企业管理 58/296、技术经济及管理 46/229、行政管理 19/180、教育经济与管理 20/128、社会保障 20/145。

通信地址：河南省郑州市科学大道 100 号
邮政编码：450001
电话号码：0371-67781710
电子邮箱：yzb@zzh.edu.cn

10475　河南大学

在中国普通高校研究生教育竞争力排行榜中的名次：总排名 80/527，河南省内排名 2/16，综合类排名 26/79。

共 46 个一级学科（学术学位）参评，其中 5★+学科 0 个，5★学科 0 个，5★-学科 0 个，4★学科 7 个，学科优秀率为 15.22%。

门类排名

哲学 52/138、经济学 30/332、法学 72/394、教育学 17/299、文学 47/349、历史学 40/123、理学 37/389、工学 164/434、农学 92/166、医学 97/214、管理学 107/427、艺术学 37/306。

一级学科排名

哲学 54/138、理论经济学 27/116、应用经济学 35/263、法学 58/207、政治学 34/87、社会学 85/87、民族学 37/39、马克思主义理论 88/353、教育学 28/141、心理学 17/104、体育学 14/108、中国语言文学 38/179、外国语言文学 50/232、新闻传播学 57/116、中国史 32/105、世界史 39/59、数学 89/262、物理学 54/191、化学 44/225、地理学 10/87、生物学 35/241、生态学 39/90、光学工程 69/84、材料科学与工程 108/219、电气工程 100/110、电子科学与技术 98/122、控制科学与工程 168/185、计算机科学与技术 176/262、土木工程 121/160、测绘科学与技术 53/53、化学工程与技术 122/184、环境科学与工程 164/189、软件工程 65/138、作物学 44/50、基础医学 86/106、临床医学 100/113、药学 62/145、中药学 39/43、管理科学与工程 134/179、工商管理 87/307、公共管理 62/207、艺术学理论 14/60、音乐与舞蹈学 44/72、戏剧与影视学 16/56、美术学 77/103、设计学 135/148。

优势专业

5★-专业：马克思主义基本原理 20/315、民族传统体育学 8/77、中国现当代文学 14/172。

4★专业：区域经济学 34/195、教育学原理 16/101、体育教育训练学 15/103、比较文学与世界文学 27/136、英语语言文学 33/199、外国语言学及应用语言学 34/206、无机化学 35/200、有机化学 36/205、自然地理学 9/78、人文地理学 9/76、地图学与地理信息系统 10/81、植物学 17/153、神经生物学 10/73、细胞生物学 21/144、生物化学与分子生物学 37/221。

通信地址：河南省开封市明伦街 85 号河南大学研究生院研究生招生办公室
邮政编码：475001
电话号码：0371-22867269
电子邮箱：yzb@htu.edu.cn

10476　河南师范大学

在中国普通高校研究生教育竞争力排行榜中的名次：总排名 151/527，河南省内排名 3/16，师范类排名 16/61。

共 28 个一级学科（学术学位）参评。

门类排名

哲学 99/138、经济学 135/332、法学 97/394、教育学 56/299、文学 88/349、历史学 50/123、理学 68/389、工学 183/434、农学 57/166、医学 195/214、管理学 207/427、艺术学 109/306。

一级学科排名

哲学 99/138、应用经济学 117/263、法学 65/207、政治学 24/87、马克思主义理论 89/353、教育学 55/141、心理学 57/104、体育学 60/108、中国语言文学 71/179、外国语言文学 164/232、中国史 48/105、世界史 51/59、数学 65/262、物理学 45/191、化学 72/225、生物学 83/241、生态学 82/90、光学工程 32/84、材料科学与工程 127/219、电子科学与技术 99/122、化学工程与技术 127/184、环境科学与工程 64/189、水产 9/29、药学 141/145、工商管理 141/307、音乐与舞蹈学 31/72、戏剧与影视学 43/56、美术学 54/103。

通信地址：河南省新乡市牧野区建设路东段46号
邮政编码：453007
电话号码：0373-3329034
电子邮箱：yzb@htu.edu.cn

10460 河南理工大学

在中国普通高校研究生教育竞争力排行榜中的名次：总排名152/527，河南省内排名4/16，理工类排名63/165。

共25个一级学科（学术学位）参评，其中5★+学科0个，5★学科0个，5★-学科0个，4★学科1个，学科优秀率为4%。

门类排名

经济学 305/332、法学 309/394、教育学 194/299、文学 243/349、理学 242/389、工学 89/434、管理学 132/427。

一级学科排名

马克思主义理论 170/353、中国语言文学 153/179、数学 99/262、地理学 81/87、地质学 25/36、力学 79/94、机械工程 72/219、仪器科学与技术 66/69、材料科学与工程 77/219、动力工程及工程热物理 94/105、电气工程 52/110、信息与通信工程 162/179、控制科学与工程 89/185、计算机科学与技术 98/262、建筑学 55/70、土木工程 96/160、测绘科学与技术 12/53、化学工程与技术 162/184、地质资源与地质工程 11/45、矿业工程 7/30、环境科学与工程 127/189、软件工程 75/138、安全科学与工程 8/55、工商管理 175/307、公共管理 75/207。

通信地址：河南省焦作市高新区世纪路2001号
邮政编码：454003
电话号码：0391-3987234
电子邮箱：yanzhaoban219@hpu.edu.cn

10464 河南科技大学

在中国普通高校研究生教育竞争力排行榜中的名次：总排名168/527，河南省内排名5/16，理工类排名68/165。

共40个一级学科（学术学位）参评。

门类排名

经济学 190/332、法学 187/394、文学 249/349、历史学 99/123、理学 196/389、工学 117/434、农学 43/166、医学 112/214、管理学 208/427、艺术学 267/306。

一级学科排名

应用经济学 210/263、法学 180/207、马克思主义理论 116/353、外国语言文学 165/232、中国史 87/105、数学 152/262、物理学 176/191、化学 218/225、生物学 135/241、生态学 87/90、统计学 97/97、力学 92/94、机械工程 67/219、仪器科学与技术 60/69、材料科学与工程 97/219、冶金工程 20/24、动力工程及工程热物理 69/105、电子科学与技术 95/122、信息与通信工程 156/179、控制科学与工程 49/185、计算机科学与技术 156/262、土木工程 132/160、化学工程与技术 167/184、交通运输工程 53/69、农业工程 41/44、生物医学工程 60/65、食品科学与工程 52/100、软件工程 123/138、作物学 33/50、园艺学 40/44、农业资源与环境 36/39、植物保护 35/46、畜牧学 43/54、兽医学 26/42、基础医学 96/106、临床医学 94/113、药学 132/145、管理科学与工程 177/179、工商管理 192/307、图书情报与档案管理 50/51。

通信地址：河南省洛阳市洛龙区开元大道263号
邮政编码：471023
电话号码：0379-64231373
电子邮箱：yzb@haust.edu.cn

10466 河南农业大学

在中国普通高校研究生教育竞争力排行榜中的名次：总排名203/527，河南省内排名6/16，农林类排名18/37。

共17个一级学科（学术学位）参评。

门类排名

法学 273/394、教育学 288/299、文学 335/349、理学 174/389、工学 250/434、农学 22/166、管理学 289/427。

一级学科排名

马克思主义理论 213/353、化学 193/225、生物学 98/241、生态学 71/90、计算机科学与技术 199/262、农业工程 27/44、城乡规划学 39/50、风景园林学 26/51、作物学 14/50、园艺学 26/44、农业资源与环境 32/39、植物保护 28/46、畜牧学 28/54、兽医学 23/42、林学 28/36、管理科学与工程 160/179、农林经济管理 37/50。

通信地址：河南省郑州市农业路63号
邮政编码：450002
电话号码：0371-63558825
电子邮箱：yzb@hnau.edu.cn

10463 河南工业大学

在中国普通高校研究生教育竞争力排行榜中的名次：总排名265/527，河南省内排名7/16，理工类排名100/165。

共26个一级学科（学术学位）参评，其中5★+学科0个，5★学科0个，5★-学科0个，4★学科1个，学科优秀率为3.85%。

门类排名

经济学143/332、法学282/394、文学205/349、理学210/389、工学140/434、农学85/166、医学181/214、管理学199/427、艺术学290/306。

一级学科排名

理论经济学101/116、应用经济学159/263、马克思主义理论250/353、外国语言文学172/232、新闻传播学65/116、数学188/262、物理学184/191、化学119/225、生物学216/241、力学60/94、机械工程98/219、材料科学与工程174/219、信息与通信工程170/179、控制科学与工程157/185、计算机科学与技术198/262、建筑学51/70、土木工程63/160、化学工程与技术89/184、轻工技术与工程20/23、环境科学与工程184/189、食品科学与工程13/100、植物保护43/46、畜牧学53/54、药学123/145、管理科学与工程100/179、工商管理225/307。

优势专业

4★专业：食品科学14/96、粮食、油脂及植物蛋白工程10/64。

通信地址：河南省郑州市高新技术产业开发区莲花街
邮政编码：450001
电话号码：0371-67756268
电子邮箱：yzb@haut.edu.cn

10471 河南中医药大学

在中国普通高校研究生教育竞争力排行榜中的名次：总排名268/527，河南省内排名8/16，医药类排名33/71。

共9个一级学科（学术学位）参评。

门类排名

法学300/394、文学345/349、医学83/214、管理学412/427。

一级学科排名

马克思主义理论228/353、基础医学102/106、临床医学82/113、中医学21/42、中西医结合34/60、药学103/145、中药学17/43、医学技术17/28、护理学56/59。

优势专业

4★专业：中医内科学7/37。

通信地址：河南省郑州市金水路1号河南中医药大学
邮政编码：450008
电话号码：0371-65998824
电子邮箱：yjsc@hactcm.edu.cn

10078 华北水利水电大学

在中国普通高校研究生教育竞争力排行榜中的名次：总排名311/527，河南省内排名9/16，理工类排名116/165。

共16个一级学科（学术学位）参评，其中5★+学科0个，5★学科0个，5★-学科0个，4★学科1个，学科优秀率为6.25%。

门类排名

经济学258/332、法学338/394、教育学284/299、文学304/349、理学339/389、工学168/434、农学135/166、管理学198/427、艺术学146/306。

一级学科排名

应用经济学216/263、马克思主义理论308/353、数学213/262、力学84/94、机械工程199/219、动力工程及工程热物理75/105、电气工程87/110、控制科学与工程158/185、计算机科学与技术244/262、建筑学53/70、土木工程77/160、水利工程10/64、地质资源与地质工程26/45、农业工程40/44、环境科学与工程174/189、工商管理186/307。

通信地址：河南省郑州市北环路36号华北水利水电大学研招办
邮政编码：450011
电话号码：0371-65790989
电子邮箱：zhsb@ncwu.edu.cn

10477 信阳师范学院

在中国普通高校研究生教育竞争力排行榜中的名次：总排名317/527，河南省内排名10/16，师范类排名34/61。

共15个一级学科（学术学位）参评。

门类排名

经济学224/332、法学223/394、教育学97/299、文学135/349、历史学75/123、理学190/389、工学340/434、管理学251/427、艺术学231/306。

一级学科排名

理论经济学92/116、马克思主义理论111/353、教育学107/141、心理学50/104、中国语言文学141/179、外国语言文学181/232、中国史58/105、数学132/262、物理学112/191、化学143/225、地理学68/87、生物学185/241、计算机科学与技术195/262、土木工程150/160、工商管理215/307。

通信地址：河南省信阳市南湖路237号
邮政编码：464000
电话号码：0376-6391259
电子邮箱：yjsc1259@163.com

10462 郑州轻工业大学

在中国普通高校研究生教育竞争力排行榜中的名次：总排名337/527，河南省内排名11/16，理工类排名125/165。

共16个一级学科（学术学位）参评。

门类排名

法学260/394、文学299/349、工学188/434、管理学222/427、艺术学208/306。

一级学科排名

马克思主义理论 188/353、机械工程 148/219、仪器科学与技术 67/69、材料科学与工程 195/219、动力工程及工程热物理 93/105、电气工程 74/110、信息与通信工程 175/179、控制科学与工程 143/185、计算机科学与技术 185/262、化学工程与技术 69/184、轻工技术与工程 21/23、食品科学与工程 60/100、软件工程 48/138、管理科学与工程 114/179、工商管理 188/307、设计学 118/148。

```
通信地址：河南省郑州市东风路5号郑州轻工业大学研究生招
        生办公室
邮政编码：450002
电话号码：0371-63556320
电子邮箱：zzuliyjsc@126.com
```

10472　新乡医学院

在中国普通高校研究生教育竞争力排行榜中的名次：总排名 349/527，河南省内排名 12/16，医药类排名 50/71。

共 10 个一级学科（学术学位）参评。

门类排名

法学 342/394、教育学 207/299、理学 274/389、工学 395/434、医学 92/214、管理学 333/427。

一级学科排名

马克思主义理论 309/353、心理学 83/104、生物学 199/241、生物医学工程 64/65、基础医学 76/106、临床医学 69/113、公共卫生与预防医学 48/75、药学 117/145、医学技术 19/28、图书情报与档案管理 33/51。

```
通信地址：河南省新乡市金穗大道东段新乡医学院研究生招生
        办公室
邮政编码：453003
电话号码：0373-3029444
电子邮箱：yzb@xxmu.edu.cn
```

10465　中原工学院

在中国普通高校研究生教育竞争力排行榜中的名次：总排名 405/527，河南省内排名 13/16，理工类排名 140/165。

共 12 个一级学科（学术学位）参评。

门类排名

哲学 124/138、经济学 187/332、法学 270/394、文学 308/349、工学 208/434、管理学 214/427、艺术学 148/306。

一级学科排名

哲学 123/138、应用经济学 166/263、马克思主义理论 234/353、机械工程 161/219、材料科学与工程 136/219、信息与通信工程 150/179、控制科学与工程 114/185、计算机科学与技术 249/262、土木工程 110/160、纺织科学与工程 12/22、工商管理 102/307、设计学 31/148。

```
通信地址：河南省郑州市中原中路41号中原工学院研究生招生
        办公室
邮政编码：450007
电话号码：0371-67698801
电子邮箱：yjsc@zzti.edu.cn
```

10484　河南财经政法大学

在中国普通高校研究生教育竞争力排行榜中的名次：总排名 414/527，河南省内排名 14/16，财经类排名 27/34。

共 11 个一级学科（学术学位）参评。

门类排名

哲学 118/138、经济学 76/332、法学 139/394、文学 292/349、理学 360/389、工学 368/434、农学 146/166、管理学 135/427。

一级学科排名

哲学 117/138、理论经济学 45/116、应用经济学 84/263、法学 60/207、马克思主义理论 322/353、地理学 67/87、计算机科学与技术 229/262、城乡规划学 33/50、管理科学与工程 101/179、工商管理 79/307、农林经济管理 48/50。

```
通信地址：河南省郑州市文化路80号
邮政编码：450000
电话号码：0371-63519063
电子邮箱：yzb@hurl.edu.cn
```

10467　河南科技学院

在中国普通高校研究生教育竞争力排行榜中的名次：总排名 423/527，河南省内排名 15/16，师范类排名 45/61。

共 11 个一级学科（学术学位）参评。

门类排名

教育学 224/299、理学 268/389、工学 337/434、农学 47/166、管理学 402/427、艺术学 306/306。

一级学科排名

化学 198/225、生物学 190/241、系统科学 18/23、机械工程 170/219、风景园林学 46/51、作物学 34/50、园艺学 42/44、植物保护 39/46、畜牧学 52/54、兽医学 36/42、农林经济管理 50/50。

```
通信地址：河南省新乡市华兰大道东段
邮政编码：453003
电话号码：0373-3040873
电子邮箱：yzb@hist.edu.cn
```

10485　郑州航空工业管理学院

在中国普通高校研究生教育竞争力排行榜中的名次：总排名 441/527，河南省内排名 16/16，理工类排名 151/165。

共 6 个一级学科（学术学位）参评。

门类排名

经济学 227/332、文学 309/349、工学 334/434、管理学 190/427。

一级学科排名

应用经济学 200/263、材料科学与工程 209/219、土木工程 149/160、管理科学与工程 171/179、工商管理 247/307、图书情报与档案管理 29/51。

通信地址：河南省郑州市郑东新区龙子湖大学园区郑州航空工业管理学院东校区
邮政编码：450046
电话号码：0371-60632520
电子邮箱：yzb@zzia.edu.cn

10482　洛阳师范学院

在中国仅专业硕士招生普通高校研究生教育竞争力排行榜中的名次：总排名 8/51，河南省内排名 1/3，师范类排名 1/12。

共 1 个一级学科（专业学位）参评。

门类排名

教育学 230/299。

一级学科排名

教育（专业学位）53/157。

通信地址：河南省洛阳市龙门路71号
邮政编码：471022
电话号码：0379-65550991
电子邮箱：lysyyjs@126.com

10481　南阳师范学院

在中国仅专业硕士招生普通高校研究生教育竞争力排行榜中的名次：总排名 9/51，河南省内排名 2/3，师范类排名 2/12。

共 1 个一级学科（专业学位）参评。

门类排名

工学 397/434。

一级学科排名

生物与医药（专业学位）28/136。

通信地址：河南省南阳市卧龙区卧龙路1638号
邮政编码：473061
电话号码：0377-63525367
电子邮箱：nynuyjsc@nynu.edu.cn

10479　安阳师范学院

在中国仅专业硕士招生普通高校研究生教育竞争力排行榜中的名次：总排名 15/51，河南省内排名 3/3，师范类排名 3/12。

共 1 个一级学科（专业学位）参评。

门类排名

教育学 244/299。

一级学科排名

汉语国际教育（专业学位）40/144。

通信地址：河南省安阳市弦歌大道436号
邮政编码：455000
电话号码：0372-2900065
电子邮箱：yjsc@aynu.edu.cn

河北省

10216　燕山大学

在中国普通高校研究生教育竞争力排行榜中的名次：总排名 70/527，河北省内排名 1/17，理工类排名 34/165。

共 30 个一级学科（学术学位）参评，其中 5★+学科 0 个，5★学科 1 个，5★-学科 0 个，4★学科 6 个，学科优秀率为 23.33%。

门类排名

经济学 139/332、法学 179/394、教育学 198/299、文学 156/349、理学 131/389、工学 54/434、管理学 87/427、艺术学 90/306。

一级学科排名

应用经济学 97/263、法学 153/207、马克思主义理论 85/353、中国语言文学 152/179、外国语言文学 85/232、数学 85/262、物理学 41/191、化学 93/225、生物学 209/241、力学 25/94、机械工程 10/219、光学工程 36/84、仪器科学与技术 13/69、材料科学与工程 35/219、动力工程及工程热物理 50/105、电气工程 27/110、电子科学与技术 40/122、信息与通信工程 75/179、控制科学与工程 32/185、计算机科学与技术 51/262、土木工程 86/160、化学工程与技术 31/184、石油与天然气工程 13/16、船舶与海洋工程 19/24、环境科学与工程 107/189、管理科学与工程 57/179、工商管理 54/307、公共管理 96/207、音乐与舞蹈学 52/72、设计学 76/148。

优势专业

5★-专业：有机化学 12/205、机械电子工程 15/205、机械设计及理论 12/205、材料学 17/200。

4★专业：机械制造及其自动化 30/201、车辆工程 29/154、控制理论与控制工程 27/179、应用化学 28/178、会计学 55/277。

通信地址：河北省秦皇岛市海港区河北大街438号燕山大学研招办
邮政编码：066004
电话号码：0335-8057077
电子邮箱：yzb@ysu.edu.cn

10075　河北大学

在中国普通高校研究生教育竞争力排行榜中的名次：总排名131/527，河北省内排名2/17，综合类排名37/79。

共28个一级学科（学术学位）参评，其中5★+学科0个，5★学科0个，5★-学科0个，4★学科1个，学科优秀率为3.57%。

门类排名

哲学 49/138、经济学 55/332、法学 88/394、教育学 53/299、文学 62/349、历史学 59/123、理学 96/389、工学 231/434、农学 131/166、医学 116/214、管理学 96/427、艺术学 101/306。

一级学科排名

哲学 49/138、理论经济学 73/116、应用经济学 59/263、法学 52/207、社会学 35/87、马克思主义理论 132/353、教育学 32/141、心理学 39/104、中国语言文学 65/179、外国语言文学 157/232、新闻传播学 21/116、数学 183/262、物理学 116/191、化学 58/225、生物学 82/241、仪器科学与技术 37/69、电子科学与技术 92/122、控制科学与工程 147/185、计算机科学与技术 137/262、土木工程 155/160、化学工程与技术 169/184、环境科学与工程 141/189、临床医学 84/113、公共卫生与预防医学 50/75、药学 140/145、工商管理 271/307、公共管理 116/207、图书情报与档案管理 12/51。

优势专业

4★专业：中国古代文学 22/177、新闻学 18/105、动物学 26/138。

通信地址：河北省保定市五四东路180号河北大学研招办
邮政编码：071002
电话号码：0312-5079489
电子邮箱：master@mail.hbu.cn

10080　河北工业大学

在中国普通高校研究生教育竞争力排行榜中的名次：总排名135/527，河北省内排名3/17，理工类排名59/165。

共20个一级学科（学术学位）参评，其中5★+学科0个，5★学科0个，5★-学科1个，4★学科1个，学科优秀率为10%。

门类排名

经济学 157/332、法学 198/394、文学 300/349、理学 153/389、工学 61/434、管理学 151/427、艺术学 220/306。

一级学科排名

应用经济学 133/263、马克思主义理论 109/353、数学 143/262、物理学 149/191、化学 130/225、生物学 238/241、力学 66/94、机械工程 48/219、仪器科学与技术 42/69、材料科学与工程 58/219、动力工程及工程热物理 39/105、电气工程 7/110、电子科学与技术 33/122、信息与通信工程 160/179、控制科学与工程 58/185、建筑学 27/70、土木工程 31/160、化学工程与技术 51/184、交通运输工程 63/69、工商管理 73/307。

优势专业

5★-专业：电机与电器 8/83、电力系统及其自动化 8/92、电力电子与电力传动 8/102、电工理论与新技术 7/79。

4★专业：高电压与绝缘技术 8/59、检测技术与自动化装置 20/171、化学工程 27/134、生物化工 23/118、应用化学 33/178、技术经济及管理 31/229。

通信地址：天津市北辰区西平道5340号河北工业大学研招办
邮政编码：300401
电话号码：022-60438300
电子邮箱：yzb@hebut.edu.cn

10089　河北医科大学

在中国普通高校研究生教育竞争力排行榜中的名次：总排名171/527，河北省内排名4/17，医药类排名20/71。

共8个一级学科（学术学位）参评，其中5★+学科0个，5★学科0个，5★-学科0个，4★学科1个，学科优秀率为12.5%。

门类排名

理学 198/389、医学 34/214、管理学 419/427。

一级学科排名

生物学 99/241、基础医学 32/106、临床医学 36/113、口腔医学 34/48、公共卫生与预防医学 32/75、中西医结合 22/60、药学 27/145、公共管理 205/207。

优势专业

4★专业：药剂学 22/122、药物分析学 21/109。

通信地址：河北省石家庄市中山东路361号河北医科大学研招办
邮政编码：050017
电话号码：0311-86266422
电子邮箱：ydzsb@hebmu.edu.cn

10094　河北师范大学

在中国普通高校研究生教育竞争力排行榜中的名次：总排名218/527，河北省内排名5/17，师范类排名25/61。

共19个一级学科（学术学位）参评，其中5★+学科0个，5★学科0个，5★-学科0个，4★学科1个，学科优秀率为5.26%。

门类排名

哲学 85/138、经济学 248/332、法学 80/394、教育学 46/299、文学 75/349、理学 75/389、工学 332/434、管理学 263/427、艺术学 137/306。

一级学科排名

哲学 85/138、理论经济学 86/116、法学 129/207、政治学 63/87、马克思主义理论 52/353、教育学 75/141、心理学 49/104、体育学 26/108、中国语言文学 53/179、外国语言文学 88/232、数学 71/262、物理学 77/191、化学 79/225、天文学 11/18、地理学 27/87、生物学 67/241、计算机科学与技术 153/262、工商管理 301/307、公共管理 155/207。

优势专业

5★-专业：马克思主义基本原理 25/315。

4★专业：马克思主义中国化研究 45/303、思想政治教育 46/334、中国古代文学 30/177、有机化学 41/205。

```
通信地址：河北省石家庄市南二环东路20号河北师范大学研招办
邮政编码：050024
电话号码：0311-80786777
电子邮箱：yjs@hebtu.edu.cn
```

10081　华北理工大学

在中国普通高校研究生教育竞争力排行榜中的名次：总排名 225/527，河北省内排名 6/17，综合类排名 51/79。

共 24 个一级学科（学术学位）参评。

门类排名

经济学 217/332、法学 389/394、教育学 292/299、文学 252/349、理学 258/389、工学 217/434、医学 74/214、管理学 283/427、艺术学 205/306。

一级学科排名

应用经济学 196/263、外国语言文学 193/232、数学 123/262、生物学 144/241、机械工程 188/219、仪器科学与技术 57/69、材料科学与工程 163/219、冶金工程 11/24、动力工程及工程热物理 101/105、信息与通信工程 140/179、控制科学与工程 118/185、土木工程 112/160、测绘科学与技术 51/53、化学工程与技术 114/184、地质资源与地质工程 44/45、矿业工程 19/30、基础医学 94/106、临床医学 72/113、口腔医学 48/48、公共卫生与预防医学 21/75、中医学 37/42、药学 124/145、工商管理 204/307、公共管理 90/207。

```
通信地址：河北省唐山市曹妃甸新城渤海大道21号华北理工大学研招办
邮政编码：063210
电话号码：0315-2592092
电子邮箱：yzb@heuu.edu.cn
```

10086　河北农业大学

在中国普通高校研究生教育竞争力排行榜中的名次：总排名 242/527，河北省内排名 7/17，农林类排名 24/37。

共 19 个一级学科（学术学位）参评。

门类排名

经济学 219/332、法学 344/394、文学 338/349、理学 197/389、工学 214/434、农学 14/166、管理学 147/427、艺术学 299/306。

一级学科排名

应用经济学 208/263、马克思主义理论 311/353、化学 220/225、生物学 93/241、计算机科学与技术 231/262、土木工程 142/160、水利工程 55/64、农业工程 23/44、食品科学与工程 29/100、作物学 24/50、园艺学 16/44、农业资源与环境 19/39、植物保护 20/46、畜牧学 24/54、兽医学 17/42、林学 15/36、水产 25/29、工商管理 291/307、农林经济管理 19/50。

优势专业

4★专业：作物遗传育种 10/48、果树学 7/44。

```
通信地址：河北省保定市灵雨寺街289号河北农业大学研招办
邮政编码：071001
电话号码：0312-7521303
电子邮箱：yzb@hebau.edu.cn
```

10082　河北科技大学

在中国普通高校研究生教育竞争力排行榜中的名次：总排名 318/527，河北省内排名 8/17，理工类排名 117/165。

共 23 个一级学科（学术学位）参评。

门类排名

经济学 265/332、法学 307/394、教育学 164/299、文学 234/349、理学 237/389、工学 185/434、医学 156/214、管理学 300/427、艺术学 183/306。

一级学科排名

应用经济学 230/263、社会学 82/87、马克思主义理论 313/353、教育学 118/141、外国语言文学 167/232、数学 153/262、物理学 191/191、化学 187/225、生物学 225/241、机械工程 159/219、材料科学与工程 185/219、电气工程 107/110、电子科学与技术 120/122、信息与通信工程 171/179、控制科学与工程 167/185、计算机科学与技术 205/262、土木工程 89/160、化学工程与技术 107/184、纺织科学与工程 16/22、环境科学与工程 109/189、食品科学与工程 54/100、药学 106/145、工商管理 292/307。

```
通信地址：河北省石家庄市裕华区裕翔街26号
邮政编码：050018
电话号码：0311-81668306
电子邮箱：zhaosheng10082@163.com
```

10107　石家庄铁道大学

在中国普通高校研究生教育竞争力排行榜中的名次：总排名 353/527，河北省内排名 9/17，理工类排名 129/165。

共 12 个一级学科（学术学位）参评。

门类排名

经济学 327/332、法学 329/394、理学 378/389、工学 178/434、农学 155/166、管理学 262/427。

一级学科排名

马克思主义理论 279/353、数学 212/262、力学 75/94、机械工程 107/219、材料科学与工程 200/219、电气工程 95/110、控制科学与工程 183/185、计算机科学与技术

221/262、建筑学 64/70、土木工程 46/160、交通运输工程 21/69、工商管理 287/307。

- 通信地址：河北省石家庄市北二环东路17号石家庄铁道大学研招办
- 邮政编码：050043
- 电话号码：0311-87935136
- 电子邮箱：yanzhaoban@stdu.edu.cn

10076　河北工程大学

在中国普通高校研究生教育竞争力排行榜中的名次：总排名 389/527，河北省内排名 10/17，理工类排名 136/165。

共 12 个一级学科（学术学位）参评。

门类排名

法学 385/394、工学 197/434、农学 88/166、管理学 250/427。

一级学科排名

机械工程 182/219、信息与通信工程 133/179、计算机科学与技术 224/262、建筑学 52/70、土木工程 122/160、水利工程 21/64、地质资源与地质工程 38/45、矿业工程 29/30、农业工程 43/44、环境科学与工程 178/189、畜牧学 50/54、工商管理 195/307。

- 通信地址：河北省邯郸市光明南大街199号
- 邮政编码：056038
- 电话号码：0310-8579567
- 电子邮箱：yjsb@hebeu.edu.cn

11832　河北经贸大学

在中国普通高校研究生教育竞争力排行榜中的名次：总排名 411/527，河北省内排名 11/17，财经类排名 26/34。

共 11 个一级学科（学术学位）参评。

门类排名

哲学 121/138、经济学 97/332、法学 133/394、文学 207/349、理学 384/389、工学 382/434、管理学 186/427、艺术学 298/306。

一级学科排名

哲学 120/138、理论经济学 55/116、应用经济学 102/263、法学 69/207、马克思主义理论 146/353、新闻传播学 53/116、统计学 67/97、计算机科学与技术 228/262、管理科学与工程 163/179、工商管理 129/307、公共管理 102/207。

- 通信地址：河北省石家庄市学府路47号河北经贸大学研招办
- 邮政编码：050061
- 电话号码：0311-87657198
- 电子邮箱：nyjshch@heuet.edu.cn

10077　河北地质大学

在中国普通高校研究生教育竞争力排行榜中的名次：总排名 435/527，河北省内排名 12/17，理工类排名 149/165。

共 10 个一级学科（学术学位）参评。

门类排名

经济学 247/332、法学 346/394、理学 306/389、工学 293/434、管理学 203/427、艺术学 285/306。

一级学科排名

应用经济学 222/263、法学 196/207、数学 261/262、地质学 27/36、材料科学与工程 201/219、计算机科学与技术 169/262、地质资源与地质工程 36/45、环境科学与工程 156/189、工商管理 165/307、公共管理 174/207。

- 通信地址：河北省石家庄市槐安东路136号河北地质大学研招办
- 邮政编码：050031
- 电话号码：0311-87208228
- 电子邮箱：yjs@sjzue.c

10092　河北北方学院

在中国普通高校研究生教育竞争力排行榜中的名次：总排名 444/527，河北省内排名 13/17，综合类排名 73/79。

共 4 个一级学科（学术学位）参评。

门类排名

教育学 257/299、农学 93/166、医学 110/214。

一级学科排名

作物学 48/50、基础医学 87/106、临床医学 83/113、药学 125/145。

- 通信地址：河北省张家口市高新区钻石南路11号
- 邮政编码：075000
- 电话号码：0313-4029555
- 电子邮箱：hbnuyjs@126.com

10093　承德医学院

在中国普通高校研究生教育竞争力排行榜中的名次：总排名 453/527，河北省内排名 14/17，医药类排名 65/71。

共 2 个一级学科（学术学位）参评。

门类排名

教育学 285/299、医学 109/214。

一级学科排名

基础医学 92/106、临床医学 74/113。

- 通信地址：河北省承德市上二道河子承德医学院研究生招生办公室
- 邮政编码：067000
- 电话号码：0314-2290198
- 电子邮箱：yjsk@cdmc.edu.cn

10798　河北科技师范学院

在中国普通高校研究生教育竞争力排行榜中的名次：总排名 478/527，河北省内排名 15/17，师范类排名 55/61。

共 6 个一级学科（学术学位）参评。

门类排名

教育学 177/299、理学 318/389、工学 370/434、农学 64/166。

一级学科排名

教育学 128/141、化学 217/225、生物学 219/241、食品科学与工程 86/100、园艺学 36/44、畜牧学 37/54。

> 通信地址：河北省秦皇岛市河北大街西段 360 号河北科技师范学院研招办
> 邮政编码：066004
> 电话号码：0335-8069851
> 电子邮箱：ssb2039375@163.com

11105　中国人民警察大学

在中国普通高校研究生教育竞争力排行榜中的名次：总排名 518/527，河北省内排名 16/17，文法类排名 23/24。

共 4 个一级学科（学术学位）参评。

门类排名

法学 277/394、教育学 220/299、工学 354/434。

一级学科排名

法学 204/207、教育学 129/141、安全科学与工程 44/55、网络空间安全 50/56。

> 通信地址：河北省廊坊市西昌路 220 号中国人民警察大学研招办
> 邮政编码：065000
> 电话号码：0316-2068260
> 电子邮箱：panjinlong@wjxy.edu.cn

10084　河北建筑工程学院

在中国普通高校研究生教育竞争力排行榜中的名次：总排名 524/527，河北省内排名 17/17，理工类排名 165/165。

共 3 个一级学科（学术学位）参评。

门类排名

工学 328/434、艺术学 302/306。

一级学科排名

计算机科学与技术 223/262、建筑学 70/70、土木工程 126/160。

> 通信地址：河北省张家口市朝阳西大街 13 号河北建筑工程学院行政楼 A 区 217 研究生招生办公室
> 邮政编码：075024
> 电话号码：0313-4187718
> 电子邮箱：jyyjszs@126.com

11104　华北科技学院

在中国仅专业硕士招生普通高校研究生教育竞争力排行榜中的名次：总排名 11/51，河北省内排名 1/6，理工类排名 4/14。

共 1 个一级学科（专业学位）参评。

门类排名

工学 358/434。

一级学科排名

资源与环境（专业学位）19/176。

> 通信地址：河北省三河市燕郊国家高新区学院大街 467 号
> 邮政编码：065201
> 电话号码：010-61590653
> 电子邮箱：yjs@ncist.edu.cn

11775　防灾科技学院

在中国仅专业硕士招生普通高校研究生教育竞争力排行榜中的名次：总排名 25/51，河北省内排名 2/6，理工类排名 9/14。

共 1 个一级学科（专业学位）参评。

门类排名

工学 412/434。

一级学科排名

工程（专业学位）19/66。

> 通信地址：河北省三河市燕郊国家高新技术产业开发区学院大街 465 号防灾科技学院研招办
> 邮政编码：065201
> 电话号码：010-61596072
> 电子邮箱：yjs@cidp.edu.cn

11629　北华航天工业学院

在中国仅专业硕士招生普通高校研究生教育竞争力排行榜中的名次：总排名 37/51，河北省内排名 3/6，理工类排名 14/14。

共 3 个一级学科（专业学位）参评。

门类排名

工学 388/434。

一级学科排名

工程（专业学位）22/66、电子信息（专业学位）87/284、机械（专业学位）210/215。

> 通信地址：河北省廊坊市爱民东道 133 号北华航天工业学院研招办
> 邮政编码：065000
> 电话号码：0316-2085983
> 电子邮箱：yanjiushengbu@nciae.edu.cn

11420　河北金融学院

在中国仅专业硕士招生普通高校研究生教育竞争力排行榜中的名次：总排名42/51，河北省内排名4/6，财经类排名5/5。

共1个一级学科（专业学位）参评。

门类排名
经济学 292/332。

一级学科排名
金融（专业学位）42/191。

通信地址：河北省保定市恒祥大街3188号河北金融学院研招办
邮政编码：071051
电话号码：0312-3338138
电子邮箱：hbcfyz@163.com

12784　河北传媒学院

在中国仅专业硕士招生普通高校研究生教育竞争力排行榜中的名次：总排名43/51，河北省内排名5/6，文法类排名4/8。

共3个一级学科（专业学位）参评。

门类排名
文学 281/349、艺术学 250/306。

一级学科排名
翻译（专业学位）226/257、新闻与传播（专业学位）67/164、艺术（专业学位）142/279。

通信地址：河北省石家庄市新华区警安路8号河北传媒学院研招办
邮政编码：050071
电话号码：0311-85863333
电子邮箱：yzb@hebic.edu.cn

11903　中央司法警官学院

在中国仅专业硕士招生普通高校研究生教育竞争力排行榜中的名次：总排名49/51，河北省内排名6/6，文法类排名8/8。

共1个一级学科（专业学位）参评。

门类排名
法学 379/394。

一级学科排名
法律（专业学位）63/229。

通信地址：河北省保定市七一中路103号中央司法警官学院研招办
邮政编码：071000
电话号码：0312-5911973
电子邮箱：zjyyjszs@163.com

江西省

10403　南昌大学

在中国普通高校研究生教育竞争力排行榜中的名次：总排名53/527，江西省内排名1/14，综合类排名20/79。

共53个一级学科（学术学位）参评，其中5★+学科0个，5★学科0个，5★-学科2个，4★学科4个，学科优秀率为11.32%。

门类排名
哲学 28/138、经济学 122/332、法学 68/394、教育学 92/299、文学 53/349、历史学 81/123、理学 73/389、工学 76/434、农学 103/166、医学 46/214、管理学 68/427、艺术学 85/306。

一级学科排名
哲学 28/138、理论经济学 62/116、应用经济学 130/263、法学 72/207、政治学 33/87、马克思主义理论 67/353、教育学 77/141、心理学 93/104、体育学 83/108、中国语言文学 45/179、外国语言文学 103/232、新闻传播学 27/116、中国史 70/105、数学 110/262、物理学 84/191、化学 42/225、天文学 16/18、生物学 53/241、生态学 63/90、统计学 81/97、力学 51/94、机械工程 68/219、材料科学与工程 20/219、动力工程及工程热物理 48/105、电气工程 71/110、信息与通信工程 99/179、控制科学与工程 120/185、计算机科学与技术 130/262、建筑学 46/70、土木工程 76/160、水利工程 61/64、化学工程与技术 64/184、轻工技术与工程 22/23、环境科学与工程 52/189、食品科学与工程 10/100、网络空间安全 47/56、林学 35/36、水产 29/29、基础医学 52/106、临床医学 42/113、口腔医学 27/48、公共卫生与预防医学 39/75、中西医结合 57/60、药学 38/145、护理学 46/59、管理科学与工程 25/179、工商管理 147/307、公共管理 98/207、图书情报与档案管理 26/51、音乐与舞蹈学 68/72、戏剧与影视学 41/56、美术学 86/103、设计学 95/148。

优势专业
4★专业：思想政治教育 40/334、高分子化学与物理 32/158、材料物理与化学 27/201、材料学 28/200、材料加工工程 24/184、食品科学 11/96、粮食、油脂及植物蛋白工程 8/64、农产品加工及贮藏工程 13/78、营养与食品卫生学 12/65、药物化学 25/136、药剂学 21/122、药物分析学 18/109。

通信地址：江西省南昌市红谷滩新区学府大道999号南昌大学研招办
邮政编码：330031
电话号码：0791-83969340
电子邮箱：无

10414　江西师范大学

在中国普通高校研究生教育竞争力排行榜中的名次：总排名127/527，江西省内排名2/14，师范类排名15/61。

共32个一级学科（学术学位）参评，其中5★+学科0个，5★学科1个，5★-学科0个，4★学科6个，学科优秀率为21.88%。

门类排名

哲学 65/138、经济学 152/332、法学 76/394、教育学 24/299、文学 56/349、历史学 42/123、理学 98/389、工学 259/434、管理学 77/427、艺术学 56/306。

一级学科排名

哲学 51/138、应用经济学 126/263、法学 105/207、政治学 35/87、马克思主义理论 16/353、教育学 19/141、心理学 11/104、体育学 47/108、中国语言文学 34/179、外国语言文学 44/232、新闻传播学 38/116、中国史 35/105、世界史 31/59、数学 61/262、物理学 56/191、化学 29/225、地理学 16/87、生物学 158/241、生态学 64/90、统计学 73/97、材料科学与工程 142/219、信息与通信工程 152/179、计算机科学与技术 95/262、化学工程与技术 83/184、软件工程 46/138、管理科学与工程 64/179、工商管理 80/307、公共管理 117/207、音乐与舞蹈学 25/72、戏剧与影视学 42/56、美术学 58/103、设计学 62/148。

优势专业

4★专业：马克思主义基本原理 51/315、马克思主义发展史 15/100、思想政治教育 67/334、基础心理学 12/62、应用心理学 18/93、文艺学 34/168。

通信地址：江西省南昌市紫阳大道99号江西师范大学研究生院招生考试办公室
邮政编码：330022
电话号码：0791-8120608
电子邮箱：yzb@jxnu.edu.cn

10406　南昌航空大学

在中国普通高校研究生教育竞争力排行榜中的名次：总排名214/527，江西省内排名3/14，理工类排名82/165。

共17个一级学科（学术学位）参评。

门类排名

法学 162/394、文学 233/349、理学 223/389、工学 142/434、管理学 269/427、艺术学 151/306。

一级学科排名

马克思主义理论 79/353、外国语言文学 139/232、数学 190/262、化学 89/225、机械工程 169/219、光学工程 40/84、仪器科学与技术 36/69、材料科学与工程 83/219、信息与通信工程 114/179、控制科学与工程 129/185、计算机科学与技术 143/262、土木工程 91/160、航空宇航科学与技术 13/25、环境科学与工程 106/189、软件工程 100/138、管理科学与工程 88/179、设计学 82/148。

通信地址：江西省南昌市丰和南大道696号南昌航空大学研招办
邮政编码：330063
电话号码：0791-83863725
电子邮箱：yzb@nchu.edu.cn

10410　江西农业大学

在中国普通高校研究生教育竞争力排行榜中的名次：总排名226/527，江西省内排名4/14，农林类排名22/37。

共21个一级学科（学术学位）参评，其中5★+学科0个，5★学科0个，5★-学科0个，4★学科2个，学科优秀率为9.52%。

门类排名

经济学 286/332、法学 319/394、教育学 171/299、理学 220/389、工学 278/434、农学 16/166、管理学 143/427。

一级学科排名

理论经济学 105/116、马克思主义理论 261/353、教育学 116/141、化学 176/225、生物学 122/241、生态学 76/90、计算机科学与技术 227/262、农业工程 35/44、食品科学与工程 77/100、风景园林学 35/51、生物工程 19/20、作物学 12/50、园艺学 31/44、农业资源与环境 15/39、植物保护 34/46、畜牧学 9/54、兽医学 19/42、林学 5/36、工商管理 248/307、农林经济管理 20/50、公共管理 105/207。

通信地址：江西省南昌市经济技术开发区江西农业大学研招办
邮政编码：330045
电话号码：0791-83828039
电子邮箱：yzb@jxau.edu.cn

10421　江西财经大学

在中国普通高校研究生教育竞争力排行榜中的名次：总排名233/527，江西省内排名5/14，财经类排名9/34。

共13个一级学科（学术学位）参评，其中5★+学科0个，5★学科0个，5★-学科1个，4★学科2个，学科优秀率为23.08%。

门类排名

经济学 23/332、法学 69/394、文学 182/349、理学 375/389、工学 319/434、管理学 54/427、艺术学 187/306。

一级学科排名

理论经济学 37/116、应用经济学 24/263、法学 53/207、社会学 62/87、马克思主义理论 119/353、外国语言文学 188/232、新闻传播学 100/116、统计学 50/97、计算机科学与技术 140/262、管理科学与工程 36/179、工商管理 41/307、公共管理 56/207、设计学 106/148。

优势专业

4★专业：政治经济学 21/103、财政学 12/92、金融学 31/229、产业经济学 32/225、民商法学 32/183、经济法学 27/146、会计学 33/277、企业管理 49/296、技术经济及管理 32/229。

通信地址：江西省南昌市昌北经济技术开发区双港东大街168号江西财经大学研招办
邮政编码：330013
电话号码：0791-83816805
电子邮箱：yzb@jxufe.edu.cn

10404　华东交通大学

在中国普通高校研究生教育竞争力排行榜中的名次：总排名237/527，江西省内排名6/14，理工类排名92/165。

共21个一级学科（学术学位）参评。

门类排名

经济学185/332、法学203/394、教育学166/299、文学270/349、理学280/389、工学130/434、管理学240/427、艺术学289/306。

一级学科排名

应用经济学235/263、法学159/207、政治学86/87、马克思主义理论304/353、体育学81/108、中国语言文学179/179、数学236/262、化学141/225、机械工程113/219、光学工程63/84、仪器科学与技术64/69、材料科学与工程162/219、电气工程49/110、信息与通信工程95/179、控制科学与工程109/185、计算机科学与技术208/262、建筑学45/70、土木工程56/160、交通运输工程17/69、软件工程126/138、工商管理249/307。

优势专业

4★专业：检测技术与自动化装置34/171。

通信地址：江西省南昌市经济技术开发区双港东大街808号华东交通大学研招办
邮政编码：330013
电话号码：0791-87046600
电子邮箱：yzb@ecjtu.edu.cn

10407　江西理工大学

在中国普通高校研究生教育竞争力排行榜中的名次：总排名257/527，江西省内排名7/14，理工类排名98/165。

共22个一级学科（学术学位）参评。

门类排名

经济学200/332、法学181/394、文学302/349、理学250/389、工学174/434、管理学278/427。

一级学科排名

应用经济学178/263、法学125/207、马克思主义理论148/353、数学193/262、地理学70/87、机械工程162/219、仪器科学与技术62/69、材料科学与工程123/219、冶金工程7/24、电气工程78/110、电子科学与技术77/122、信息与通信工程164/179、控制科学与工程134/185、计算机科学与技术246/262、土木工程107/160、测绘科学与技术35/53、化学工程与技术138/184、矿业工程13/30、环境科学与工程175/189、安全科学与工程35/55、管理科学与工程166/179、工商管理266/307。

通信地址：江西省赣州市客家大道156号江西理工大学研究生院招生办公室
邮政编码：341000
电话号码：0797-8312730
电子邮箱：jxustyjs@163.com

10405　东华理工大学

在中国普通高校研究生教育竞争力排行榜中的名次：总排名270/527，江西省内排名8/14，理工类排名102/165。

共19个一级学科（学术学位）参评。

门类排名

法学236/394、教育学240/299、文学203/349、理学151/389、工学222/434、管理学197/427、艺术学251/306。

一级学科排名

法学178/207、马克思主义理论295/353、中国语言文学166/179、数学215/262、化学137/225、地理学47/87、地球物理学18/20、地质学23/36、材料科学与工程180/219、电子科学与技术107/122、计算机科学与技术206/262、土木工程141/160、水利工程57/64、测绘科学与技术29/53、地质资源与地质工程18/45、核科学与技术14/19、环境科学与工程142/189、工商管理222/307、公共管理152/207。

通信地址：江西省南昌市昌北经济技术开发区广兰大道418号东华理工大学研招办
邮政编码：330013
电话号码：0791-83898509
电子邮箱：yzb@ecit.edu.cn

10408　景德镇陶瓷大学

在中国普通高校研究生教育竞争力排行榜中的名次：总排名293/527，江西省内排名9/14，艺术类排名5/30。

共14个一级学科（学术学位）参评，其中5★+学科0个，5★学科0个，5★-学科1个，4★学科0个，学科优秀率为7.14%。

门类排名

哲学83/138、经济学253/332、法学355/394、教育学280/299、文学329/349、历史学120/123、理学308/389、工学221/434、管理学350/427、艺术学48/306。

一级学科排名

哲学74/138、应用经济学213/263、马克思主义理论337/353、科学技术史7/18、统计学36/97、机械工程181/219、材料科学与工程110/219、动力工程及工程热物理84/105、电子科学与技术90/122、计算机科学与技术213/262、环境科学与工程149/189、管理科学与工程178/179、美术学28/103、设计学11/148。

通信地址：江西省景德镇市浮梁县湘湖镇景德镇陶瓷大学研究生大楼
邮政编码：333403
电话号码：0798-8494668
电子邮箱：yjs@jci.edu.cn

10412　江西中医药大学

在中国普通高校研究生教育竞争力排行榜中的名次：总排名 **343/527**，江西省内排名 **10/14**，医药类排名 **47/71**。

共 6 个一级学科（学术学位）参评。

门类排名

教育学 271/299、工学 402/434、医学 72/214、管理学 387/427。

一级学科排名

计算机科学与技术 245/262、中医学 13/42、中西医结合 32/60、药学 67/145、中药学 11/43、公共管理 196/207。

优势专业

4★专业：中医基础理论 5/30。

通信地址：江西省南昌市湾里区兴湾大道 818 号江西中医药大学研招办
邮政编码：330004
电话号码：0791-7118630
电子邮箱：jzyjsb@163.com

11318　江西科技师范大学

在中国普通高校研究生教育竞争力排行榜中的名次：总排名 **381/527**，江西省内排名 **11/14**，师范类排名 **42/61**。

共 13 个一级学科（学术学位）参评。

门类排名

经济学 322/332、法学 304/394、教育学 67/299、文学 190/349、理学 212/389、工学 346/434、医学 210/214、管理学 258/427、艺术学 91/306。

一级学科排名

马克思主义理论 257/353、教育学 43/141、体育学 106/108、中国语言文学 132/179、数学 233/262、化学 75/225、生物学 193/241、电子科学与技术 83/122、管理科学与工程 169/179、工商管理 193/307、音乐与舞蹈学 51/72、美术学 82/103、设计学 96/148。

通信地址：江西省南昌市经济技术开发区枫林西大街 605 号江西科技师范大学研招办
邮政编码：330013
电话号码：0791-83876373
电子邮箱：jxksdzj@163.com

10418　赣南师范大学

在中国普通高校研究生教育竞争力排行榜中的名次：总排名 **425/527**，江西省内排名 **12/14**，师范类排名 **46/61**。

共 17 个一级学科（学术学位）参评。

门类排名

经济学 307/332、法学 174/394、教育学 89/299、文学 144/349、历史学 66/123、理学 252/389、工学 312/434、农学 102/166、管理学 420/427、艺术学 180/306。

一级学科排名

社会学 26/87、马克思主义理论 217/353、教育学 80/141、心理学 97/104、体育学 77/108、中国语言文学 163/179、外国语言文学 229/232、新闻传播学 106/116、中国史 82/105、世界史 41/59、数学 158/262、化学 186/225、电子科学与技术 108/122、控制科学与工程 175/185、化学工程与技术 165/184、园艺学 33/44、美术学 71/103。

通信地址：江西省赣州市经济技术开发区赣南师范大学研招办
邮政编码：341000
电话号码：0797-8393666
电子邮箱：yjsb@gnnu.edu.cn

11319　南昌工程学院

在中国普通高校研究生教育竞争力排行榜中的名次：总排名 **452/527**，江西省内排名 **13/14**，理工类排名 **154/165**。

共 1 个一级学科（学术学位）参评。

门类排名

工学 317/434。

一级学科排名

水利工程 36/64。

通信地址：江西省南昌市高新技术开发区天祥大道 289 号（瑶湖校区）南昌工程学院研招办
邮政编码：330099
电话号码：0791-88189399
电子邮箱：masteroffice@nit.edu.cn

10413　赣南医学院

在中国普通高校研究生教育竞争力排行榜中的名次：总排名 **480/527**，江西省内排名 **14/14**，医药类排名 **67/71**。

共 4 个一级学科（学术学位）参评。

门类排名

医学 101/214。

一级学科排名

基础医学 78/106、临床医学 76/113、药学 87/145、医学技术 16/28。

通信地址：江西省赣州市开发区高校园区赣南医学院研招办
邮政编码：341000
电话号码：0797-8169673
电子邮箱：8269722@163.com

10419　井冈山大学

在中国仅专业硕士招生普通高校研究生教育竞争力排行榜中的名次：总排名24/51，江西省内排名1/2，综合类排名4/9。

共1个一级学科（专业学位）参评。

门类排名

法学 380/394。

一级学科排名

社会工作（专业学位）32/146。

> 通信地址：江西省吉安市青原区学苑路28号井冈山大学研招办
> 邮政编码：343009
> 电话号码：0796-8103282
> 电子邮箱：yzb@jgsu.edu.cn

10417　宜春学院

在中国仅专业硕士招生普通高校研究生教育竞争力排行榜中的名次：总排名26/51，江西省内排名2/2，综合类排名5/9。

共1个一级学科（专业学位）参评。

门类排名

医学 203/214。

一级学科排名

药学（专业学位）31/108。

> 通信地址：江西省宜春市学府路576号宜春学院研招办
> 邮政编码：336000
> 电话号码：0795-3201239
> 电子邮箱：ycxyyjsc@163.com

山西省

10112　太原理工大学

在中国普通高校研究生教育竞争力排行榜中的名次：总排名82/527，山西省内排名1/10，理工类排名38/165。

共28个一级学科（学术学位）参评，其中5★+学科0个，5★学科1个，5★-学科0个，4★学科4个，学科优秀率为17.86%。

门类排名

法学 249/394、教育学 135/299、文学 244/349、理学 126/389、工学 42/434、管理学 163/427、艺术学 181/306。

一级学科排名

马克思主义理论 202/353、体育学 55/108、外国语言文学 162/232、数学 130/262、物理学 95/191、化学 45/225、力学 27/94、机械工程 33/219、仪器科学与技术 44/69、材料科学与工程 44/219、冶金工程 15/24、动力工程及工程热物理 40/105、电气工程 26/110、电子科学与技术 46/122、信息与通信工程 90/179、控制科学与工程 83/185、计算机科学与技术 52/262、建筑学 30/70、土木工程 44/160、水利工程 16/64、测绘科学与技术 36/53、化学工程与技术 5/184、地质资源与地质工程 27/45、矿业工程 11/30、纺织科学与工程 17/22、环境科学与工程 62/189、工商管理 170/307、设计学 72/148。

优势专业

5★专业：化学工程 6/134、化学工艺 5/148、生物化工 5/118、应用化学 5/178、工业催化 5/120。

4★专业：物理化学 27/192、高分子化学与物理 25/158、机械设计及理论 40/205、材料加工工程 35/184。

> 通信地址：山西省太原市迎泽西大街79号太原理工大学研招办
> 邮政编码：030024
> 电话号码：0351-6010370
> 电子邮箱：yzb@tyut.edu.cn

10108　山西大学

在中国普通高校研究生教育竞争力排行榜中的名次：总排名109/527，山西省内排名2/10，综合类排名33/79。

共23个一级学科（学术学位）参评，其中5★+学科0个，5★学科0个，5★-学科0个，4★学科3个，学科优秀率为13.04%。

门类排名

哲学 18/138、经济学 130/332、法学 81/394、教育学 49/299、文学 89/349、历史学 45/123、理学 55/389、工学 155/434、农学 127/166、医学 165/214、管理学 142/427、艺术学 81/306。

一级学科排名

哲学 18/138、理论经济学 41/116、法学 64/207、政治学 37/87、马克思主义理论 91/353、教育学 47/141、心理学 87/104、体育学 22/108、中国语言文学 75/179、外国语言文学 90/232、新闻传播学 72/116、数学 59/262、物理学 33/191、化学 67/225、生物学 81/241、信息与通信工程 88/179、控制科学与工程 122/185、计算机科学与技术 73/262、环境科学与工程 44/189、食品科学与工程 51/100、药学 129/145、工商管理 167/307、图书情报与档案管理 27/51。

优势专业

5★专业：科学技术哲学 2/85。

4★专业：马克思主义哲学 13/108、中国哲学 19/99、马克思主义基本原理 56/315、马克思主义中国化研究 47/303、体育人文社会学 18/90、体育教育训练学 14/103、原子与分子物理 19/93、光学 33/164、分析化学 38/199、计算机软件与理论 44/219。

> 通信地址：山西省太原市小店区坞城路92号山西大学研招办
> 邮政编码：030006
> 电话号码：0351-7011714
> 电子邮箱：zhaoyuesheng75@sohu.com

10114　山西医科大学

在中国普通高校研究生教育竞争力排行榜中的名次：总排名165/527，山西省内排名3/10，医药类排名19/71。

共9个一级学科（学术学位）参评，其中5★+学科0个，5★学科0个，5★-学科0个，4★学科1个，学科优秀率为11.11%。

门类排名
法学 368/394、教育学 145/299、理学 118/389、医学 41/214、管理学 360/427。

一级学科排名
心理学 42/104、生物学 70/241、基础医学 30/106、临床医学 38/113、口腔医学 15/48、公共卫生与预防医学 34/75、中西医结合 52/60、药学 56/145、特种医学 2/14。

优势专业
5★-专业：生理学 10/107、法医学 5/50。
4★专业：麻醉学 17/84。

> 通信地址：山西省太原市新建南路56号山西医科大学研招办
> 邮政编码：030001
> 电话号码：0351-4135123
> 电子邮箱：kdyzb@163.com

10110　中北大学

在中国普通高校研究生教育竞争力排行榜中的名次：总排名172/527，山西省内排名4/10，理工类排名70/165。

共19个一级学科（学术学位）参评。

门类排名
经济学 329/332、法学 362/394、教育学 147/299、文学 284/349、理学 194/389、工学 92/434、管理学 336/427、艺术学 155/306。

一级学科排名
马克思主义理论 287/353、体育学 73/108、外国语言文学 206/232、数学 172/262、物理学 130/191、化学 116/225、力学 72/94、机械工程 86/219、仪器科学与技术 17/69、材料科学与工程 72/219、动力工程及工程热物理 67/105、电子科学与技术 28/122、信息与通信工程 49/179、控制科学与工程 85/185、计算机科学与技术 118/262、化学工程与技术 48/184、兵器科学与技术 3/7、环境科学与工程 177/189、工商管理 285/307。

优势专业
4★专业：精密仪器及机械 13/63、测试计量技术及仪器 13/68。

> 通信地址：山西省太原市学院路3号中北大学研招办
> 邮政编码：030051
> 电话号码：0351-3922165
> 电子邮箱：yzb@nuc.edu.cn

10113　山西农业大学

在中国普通高校研究生教育竞争力排行榜中的名次：总排名253/527，山西省内排名5/10，农林类排名26/37。

共13个一级学科（学术学位）参评。

门类排名
法学 365/394、理学 322/389、工学 267/434、农学 20/166、管理学 344/427。

一级学科排名
马克思主义理论 336/353、生物学 189/241、农业工程 16/44、食品科学与工程 99/100、作物学 21/50、园艺学 20/44、农业资源与环境 14/39、植物保护 19/46、畜牧学 33/54、兽医学 12/42、林学 14/36、农林经济管理 47/50、公共管理 198/207。

优势专业
4★专业：园林植物与观赏园艺 4/25。

> 通信地址：山西省晋中市太谷县铭贤南路兴农街1号山西农业大学研招办
> 邮政编码：030801
> 电话号码：0354-6288115
> 电子邮箱：sxndzsb@163.com

10125　山西财经大学

在中国普通高校研究生教育竞争力排行榜中的名次：总排名277/527，山西省内排名6/10，财经类排名14/34。

共10个一级学科（学术学位）参评，其中5★+学科0个，5★学科0个，5★-学科0个，4★学科1个，学科优秀率为10%。

门类排名
经济学 68/332、法学 184/394、文学 286/349、工学 407/434、管理学 76/427。

一级学科排名
理论经济学 42/116、应用经济学 83/263、法学 112/207、马克思主义理论 210/353、外国语言文学 212/232、计算机科学与技术 236/262、工商管理 55/307、农林经济管理 46/50、公共管理 72/207、图书情报与档案管理 49/51。

优势专业
4★专业：会计学 54/277。

> 通信地址：山西省太原市坞城路696号山西财经大学研究生招生办公室
> 邮政编码：030006
> 电话号码：0351-7666904
> 电子邮箱：yzb_sxufe@163.com

10118　山西师范大学

在中国普通高校研究生教育竞争力排行榜中的名次：总排名308/527，山西省内排名7/10，师范类排名33/61。

共 14 个一级学科（学术学位）参评。

门类排名

哲学 96/138、经济学 177/332、法学 154/394、教育学 86/299、文学 123/349、理学 119/389、工学 392/434、管理学 364/427、艺术学 43/306。

一级学科排名

哲学 96/138、应用经济学 141/263、社会学 36/87、马克思主义理论 113/353、教育学 104/141、心理学 76/104、体育学 51/108、中国语言文学 111/179、外国语言文学 198/232、数学 124/262、物理学 100/191、化学 111/225、地理学 78/87、生物学 156/241。

> 通信地址：山西省临汾市贡院街 1 号山西师范大学研招办
> 邮政编码：041004
> 电话号码：0357-2051238
> 电子邮箱：yzb@sxnu.edu.cn

10109　太原科技大学

在中国普通高校研究生教育竞争力排行榜中的名次：总排名 329/527，山西省内排名 8/10，理工类排名 123/165。

共 13 个一级学科（学术学位）参评。

门类排名

经济学 207/332、法学 274/394、理学 388/389、工学 145/434、管理学 356/427。

一级学科排名

理论经济学 65/116、法学 202/207、马克思主义理论 296/353、数学 262/262、力学 58/94、机械工程 69/219、材料科学与工程 103/219、冶金工程 24/24、电气工程 99/110、控制科学与工程 97/185、计算机科学与技术 211/262、化学工程与技术 103/184、环境科学与工程 171/189。

> 通信地址：山西省太原市万柏林区瓦流路 66 号太原科技大学研招办
> 邮政编码：030024
> 电话号码：0351-6998486
> 电子邮箱：yjs@tyust.edu.cn

10809　山西中医药大学

在中国普通高校研究生教育竞争力排行榜中的名次：总排名 443/527，山西省内排名 9/10，医药类排名 64/71。

共 2 个一级学科（学术学位）参评。

门类排名

医学 121/214。

一级学科排名

中医学 22/42、中药学 27/43。

> 通信地址：山西省晋中市高校园区大学街 121 号山西中医药大学研究生部招生与就业指导办公室
> 邮政编码：030024
> 电话号码：0351-2272206
> 电子邮箱：yzshch@163.com

10119　太原师范学院

在中国普通高校研究生教育竞争力排行榜中的名次：总排名 458/527，山西省内排名 10/10，师范类排名 50/61。

共 3 个一级学科（学术学位）参评。

门类排名

教育学 223/299、理学 270/389、工学 427/434、管理学 415/427、艺术学 210/306。

一级学科排名

数学 157/262、地理学 79/87、生物学 211/241。

> 通信地址：山西省晋中市榆次区大学街 319 号太原师范学院研招办
> 邮政编码：030619
> 电话号码：0351-2279656
> 电子邮箱：tysyyjsc@163.com

10117　长治医学院

在中国仅专业硕士招生普通高校研究生教育竞争力排行榜中的名次：总排名 22/51，山西省内排名 1/1，医药类排名 3/3。

共 1 个一级学科（专业学位）参评。

门类排名

医学 184/214。

一级学科排名

临床医学（专业学位）58/112。

> 通信地址：山西省长治市解放东街 161 号长治医学院研招办
> 邮政编码：046000
> 电话号码：0355-3151153
> 电子邮箱：czmcyjs@163.com

广西壮族自治区

10593　广西大学

在中国普通高校研究生教育竞争力排行榜中的名次：总排名 81/527，广西壮族自治区内排名 1/12，综合类排名 27/79。

共 37 个一级学科（学术学位）参评，其中 5★+学科 0 个，5★学科 0 个，5★-学科 1 个，4★学科 2 个，学科优秀率为 8.11%。

门类排名

哲学 64/138、经济学 71/332、法学 117/394、教育学 231/299、文学 98/349、理学 78/389、工学 57/434、农学 28/166、医学 202/214、管理学 74/427、艺术学 260/306。

一级学科排名

哲学 64/138、应用经济学 56/263、法学 77/207、马克思主义理论 81/353、中国语言文学 103/179、外国语言文学 107/232、新闻传播学 55/116、数学 109/262、物理学 44/191、化学 157/225、海洋科学 21/29、生物学 59/241、生态学 55/90、机械工程 73/219、材料科学与工程 84/219、电气工程 35/110、控制科学与工程 146/185、计算机科学与技术 101/262、建筑学 32/70、土木工程 10/160、水利工程 27/64、化学工程与技术 33/184、矿业工程 20/30、轻工技术与工程 5/23、环境科学与工程 122/189、生物医学工程 45/65、食品科学与工程 48/100、作物学 17/50、园艺学 30/44、农业资源与环境 23/39、植物保护 11/46、畜牧学 22/54、兽医学 14/42、林学 27/36、水产 26/29、工商管理 67/307、公共管理 52/207。

优势专业

5★专业：结构工程 7/153。

5★-专业：岩土工程 8/143、市政工程 6/109、供热、供燃气、通风及空调工程 8/94、防灾减灾工程及防护工程 7/119、桥梁与隧道工程 6/109。

4★专业：金融学 41/229、制浆造纸工程 3/13、动物遗传育种与繁殖 10/50。

通信地址：广西壮族自治区南宁市大学路 100 号广西大学研究生招生办公室
邮政编码：530004
电话号码：0771-3231243
电子邮箱：yzb@gxu.edu.cn

10602 广西师范大学

在中国普通高校研究生教育竞争力排行榜中的名次：总排名 190/527，广西壮族自治区内排名 2/12，师范类排名 21/61。

共 30 个一级学科（学术学位）参评，其中 5★+学科 0 个，5★学科 0 个，5★-学科 2 个，4★学科 0 个，学科优秀率为 6.67%。

门类排名

哲学 60/138、经济学 125/332、法学 64/394、教育学 27/299、文学 77/349、历史学 52/123、理学 105/389、工学 240/434、农学 133/166、管理学 146/427、艺术学 103/306。

一级学科排名

哲学 61/138、理论经济学 75/116、应用经济学 161/263、法学 61/207、政治学 67/87、马克思主义理论 32/353、教育学 12/141、心理学 92/104、体育学 25/108、中国语言文学 50/179、外国语言文学 112/232、中国史 45/105、世界史 35/59、数学 209/262、物理学 97/191、化学 60/225、生物学 161/241、系统科学 16/23、生态学 70/90、统计学 93/97、电子科学与技术 53/122、计算机科学与技术 147/262、化学工程与技术 123/184、环境科学与工程 125/189、软件工程 66/138、工商管理 137/307、公共管理 91/207、音乐与舞蹈学 30/72、美术学 59/103、设计学 91/148。

优势专业

5★-专业：马克思主义基本原理 32/315、马克思主义中国化研究 30/303。

4★专业：思想政治教育 47/334、中国近现代史基本问题研究 34/187、教育学原理 19/101、学前教育学 11/60。

通信地址：广西壮族自治区桂林市育才路 15 号广西师范大学研招办
邮政编码：541004
电话号码：0773-5837252
电子邮箱：yzb@gxnu.edu.cn

10598 广西医科大学

在中国普通高校研究生教育竞争力排行榜中的名次：总排名 197/527，广西壮族自治区内排名 3/12，医药类排名 22/71。

共 9 个一级学科（学术学位）参评，其中 5★+学科 0 个，5★学科 0 个，5★-学科 0 个，4★学科 3 个，学科优秀率为 33.33%。

门类排名

法学 392/394、理学 291/389、医学 24/214、管理学 373/427。

一级学科排名

生物学 149/241、基础医学 16/106、临床医学 23/113、口腔医学 14/48、公共卫生与预防医学 14/75、中西医结合 40/60、药学 31/145、护理学 32/59、公共管理 181/207。

通信地址：广西壮族自治区南宁市双拥路 22 号广西医科大学研招办
邮政编码：530021
电话号码：0771-5354506
电子邮箱：yzb@gxmu.edu.cn

10595 桂林电子科技大学

在中国普通高校研究生教育竞争力排行榜中的名次：总排名 217/527，广西壮族自治区内排名 4/12，理工类排名 84/165。

共 19 个一级学科（学术学位）参评。

门类排名

经济学 189/332、法学 281/394、文学 310/349、理学 311/389、工学 122/434、管理学 330/427、艺术学 201/306。

一级学科排名

理论经济学 76/116、法学 176/207、马克思主义理论 253/353、数学 101/262、机械工程 71/219、光学工程 58/84、

仪器科学与技术 26/69、材料科学与工程 128/219、电气工程 63/110、电子科学与技术 64/122、信息与通信工程 51/179、控制科学与工程 99/185、计算机科学与技术 92/262、交通运输工程 43/69、环境科学与工程 148/189、生物医学工程 47/65、网络空间安全 22/56、管理科学与工程 115/179、设计学 93/148。

通信地址：广西壮族自治区桂林市金鸡路 1 号桂林电子科技大学研招办
邮政编码：541004
电话号码：0773-2291377
电子邮箱：yzb@guet.edu.cn

10596　桂林理工大学

在中国普通高校研究生教育竞争力排行榜中的名次：总排名 244/527，广西壮族自治区内排名 5/12，理工类排名 94/165。

共 24 个一级学科（学术学位）参评。

门类排名

经济学 232/332、法学 248/394、文学 276/349、理学 232/389、工学 167/434、农学 144/166、管理学 175/427、艺术学 263/306。

一级学科排名

应用经济学 234/263、民族学 39/39、马克思主义理论 128/353、外国语言文学 221/232、物理学 150/191、化学 208/225、地质学 29/36、统计学 63/97、机械工程 216/219、材料科学与工程 96/219、冶金工程 23/24、控制科学与工程 185/185、计算机科学与技术 168/262、土木工程 92/160、水利工程 60/64、测绘科学与技术 34/53、化学工程与技术 133/184、地质资源与地质工程 23/45、环境科学与工程 53/189、城乡规划学 30/50、风景园林学 40/51、软件工程 121/138、工商管理 91/307、设计学 141/148。

通信地址：广西壮族自治区桂林市建干路 12 号屏风南校区办公楼 4 楼
邮政编码：541004
电话号码：0773-5893185
电子邮箱：yzb@glite.edu.cn

10608　广西民族大学

在中国普通高校研究生教育竞争力排行榜中的名次：总排名 313/527，广西壮族自治区内排名 6/12，民族类排名 4/13。

共 18 个一级学科（学术学位）参评。

门类排名

哲学 110/138、经济学 197/332、法学 65/394、教育学 120/299、文学 84/349、历史学 102/123、理学 295/389、工学 275/434、管理学 195/427、艺术学 239/306。

一级学科排名

哲学 109/138、应用经济学 187/263、法学 147/207、政治学 56/87、民族学 14/39、马克思主义理论 100/353、教育学 126/141、体育学 71/108、中国语言文学 85/179、外国语言文学 54/232、中国史 95/105、数学 145/262、生物学 234/241、科学技术史 12/18、计算机科学与技术 144/262、化学工程与技术 96/184、公共管理 171/207、图书情报与档案管理 30/51。

优势专业

4★专业：民族学 7/35。

通信地址：广西壮族自治区南宁市大学东路 188 号广西民族大学研招办
邮政编码：530006
电话号码：0771-3262606
电子邮箱：yzb@gxun.edu.cn

10600　广西中医药大学

在中国普通高校研究生教育竞争力排行榜中的名次：总排名 351/527，广西壮族自治区内排名 7/12，医药类排名 51/71。

共 6 个一级学科（学术学位）参评。

门类排名

文学 349/349、医学 87/214。

一级学科排名

临床医学 73/113、中医学 19/42、中西医结合 38/60、药学 84/145、中药学 28/43、护理学 59/59。

通信地址：广西壮族自治区南宁市明秀东路 179 号广西中医药大学研招办
邮政编码：530001
电话号码：0771-3132106
电子邮箱：yjs@gxtcmu.edu.cn

10603　南宁师范大学

在中国普通高校研究生教育竞争力排行榜中的名次：总排名 373/527，广西壮族自治区内排名 8/12，师范类排名 41/61。

共 15 个一级学科（学术学位）参评。

门类排名

经济学 262/332、法学 227/394、教育学 115/299、文学 107/349、理学 229/389、工学 381/434、管理学 237/427、艺术学 296/306。

一级学科排名

应用经济学 223/263、社会学 64/87、马克思主义理论 214/353、教育学 83/141、体育学 102/108、中国语言文学 87/179、外国语言文学 184/232、新闻传播学 113/116、数学 194/262、化学 158/225、地理学 30/87、信息与通信工程 107/179、管理科学与工程 156/179、工商管理 307/307、公共管理 114/207。

通信地址：广西壮族自治区南宁市明秀东路 175 号南宁师范大学研招办
邮政编码：530001
电话号码：0771-3905906
电子邮箱：gxtcyzb@gxtc.edu.cn

10594　广西科技大学

在中国普通高校研究生教育竞争力排行榜中的名次：总排名 392/527，广西壮族自治区内排名 9/12，理工类排名 137/165。

共 10 个一级学科（学术学位）参评。

门类排名

经济学 293/332、法学 305/394、文学 340/349、工学 230/434、管理学 389/427、艺术学 279/306。

一级学科排名

马克思主义理论 266/353、力学 56/94、机械工程 123/219、控制科学与工程 149/185、计算机科学与技术 160/262、土木工程 120/160、化学工程与技术 128/184、纺织科学与工程 13/22、管理科学与工程 131/179、工商管理 294/307。

通信地址：广西壮族自治区柳州市东环大道 268 号广西科技大学研究生处
邮政编码：545006
电话号码：0772-2685375
电子邮箱：gxutyzb@126.com

10607　广西艺术学院

在中国普通高校研究生教育竞争力排行榜中的名次：总排名 400/527，广西壮族自治区内排名 10/12，艺术类排名 11/30。

共 6 个一级学科（学术学位）参评。

门类排名

文学 258/349、农学 159/166、艺术学 19/306。

一级学科排名

新闻传播学 88/116、艺术学理论 23/60、音乐与舞蹈学 21/72、戏剧与影视学 37/56、美术学 29/103、设计学 35/148。

通信地址：广西壮族自治区南宁市教育路 7 号广西艺术学院研招办
邮政编码：530022
电话号码：0771-5333134
电子邮箱：yzb@gxai.edu.cn

10601　桂林医学院

在中国普通高校研究生教育竞争力排行榜中的名次：总排名 403/527，广西壮族自治区内排名 11/12，医药类排名 61/71。

共 6 个一级学科（学术学位）参评。

门类排名

工学 416/434、医学 98/214、管理学 417/427。

一级学科排名

生物医学工程 51/65、基础医学 81/106、临床医学 85/113、公共卫生与预防医学 51/75、药学 104/145、医学技术 22/28。

通信地址：广西壮族自治区桂林市环城北二路 109 号桂林医学院研招办
邮政编码：541004
电话号码：0773-5893516
电子邮箱：yjsy@glmc.edu.cn

10599　右江民族医学院

在中国普通高校研究生教育竞争力排行榜中的名次：总排名 499/527，广西壮族自治区内排名 12/12，医药类排名 68/71。

共 2 个一级学科（学术学位）参评。

门类排名

医学 124/214。

一级学科排名

基础医学 90/106、临床医学 97/113。

通信地址：广西壮族自治区百色市城乡路 98 号右江民族医学院研招办
邮政编码：533000
电话号码：0776-2846532
电子邮箱：youyixkb@163.com

11548　广西财经学院

在中国仅专业硕士招生普通高校研究生教育竞争力排行榜中的名次：总排名 16/51，广西壮族自治区内排名 1/1，财经类排名 3/5。

共 1 个一级学科（专业学位）参评。

门类排名

管理学 359/427。

一级学科排名

会计（专业学位）21/247。

通信地址：广西壮族自治区南宁市明秀西路 100 号广西财经学院研招办
邮政编码：530003
电话号码：0771-3844053
电子邮箱：CYYJ2017@163.com

甘肃省

10730　兰州大学

在中国普通高校研究生教育竞争力排行榜中的名次：总排名 35/527，甘肃省内排名 1/10，综合类排名 14/79。

共 48 个一级学科（学术学位）参评，其中 5★+ 学科 1 个，5★ 学科 1 个，5★- 学科 5 个，4★ 学科 7 个，学科优秀率为 29.17%。

门类排名

哲学 56/138、经济学 46/332、法学 24/394、教育学 106/299、文学 37/349、历史学 26/123、理学 15/389、工学 83/434、农学 39/166、医学 42/214、管理学 34/427、艺术学 108/306。

一级学科排名

哲学 56/138、理论经济学 49/116、应用经济学 57/263、法学 51/207、政治学 43/87、社会学 47/87、民族学 5/39、马克思主义理论 28/353、教育学 58/141、中国语言文学 26/179、外国语言文学 69/232、新闻传播学 23/116、考古学 18/29、中国史 22/105、世界史 32/59、数学 37/262、物理学 22/191、化学 20/225、地理学 7/87、大气科学 3/17、地质学 10/36、生物学 22/241、生态学 1/90、力学 32/94、材料科学与工程 56/219、电子科学与技术 66/122、信息与通信工程 68/179、计算机科学与技术 80/262、土木工程 53/160、水利工程 43/64、化学工程与技术 65/184、核科学与技术 5/19、环境科学与工程 39/189、作物学 35/50、植物保护 41/46、畜牧学 18/54、林学 29/36、草学 1/21、基础医学 44/106、临床医学 34/113、口腔医学 33/48、公共卫生与预防医学 40/75、中西医结合 29/60、药学 35/145、工商管理 45/307、农林经济管理 27/50、公共管理 18/207、艺术学理论 38/60。

优势专业

5★ 专业：凝聚态物理 9/176、有机化学 3/205、自然地理学 4/78、大气物理学与大气环境 1/13、行政管理 8/180、历史文献学 2/51。

5★- 专业：区域经济学 20/195、民族学 3/35、马克思主义民族理论与政策 3/30、中国少数民族史 3/31、马克思主义中国化研究 19/303、思想政治教育 21/334、中国近现代史基本问题研究 19/187、粒子物理与原子核物理 8/78、无机化学 19/200、分析化学 14/199、人文地理学 8/76、地图学与地理信息系统 6/81、微生物学 14/184、固体力学 8/79、工程力学 9/88、旅游管理 18/186、教育经济与管理 11/128。

4★ 专业：产业经济学 25/225、马克思主义基本原理 42/315、国外马克思主义研究 11/86、文艺学 25/168、汉语言文字学 24/147、中国古典文献学 13/114、中国古代文学 24/177、中国现当代文学 27/172、比较文学与世界文学 16/136、基础数学 28/219、计算数学 23/215、概率论与数理统计 35/175、应用数学 28/256、运筹学与控制论 35/183、理论物理 19/160、无线电物理 7/63、物理化学 22/192、高分子化学与物理 18/158、气象学 3/17、植物学 18/153、动物学 17/138、遗传学 23/143、细胞生物学 19/144、生物化学与分子生物学 41/221、计算机应用技术 52/261、岩土工程 23/143、结构工程 21/153、防灾减灾工程及防护工程 16/119、化学工艺 29/148、环境科学 19/165、动物遗传育种与繁殖 8/50、动物营养与饲料科学 9/51、影像医学与核医学 16/102、临床检验诊断学 17/97、外科学 15/103、会计学 39/277、企业管理 46/296、社会医学与卫生事业管理 14/76、土地资源管理 13/107、党的建设 9/47。

```
通信地址：甘肃省兰州市天水南路 222 号兰州大学研究生院
邮政编码：730000
电话号码：0931-8912168
电子邮箱：yab@lzu.edu.cn
```

10736　西北师范大学

在中国普通高校研究生教育竞争力排行榜中的名次：总排名 126/527，甘肃省内排名 2/10，师范类排名 14/61。

共 29 个一级学科（学术学位）参评，其中 5★+ 学科 0 个，5★ 学科 0 个，5★- 学科 1 个，4★ 学科 4 个，学科优秀率为 17.24%。

门类排名

哲学 61/138、经济学 124/332、法学 106/394、教育学 23/299、文学 73/349、历史学 21/123、理学 58/389、工学 245/434、管理学 184/427、艺术学 72/306。

一级学科排名

哲学 62/138、理论经济学 94/116、应用经济学 164/263、法学 170/207、政治学 82/87、社会学 50/87、马克思主义理论 86/353、教育学 14/141、心理学 29/104、体育学 44/108、中国语言文学 51/179、外国语言文学 71/232、考古学 29/29、中国史 15/105、世界史 46/59、数学 48/262、物理学 57/191、化学 50/225、地理学 13/87、生物学 110/241、材料科学与工程 197/219、电子科学与技术 85/122、化学工程与技术 99/184、软件工程 64/138、工商管理 221/307、公共管理 136/207、音乐与舞蹈学 38/72、戏剧与影视学 27/56、美术学 16/103。

优势专业

4★ 专业：马克思主义基本原理 54/315、思想政治教育 42/334、教育学原理 15/101、课程与教学论 12/112、比较教育学 10/52、高等教育学 18/111、基础数学 42/219、应用数学 51/256、分析化学 40/199、有机化学 40/205、人文地理学 11/76、地图学与地理信息系统 12/81、历史文献学 10/51。

通信地址：甘肃省兰州市安宁东路805号西北师范大学研招办
邮政编码：730070
电话号码：0931-7971932
电子邮箱：yanjs@nwnu.edu.cn

10731　兰州理工大学

在中国普通高校研究生教育竞争力排行榜中的名次：总排名145/527，甘肃省内排名3/10，理工类排名60/165。

共27个一级学科（学术学位）参评，其中5★+学科0个，5★学科0个，5★-学科0个，4★学科2个，学科优秀率为7.41%。

门类排名

经济学 309/332、法学 205/394、教育学 237/299、文学 288/349、理学 254/389、工学 73/434、医学 209/214、管理学 279/427、艺术学 189/306。

一级学科排名

法学 190/207、马克思主义理论 144/353、体育学 99/108、外国语言文学 215/232、数学 120/262、物理学 91/191、力学 78/94、机械工程 47/219、材料科学与工程 52/219、冶金工程 18/24、动力工程及工程热物理 18/105、电气工程 85/110、电子科学与技术 105/122、信息与通信工程 151/179、控制科学与工程 53/185、计算机科学与技术 166/262、建筑学 66/70、土木工程 29/160、水利工程 48/64、测绘科学与技术 50/53、化学工程与技术 41/184、环境科学与工程 183/189、生物工程 11/20、安全科学与工程 50/55、管理科学与工程 112/179、工商管理 220/307、设计学 101/148。

优势专业

4★专业：机械制造及其自动化 40/201、机械设计及理论 41/205、流体机械及工程 13/65、结构工程 30/153。

通信地址：甘肃省兰州市七里河区兰工坪路287号兰州理工大学研招办
邮政编码：730050
电话号码：0931-2741880
电子邮箱：gdyzhb@lut.cn

10732　兰州交通大学

在中国普通高校研究生教育竞争力排行榜中的名次：总排名166/527，甘肃省内排名4/10，理工类排名67/165。

共25个一级学科（学术学位）参评。

门类排名

经济学 246/332、法学 322/394、教育学 276/299、文学 269/349、理学 202/389、工学 98/434、管理学 221/427、艺术学 271/306。

一级学科排名

应用经济学 233/263、马克思主义理论 236/353、外国语言文学 199/232、数学 134/262、物理学 181/191、化学 177/225、地理学 85/87、生物学 231/241、力学 68/94、机械工程 88/219、材料科学与工程 145/219、动力工程及工程热物理 49/105、电气工程 47/110、电子科学与技术 63/122、信息与通信工程 117/179、控制科学与工程 103/185、计算机科学与技术 129/262、土木工程 40/160、水利工程 37/64、测绘科学与技术 14/53、化学工程与技术 106/184、交通运输工程 15/69、环境科学与工程 48/189、管理科学与工程 82/179、工商管理 295/307。

优势专业

4★专业：市政工程 20/109、供热、供燃气、通风及空调工程 17/94、桥梁与隧道工程 17/109、大地测量学与测量工程 7/48、摄影测量与遥感 8/45、载运工具运用工程 10/48。

通信地址：甘肃省兰州市安宁区安宁西路88号兰州交通大学研招办
邮政编码：730070
电话号码：0931-4938103
电子邮箱：yzb@lzjtu.edu.cn

10733　甘肃农业大学

在中国普通高校研究生教育竞争力排行榜中的名次：总排名199/527，甘肃省内排名5/10，农林类排名17/37。

共19个一级学科（学术学位）参评，其中5★+学科0个，5★学科0个，5★-学科0个，4★学科2个，学科优秀率为10.53%。

门类排名

经济学 284/332、法学 324/394、理学 281/389、工学 280/434、农学 17/166、医学 193/214、管理学 301/427。

一级学科排名

应用经济学 263/263、马克思主义理论 282/353、化学 219/225、生物学 179/241、生态学 68/90、水利工程 54/64、农业工程 33/44、食品科学与工程 49/100、软件工程 127/138、作物学 9/50、园艺学 17/44、农业资源与环境 30/39、植物保护 36/46、畜牧学 14/54、兽医学 11/42、林学 10/36、草学 4/21、农林经济管理 42/50、公共管理 144/207。

优势专业

4★专业：作物栽培学与耕作学 7/49、果树学 9/44、蔬菜学 9/44。

通信地址：甘肃省兰州市安宁区甘肃农业大学研招办
邮政编码：730070
电话号码：0931-7631154
电子邮箱：yzb@gsau.edu.cn

10742　西北民族大学

在中国普通高校研究生教育竞争力排行榜中的名次：总排名316/527，甘肃省内排名6/10，民族类排名5/13。

共15个一级学科（学术学位）参评。

门类排名

经济学 302/332、法学 116/394、教育学 156/299、文学 86/349、历史学 97/123、理学 337/389、工学 344/434、农学 67/166、管理学 388/427、艺术学 125/306。

一级学科排名

法学 198/207、社会学 37/87、民族学 18/39、马克思主义理论 211/353、教育学 108/141、中国语言文学 49/179、中国史 85/105、数学 238/262、化学 205/225、计算机科学与技术 188/262、畜牧学 38/54、兽医学 33/42、工商管理 296/307、音乐与舞蹈学 64/72、美术学 52/103。

优势专业

4★专业：中国少数民族语言文学 7/42。

> 通信地址：甘肃省兰州市城关区西北新村1号西北民族大学研招办
> 邮政编码：730030
> 电话号码：0931-2938046
> 电子邮箱：yzb@xbmu.edu.cn

10735　甘肃中医药大学

在中国普通高校研究生教育竞争力排行榜中的名次：总排名 367/527，甘肃省内排名 7/10，医药类排名 53/71。

共 5 个一级学科（学术学位）参评。

门类排名

工学 419/434、医学 79/214。

一级学科排名

生物医学工程 57/65、临床医学 89/113、中医学 12/42、中西医结合 14/60、中药学 20/43。

> 通信地址：甘肃省兰州市定西东路35号甘肃中医药大学研招办
> 邮政编码：730000
> 电话号码：0931-8765337
> 电子邮箱：yjsc@gszy.edu.cn

10741　兰州财经大学

在中国普通高校研究生教育竞争力排行榜中的名次：总排名 460/527，甘肃省内排名 8/10，财经类排名 31/34。

共 8 个一级学科（学术学位）参评。

门类排名

经济学 77/332、法学 283/394、文学 295/349、理学 359/389、管理学 253/427、艺术学 227/306。

一级学科排名

理论经济学 66/116、应用经济学 93/263、法学 203/207、马克思主义理论 269/353、统计学 46/97、管理科学与工程 147/179、工商管理 219/307、设计学 116/148。

> 通信地址：甘肃省兰州市城关区段家滩496号兰州财经大学研招办
> 邮政编码：730020
> 电话号码：0931-4670578
> 电子邮箱：yanban@lzcc.edu.cn

11406　甘肃政法大学

在中国普通高校研究生教育竞争力排行榜中的名次：总排名 490/527，甘肃省内排名 9/10，文法类排名 19/24。

共 3 个一级学科（学术学位）参评。

门类排名

法学 130/394、文学 321/349、工学 405/434、管理学 302/427。

一级学科排名

法学 54/207、网络空间安全 42/56、工商管理 216/307。

> 通信地址：甘肃省兰州市安宁区安宁西路6号甘肃政法大学研招办
> 邮政编码：730070
> 电话号码：0931-7601383
> 电子邮箱：zfyzb@gsli.edu.cn

10739　天水师范学院

在中国普通高校研究生教育竞争力排行榜中的名次：总排名 508/527，甘肃省内排名 10/10，师范类排名 59/61。

共 1 个一级学科（学术学位）参评。

门类排名

教育学 184/299、文学 214/349、工学 429/434。

一级学科排名

中国语言文学 171/179。

> 通信地址：甘肃省天水市秦州区藉河南路天水师范学院研招办
> 邮政编码：741001
> 电话号码：0938-8367707
> 电子邮箱：yjsc@tsnc.edu.cn

云南省

10673　云南大学

在中国普通高校研究生教育竞争力排行榜中的名次：总排名 73/527，云南省内排名 1/11，综合类排名 23/79。

共 32 个一级学科（学术学位）参评，其中 5★+学科 0 个，5★学科 2 个，5★-学科 1 个，4★学科 6 个，学科优秀率为 28.13%。

门类排名

哲学 36/138、经济学 34/332、法学 9/394、教育学 78/299、文学 44/349、历史学 8/123、理学 38/389、工

171/434、农学 73/166、医学 154/214、管理学 40/427、艺术学 97/306。

一级学科排名

哲学 36/138、理论经济学 24/116、应用经济学 76/263、法学 28/207、政治学 14/87、社会学 27/87、民族学 2/39、马克思主义理论 42/353、教育学 64/141、中国语言文学 29/179、外国语言文学 62/232、新闻传播学 36/116、中国史 3/105、数学 58/262、物理学 51/191、化学 46/225、天文学 8/18、地理学 18/87、大气科学 9/17、地球物理学 14/20、地质学 24/36、生物学 29/241、材料科学与工程 90/219、信息与通信工程 58/179、控制科学与工程 115/185、计算机科学与技术 77/262、土木工程 123/160、作物学 49/50、药学 76/145、工商管理 31/307、公共管理 34/207、图书情报与档案管理 20/51。

优势专业

5★+专业：历史文献学 1/51、专门史 1/70、中国古代史 1/69。

5★专业：民族学 1/35、马克思主义民族理论与政策 2/30、中国少数民族史 1/31、中国近现代史 2/68。

5★-专业：中国少数民族经济 2/27、中国少数民族艺术 2/22、思想政治教育 27/334、微生物学 16/184、旅游管理 10/186。

4★专业：马克思主义哲学 22/108、刑法学 16/136、诉讼法学 22/123、中外政治制度 8/51、马克思主义基本原理 57/315、马克思主义发展史 14/100、文艺学 24/168、中国现当代文学 30/172、分析化学 28/199、有机化学 29/205、物理化学 35/192、自然地理学 10/78、植物学 25/153、动物学 21/138、遗传学 27/143、细胞生物学 18/144、会计学 48/277、企业管理 54/296、技术经济及管理 41/229、行政管理 22/180、知识产权法 9/44。

> 通信地址：云南省昆明市呈贡区大学城东外环南路云南大学研招办
> 邮政编码：650504
> 电话号码：0871-65033837
> 电子邮箱：yzb@ynu.edu.cn

10674 昆明理工大学

在中国普通高校研究生教育竞争力排行榜中的名次：总排名 78/527，云南省内排名 2/11，理工类排名 37/165。

共 35 个一级学科（学术学位）参评。

门类排名

哲学 58/138、经济学 131/332、法学 146/394、教育学 255/299、文学 282/349、理学 86/389、工学 40/434、农学 109/166、医学 136/214、管理学 180/427、艺术学 179/306。

一级学科排名

哲学 59/138、应用经济学 110/263、法学 80/207、马克思主义理论 185/353、数学 139/262、物理学 114/191、化学 87/225、地理学 87/87、地质学 28/36、生物学 61/241、系统科学 8/23、力学 36/94、机械工程 59/219、仪器科学与技术 69/69、材料科学与工程 54/219、冶金工程 6/24、动力工程及工程热物理 23/105、电气工程 73/110、信息与通信工程 148/179、控制科学与工程 72/185、计算机科学与技术 62/262、建筑学 21/70、土木工程 45/160、水利工程 35/64、测绘科学与技术 17/53、化学工程与技术 46/184、地质资源与地质工程 24/45、矿业工程 14/30、交通运输工程 24/69、农业工程 32/44、环境科学与工程 51/189、食品科学与工程 81/100、临床医学 102/113、药学 133/145、工商管理 160/307。

优势专业

4★专业：物理化学 26/192。

> 通信地址：云南省昆明市呈贡区大学城景明南路 727 号昆明理工大学研招办
> 邮政编码：650500
> 电话号码：0871-65112931
> 电子邮箱：yanzhaoban@163.com

10681 云南师范大学

在中国普通高校研究生教育竞争力排行榜中的名次：总排名 206/527，云南省内排名 3/11，师范类排名 23/61。

共 23 个一级学科（学术学位）参评，其中 5★+学科 0 个，5★学科 0 个，5★-学科 0 个，4★学科 1 个，学科优秀率为 4.35%。

门类排名

哲学 51/138、经济学 159/332、法学 141/394、教育学 39/299、文学 94/349、历史学 48/123、理学 116/389、工学 254/434、农学 125/166、管理学 244/427、艺术学 126/306。

一级学科排名

哲学 53/138、应用经济学 147/263、社会学 29/87、马克思主义理论 175/353、教育学 22/141、心理学 35/104、体育学 45/108、中国语言文学 79/179、外国语言文学 68/232、新闻传播学 86/116、世界史 28/59、数学 159/262、物理学 119/191、化学 125/225、天文学 10/18、地理学 22/87、生物学 132/241、光学工程 37/84、计算机科学与技术 128/262、化学工程与技术 170/184、农业工程 25/44、工商管理 298/307、公共管理 140/207。

优势专业

5★-专业：世界史 1/6。

4★专业：教育技术学 14/69、自然地理学 16/78、地图学与地理信息系统 15/81。

> 通信地址：云南省昆明市呈贡区聚贤街 768 号云南师范大学研招办
> 邮政编码：650500
> 电话号码：0871-65910081
> 电子邮箱：yzb@ynnu.edu.cn

10678 昆明医科大学

在中国普通高校研究生教育竞争力排行榜中的名次：总排名 238/527，云南省内排名 4/11，医药类排名 28/71。

共 6 个一级学科（学术学位）参评。

门类排名

教育学 201/299、理学 352/389、医学 52/214。

一级学科排名

生物学 174/241、基础医学 61/106、临床医学 49/113、口腔医学 23/48、公共卫生与预防医学 42/75、药学 72/145。

> 通信地址：云南省昆明市呈贡区雨花街道春融西路 1168 号昆明医科大学研招办
> 邮政编码：650500
> 电话号码：0871-65933616
> 电子邮箱：kyyzb@kmmu.edu.cn

10676 云南农业大学

在中国普通高校研究生教育竞争力排行榜中的名次：总排名 250/527，云南省内排名 5/11，农林类排名 25/37。

共 14 个一级学科（学术学位）参评。

门类排名

法学 353/394、教育学 259/299、文学 317/349、理学 238/389、工学 287/434、农学 29/166、管理学 291/427。

一级学科排名

马克思主义理论 332/353、生物学 136/241、农业工程 28/44、环境科学与工程 182/189、食品科学与工程 61/100、作物学 25/50、园艺学 23/44、农业资源与环境 27/39、植物保护 12/46、畜牧学 12/54、兽医学 27/42、林学 31/36、草学 18/21、农林经济管理 28/50。

> 通信地址：云南省昆明市盘龙区沣源路 452 号云南农业大学研招办
> 邮政编码：650201
> 电话号码：0871-65228283
> 电子邮箱：yzb@vnau.edu.cn

10677 西南林业大学

在中国普通高校研究生教育竞争力排行榜中的名次：总排名 302/527，云南省内排名 6/11，农林类排名 30/37。

共 11 个一级学科（学术学位）参评。

门类排名

经济学 324/332、理学 221/389、工学 247/434、农学 38/166、管理学 259/427。

一级学科排名

化学 222/225、地理学 59/87、生物学 121/241、系统科学 11/23、机械工程 212/219、林业工程 5/13、风景园林学 18/51、园艺学 27/44、林学 9/36、工商管理 231/307、农林经济管理 43/50。

> 通信地址：云南省昆明市盘龙区白龙寺 300 号西南林业大学研招办
> 邮政编码：650224
> 电话号码：0871-63863605
> 电子邮箱：yzb@swfc.edu.cn

10691 云南民族大学

在中国普通高校研究生教育竞争力排行榜中的名次：总排名 358/527，云南省内排名 7/11，民族类排名 6/13。

共 16 个一级学科（学术学位）参评。

门类排名

经济学 178/332、法学 86/394、教育学 128/299、文学 97/349、历史学 63/123、理学 262/389、工学 333/434、医学 212/214、管理学 185/427、艺术学 284/306。

一级学科排名

应用经济学 179/263、法学 142/207、政治学 64/87、社会学 40/87、民族学 19/39、马克思主义理论 241/353、教育学 105/141、中国语言文学 84/179、外国语言文学 79/232、中国史 44/105、数学 214/262、化学 145/225、信息与通信工程 98/179、环境科学与工程 153/189、工商管理 144/307、公共管理 156/207。

> 通信地址：云南省昆明市呈贡区月华街 2929 号云南民族大学研招办
> 邮政编码：650500
> 电话号码：0871-65914388
> 电子邮箱：yzb@ynni.edu.cn

10679 大理大学

在中国普通高校研究生教育竞争力排行榜中的名次：总排名 378/527，云南省内排名 8/11，综合类排名 66/79。

共 6 个一级学科（学术学位）参评。

门类排名

法学 180/394、教育学 235/299、工学 424/434、医学 102/214。

一级学科排名

民族学 24/39、马克思主义理论 183/353、基础医学 83/106、临床医学 86/113、公共卫生与预防医学 71/75、药学 79/145。

> 通信地址：云南省大理市古城弘圣路 2 号大理大学研招办
> 邮政编码：671003
> 电话号码：0872-2219937
> 电子邮箱：dlxyyjsc@126.com

10689 云南财经大学

在中国普通高校研究生教育竞争力排行榜中的名次：总排名 380/527，云南省内排名 9/11，财经类排名 22/34。

共 10 个一级学科（学术学位）参评，其中 5★+学科

0 个，5★学科 0 个，5★-学科 0 个，4★学科 1 个，学科优秀率为 10%。

门类排名

经济学 51/332、法学 194/394、文学 297/349、理学 317/389、工学 391/434、管理学 120/427。

一级学科排名

理论经济学 28/116、应用经济学 73/263、法学 141/207、政治学 77/87、社会学 87/87、马克思主义理论 240/353、数学 184/262、计算机科学与技术 230/262、工商管理 51/307、公共管理 104/207。

优势专业

4★专业：企业管理 56/296、旅游管理 36/186。

通信地址：云南省昆明市龙泉路 237 号云南财经大学研招办
邮政编码：650221
电话号码：0871-5128174
电子邮箱：yjsc@ynuft.edu.cn

10680　云南中医药大学

在中国普通高校研究生教育竞争力排行榜中的名次：总排名 439/527，云南省内排名 10/11，医药类排名 63/71。

共 3 个一级学科（学术学位）参评。

门类排名

医学 94/214。

一级学科排名

中医学 11/42、中西医结合 33/60、药学 80/145。

通信地址：云南省昆明市呈贡区雨花路 1076 号云南中医药大学研招办
邮政编码：650500
电话号码：0871-65919088
电子邮箱：yzb@ynutcm.edu.cn

10690　云南艺术学院

在中国普通高校研究生教育竞争力排行榜中的名次：总排名 507/527，云南省内排名 11/11，艺术类排名 24/30。

共 5 个一级学科（学术学位）参评。

门类排名

艺术学 51/306。

一级学科排名

艺术学理论 39/60、音乐与舞蹈学 72/72、戏剧与影视学 48/56、美术学 81/103、设计学 147/148。

通信地址：云南省昆明市呈贡区雨花路 1577 号云南艺术学院研招办
邮政编码：650500
电话号码：0871-65937158
电子邮箱：keyan@ynart.edu.cn

11392　云南警官学院

在中国仅专业硕士招生普通高校研究生教育竞争力排行榜中的名次：总排名 48/51，云南省内排名 1/1，文法类排名 7/8。

共 1 个一级学科（专业学位）参评。

门类排名

法学 343/394。

一级学科排名

警务（专业学位）1/6。

通信地址：云南省昆明市官渡区教场北路 249 号云南警官学院研招办
邮政编码：650223
电话号码：0871-5020262
电子邮箱：yzb@ypoa.edu.cn

新疆维吾尔自治区

10755　新疆大学

在中国普通高校研究生教育竞争力排行榜中的名次：总排名 104/527，新疆维吾尔自治区内排名 1/10，综合类排名 31/79。

共 37 个一级学科（学术学位）参评，其中 5★+学科 0 个，5★学科 0 个，5★-学科 1 个，4★学科 5 个，学科优秀率为 16.22%。

门类排名

哲学 108/138、经济学 70/332、法学 30/394、教育学 176/299、文学 48/349、历史学 74/123、理学 44/389、工学 87/434、管理学 154/427。

一级学科排名

哲学 101/138、理论经济学 29/116、应用经济学 186/263、法学 49/207、政治学 48/87、民族学 20/39、马克思主义理论 23/353、中国语言文学 33/179、外国语言文学 77/232、新闻传播学 45/116、中国史 57/105、数学 43/262、物理学 55/191、化学 24/225、地理学 17/87、地质学 35/36、生物学 101/241、生态学 24/90、统计学 69/97、力学 80/94、机械工程 51/219、材料科学与工程 105/219、动力工程及工程热物理 71/105、电气工程 28/110、信息与通信工程 83/179、控制科学与工程 80/185、计算机科学与技术 43/262、建筑学 56/70、土木工程 67/160、化学工程与技术 50/184、地质资源与地质工程 37/45、纺织科学与工程 8/22、环境科学与工程 95/189、食品科学与工程 58/100、软件工程 87/138、工商管理 101/307、公共管理 163/207。

优势专业

5★专业：马克思主义基本原理 4/315、中国近现代史基本问题研究 6/187。

5★-专业：计算机系统结构 16/189、计算机软件与理论 12/219、计算机应用技术 14/261。

4★专业：西方经济学 14/95、世界经济 17/85、人口、资源与环境经济学 10/90、马克思主义民族理论与政策 5/30、文艺学 33/168、语言学及应用语言学 23/151、中国古代文学 34/177、中国现当代文学 33/172、比较文学与世界文学 20/136、计算数学 43/215、应用数学 45/256、无机化学 23/200、分析化学 23/199、有机化学 24/205、物理化学 24/192、高分子化学与物理 22/158、自然地理学 13/78、地图学与地理信息系统 11/81、机械制造及其自动化 38/201、电力系统及其自动化 15/92、电力电子与电力传动 17/102、化学工程 22/134、应用化学 32/178、工业催化 22/120。

> 通信地址：新疆维吾尔自治区乌鲁木齐市胜利路 14 号新疆大学研招办
> 邮政编码：830046
> 电话号码：0991-8582567
> 电子邮箱：yzb@xju.edu.cn

10759　石河子大学

在中国普通高校研究生教育竞争力排行榜中的名次：总排名 155/527，新疆维吾尔自治区内排名 2/10，综合类排名 40/79。

共 25 个一级学科（学术学位）参评，其中 5★+学科 0 个，5★学科 0 个，5★-学科 0 个，4★学科 1 个，学科优秀率为 4%。

门类排名

经济学 83/332、法学 242/394、教育学 112/299、文学 194/349、理学 169/389、工学 151/434、农学 33/166、医学 86/214、管理学 118/427、艺术学 233/306。

一级学科排名

应用经济学 65/263、马克思主义理论 154/353、教育学 69/141、中国语言文学 146/179、物理学 152/191、化学 164/225、地理学 58/87、生物学 107/241、机械工程 109/219、土木工程 140/160、水利工程 38/64、化学工程与技术 24/184、农业工程 13/44、食品科学与工程 39/100、作物学 29/50、园艺学 19/44、农业资源与环境 21/39、植物保护 31/46、畜牧学 15/54、兽医学 25/42、基础医学 77/106、临床医学 58/113、公共卫生与预防医学 66/75、药学 71/145、工商管理 85/307。

优势专业

4★专业：统计学 10/53、化学工艺 28/148、生物化工 22/118、工业催化 14/120。

> 通信地址：新疆维吾尔自治区石河子市北四路
> 邮政编码：832003
> 电话号码：0993-2058582
> 电子邮箱：yjsc@shzu.edu.cn

10760　新疆医科大学

在中国普通高校研究生教育竞争力排行榜中的名次：总排名 239/527，新疆维吾尔自治区内排名 3/10，医药类排名 29/71。

共 12 个一级学科（学术学位）参评。

门类排名

法学 371/394、理学 346/389、工学 343/434、医学 26/214、管理学 299/427。

一级学科排名

马克思主义理论 347/353、生物学 215/241、基础医学 39/106、临床医学 24/113、口腔医学 24/48、公共卫生与预防医学 35/75、中医学 25/42、中西医结合 28/60、药学 40/145、中药学 42/43、护理学 40/59、公共管理 121/207。

优势专业

4★专业：运动医学 6/29。

> 通信地址：新疆维吾尔自治区乌鲁木齐市新医路 8 号新疆医科大学研招办
> 邮政编码：830054
> 电话号码：0991-4362325
> 电子邮箱：Postgraduate@mail.xjmu.edu.cn

10758　新疆农业大学

在中国普通高校研究生教育竞争力排行榜中的名次：总排名 261/527，新疆维吾尔自治区内排名 4/10，农林类排名 27/37。

共 17 个一级学科（学术学位）参评。

门类排名

经济学 171/332、理学 275/389、工学 199/434、农学 27/166、管理学 137/427。

一级学科排名

应用经济学 152/263、化学 170/225、生物学 218/241、土木工程 157/160、水利工程 22/64、交通运输工程 32/69、农业工程 24/44、作物学 27/50、园艺学 21/44、农业资源与环境 20/39、植物保护 32/46、畜牧学 26/54、兽医学 22/42、林学 20/36、草学 5/21、农林经济管理 24/50、公共管理 138/207。

> 通信地址：新疆维吾尔自治区乌鲁木齐市农大东路 311 号新疆农业大学研招办
> 邮政编码：830052
> 电话号码：0991-8762140
> 电子邮箱：xjauyzb@xjau.edu.cn

10762　新疆师范大学

在中国普通高校研究生教育竞争力排行榜中的名次：总排名 334/527，新疆维吾尔自治区内排名 5/10，师范类排名 38/61。

共 20 个一级学科（学术学位）参评。

门类排名

哲学 84/138、经济学 212/332、法学 75/394、教育学 51/299、文学 90/349、历史学 91/123、理学 243/389、工学 371/434、管理学 401/427、艺术学 144/306。

一级学科排名

哲学 84/138、理论经济学 112/116、应用经济学 221/263、法学 206/207、政治学 85/87、民族学 10/39、马克思主义理论 84/353、教育学 36/141、心理学 67/104、体育学 86/108、中国语言文学 60/179、外国语言文学 230/232、中国史 78/105、数学 218/262、物理学 137/191、化学 144/225、地理学 37/87、生物学 184/241、工商管理 306/307、设计学 138/148。

优势专业

4★专业：思想政治教育 65/334。

```
通信地址：新疆维吾尔自治区乌鲁木齐市新医路 19 号新疆师范
        大学研招办
邮政编码：830053
电话号码：0991-4332532
电子邮箱：yzb@xjnu.edu.cn
```

10757　塔里木大学

在中国普通高校研究生教育竞争力排行榜中的名次：总排名 436/527，新疆维吾尔自治区内排名 6/10，农林类排名 34/37。

共 8 个一级学科（学术学位）参评。

门类排名

法学 334/394、教育学 277/299、文学 293/349、理学 319/389、工学 318/434、农学 56/166、管理学 353/427。

一级学科排名

马克思主义理论 298/353、生物学 129/241、化学工程与技术 156/184、农业工程 36/44、作物学 40/50、园艺学 39/44、畜牧学 39/54、农林经济管理 34/50。

```
通信地址：新疆维吾尔自治区阿拉尔市塔里木大学研招办
邮政编码：843300
电话号码：0997-4682652
电子邮箱：yjs_tlmdx@163.com
```

10766　新疆财经大学

在中国普通高校研究生教育竞争力排行榜中的名次：总排名 442/527，新疆维吾尔自治区内排名 7/10，财经类排名 28/34。

共 5 个一级学科（学术学位）参评，其中 5★+学科 0 个，5★学科 0 个，5★-学科 0 个，4★学科 1 个，学科优秀率为 20%。

门类排名

经济学 66/332、法学 276/394、教育学 273/299、文学 264/349、管理学 241/427。

一级学科排名

理论经济学 80/116、应用经济学 52/263、法学 186/207、新闻传播学 96/116、工商管理 133/307。

优势专业

4★专业：统计学 9/53。

```
通信地址：新疆维吾尔自治区乌鲁木齐市北京中路 449 号新疆
        财经大学研招办
邮政编码：830012
电话号码：0991-7842074
电子邮箱：yjsc@xjife.edu.cn
```

10764　伊犁师范大学

在中国普通高校研究生教育竞争力排行榜中的名次：总排名 491/527，新疆维吾尔自治区内排名 8/10，师范类排名 56/61。

共 7 个一级学科（学术学位）参评。

门类排名

法学 291/394、教育学 167/299、文学 179/349、理学 297/389、工学 428/434。

一级学科排名

法学 155/207、教育学 122/141、中国语言文学 129/179、数学 166/262、物理学 146/191、化学 204/225、生物学 194/241。

```
通信地址：新疆维吾尔自治区伊宁市解放路 298 号伊犁师范大
        学研招办
邮政编码：835000
电话号码：0999-8131760
电子邮箱：yanjsc123@126.com
```

10763　喀什大学

在中国普通高校研究生教育竞争力排行榜中的名次：总排名 511/527，新疆维吾尔自治区内排名 9/10，师范类排名 60/61。

共 4 个一级学科（学术学位）参评。

门类排名

经济学 328/332、法学 292/394、教育学 122/299、文学 154/349、理学 358/389、工学 430/434。

一级学科排名

马克思主义理论 173/353、教育学 78/141、中国语言文学 105/179、化学 203/225。

```
通信地址：新疆维吾尔自治区喀什市深喀大道南侧喀什大学新
        泉校区行政楼三楼
邮政编码：844000
电话号码：0998-2899181
电子邮箱：xyp-ks@163.com
```

10768 新疆艺术学院

在中国普通高校研究生教育竞争力排行榜中的名次：总排名525/527，新疆维吾尔自治区内排名10/10，艺术类排名29/30。

共2个一级学科（学术学位）参评。

门类排名

理学 389/389、管理学 376/427、艺术学 129/306。

一级学科排名

统计学 90/97、管理科学与工程 113/179。

> 通信地址：新疆维吾尔自治区乌鲁木齐市团结路734号新疆艺术学院研招办
> 邮政编码：830049
> 电话号码：0991-2579283
> 电子邮箱：xjartyjs@163.com

10997 昌吉学院

在中国仅专业硕士招生普通高校研究生教育竞争力排行榜中的名次：总排名51/51，新疆维吾尔自治区内排名1/1，师范类排名12/12。

共2个一级学科（专业学位）参评。

门类排名

教育学 267/299、工学 426/434。

一级学科排名

教育（专业学位）126/157、材料与化工（专业学位）126/212。

> 通信地址：新疆维吾尔自治区昌吉市北京北路77号昌吉学院研招办
> 邮政编码：831100
> 电话号码：0994-2327739
> 电子邮箱：yjsc@cjc.edu.cn

贵州省

10657 贵州大学

在中国普通高校研究生教育竞争力排行榜中的名次：总排名105/527，贵州省内排名1/7，综合类排名32/79。

共51个一级学科（学术学位）参评，其中5★+学科0个，5★学科1个，5★-学科0个，4★学科2个，学科优秀率为5.88%。

门类排名

哲学 29/138、经济学 126/332、法学 66/394、教育学 233/299、文学 109/349、历史学 87/123、理学 69/389、工学 97/434、农学 18/166、管理学 111/427、艺术学 120/306。

一级学科排名

哲学 29/138、应用经济学 113/263、法学 41/207、政治学 79/87、社会学 63/87、民族学 33/39、马克思主义理论 172/353、中国语言文学 115/179、外国语言文学 129/232、新闻传播学 101/116、中国史 75/105、数学 82/262、物理学 106/191、化学 88/225、地质学 20/36、生物学 64/241、生态学 43/90、机械工程 56/219、材料科学与工程 91/219、冶金工程 19/24、电气工程 84/110、电子科学与技术 29/122、信息与通信工程 103/179、控制科学与工程 150/185、计算机科学与技术 152/262、土木工程 64/160、测绘科学与技术 37/53、化学工程与技术 147/184、地质资源与地质工程 34/45、矿业工程 24/30、环境科学与工程 89/189、食品科学与工程 59/100、城乡规划学 42/50、风景园林学 28/51、软件工程 71/138、安全科学与工程 32/55、作物学 28/50、园艺学 28/44、农业资源与环境 35/39、植物保护 2/46、畜牧学 34/54、兽医学 31/42、林学 17/36、草学 21/21、管理科学与工程 76/179、工商管理 268/307、农林经济管理 8/50、公共管理 73/207、艺术学理论 57/60、音乐与舞蹈学 70/72、设计学 85/148。

优势专业

5★专业：农药学 1/42。

5★-专业：植物病理学 3/40、农业昆虫与害虫防治 3/43。

> 通信地址：贵州省贵阳市花溪区贵州大学研招办
> 邮政编码：550025
> 电话号码：0851-88292217
> 电子邮箱：yzb@gzu.edu.cn

10663 贵州师范大学

在中国普通高校研究生教育竞争力排行榜中的名次：总排名249/527，贵州省内排名2/7，师范类排名27/61。

共21个一级学科（学术学位）参评。

门类排名

哲学 122/138、法学 103/394、教育学 61/299、文学 108/349、历史学 111/123、理学 193/389、工学 295/434、农学 87/166、管理学 381/427、艺术学 157/306。

一级学科排名

哲学 121/138、法学 109/207、政治学 50/87、马克思主义理论 93/353、教育学 57/141、心理学 38/104、体育学 54/108、中国语言文学 82/179、外国语言文学 130/232、世界史 48/59、数学 116/262、物理学 144/191、化学 201/225、地理学 35/87、生物学 150/241、生态学 61/90、机械工程 131/219、计算机科学与技术 117/262、网络空间安全 33/56、管理科学与工程 155/179、美术学 46/103。

> 通信地址：贵州省贵阳市贵安新区花溪大学城贵州师范大学研招办
> 邮政编码：550025
> 电话号码：0851-83227112
> 电子邮箱：gznu_yzb@126.com

10660　贵州医科大学

在中国普通高校研究生教育竞争力排行榜中的名次：总排名 252/527，贵州省内排名 3/7，医药类排名 30/71。

共 9 个一级学科（学术学位）参评。

门类排名

教育学 236/299、理学 334/389、工学 408/434、医学 77/214。

一级学科排名

生物学 178/241、生物医学工程 40/65、基础医学 48/106、临床医学 64/113、口腔医学 45/48、公共卫生与预防医学 43/75、中医学 41/42、药学 53/145、护理学 54/59。

通信地址：贵州省贵阳市北京路 9 号贵州医科大学研招办
邮政编码：550004
电话号码：0851-86908282
电子邮箱：gmczkb@gmc.edu.cn

10661　遵义医科大学

在中国普通高校研究生教育竞争力排行榜中的名次：总排名 287/527，贵州省内排名 4/7，医药类排名 36/71。

共 9 个一级学科（专业学位）参评。

门类排名

法学 372/394、理学 332/389、工学 411/434、医学 82/214。

一级学科排名

马克思主义理论 345/353、生物学 176/241、生物工程 14/20、基础医学 53/106、临床医学 67/113、口腔医学 28/48、公共卫生与预防医学 62/75、药学 60/145、护理学 50/59。

通信地址：贵州省遵义市新蒲新区学府西路 6 号遵义医科大学研招办
邮政编码：563003
电话号码：0852-28643406
电子邮箱：yjsbzmc@sina.com

10671　贵州财经大学

在中国普通高校研究生教育竞争力排行榜中的名次：总排名 362/527，贵州省内排名 5/7，财经类排名 20/34。

共 8 个一级学科（学术学位）参评。

门类排名

经济学 94/332、法学 167/394、教育学 228/299、文学 181/349、工学 360/434、农学 152/166、管理学 119/427。

一级学科排名

理论经济学 59/116、应用经济学 108/263、法学 138/207、马克思主义理论 158/353、中国语言文学 134/179、计算机科学与技术 183/262、工商管理 90/307、公共管理 59/207。

通信地址：贵州省贵阳市贵安新区花溪大学城贵州财经大学研招办
邮政编码：550025
电话号码：0851-88510523
电子邮箱：GCYZB@mail.gufe.edu.cn

10662　贵州中医药大学

在中国普通高校研究生教育竞争力排行榜中的名次：总排名 410/527，贵州省内排名 6/7，医药类排名 62/71。

共 3 个一级学科（学术学位）参评。

门类排名

医学 126/214、管理学 422/427。

一级学科排名

中医学 24/42、中西医结合 35/60、药学 145/145。

通信地址：贵州省贵阳市市东路 50 号贵阳中医药大学研招办
邮政编码：550002
电话号码：0851-5652079
电子邮箱：gzyyzb@sina.com

10672　贵州民族大学

在中国普通高校研究生教育竞争力排行榜中的名次：总排名 413/527，贵州省内排名 7/7，民族类排名 10/13。

共 10 个一级学科（学术学位）参评。

门类排名

法学 100/394、教育学 232/299、文学 147/349、历史学 119/123、理学 293/389、工学 330/434、艺术学 259/306。

一级学科排名

法学 83/207、社会学 20/87、民族学 28/39、中国语言文学 120/179、新闻传播学 116/116、数学 137/262、物理学 166/191、系统科学 15/23、统计学 59/97、化学工程与技术 137/184。

通信地址：贵州省贵阳市花溪区贵州民族大学研招办
邮政编码：550025
电话号码：0851-83610705
电子邮箱：gznc_yz@163.com

10670　黔南民族师范学院

在中国仅专业硕士招生普通高校研究生教育竞争力排行榜中的名次：总排名 34/51，贵州省内排名 1/1，师范类排名 8/12。

共 1 个一级学科（专业学位）参评。

门类排名

教育学 250/299。

一级学科排名

教育（专业学位）87/157。

通信地址：贵州省都匀市斗蓬山路黔南民族师范学院研究生处
邮政编码：558000
电话号码：0854-8737536
电子邮箱：qnsyyzb@163.com

内蒙古自治区

10126　内蒙古大学

在中国普通高校研究生教育竞争力排行榜中的名次：总排名 201/527，内蒙古自治区内排名 1/8，综合类排名 48/79。

共 20 个一级学科（学术学位）参评，其中 5★+ 学科 0 个，5★ 学科 0 个，5★- 学科 0 个，4★ 学科 1 个，学科优秀率为 5%。

门类排名

哲学 66/138、经济学 119/332、法学 118/394、文学 83/349、理学 111/389、工学 252/434、管理学 170/427。

一级学科排名

哲学 66/138、理论经济学 116/116、应用经济学 120/263、法学 85/207、民族学 22/39、马克思主义理论 107/353、中国语言文学 68/179、外国语言文学 92/232、新闻传播学 95/116、数学 91/262、物理学 128/191、化学 160/225、生物学 37/241、材料科学与工程 207/219、电子科学与技术 110/122、计算机科学与技术 100/262、化学工程与技术 176/184、环境科学与工程 81/189、工商管理 197/307、公共管理 77/207。

优势专业

5★- 专业：动物学 10/138。

4★ 专业：马克思主义基本原理 40/315、中国少数民族语言文学 6/42。

通信地址：内蒙古自治区呼和浩特市大学西路 235 号内蒙古大学研招办
邮政编码：010021
电话号码：0471-4992114
电子邮箱：yzb@imu.edu.cn

10129　内蒙古农业大学

在中国普通高校研究生教育竞争力排行榜中的名次：总排名 205/527，内蒙古自治区内排名 2/8，农林类排名 19/37。

共 22 个一级学科（学术学位）参评。

门类排名

经济学 243/332、法学 347/394、理学 205/389、工学 160/434、农学 26/166、管理学 182/427、艺术学 218/306。

一级学科排名

应用经济学 215/263、马克思主义理论 323/353、生物学 104/241、机械工程 190/219、材料科学与工程 215/219、计算机科学与技术 251/262、土木工程 152/160、水利工程 33/64、农业工程 14/44、林业工程 7/13、食品科学与工程 34/100、作物学 26/50、园艺学 22/44、农业资源与环境 18/39、植物保护 33/46、畜牧学 20/54、兽医学 21/42、林学 13/36、工商管理 243/307、农林经济管理 17/50、公共管理 154/207、设计学 137/148。

通信地址：内蒙古自治区呼和浩特市赛罕区昭乌达路 306 号内蒙古农业大学研招办
邮政编码：010018
电话号码：0471-4309337
电子邮箱：yzb@imau.edu.cn

10127　内蒙古科技大学

在中国普通高校研究生教育竞争力排行榜中的名次：总排名 289/527，内蒙古自治区内排名 3/8，理工类排名 107/165。

共 16 个一级学科（学术学位）参评。

门类排名

经济学 290/332、法学 341/394、理学 264/389、工学 165/434、管理学 372/427。

一级学科排名

应用经济学 257/263、马克思主义理论 344/353、物理学 156/191、生物学 128/241、机械工程 125/219、材料科学与工程 92/219、冶金工程 12/24、动力工程及工程热物理 85/105、信息与通信工程 137/179、控制科学与工程 182/185、计算机科学与技术 178/262、建筑学 49/70、土木工程 88/160、化学工程与技术 112/184、矿业工程 16/30、环境科学与工程 128/189。

通信地址：内蒙古包头市阿尔丁大街 7 号内蒙古科技大学
邮政编码：014010
电话号码：0472-5951507
电子邮箱：imustyjs@163.com

10132　内蒙古医科大学

在中国普通高校研究生教育竞争力排行榜中的名次：总排名 315/527，内蒙古自治区内排名 4/8，医药类排名 42/71。

共 7 个一级学科（学术学位）参评。

门类排名

理学 381/389、医学 60/214。

一级学科排名

生物学 236/241、基础医学 75/106、临床医学 80/113、口腔医学 46/48、公共卫生与预防医学 72/75、中医学 18/42、药学 96/145。

优势专业

4★ 专业：民族医学（含：藏医学、蒙医学等）3/13。

通信地址：内蒙古自治区呼和浩特市新华大街 5 号内蒙古医科大学招生办
邮政编码：010059
电话号码：0471-6653193
电子邮箱：yjsxy2011@163.com

10135　内蒙古师范大学

在中国普通高校研究生教育竞争力排行榜中的名次：总排名321/527，内蒙古自治区内排名5/8，师范类排名35/61。

共19个一级学科（学术学位）参评，其中5★+学科0个，5★学科0个，5★-学科0个，4★学科2个，学科优秀率为10.53%。

门类排名

哲学59/138、经济学218/332、法学91/394、教育学60/299、文学78/349、理学185/389、工学376/434、管理学318/427、艺术学84/306。

一级学科排名

哲学60/138、理论经济学69/116、社会学41/87、民族学8/39、马克思主义理论137/353、教育学111/141、心理学18/104、体育学65/108、中国语言文学57/179、外国语言文学125/232、数学202/262、物理学162/191、化学190/225、地理学26/87、生物学217/241、材料科学与工程194/219、公共管理178/207、戏剧与影视学53/56、美术学39/103。

通信地址：内蒙古自治区呼和浩特市赛罕区昭乌达路81号内蒙古师范大学研招办
邮政编码：010022
电话号码：0471-4393213
电子邮箱：yjsczsk@imnu.edu.cn

10128　内蒙古工业大学

在中国普通高校研究生教育竞争力排行榜中的名次：总排名327/527，内蒙古自治区内排名6/8，理工类排名122/165。

共20个一级学科（学术学位）参评。

门类排名

经济学272/332、法学224/394、文学213/349、理学314/389、工学126/434、管理学219/427。

一级学科排名

应用经济学240/263、民族学26/39、马克思主义理论318/353、外国语言文学102/232、数学178/262、力学34/94、机械工程155/219、材料科学与工程94/219、动力工程及工程热物理37/105、电气工程98/110、信息与通信工程132/179、控制科学与工程161/185、计算机科学与技术247/262、建筑学58/70、土木工程108/160、化学工程与技术55/184、交通运输工程52/69、环境科学与工程185/189、工商管理162/307、公共管理180/207。

通信地址：内蒙古自治区呼和浩特市新城区爱民街49号内蒙古工业大学研究生招生办
邮政编码：010051
电话号码：0471-6578901
电子邮箱：yjsc@imut.edu.cn

10136　内蒙古民族大学

在中国普通高校研究生教育竞争力排行榜中的名次：总排名395/527，内蒙古自治区内排名7/8，民族类排名8/13。

共19个一级学科（学术学位）参评。

门类排名

法学188/394、教育学143/299、文学137/349、历史学106/123、理学303/389、农学66/166、医学127/214。

一级学科排名

民族学21/39、马克思主义理论272/353、教育学119/141、体育学108/108、中国语言文学95/179、中国史103/105、世界史57/59、数学258/262、物理学188/191、化学224/225、生物学200/241、作物学50/50、畜牧学54/54、兽医学38/42、草学20/21、临床医学110/113、中医学35/42、中西医结合47/60、中药学19/43。

通信地址：内蒙古自治区通辽市霍林河大街西536号内蒙古民族大学研究生招生办公室
邮政编码：028000
电话号码：0475-8313508
电子邮箱：410064331@qq.com

10139　内蒙古财经大学

在中国普通高校研究生教育竞争力排行榜中的名次：总排名472/527，内蒙古自治区内排名8/8，财经类排名33/34。

共4个一级学科（学术学位）参评。

门类排名

经济学88/332、法学384/394、管理学173/427。

一级学科排名

理论经济学53/116、应用经济学89/263、工商管理99/307、公共管理157/207。

通信地址：内蒙古自治区呼和浩特市北二环路185号内蒙古财经大学研究生处
邮政编码：010070
电话号码：0471-5300150
电子邮箱：yzb1497@163.com

10138　赤峰学院

在中国仅专业硕士招生普通高校研究生教育竞争力排行榜中的名次：总排名33/51，内蒙古自治区内排名1/1，师范类排名7/12。

共2个一级学科（专业学位）参评。

门类排名

教育学263/299、历史学121/123。

一级学科排名

教育（专业学位）112/157、文物与博物馆（专业学位）32/48。

通信地址：内蒙古自治区赤峰市红山区迎宾路1号赤峰学院研招办
邮政编码：024000
电话号码：0476-8300512
电子邮箱：xkjsghc@163.com

宁夏回族自治区

10749　宁夏大学

在中国普通高校研究生教育竞争力排行榜中的名次：总排名181/527，宁夏回族自治区内排名1/4，综合类排名46/79。

共34个一级学科（学术学位）参评，其中5★+学科0个，5★学科0个，5★-学科0个，4★学科1个，学科优秀率为2.94%。

门类排名

哲学107/138、经济学239/332、法学93/394、教育学124/299、文学113/349、历史学60/123、理学162/389、工学173/434、农学45/166、管理学332/427、艺术学241/306。

一级学科排名

哲学107/138、理论经济学85/116、法学175/207、社会学77/87、民族学6/39、马克思主义理论301/353、教育学127/141、心理学73/104、中国语言文学104/179、外国语言文学138/232、中国史38/105、数学90/262、物理学187/191、化学179/225、地理学46/87、生物学148/241、生态学62/90、力学93/94、机械工程183/219、电子科学与技术93/122、计算机科学与技术216/262、土木工程139/160、水利工程14/64、化学工程与技术52/184、食品科学与工程62/100、作物学36/50、园艺学38/44、农业资源与环境33/39、植物保护44/46、畜牧学25/54、兽医学40/42、草学7/21、工商管理303/307、农林经济管理45/50。

优势专业

4★专业：中国少数民族史6/31、化学工艺30/148、专门史12/70。

通信地址：宁夏回族自治区银川市西夏区文萃北街217号宁夏大学研招办
邮政编码：750021
电话号码：0951-2061096
电子邮箱：yjsc@nxu.edu.cn

10752　宁夏医科大学

在中国普通高校研究生教育竞争力排行榜中的名次：总排名281/527，宁夏回族自治区内排名2/4，医药类排名35/71。

共9个一级学科（学术学位）参评。

门类排名

理学301/389、医学51/214、管理学320/427。

一级学科排名

生物学138/241、基础医学31/106、临床医学52/113、口腔医学35/48、公共卫生与预防医学30/75、中医学34/42、药学64/145、护理学34/59、公共管理142/207。

通信地址：宁夏回族自治区银川市胜利街692号宁夏医科大学研招办
邮政编码：750004
电话号码：0951-4095934
电子邮箱：nyyzb@nxmc.edu.cn

11407　北方民族大学

在中国普通高校研究生教育竞争力排行榜中的名次：总排名391/527，宁夏回族自治区内排名3/4，民族类排名7/13。

共11个一级学科（学术学位）参评。

门类排名

经济学203/332、法学136/394、文学184/349、历史学114/123、理学298/389、工学268/434、管理学375/427、艺术学286/306。

一级学科排名

应用经济学180/263、民族学13/39、马克思主义理论316/353、中国语言文学145/179、中国史104/105、数学102/262、生态学69/90、材料科学与工程168/219、电子科学与技术106/122、计算机科学与技术172/262、化学工程与技术144/184。

通信地址：宁夏回族自治区银川市西夏区文昌北路204号北方民族大学研招办
邮政编码：750021
电话号码：0951-2068203
电子邮箱：yzb@nwsni.edu.cn

10753　宁夏师范学院

在中国普通高校研究生教育竞争力排行榜中的名次：总排名520/527，宁夏回族自治区内排名4/4，师范类排名61/61。

共2个一级学科（学术学位）参评。

门类排名

教育学186/299、文学248/349、理学367/389。

一级学科排名

中国语言文学173/179、化学216/225。

通信地址：宁夏回族自治区固原市原州区学院路宁夏师范学院研招办
邮政编码：756099
电话号码：0954-2079656
电子邮箱：jenine77@163.com

海南省

10589　海南大学

在中国普通高校研究生教育竞争力排行榜中的名次：总排名142/527，海南省内排名1/3，综合类排名38/79。

共36个一级学科（学术学位）参评，其中5★+学科0个，5★学科0个，5★-学科0个，4★学科1个，学科优秀率为2.78%。

门类排名

哲学 78/138、经济学 115/332、法学 90/394、文学 119/349、理学 138/389、工学 182/434、农学 35/166、医学 161/214、管理学 125/427、艺术学 197/306。

一级学科排名

哲学 78/138、理论经济学 102/116、应用经济学 103/263、法学 59/207、政治学 80/87、马克思主义理论 151/353、中国语言文学 142/179、外国语言文学 111/232、数学 237/262、海洋科学 26/29、生物学 74/241、生态学 56/90、机械工程 191/219、材料科学与工程 126/219、信息与通信工程 84/179、计算机科学与技术 167/262、土木工程 105/160、化学工程与技术 84/184、农业工程 42/44、环境科学与工程 176/189、食品科学与工程 46/100、风景园林学 30/51、网络空间安全 27/56、作物学 8/50、园艺学 32/44、农业资源与环境 25/39、植物保护 27/46、畜牧学 44/54、林学 26/36、水产 12/29、药学 118/145、管理科学与工程 132/179、工商管理 118/307、农林经济管理 36/50、公共管理 118/207、音乐与舞蹈学 59/72。

优势专业

5★-专业：作物遗传育种 4/48。

通信地址：海南省海口市海南大学研究生招生办公室
邮政编码：570228
电话号码：0898-66251735
电子邮箱：hnyjs@hainu.edu.cn

11658　海南师范大学

在中国普通高校研究生教育竞争力排行榜中的名次：总排名370/527，海南省内排名2/3，师范类排名40/61。

共16个一级学科（学术学位）参评，其中5★+学科0个，5★学科0个，5★-学科0个，4★学科1个，学科优秀率为6.25%。

门类排名

经济学 233/332、法学 111/394、教育学 88/299、文学 87/349、历史学 93/123、理学 199/389、工学 396/434、管理学 280/427、艺术学 142/306。

一级学科排名

理论经济学 96/116、马克思主义理论 45/353、教育学 72/141、心理学 65/104、体育学 78/108、中国语言文学 58/179、中国史 80/105、数学 196/262、物理学 167/191、化学 118/225、地理学 66/87、生态学 35/90、网络空间安全 36/56、工商管理 140/307、美术学 84/103、设计学 121/148。

优势专业

4★专业：思想政治教育 64/334。

通信地址：海南省海口市龙昆南路99号海南师范大学研招办
邮政编码：571158
电话号码：0898-65893907
电子邮箱：yzb@hainnu.edu.cn

11810　海南医学院

在中国普通高校研究生教育竞争力排行榜中的名次：总排名371/527，海南省内排名3/3，医药类排名55/71。

共5个一级学科（学术学位）参评。

门类排名

理学 292/389、医学 59/214。

一级学科排名

生物学 130/241、基础医学 88/106、临床医学 35/113、中医学 36/42、药学 127/145。

通信地址：海南省海口市龙华区学院路3号海南医学院研招办
邮政编码：571199
电话号码：0898-66891789
电子邮箱：hyyjsb@163.com

11100　海南热带海洋学院

在中国仅专业硕士招生普通高校研究生教育竞争力排行榜中的名次：总排名39/51，海南省内排名1/1，综合类排名6/9。

共3个一级学科（专业学位）参评。

门类排名

法学 390/394、工学 425/434、管理学 418/427。

一级学科排名

社会工作（专业学位）56/146、资源与环境（专业学位）48/176、旅游管理（专业学位）47/72。

通信地址：海南省三亚市育才路1号海南热带海洋学院研招办
邮政编码：572022
电话号码：0898-31095399
电子邮箱：qzuzsb@qq.com

青海省

10743 青海大学

在中国普通高校研究生教育竞争力排行榜中的名次：总排名275/527，青海省内排名1/3，综合类排名56/79。

共20个一级学科（学术学位）参评，其中5★+学科0个，5★学科0个，5★-学科0个，4★学科1个，学科优秀率为5%。

门类排名

经济学 225/332、法学 298/394、理学 307/389、工学 246/434、农学 50/166、医学 104/214、管理学 298/427。

一级学科排名

应用经济学 209/263、马克思主义理论 235/353、生态学 11/90、机械工程 205/219、材料科学与工程 159/219、土木工程 151/160、水利工程 46/64、化学工程与技术 157/184、地质资源与地质工程 41/45、食品科学与工程 87/100、作物学 31/50、农业资源与环境 37/39、畜牧学 48/54、兽医学 42/42、草学 15/21、基础医学 62/106、临床医学 90/113、中医学 32/42、中西医结合 60/60、工商管理 159/307。

优势专业

4★专业：民族医学（含：藏医学、蒙医学等）2/13。

通信地址：青海省西宁市宁大路251号青海大学研招办
邮政编码：810016
电话号码：0971-5310695
电子邮箱：yzb@qhu.edu.cn

10746 青海师范大学

在中国普通高校研究生教育竞争力排行榜中的名次：总排名388/527，青海省内排名2/3，师范类排名43/61。

共18个一级学科（学术学位）参评。

门类排名

哲学 130/138、经济学 251/332、法学 200/394、教育学 105/299、文学 168/349、历史学 57/123、理学 216/389、工学 300/434、艺术学 248/306。

一级学科排名

哲学 129/138、应用经济学 204/263、法学 137/207、社会学 56/87、马克思主义理论 283/353、教育学 70/141、心理学 61/104、体育学 104/108、中国语言文学 119/179、中国史 41/105、数学 195/262、物理学 148/191、化学 166/225、地理学 28/87、生物学 207/241、生态学 83/90、计算机科学与技术 115/262、软件工程 109/138。

通信地址：青海省西宁市五四西路36号青海师范大学研招办
邮政编码：810008
电话号码：0971-6309024
电子邮箱：yjs@qhnu.edu.cn

10748 青海民族大学

在中国普通高校研究生教育竞争力排行榜中的名次：总排名412/527，青海省内排名3/3，民族类排名9/13。

共14个一级学科（学术学位）参评。

门类排名

哲学 115/138、经济学 313/332、法学 155/394、教育学 218/299、文学 151/349、历史学 69/123、理学 331/389、医学 186/214、管理学 313/427。

一级学科排名

哲学 114/138、法学 134/207、政治学 59/87、社会学 49/87、民族学 9/39、马克思主义理论 321/353、教育学 123/141、中国语言文学 94/179、中国史 55/105、数学 223/262、化学 175/225、药学 137/145、工商管理 262/307、公共管理 151/207。

通信地址：青海省西宁市八一中路3号
邮政编码：810007
电话号码：0971-8237294
电子邮箱：yzb@qhmu.edu.cn

西藏自治区

10694 西藏大学

在中国普通高校研究生教育竞争力排行榜中的名次：总排名345/527，西藏自治区内排名1/3，综合类排名60/79。

共14个一级学科（学术学位）参评，其中5★+学科0个，5★学科0个，5★-学科0个，4★学科1个，学科优秀率为7.14%。

门类排名

经济学 228/332、法学 110/394、教育学 107/299、文学 102/349、理学 251/389、工学 297/434、医学 147/214、管理学 374/427、艺术学 135/306。

一级学科排名

应用经济学 194/263、民族学 7/39、马克思主义理论 244/353、教育学 63/141、中国语言文学 66/179、物理学 147/191、生物学 196/241、信息与通信工程 136/179、计算机科学与技术 184/262、地质资源与地质工程 40/45、环境科学与工程 134/189、基础医学 103/106、药学 126/145、公共管理 187/207。

优势专业

4★专业：中国少数民族艺术 4/22。

通信地址：西藏自治区拉萨市江苏路36号西藏大学研招办
邮政编码：850000
电话号码：0891-6405192
电子邮箱：zsb@utibet.edu.cn

10695　西藏民族大学

在中国普通高校研究生教育竞争力排行榜中的名次：总排名479/527，西藏自治区内排名2/3，民族类排名13/13。

共11个一级学科（学术学位）参评。

门类排名

哲学126/138、经济学244/332、法学148/394、教育学125/299、文学164/349、历史学100/123、工学423/434、农学94/166、医学177/214、管理学293/427。

一级学科排名

哲学126/138、应用经济学227/263、法学181/207、民族学31/39、马克思主义理论277/353、教育学115/141、体育学69/108、中国语言文学113/179、中国史86/105、基础医学100/106、工商管理255/307。

通信地址：陕西省咸阳市文汇东路6号西藏民族大学研招办
邮政编码：712082
电话号码：029-33755387
电子邮箱：xzmzdxy.jsy@162.com

10696　西藏藏医药大学

在中国普通高校研究生教育竞争力排行榜中的名次：总排名527/527，西藏自治区内排名3/3，医药类排名71/71。

共2个一级学科（学术学位）参评。

门类排名

医学180/214。

一级学科排名

中医学40/42、中药学43/43。

通信地址：西藏自治区拉萨市当热中路10号西藏藏医药大学研招办
邮政编码：850000
电话号码：0891-6374885
电子邮箱：zyyjsb1999@163.com.cn.

第三部分

附录

国家及主要大学硕士研究生招录情况

2021年全国硕士研究生复试分数线包括国家分数线和部分自主划线的高校分数线，下表中分别予以列出，供读者参考。高校博士研究生入学考试因科目不同等原因，各高校博士研究生复试分数线差异很大，故不一一列出。

2021年全国硕士研究生统一入学考试考生进入复试的初试成绩基本要求（学术型）

学科门类（专业）名称	A类考生[①]			B类考生[②]			备注
	总分	单科(满分=100分)	单科(满分>100分)	总分	单科(满分=100分)	单科(满分>100分)	
哲学	299	41	62	289	38	57	[①]A类考生：报考地处一区招生单位的考生 一区系北京、天津、河北、山西、辽宁、吉林、黑龙江、上海、江苏、浙江、安徽、福建、江西、山东、河南、湖北、湖南、广东、重庆、四川、陕西等21省（直辖市） [②]B类考生：报考地处二区招生单位的考生 二区系内蒙古、广西、海南、贵州、云南、西藏、甘肃、青海、宁夏、新疆等10省（自治区） [③]工学照顾专业： 力学[0801]、冶金工程[0806]、动力工程及工程热物理[0807]、水利工程[0815]、地质资源与地质工程[0818]、矿业工程[0819]、船舶与海洋工程[0824]、航空宇航科学与技术[0825]、兵器科学与技术[0826]、核科学与技术[0827]、农业工程[0828] [④]中医类照顾专业： 中医学[1005]、中西医结合[1006] [⑤]享受少数民族照顾政策的考生：报考地处二区招生单位，且毕业后在国务院公布的民族区域自治地方定向就业的少数民族普通高校应届本科毕业生考生；或者工作单位和户籍在国务院公布的民族区域自治地方，且定向就业单位为原单位的少数民族在职人员考生
经济学	348	49	74	338	46	69	
法学	321	44	66	311	41	62	
教育学（不含体育学）	337	47	141	327	44	132	
文学	355	53	80	345	50	75	
历史学	321	43	129	311	40	120	
理学	280	37	56	270	34	51	
工学（不含工学照顾专业）	263	37	56	253	34	51	
农学	252	33	50	242	30	45	
医学（不含中医类照顾专业）	299	41	123	289	38	114	
军事学	265	37	56	255	34	51	
管理学	341	48	72	331	45	68	
艺术学	346	38	57	336	35	53	
体育学	281	35	105	271	32	96	
工学照顾专业[③]	253	34	51	243	31	47	
中医类照顾专业[④]	299	40	120	289	37	111	
享受少数民族照顾政策的考生[⑤]	249	30	45	249	30	45	
报考"少数民族高层次骨干人才计划"考生进入复试的初试成绩基本要求为总分不低于249分							

2021年全国硕士研究生统一入学考试考生进入复试的初试成绩基本要求（专业学位）

学科门类（专业）名称	A类考生①			B类考生②			备注
	总分	单科（满分=100分）	单科（满分>100分）	总分	单科（满分=100分）	单科（满分>100分）	
金融、应用统计、税务、国际商务、保险、资产评估	348	49	74	338	46	69	⑥临床医学[1051]、⑦口腔医学[1052]、⑧中医[1057]专业：根据相关规定，"招生单位自主确定并对外公布报考本单位临床医学类专业学位硕士研究生进入复试的初试成绩要求，以及接受报考其他单位临床医学类专业学位硕士研究生调剂的成绩要求。教育部划定临床医学类专业学位硕士研究生初试成绩基本要求供招生单位参考，同时作为报考临床医学类专业学位硕士研究生的考生调剂到其他专业的基本成绩要求。"⑨同⑤
审计	179	46	92	169	41	82	
法律（非法学）、法律（法学）、社会工作、警务	321	44	66	311	41	62	
教育、汉语国际教育	337	47	71	327	44	66	
应用心理	337	47	141	327	44	132	
体育	281	35	105	271	32	96	
翻译、新闻与传播、出版	355	53	80	345	50	75	
文物与博物馆	321	43	129	311	40	120	
建筑学、城市规划、电子信息、机械、材料与化工、资源与环境、能源动力、土木水利、生物与医药、交通运输	263	37	56	253	34	51	
农业、兽医、风景园林、林业	252	33	50	242	30	45	
临床医学⑥、口腔医学⑦、公共卫生、护理、药学、中药学	299	41	123	289	38	114	
中医⑧	299	40	120	289	37	111	
军事	265	37	56	255	34	51	
工商管理	170	42	84	160	37	74	
公共管理	174	43	86	164	38	76	
会计	179	46	92	169	41	82	
旅游管理	170	42	84	160	37	74	
图书情报	179	46	92	169	41	82	
工程管理	174	43	86	164	38	76	
艺术	346	38	57	336	35	53	
享受少数民族照顾政策的考生⑨	249	30	45	249	30	45	
报考"少数民族高层次骨干人才计划"考生进入复试的初试成绩基本要求为总分不低于249分							

2021年考研34所自主划线高校硕士研究生入学复试分数线（学术型）

单位名称	项目	哲学	经济学	法学	教育学	文学	历史学	理学	工学	农学	医学	管理学	艺术学
清华大学	总分	305	355	350	340	320	325	330	310	—	310	345	330
	外语	45	60	55	50	50	50	50	50	—	50	50	40
	政治	50	60	55	50	50	45	50	50	—	50	50	50
	业务一	90	90	90	180	80	200	80	80	—	170	90	100
	业务二	90	90	90	—	70	—	80	70	—	—	85	115
单位名称	项目	哲学	经济学	法学	教育学	文学	历史学	理学	工学	农学	医学	管理学	艺术学
北京大学	总分	355	380	345	340	350	380	310	310	—	320	335	—
	外语	55	55	55	55	55	55	55	55	—	55	55	—
	政治	55	55	55	55	55	55	55	55	—	55	55	—
	业务一	90	90	90	180	90	180	90	90	—	180	90	—
	业务二	90	90	90	—	90	—	90	90	—	—	90	—
单位名称	项目	哲学	经济学	法学	教育学	文学	历史学	理学	工学	农学	医学	管理学	艺术学
中山大学	总分	320	360	350	300	360	325	300	280	280	310	365	—
	外语	50	50	50	40	55	50	50	50	50	50	50	—
	政治	50	50	50	40	55	50	50	50	50	50	50	—
	业务一	90	90	90	160	90	180	60	60	60	170	90	—
	业务二	90	90	90	—	90	—	60	60	60	—	90	—
单位名称	项目	哲学	经济学	法学	教育学	文学	历史学	理学	工学	农学	医学	管理学	艺术学
浙江大学	总分	305	395	350	355	360	340	320	330	320	330	355	350
	外语	50	60	55	60	55	55	55	55	55	55	60	55
	政治	50	60	55	60	55	55	55	55	55	55	60	55
	业务一	75	100	85	210	85	190	85	85	85	180	95	85
	业务二	75	100	85	—	85	—	85	85	85	—	95	85
单位名称	项目	哲学	经济学	法学	教育学	文学	历史学	理学	工学	农学	医学	管理学	艺术学
四川大学	总分	325	358	340	305	360	340	292	310	—	330	355	350
	外语	53	55	53	45	60	50	40	45	—	55	55	45
	政治	53	55	53	45	60	50	40	45	—	55	55	45
	业务一	80	83	80	135	90	150	60	68	—	165	87	68
	业务二	80	83	80	—	90	—	60	68	—	—	87	68
单位名称	项目	哲学	经济学	法学	教育学	文学	历史学	理学	工学	农学	医学	管理学	艺术学
上海交通大学	总分	310	375	345	—	360	—	315	330	320	365	380	—
	外语	55	60	55	—	60	—	55	55	55	55	60	—
	政治	55	55	55	—	55	—	55	55	55	55	55	—
	业务一	85	90	90	—	90	—	80	80	85	200	90	—
	业务二	85	90	90	—	90	—	85	85	85	—	90	—
单位名称	项目	哲学	经济学	法学	教育学	文学	历史学	理学	工学	农学	医学	管理学	艺术学
武汉大学	总分	345	385	360	337	365	335	340	340	—	310	385	350
	外语	50	60	60	60	65	60	45	50	—	50	60	40
	政治	55	60	60	60	65	60	45	50	—	50	60	60
	业务一	90	100	90	180	100	200	85	85	—	180	100	105
	业务二	90	100	90	—	100	—	85	90	—	—	100	105

续表

单位名称	项目	哲学	经济学	法学	教育学	文学	历史学	理学	工学	农学	医学	管理学	艺术学
复旦大学	总分	355	365	355	370	355	345	300	300	—	300	350	355
	外语	55	60	55	55	55	55	50	50	—	50	60	55
	政治	55	60	55	55	55	55	50	50	—	50	60	55
	业务一	90	90	90	180	90	180	70	70	—	160	90	90
	业务二	90	90	90	—	90	—	70	70	—	—	90	90

单位名称	项目	哲学	经济学	法学	教育学	文学	历史学	理学	工学	农学	医学	管理学	艺术学
南京大学	总分	335	390	345	340	360	360	305	300	—	310	360	360
	外语	55	60	50	60	55	50	50	50	—	50	60	45
	政治	55	60	50	60	55	50	50	50	—	50	60	45
	业务一	90	90	90	180	90	180	75	75	—	180	90	90
	业务二	90	90	90	—	90	—	75	75	—	—	90	90

单位名称	项目	哲学	经济学	法学	教育学	文学	历史学	理学	工学	农学	医学	管理学	艺术学
华中科技大学	总分	365	355	330	337	355	—	300	300	—	300	345	360
	外语	55	60	55	50	53	—	50	50	—	50	50	50
	政治	55	60	55	50	53	—	50	50	—	50	50	55
	业务一	105	90	90	180	90	—	80	70	—	180	90	90
	业务二	105	90	90	—	90	—	80	70	—	—	90	90

单位名称	项目	哲学	经济学	法学	教育学	文学	历史学	理学	工学	农学	医学	管理学	艺术学
吉林大学	总分	330	350	355	350	360	350	300	300	300	310	360	350
	外语	50	50	50	55	55	55	45	45	45	50	60	40
	政治	50	50	50	55	55	55	45	45	45	50	60	40
	业务一	90	75	90	180	90	180	90(68)	68	68	180	90	90
	业务二	90	95	90	—	90	—	90	90	90	—	90	90

单位名称	项目	哲学	经济学	法学	教育学	文学	历史学	理学	工学	农学	医学	管理学	艺术学
哈尔滨工业大学	总分	320	350	330	—	370	—	300	320	—	—	350	350
	外语	50	60	50	—	60	—	45	45	—	—	60	60
	政治	55	60	55	—	60	—	50	50	—	—	60	60
	业务一	90	90	90	—	90	—	75	80	—	—	90	90
	业务二	90	90	60	—	90	—	75	80	—	—	90	90

单位名称	项目	哲学	经济学	法学	教育学	文学	历史学	理学	工学	农学	医学	管理学	艺术学
中国科学技术大学	总分	330	—	330	—	—	—	310	310	—	—	350	—
	外语	55	—	55	—	—	—	50	50	—	—	55	—
	政治	60	—	55	—	—	—	50	50	—	—	55	—
	业务一	90	—	90	—	—	—	80	80	—	—	85	—
	业务二	90	—	90	—	—	—	80	80	—	—	90	—

单位名称	项目	哲学	经济学	法学	教育学	文学	历史学	理学	工学	农学	医学	管理学	艺术学
山东大学	总分	340	350	350	340	360	330	310	320	—	310	355	350
	外语	50	55	55	50	60	50	50	50	—	50	55	45
	政治	50	55	55	50	60	50	50	50	—	50	55	45
	业务一	95	90	90	180	90	180	75	75	—	180	90	90
	业务二	95	90	90	—	90	—	75	75	—	—	90	90

续表

单位名称	项目	哲学	经济学	法学	教育学	文学	历史学	理学	工学	农学	医学	管理学	艺术学
中南大学	总分	325	370	340	360	370	—	310	320	—	330	370	360
	外语	55	60	50	60	60	—	50	50	—	50	60	50
	政治	55	60	50	60	60	—	50	50	—	50	60	50
	业务一	90	90	80	180	90	—	80	80	—	170	100	90
	业务二	90	90	80	—	90	—	80	80	—	—	100	90

单位名称	项目	哲学	经济学	法学	教育学	文学	历史学	理学	工学	农学	医学	管理学	艺术学
西安交通大学	总分	340	365	325	350	355	—	340	330	—	300	370	—
	外语	50	60	50	50	55	—	50	50	—	55	60	—
	政治	50	60	50	50	55	—	50	50	—	55	60	—
	业务一	80	90	80	150	85	—	80	80	—	180	90	—
	业务二	80	90	80	—	85	—	80	80	—	—	90	—

单位名称	项目	哲学	经济学	法学	教育学	文学	历史学	理学	工学	农学	医学	管理学	艺术学
东南大学	总分	365	375	345	340	380	—	320	310	—	310	375	350
	外语	55	55	55	55	55	—	55	50	—	50	55	55
	政治	55	55	55	55	55	—	55	50	—	50	55	55
	业务一	95	95	95	190	100	—	80	70	—	180	95	95
	业务二	95	95	95	—	100	—	80	70	—	—	95	95

单位名称	项目	哲学	经济学	法学	教育学	文学	历史学	理学	工学	农学	医学	管理学	艺术学
北京师范大学	总分	345	365	345	330	350	330	300	300	—	—	365	350
	外语	50	55	55	50	50	50	48	48	—	—	50	50
	政治	50	55	55	50	50	50	48	48	—	—	50	50
	业务一	90	90	90	180	90	180	70	70	—	—	90	90
	业务二	90	90	90	—	90	—	90	90	—	—	90	90

单位名称	项目	哲学	经济学	法学	教育学	文学	历史学	理学	工学	农学	医学	管理学	艺术学
中国人民大学	总分	355	365	345	350	360	330	300	330	—	390	365	350
	外语	55	55	55	55	55	50	45	50	—	55	55	45
	政治	55	55	55	55	55	50	45	50	—	55	55	45
	业务一	90	90	85	180	90	180	85	90	—	180	90	90
	业务二	90	90	85	—	90	—	85	90	—	—	90	90

单位名称	项目	哲学	经济学	法学	教育学	文学	历史学	理学	工学	农学	医学	管理学	艺术学
同济大学	总分	350	360	355	337	355	—	300	310	—	315	350	350
	外语	50	65	55	50	60	—	50	50	—	50	55	55
	政治	60	65	55	55	60	—	50	50	—	55	55	55
	业务一	90	90	90	160	90	—	80	80	—	180	90	90
	业务二	90	90	90	—	90	—	80	75	—	—	90	90

单位名称	项目	哲学	经济学	法学	教育学	文学	历史学	理学	工学	农学	医学	管理学	艺术学
厦门大学	总分	320	360	350	340	370	330	315	310	—	305	370	350
	外语	50	60	55	50	55	50	45	45	—	45	55	45
	政治	50	60	55	50	55	50	50	50	—	50	55	50
	业务一	90	90	85	170	90	180	75	75	—	160	90	90
	业务二	90	85	90	—	90	—	75	75	—	—	90	90

续表

单位名称	项目	哲学	经济学	法学	教育学	文学	历史学	理学	工学	农学	医学	管理学	艺术学
北京航空航天大学	总分	320	350	325	340	365	—	300	310	—	300	350	365
	外语	45	50	45	50	55	—	40	40	—	40	55	45
	政治	45	50	45	50	55	—	40	40	—	40	55	45
	业务一	80	80	80	165	85	—	60	60	—	120	90	80
	业务二	80	80	80	—	85	—	60	60	—	—	90	80

单位名称	项目	哲学	经济学	法学	教育学	文学	历史学	理学	工学	农学	医学	管理学	艺术学
天津大学	总分	—	360	340	340	360	—	315	320	—	320	350	350
	外语	—	55	50	50	55	—	50	50	—	50	55	45
	政治	—	55	50	50	55	—	50	50	—	50	55	45
	业务一	—	90	90	180	90	—	75	75	—	180	90	90
	业务二	—	90	90	—	90	—	80	80	—	—	90	90

单位名称	项目	哲学	经济学	法学	教育学	文学	历史学	理学	工学	农学	医学	管理学	艺术学
大连理工大学	总分	315	355	335	345	360	--	300	300	--	—	355	355
	外语	50	55	50	55	60	--	45	45	--	—	55	45
	政治	50	55	50	55	60	--	45	45	--	—	55	45
	业务一	80	80	80	180	80	--	70	70	--	—	85	75
	业务二	80	80	80	--	80	--	75	75	--	—	85	75

单位名称	项目	哲学	经济学	法学	教育学	文学	历史学	理学	工学	农学	医学	管理学	艺术学
南开大学	总分	350	360	340	337	360	330	300	290	320	310	360	350
	外语	55	55	55	55	60	55	45	45	40	45	60	50
	政治	60	55	55	55	60	60	50	50	50	50	60	50
	业务一	90	90	90	170	90	180	70	70	80	170	90	100
	业务二	90	90	90	—	90	—	75	75	80	—	90	100

单位名称	项目	哲学	经济学	法学	教育学	文学	历史学	理学	工学	农学	医学	管理学	艺术学
北京理工大学	总分	—	355	340	340	355	—	315	320	—	—	360	380
	外语	—	50	50	50	50	—	50	50	—	—	50	40
	政治	—	50	50	50	50	—	50	50	—	—	50	40
	业务一	—	75	75	150	83	—	75	70	—	—	75	90
	业务二	—	75	75	—	83	—	75	75	—	—	75	90

单位名称	项目	哲学	经济学	法学	教育学	文学	历史学	理学	工学	农学	医学	管理学	艺术学
华南理工大学	总分	—	350	335	330	370	—	310	310	—	305	350	346
	外语	—	60	55	50	60	—	50	50	—	50	60	38
	政治	—	60	55	50	60	—	50	50	—	50	60	38
	业务一	—	85	90	190	90	—	70	70	—	170	85	57
	业务二	—	85	90	—	90	—	70	70	—	—	85	57

单位名称	项目	哲学	经济学	法学	教育学	文学	历史学	理学	工学	农学	医学	管理学	艺术学
西北工业大学	总分	—	355	330	340	355	—	310	315	—	299	360	355
	外语	—	50	50	50	55	—	50	50	—	41	60	50
	政治	—	50	50	50	55	—	50	50	—	41	60	50
	业务一	—	85	85	150	85	—	70	70	—	123	90	90
	业务二	—	85	85	—	85	—	70	70	—	—	90	90

续表

单位名称	项目	哲学	经济学	法学	教育学	文学	历史学	理学	工学	农学	医学	管理学	艺术学
重庆大学	总分	320	350	350	345	360	330	300	320	—	310	360	360
	外语	50	60	50	50	55	50	50	50	—	50	60	50
	政治	50	60	50	50	55	50	50	50	—	50	60	50
	业务一	80	100	85	150	85	150	80	75		180	90	90
	业务二	80	100	85	—	85	—	80	75			90	90

单位名称	项目	哲学	经济学	法学	教育学	文学	历史学	理学	工学	农学	医学	管理学	艺术学
湖南大学	总分	360	350	321	340	360	330	320	310		299	345	346
	外语	50	50	44	50	55	50	50	50		41	55	50
	政治	50	50	44	50	55	50	50	50		41	55	50
	业务一	90	90	66	180	90	180	85	80		123	90	90
	业务二	90	90	66	—	90	—	85	80			90	90

单位名称	项目	哲学	经济学	法学	教育学	文学	历史学	理学	工学	农学	医学	管理学	艺术学
中国农业大学	总分	—	350	325		360		305	305	300		355	—
	外语	—	50	50		55		50	50	45		50	
	政治	—	50	50		55		50	50	45		50	
	业务一		85	85		85		80	80	75		90	
	业务二		85	85		85		80	80	75		90	

单位名称	项目	哲学	经济学	法学	教育学	文学	历史学	理学	工学	农学	医学	管理学	艺术学
电子科技大学	总分	—	360	321	360	375	—	300	310	—	300	360	—
	外语	—	50	45	60	60		45	45		45	60	
	政治	—	50	45	60	60		45	45		45	60	
	业务一	—	75	68	180	90		68	68		150	90	
	业务二	—	75	68	—	90		68	68			90	—

单位名称	项目	哲学	经济学	法学	教育学	文学	历史学	理学	工学	农学	医学	管理学	艺术学
兰州大学	总分	320	355	340	330	355	330	300	270	290	305	355	350
	外语	45	55	50	45	50	50	40	40	45	45	55	45
	政治	45	55	50	45	50	50	40	40	45	45	55	45
	业务一	100	75	90	150	90	160	70	70	90	150	90	90
	业务二	100	75	90	—	90		70	70	90		90	90

单位名称	项目	哲学	经济学	法学	教育学	文学	历史学	理学	工学	农学	医学	管理学	艺术学
东北大学	总分	330	360	350	320	360	—	320	310	—		355	350
	外语	45	55	50	40	55		50	45	—		55	40
	政治	45	55	50	40	55		50	45	—		55	40
	业务一	90	90	90	150	90		75	70			90	90
	业务二	90	90	90	—	90		75	70			90	90

注：表中为总体情况，对于以下情况，表中未一一列出，详情请参考各大学研招办主页：①部分大学的部分学科专业的分数线单独划分，如清华大学的艺术学、科学技术史、体育学；②部分大学按照不同的院系专业划分分数线，如武汉大学的各学科专业